UN SIGLO DE RELACIONES DIPLOMÁTICAS Y COMERCIALES ENTRE ESPAÑA Y RUSIA
1733 - 1833

ANA MARÍA SCHOP SOLER

UN SIGLO DE RELACIONES DIPLOMÁTICAS Y COMERCIALES ENTRE ESPAÑA Y RUSIA

1733-1833

MINISTERIO DE ASUNTOS EXTERIORES
DIRECCIÓN GENERAL DE RELACIONES CULTURALES
MADRID

327.46
S373s

Depósito Legal: M. 43740-1984.   86-540

ISBN 84-85290-43-7.

Impreso en España. Printed in Spain.

Gráficas Cóndor, S. A., Sánchez Pacheco, 81, Madrid, 1984. — 5770.

INTRODUCCIÓN

El tema de las relaciones entre España y Rusia ha tenido siempre para mí un aliciente particular. Fruto de este interés fue una tesis doctoral presentada en el año 1967 en la Cátedra de Historia de Europa Oriental y del Sureste de la Facultad de Filosofía de la Universidad de Munich, bajo el título de *Las relaciones entre España y Rusia durante el siglo XVIII* [1] (publicada en 1970 en la colección del Instituto de Estudios de Europa Oriental de Munich). A este primer estudio siguió una Memoria de licenciatura presentada en Barcelona, que se denominó *Las relaciones entre España y Rusia en la época de Carlos IV* [2].

Si en el primer trabajo pude poner de relieve la política de «apertura al Este» del Conde de Floridablanca, y en el segundo sacar a la luz algunos aspectos insospechados de la política exterior del Príncipe de la Paz, restaban por analizar las vicisitudes por las que habían pasado aquellas relaciones durante el azaroso reinado de Fernando VII. Así, quedaría cerrado, a mi ver, en una «trilogía», un ciclo entero de política exterior española.

El estudio de las relaciones entre España y Rusia durante la época de Fernando VII fue el tema de mi segunda tesis doctoral, presentada en la Facultad de Filosofía y Letras de la Universidad de Barcelona en el año 1973. La publicación de esta obra ha sufrido un retraso considerable, y solamente gracias a la iniciativa de

---

[1] Ana María Schop Soler, *Die spanisch-russischen Beziehungen im 18. Jahrhundert*. Veröffentlichungen des Osteuropa-Instituts. München. T. 35. Wiesbaden 1970.

[2] Ana María Schop Soler, *Las relaciones entre España y Rusia en la época de Carlos IV*. Publicaciones de la Cátedra de Historia General de España. Barcelona 1971.

la Dirección General de Relaciones Culturales del Ministerio de Asuntos Exteriores es posible hoy su lanzamiento. Además, quiero mencionar también que en el año 1971 preparé un volumen con documentos de archivos españoles y extranjeros sobre Relaciones Comerciales entre España y Rusia durante el siglo XVIII, desgraciadamente aún no publicado[3]. Dicha colección ofrece una visión de la actividad comercial entre ambos países y abre la posibilidad para futuras investigaciones.

Hoy día existen numerosas relaciones entre España y la Unión Soviética, y hasta la fecha han tenido lugar dos coloquios de historiadores hispano-soviéticos, uno en Moscú y otro en Madrid, que han abierto ya perspectivas para una mayor colaboración en el campo científico. Pero en los años 1967 y hasta 1973 tratar de estos temas en España era algo inédito y mi trabajo sufrió a menudo las vicisitudes de aquellas circunstancias. Con todo, creo que esta obra ofrece, por lo menos en sus grandes planteamientos, una visión completa de aquellas relaciones. Cabe hacer votos para que en el futuro los estudios sobre Historia de Rusia y de la Unión Soviética prosperen en España.

El trabajo presentado en la Universidad de Barcelona en 1973 constaba de tres volúmenes que resultaban impropios para una publicación, por lo que ha sido necesario reducirlos considerablemente y sacrificar, en aras al espacio, algunos aspectos culturales que podían ser de interés.

Desde el año 1973 hasta hoy se han publicado, tanto en España como en el extranjero, obras de interés para mi investigación, que he insertado en este estudio, siempre que podían añadir algún elemento nuevo. En particular, hay que señalar la publicación en la Unión Soviética, en la colección «Vnešnjaja Politika Rossii» («La política exterior rusa», abreviado VPR)[4] de varios nuevos volúmenes de documentos, procedentes de los archivos soviéticos, entre los cuales se encuentran muchos relacionados con la política exterior rusa hacia España durante el siglo XIX. Dicha colección me ha sido de gran ayuda, aunque, como en toda investigación histórica, aún quedan muchos puntos por aclarar.

Ahora bien, para poner al lector en antecedentes de lo que fueron las relaciones entre ambos países durante el siglo XVIII y prin-

---

[3] *Documentos referentes al comercio entre España y Rusia durante el siglo XVIII.* Premio de Investigación «Ciudad de Barcelona». Barcelona 1971. Obra mecanografiada, 424 pp.

[4] Véase el apartado sobre las fuentes de este trabajo.

cipios del XIX, he añadido un primer capítulo que representa un pequeño resumen de mis dos primeras obras.

Apenas finalizada esta investigación, yo soy la primera insatisfecha. En el apretado juego diplomático de principios del siglo XIX, se hace dificilísimo, dada la inmensa profusión de documentos que se presenta al historiador, desentrañar el hilo de Ariadna que nos permita hallar «la clave» decisiva de tal o cual gestión diplomática.

En lo que hace a la política española, las cosas aparecen bastante claras. El historiador contempla, una vez más, la desgraciada impotencia que hubo de presidir a la mayoría de las gestiones en política exterior. Inútil la lucha por pasar a formar parte del «Concierto Europeo», que correspondía al país después de la Guerra de la Independencia, inútil también el esfuerzo para salvar a la América española. Pero dentro de esta situación, no parece descabellado atribuir a Fernando VII un deseo sincero de salir de la crisis mediante la amistad que parecía brindarle el zar de Rusia, Alejandro I.

Ahora bien, si los motivos que impulsaban al soberano español a buscar un aliado en el emperador ruso tienen como base una situación de penuria, la pregunta no resulta tan fácil si la formulamos así: ¿qué buscaba Alejandro I en sus relaciones con el rey de España?

Creo que aquí se imponen varias consideraciones. Por una parte, el deseo de participar en un posible «reparto» de las colonias españolas de América, en el mismo grado que Inglaterra o los Estados Unidos, desempeñó un papel importante en estas relaciones. Pero por otra parte, hay que reconocer que el zar y sus ministros se mostraron a menudo sorprendidos ante las reiteradas demandas de ayuda por parte de Fernando VII, y que no tenían siempre las cosas muy claras en lo que se refería a sus relaciones con España. Por mucho que Alejandro I necesite aliados en sus enfrentamientos con Metternich o Lord Castlereagh, el zar de Rusia no dejará nunca de considerar a Fernando VII como un aliado de segundo orden, incapaz de estabilizar al país después de la Guerra de la Independencia. La política represiva del rey de España desagradaba en alto grado al zar, quien, llevado por su afán místico, había fundado la Santa Alianza. Ahora bien: los devaneos liberales de Alejandro I estaban en franca contradicción con muchas de sus orientaciones básicas, tanto en política exterior como interior, y de ello se resintieron también las relaciones entre ambos países. Esta circunstancia dificulta una clara inteligencia de la época y, de rechazo, una narración diáfana de los hechos. Pero Alejandro I fue, al cabo, también víctima de su propia política: mientras el zar acude a los diversos Congresos de la Restauración, con vistas a proteger las dinastías europeas de los grupos conspirativos y revolucionarios, se fragua en su propio imperio la Primera Revolución Rusa de la Época Contemporánea, más conocida bajo el nombre de Sublevación Decembrista (1825).

Y es que las revoluciones que han sacudido a la Europa postnapoleónica no pueden dejar de salpicar al Imperio ruso. De todas ellas ninguna había de causar mayor impacto entre los liberales rusos que la sublevación de Riego, del año 1820. El penúltimo capítulo de este trabajo viene consagrado al estudio de dicho impacto.

Muchos han sido los que me han ayudado a vencer las dificultades que para mí representaba la elaboración de un estudio de este alcance, realizado las más veces con documentación que se hallaba fuera de España, sobre todo en lo que se refiere a las fuentes rusas. Quisiera, en primer lugar, agradecer a la Dirección General de Relaciones Culturales del Ministerio de Asuntos Exteriores su interés por la publicación de esta obra, y el haberlo hecho posible, en particular a su director general don Miguel Ángel Carriedo, y a su subdirector, don Mariano Alonso Burón. El señor Alonso Burón ha tenido una participación definitiva en la publicación del presente trabajo, por lo que le estoy muy agradecida. Pero también quiero recordar que, anteriormente, se habían interesado por su lanzamiento don Eugenio Bregolat y Obiols, excelente conocedor del mundo ruso, y uno de nuestros primeros representantes en la Unión Soviética, tras reanudarse las relaciones en 1977; así como los embajadores en Moscú, don Luis Guillermo Perinat, marqués de Perinat, y don José Luis Xifra. A todos ellos doy las gracias por su interés. También deseo expresar mi agradecimiento a don Cristóbal Aragón, agregado de España en Bruselas, por el interés que demostró siempre por mi trabajo, y a los profesores José María Jover y Ángel Viñas, por sus recomendaciones en vistas a esta publicación. Asimismo quiero nombrar a dos pioneros de los estudios eslavos en España: don Augusto Vidal (q. e. p. d.) y su hija Elena, profesora de ruso de la Universidad de Barcelona, quienes siempre me brindaron su colaboración. En segundo lugar, mi gratitud de autora va hacia quienes me ofrecieron su ayuda para obtener el material necesario para la redacción de este trabajo: los Archivos Españoles Histórico Nacional, General de Simancas, el Archivo del Ministerio de Asuntos Exteriores, la Biblioteca Nacional, la Universitaria de Barcelona y la Central de Cataluña. Pero también a los profesores e investigadores del Instituto de Estudios de Europa Oriental de la ciudad de Munich, así como también a los catedráticos del Instituto de Europa Oriental de la Universidad de Munich. Agradezco, asimsimo, la colaboración prestada por la Sección de Europa Oriental de la Biblioteca del Estado Bávaro, de una gran riqueza, y sin cuya constante ayuda no hubiese podido realizarse este trabajo.

En el año 1974 visité la Unión Soviética y tuve ocasión de trabajar en la Biblioteca Lenin y en su importante Sección de Manuscritos. En todo momento la colaboración de los profesores e investigadores del Instituto de Historia Universal de Moscú fue de gran ayuda. Los profesores Požarskaja, Dodolev y Družinina me brindaron siempre su ayuda. Las conversaciones que mantuve con ellos fueron para mí un gran estímulo. Quiero asimismo hacer constar que dicho viaje a la Unión Soviética fue financiado por la Fundación Alexander von Humboldt, de Bonn-Bad Godesberg, de la cual era becaria en aquel momento. Tanto a su secretario general, el doctor Heinrich Pfeiffer, como a sus subdirectores, los doctores Thomas Berberich y Dietrich Papenfuss, agradezco su interés y la generosa ayuda que me brindaron en todo momento. La parte española de dicha investigación fue financiada por una beca del Ministerio de Educación y Ciencia.

Finalmente, mi gratitud va a mi amiga Asunción Gabriel, de la Sección de Lenguas Germánicas de la Universidad de Barcelona, por la paciencia con que me ayudó a solventar los detalles técnicos, así como a la doctora Christine Gerstenecker, que asumió con igual benevolencia la última revisión del manuscrito.

Por último, algunos detalles técnicos. Los nombres rusos en nuestro texto están transcritos según el uso internacional, es decir, el que utilizan los propios autores rusos al transcribir sus libros en caracteres latinos. En cuanto a las fechas, indico las occidentales que corresponden al calendario gregoriano, y entre paréntesis o en barra, las fechas del calendario juliano, que estuvo en vigor en Rusia hasta 1917. Por lo demás, he traducido al castellano los textos rusos que se mencionan en esta obra.

Quisiera hacer una última advertencia. Como el lector podrá apreciar, no me ha sido posible investigar personalmente en los archivos rusos. Sin embargo, las fuentes impresas utilizadas son de una riqueza y una variedad tal que creo haber solventado esta dificultad.

ANA MARÍA SCHOP SOLER

Madrid y Munich, junio de 1984.

FUENTES

A) *ESPAÑOLAS*

1) Archivo Histórico Nacional. Madrid.

Sección de Estado.

Archivo de la Junta Central Suprema Gubernativa del Reino y del Consejo de Regencia. Legs. 52-H, 71-B, 22-A, 22-B, 82-A, 82-B.

Correspondencia de la Secretaría de Estado con los embajadores de España en San Petersburgo. Legs. 6 123 a 6 139. Legajos varios, 2 849, 2 579, 3 444-1, 5 308, 5 319, 5 525, etc.

Correspondencia con los Consulados españoles de San Petersburgo, Riga y Odessa. Legs. 3 392, 4 582, 4 631, 4 639, 4 644, 3 417-14, 3 455, 6 220, 8 352.

Además los legajos 2 821, 4 602, 4 613, 4 623, 4 627, 5 908, 5 932.

2) Archivo del Ministerio de Asuntos Exteriores. Madrid.

En dicho archivo se conserva la correspondencia de los embajadores españoles en San Petersburgo a partir del año 1834. He consultado los primeros legajos de dicha correspondencia (año 1834), que encierran cartas del representante en la corte rusa Juan Manuel Páez de la Cadena.

En dicho archivo se conserva también una parte de la correspondencia del embajador español en Constantinopla en 1780, Juan de Bouligny, en la Sección correspondiente al Antiguo Archivo de la Embajada Española cerca de la Santa Sede, legajos 449-460.

3) Biblioteca Nacional. Madrid.

En la Sección de Manuscritos, pueden consultarse los papeles de la *Regencia de Urgel.* En particular, algunas cartas de Fermín

Martín de Balmaseda fueron de suma importancia (años 1822 y 1823. Manuscrito 1867).

En la Sección de Raros, los diarios:

El Fanal, de los días 26 de noviembre y 30 de noviembre de 1812 (R/2 4561).

Diario de Tarragona, del 1 de diciembre de 1808 (R/2 4561).

4) MUSEO NAVAL. MADRID.

Vázquez Figueroa, José, *Apuntes concernientes al segundo ministerio del Excmo. Sr. D. José Vázquez Figueroa (...) del Consejo de Estado de S.M., Secretario de Estado y del Despacho Universal de Marina de España e Indias* (Manuscrito 432).

5) ARCHIVO GENERAL DE INDIAS. SEVILLA.

Sección de Estado.
Legs. 88, 101, 110.

6) ARCHIVO GENERAL DE SIMANCAS. VALLADOLID.

Sección de Estado.
Correspondencia del Duque de Liria con el embajador español en Viena José de Viana, Leg. 6 613.
Correspondencia del Vizconde de La Herrería con el Marqués de Grimaldi, año 1765. Leg. 6 627; Leg. 6 642.
Correspondencia del embajador español en San Petersburgo, José de Onís, con Madrid, Leg. 4 650.

7) ARCHIVO DE LA JUNTA DE COMERCIO DE BARCELONA.

Balanza de Comercio 264.

8) ARCHIVO DE HISTORIA DE LA CIUDAD DE BARCELONA.

Fondo Comercial. Legs. A-83, B-206, B-218.

9) BIBLIOTECA CENTRAL (BIBLIOTECA DE CATALUÑA). BARCELONA.

Folletos Bonsoms.
Arcas, Matías Jorge de, *Memoria sobre la alianza de España con Rusia y la gratitud que los Españoles deben al Emperador Alexandro,* dada a luz... Madrid 1814 (núm. 1685).

Breve Resumen o Historia de la última campaña de Buonaparte en Rusia..., Palma de Mallorca, Imprenta de Felipe Guasp, 1814 (núm. 2360).

Circular traslladant un Decret de 2 de Setembre ratificant l'accord d'aliança entre Espanya i Rússia (núm. 4099).

Representación hecha a S.E. la Diputación Provincial de Barcelona, para que se observe la ley de Prohibición de Granos extranjeros, aunque admitiéndolos libremente en los puertos de depósito, Barcelona 1822 (núm. 6468).

10) BIBLIOTECA UNIVERSITARIA. BARCELONA.

Gaceta de Madrid. Años 1814-1817.

B) *RUSAS*

1) VNEŠNJAJA POLITIKA ROSSII XIX I NAČALA XX VEKA. DOKUMENTY ROSSIJSKOGO MINISTERSTVA INOSTRANNYCH DEL (VPR).

(La política exterior de Rusia en el siglo XIX y principios del siglo XX. Documentos del Ministerio Ruso de Asuntos Exteriores.)

De esta importantísima colección de documentos, he utilizado principalmente los volúmenes I a VIII de la Serie Primera (Moscú 1960-1972), y los volúmenes I a IV de la Segunda Serie (Moscú 1974-1982).

Contiene esta publicación buena parte de la correspondencia cruzada entre los ministros rusos de Asuntos Exteriores N. P. Rumjancev y K. R. Nesselrode, así como la del propio zar Alejandro I con los representantes rusos en el extranjero, además de numerosos documentos del Consejo de Estado, y de la Compañía rusoamericana. La mayoría de estos documentos están redactados en francés, algunos también en ruso; los he traducido al castellano, siempre que ha sido necesario. Dicha documentación, bien apoyada en numerosísimas notas a pie de página, permite tener una excelente visión de conjunto sobre la política exterior rusa de la época. A partir del volumen III de la segunda serie, los documentos cruzados con la embajada rusa en Madrid aumentan, lo que permite suponer que España iba ganando en interés, por los motivos que fuese, para la política rusa.

2) SBORNIK IMPERATORSKAGO RUSSKAGO ISTORIČESKAGO OBŠČESTVA (SBORNIK).

(Miscelánea de la Sociedad Imperial Rusa de Historia).

Esta importantísima colección de documentos procedentes de diversos archivos rusos, consta de 145 volúmenes. El último de ellos se publicó en 1914, cuando San Petersburgo era ya Petrogrado. He utilizado principalmente los tomos 40, 54, 78, 83, 88, 89, 98, 112, 119, 121, 122, 127, 131.

Trátase en la mayoría de los casos de la correspondencia de los embajadores rusos en el extranjero (así, por ejemplo, la de Tolstoj, o la de Pozzo di Borgo, en París), de los papeles de importantes magnates rusos, como los Condes A. A. Zakrevskij, A. I. Černyšev; de las cartas cruzadas entre el emperador Nikolaj I y su hermano Constantino, etc., y hasta de numerosas epístolas de los representantes franceses en San Petersburgo.

3) ARCHIV GOSUDARTSVENNOGO SOVETA.

Archivo del Consejo de Estado.

Especialmente los volúmenes 3 y 4 (Sanktpeterburg, 1878-1881). En dichos volúmenes aparecen las decisiones de dicho Consejo durante el reinado de Alejandro I.

4) ARCHIV GRAFOV MORDVINOVYCH.

Archivo de los Condes Mordvinov.

Contiene documentos procedentes de la ilustre familia de los Mordinov, que fueron activos participantes en los negocios de la Compañía Ruso-Americana, así como grandes almirantes del Imperio. Principalmente, los volúmenes 4, 6 y 9 (Sanktpeterburg, 1902-1903), que ofrecen datos sobre el comercio ruso.

5) ARCHIV KN. VORONCOVA.

Archivo de los Príncipes Voroncov.

Especialmente los volúmenes 9, 11, 13, 14 y 17 (Moscú, 1876-1880), que encierran —entre otros— la correspondencia del embajador ruso en Londres Semen Romanovič Voroncov con su hermano Aleksandr Romanovič, en su día Ministro de Asuntos Exteriores de Alejandro I.

6) ARCHIV RAEVSKICH.

Archivo de la familia Raevskij.

He utilizado únicamente el volumen I (editado en San Petersburgo en 1908 por V. L. Modzalevskij), en donde aparecen cartas sobre la probable invasión de España, después del Congreso de Verona.

7) VOSSTANIE DEKABRISTOV. DOKUMENTY (VD).

(La insurrección de los Decembristas. Documentos).

Esta edición fundamental de las Actas del Proceso de los Decembristas se inició en el año 1925, para conmemorar el Centenario de la Revolución Decembrista. Dicha colección consta de 12 volúmenes; el último se publicó en 1969. La primera parte de la edición, hasta 1927, corrió a cargo del historiador A. A. Pokrovskij, los últimos han sido editados por M. V. Nečkina, especialista en esta cuestión.

8) GRAND DUC NICOLAS MICHAJLOVIČ: LES RAPPORTS DIPLOMATIQUES DE LEBZELTERN, MINISTRE D'AUTRICHE A LA COUR DE RUSSIE (1816-1826) (LEBZELTERN).

No habrá que ponderar la importancia de esta obra que encierra la correspondencia cruzada entre el representante de Metternich en la capital rusa, con el canciller austríaco. Asimismo se hallan en ella numerosas referencias a cartas de Alejandro I.

Por lo demás, todas las obras del Gran Duque Nikolaj Michajlovič (vid. bibliografía) han sido de fundamental importancia para mi investigación.

C) OTRAS FUENTES

ARCHIVIO DEL SOVRANO ORDINE GEROSOLIMITANO (ASOG), ROMA.

Documentos relativos a las relaciones entre la Orden de Malta y el zar de Rusia Pablo I, Sección G, Cartón 3.°

2

SIGLAS

AGI	*Archivo General de Indias*. Sevilla.
AGS	*Archivo General de Simancas*. Simancas (Valladolid).
AJCB	*Archivo de la Junta de Comercio de Barcelona*.
AHC	*Archivo de Historia de la Ciudad de Barcelona*.
AHN	*Archivo Histórico Nacional*. Madrid.
AHR	*American Historical Review*.
AMAE	*Archivo del Ministerio de Asuntos Exteriores*. Madrid.
ASEER	*American Slavonic and East European Review*.
ASOG	*Archivio del Sovrano Ordine Gerosolimitano*. Roma.
AVPR	Archiv Vnešnej Politiki Rossii (Archivo de la Política Exterior de Rusia).
BAE	Biblioteca de autores españoles desde la formación del lenguaje hasta nuestros días.
BEC	Biografía eclesiástica completa bajo la dirección de Basilio Castellanos de Losada.
BHi	*Bulletin Hispanique*.
BN	Biblioteca Nacional.
BRAH	*Boletín de la Real Academia de la Historia*.
CODOIN	Colección de Documentos Inéditos para la Historia de España por el marqués de la Fuensanta, D. José Sancho Rayón y D. Francisco de Zabalburu.
DTC	*Dictionnaire de Théologie Catholique contenant l'exposé des doctrines de la Théologie Catholique, leurs preuves et leur Histoire*.

EHR	*The English Historical Review.*
HAHR	*The Hispanic American Historical Review.*
HHStA	*Haus-, Hof-, und Staatsarchiv.* Wien.
HZ	*Historische Zeitschrift.*
La IEA	*La Ilustración Española y Americana.*
leg.	legajo.
JBfGOE, NF	*Jahrbücher für Geschichte Osteuropas, Neue Folge.*
LEBZELTERN	Grand- Duc Nicolas Mikhailowitch: Les rapports diplomatiques..., ministre d'Autriche à la cour de Russie (1816-1826). Skt-Peterburg.
METTERNICH	Aus Metternich Nachgelassenen Papieren. Herausgegeben vom dem Sohne des Staatskanzlers Fürsten Richard Metternich-Winneburg geordnet und zusammengestellt von Alfons von Klinkowstrom T. I-IV. Wien 1880-1884.
NNI	*Novaja i Novejšaja Istorija, Moskva (La Historia Moderna y Contemporánea).*
PHR	*Pacific Historical Review.*
PSZ	Polnoe sobranie zakonov Rossijskoj Imperii. Sobranie 1-e (Colección completa de Leyes del Imperio ruso).
RABM	*Revista de Archivos, Bibliotecas y Museos.*
RAK	Russko-Amerikanskaja Kompanija (Compañía ruso-americana).
RBS	*Russkij Biografičeskij Slovar' (Diccionario biográfico ruso).*
RH	*Revue Historique.* París.
RHD	*Revue d'Histoire Diplomatique.*
RHi	*Revue Hispanique.*
RHM	*Revue d'Histoire Moderne.*
SBORNIK	Sbornik Imperatorskago Russkago Istoričeskago Obščestva (Miscelánea de la Sociedad Imperial Rusa de Historia). Skt-Peterburg.
SEER	*The Slavonic and East European Review.*
VD	Vosstanie Dekabristov (La Insurrección de los decembristas).
Vestnik LGU	*Vestnik Leningradskogo Universiteta (Boletín de la Universidad de Leningrado).*
VI	*Voprosy Istorii (Cuestiones de Historia).*

VPR	Vnešnjaja Politika Rossii XIX i Načala XX Veka. Dokumenty Rossijskogo Ministerstva Inostrannych Del. Moskva (La política exterior rusa en el siglo XIX y principios del siglo XX. Documentos del Ministerio Ruso de Asuntos Exteriores). Moscú.
ZfO	*Zeitschrift für Ostforschung.*

Capítulo I

LOS ANTECEDENTES EN LA DIPLOMACIA EUROPEA

1. *Los primeros intentos: Pedro I y el Cardenal Alberoni* [1]

El presente trabajo no da margen para detallar las relaciones entre España y la lejana Moscovia durante los siglos XVI y XVII, por lo que me limitaré a señalar los contactos más significativos entre ambos estados durante la mencionada época. Como fácilmente se puede suponer, la distancia existente no facilitó relaciones seguidas, ya fuese a nivel estatal o privado, antes del siglo XVIII, pero sí cabe destacar que tanto para el Gran Ducado Moscovita como para la Corona Española, existía un punto común en política exterior: era éste el afán por frenar el avance del poderío turco. Los Grandes Duques moscovitas intentaron hallar aliados en Europa Occidental, con intención de formar una alianza entre todos los príncipes cristianos y así, en el año 1525, enviaron sus embajadores al emperador Carlos V, con vistas a renovar un antiguo tratado entre el Gran Duque Vasilij y Maximiliano de Habsburgo. No sabemos en qué quedó esta misión, pero más adelante fue Felipe II, quien intentó conseguir que Iván IV el Terrible (o mejor traducido el Amargo) entrase a formar parte de la Liga antiturca. El historiador Lamanskij afirmó que las victorias de Ivan Groznyj contra los turcos y los tártaros en Kazań y Astrachań en

---

[1] Para este capítulo, remito al lector que desee saber más detalles a mis dos obras *Die spanisch-russischen Beziehungen* y *Las relaciones entre España y Rusia.*

1552 y 1556 eran debidas a la ayuda proporcionada por el rey de España que había firmado una alianza secreta con el moscovita[1a].

Durante el siglo XVII, los contactos diplomáticos se intensificaron. La necesidad de hacer frente a las invasiones turcas impulsó, una y otra vez, a los zares a buscar aliados en Europa Occidental, y la corona española, a pesar de los descalabros sufridos en los últimos años, aún era un aliado codiciado en este aspecto. Así, en el año 1667, el zar Aleksej Michajlovič (1645-1676) envió al emisario («stol'nik» o funcionario) Petr Ivanovič Potemkin a España. Este —inmortalizado por Carreño de Miranda— era portador de un mensaje de amistad para el ya fallecido Felipe IV, y tenía como misión explicar el alcance de la tregua sellada con Polonia en Andrusovo (1667), así como abogar por la firma de una alianza contra los turcos[2]. Mas los deseos rusos se hallaban en franca contradicción con la política antibelicista de Carlos II y el mal estado de la hacienda española.

En el año 1680 tuvo lugar una segunda embajada de Potemkin a España, esta vez en compañía de otro funcionario, el d'jak Stepan Polkov, en el momento en que los turcos arrasaban Ucrania y que el Ducado Moscovita necesitaba soldados y dinero. Sus gestiones en vistas a obtener subsidios cerca de Carlos II tampoco se vieron coronadas por el éxito ni las que realizaron en el año 1688 Jakov Fedorovič Dolgorukov, Jakov Efimovič Myšeckov y Kirill Alekseev[3].

Con el advenimiento de Pedro I el Grande (1689-1725)[4], y a raíz de su autoproclamación en tanto que Emperador, las relaciones entre España y Rusia entraron en una nueva fase. Ya no se trataba ahora de hacer frente a los turcos. Para el zar de Rusia, los enemigos en aquel momento eran los suecos[5], y su gran anhelo era transformar definitivamente a Rusia en una potencia de peso en Europa, capaz de convertirse en un aliado respetado. En España, el Cardenal Alberoni, que intentaba hacer frente en

---

[1a] Vid. Lamanskij, pp. 185-186.

[2] Un relato de esta embajada puede leerse en la *Drevnaja Rossijskaja Vivliofika* 2 (1884), pp. 69-136. El texto del mensaje dirigido a Felipe IV por Aleksej Michajlovič está reproducido en Vavilov, *Putešestvija*, pp. 426-427. Véase la respuesta de la corte española, redactada en latín en Bantyš-Kamenskij, *Obzor*, p. 162.

[3] Véase Bantyš-Kamenskij, p. 163; Krylova, p. 328.

[4] Véase la excelente biografía de Wittram.

[5] Sobre la llamada guerra del Norte, 1700-1721, véase Tarle, *Severnaja vojna*. En lo que hace referencia a Suecia, vid. Jägerskiöld, *Sverige*.

aquel momento a la Cuádruple Alianza (Francia, Holanda, Inglaterra y el Imperio, mayo de 1716 a enero de 1717) se percató de que si conseguía pacificar a Rusia con Suecia, se podría llegar a formar una coalición con rusos, suecos, y los jacobitas con sus seguidores en Escocia, capaz de hacer frente a la Cuádruple, e intentar un desembarco en Inglaterra.

No podemos detallar aquí las maniobras del Cardenal, durante el Congreso de Åland, reunido en mayo de 1718, con el fin de concertar una tregua entre rusos y suecos [6], ni tampoco la actuación del embajador español en La Haya, Berreti-Landi, quien en agosto de 1718, entregó un proyecto de alianza al embajador ruso, Kurakin [6a]. Pero, sí vale la pena destacar, que, tras la derrota de la flota española en el cabo Passaro, Pedro I hizo cuanto estuvo en su mano para salvar la alianza con España, más, seguramente, por lo que podía representar en su lucha contra Suecia, que por ayudar a España. De todos modos, las negociaciones entre Rusia, Suecia, y España quedaron interrumpidas, a raíz de la muerte de Carlos XII de Suecia, a la que siguió en 1719, la caída de Alberoni [7].

Mucho más desapercibidos debieron pasar por aquel entonces los esfuerzos que realizó Pedro I para fomentar el tráfico comercial con el sur de Europa —y concretamente con España— y aumentar el numerario del estado ruso. Sabido es que Pedro I, quien había visitado en su juventud Holanda, Inglaterra y el Imperio (1696) y quien sentía gran pasión por las ciencias náuticas, inició una etapa de despliegue diplomático y comercial, desconocido hasta el momento en la historia rusa. Tras su victoria en la llamada guerra del Norte (Paz de Nystad, 1721) y la transformación del Ducado Moscovita en un «Imperio Ruso Universal», Pedro se otorgó el título de «Pedro el Grande, Padre de la Patria, Emperador de todas las Rusias» [8]. Exactamente en aquel momento, el zar puso en marcha el intercambio comercial con España, con la esperanza de poderle suministrar el material necesario para la construcción de barcos, de que España carecía. En el verano de 1721, Pedro I ordenó a un agente suyo llamado Petr Ivanovič Beklemišev que viajara a España de incógnito para indagar las posibili-

---

[6] Vid. Carpio, *España*, p. 116.

[6a] Vid. Solov'ev, *Istorija Rossii*, T. 9, p. 261 y sig.

[7] Véase para estas circunstancias los comentarios del Marqués de San Felipe en **BAE 99**.

[8] Para estos pormenores, vid. Wittram, *ob. cit.*, T. 2, p. 462 y sig.

dades mercantiles entre ambos países [9]. Pero lo que interesaba verdaderamente al soberano ruso, según nos apunta el historiador Boris Kafengauz [10], eran los metales preciosos, el oro y la plata, que llegaban de América. En este aspecto, el viaje de Beklemišev tenía una finalidad muy concreta: averiguar hasta qué punto era posible extraer solapadamente los metales preciosos de España y de qué manera los mercaderes extranjeros comerciaban ilegalmente con las tierras suramericanas [11].

Los informes de Beklemišev desde Cádiz, descubiertos por la historiadora Krylova, debieron causar impacto en el ánimo del zar, porque se apresuró a ordenar a su embajador en Madrid, Sergej Dmitrievič Golicyn, la exacta información de los asuntos económicos españoles [12]. En efecto, la facilidad con que ingleses y holandeses lograban sacar los metales preciosos de Cádiz —la mayoría de las veces con la ayuda de los comerciantes locales o de los aduaneros— impresionó a Pedro I y a su emisario. Durante la estancia de Beklemišev en Cádiz —decía éste— se hallaban 6 barcos holandeses anclados en la bahía, y «su estancia ya se ha prolongado durante seis meses» [13].

Fueron por lo tanto motivos muy concretos los que impulsaron a Pedro I a nombrar en noviembre de 1723 cónsules rusos en Cádiz. Fueron éstos Jakov Mateevič Evreinov, Aleksej Vešnjakov, así como el Príncipe Ivan Andreevič Ščerbatov, que debía asumir la dirección del Consulado [14]. Mientras tanto, el gobierno español había entregado al embajador ruso en Madrid, Golicyn, un proyecto de intercambio comercial, redactado por Francisco Perrata, del que, desgraciadamente, casi nada sabemos [15]. Pero, tanto el proyecto de Perrata como los informes de Golicyn, debieron interesar mucho a Pedro I, porque en el verano de 1724 intentó, con ayuda de los informes de los funcionarios del Colegio de Comercio, crear una compañía que fomentase el tráfico comercial entre España y Rusia [16].

---

[9] Sobre el inicio de relaciones comerciales con España y las correspondientes reacciones en Francia, vid. SBORNIK, T. 40, pp. 266-267.

[10] Vid. Kafengauz, p. 149.

[11] Uljanickij, pp. 114-115, no tuvo en cuenta este aspecto en su obra.

[12] Vid. Uljanickij, p. 113.

[13] Vid. Krylova, pp. 343-345.

[14] Vid. PSZ, núm. 4286; Wittram, *Peter*, T. 2, p. 46; Uljanickij, p. 115.

[15] Mencionado por Krylova, pp. 346-348.

[16] Uljanickij, pp. 128-131; Krylova, p. 348.

Resulta difícil aclarar por qué esta compañía no llegó a crearse, pero el deseo de Pedro I de fomentar el comercio directo entre ambos países ya no podía frenarse. A finales de 1724, el zar ordenó que partieran hacia España tres barcos con mercancías «estatales y de los comerciantes» («s tovarami kazennymi i kupečskimi»), «sin importar cuán grande pueda ser la pérdida por cada mercancía, con el fin de iniciar el comercio» («no tol'ko čtob kommercija byla začata»). En los barcos debían viajar además unos cuantos comerciantes («chozjaeva»: propietarios) «para aprender el comercio» («dlja obučenija sego torgu»)[17].

Se iniciaba así el movimiento mercantil entre ambos países, que debía desarrollarse a lo largo de los siglos XVIII y XIX, a pesar de que nunca llegó a alcanzar el florecimiento que tuvo con otros países.

Pero, mientras tanto, a finales de 1724, ya se había formado en Cádiz una pequeña colonia de mercaderes rusos, compuesta por el Cónsul Evreinov, y sus ayudantes, y por el comerciante Lev Semenikov, a cuyo nombre habían partido las mercancías de Rusia, y que debía también dirigir su venta. En mayo de 1725, el barco «Devonšir» y las fragatas «Amsterdam' Gol'e» y «Krondelivde» zarparon de Reval en dirección a Cádiz, al mando del capitán Ivan Michailov, y de los oficiales Michail Kišelev y Matis Frem. Las mercancías a bordo de los barcos se habían seleccionado con ayuda de los informes de Sčerbatov, Beklemišev y Golicyn, en el supuesto de que eran necesarias en España. Consistían éstas principalmente en lonas y lino para barcos, hierro de Siberia, bombas, granadas, áncoras, chatarra, además de sogas, pieles, cera y alquitrán de Vyborg. El «Devonšir» tenía 34 cañones y una tripulación de 100 hombres. Un tercio de las mercancías era de origen estatal, dos tercios de propiedad privada[18].

Sino que su destino y el de los intentos de fomentar el tráfico comercial entre ambos países fue bien distinto al que había soñado su promotor. A finales de enero de 1726 falleció en Cádiz el comerciante Semenikov, a cuyo nombre estaban consignadas las mercancías, siendo confiscadas éstas a su arribo por el Tribunal de la Santa Cruzada (aunque más tarde fueron devueltas a Golicyn). Es verdad que Golicyn había cursado escritos a la administración española, en los que pedía para los productos rusos la con-

---

[17] Uljanickij, p. CXV y p. 138.
[18] Idem, pp. CXI-CXVIII.

cesión de los mismos privilegios arancelarios que poseían daneses y suecos. En el curso del verano de 1725, el embajador obtuvo respuestas satisfactorias, que hacían prever una rápida firma de un tratado comercial hispano-ruso. Pero la muerte de Pedro I puso fin, de momento, a aquellos primeros intentos [19].

2. *La embajada del duque de Liria y el proyecto de unión de las Iglesias de Bernardo de Ribera, O. P.*

Tratar aquí ampliamente de la misión del duque de Liria [20] en la corte rusa (1727-1730) quedaría fuera del marco de este trabajo. Pero sí es necesario señalar que con ella quedó de manifiesto una vez más el interés de la política española por una posible alianza con Rusia. En aquellos momentos, dividida Europa en dos bloques, uno hispano-austríaco y otro anglo-francés, la postura que Rusia decidiera adoptar era de gran importancia para la hegemonía de uno de ellos. La instrucción entregada a Liria recuerda los planteamientos de Alberoni y los del barón de Ripperdá, y apuntaba a la necesidad de un desembarco ruso en Inglaterra «para volver al trono al rey Jacobo y restablecer el equilibrio de Europa». Además, Liria debía iniciar gestiones para tramitar un convenio especial hispano-ruso, concebido «en otros términos más adaptados a la distancia de nuestros dominios y diversos empeños...» [21]. El deseado acuerdo no llegó a firmarse, porque a mediados de 1727 se produjo un «arrangement» entre el Imperio, Francia e Inglaterra, que conduciría al Congreso de Soissons y que brindaba muy escasas posibilidades al embajador. Pero sí es interesante observar que el intento de la política española para concertar un acuerdo con Rusia o las potencias nórdicas resurgirá cada vez que se presente una situación apremiante. Asimismo, años más tarde, Godoy sacará partido de todos los antecedentes que Floridablanca le dejó en herencia.

Se impone aquí, por lo curioso del caso, hacer un breve relato de otra actividad de Liria en Moscú, que nada tuvo que ver con diplomacia, le costó numerosísimos disgustos y enturbió las relaciones entre ambos países durante años. Me refiero a la actividad

---

[19] Vid. sobre estos pormenores Uljanickij, pp. 147-152.

[20] Sobre Liria, vid. *Diario*, en CODOIN, T. 93, y al final de este capítulo una lista de sus obras y de las de Bernardo de Ribera.

[21] *Instrucción de lo que Vos el Duque de Liria y Xérica...*, en CODOIN, Tomo 93, p. 383.

«ecuménica» de Liria y de su capellán de embajada, Bernardo de Ribera, O. P.[22]. En efecto, desde la época de «apertura» a Europa, inaugurada por Pedro I, circulaban a menudo rumores de una posible reunión de las Iglesias Romana y Ruso-Ortodoxa, sin olvidar que, por aquel entonces, la Iglesia Católica también se hallaba a menudo confrontada con nuevos movimientos religiosos, como por ejemplo, el jansenismo.

Digamos solamente, en lo que hace a nuestro relato, que tanto jansenismo como protestantismo, habían hecho mella entre algunos miembros de la alta nobleza rusa, sobre todo, entre aquellos que, por las razones que fuera, estaban más en contacto con el mundo occidental[23].

Por otra parte, el duque de Liria, nieto del pretendiente al trono inglés, Jacobo II Stuart, parecía estar predestinado para defender los intereses de la Iglesia Católica en Rusia, y llevar a cabo una misión de reconciliación entre ambas Iglesias. Pero lo que Liria parecía ignorar era cuán quebradizo era el terreno que intentaba pisar, precisamente en un momento en que la Iglesia Ruso-Ortodoxa, profundamente conmovida por las reformas de Pedro I, quien la había sometido a un fuerte control estatal, intentaba defenderse enconadamente ante cualquier intromisión externa[24].

Muy difícil es también elucidar si la mencionada actividad de Liria vino condicionada por órdenes de España o de Viena, a través del embajador José de Viana y Eguiluz, y si, por lo tanto, el círculo de personas que estaban informadas era mayor del que se supone[25]. En todo caso, parece que Liria recibió aviso de que la princesa Irina Petrovna Dolgorukova, hija del senador Petr Alekseevič Golicyn y esposa del embajador ruso en La Haya, Sergej Petrovič Dolgorukov, se había convertido al catolicismo en Holanda en el año 1727[26]. Pero lo que Liria ignoraba era que Irina estaba profundamente influenciada por el jansenismo, en particular por cierto Jubé de la Cour[27], párroco de un pueblo cercano a París, que la acompañó a Rusia.

---

[22] Vid. sobre él el artículo de Gordillo en *DTC*, T. 14, p. 351, y en T. 21, páginas 724-726 de la BEC.

[23] Para estos pormenores vid. Pierling y Préclin.

[24] Sobre las relaciones entre Pedro I y la Iglesia rusa vid. Wittram, *ob. cit.*, Tomo 2, pp. 170-194.

[25] La correspondencia entre Liria y Viana se halla en *AGS, Estado*, leg. 6 613.

[26] Vid. Pierling, p. 309 sig.; Préclin, p. 454 sig., así como Pastor, *Geschichte*, Tomo 15, p. 631 sig.

[27] Sobre Jubé vid. Pastor, *ibidem*, p. 632.

Como todas las observaciones de Liria, sus juicios sobre la situación religiosa de la sociedad rusa en aquel momento, eran una mezcla de realismo y de pura especulación, pero sus actividades no debieron pasar inadvertidas, porque la mayoría de historiadores serios de la Iglesia rusa, tales como Pierling o Tolstoj, han confirmado sus andanzas.

Como quiera que sea, Liria se prestó a colaborar en la redacción de un proyecto de unión de las iglesias: el paso definitivo tuvo lugar el 1 de marzo de 1729 (v. es) [28]. En una casa de campo, propiedad del hermano de Irina Dolgorukova, se reunieron en secreto, Liria, Jubé, y unas cuantas personas más, cuyos nombres se desconocen. Pierling acusó a Liria de estar él también influenciado por el jansenismo, sin que se pueda demostrar la veracidad de esta afirmación. En todo caso, allí se redactó un escrito que ponía de relieve las ventajas espirituales y materiales de una reunión de las iglesias. La participación exacta de Liria en la redacción del opúsculo es desconocida, pero parece ser que una de las resoluciones que se tomó fue poner en conocimiento de lo acaecido a personalidades importantes de la vida religiosa rusa, e intentar eliminar las reformas «occidentales» de Pedro I. En cambio, el campo de actuación escogido por su capellán de embajada, Bernardo de Ribera, fue algo diferente. Se dedicó principalmente al aspecto teológico de su misión. Ribera, que procedía sin duda de Barcelona y se autodenominaba «missionario apostolico», redactó varios opúsculos, que han llegado hasta nosotros, y que dio a conocer a la sociedad rusa. Hay que dejar planteada la cuestión de saber si Ribera conocía exactamente cuál era la situación en aquellos momentos de la Iglesia Ortodoxa rusa, a la que Pedro I había impuesto un «Reglamento o Estatuto del Colegio Espiritual» [29], redactado fundamentalmente por Feofan Prokopovič, rector y profesor de la Academia de Kiev, y nombrado más tarde metropolita de Pskov y luego de Novgorod (1681-1736). Ribera defendió en su obra, titulada *Catechetica Confessio*, que la supremacía del Pontífice romano procedía de derecho divino. Además aprovechó la ocasión para enviar los primeros capítulos de su obra al propio Feofan Prokopovič [30]. Evidentemente, el prelado ruso no contestó a estos envíos, pero sabemos que en el año 1730 reinaba un serio

---

[28] Vid. Izvěkov, pp. 61-74.
[29] *Reglament ili ustav duchovnoj kollegii.*
[30] Vid. *AGS, Estado,* leg. 6 613.

conflicto entre ambos, porque Liria, en una carta conservada en la Biblioteca Casanatense de Roma, y dirigida al cardenal Belluga, nos da cumplida cuenta de ello [31].

Algo mas tarde, Ribera intervino en un debate entre miembros de la jerarquía ortodoxa rusa, entre quienes se abrían paso en aquel momento, tendencias protestantes. El dominico español redactó otro opúsculo, conservado asimismo en la Biblioteca Casanatense, en el que defendía una vez más sus conocidas tesis (noviembre 1728) [32].

La actividad de Liria y de su capellán de embajada no podía sino causar mala impresión en la corte rusa. En el año 1730 había subido al trono Anna Ivanovna, que había sido duquesa de Curlandia; esta condición obligaba a la zarina a profesar gran proselitismo ortodoxo para hacer olvidar a sus súbditos que había vivido largo tiempo entre «herejes» [33]. Pero, en realidad, Anna Ivanovna sentía gran simpatía hacia Prokopovič y abrigaba sentimientos protestantes. La actividad de Liria y Ribera no podía sino serle muy desagradable. La corte rusa acusó a Ribera de haber discutido en público con Prokopovič [34]. Ello no impidió a Liria redactar un nuevo proyecto de tratado entre España y Rusia, pero, como era de suponer, tal proyecto jamás llegó a discutirse y Liria se despidió con palabras amargas de su embajada: «... esta Corte, a donde se puede enviar por ministro a cualquiera que el rey quiera castigar...» [34a].

3. *La Neutralidad Armada de 1780. Las implicaciones de la crisis de Nootka y la guerra ruso-sueca de 1790*

La proyección de la política española en dirección al norte de Europa cobró nueva actualidad, gracias a la iniciativa del conde de Floridablanca, al estallar la guerra con Inglaterra en 1779. En efecto, el ministro no se engañó sobre el verdadero alcance que la intervención de Rusia podría tener en la contienda, tanto más cuanto que las defecciones de Francia, a pesar de los Pactos de

---

[31] *Biblioteca Casanatense, Roma, Miscell. X: III, 37.*
[32] *Responsum anti-apologeticum ecclesiae catholicae contra calumniosas blasphemias Joannis Francisci Buddei nomine evulgatas in orthodoxos Latinos et Graecos..., etc.* Vid. final de este capítulo.
[33] Sobre la época de Anna Ivanovna vid. Korsakov.
[34] Vid. Izvěkov, p. 70.
[34a] Vid. CODOIN, T. 93, p. XV.

Familia, se iban haciendo cada vez más patentes. Por otra parte, ni Prusia ni Austria —esta última arruinada a consecuencia de la guerra de Siete Años— estaban en condiciones de prestar ayuda eficaz a Inglaterra, teniendo en cuenta, además, que el desenlace de la guerra de Sucesión de Baviera revestía para dichos países centroeuropeos mayor importancia que las desavenencias en América. Para Rusia, en cambio, cuyos primeros intentos de establecimiento en California se conocían ya en 1761, una alianza con Inglaterra podía representar grandes ventajas. Y nada hubiera impedido que Inglaterra ofreciese a Catalina II, a cambio de un apoyo eficaz durante la contienda, un reparto de los territorios españoles en América [35].

Dadas las circunstancias, era, pues, necesario un reajuste de la política española hacia Rusia, y Floridablanca puso todo su empeño en realizarlo. En la «Instrucción Reservada... del 8 de julio de 1787»; en el «Memorial Presentado al Rey Carlos III y repetido a Carlos IV, 10 de octubre de 1788», y, finalmente, en el denominado «Testamento Político del conde de Floridablanca» —un conjunto de relaciones escritas desde Hellín, entre el 6 de marzo y 14 de abril de 1792, después de la primera liquidación del equipo de gobierno carlotercista— hallamos especificados los motivos y las razones invocados por el ministro para justificar su actuación frente a Rusia [36].

Al analizar estos documentos se comprobará fácilmente que la política del ministro español se encaminó, no solamente a impedir por todos los medios que Inglaterra lograse concertar una alianza con Rusia [37], sino también a presionar al gobierno ruso para que adoptase una postura que favorecía netamente los intereses de España.

Con otras palabras, la famosa «Neutralidad Armada» proclamada por Catalina II en febrero de 1780, no fue solamente —como se ha interpretado con frecuencia— consecuencia del interés ruso

---

[35] La instrucción del Marqués de Almodóvar, embajador en San Petersburgo de 1761 a 1763, hacía ya referencia a una posible complicidad de rusos e ingleses en los asuntos de América. Vid. la correspondencia diplomática del Marqués de Almodóvar en CODOIN, T. 108, p. 14.

[36] Vid. *Instrucción Reservada* y el *Memorial* en BAE, T. 59, pp. 213-272 y 307-350. El *Testamento Político* se encuentra en el AHN, *Estado*, leg. 2 816 y fue editado junto con algunos comentarios por el profesor Rumeu de Armas en 1962.

[37] Vid. *Instrucción Reservada*, núm. CCCLXX.

en proteger el comercio y la marina mercante, sino también un acto de carácter político, cuya finalidad era mantener en jaque a Inglaterra y cuya realización corrió a cargo de los representantes españoles en San Petersburgo, conde de Lacy y Pedro Normande [38].

Aquel éxito —si bien compartido con Francia [39]— aumentó el prestigio de la corte española en San Petersburgo durante el trienio que transcurrió desde la proclamación de la Neutralidad Armada hasta la paz de París (1783). Por el contrario, para Inglaterra, cuyas relaciones con Rusia eran de fecha mucho más remota, aquella proclamación constituyó un serio descalabro. El embajador ruso en Londres, Semen Romanovič Voroncov, no dudó, más tarde, en considerar que el año 1780 había sido el punto de partida de la quiebra de la tradicional amistad anglo-rusa [40].

Dos factores decisivos obligaron a Floridablanca desde finales de 1789 a principios de 1792 a efectuar un reajuste de la política exterior: el primero —y para él primordial— la creciente confusión de la situación francesa, que exigía mantener contacto con los representantes de los diversos «partidos» e imposibilitaba cualquier acción diplomática conjunta. El segundo factor, a nivel internacional, fue el aislamiento de la corona española, puesto repentinamente de relieve a raíz de unos incidentes con los ingleses en la bahía de San Lorenzo de Nootka. La noticia del incidente de Nootka llegó a Madrid en enero de 1790 y dio origen a una serie de cartas de protesta por parte del gobierno español, que fueron entregadas en Londres por el embajador Bernardo del Campo.

Dadas las circunstancias, había que desechar la posibilidad de una guerra, y Floridablanca hubo de percatarse de que no le quedaba más alternativa sino la de firmar un tratado con Inglaterra que regulase las condiciones de pesca, navegación y comercio en el Pacífico (28 de octubre de 1790) [41].

El incidente de Nootka había puesto al descubierto, con todas sus implicaciones, la debilidad de la situación española, a partir

---

[38] Véanse sobre las gestiones de los dos embajadores mi obra *Die spanisch-russischen Beziehungen*, pp. 85 a 107.

[39] Gracias a la actuación del enviado francés, el Chevalier de Corberon.

[40] Carta de Semen Romanovič Voroncov a su hermano Aleksandr Romanovič, 1-13 de diciembre de 1791, publicada en *Archiv Kn. Voroncova*, T. 9, página 229.

[41] Vid. Cantillo, *Tratados*, pp. 623-625. Este autor cita asimismo un *Plan de lo que conviene hacer en las circunstancias actuales de España con la Inglaterra*, pp. 627-628, en donde se lee: «Atraer a la Rusia, como ya se ha empezado a hacer, y la Dinamarca.»

del momento en que se veía obligada a renunciar al apoyo de su aliado francés. Será entonces, a mediados de 1790, cuando la crisis alcance su punto culminante, que surgirá en la mente de Floridablanca el proyecto de una nueva alianza con las potencias nórdicas capaz de remediar la penuria en que se hallaba España y que, además, amenazaba repetirse constantemente.

Floridablanca se enfrentó con una situación que recordaba, en cierto modo, las vicisitudes de la época del cardenal Alberoni: encendida la contienda entre Rusia y Suecia a orillas del mar Báltico, se hacía preciso, primero, apaciguar aquel sector, antes de proponer a dichas potencias la formación de una alianza. Y también, como en tiempos de Pedro I, el Imperio zarista debía combatir, a la vez, a dos enemigos: suecos y turcos.

Para la diplomacia española, empero, aquellas hostilidades ofrecieron un ventajoso campo de actividad. Los representantes en San Petersburgo y en Estocolmo, Miguel de Gálvez e Ignacio María del Corral, recibieron de la Secretaría del Estado las instrucciones correspondientes [42]. El presente trabajo no da margen para investigar detalladamente la actuación de los citados embajadores, a la par que su colega Juan de Bouligny intentaba en Constantinopla un esfuerzo similar [43].

Los intentos de negociar la paz bajo mediación española se frustraron, desgraciadamente, debido a la negativa sueca de abandonar a sus aliados, los turcos. Además, el nuevo favorito de Catalina II, Arkadij Ivanovič Markov, convenció a la emperatriz de que Rusia debía exigir de Suecia mucho más que un mero intercambio de prisioneros, como proponía Gálvez [44]. Por otra parte, la victoria sueca de Svenskasund hizo posible que Gustavo III liquidase con honor una guerra, para cuya continuación carecía de medios. La paz entre Rusia y Suecia se firmó en Werelä, en agosto de 1790, sin mediación alguna.

Si hemos aludido al proyecto de alianza nórdica del ministro de Carlos III, ha sido porque simboliza la persistencia de una po-

---

[42] Floridablanca a Corral, 18 de septiembre de 1790, en *AHN, Estado*, leg. 4 602.

[43] Sobre este singular personaje, Juan de Bouligny, embajador español en Constantinopla en 1780, vid. mi obra *Die spanisch-russischen Beziehungen*, páginas 163-170. Además parte de su correspondencia en el Antiguo Archivo de la Embajada de España cerca de la Santa Sede, hoy en el *AMAE*, legs. 449 a 460.

[44] Vid. Gálvez a Floridablanca, en *AHN, Estado*, leg. 4 639.

lítica exterior española: en efecto, aquel intento de alianza se presentó en aquellos momentos —difíciles las relaciones con Francia y hostiles con Inglaterra— como una tercera solución, una tercera vía, al margen de los enemigos con que se enfrentaba España. Es decir, un camino iniciado al abrirse la centuria y que el propio Godoy tendrá que recorrer: sólo habrá que escoger el momento oportuno para intentar ponerlo en práctica.

4. El trasfondo de la paz de Basilea

a) RUSIA Y EL MEDITERRÁNEO. Durante su primera gestión, es decir, de 1792 a 1795-96, Godoy desarrolló un interesante despliegue diplomático en el que, la cuestión mediterránea desempeñó un papel importante. En efecto, el 1 de octubre de 1793, el embajador Onís escribió desde San Petersburgo que la Orden de Malta estaba dispuesta a permitir que Rusia estableciera «una especie de escuela o depósito en el Mediterráneo»[45]. Al mismo tiempo, se recibieron despachos del embajador en la Santa Sede, José Nicolás de Azara, según los cuales la paz en el Mediterráneo se halla amenazada[46]. Lo inesperado de aquellas noticias impulsó a Godoy a indagar la postura de la corte rusa. En su despacho del 31 de diciembre de 1793, Onís dio cuenta de una entrevista sostenida con el canciller del Imperio, Aleksandr Andreevič Bezborodko. Éste le le comunicó que Catalina II seguía fiel a su principio de ayudar a los realistas en Francia; que «en consecuencia trabajaba actualmente a mover a las potencias del Norte a que hagan causa extrínseca con las otras contra Francia»; y que trataba de convencer a Prusia de que no abandonase a los coaligados. Al expresar Onís su confianza de que Rusia tendría a España al corriente de sus planes, respondió el canciller, un poco sorprendido, que la emperatriz «...tiene comunicadas sus ideas sobre este asunto al rey de Inglaterra»[47].

Al examinar la trayectoria que indujo a Godoy a firmar la paz de Basilea habrá que tener en cuenta, entre muchos pormenores, estas manifestaciones del canciller ruso. Posiblemente, Godoy las

[45] José de Onís al duque de La Alcudia, San Petersburgo, 1 de octubre de 1793, núm. 49 (AHN, Estado, leg. 4 627).

[46] Vid. Corona Baratech, José Nicolás de Azara, p. 335.

[47] José de Onís al duque de La Alcudia, San Petersburgo, 31 de diciembre de 1793 (AHN, Estado, leg. 4 627).

interpretó como una prueba de desconfianza por parte de Inglaterra para con su aliada española. No resultará difícil comprender, una vez Rusia e Inglaterra hubieron firmado una alianza (1795) y ante la progresiva penetración de la primera en el Mediterráneo, que Godoy intentara solventar la crisis por otros medios. Vinieron, además, en apoyo de su decisión, la dificultosa situación militar, las crecientes defecciones en la coalición, así como las insinuaciones de Prusia, según las cuales el restablecimiento de la antigua amistad con Francia sería ventajoso para España *(Memorándum de Sandoz-Rollin*, 15 de mayo) [48].

b) Las posibilidades del comercio español con Rusia. En cambio, los esfuerzos de Rusia para lograr la adhesión de España a la alianza fueron numerosos. La correspondencia de José de Onís es reveladora en este aspecto. Los rusos tenían un medio excelente para presionar a Godoy. Desde hacía mucho tiempo —prácticamente desde los albores del reinado de Carlos III— España había intentado firmar un tratado de comercio con Rusia, que le garantizase las mismas ventajas en los impuestos de aduanas de que gozaban Inglaterra y Holanda [49]. La política de Godoy no fue, en ese aspecto, ninguna excepción. Además, el consulado español en San Petersburgo, a cuyo frente se hallaba desde el año 1786 don Antonio de Colombí, estaba en inmejorables condiciones para informar convenientemente del desarrollo del comercio ruso, del estado del intercambio con España y de los medios con que se podía fomentarlo, ya que el propio Colombí era gerente de una casa de comercio, que él mismo había fundado [50]. De hecho, se habían alcanzado ya algunas ventajas arancelarias en algunos puertos de Rusia. Catalina II, por ejemplo, concedió franquicia durante el año 1792 a todos los vinos que la Hermandad de Viñeros de Málaga enviara a Kronštadt [51]. El resultado fue, como era de esperar, un incremento del comercio con Rusia y un saldo favorable a España: el 2 de octubre de 1792, el vicecónsul, Felipe de Amat, dio cuenta de que

---

[48] Citado por Cantillo, *ob. cit.*, p. 659.

[49] Vid. el desarrollo del intercambio comercial con Rusia durante el siglo XVIII en Schop Soler, *Die spanisch-russischen*, pp. 194-205.

[50] Antonio de Colombí se trasladó a San Petersburgo en 1773 y murió en la misma ciudad en 1811. Vid. sobre sus actividades diplomáticas y comerciales los capítulos II y IX de este trabajo. Los despachos de Colombí dando cuenta de la situación del comercio español con Rusia se encuentran la mayoría en el *AHN, Estado*, legs. 3 392, 4 631, 4 639.

[51] Vid. *AHN, Estado*, leg. 4 623.

las importaciones españolas en aquel puerto sumaban «8 ó 900.000 rublos» y consistían en vinos de Málaga, de Cataluña y de San Lúcar de Barrameda. Las exportaciones rusas a España eran trigo, tablazón, hierro, lonas y cáñamo: «... de modo», decía Amat, «que la balanza quedara en favor de la España en 600.000 [rublos]...». Y concluía el vicecónsul: «... Resulta ser uno de los años en que nuestra contratación en este puerto ha sido más activa, debido a la franquicia de la Emperatriz...» [52].

Godoy, no bien hubo llegado al poder, manifestó su interés por el incremento del comercio con Rusia y quiso informarse «por su cuenta». Entre los documentos que dan fe de esa aserción, destacaremos dos que, por su alcance y envergadura, nos parecen adecuados.

Se trata, en primer lugar, de una *Memoria sobre los conocimientos más necesarios para los españoles que se dediquen al Comercio de Rusia*, redactada por el vicecónsul Felipe de Amat en 1793 [53], y en segundo, del *Informe Mendizábal*, un extenso estudio sobre *Los medios de aumentar el comercio de España en Rusia*, que Blas de Mendizábal, nuevo vicecónsul, envió a Madrid a finales de 1796, siguiendo órdenes de Godoy [54].

Al expreso deseo del favorito se debió, sin duda, que Felipe de Amat emprendiera en 1793 un dilatado viaje por el sur de Rusia, por Ucrania y, en particular, por la península de Crimea. El resultado de sus indagaciones fue objeto de la *Memoria*, que acabamos de mencionar. En ella, quedaban especificados, además del balance comercial de los puertos de Rusia, los principales artículos de importación y exportación, las monedas en curso, los pesos y medidas, las aduanas, los tribunales, los modos de «hacerse las expediciones en los Puertos de Rusia», etc. Pero la conclusión más rotunda a que llegaba Amat era que España no había explotado aún completamente, ni de mucho, las posibilidades que le brindaba

---

[52] Felipe de Amat al conde de Aranda, San Petersburgo, 2 de octubre de 1792, núm. 26 *(AHN, Estado, leg. 4 623)*.

[53] Dicha *Memoria* fue remitida a Godoy por José de Onís en 26 de noviembre de 1793 *(AHN, Estado, leg. 4 631)*. Otro de sus informes se refería a la marina rusa y llevaba por título: *Noticias del Estado actual de las Fuerzas Navales del Imperio de Rusia en el Mar Negro, y en el de Azoff, y de los establecimientos principales que tiene allí hechos (AHN, Estado, leg. 4 631)*.

[54] Este informe sobre los *Medios de aumentar el Comercio de España en Rusia* formaba parte de la respuesta que Mendizábil envió a Godoy «Sobre los puntos contenidos en una Nota remitida por el Excelentísimo Señor Príncipe de la Paz» (30 de diciembre de 1796, *AHN, Estado, leg. 4 582)*.

el intercambio comercial con Rusia. Ello se debía principalmente a que España no ponía mayor cuidado en pedir la exclusiva de exportación a Rusia de aquellos géneros que le eran comunes con otras naciones, y en impedir que se aprovecharan de ello los extranjeros [55].

Nuestra segunda fuente, el *Informe Mendizábal*, aclaraba puntos no menos importantes. De él se desprendía que el intercambio comercial con Rusia padecía de dos graves dolencias. La primera consistía en que el transporte de mercancías se efectuaba —a excepción de los vinos— a bordo de navíos extranjeros, lo que acarreaba un considerable aumento en el precio de los fletes. La segunda era causa determinante de la primera y residía en la ausencia casi total —con una sola excepción— de casas de comercio españolas en los puertos del norte «... sin embargo, de las proporciones que hay...». A ello se debía que el comerciante español vendiese sus producciones de España o de América a los extranjeros.

En otras palabras, y según los informes de ambos cónsules, el intercambio de mercancías con Rusia no tenía el desarrollo que debía por falta de facilidades arancelarias y comerciales.

Para paliar aquel desorden, Godoy había cursado ya órdenes a Onís, en septiembre de 1794, instándole a que no omitiera medio alguno para lograr la firma de un tratado de comercio y navegación, cuyo proyecto había sido redactado por Antonio Colombí y enviado a Madrid en julio de aquel mismo año [56]. Desgraciadamente, no nos ha sido posible hallar una copia de él, pero sí sabemos que el cónsul español lo presentó a los rusos para que lo examinaran [57].

---

[55] Según las estimaciones de Amat, el estado de las importaciones y exportaciones españolas para el año 1790 en los principales puertos de Rusia era el siguiente:

	Importaciones (en rublos)	Exportaciones (en rublos)
San Petersburgo	440.477	123.623
Riga	62.254	342.154
Pernau	?	73.911
Reval	22.940	?
Narva	241.713	?
Archangelsk	?	23.472

[56] *AHN, Estado*, leg. 3 392.
[57] Ídem.

El tratado de comercio se convirtió pronto en el eje alrededor del cual se polarizaron las relaciones entre ambos países. No cabe dudar que los españoles habían puesto sus esperanzas en la conclusión de dicho tratado, que debía garantizarles una reducción en los derechos arancelarios, especialmente en lo referente a los vinos. Y los rusos, que no lo ignoraban, se valieron, como era de esperar, del deseo español, para presionar a Godoy a que accediese a la alianza anglo-rusa.

Por aquellos días, sin embargo, Godoy había iniciado ya conversaciones de paz con los representantes franceses por mediación de Domingo Iriarte (marzo de 1795), por lo que ordenó a Onís que no volviese a hablar del tratado de comercio [58].

5. *El problema de Malta y la política legitimista de Pablo I*

Todo se encaminaba, pues, en aquellos momentos a aumentar la tensión entre España y Rusia. Una vez más, el problema de Malta será, desde finales de 1795 a finales de 1796, la nueva piedra de toque de la discordia. En efecto, cundió el asombro en París, Madrid, Viena, Roma y Nápoles al difundirse la noticia de que la Orden de Malta había enviado un embajador a San Petersburgo, el bailío Giulio Renato Litta de Visconti-Arese [59]. Aquel nuevo avance ruso en el Mediterráneo alarmó a Godoy. Cuando el 1 de marzo de 1796, Onís comunicó que Litta estaba negociando con la emperatriz la formación de un gran priorato ruso y que Catalina hablaba de prestar ayuda financiera a la decadente orden [60], Godoy ordenó:

> ... Que se respete lo de la encomienda, pero de momento que la Emperatriz no se establezca en el Mediterráneo. Avise cuanto averigüe (30 de abril de 1796) [61].

La coyuntura mediterránea amenazaba, pues, con transformarse en un serio problema internacional. Porque era evidente que

---

[58] *AHN, Estado,* leg. 3 392.

[59] Vid. Monterisi, *Storia politica e militare,* T. 1, p. 200; y la biografía de Greppi, *Un gentiluomo milanese,* p. 40 sig.

[60] Onís al Príncipe de la Paz, San Petersburgo, 1 de marzo de 1796, núm. 26 *(AHN, Estado,* leg. 4 631).

[61] El Príncipe de la Paz a Onís, Aranjuez, 30 de abril de 1796 *(AHN, Estado,* leg. 4 631).

detrás de los rusos, se escondían los ingleses, sus aliados[62]. Un establecimiento ruso en aguas cercanas a España hubiese equivalido a una nueva amenaza inglesa.

Habrá que tener en cuenta tales matices al estudiar los pormenores que condujeron desde la paz de Basilea (julio de 1795) a la alianza de San Ildefonso (agosto de 1796), y sobre todo, al enjuiciar las consecuencias que acarrearon estos tratados.

Por lo demás, no será difícil adivinar la impresión que causó en la corte de San Petersburgo la noticia de la alianza de San Ildefonso: «... Nuestra alianza con los Franceses» —escribió Onís el 18 de octubre de 1796— «ha disgustado a extremo a esta Corte y el conde de Ostermann habla de ella en términos poco decentes. Aquí se continúa a excitar a todas las potencias a hacer la guerra a la Francia»[63]. Muy pronto, la política de Godoy encontró su repercusión inmediata en el ámbito de las relaciones comerciales entre ambos países: el 4-15 de noviembre de 1797, Blas de Mendizábal dio cuenta de que en el nuevo arancel de aduanas «los derechos de España se aumentan... a 3 rublos por pipa al paso que no se hace novedad en los de Portugal...»[64].

Cuando Pablo I pase a ocupar el trono ruso en noviembre de 1796, faltarán dos años escasos para la primera caída de Godoy. Entretanto, en España se llevó a cabo la llamada «reorganización ministerial» de 1797, que integró al gobierno las figuras de Gaspar Melchor de Jovellanos y de Francisco Saavedra, representantes del ideal reformador e ilustrado carlotercista, deseosos, en política exterior, de equilibrar la alianza francesa, protegiendo a Portugal e impidiendo la cesión de la Luisiana.

A los ojos de Pablo I, sin embargo, la actitud «conciliadora» de España y de Europa entera, que había permitido a Bonaparte realizar un amplio despliegue militar gracias al tratado de Campo Formio (octubre de 1797), era totalmente inaceptable[65]. Es con un trasfondo de ideal legitimista por parte del emperador que hay que interpretar su reacción ante la famosa ocupación de las islas

---

[62] La alianza anglo-rusa se había firmado a finales de 1795, vid. *Istorija SSSR*, I, 3, p. 547.

[63] José de Onís al Príncipe de la Paz, San Petersburgo, 18 de octubre de 1796 *(AHN, Estado, leg. 4613)*.

[64] Blas de Mendizábal al Príncipe de la Paz, San Petersburgo, 4-15 de noviembre de 1797 *(AHN, Estado, leg. 4582)*.

[65] Vid. Greppi, *Révélations diplomatiques sur les relations de la Sardaigne avec l'Autriche et la Russie*, p. 59.

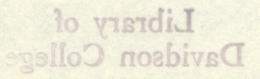

de Malta y Gozzo por Bonaparte. En efecto, como ya hemos señalado, la Orden de Malta, cuya situación económica era cada vez más precaria, venía ejerciendo desde 1796 una creciente influencia en la corte zarista, al punto de conseguir la creación de un Gran Priorato ruso, que debía englobar las encomiendas del antiguo priorato polaco, caídas en manos de Catalina II después de las diversas particiones (enero de 1797) [66]. De tal forma, las rentas anuales de la Orden se hubiesen visto considerablemente incrementadas. En agosto de 1797, Pablo I y el Gran Maestre Hompesch ratificaron aquella convención [67].

Más aún: en aquella misma sesión, el Gran Consejo de la Orden no encontró medio mejor para agradecer al zar su comportamiento que declararle «Protector» de la Orden, al mismo tiempo que se nombraba al bailío Litta embajador permanente en San Petersburgo [68]. Fue entonces, a raíz de la ocupación de Malta por Bonaparte y para neutralizar la acción llevada a cabo por los franceses, cuando el emperador adoptó una de las más insólitas resoluciones de su reinado: hacerse elegir por los miembros del Gran Priorato ruso, Gran Maestre de la Orden de Malta (27 de octubre-7 de noviembre de 1798) [69]. Este acontecimiento dio lugar a que se fraguase una gravísima situación internacional.

Negóse España, tanto por razones políticas como religiosas, a conceder a Pablo I el nuevo tratamiento. Saavedra mandó comunicar inmediatamente a Joaquín Onís que la «proclamación estaba en términos indecorosos» (diciembre de1798) [70]. Por lo demás, ya en septiembre de 1798, los miembros del Gran Priorato de Castilla y de León habían reiterado su fidelidad al Gran Maestre Hompesch, que se hallaba refugiado en Trieste [71], y a quien el emperador Francisco II, en el momento de cristalizar la Segunda Coalición, había obligado a dimitir para evitar un enfrentamiento con el zar.

---

[66] Vid. Greppi, *Un gentiluomo*, p. 40 sig.
[67] Vid. Pierling, *La Russie et le Saint Siège*, T. 5, p. 256.
[68] Ídem.
[69] Vid. *ASOG, G. Carton 3*, núm. 62. El texto decía así: «Paul I... prenait tout le Corps bien intentionné de l'Ordre sous Sa Suprême direction... invitant les autres langues et Grands Prieurés et chacun des Membres... d'accéder à cet Acte... pour but de la conservation de ce louable Institut et le rétablissement de son ancienne splendeur...»
[70] Joaquín de Onís a Francisco de Saavedra, San Petersburgo, 19 de febrero de 1799, núm. 93 *(AHN, Estado, leg. 3 392)*.
[71] Vid. Pierredon, *Histoire politique*, T. 1, p. 221.

Se comprende, que, además de la decisión de los prioratos españoles de seguir reconociendo al maestre Hompesch, España reclamase del Papa «la séparation des biens de Malthe, en Espagne, du chef-lieu de l'Ordre»[72]. Pero, al denegar Roma la petición, Madrid tomó la resolución «de ne plus reconnaître, en ce qui concerne les biens de Malthe situés en Espagne, l'union avec aucun Grand-Maître résidant à Malthe, de quelque manière qu'il soit élu...»[73]. Más tarde, el 20 de enero de 1802, Carlos IV incorporará «à sa couronne les langues et assemblées d'Espagne de l'Ordre religieux de St. Jean de Jérusalem» y se proclamará Gran Maestre en sus estados[74].

La postura de la corte española, que rehusaba declararse ciegamente antifrancesa y la oposición que los prioratos españoles mostraron en conceder al zar el tratamiento de Gran Maestre, provocaron la irritación de Pablo I, que se dejó arrastrar a uno de los actos más discutidos de su reinado: la declaración de guerra a España (15 de julio de 1799)[75].

6. *Alejandro I y el proyecto español de alianza con Rusia*

Tras el «paréntesis» del reinado de Pablo I, pasó a ocupar el trono su hijo Alejandro I[76]. No fue fácil, para el joven monarca de veintitrés años tomar las riendas de su vasto Imperio.

Las circunstancias bajo las que había vivido el zar durante su juventud no habían sido muy propicias para forjar un carácter estable. Educado bajo los auspicios de su abuela, que quería perpetuar en él a la Rusia que ella había creado, Alejandro aprendió a conocer la filosofía de las «luces» a través de su preceptor, el suizo Frédéric César Laharpe, admirador de Bonaparte y de la nueva Francia[77]. Por otra parte, el heredero vivió el espectáculo de una corte dividida en dos bandos, el de la emperatriz y el de su propio padre. Alejandro se ocostumbró así muy pronto al difícil

---

[72] Vid. Pierredon, *ob. cit.*, T. 2, p. 4.
[73] Idem.
[74] Vid. *infra*, p. 48.
[75] Onís comunicó desde San Petersburgo: «La declaración de guerra del Zar Pablo ha hecho sensación» (*AGS, Estado*, leg. 4 650).
[76] Vid. para el conjunto de su reinado la biografía de Šilder, N. K., *Imperator Aleksandr Pervij*.
[77] Vid. la biografía de Boehtlingk, *Der Waadtländer Friedrich Caesar Laharpe*.

arte del disimulo, a esconder sus verdaderos sentimientos, mientras intentaba aparentar una gran seguridad en sus decisiones.

Sin embargo, la inseguridad caracterizó a menudo sus actuaciones en política exterior: su contemporáneo Metternich no anduvo muy lejos de la verdad al afirmar que Alejandro I acostumbraba a acariciar una idea durante dos años, durante el tercero la convertía en sistema, el cuarto año se vislumbraba una transformación, en el quinto se iniciaba el abandono.

Alejandro I, sin embargo, tuvo la inmensa suerte de poder rodearse de un grupo de colaboradores, que a su vez le protegieron de los asaltos del Senado. El denominador común de aquellos hombres, aparte de haber sido todos durante la penosa juventud de Alejandro, sus confidentes y amigos, era la educación liberal y afrancesada que habían recibido en Europa Occidental. Dadas estas circunstancias no será difícil comprender que Alejandro I y sus consejeros adoptasen primero una actitud de reconciliación hacia Francia, tanto más cuanto que el primer «afrancesado» fue, en este caso, el propio emperador. Un historiador ruso ha escrito que, en realidad, Alejandro «était le seul à professer une sympathie réelle pour la *France nouvelle*, issue de la Révolution», mientras que sus colaboradores se inclinaban mucho más hacia Inglaterra. Pero los que evidentemente sufrieron un descalabro fueron aquellos que habían preconizado «la alianza del trono y del altar» bajo Pablo I.

Alejandro I no tardó en dar muestras de sus buenas disposiciones y firmó la paz entre Rusia y Francia en octubre de 1801.

También se apresuró el zar a poner fin a todas las dificultades que la política de su padre había creado entre Rusia y España. El 1 (13) de julio de 1801, el negociador Markov recibió instrucciones para ponerse en contacto con el representante de España. Al leerlas, salta a la vista que Alejandro I tenía en aquel momento casi igual empeño en firmar la paz con España, que en recalcar a Bonaparte sus deseos de restablecimiento de una armonía general. Debía, en efecto, el embajador ruso actuar a través del ministerio francés [78].

Pero el astuto Markov, comprendiendo la ceguera de su joven amo ante la postura del Primer Cónsul, se guardó bien de comunicarse en lo más mínimo con el gobierno francés [79]. El tratado de

---

[78] Vid. Instrucciones a Markov en VPR, *I, 1,* pp. 41-42.

[79] A. I. Markov a Alejandro I, 1-13 octubre de 1801, en *Archiv Kn. Voroncova,* T. 14, p. 347.

paz entre Rusia y España se firmó el 22 de septiembre-4 de octubre de 1801 en París, sin mediación alguna [80].

Mientras tenía lugar en San Petersburgo la liquidación definitiva del equipo de Pablo I [81] y en España los primeros años del nuevo siglo habían visto la vuelta al poder del Príncipe de la Paz. En Rusia, los temas religiosos habían perdido actualidad. El emperador andaba más ocupado en restaurar la paz en Europa por todos los medios, ya fuesen diplomáticos o militares.

Si bien sabemos que no fue hasta el verano de 1802 cuando el soberano ruso empezó a recelar de Bonaparte, no escondió su disgusto ante la invasión de Portugal [82], que apuntalaba la hegemonía francesa. Y la sospecha de haberse llevado a cabo con la complicidad española, no era muy adecuada para fomentar la amistad entre ambos países. Por el momento, sin embargo, las conversaciones que desembocaron en la firma de los preliminares de Amiens parecían señalar un compás de espera.

No nos parecen muy acertadas las aserciones de Fugier respecto a la reacción de Godoy al enterarse de la firma de aquellos preliminares (octubre de 1801), quien considera aún más pueriles («plus puériles encore»): «les nouvelles combinaisons politiques qu'il échafauda à cette occasion» [83].

Las tales combinaciones quedaron reflejadas en una carta dirigida a la reina el 11 de octubre de 1801, que constituye, a nuestro parecer, uno de los documentos más propios para ofrecernos una visión de las directrices políticas del momento.

Después de haber puntualizado que la firma de la paz bajo las condiciones exigidas por Bonaparte resultaría desventajosa para España, proseguía Godoy que «se cede a la fuerza, no a la razón» por lo que convenía precaverse:

> poniéndonos en franquicia para enlazar nuestras relaciones con las Potencias cuyas costumbres en el día nos sean más análogas; la Rusia nos importa por el comercio, su marina naciente vendrá à ser respetable, la nuestra no la dá celos y sí la Inglesa y Francesa; debemos, pues, tomarnos la preferencia; la Prusia nos importa también, sus armas son respetables y quando renascan los humos de Federico, no

---

[80] Vid. texto del tratado en Cantillo, *ob. cit.*, pp. 701-702.

[81] Vid. Tatischeff, *Alexandre Ier*, p. 19.

[82] Carta de Alejandro I al embajador en Berlín, A. I. Krudener, 5/17 de julio de 1801, núm. 12, en VPR, *I, 1*, pp. 48-49.

[83] Vid. Fugier I, *Napoléon*, pp. 172-173.

dexará de afianzarnos la mayoría contra la Francia; en Italia, nada hay; los Franceses nos obligarán a dar la Luisiana, pero devemos escasearnos, rechazando sus demandas y dando por anulados los tratados; volver a la ... (ilegible) en que estaban las cosas antes de la Revolución... [84].

Tampoco nos parece que Lema llegase a calar el verdadero sentido de aquellas frases, comentando solamente que Godoy hablaba de «protestas, de nuevas alianzas y sabe Dios cuántas cosas más...».

Es con el trasfondo de la desatención del Primer Cónsul, ya en el transcurso de las conversaciones de paz, que deben interpretarse las palabras antes citadas del Príncipe de la Paz, pronosticando —pues sólo pronosticaba— que si las relaciones con Francia llegaban a torcerse seriamente, España debería tratar de concertar alianzas con aquellas potencias «cuyas costumbres» —entiéndase cuya política— les obligase a protegerse de Francia, y la primera, Rusia.

No hay nada falso o exagerado en lo que aducía Godoy, porque si se lee con atención la carta del 11 de octubre, se comprobará que puesto que acababa de hablar de comercio, su alusión a la «marina naciente» se refería, probablemente, a la naciente marina mercante rusa, que encontraba, por aquellas épocas, una seria competencia en la francesa y la inglesa. En cambio, la escasa participación de los armadores españoles en el intercambio comercial con Rusia, de la que hemos hablado en este capítulo, impulsaba a Godoy a decir: «la nuestra no la dá celos».

En cuanto a Prusia, bastará recordar que se mantuvo neutral durante la segunda coalición, para comprender que Godoy deseese que «renascieran los humos de Federico». Y por lo que hacía referencia a la Luisiana, culminó desgraciadamente su pronóstico en la venta de la provincia, que Bonaparte llevaría a cabo, a pesar de lo estipulado un año antes en el tratado de Aranjuez (marzo de 1801).

Cuando en el año 1803 lance Godoy un proyecto de alianza nórdica, habrá que recordar que el primer esbozo se hallaba ya en pie en 1801, en el momento en que serias desavenencias con los franceses le obligaron a reconsiderar toda su política. Entretanto, según había quedado estipulado en el tratado de París, procedióse en el año 1802 al intercambio de embajadores entre España y Ru-

---

[84] Godoy a María Luisa, 11 de octubre de 1801, en *AHN, Estado*, leg. 2 821.

sia. Se destinó para aquella misión al conde de Noroña[85], que llegó a San Petersburgo en agosto de 1802, mientras Alejandro I enviaba a Madrid al consejero Ivan Matveevič Murav'ev-Apostol.

La lectura de las instrucciones que se entregaron al embajador ruso (16-28 mayo 1802)[86] nos permitirá descubrir la idea inspiradora de Alejandro al iniciar la primera aproximación a España de su reinado. Ésta se reducía esencialmente a practicar una prudente táctica de observación en la corte española, pero dejando al mismo tiempo planteada la posibilidad de una colaboración más estrecha[87].

Las buenas disposiciones del emperador ruso hacia la corte española estaban en relación, no cabe dudarlo, con el primer desengaño que había sufrido la admiración inicial de Alejandro por Bonaparte. Por otra parte, en el gabinete ruso se había llevado a cabo una reestructuración, que había dado el poder a ministros incondicionalmente adictos a Inglaterra: el príncipe Aleksandr Romanovič Voroncov, un hermano del embajador en Londres; al príncipe Čartoryjskij, que consideraba un acuerdo entre Francia y Rusia como irremisiblemente nefasto para Polonia, etc.[88]. «No se puede ignorar» —explicaba el zar a Murav'ev— «que Inglaterra ha prestado a toda Europa muy importantes servicios, pues, con su firmeza, obstaculiza el éxito de la República Francesa...».

7. Las dos rutas de Godoy

El 1803 es el año cumbre de la «carrera» internacional de Godoy. A partir de marzo, cuando los síntomas de una ruptura entre Francia e Inglaterra se hacen cada vez más patentes[89], Godoy, repentinamente, se convierte en árbitro de la situación. Es una época de intensísima actividad diplomática, en que España figura en el

---

[85] Desgraciadamente, desconocemos las instrucciones de que era portador.

[86] Texto en VPR, *I, 1,* pp. 215-219. Nuestras citas son traducción del ruso.

[87] Como prueba de su buena voluntad, aducía el emperador que había dado orden a su embajador en Constantinopla, Tamara, para que no dificultara el paso de los barcos españoles por los Dardanelos. (Vid. VPR, *ídem,* página 216.) En efecto, Rusia podía actuar en este sentido desde que Pablo I había firmado en 1798 un tratado de alianza con la Puerta.

[88] Vid. *Istorija SSSR,* I, 4, p. 88.

[89] Vid. sobre esta cuestión, Brandt, *England und die napoleonische Weltpolitik.* El rey Jorge III de Inglaterra había calificado la paz entre Francia e Inglaterra de «experimental peace».

engranaje internacional como una pieza importante[90]. Para Francia, la situación no ofrece lugar a dudas: la Monarquía Católica es su aliada y debe seguir sus normas, aun al precio de grandes sacrificios. Para Inglaterra, el momento es decisivo, para intentar por última vez conseguir la neutralidad de España. Finalmente, hace su aparición en la escena un elemento nuevo: las potencias nórdicas, Rusia y Prusia, eje de una inédita experiencia diplomática, con vistas a formar un bloque de potencias neutrales.

¿Se dio cuenta Godoy de la oportunidad que ofrecía aquel momento o se limitó a escuchar las ofertas por pura vanagloria? Veámoslo.

Al mismo tiempo que ingleses y franceses llevaban a cabo maniobras en la corte española, se recibieron noticias en Madrid de que las cortes nórdicas intentaban efectuar una aproximación a España. Noroña comunicó el 6 de mayo que la corte rusa estaba dispuesta a concertar una alianza de neutralidad armada con España[91]; asimismo, el embajador en Berlín, Valencia, escribió el 31 de mayo que el ministro prusiano Haugwitz le había hecho aperturas similares[92].

No podrá, pues, decirse que le faltasen a Godoy recursos para hacer frente a las presiones francesas. El 29 de mayo-10 de junio de 1803, por ejemplo, Rusia y Prusia habían firmado una convención, a la que también debían adherirse el elector de Sajonia y el de Hessen, con vistas a hacer frente al despliegue francés en Hannover[93].

Ante la lamentable situación económica del país[94], reflejada en el constante descenso del valor de los vales reales y en el aumen-

---

[90] Grandmaison, *L'ambassade,* p. 244: «Madrid devenait un champ de bataille diplomatique où la France et l'Angleterre tentaient une dernière partie: les subsides futurs de l'Espagne formaient l'enjeu, Beurnonville et M. Frere tenaient les cartes.»

[91] Noroña a Cevallos, San Petersburgo, 6 de mayo de 1803, núm. 47. En cifra *(AHN, Estado,* leg. 5 908): «Veo a esta Corte dispuesta a hacer con la nuestra una alianza de neutralidad armada; lo que aviso a V. E. por si conviene esta noticia en las presentes circunstancias.»

[92] El 18 de junio, Valencia transmitió un aviso semejante: «... Haugwitz me ha repetido que está pronto a oír quanto le proponga y yo deseo ardientemente ser el instrumento de las luces y patriotismo de V. E....» *(AHN, Estado,* leg. 5 932).

[93] Vid. el proyecto del tratado en VPR, *I, 1,* pp. 442-444.

[94] El desastroso estado económico en que se hallaba España no escapaba a los gobiernos extranjeros. Pitt hablará más tarde de «l'intérieur de ce malheureux pays, dénué de toute ressource, avec une flote délabrée, etc.». En

to de la deuda pública, Godoy optó por intentar un acercamiento a las potencias nórdicas y ordenó a Valencia, en 27 de junio:

> pida mayores explicaciones al Mtro Prusiano, qᵉ le pregunte si por resultas de la invasión y ocupación del Hannover piensa tomar parte activa contra Francia de acuerdo con el gefe del Cuerpo Germánico; qᵉ el sistema de España es por la neutralidad... [95].

Algo, sin embargo, de grave alcance, parece haber impedido al Príncipe de la Paz abrazar definitivamente el sistema neutral en los meses que precedieron a la ruptura entre Francia e Inglaterra, es decir, de marzo a mayo. Y aún, después del estallido de las hostilidades, habrá que esperar la demanda francesa de subsidios para que Godoy intente eludir las exigencias de Napoleón y emprenda, durante la segunda mitad del año, alguna gestión diplomática con vistas a organizar un sistema de carácter neutral.

En primer lugar, habrá que destacar la desconfianza que merecían a Godoy las ofertas inglesas. En efecto, además de la cuestión colonial, el espinoso problema de Malta seguía provocando roces, sobre todo, desde que en enero de 1802 Carlos IV hubo incorporado a la corona las encomiendas de la Orden [96].

Por otra parte, el representante ruso en Madrid, Murav'ev, no puso demasiado esmero en desempeñar su cometido eficazmente, mezclándose en cambio en turbios asuntos financieros [97]. Y es muy probable que no tuviese mucha maña en explicar a Godoy el verdadero alcance de las promesas rusas [98].

En realidad, como ya hemos dicho, el motivo de la relativa pasividad con que Godoy reaccionó durante los meses anteriores a la ruptura merece algún comentario.

En este aspecto, las propias frases del Príncipe de la Paz, que Murav'ev citó en una carta al ministro ruso de asuntos exteriores,

---

cuanto a Godoy, achacaba todas las catástrofes a la «maldad de los Hombres». Véase, por ejemplo, una carta escrita a María Luisa el 20 de marzo de 1805 (AHN, Estado, leg. 2 821).

[95] AHN, Estado, leg. 5 932.

[96] La idea fue naturalmente de Godoy. Vid. Príncipe de la Paz, Memorias, en BAE, 88, p. 357.

[97] Vid. Fugier I, ob. cit., pp. 203-204.

[98] No sabemos, tampoco, si Murav'ev informó debidamente a Godoy de la deferencia que había tenido el zar de Rusia para con España al negarse, tal y como lo deseaba Inglaterra, a hacer gestiones cerca de Carlos IV para que reincorporase las encomiendas españolas a la Orden de Malta. Vid. Carta de A. R. Voroncov al embajador inglés en San Petersburgo, Worren, en VPR, I, 1, p. 393.

Aleksandr Romanovič Voroncov, nos parecen ser muy reveladoras. En aquel momento (4-16 de mayo de 1803), el estado de guerra entre Francia e Inglaterra era ya un hecho. Interrogado Godoy sobre la postura que España adoptaría, contestó el favorito que su deseo era mantenerse neutral:

> Le désir de la neutralité, m'a-t-il dit, sans espoir de la conserver, à cause du Portugal, qui deviendra pour nous un jour plus tôt ou un jour plus tard la pierre d'achoppement. Pour nous mettre en mesure de ce côté, ajouta-t-il, j'ai déjà donné ordre de renforcer le cordon de nos troupes sur la frontière de ce royaume avec défense aux officiers de s'absenter de leur poste... [99].

Reaccionando de manera acertada, el embajador ruso no pudo esconder su asombro ante aquellas palabras. En efecto, las medidas tomadas «vis-à-vis de ce faible voisin» le parecieron «absolument inutiles», con el agravante de que sólo servirían «à donner de l'ombrage à l'Angleterre, peut-être à se compromettre même avec cette puissance».

Al leer estas líneas tendremos que confesar que Murav'ev, quien no podía sospechar, ni remotamente, los futuros proyectos de Godoy, no podía sino calificar de absurda aquella inesperada defensa frente a Portugal. Pero a nosotros, que conocemos el final de la historia, nos es fácil comprender que lo que en aquellos momentos estaba surgiendo en la mente de Godoy era nada más que el primer esbozo de lo que se ha denominado el gran proyecto portugués del Príncipe de la Paz, a saber, la adquisición de un asentamiento propio e independiente en el país vecino que en junio de 1804 debería negociar el famoso Izquierdo. Y en cuanto a su convencimiento de que un reparto de Portugal representaba un golpe vital contra Inglaterra, quedará plasmado en una carta a la reina de 11 de abril de 1803, en que le daba cuenta de una entrevista con Frere:

> Me ha ocupado una hora; sus ideas sp⁰ las mismas, pero temen que yo desee ir a Lisboa; esta especie me ha dado margen para exigir la cesión de Jurumeña y lo he amenazado con los riesgos, si al tiempo de declararse la Guerra entre Francia e Inglaterra no estaba todo verificado; es inmenso lo que de aquí se ha ofrecido e imposible volverlo a escrivir; ablé de la Trinidad, Gibraltar, etc., como premio o

---

[99] Murav'ev-Apostol a A. R. Voroncov, 4/16 de mayo de 1803, en VPR, *I, 1*, páginas 427-429.

> recompensa a nuestra neutralidad en caso de guardarla; en fin, todo, todo se anduvo y Yo devo callar por q⁰ sería molesto lo contrario; tiempo habrá de hablar... [100].

Cuesta trabajo creer que si tales fueron las ofertas inglesas, el Príncipe de la Paz no las aceptara inmediatamente. Sólo podemos explicárnoslo por la pasión que le animaba contra Inglaterra, y, al mismo tiempo, por su deseo de abrirse paso en Portugal.

En los primeros días de agosto de 1803, una vez conocida la demanda de subsidios del Primer Cónsul para hacer frente a sus gastos de guerra, el Príncipe de la Paz inició un amplio despliegue diplomático para granjearse la amistad de las potencias neutrales. Sus gestiones se dirigieron hacia Rusia, Prusia y Portugal.

Ya hemos dicho que en la carta de Murav'ev, de mayo de 1803, traslucía la operación que debía culminar con el reparto de Portugal cuatro años después. Pero es que no más tarde que el 6 de agosto de 1803, el Príncipe de la Paz dio ya muestras de querer abrir las hostilidades contra el vecino país [101].

Considerando esta intención, resulta algo difícil comprender la nota que, por aquellos mismos días, Godoy dirigió a Carlos IV y que propugnaba la formación de un bloque internacional neutro entre Inglaterra y Francia. He aquí uno de los párrafos más interesantes:

> Quisiera que sobre bases sólidas y palabras de Rey, sin que la política ofensora del pundonor tenga mezcla en el tratado, se ajustase uno de amistad y alianza entre ese soberano, el de Rusia, Prusia y Portugal, por el qual, respetándose mutuamente sus propiedades, pudieran eludirse de la guerra actual y formar después de ella el equilibrio político, sin el qual no es posible alexen los males de las fuerzas que se subsederan en esta medida, deviendo en tal caso ajustarse las Potencias entre sí, reconocer y demarcar sus provincias, de suerte que a ninguna otra potencia fuese licito el insulto por su mayor poder, sino que, enlazadas entre si hiciesen causa común contra la que demandase sin razón ni fundamento [102].

Puesto que la respuesta del rey a «Manuel» era del 9 y 10 de agosto, no cabe duda que la mencionada minuta puede fecharse a

---

[100] Godoy a María Luisa, 11 de abril de 1803 *(AHN, Estado,* leg. 2 821).
[101] Godoy a María Luisa, 6 de agosto de 1803 *(AHN, Estado,* leg. 2 821).
[102] La minuta de dicha nota se hallaba en el Archivo de la Real Casa, Papeles Reservados, T. 95.

principios de agosto. Mas, ¿cómo compaginar el deseo de estructuración de una tercera fuerza internacional con la citada carta del 6 de agosto? ¿Cómo pensar que el Príncipe de la Paz, al mismo tiempo que proponía a los soberanos la invasión de Portugal, les invitaba a considerar la utilidad de un tratado entre Rusia, Prusia y *Portugal*, por el cual «pudieran eludirse de la guerra actual»?

Hay un gran contrasentido en la actuación de Godoy, quien por una parte ve surgir ante sus ojos un poderoso bloque neutral; por otra parte, en cambio, fragua planes para imposibilitar la neutralidad española. El hecho es, según creemos, que a partir de aquel momento, Godoy navegó entre estas dos corrientes opuestas: una, que anteponía sus propios intereses a los de España, y conducía a Portugal; otra, más ajustada a las necesidades del momento, que desembocaba en un acuerdo de índole neutral con Rusia y Prusia. Siguió el Príncipe de la Paz aquellos dos cauces hasta que a finales de 1804 la ruptura definitiva entre España e Inglaterra puso fin a situación tan contradictoria: con el sincero deseo de cooperar efectivamente a frenar el despliegue napoleónico, Godoy efectuaría un viraje en 1806 optando definitivamente por el cauce nórdico, aunque también en este caso, la maniobra fuese acompañada de un sinfín de manejos personales por su parte. Pero Inglaterra, entonces, cansada de tantas idas y venidas, se negaría a participar en cualquier clase de negociaciones: la invasión napoleónica, a la que había precedido el reparto de Portugal, iba a ser solamente cuestión de poco tiempo.

Examinemos primero la «corriente» portuguesa de Godoy, que fue, sin duda, causa determinante de la imposibilidad de que España se mantuviera neutral. Murav'ev, el embajador ruso, en su carta del 4-16 de mayo de 1803 había hecho constar ya sus temores de que España no lograra mantenerse neutral, debido no solamente a las presiones inglesas, sino, sobre todo, a la intransigencia de Francia. Pero lo que, sobre todo, nos interesa destacar es la constante labor de zapa que el Príncipe de la Paz llevó a cabo durante aquellos meses, cada vez que se percibía la eventualidad de un arreglo con Inglaterra y, por lo tanto, con Portugal.

Veamos ahora la otra ruta seguida por Godoy, aquella que, mediante una alianza con las potencias nórdicas, debía garantizar la neutralidad de España; la política que, según se ha escrito, estaba «al margen de los dos colosos rivales».

No cabe duda de que, a pesar del asunto portugués, se dieron pasos en este sentido; pero resulta difícil precisar cuándo se iniciaron y cuándo se intensificaron.

Dado que el mencionado proyecto de alianza con las cortes nórdicas era de principios de agosto, no sería extraño qua ya a principios de otoño se hubiesen iniciado los primeros contactos. Sin embargo, los despachos de Noroña desde San Petersburgo nos revelan que no fue sino hasta finales de octubre de 1803 que la corte rusa expresó su deseo de formar una alianza de neutralidad armada con España de carácter ofensivo y defensivo. Y el embajador, añadía, dejando ver su deseo,

> que si en semejante alianza quisiese S. M. que entrase también la Austria, encuentro que el modo de tener el éxito apetecido sería empezándola por la Corte de Rusia por dos razones muy poderosas: la primera, porque este Imperio como más preponderante domina y maneja al de Alemania como quiere... y segunda, porque el Gabinete de San Petersburgo obra leal y francamente, y el de Viena no se mueve sino por segundas miras... [103].

La fuerza de los acontecimientos obligó a los rusos en noviembre de 1803 a plantear el problema con mayor premura. Una carta de Voroncov a Murav'ev, fechada en 28 de octubre-9 de noviembre de 1803, puntualizaba que el Príncipe de la Paz había dado a conocer su deseo de formar una alianza con Viena, Prusia, Rusia, Portugal y hasta Nápoles mientras durase la contienda entre Francia e Inglaterra. Que en Viena ya se habían recibido los correspondientes informes. Pero que aun en el supuesto de una negativa austríaca, Rusia no mostraría oposición [104].

La mencionada carta de Voroncov ha aportado a nuestros conocimientos un elemento nuevo: el deseo de Godoy de que la alianza se llevara a cabo con inclusión de la corte de Nápoles. Tal aserción se vio confirmada algunos días más tarde por un nuevo despacho de Noroña (fechado el 7 de diciembre, aunque no llegase a Madrid hasta marzo), en el que refería que el ministro napolitano Acton había facilitado a San Petersburgo detalles al respecto, por lo que la corte rusa se había mostrado muy satisfecha [105]. Es posible que Godoy pensara que con la adhesión de las Dos Sicilias a su sistema,

---

[103] Noroña a Pedro Cevallos, 28 de octubre de 1803, en *AHN, Estado,* leg. 5 908.

[104] VPR, *I, 1,* pp. 533-535.

[105] *AHN, Estado,* leg. 5 908.

la nefasta influencia que aquella corte venía ejerciendo contra él, quedaría neutralizada. Surge así, por primera vez en la centuria, el esbozo de alianza legitimista que, años más tarde habían de iniciar Metternich y Alejandro I.

El año 1803 no vio la conclusión del anhelado proyecto ruso, aunque el conde de Noroña, en carta del 7 de diciembre, nos hace saber la impaciencia con que la corte de San Petersburgo esperó mayores detalles y sus lamentaciones debido a este retraso. Terminaba el embajador su misiva con estas frases:

> Sin embargo, como juzga esta Alianza de la mayor importancia, como cree que es del interés de la España buscar Aliados fuertes y poderosos que por su posición puedan contener las miras ambiciosas de los vecinos y estén por otra parte imposibilitados de dañarla, espera todavía que después de arreglada la Neutralidad con Francia é Inglaterra, tenga efecto el proyecto deseado... [106].

Y es que, por aquella época, firmado el tratado de subsidios, Godoy había, una vez más, imposibilitado la neutralidad española.

En el marco de la tremenda coyuntura europea de finales de 1804, el inesperado secuestro de los barcos españoles por parte de los ingleses en la bahía de Cádiz, revistió caracteres gravísimos [107]. El incidente, que fue unánimemente reprobado, causó asombro y desaliento en San Petersburgo, porque con él se venían abajo todas las esperanzas de una posible alianza de España con Rusia y las cortes del norte [108]. Desechando toda clase de ilusiones sobre las verdaderas consecuencias que no dejaría de acarrear aquel secuestro, los rusos cursaron despachos a su representante en Londres (27 de noviembre-8 de diciembre de 1804), el ya mencionado Semen Voroncov, para que exigiera explicaciones a la corte inglesa sobre el fraude cometido. Según se ha afirmado repetidas veces [109], solamente Godoy acogió con entusiasmo la eventualidad de una nueva guerra anglo-española. Nosotros sospechamos que el deficiente estado económico en que se hallaba el país hubiese debido ser suficiente motivo de prudencia para Carlos IV. Sin embargo, no más tarde que el 14 de diciembre de 1804, España declaró la guerra a Inglaterra.

---

[106] Ídem.

[107] Vid. Rose, J., *Pitt and Napoleon*, p. 306.

[108] Carta de A. A. Čartoryjskij a Serra Capriola, 8-20 de abril de 1804, en VPR, *I, 2*, pp. 8-9.

[109] Así Fugier I., *ob. cit.*, p. 321; Grandmaison, *L'Espagne et Napoleón*, T. 1, páginas 4-5.

8. *La reacción rusa: la misión del barón Stroganov*

Y con tal declaración, se hicieron añicos todas las esperanzas del gobierno de San Petersburgo. Ante aquella nueva y apremiante situación, la corte rusa decidió llevar a cabo una maniobra diplomática con el fin de pacificar los ánimos tanto en Londres como en Madrid, de la cual dejó constancia Čartoryjskij en un despacho a uno de los emisarios especiales de Alejandro I en Inglaterra, Novosil'cev (4-16 de febrero de 1805)[110]. Expresaba el zar su indignación ante la conducta inglesa hacia España y sus temores ante los graves perjuicios que arrastraría aquella actuación. Además, anunciaba el ministro que Rusia pasaría pronto a proponer al gobierno inglés un plan de gran envergadura «pour sauver la pauvre Espagne», el cual consistía nada menos que en tratar de hacer salir del ministerio al Príncipe de la Paz, puesto que él era el principal abogado de la guerra:

> ... Il s'agit d'envoyer dans ce pays un ministre adroit qui change la face des affaires et, s'il est possible, tâche même de culbuter le prince de la Paix...

Y el artífice de aquella realización debía ser un joven diplomático, sin demasiada experiencia, pero de gran tacto en los asuntos y muy emprendedor: el barón Grégoire de Stroganov[111].

No sería de extrañar que aquel arriesgadísimo plan se hubiese concertado a sabiendas del propio Noroña, si bien, como era natural, la misiva dirigida a Novosil'cev no podía indicarlo claramente. Apuntaba, en cambio, que «ce digne et galant homme très bien intentionné [Noroña]» había manifestado que, en realidad, si se llegase a resolver el problema de Gibraltar, no habría razón alguna para que persistiese la hostilidad entre España e Inglaterra y, que, además, España estaba dispuesta a hacer toda clase de sacrificios para recuperar el peñón: «... qu'elle offrirait de ses ports d'Afrique...»[112].

Al mismo tiempo que el emperador de Rusia intentaba por todos los medios evitar un conflicto armado, Godoy, por su parte, llevaba a cabo una singular operación: el envío a París del emisa-

---

[110] Vid. Texto de estas instrucciones en VPR, *I, 2*, p. 310 sig.

[111] Ídem, p. 314.

[112] Ídem, ídem. Vid. también las cartas de Noroña a Pedro Cevallos en *AHN, Estado*, leg. 5 908.

rio Izquierdo, con la misión de convencer a Napoleón de invadir Portugal y crear un principado para el propio favorito, cuya situación en la corte se hacía cada vez más delicada [113].

No es lugar éste para detallar las posibles conexiones entre la propuesta del Príncipe de la Paz y la creciente presión que Napoleón ejercía sobre España; pero sí queremos apuntar que se perfila entonces el inicio del derrumbamiento moral en el Príncipe de la Paz, que empieza a percibir no sólo el caos de su política exterior, sino también de su sistema político interno [114]:

«V.ˢ M.ˢ», dirá el 20 de marzo de 1805, «están engañados y no conocen la maldad de los hombres». Y, más tarde, el 2 de junio, puntualizará, con frase significativa: «Mi suerte y mi filosofía me han conducido al punto más aislado de la sociedad...» [115].

Ya fuese porque Godoy tenía demasiado empeño en mantener buenas relaciones con Napoleón, o porque su angustia interior no se lo permitía, lo cierto es que reaccionó con notable pasividad ante los apremiantes despachos de Noroña. La Secretaría de Estado se limitó, el 1 de abril de 1805, a remitir al embajador una escueta nota «previniéndole... que no es este el momento de negociar la restitución de Gibraltar» [116]. Dará comienzo entonces, a mediados de 1805, un vigoroso intento por parte del gobierno ruso para frenar el despliegue napoleónico, concertando un acuerdo entre España e Inglaterra.

Conviene subrayar, en paréntesis, que la maniobra que el zar efectuaba en aquellos momentos estaba supeditada, sin lugar a dudas, a la grave coyuntura actual. Pero no deja, sin embargo, de poder interpretarse como un lejano precedente de lo que habría de ser durante el primer tercio del siglo XIX la política de intervención directa en los asuntos europeos, plasmada en la fórmula de la Santa Alianza y de los congresos legitimistas. La lectura atenta de las amplísimas instrucciones que el zar entregó a Stroganov (12-24 de mayo de 1805) [117] delata que, frente a los protagonistas del momento, que eran Francia e Inglaterra, Alejandro I sentía la necesidad de no quedar al margen de la Historia, reclamando para él «algo» del papel de árbitro. Valiéndose, claro está, de las exigen-

---

[113] Fugier I, *ob. cit.*, p. 368 sig.; Pérez de Guzmán, *El Dos de Mayo en Madrid*, p. 48. Izquierdo debió llegar a París a mediados de julio de 1804.

[114] *AHN, Estado,* leg. 2 821.

[115] *AHN, Estado,* leg. 2 821.

[116] *AHN, Estado,* leg. 5 908.

[117] Vid. el texto en VPR, *I, 2,* pp. 416-429.

cias del momento, la argumentación del zar cobraba, a veces, un cariz mesiánico:

> ... Je serai prêt à tout évènement. Une partie formidable de mes armées n'attend que mes ordres pour se mettre en mouvement et doit agir de concert avec les troupes des autres puissances plus intéressées encore par leur position à s'opposer au torrent dévastateur. Si le ciel bénit nos efforts, il ne faut pas douter que la plus juste des causes ne soit couronnée par le succès le plus complet... [118].

Júzguese, como muestra, de la amplitud de la interferencia zarista en las vicisitudes del momento: por una parte, el envío de Stroganov a Madrid, con vistas a concertar un arreglo entre España e Inglaterra bajo mediación del zar; por otra, la misión del consejero Novosil'cev en París para detallar a Napoleón las buenas disposiciones en que se hallaba el rey de Inglaterra para firmar la paz, previos los preliminares «que je trouve indispensable d'arrêter». Por lo tanto, prácticamente, una nueva mediación del zar; y, finalmente, el audaz y descabellado intento de reajuste del gabinete español, con vistas a alejar de la corte al Príncipe de la Paz, puesto que él era el principal obstáculo de un entendimiento con Inglaterra.

Examinemos ahora el aspecto «oficial» de la misión Stroganov, aquel que el zar definía con las palabras: «le rétablissement de la paix entre l'Espagne et l'Angleterre sous ma médiation».

El embajador debía llevarlo a cabo en varias fases, según el cariz que fuesen tomando los acontecimientos: en primer lugar, parecía conveniente que Stroganov se trasladase a Londres, e indagase hasta qué punto los ingleses estaban dispuestos a hacer concesiones. Como condición «sine qua non», entendía el emperador que era precisa la devolución de las fragatas y del dinero incautados.

Una vez en Madrid, la situación podía quedar planteada según los términos siguientes:

a) que Novosil'cev hubiese tenido éxito en sus conversaciones con Napoleón, en cuyo caso Francia e Inglaterra firmarían la paz inmediatamente; toda la pericia de Stroganov se reducía entonces a lograr que España iniciase por su parte conversaciones con Inglaterra, independientemente de Francia; pero bajo los auspicios del zar;

---

[118] Idem, p. 419.

b) en caso de que Francia e Inglaterra prosiguieran la lucha, sería útil concertar un acuerdo bilateral entre España e Inglaterra. Pero, como los franceses se opondrían, proponía el emperador que dicho acuerdo fuese secreto, y que, para no despertar sospechas, se prosiguiesen las hostilidades, aunque sólo fuese «pro forma»;

c) finalmente, preveía el emperador la concesión de ciertas garantías por una y otra parte: los ingleses darían prueba de su buena voluntad depositando *en secreto* los tesoros incautados en el cabo de Santa María, en cualquier puerto español, mientras que los españoles se comprometerían a atacar a los franceses mediante un acuerdo con el zar.

No será necesario insistir sobre el escaso fundamento que acompañaba a los designios del zar. Pretender, por ejemplo, que Inglaterra llevase a cabo una operación tan arriesgada como era la devolución de las fragatas con el disimulo necesario para que Napoleón no recelase nada, suponía conocer muy mal los enlaces del emperador francés.

Y suponer que Bonaparte se dejaría impresionar por los argumentos de Novosil'cev era desconocer profundamente su ambición. En efecto, poco a poco, se fue descubriendo que el zar había construido sus esperanzas sobre un terreno muy quebradizo. No bien Stroganov hubo abandonado Rusia, surgieron los primeros rumores del fracaso de la tentativa de Novosil'cev. El 23 de julio de 1805, Noroña hizo saber a Cevallos que la suspensión de la negociación se había debido «al inesperado proceder de la Francia en un momento tan crítico» [119], y el 23 de agosto comunicó que «aun quando el emperador declare la guerra a la Francia... quisiera qᵉ España entrara en coalición para coadyuvar al restablecimiento del equilibrio de la Europa» [120]. No menos decepcionante, pero sí mucho más grave, fue la segunda contrariedad con que tropezó el plan de Alejandro I, porque la negativa provino esta vez de los propios ingleses, que no dejaban de ser aliados de Rusia. En efecto, los esfuerzos combinados del embajador Voroncov y de Stroganov no pudieron apaciguar su animosidad. Con escueta nitidez, Voroncov caracterizó la situación:

---

[119] Noroña a Pedro Cevallos, San Petersburgo, 23 de julio de 1805, núm. 253 *(AHN, Estado,* leg. 5 908).

[120] Idem, núm. 264.

> Nous avons trouvé que la manière ici d'envisager l'Espagne est tout à fait différente de celle qu'on a chez nous... [121].

Cuando Voroncov recordó al ministerio inglés que se habían comprometido a dar facilidades para lograr un acuerdo con España [122], la respuesta fue que seguían firmes en esta decisión. Pero cuando el ruso planteó el problema de la devolución de las fragatas, la negativa de Pitt fue categórica.

En cuanto a Stroganov, emprendió camino hacia España con la esperanza de llevar a cabo el tercero y el más arduo de sus cometidos. Su compatriota Voroncov, compadeciendo su suerte, escribió a su hermano que la misión que se le había confiado era tan arriesgada que, de haber sido él el designado, se hubiese negado a aceptarla [123].

En el marco internacional, la llegada de Stroganov a Madrid, tras su fracasado intento en Londres, había sido precedida por dos importantes acontecimientos: Trafalgar y Austerlitz; en el de las relaciones entre Francia y España, la aparición del emisario ruso coincidió con una nueva tensión, si bien disimulada por ambas partes: el fracaso de la misión Izquierdo y la consiguiente frustración de los planes portugueses de Godoy.

Esta última coyuntura pareció, de momento, favorecer la tarea del embajador ruso. Ya en 1 de diciembre de 1805, Godoy comunicó a la reina que el representante sueco, Adlerberg, le había informado de la llegada inminente del emisario ruso y de que era portador de nuevas propuestas [124].

Pero Godoy, siguiendo su habitual táctica, se mostró bastante despreciativo ante la noticia de nuevas iniciativas rusas. Por el contrario, el problema de Portugal seguía siendo piedra fundamen-

---

[121] Voroncov a A. A. Čartoryjskij, 25 de agosto/6 de septiembre de 1805, en VPR, I, 2, pp. 564-565.

[122] En efecto, en la convención firmada con Inglaterra el 30 de marzo-11 de abril de 1805, el zar hizo estipular en un artículo secreto: «Sa Majesté Britannique reconnaissant l'importance majeure dont il serait pour le succès des mesures arrêtées par le concert signé... d'y voir concourir les Souverains d'Espagne et de Portugal, s'en remet à la médiation de Sa Majesté l'Empereur de toutes les Russies pour moyenner le plus tôt possible un accommodement entre l'Angleterre et l'Espagne...» Vid. texto en VPR, I, 2, p. 361 (Article neuvième séparé).

[123] Semen Romanovič Voroncov a Aleksandr Romanovič, Londres 8-20 de septiembre de 1805, en Archiv Kn. Voroncova. T. 11, pp. 419-421.

[124] Godoy a María Luisa, en AHN, Estado, leg. 2 821.

tal de su política y así lo manifestó, sin más miramientos, al embajador Ega. En cuanto a la primera entrevista que concedió a Stroganov, no debió ser de tono muy diferente, y el Príncipe de la Paz aseguró luego, según Fugier, que su brusquedad había provocado casi «une déclaration de guerre sur la figure du baron de Stroganoff»[125].

Tampoco hizo nada Godoy para no lastimar el amor propio de Alejandro I después de la derrota de Austerlitz. Por el contrario, toda la actitud del Príncipe de la Paz parecía querer provocar la enemistad de los rusos. Por ejemplo, a pesar de las reiteradas insistencias del encargado de negocios en Madrid, Golovačevskij, Godoy denegó la entrada en los puertos españoles a la famosa escuadra del almirante Dmitrij N. Senjavin. Éste, tras la capitulación de Austria y la subsecuente ocupación francesa de la península balcánica, había recibido orden de ir a contrarrestar el despliegue francés cerca de las llamadas «Bocas de Cattaro» e intentar, siguiendo la tradicional política rusa, sublevar a los ortodoxos de aquellas regiones[126].

Huelga decir la mala impresión que esta conducta causó en San Petersburgo, al punto de considerarla Alejandro I contraria «à une stricte neutralité»[127]. El 30 de marzo/11 de abril de 1806, Čartoryjskij recordó a Stroganov que, si bien Senjavin ya había llegado sin más percances a Mesina y que Rusia no podía permitirse el lujo de enemistarse con España, exigía para el pabellón ruso las mismas ventajas de que habían gozado los ingleses antes de la guerra; que si los mercantes rusos continuaban siendo buena presa por parte de corsarios franceses y dirigidos a puertos españoles, el emperador se vería en la obligación de indemnizar a sus súbditos con los bienes de los españoles establecidos en Rusia[128].

9. *El primer viraje de Godoy y la actividad del embajador ruso*

Cuando la situación empezaba a torcerse seriamente, un incidente diplomático vino en ayuda de Stroganov. Durante el verano de 1806, Inglaterra había iniciado conversaciones secretas con Na-

---

[125] Fugier II, *ob. cit.*, p. 117.
[126] Fugier II, *ob. cit.*, p. 116. Sobre la expedición Senjavin, vid. Stanislavskaja, *Russko-anglijskie otnošenija*, p. 408 sig.
[127] Carta de A. A. Čartoryjskij a G. A. Stroganov, 30 de marzo-11 de abril de 1806, núm. 34, en VPR, *I, 3*, p. 104.
[128] Vid. Čartoryjskij a Stroganov, *ídem*, p. 105.

poleón con vistas a firmar la paz y concertar un acuerdo respecto al destronado soberano de las Dos Sicilias, Fernando IV. Siguiendo la propuesta de Napoleón, se había decidido la creación de un nuevo reino en las Baleares destinado al antiguo rey de Nápoles. El representante ruso, P. Ja. Ubril, no tuvo inconveniente en dar su acuerdo a aquellos preliminares y marchó el 20 de julio hacia San Petersburgo para hacer ratificar el tratado. Pero al llegar a la capital, el temerario diplomático hubo de comprobar que Alejandro I se negaba rotundamente a aceptar aquella solución, no tan sólo por consideración a España, sino también en honor a una promesa hecha a la reina Carolina de Nápoles [129].

Por lo demás, será preciso reconocer que el embajador español en San Petersburgo, Noroña, se esforzó en sacar partido de la buena voluntad de los rusos. El 3/15 de septiembre de 1806, el embajador comunicó al nuevo ministro de Asuntos Exteriores, Andrej Jakovlevič Budberg, la satisfacción que había experimentado al enterarse de que Rusia se negaba a aceptar las cláusulas relativas al proyecto de las islas Baleares [130]. Pero —continuaba—, según su opinión, el gabinete ruso debía hacer valer en Madrid que aquella negativa había sido motivada por

> l'injustice qui en aurait résulté pour les augustes maisons d'Espagne et de Naples, dont celle-ci après avoir perdu tous ses Etats, n'aurait obtenu un faible dédommagement qu'aux dépens de la première.

No sabríamos decir si Noroña obró por iniciativa propia, o si por el contrario, había recibido órdenes de Madrid en este sentido. Lo cierto es que pocos días después de haber dado aquel paso, el 12/24 de septiembre de 1806, Budberg dirigió una carta a Stroganov, que se hacía eco de las palabras de Noroña [131]. Encerraba, además, aquel despacho nuevas e importantes propuestas: ya no se trataba de mediar la paz, sino:

> d'établir le concert le plus intime entre toutes les puissances qui veulent encore maintenir ou réconquérir leur indépendance.

Por lo tanto, el emperador no podía sino considerar la guerra entre España e Inglaterra «avec la plus sensible peine». Budberg

---

[129] Vid. Grandmaison, *L'Espagne*, p. 63; Vid. también en VPR, *I, 3*, p. 255.

[130] Vid. el texto de la conversación entre Noroña y Budberg en VPR *ídem*, página 313.

[131] Vid. VPR, *I, 3*, pp. 326-328.

diseñaba, acto seguido, un cuadro de la coyuntura política europea, haciendo hincapié en las potencias que pronto despertarían «de su letargo», como por ejemplo, Prusia, Austria, Sajonia, Hessen, etcétera. Era, con otras palabras, el espectro de la Cuarta Coalición que asomaba en el horizonte. Y concluía:

> Ne serait-il pas digne des sentiments et des dispositions connus de s. m. catholique de saisir le premier moment où les opérations des alliés au Nord dissémineraient les forces françaises de manière à laisser l'intérieur et les frontières de l'Espagne plus on moins dégarnies...?

Por lo que, ante todo, era imprescindible «que la Cour de Madrid pour le bien général, autant que pour son propre intérêt bien avéré se rapproche de l'Angleterre» [132].

Es entonces, a raíz de la nueva iniciativa rusa, y con el despecho y la desconfianza que los proyectos de Napoleón en las Baleares no han dejado de suscitarle, que Godoy inicia lo que se ha llamado su «viraje» de octubre de 1806. En efecto, el día 5, el Príncipe de la Paz hizo esta sensacional declaración al enviado ruso:

> ... le roi... désirerait une intimité encore plus étroite avec l'Empereur Alexandre et c'est le moment d'exposer les moyens qui peuvent la cimenter. L'Espagne, dominatrice du Pérou et puissante en Amérique plus qu'en Europe, ne doit pas perdre de vue les moyens qui lui restent pour maintenir son rang. Le roi, déterminé à créer un royaume en Amérique, y destine l'infant Francisco, agé de treize ans; vous le connaissez, il a beaucoup d'esprit naturel, de vivacité, je dirais même de génie, et son éducation le destine au trône puissant qu'il doit occuper. Une alliance de famille par l'union de ce prince avec madame la grande duchesse Anne formerait le comble des voeux du roi; proposez-le à s. m. l'empereur et *unissons nous par une triple alliance entre la Russie, l'Angleterre et l'Espagne* à laquelle se joindront les puissances d'Amérique et nous contrebalancerons tous les projets gigantesques du dominateur français; telles sont les vues que le roi soumet à l'opinion de l'empereur, votre maitre [133].

Dejando a parte el fantástico proyecto de enlace del infante Francisco con la gran duquesa Ana, que dejó pasmado a Stroganov —«J'aurais voulu», escribió en aquella misma carta, «être autorisé

---

[132] Idem.
[133] G. A. Stroganov a A. Ja. Budberg, 23 de septiembre-5 de octubre de 1806, en VPR, *I*, 3, p. 334. La cursiva es nuestra.

à dire: *non*, sans coup férir...»[134]— no cabe duda que el nuevo plan del Príncipe de la Paz, consistente, no ya tan sólo, como años atrás, en la formación de un bloque neutral, sino en poner en pie una auténtica coalición contra Napoleón, abrió las esperanzas del enviado Stroganov.

Desgraciadamente, a decir verdad, no tardó el embajador en comprender cuál era la verdadera motivación de aquel inesperado cambio de rumbo. Según el propio Stroganov relata en su despacho, aquel mismo día, Cevallos le puso al corriente del descalabro sufrido por las tropas españolas en América al rendirse la plaza de Buenos Aires a sir Home Popham[135].

Difícilmente podrá ponerse en duda que el penoso trance ultramarino y la nueva actitud de Godoy para con Rusia no estuviesen en estrecha relación. El Príncipe de la Paz veía así sumarse a la decepción ante sus frustrados proyectos portugueses una nueva inquietud referente a las colonias. Su rencor y animosidad hacia Napoleón no podían sino acrecentarse.

Se comprende así el entusiasmo que produjeron en el ánimo del embajador ruso las propuestas de Godoy, confirmadas en una audiencia que le concedieron los soberanos: al mismo tiempo que daba parte a San Petersburgo del «nuevo viraje», se apresuraba a comunicar personalmente a su colega en Londres, barón Nikolai, el nuevo matiz que tomaba la situación[136].

No se podrá negar que Stroganov obró convencido de que su carta surtiría los mejores efectos en Londres. Era, sin embargo, olvidar con demasiada rapidez que apenas unos meses antes, Inglaterra se había negado a restituir los barcos apresados; y la profunda herida que la caída de Buenos Aires había causado al Príncipe de la Paz.

---

[134] Tanto más cuanto que Stroganov estaba convencido de que el infante Francisco era hijo de Godoy y de María Luisa, vid. Fugier II, *ob. cit.*, p. 122. Por lo demás, el proyecto de enlace matrimonial con una princesa rusa volverá a resurgir en 1808, cuando la Regencia de Cádiz proponga el casamiento de Fernando VII con la Duquesa Ana. Vid. *infra* p. 88.

[135] Vid. Stroganov a Budberg, ídem, *ídem:* «... avec quinze cents hommes de débarquement qui n'éprouvèrent aucune opposition du commandament espagnol, qui en avait quatre mille sous ses ordres... Les Anglais y trouvèrent douze cent mille piastres en argent et pour la valeur d'au-delà de deux millions de piastres en marchandises coloniales...»

[136] El emisario enviado por Stroganov a Londres vía Lisboa era Michail Ossipov. Sobre el impacto de estas negociaciones en el cuerpo diplomático, vid. Hardenberg, *Denkwürdigkeiten des Staatskanzlers von...*, editado por Leopold Ranke. T. III, p. 256.

La actitud del ministro británico Grey no dejó lugar a dudas. Al barón Nikolaj, que acababa de recibir orden de San Petersburgo a través de un nuevo emisario, Zass, de acelerar las conversaciones, contestó el ministro inglés que sólo se avendría a un arreglo con España si ésta se declaraba inmediata y enteramente contra Napoleón, y, sobre todo, si Inglaterra no se veía obligada a devolver los territorios conquistados por las armas [137].

No eran estas las mejores noticias para el decaído ánimo de Godoy en aquel otoño de 1806, en que veía derrumbarse el edificio que su frágil política había levantado. A partir de septiembre de 1806, sus cartas a María Luisa reflejan a un hombre acabado, física y moralmente.

Comprensible, pues, que cuando Stroganov le presentara los puntos de vista de Grey, manifestados a Nikolaj (la respuesta a la propia carta de Stroganov del 5 de octubre aún no había llegado a Madrid), el Príncipe de la Paz interpretara la postura inglesa como una prueba «de la méfiance qui est faite pour nous blesser» [138]. Apuntaba además, con razón, que, siguiendo las directrices inglesas, las posibilidades de actuar rápidamente brindadas a España eran reducidas [139]. Dado, sin embargo, que aquella respuesta era la opinión manifestada al embajador ruso en Londres, y no la contestación oficial del gabinete británico a la misiva de Stroganov, el Príncipe de la Paz convino en que la única solución consistía, por el momento, en esperar las noticias del propio correo de Stroganov.

La derrota de Prusia en Iena vino a quebrar todas las esperanzas de Godoy. En efecto, la noticia del desastre llegó a Londres solamente algunas horas más tarde que el correo Ossipov, portador de las propuestas del Príncipe de la Paz. Grey pudo, pues, aprovechar la ocasión y mencionar solamente que, ante aquella coyuntura, era inútil enviar un emisario a Madrid, ya que el Príncipe de la Paz, sólo se avenía a negociar en caso de que los asuntos del Norte de Europa tomasen buen cariz.

No cupo, pues, a Stroganov otra solución que dar a conocer tales noticias, teniendo buen cuidado, como él mismo refiere, de omitir en su lectura aquellos párrafos que podían aumentar «son

---

[137] Vid. Fugier II, *ob. cit.*, pp. 123-129.
[138] G. A. Stroganov a A. Ja. Budberg, 20 de noviembre-2 de diciembre de 1806, núm. 68, en VPR, *I, 3,* p. 396.
[139] Idem.

découragement»[140]. En efecto, abrigaba aún el embajador la esperanza de convencer a Godoy «de signer un accord secret qui sans déterminer l'époque de la coopération de l'Espagne, en stipulerait l'engagement»[141].

10. *El segundo viraje de Godoy*

La reacción del Príncipe de la Paz ante la actitud del ministro inglés es fácil de adivinar. Godoy manifestó a Stroganov que Inglaterra se percataba perfectamente de lo precario de la situación en que se hallaba España y que no hacía sino explotarla. Que por lo tanto:

> ... nous saurons persévérer dans les mêmes principes, mais nous ne pourrons agir dans le sens des puissances opposées à la France que lorsque des événements plus heureux en faciliteront les moyens[142].

Con la negativa de Godoy a participar juntamente con los coaligados en la ofensiva contra Francia empezaba su segundo viraje, que debía conducirle, irremisiblemente, a su pérdida. Y es que, tal y como Stroganov comunicaba el 10 de noviembre a San Petersburgo, su ánimo era presa cada vez más de terribles inquietudes respecto del futuro de las colonias[143]. En su correspondencia con la reina se refleja claramente aquella zozobra:

> Temo la salida de los Ingleses por dos razones, a saber, si van por tropas o pasan a reforzar las de Buenos Aires, esto último traería fatales consecuencias y *pudiera dudarse de la conservación de América...*[144]. (2 de octubre de 1805.)

Finalmente, dijo a Stroganov esta frase que resumía con implacable veracidad todo el porvenir:

> Il [Godoy] proclame que le ministère anglais se conduisait avec la plus noire perfidie, que tout prouvait que ses intentions de paix n'étaient pas sincères, qu'il ne visait à rien moins qu'à s'emparer de

---

[140] Vid. G. A. Stroganov a A. Ja. Budberg, *ídem*, p. 396.
[141] Ídem.
[142] Ídem.
[143] Vid. Fugier II, *ob. cit.*, p. 128. Stroganov decía: «Ses inquiétudes sur les colonies espagnoles sont plus fortes que jamais...»
[144] *AHN, Estado*, leg. 2 821.

toutes les colonies espagnoles en Amérique. *C'est donc nous forcer à nous rapprocher plus que jamais de la France...* [145].

Pocas posibilidades quedaban al embajador ruso después de estas afirmaciones. A pesar de todos sus desvelos, Stroganov no logró cambiar la disposición de ánimo de Godoy. Además, en octubre de 1806, el favorito había lanzado su famosa y enigmática proclamación de guerra [146], prueba de que detrás de su actitud se escondía algo más que una maniobra debida únicamente a razones de política exterior.

Y es que, como tantas veces, Godoy debía de nuevo enfrentarse con sus enemigos en la corte, tanto más cuanto que la llegada del nuevo embajador francés, Beauharnais, no podía presagiar nada bueno. El partido fernandino estaba de nuevo al acecho, preparado a aprovechar la mejor ocasión para desembarazarse del favorito. Para ello, nada mejor que un entendimiento con el propio Napoleón, el cual, contrariamente a la opinión pública francesa, que había sentido viva consternación ante el manifiesto, no dio muestras de inquietud ni de intranquilidad [147]. Pero si el emperador de los franceses, a la sazón en Berlín, se apresuró a ponderar ante el representante español, general Pardo de Figueroa, la amistad que le unía a Carlos IV [148], las frases alusivas a Godoy que pronunció en aquella ocasión no fueron tan cordiales como las que hubiese deseado el favorito [149]. Se iniciaba, pues, paulatinamente, la ruptura entre aquellos dos hombres y el Príncipe de la Paz no podía ignorar que sería presa tanto de sus rivales en la corte como del propio Emperador. De ahí que su actitud hacia el representante ruso acusara un matiz diferente y que éste lo atribuyera únicamente a un nuevo avance francés en la corte espa-

---

[145] Citado por Fugier II, *ob. cit.*, p. 128.

[146] Fugier II, *ob. cit.*, pp. 129-131.

[147] Vid. Fugier II, *ob. cit.*, p. 147, quien cita las palabras de Floret, consejero de la embajada austríaca: «On commence ici à avoir l'oeil sur l'Espagne» (6 de octubre de 1806).

[148] Ídem, pp. 150-151. Napoleón aseguró a Pardo de Figueroa que Carlos IV debía ser «... comme il l'avait toujours été, un lien de paix entre l'Espagne et la France et son allié le plus sûr, le plus constant et le premier de tous dans son affection...».

[149] Ídem, pp. 151-153. Napoleón se expresó en este tono: «... Avez-vous lu sa proclamation? Savez-vous qu'il a fait faire des armements extraordinaires...? Ecrivez également à votre ami le Prince de la Paix... Qu'il ne soit pas ingrat...»

5

ñola. Por lo menos, así lo interpretaron los rusos, según se desprende de la carta del ministro de Asuntos Exteriores Budberg a Stroganov en fecha de 13 (25) de marzo de 1807:

> ...Je reçois vos dernières dépêches jusqu'au 1.er Janvier de cette année-ci où j'ai vu avec autant de surprise que de peine que depuis l'apparition à Madrid de l'ambassadeur de France la manière d'être avec Vous du Prince de la Paix a considérablement changé... [150].

En realidad, era la posición interna de Godoy la que impedía mayores maniobras en política exterior. Pronto se iniciaría la tragedia: desde el proceso de El Escorial hasta la revolución de Aranjuez, el Príncipe de la Paz tendrá como principal designio defender su propia situación personal frente a la creciente animosidad de Napoleón y del clan fernandino.

En cuanto a los rusos, las victorias de Napoleón les obligarán a ellos también a adoptar un «modus vivendi»: así llegaremos a Tilsitt (1807), tregua poco duradera, es verdad, pero que incitará a Alejandro I a reajustar más tarde toda su política hacia España y a mantener relaciones con José I.

a) Obras del Duque de Liria.

Diario del viaje a Moscovia del Duque de Liria y Xérica embajador y plenipotenciario del Rey Nuestro Señor (que Dios guarde) el Señor Phelipe V a la corte de Rusia, partiendo de Madrid el dia 10 de Marzo de 1727 y pasando por las cortes de Viena, Dresden y Berlin, en CODOIN, T. 93.

Conquista de Nápoles y Sicilia y Relación de Moscovia por el Duque de Berwick, en Colección de Escritores Castellanos. T. 35. Madrid 1890.

Zapiski djuka Lirijskago i Bervinskago vo vremja prebyvanija ego pri rossijskom dvorě v zvanii posla korolja ispanskago, 1727-1730. Traducción de Dmitryj Ivanovič Jazykov, Sankt-Peterburg 1845.

Piśma o Rossii v Ispaniju duka de-Lirija, byvšago pervym Ispanskim poslannikom v Rossii, pri Imperatorě Petrě II i v načalě carstvovanija Anny Ioannovny. Traducción de Konstantin Lukič Kustodiev en: Osmnadcatyj věk. Istoričeskij sbornik izdavaemyi Petrom Bartenevym. T. 2. Moskva 1869, pp. 1-214; T. 3. Moskva 1869, pp. 27-132.

b) Obras de Bernardo de Ribera, O. P.

Nomenclatura Boanergica sive oratio panegyrica quam in festo S. Jacobi, Majoris Apostoli, celebrato per excell. D. Ducem de Liria et Xerica, etc.

---

[150] A. Ja. Budberg a G. A. Stroganov, 13-25 de marzo de 1807, en VPR, *I, 3*, página 531.

Catholici Regis Hispaniarum in Russiam Legatum, dixit, in templo catho-
licorum Moscae die 25 Julij Anno 1729 et offerta Sacrae Regiae Majestati
Iacobi III Magnae Britanniae Regis, Fidei defensori, etc. Petropoli, R. D. P.
Bern. Ribera ... Missionarius apostolicus apud eunde D. legati.

Brevis enarratio historica de statu ecclesiae Moscovitae auctore P. Bernardo
Ribera ord. Praed. Juxta rarissima exemplaria ed. Viennensis 1733. — Edi-
tio Nova emendatior et auctior curante Joanne Martinov, S. J. Parisiis 1874.

Responsum anti-apologeticum ecclesiae catholicae contra calumniosas blasphemias Joannis Franciscis Buddei nomine evulgatas in orthodoxos Latinos et Graecos, quo, Petrae Fidei a Stefano Javorskio Resanensi Metropolita et ad evertendum lutheri pantheon jactae, repetitur ictus. Datum
ad omnes fideles, et serenissimae altissimae ed potentissimae Dominae
Annae Joanownae totius Russiae impetatrici, & dicatum a R. P. Fr. Bernardo Ribera Barchinonensi, ex ord. Praed. Sacrae Th. D. & Regio Prof.
Publ. apud ex D. Ducem de Liria & e. catholici Hyspaniarum Regis Legatum in Russiam, Missionario apostolico, etc. Completum Moskve 28 No-
vembris 1730. Viennae 1731.

Echo fidei ab orientali Ecclesia Moskoviae personans, romanam vocem vix
non ingeminans arctoae hydrae strepius superans, photiano licet vinclo
balbutiens; angelicae theologiae pharmaco convalescens; heterodoxia re-
purgatori Ecclesiam adunans. Opus theologicum priman cathecismi Romani subsecans, in II classis divisos, symboli articulos exponens, Historiam
chronologicam sacro-politicam Moskoviae adjungens. Dicatum Emmo. ac
Rvdmo. D. S. R. E. Card. Ludovico Belluga de Moncada Hyspaniarum Regni
protectori apud S. Sed. Vol. 1-2. Viennae 1733.

Supplicatio ad Inquisitorem Generalem Hispaniarum pro subsidio gravaminis.
(Augustae 1733). Vol. in -4°.

CAPÍTULO II

LAS RELACIONES DURANTE LA GUERRA
DE LA INDEPENDENCIA

1. La problemática de la paz de Tilsitt

Los acuerdos de Tilsitt (25 de junio/7 de julio de 1807)[1], que pusieron fin a dos años de lucha entre Francia y Rusia, establecieron las bases del futuro orden político europeo dentro de un margen de posibilidades que permitía fácilmente suscitar nuevas crisis en el momento oportuno.

La alianza ofensiva y defensiva entre los dos Imperios dejó estipulado que si Gran Bretaña se negaba a firmar la paz bajo mediación rusa, Napoleón y Alejandro romperían las hostilidades contra aquélla, arrastrando a su vez a las cortes de Copenhague, Estocolmo y Lisboa[2]. Mientras tanto, la flota rusa, fondeada en aguas de Cattaro, y al mando del almirante Dmitrij N. Senjavin, zarparía hacia Cádiz y de allí tomaría rumbo al Báltico[3].

De momento, aquella insólita alianza —acogida con franca hostilidad entre los miembros de la alta aristocracia rusa— [4] es sola-

---

[1] Vid. texto del tratado en VPR, I, 3, pp. 631-637.
[2] Idem, pp. 642-644. Sobre la alianza de Tilsitt y sus antecedentes, consúltese: La Tour, J., Les prémices; Tatistcheff, S., Alexandre Ier; Vandal, A., Napoleón et Alexandre Ier, T. 1.
[3] Vid. VPR, I, 3, pp. 646 y 650. Sobre la expedición Senjavin vid. Stanislavskaja, Russko-anglijskie otnošenija, p. 408 sig., y Tarle, Ekspedizija.
[4] Vid. Sumner, B. H., Survey, p. 362. La alianza con Napoleón implicaba el acceso de Rusia al Bloqueo Continental, y perjudicaba a los grandes terratenientes rusos, la única clase con alguna influencia política. Alejandro se

mente beneficiosa para Napoleón, quien necesita aún, en sus planes de dominación de Europa, de un aliado que secunde sus acciones. Tal ha sido el cometido asignado a Alejandro I, zar de todas las Rusias, uno de los últimos baluartes legitimistas, aún no derrocados. El joven soberano del imperio zarista, aconsejado por su ministro de asuntos exteriores, Nikolaj Petrovič Rumjancev, se presta a esta política de repliegue, consciente de su debilidad ante el vencedor de Friedland.

Tilsitt es el nudo de donde arranca todo el proceso que había de conducir a las sangrientas convulsiones peninsulares de 1808-1812. Porque, como era de esperar, la alianza franco-rusa no tardó en suscitar las correspondientes reacciones, transformando en crisis aguda la coyuntura del momento. Apenas tuvieron conocimiento del tratado de paz entre los dos Imperios, los ingleses se apresuraron a mejorar su posición estratégica en el Mar Báltico, ocupando la plaza de Copenhague y, acto seguido, toda la península de Jutlandia (septiembre de 1807)[5]. Entonces, el engranaje puesto en marcha por Napoleón para facilitar sus planes bélicos actuó con enorme precisión, una vez conocido el avance inglés en el Mar Báltico: a la declaración de guerra a Inglaterra[6] sucedieron las presiones sobre el Príncipe Regente de Portugal, y acto seguido, la invasión de la Península por las tropas del general Junot (septiembre de 1807)[7].

Ahora, invadido el país por los soldados franceses que se dirigen a Portugal, empieza a vislumbrarse el propósito napoleónico de convertir a España en un Estado satélite, o por lo menos, desmembrar al país, según ha puesto de relieve el tratado de Fontainebleau (octubre de 1807). Pero si la invasión de Portugal podía tener alguna justificación por los vínculos que le unían a Inglaterra, la intervención francesa en España carecía de funda-

---

enfrentó con las familias de los Voroncov, de los Stroganov, con el Gran Duque Konstantin Pavlovič, con N. N. Novosil'sev, así como con A. A. Čartorijskij. Todos ellos eran partidarios de una alianza con Inglaterra. Vid. VPR, *I, 4*, p. 25; y Nikolaj Michajlovič, *Stroganov.* T. 3, pp. 154-156. Sobre las consecuencias económicas que el Bloqueo Continental supuso para Rusia, vid. Pokrovskij, N. M., *Kontinental'naja Blokada*, en *Izbrannye Proizvedenija*, T. 2, páginas 195-220.

[5] Vid. VPR, *I, 4*, pp. 42-44.

[6] Vid. SBORNIK, T. 83, p. 292.

[7] Vid. METTERNICH, T. 2, pp. 131-132; SBORNIK, T. 99, pp. 318-319. Consúltese también Dodolev, *Rossija i vojna (Russia y la guerra del pueblo español)*, pp. 33-44, en donde quedan de manifiesto las consecuencias de la paz de Tilsitt.

mento. Y, sin embargo, en la baza política de Napoleón, era precisamente España la que pronto debía pasar a desempeñar el papel que le había sido asignado. ¿Mas cómo presentar a Alejandro I la necesidad de llevar a cabo una reestructuración de los asuntos hispanos? Entrevista esta dificultad, habremos de formular la pregunta siguiente: ¿existió entre el zar y el emperador francés alguna convención, algún empeño particular, que dejaba a Napoleón manos libres en España? ¿Había mediado entre ambos soberanos algún acuerdo secreto, no especificado en el tratado de Tilsitt, que suponía por parte de Rusia la entrega de España a Napoleón?

Ocupaba la cartera de asuntos exteriores el Conde Nikolaj Petrovič Rumjancev (1765-1826), vástago de una de las más antiguas y acaudaladas familias del Imperio. Hijo del célebre mariscal de campo de Catalina II [8], Rumjancev era un buen conocedor de Europa Occidental, en donde había cursado estudios. Si bien defensor de la alianza francesa, era, sin embargo, un ferviente patriota, convencido de que Rusia tenía una misión que cumplir en el Este del continente. El ideario político del ministro ruso era producto de un amplio conocimiento de la historia y el mundo eslavos. (Ya a finales del siglo XVIII, Rumjancev se había dedicado a reunir libros y manuscritos sobre el tema; más tarde, al pasar los años, su colección había de convertirse en el núcleo primitivo de la actual Biblioteca Lenin de Moscú.)

Los intereses culturales de Rumjancev coincidían con sus ambiciones políticas en los Balcanes. Su profunda simpatía hacia las minorías eslavas oprimidas por los turcos y su deseo de que Rusia las «protegiese» prefiguran los sentimientos de los futuros pan-eslavistas. Sus directrices políticas, en cambio, eran fruto de la tradición rusa del siglo XVIII, plasmada en el famoso «proyecto griego» de Catalina II (es decir, la ocupación de Constantinopla) o en las particiones de Polonia. Talleyrand se percató muy bien de los aspectos dieciochescos de la actitud de Rumjancev, cuando señaló que el ministro deseaba consumar la magna empresa puesta en marcha por su padre y unir a la gloria de su nombre la adquisición de Constantinopla [9].

---

[8] El mariscal Petr Aleksandrovič Rumjancev se hallaba al frente de las tropas rusas durante la guerra contra los turcos en los años 1768-1774 y sus victorias contra el enemigo le habían conferido gran celebridad.

[9] Vid. sobre la personalidad de Rumjancev, Kennedy Grimsted, *The Foreign Ministers*, pp. 170-173.

Constantinopla, he aquí la palabra mágica, cuya «clave» venía constituida por las provincias de Moldavia y Valaquia, y que Napoleón esgrimiría contra el zar de Rusia en la cuestión española. Porque Rumjancev, en la entrevista de Tilsitt, se había percatado del beneplácito del emperador francés para aceptar un «reparto del mundo»: una fórmula que, por lo demás, había quedado tan mal especificada en el convenio como para permitir un fácil replanteamiento en cualquier momento [10].

Napoleón no tardó en relacionar hábilmente, ante los ojos del zar, la cuestión otomana y los problemas españoles. Véase, en la siguiente carta del embajador ruso en París, Tolstoj a Rumjancev, escrita a raíz de los sucesos de El Escorial, la insidia de la maniobra napoleónica:

> ... Il (Napoleón) avait reçu des nouvelles de Constantinople, où il prétend qu'on se plaint de ce que nos troupes n'avaient pas encore évacué la Moldavie et la Valachie, et me confia, sous le sceau du secret, que les dernières dépêches de Madrid annoncent la découverte d'une conspiration contre les jours du Roi, dans laquelle, est impliqué le Prince des Asturies, qui, en conséquence, a été arrêté et traduit devant les tribunaux... (Fontainebleau, 28 octobre/9 novembre 1807) [11].

Surge aquí de nuevo la pregunta: ¿existió entre ambos emperadores algún pacto que vinculaba de manera especial la cuestión turca a la cuestión española? ¿Podía interpretarse la citada carta de Tolstoj como una amenaza por parte de Napoleón, un recordatorio de algo prometido y que parecía no cumplirse?

Algunos autores [12] han admitido la existencia de un acuerdo secreto franco-ruso, que preveía un cambio de dinastía en España

---

[10] El artículo 23 del tratado de Tilsitt decía así: «Les troupes russes se retireront des provinces de la Valachie et de la Moldavie, mais les dites provinces ne pourront être occupées par les troupes de Sa Hautesse, jusqu'à l'échange des Ratifications du futur traité de paix définitive entre la Russie et la Porte Ottomane». Vid. VPR, *I*, 3, p. 635. Vid. también Solov'ev, *Imperator Aleksandr*, pp. 162-163.

[11] Vid. SBORNIK, T. 89, pp. 188-189.

[12] Vid. Garden, G., *Histoire générale*, T. X, pp. 239-240; Bennigsen, L. L., *Mémoires du Général Bennigsen*, s. a., T. II, pp. 236-237; Marx, Karl, *Das revolutionäre Spanien*, en *Karl Marx-Friedrich Engels Werke*. Berlín 1962, Tomo 10, p. 442; José Bonaparte, *Memorias*, T. 4, pp. 246-248. Vid. también en VPR, *I*, 3, pp. 762-763, núm. 424, los comentarios sobre este punto. Se supone que dicho tratado secreto no fue sino una falsificación francesa destinada a empeorar las relaciones entre Rusia e Inglaterra; por su parte, Dodolev, en su artículo *Rossija i vojna* (p. 34, nota 7), cree en la autenticidad del acuerdo secreto.

a favor de los Bonaparte. En compensación, Alejandro ocuparía la parte europea de Turquía y extendería sus posesiones en Asia.

Nosotros no podemos ni admitir ni negar la existencia de dicho tratado, por el que quedaba definitivamente resuelto el destino de España. Pero volvemos a insistir en el tácito «reparto de influencias» decidido entre ambos monarcas [13].

Sin embargo, en la fantasiosa política de ambos soberanos, únicamente un punto estorbaba el feliz cumplimiento de sus planes: la presencia de Manuel Godoy, Príncipe de la Paz, en el ministerio español, era el último escollo, el último eslabón que cabía hacer saltar para que todo funcionase a pedir de boca: así, pues, una vez firmada la paz de Tilsitt, en verano de 1807, la suerte del Príncipe de la Paz estaba ya completamente decidida.

La opinión pública española sintió, inconscientemente, las graves consecuencias que la reconciliación entre rusos y franceses acarrearía para España. La entrada de las tropas del General Junot provocó, a decir del embajador ruso en Madrid, Stroganov, «confusión universal» [14] y contribuyó a agudizar la crisis interna en que se debatía la Monarquía Católica. Pero lo grave del caso fue que no se dudó en hacer al Príncipe de la Paz responsable de la nueva situación [15]: «El cambio radical del sistema político en el norte, que tuvo lugar en el momento de la paz de Tilsitt» —observaba Stroganov— «acrecentó la animosidad contra el favorito» [16].

Así, pues, el fin momentáneo del antagonismo franco-ruso repercutió inmediatamente en el ambiente español, con una nueva —una última y contradictoria— degradación de Godoy.

Por lo demás, era obvio que los sucesos políticos que se desarrollaron en España desde el proceso de El Escorial hasta el cambio de dinastía en mayo de 1808 no alarmaron en demasía al zar de Rusia, en tanto representaban el traspaso de la soberanía de una dinastía a otra. Lo que ocurría en España entraba dentro del campo de posibilidades que Alejandro I había entregado a Napoleón en Tilsitt y no tenía por qué reivindicarlo ahora. Además,

---

[13] Vid. despacho de Rumjancev a Tolstoj, San Petersburgo, 26 de noviembre de 1807, en SBORNIK, T. 89, p. 262.

[14] Vid. Dodolev, O vlijanii, p. 31.

[15] Vid. Carr, España, p. 91. Compárese la observación del general Augereau: «La Revolución de España, se dirigirá, en primer lugar, contra el Príncipe de la Paz.»

[16] Vid. Dodolev, ídem, p. 31. Los despachos de Stroganov obran en el Archivo de Política Exterior de Rusia (AVPR).

el zar de Rusia se niega a ver, detrás de la maniobra napoleónica, mayor ambición que la representada por las ventajas que ofrece el momento para Francia.

2. *El impacto de la insurrección española en Rusia, I*

Se impone aquí una reflexión sobre la resonancia que los acontecimientos peninsulares suscitaron en Rusia: resonancia e impacto que forman parte esencial de nuestra investigación.

A) LA POSTURA DEL ZAR. En primer lugar, es primordial destacar el juicio que la situación peninsular mereció al propio emperador Alejandro I. Es evidente que la actitud del zar frente a los acontecimientos españoles vino condicionada, ante todo, por «el mal sabor» que le habían dejado las relaciones mantenidas durante los últimos años con la corte de Madrid, y los frustrados intentos de alianza hispano-rusa llevados a cabo durante la privanza de Godoy[17]. Las vicisitudes del reinado de Carlos IV no podían sino haberle infundido la opinión de que la corte borbónica española atravesaba un período de grave crisis, cuya expresión más patente había sido el inaudito «cursus honorum» del joven favorito. De aquí que el zar de Rusia no se mostrara reacio en modo alguno a una modificación de gobierno en España, sobre todo después de los sucesos de El Escorial.

Por otra parte, Napoleón se encargó de informar «debidamente» a su aliado ruso sobre el «verdadero» significado de aquel momento. Si es verdad que la traición del príncipe Fernando no pudo sorprender al propio Napoleón[18], también es verdad que los franceses se encargaron de difundirla en San Petersburgo a su manera.

Alejandro I estaba al corriente, por lo tanto, de que grandes modificaciones se preparaban en España con la suficiente dilación para poder reaccionar en tiempo oportuno. El zar, sin embargo, y según hemos visto, no dio muestras de recelo ante los planes franceses: su pasividad venía motivada, por una parte, por su constante preocupación en los asuntos turcos.

Pero, por otra parte también, es indudable que Alejandro abrigaba la esperanza de que la intervención francesa contribuiría a

---

[17] Vid. *supra* p. 42 sig., y Schop Soler, *Las relaciones entre España y Rusia.*
[18] Vid. Fugier, *Napoléon*, T. II, pp. 283-284.

restablecer el orden en un país cuya administración y directivas habían sido dirigidas en los últimos años por un ministro que el propio zar había querido derrocar [19]. Alejandro no ocultó nunca su convencimiento de que el Príncipe de la Paz era el opresor del pueblo, y —más grave aún— que intentaba poco a poco hacerse con el poder [20]. Ahora, a principios de 1808, cuando las tropas francesas penetran en territorio español se esparcen en la capital rusa noticias similares a las que recibe Napoleón, difundidas por Caulaincourt, embajador francés en San Petersburgo [21].

> ... Il n'y a rien de nouveau en Espagne et en Portugal... Les troupes françaises y pénètrent, la nation semble les voir avec plaisir, et le gouvernement ne s'en inquiète pas... (París, 6/18 de enero de 1808).

Consciente por lo tanto de que la acción francesa desembocaría necesariamente en una profunda modificación de la situación española, pero, convencido, sin embargo, de que ésta era la única solución beneficiosa para los españoles, quienes ansiaban la instauración del orden, la insurrección provocada por la caída de los Borbones y la explosión de sentimiento patriótico sumieron a Alejandro en profunda consternación.

A partir de aquel momento, los sucesos de España van a crear un ambiente propicio para todos los detractores de la política zarista hacia Napoleón, todos los que han desaprobado la alianza de Tilsitt, y aconsejan un acercamiento a Inglaterra [22]. Entre ellos, figura, como uno de los más destacados, el embajador ruso en París, Tolstoj. Y éste no escatima las noticias sobre los sucesos de España, haciendo especial hincapié en la violencia y universalidad del levantamiento [23].

Tolstoj, sin embargo, en su afán por deteriorar la política napoleónica, cometió el grave error de desenmascarar ante los ojos de Alejandro el verdadero sentido de aquella insurrección, a saber: su carácter eminentemente popular y sangriento y, sobre

---

[19] Vid. *supra* p. 54.

[20] Vid. Instrucciones a Stroganov, en **VPR**, *I, 2*, pp. 416-429, del 12-24 de mayo de 1805.

[21] Champagny a Caulaincourt, en SBORNIK, T. 88, p. 435.

[22] Eran los miembros del llamado partido pro-inglés, tales como Stroganov, A. A. Čartorijskij, N. N. Novosil'cev, etc.

[23] *Les désastres de l'Espagne*, escribía a Rumjancev el 1-13 de mayo de 1808, *sont à leur comble. Le peuple est agité dans tous les sens. La haine contre les français est le seul sentiment qui m'y paraisse général*, en SBORNIK, Tomo 89, p. 533.

todo, la incapacidad de la Junta de Gobierno de Madrid para acabar con el enardecido pueblo: no anduvo lejos de la verdad el embajador al comunicar a Rumjancev:

> ... On serait tenté de croire que les évènements du 2 n'ont été amenés à Madrid, que pour arriver à ce résultat, il fallait une émeute populaire, pour prêter la junte elle-même à appeler le grand-duc à sa tête... (París, 5/17 de mayo de 1808) [24].

Es obvio subrayar que Tolstoj y Alejandro I —al igual que Napoleón y los franceses en España— no llegaron a calar el verdadero significado de la insurrección. El patriotismo del pueblo («ignorant et fanatique») no pasaba de ser mero producto «des prêtres dont il suit également les impulsions» [25].

Llevado, sin embargo, de su convencimiento de que la exacta información de los sucesos peninsulares obligaría a Alejandro a reconsiderar su política y le daría a comprender que el destino de Carlos IV, bien pudiera ser el de otros soberanos, Tolstoj siguió enviando a San Petersburgo tantos detalles cuantos pudo facilitar sobre el estado de la insurrección, haciendo *especial hincapié* en la violencia y la anarquía del movimiento popular: he aquí algunos ejemplos, extraídos de cartas procedentes de España, que el embajador ruso en París se encargó de hacer llegar a San Petersburgo.

> Nouvelles de Madrid.
> A Valence le peuple s'est levé en masse... le gouverneur espagnol de Badajoz a été égorgé et son corps traîné dans les rues, parce que

---

[24] Ídem, *ídem*, p. 538. Obsérvese que la violencia de la revuelta popular dejó tan pasmado a Tolstoj que llegó al convencimiento de que ésta había sido «preparada». El carácter violento de la insurrección repercutió de manera especial entre los súbditos rusos residentes en Madrid, ya que el propio embajador Stroganov fue objeto de agravios por parte de la muchedumbre, quien invadió su casa, bajo el pretexto de que había conservado dos lacayos franceses. Stroganov recibió toda clase de excusas por parte de la Junta Central (vid. a este respecto una carta fechada en Aranjuez en octubre de 1808, en *AHN, Junta Suprema Gubernativa*, leg. 22-B, en la que se prometía castigar a los que habían asaltado la casa del embajador ruso en la tarde del 14 de octubre). Sin embargo, Stroganov, intuyendo lo que no tardó en ocurrir, optó por marcharse de España. Vid. Grandmaison, *L'Espagne et Napoléon, 1804-1809*, T. I, p. 355. El propio Stroganov dio cuenta de lo ocurrido el 4/16 de diciembre de 1808 a Rumjancev: vid. VPR, *I, 4*, p. 671, nota 305.
[25] Vid. Tolstoj a Rumjancev, París, 9/21 Juin 1808, en SBORNIK, T. 89, página 564.

l'on avait trouvé sur lui une lettre du général Junot, le prévenant qu'il enverrait un corps de 5.000 hommes à son secours... [26].

No fueron únicamente las observaciones de Tolstoj las que narraban los acontecimientos de la Península, ni fue el embajador ruso en París el único que intuyó el carácter eminentemente revolucionario de aquellos sucesos. Stroganov, representante del zar en Madrid, anotaba en sus apuntes en 1810:

> Los españoles han iniciado una guerra fundamentalmente distinta de todas las demás guerras políticas. Se nos dice que han tenido fracasos, también que han perdido batallas... pero quién esperaba que no hubiese fracasos?... Saber morir y saber odiar: he aquí la garantía de la victoria de los españoles [27].

Por su parte, un antiguo vicecónsul ruso, I. K. Bičilli, que había residido cuatro años en España, envió el 17 de mayo de 1810 un escrito a Rumjancev titulado «Sobre la guerra de España en 1808» («O vojne v Ispanii v 1808 g.»), en el que desarrolla puntos de vista parecidos a los de Stroganov y Tolstoj [28]. Afirmaba que el primero en acudir a las armas y en arrastrar tras de sí a todos los demás había sido el pueblo sencillo. «Dada la ausencia de ejército y de una nobleza ilustrada», escribía Bičilli, «toda la fuerza de España se hallaba concentrada exclusivamente en la clase más baja de la nación». Y al igual que otros diplomáticos rusos, concluía: «esta guerra constituye un fenómeno nuevo en los anales de la historia»: resultaba incomprensible si uno se atenía a las teorías o descripciones que circulaban por el extranjero... [29].

Como era de suponer, la llegada de tales noticias hubo de causar honda impresión en el zar.

Porque, además, exactamente en aquellas mismas fechas, 1808, Alejandro, autócrata de todas las Rusias, ha puesto en marcha el primer intento de reforma constitucional —y el único también— que pueda consignar su reinado. Cediendo a las presiones de la parte más «ilustrada» del estamento aristocrático, Alejandro confía a Michail M. Speranskij [30] el difícil y arduo intento de elaborar

---

[26] Vid. estos textos en SBORNIK, T. 89, pp. 567-572.

[27] Citado por Dodolev, *Rossija i vojna ispanskogo naroda*, p. 37.

[28] Ídem, ídem, p. 38; Dodolev, *Memorias*.

[29] Dodolev, *Rossija*.

[30] Vid. sobre Speranskij la biografía de Korff, *Žizn Grafa Speranskago*. Más asequible es el excelente estudio de Raeff, *Michael Speranski, 1772-1839*. Vid. *infra*, pp. 95, 96.

una nueva codificación de las leyes rusas, con vistas a establecer un programa de reestructuación política del Imperio, es decir, un primer ensayo de constitución, en donde los poderes ejecutivo, legislativo y judicial estuviesen claramente diferenciados.

De momento, no importa que la paciente obra de Speranskij, ultimada en 1809 bajo el título de *Introducción a un Código de leyes gubernamentales* [31], no encuentre su aplicación inmediata en el Imperio, acosado pronto por las tropas de Napoleón, ni que su proyecto de reforma constitucional sea, en el fondo, mero producto del estamento aristocrático, deseoso de limitar las prerrogativas del zar. Pero sí es necesario subrayar la coincidencia del proceso violento revolucionario español que contrasta —en aquellos primeros momentos de la guerra de la Independencia— con la sensata y magnánima concesión de Alejandro I al pueblo ruso. Porque, en efecto, por primera vez desde los días de la Revolución Francesa ha surgido ante los ojos del zar el monstruo, el único capaz de sobrealarmar a un autócrata ruso: la desintegración de la soberanía y su traslado a manos de la masa del pueblo. Y aquella insólita revolución se doblaba en el caso español de otro germen de inestabilidad: apuntaba en los despachos de Stroganov desde Madrid la incapacidad de las autoridades constituidas para dominar el frenesí popular, así como la pugna que se extendía entre las diversas juntas. Era la revolución dentro de la revolución [32].

Eliminados, de momento, los legítimos soberanos —ya fuese Carlos IV o Fernando VII— Alejandro I no pudo acoger sino con satisfacción la noticia de la próxima llegada de José I a Madrid, con la esperanza de que su presencia —acompañada «des efforts des personnes marquantes»— [33] acabaría con los desórdenes calle-

---

[31] Vid. Mazour, *The First Russian Revolution 1825*, T. IV, pp. 70-71. Texto ruso *Vvedenie k uloženiju gosudarstevennych zakonov.*

[32] La historiografía soviética, siguiendo la pauta marcada por Karl Marx en su famosa obra *Das Revolutionäre Spanien* (en *Karl Marx-Friedrich Engels Werke*, T. 10, p. 445), ha hecho especial hincapié en acentuar el doble significado de la Revolución española: por una parte, nacional; por otra, dinástica; por una parte regeneradora, por otra reaccionaria. El verdadero portador de la lucha contra Napoleón es el pueblo —«narodnij mass», la masa del pueblo—, mientras que los elementos reaccionarios —es decir, la aristocracia— contribuyen a frenar el ímpetu liberador. De ahí, concluye Dodolev, *O vlijanii*, p. 37, que «la dualidad del carácter de la guerra de la Independencia, la escisión en el campo de los insurrectos, debiliten la posición internacional del levantamiento español».

[33] Vid. *Copie d'une dépêche chiffrée adressée par l'ambassadeur comte de Tolstoy à M. le baron de Stroganoff à Madrid, en date de Paris du 3/15*

jeros. En julio de 1808, el zar de Rusia confió a Caulaincourt que estaba convencido de que la «classe dirigeante» («veduščij klass») apoyaría a Napoleón [34].

Alejandro I reconoció, pues, a José I como rey de España e Indias [35] (agosto de 1808), obligado sin duda alguna, por su alianza con Napoleón; pero impulsado también por su firme convicción de que los españoles debían respeto al nuevo rey en tanto que autoridad legal constituida: Alejandro I fue, en este sentido, un buen afrancesado. No menos que la de su embajador Tolstoj en París —profundamente conservador y aristócrata de vieja alcurnia— la posición del zar de Rusia vino condicionada por su convicción de que sostener la insurrección era, en el fondo, oponerse a los intereses de España, puesto que, hasta en propias filas de los españoles existían profundas desavenencias [36].

Y, sin embargo, la prevención de Alejandro I contra la revolución democrática española se diferenciaba de los sentimientos que los sucesos peninsulares merecían a los altos dignatarios del Imperio, quienes no debían andar muy lejos de los grandes aristócratas españoles, tales como Floridablanca, Palafox o La Romana. Alejandro parecía estar convencido de que el reinado de José I podía ser beneficioso para España, mientras que los aristócratas rusos se escandalizaban ante la posibilidad de un acuerdo con un soberano no legítimo. Tolstoj, por ejemplo, una vez informado de que Alejandro había reconocido al nuevo rey de España, se negó a dar fe a tal noticia [37]. Alejandro, en aquel momento, pareció encarnar una especie de tercer partido. Entre los dos grupos que daban el tono en su país, entre la alta aristocracia terrateniente,

---

juillet 1808, en SBORNIK, T. 89, p. 638. Uno de los párrafos decía así: «... *Il sera surtout intéressant pour nous d'apprendre avec vérité si l'arrivée du Roi Joseph et les efforts des personnes marquantes dont il a su s'entourer pourront parvenir, ainsi qu'on s'en flatte ici, à rétablir le calme...*»

[34] Vid. Dodolev, *O vlijanii*, p. 31.

[35] Vid. SBORNIK, T. 89, p. 676.

[36] «...M. d'Asansa et d'Urquijo», comentaba Tolstoj, «envoyés par le roi Joseph à l'Empereur Napoléon se trouvent depuis trois jours à Paris... Il paraît que les insurgés ne sont pas d'accord sur le but qu'ils se proposent et qu'il s'est formé deux partis parmi eux. L'un fidèle à la cause de Ferdinand VII en désire ardemment le retour. L'autre le croyant impossible semble se bercer d'idées républicaines tout en se prononçant en faveur de l'Archiduc Charles d'Autriche et souhaitant de pouvoir placer ce prince à la tête du gouvernement futur...» (Tolstoj a Rumjancev, París, 7/19 de agosto de 1808, núm. 189), en SBORNIK, T. 89, pp. 657-658.

[37] Vid. SBORNIK, T. 89, pp. 676-677.

que aborrece todo lo que recuerda a Napoleón, y quienes preconizan que la revolución española contiene elementos nuevos y positivos —como el núcleo de futuros liberales— el zar se decanta por cierto oportunismo político que, de momento, pasa desapercibido a la nobleza.

Para él, la solución del problema español no ofrece lugar a dudas: aceptado José I como mal menor, la intervención de minorías que desean instaurar un orden nuevo, usurpando la soberanía, sin más beneplácito que el que puedan conceder la fuerza o la voluntad popular, inspira franca repulsa a Alejandro. De ahí su extremada reticencia en entablar cualquier clase de negociación con las Cortes de Cádiz. Solamente, cuando a mediados de 1812, sus embajadores le comuniquen que elementos conservadores han logrado dar el tono en la Regencia, sucediendo al «gobierno popular y anárquico de Cádiz» [38], solamente entonces se avendrá a firmar un tratado con representantes «liberales» y reconocer —bien a pesar suyo— la Constitución de 1812 [39].

Porque, aunque tenga que poner su honor en entredicho, Alejandro no logrará nunca superar el sentimiento de repulsión que le merece la obra de las Cortes. Durante todo su reinado, el recelo y la desconfianza caracterizan la actitud del soberano ruso hacia la revolución liberal-burguesa y sus artífices; actitud que se regirá, siguiendo los pasos de la Santa Alianza, por el deseo de salvar al monarca Fernando VII. Y es que, a fin de cuentas, el autócrata ruso juzgará siempre los hechos desde su peculiar punto de vista de soberano absoluto. Incluso el paso de Speranskij por el ministerio ruso fue esporádico y antes de la apertura de la campaña de 1812, Alejandro exilió al Secretario de Estado [40]. Ante el problema de la representatividad y de la soberanía nacional del pueblo, el zar optará por negar la legitimidad de aquellas pretensiones a favor de la política autócrata.

Pasados los años, en 1820, al reinstaurarse la Constitución de Cádiz, Rusia será uno de los primeros países en hacer constar a sus embajadores que:

... une telle assemblée (Las Cortes de Cádiz) ne représentait en aucune manière la monarchie espagnole. Tout ce qu'elle entreprenait pour arracher la patrie au joug de l'étranger devait sans doute être avoué,

---

[38] Citado por Dodolev, *Rossija i Vojna*, p. 38.
[39] Vid. Capítulo III.
[40] Vid. Tourgeneff, *La Russie et les Russes*, T. I, p. 570.

et ses héroiques efforts lui assuraient par avance l'estime des peuples; *mais là se bornait son pouvoir.* Elle obtint des secours puissans (sic) des souverains de l'Europe; mais ces secours n'eurent pour objet que le *rétablissement du gouvernement légitime;* et elle avait le droit de délivrer l'Espagne, *mais non de la gouverner;* le présent était à elle autant qu'elle pouvait le diriger, mais rien ne l'autorisait à prescrire des conditions à venir... [41].

Aquella actitud, tan equívoca y contradictoria, tendrá muy graves consecuencias para Alejandro: al enjuiciar los hechos, los decembristas considerarán al soberano como traidor a su palabra, puesto que una vez reconocida la Constitución de 1812, el zar se convertirá en cómplice de la Santa Alianza y de Fernando VII «que había violado los derechos de los ciudadanos» [42].

3. De Tilsitt a Erfurt

El desarrollo de los acontecimientos en España hubo de suscitar reacciones en el resto de Europa. Al propio tiempo, la tácita complicidad del emperador de Rusia fue puesta, cada vez más, en tela de juicio. Tras los sucesos de marzo y, sobre todo, tras los de mayo de 1808, cuando empezó a vislumbrarse que la cuestión española podía plantear serias dificultades a Napoleón, la condescendencia del zar Alejandro fue objeto de severas críticas.

Quizá por ser consciente de que la crisis española precipitaría el desenlace de aquella tragedia europea, el gobierno austríaco reaccionó con visible premura ante las noticias de la Península. El emperador Francisco I procedió a sancionar los decretos —diferidos durante nueve meses— por los que se creaban batallones de reserva, así como una milicia «popular», o Landwehr, que debía alistar a 180.000 hombres [43]. Los austríacos no se hicieron ninguna clase de ilusiones sobre la dilación que la insurrección española había impuesto a Napoleón en la ejecución de sus planes.

---

[41] Vid. *Pièce importante sur la Révolution d'Espagne et note diplomatique envoyée à tous les ministres de la Russie au sujet des affaires de ce royaume,* avec préambule et notes (sin autor), París 1820, Chez Pillet Ainé, Imprimeur Libraire, Préambule.

[42] Vid. Borozdin, *Iz pisem i pokazanij dekabristov,* p. 13.

[43] Carta de Aleksandr Borisovič Kurakin a Alejandro I, Viena, 2/14 de julio de 1808, en **VPR**, *I, 4,* pp. 291-295.

Por otra parte, el impacto producido por los sucesos peninsulares en la táctica francesa se vio ampliamente confirmado por las noticias que el embajador ruso transmitía desde París.

Los despachos de Tolstoj, al igual que los de su colega Kurakin desde Viena, subrayaban la lección aportada por el levantamiento español [44].

Con igual insistencia, las cartas del secretario de la embajada rusa en Madrid, Pavel Osipovič Mohrenheim, daban cuenta de la magnitud de la sublevación en la Península [45].

Es indudable que, en aquellos días, conocida la postura de Austria y entrevistas las dificultades de Napoleón, la cuestión española iba a exigir, forzosamente, una toma de posición muy clara por parte de Alejandro. Si existió un momento en que la política rusa hubiese podido negarse a sancionar la intervención francesa en España, este fue, sin duda alguna, durante los meses que corrieron desde los sucesos de Bayona hasta el reajuste franco-ruso de Erfurt (septiembre de 1808). «Il eût suffi» puntualizaba el embajador en Viena, Kurakin, comentando la situación, «d'un signe de V.M.I. pour faire agir l'Autriche» (9/21 de septiembre de 1808) [46].

De nuevo, para comprender las motivaciones que indujeron a Alejandro a aprobar una segunda vez el derrotero tomado por la política napoleónica hacia España, es necesario insistir en lo que el alzamiento de la Península representaba para el zar: ante todo, la quiebra de la autoridad constituida, y su traslado a manos del pueblo.

Cierto que José Bonaparte ha tenido que abandonar Madrid; que el ejército francés se repliega hacia el Ebro y que la resistencia parece organizarse en el sur del país. Cierto también que el

---

[44] Pero, los informes de Tolstoj encerraban además otro aspecto: a saber, un comentario estratégico, destinado a «demitificar» al ejército de Napoleón y demostrar que no era invencible: *Un général se rendant à la tête de 17.000 hommes est un fait nouveau dans les fastes de l'armée française...* (Despacho de Tolstoj a Rumjancev, París, 27 de agosto/8 de septiembre de 1808, en SBORNIK, T. 89, p. 675.) En la misma época y con el mismo sentido, Metternich escribía al Conde Stadion. «... La guerre d'Espagne nous divulgue un grand secret: celui que Napoléon n'a qu'une armée ésa grande armée.» Vid. METTERNICH, T. 2, p. 257.

[45] Vid. SBORNIK, T. 89, pp. 638-639, sin fecha.

[46] Aleksandr Borisovič Kurakin a Alejandro I, Viena, 9/21 de septiembre de 1808, Réservée, en VPR, *I*, *4*, p. 343.

zar se enfrenta, en su propia corte, con una tajante oposición a su política, que moviliza a los mismos elementos, adversos ya al tratado de Tilsitt[47]. La respuesta del zar a las súplicas de su madre para que no incurra en una nueva trampa del «tirano de Bayona» encierra una alusión al problema español: Alejandro insiste en que el descalabro sufrido por Napoleón en España es solamente momentáneo; aclara que no puede auxiliar a los insurrectos debido a la gran distancia entre ambos países; que el desenlace de la guerra es muy problemático, ya que de todas formas, habrá que ver «el comportamiento posterior de todo el gobierno...»[48].

Una cosa, sin embargo, se vislumbra claramente en el planteamiento llevado a cabo por el zar: la utilidad de la cuestión española en la política rusa frente a Turquía. Sino que ahora, los papeles están invertidos: si Napoleón se ha valido de los deseos rusos ante Constantinopla para proceder a invadir la Península, Alejandro, ahora, utilizará el descalabro francés en España para exigir un reajuste a su favor de la política otomana. Además, el zar de Rusia juega sobre una base muy sólida: dejando aparte el juicio que le pueda merecer la sublevación, el levantamiento en España y la lucha contra Napoleón entrañan para él esta verdad irrefutable: la presencia de tropas inglesas en la Península. Y es esta valiosísima arma la que debe esgrimirse contra el emperador de los franceses. Que los españoles logren o no deshacerse de éste, tiene solamente importancia en tanto su victoria venga compartida con Gran Bretaña.

Desde París, de donde informa Tolstoj, y desde Lisboa, donde Senjavin mantiene anclada la flota rusa, Alejandro puede apreciar perfectamente la maniobra inglesa[49].

Se percata —no cabe ignorarlo— del peligro que entraña para Napoleón la decidida voluntad británica de no alejarse de la Península y resuelve utilizarla: cuando su aliado le comunique que los ingleses perturban la acción francesa, Alejandro se apresurará a confirmarlo.

---

[47] Vid. Dodolev, *O vlijanii*, p. 34; *Russkaja Starina*, núm. 4 (1899), p. 11 y siguientes.

[48] Vid. Dodolev, *O vlijanii*, p. 34; Waliszewskij, *La Russie*, T. 1, p. 264.

[49] Tolstoj escribía a Rumjancev, el 9/21 de junio de 1808 «... Les avis particuliers de Cadix confirment l'existence de pourparlers entre l'escadre anglaise et les Espagnols, mais ils disent que ce n'est plus aux chefs que les commandants anglais s'adressent, mais qu'ils ont réussi à soulever les équipages et traitent directement avec eux de la restitution de la flotte...», en SBORNIK, Tomo 89, p. 573.

Existe una correspondencia cruzada entre ambos soberanos en julio y agosto de 1808, en la que se refleja la habilidad del zar —al igual que un año antes la de Napoleón—, para relacionar el problema creado en España por los ingleses al emperador francés con la cuestión turca.

> Quant aux affaires d'Espagne, j'espère que les troubles que les Anglais *se plaisent à y exciter* seront calmés sous peu. Votre Majesté doit connaître déjà les événements de Constantinople... Les différents partis s'entredéchirent plus que jamais, enfin il me semble que toutes ces circonstances ajoutent de nouvelles facilités pour l'exécution du gran plan en dégageant V. M. de ses derniers liens envers la Porte... [50].

De la lectura de estas líneas, la última frase («l'exécution du grand plan») reclama nuestra atención. Nos da la pista para descubrir una posible vinculación más entre los designios de Napoleón y los del zar: el deseo de proceder a una liquidación del Imperio otomano apunta aquí en estas palabras; deseo, por el momento, aún disimulado [50a].

La coyuntura del momento pone de relieve que la lucha contra los franceses que los españoles persiguen con ayuda inglesa en la Península —acontecimiento capital en la formación de la conciencia nacional— no es sino un aspecto en la incógnita de la lucha por la futura supremacía europea que rusos, franceses e ingleses intentan despejar.

Por eso el empeño español de oponerse militarmente a la invasión francesa y el esfuerzo por asegurar la continuidad política del país, resultaban del todo «fuera de lugar»...

La entrevista de ambos soberanos en Erfurt (septiembre/octubre de 1808) [51] vino, pues, motivada por lo inesperado de la reacción española, que había paralizado los planes franceses, y por la voluntad inglesa de estar presente en aquella zona «de reparto», al igual que lo estaba en Turquía. Motivada también por la necesi-

---

[50] El subrayado es nuestro. Carta de Alejandro I a Napoleón, San Petersburgo, 13 de agosto de 1808, en SBORNIK, T. 89, p. 761.

[50a] Significativas son las frases de Rumjancev a Alejandro en una misiva de 27 de diciembre de 1808/8 de enero de 1809: «Si la négociation traîne et que l'Empereur Napoléon soit assez dégagé des embarras que lui donne l'Espagne, je ne fais pas de doute, Sire, qu'il ne Vous propose et peut-être même à fois à l'Autriche, l'entier partage de l'Empire Ottoman...», en VPR, *I, 4*, p. 457. Sobre esta importante cuestión, vid. la obra de Driault.

[51] Vid. Texto del tratado en VPR, *I, 4*, pp. 359-361 (30 de septiembre/12 de octubre).

dad en que se halló Napoleón de reestructurar su alianza con Rusia y fijar las nuevas bases sobre las que se intentaría un arreglo con Inglaterra.

Asistiremos, pues, en este fin del año 1808 a la última fase de la estructuración definitiva de los bloques antagónicos.

¿Hasta qué punto —podemos preguntarnos— se intentó seriamente por ambas partes llegar a un acuerdo? ¿Existió verdaderamente la intención de solucionar el conflicto en España? Por lo menos, se cubrieron las apariencias.

Al traslado de Rumjancev a París, con misión de dirigir la actividad diplomática, siguió el intercambio de notas con el gobierno inglés; a la exigencia de Canning de incluir a los representantes de Fernando VII en las negociaciones de paz[52] —y por lo tanto, al fracaso de cualquier intento de conciliación— sucedió la marcha de Napoleón hacia España.

En realidad, ¿quién tenía interés por llegar a un acuerdo que salvaguardase las prerrogativas nacionales de España?

Napoleón está convencido de la rapidez con que llevará a cabo personalmente la conquista del país[53].

Inglaterra, que parece defender enérgicamente la causa borbónica española, ha adquirido, sin embargo, gracias a su presencia en la Península, una posición clave en el continente. Aleksandr Borisovič Kurakin, que pronto había de sustituir a Tolstoj en París, lo expresaría sin rodeos a Alejandro I:

> Il suffit de tirer la ligne de Portsmouth à Bilbao, de penser à Gibraltar, à la clef de l'océan, à l'Afrique, aux Indes Occidentales pour être convaiucu de cette vérité...[54].

De toda evidencia, proseguía Kurakin, el destino del Imperio británico se jugaba en España y el motivo de la constancia inglesa al defender los intereses de los sublevados era muy interesado[55].

---

[52] Vid. Carta de Rumjancev a Napoleón, París, 20 de octubre/1 de noviembre de 1808, en VPR, *I, 4*, pp. 375-377. «L'Angleterre déclare qu'elle part de cette supposition qu'en lui faisant des ouvertures pour la paix générale, on a distinctement éxaminé ses relations avec l'Espagne et qu'il est sous-entendu que le gouvernement qui agit au nom de Ferdinand VII fera partie de la négociation à laquelle s. m. Britannique est invitée». Vid. también Becker, *ob. cit.*, p. 30.

[53] Citado por Sorel, *L'Europe et la Révolution Française*, T. 7, p. 319.

[54] Kurakin a Alejandro I; Viena, 24 de octubre/5 de noviembre de 1808, en VPR, *I, 4*, p. 381.

[55] Idem.

En cuanto a Alejandro, ¿cuál puede ser su empeño en ver solucionado el conflicto en la Península, si sabe que la guerra en España contribuye a debilitar a su aliado Napoleón?

Por mucho que la política zarista tropiece con las críticas más acérrimas, por mucho que Kurakin aconseje firmar un acuerdo unilateral con Inglaterra y que Rumjancev suplique terminar la guerra con Turquía [56], Alejandro no cambia de actitud. Para el zar de Rusia, la situación parece clara. Su política no es de agresión, sino de defensa. Entre el Imperio francés y el suyo propio, existe un tercer sistema, representado por el Imperio austríaco, que cubre el flanco sur. Alejandro es consciente de que su política debe consistir en mantener la balanza de poderes entre Francia y Austria [57].

Sólo en caso de lucha entre estos dos países, el zar se mostrará dispuesto a «restaurar» el equilibrio de fuerzas [58].

Tranquilizado por parte de Rusia, penetra Napoleón en España en diciembre de 1808, con la «Grande Armée», con vistas a pacificar definitivamente el sector español, implantar su política y su sistema en la Península...

En el lado opuesto, también se lleva a cabo una reestructuración, un nuevo intento de defensa frente a la voluntad de dominación napoleónica. El 14 de enero de 1808, Juan Ruiz de Apodaca, en nombre de Fernando VII, firma en Londres un tratado de paz, amistad y alianza con el Reino Unido [59].

4. *La política de la Junta Central*

No deja de ser muy curioso el contraste entre la interesada actitud de Alejandro I para con el esfuerzo bélico español, y quienes intentaban encontrar una forma estable de gobierno, y la sin-

---

[56] Rumjancev a Alejandro I, París, 27 de diciembre de 1808/8 de enero de 1809, en VPR, *I, 4*, pp. 456-457.

[57] Alejandro I a Rumjancev, 18/30 de diciembre de 1808, en VPR, *I, 4*, página 443.

[58] Idem, pp. 442-443. «Vous vous rappellerez que dans nos conversations à Erfurt», explica a Rumjancev, «je croyais toujours que le plus utile serait de produire en Europe un système qui tendrait à empêcher qu'entre les trois grandes puissances restantes (la Russie, la France, l'Autriche) aucune des trois ne pût troubler la paix générale du continent. Ce système n'est possible qu'autant qu'il existe une balance entre les deux forces de ces puissances...»

[59] Vid. Becker, *ob. cit.*, p. 56.

gular confianza que los españoles tenían depositada en la magnanimidad de zar. Aduzcamos a título de ejemplo, este llamamiento de la Junta de Sevilla, fechado el 27 de julio de 1808, firmado por sus veinte vocales, que debía ser entregado a Alejandro por el vicecónsul ruso Juan Bichilli. Éste debía informar a «Su Majestad sobre la verdad de los acontecimientos...» [60]. Los vocales expresaban su opinión de que «nuestra justa causa es la causa de todos los pueblos de Europa» y que el emperador Alejandro «... cuyos sentimientos... en favor de la humanidad y de la defensa del derecho de los pueblos son conocidos...» comprendería que «el interés de Rusia consistía en apoyar nuestra independencia...» [61].

La idea de que España encontraría apoyo en el zar de Rusia arraigó en el seno de la Junta Supremo Central Gubernativa del Reino, reunida en Aranjuez en septiembre de 1808, en vísperas de la reunión de Erfurt. El motivo nos parece sencillo: era su presidente, el anciano conde de Floridablanca, quien una vez más, lanzaba su mirada hacia Rusia, echando mano de su tradicional ideario de política exterior.

El intento, en aquellos momentos, estaba de todas suertes, condenado al fracaso. Pero Floridablanca contaba en la corte de San Petersburgo, con un hombre tan leal a la causa de la dinastía borbónica que no dudó en intentarlo.

Era éste Antonio de Colombí y Payet (1749-1811) [62], catalán de la provincia de Gerona, cónsul de España en San Petersburgo desde el año 1773, fiel vasallo de Su Majestad y fiel a su lejana patria. Promotor indiscutible del intercambio comercial entre ambos países, fundador de la única casa de comercio española «superviviente» a orillas del Báltico, Colombí gozó de un prestigio tan considerable que logró permanecer en funciones durante la privanza de Godoy. Su conocimiento del Imperio ruso y sus relaciones con la alta sociedad del país —su mujer, María de Bode y Kynnersley recordaría, pasados los años, que había sido el propio Alejandro I

---

[60] Vid. Maiskij, *Napoleon i Ispanija*, pp. 303-305. Sobre la referida carta de la Junta de Sevilla, vid. el artículo de Azcárate: *Una nota de la «Junta Suprema de Sevilla»*. De él se desprende que Bicchilli entregó la carta al Conde Alejandro Saltykov, en San Petersburgo, el 22 de enero de 1809. Pero desconocemos si produjo algún efecto positivo. Vid. también Dodolev.

[61] Vid. Maisjkij, *ob. cit.*, p. 304.

[62] Vid. sobre Colombí, mi obra *Die spanisch-russischen Beziehungen im 18. Jahrhundert*, pp. 200-205. Vid. también el último capítulo de este libro.

quien había intervenido para decidir el casamiento— [63] le situaban en una posición inmejorable para llevar a cabo gestiones políticas.

Cuando el 25 de octubre de 1808, Floridablanca cursó un despacho a Colombí intimándole a gestionar un acuerdo secreto hispano-ruso [64], recurrió éste a un miembro del Consejo de Gobierno, y amigo personal del emperador, el maestro de ceremonias Rodion Aleksandrovič Košelev [65], quien veía en el tirano Napoleón al destructor del orden basado en la alianza del trono y del altar.

Košelev se opone a la política preconizada por Rumjancev, al acuerdo de Tilsitt y al encuentro de Erfurt. En septiembre de 1808 ha hecho circular en la capital un folleto anónimo, titulado: «Noticias de España comunicadas al maestro de ceremonias R. A. Košelev» [66], en donde se hace hincapié sobre la lección política que entraña la sublevación en España:

> ... A partir de este momento, «argumentaba el autor», España quedará íntimamente unida a los intereses de los otros estados y cobrará gran importancia en la balanza de poderes.

De las instrucciones precisas que Floridablanca comunicó a Colombí, nada sabemos, salvo un punto que habría de alcanzar luego mayor celebridad: parece que, para dar más realce a la deseada unión entre España y Rusia, el presidente de la Junta propuso el casamiento de la hermana de Alejandro I, la gran duquesa Anna Pavlovna, con Fernando VII... [68].

---

[63] Vid. Eggers, *Zea Bermúdez*, p. 33. Colombí ya había llevado a cabo varias gestiones de índole diplomática durante el reinado de Carlos III, vid. Schop Soler, *ob. cit.*, pp. 232-233.

[64] Becker, en su *Historia de las relaciones exteriores de España durante el siglo XIX*, T. I, 1800-1839, no menciona estas gestiones y hace remontar a 1811 los primeros intentos de negociar una alianza con Rusia. Sin embargo, el despacho de Floridablanca a Colombí obra según Dodolev, *O vlijanii*, p. 37, nota 31, en el «Central'nyj gosudarstvennij archiv drevnich aktov», folio 15, número 266, 71-73. Vid. también a este respecto en VPR, *I, 5*, pp. 710-711, nota 332. En esta nota, sin embargo, se ha deslizado un error: no fue Bardají y Azara quien gestionó el acuerdo hispano-ruso en 1810-1812, sino Zea Bermúdez. Bardají llegó a Rusia solamente *después* de la firma del Tratado de Velikie Luki. Vid. también VPR, *I, 6*, pp. 689-690, nota 76. En el artículo de Zvavič, *Ispanija v diplomatičeskich otnošenijach Rossii v 1812 godu*, pp. 45-49, no se halla ninguna alusión a este primer intento de acuerdo.

[65] Vid. Dodolev, *O vlijanii*, p. 37.

[66] Vid. Dodolev, *ídem*, p. 33. El folleto llevaba por título *Izvestii ob Ispanii, soobščennye obergofmejsteru R. A. Košelevu*.

[67] Idem.

[68] El proyecto de un matrimonio ruso era en realidad de Godoy, quien lo

De momento, sin embargo, las instancias de Colombí y Košelev no hacen mella en la actitud del zar, quien dice creer en la posibilidad de un arreglo entre la Junta y Napoleón[69].

5. *Rusia y América*

Detengámonos ahora para reflexionar sobre la situación del momento. A finales de 1808, paralizados los planes de Napoleón por el levantamiento —imprevisto— en la Península, vemos perfilarse el cuadro siguiente: ésta parece haberse convertido en un centro de gravedad, alrededor del cual giran los intereses franceses, ingleses y rusos[70].

Alejandro, hasta la fecha, se ha negado a secundar en lo más mínimo la insurrección española. Aliado de Napoleón, ha resistido todas las presiones —ya fuesen por parte de su familia o por parte de sus consejeros— para que reconsiderase su política exterior. El zar opina que el fracaso de Napoleón en España es solamente momentáneo[71].

Cabe hacerse la pregunta: ¿espera el zar de Rusia de su alianza con Napoleón algo más que un reparto del Imperio otomano? La negativa de Alejandro de prestar ayuda a la sublevación española implica, necesariamente, la negativa de reconocer a Fernando VII como legítimo rey de España e Indias. Implica también la posibilidad de una nueva interpretación de la integridad del territorio español. Mudada la dinastía, ¿por qué no hubiese podido pensarse en una división del Imperio español?

Es necesario, aquí, recapitular brevemente los pasos dados por Rusia hacia el continente americano.

El interés ruso por América[72] es un problema que aún no ha trascendido plenamente hasta la conciencia de los historiadores hispanos. Que los rusos pudiesen llevar a cabo toda una obra de

---

propuso por vez primera al embajador ruso Stroganov. En VPR, *I, 6,* pp. 689-690, se afirma que la negociación del enlace matrimonial entre Fernando VII y la hermana del zar formaba parte de la misión encargada a Colombí. Por lo demás, este proyecto no desaparecerá tan rápidamente de la escena, vid. *infra* páginas 151, 152, y mi obra *Las relaciones.*

[69] Vid. Dodolev, *O vlijanii,* p. 81.
[70] Vid. Azcárate, *Wellington,* pp. 34-35.
[71] Vid. Dodolev, *O vlijanii,* p. 34.
[72] Vid. Völkl, *Russland und Lateinamerika 1741-1841.* Interesante es también el estudio de Vila Vilar, *Los rusos en América.* Más recientemente ha publicado importantes obras sobre esta cuestión: Bartley.

expansión —lenta— al norte de California, o que pensasen en apoyar la rebelión suramericana, es un hecho que reclama poderosamente la atención.

Aquel interés no era, sin embargo, producto de una situación repentina. Desde hacía más de medio siglo, desde la época del zar Pedro I (1689-1725), los comerciantes rusos habían llevado su campo de actividad —la venta de pieles— hasta los confines de Siberia, hasta la península Kamčatka, y de allí habían saltado a las islas Aleutianas y a la de Unalaška. En 1741, Catalina II, tan esmerada en ilustrar su reinado con una brillante política exterior, patrocinó la célebre expedición de Vitus Bering y Aleksej Il'ič Čirikov, que inicia la expansión rusa en el continente norteamericano. En el año 1784, Grigorij Ivanovič Šelichov, un rico mercader siberiano, propietario de una de las más famosas sociedades de pesca de nutrias y empedernido soñador de un «Imperio ruso del Pacífico», funda la primera colonia rusa en América en la isla de Kodjak. Entre 1799 y 1804, se crea la segunda en Sitcha. En 1790, Šelichov ha nombrado ya a Aleksandr Andreevič Baranov «comandante» («pravitel'») de las posesiones rusas en Norteamérica, ordenándole explorar con exactitud el territorio lindante con las posesiones españolas y a ser posible, establecer relaciones comerciales con ella. Finalmente, en 1799, el comercio con América recibe un nuevo impulso al quedar definitivamente unificado: el zar Pablo I concede a la «Rossijskaja Amerikanskaja Kompanija» (RAK) el monopolio del comercio con América [73].

Naturalmente, detrás de los proyectos comerciales, se esconde un evidente deseo de expansión territorial. Catalina II, por ejemplo, se ha mostrado especialmente interesada por la futura suerte de las colonias españolas de Suramérica, desde que en junio de 1787 su embajador en Madrid, Stepan Zinov'ev, le ha informado de la probable sublevación de las poblaciones de aquellos territorios [74].

La historiografía soviética ha puesto especial esmero en demostrar que la política expansionista de un estado no es sino un medio de la clase dirigente para superar posibles revoluciones internas. Así también la actuación del «zarismo» en este aspecto. Bajo este punto de vista, el gran especialista en cuestiones latinoamericanas, Vladimir Michajlovič Miroševskij (1900-1942) lanzó una interesan-

---

[73] Vid. Völkl, pp. 21, 58-60, 82.
[74] Vid. Miroševskij, *Ekaterina II i Francisko Miranda*, pp. 125-132.

te hipótesis según la cual, la emperatriz estaba plenamente decidida a apoyar una eventual sublevación en las colonias españolas. Francisco de Miranda, que se hallaba en Rusia en el año 1787, recibió claras promesas a este respecto. En la expedición de Grigorij Ivanovič Mulovskij, que se hallaba dispuesta para zarpar hacia el Pacífico, debía tomar parte el propio Miranda. Éste —con ayuda abierta o camuflada de la emperatriz—, se hubiese encargado de la «propaganda subversiva», mientras la península del Kamčatka se hubiese convertido en trampolín de la lucha contra el colonialismo español. El 3 de mayo de 1799, Miranda anotó en su «Diario» que el embajador ruso en Londres, Voroncov, le había asegurado que, de no haber fallecido Catalina, «los insurrectos hubiesen podido contar con dos fragatas rusas y 2.000 soldados, para iniciar la lucha de liberación de la América española [75].

La tesis de Miroševskij encierra, sin duda alguna, dentro de su carácter hipotético, numerosos puntos de veracidad, que no discutiremos aquí. Pero sí queremos recalcar que Alejandro I, al llegar al poder, encontrará en los anales de la historia de su país, una tradición diplomática con marcado interés hacia América, interés político y comercial.

Llegados a este punto, debemos formular la pregunta: ¿cómo reaccionó el gobierno español ante aquel avance ruso en tierras californianas? Una respuesta detallada rebasaría ampliamente el marco de este trabajo. Nosotros, nos hemos de limitar a subrayar que, durante el gobierno de Floridablanca, la atenta vigilancia de las maniobras rusas en el Pacífico fue encarecidamente recomendada a todos los embajadores españoles en San Petersburgo [76].

Durante el siglo XVIII, el litigio quedó reducido al marco de América septentrional y no hizo mella en las relaciones hispanorusas del continente europeo. Únicamente, en 1799, cuando España y Rusia se hallen en estado de guerra, cundirá el temor de una posible penetración rusa en California: al virrey de Méjico, Miguel José de Azanza, se le recomendará tomar cuantas precauciones «estime conducentes, a fin de frustrar los intentos hostiles de los rusos que por aquellas partes siempre pensaron en realizarlos...» [77].

Iniciado ahora el reinado de Alejandro I, la política rusa hacia América queda confiada a los miembros de la RAK. La expansión

---

[75] Citado por Miroševskij, *ob. cit.*, pp. 9, 130.
[76] Véase también la *Instrucción Reservada* de Floridablanca, en BAE, 59, páginas 213-272, los puntos 129 y 373 y capítulo I de este libro.
[77] Vid. Völkl, *ob. cit.*, pp. 82-83.

sigue teniendo un sello comercial y mucho de espíritu de aventura. En 1803, se inicia la primera expedición rusa alrededor del mundo. Uno de sus miembros, Nikolaj Petrovič Rezanov, es al mismo tiempo representante de la RAK. Tres años más tarde, en 1806, se produce un hecho insólito: Rezanov desea saludar al gobernador de Alta-California, José Joaquín de Arrillaga, reparar sus barcos y abastecerse. El gobernador acude a San Francisco; después de mucho cavilar, permite la compra de una sola carga de productos agrícolas, pero se niega a hacer más concesiones. Rezanov permanece en San Francisco del 5 de abril de 1806 al 19 ó 21 de mayo de 1806[78].

De momento, por lo tanto, las ambiciones rusas parecen querer concentrarse en el territorio de California. Pero pronto, en su afán por incrementar el intercambio comercial, Rezanov piensa en los beneficios que pudieran obtenerse, si se estableciesen relaciones comerciales con otros territorios españoles, tales como Chile o Filipinas. El 18 de julio de 1805, cursa un despacho a Alejandro I, en donde desarrolla estas ideas. El 15 de febrero de 1806, en una carta secreta a los directivos de la RAK, repite su pensamiento[79].

En efecto, las posesiones rusas en América se enfrentan con el grave problema del abastecimiento. A finales de enero de 1808, el director de la RAK, M. M. Buldakov, explica a Alejandro que las posibilidades de intercambio comercial con California son numerosas: allí se produce trigo; en cambio, los rusos han de suministrar a sus colonias cuanto les es necesario a través de una distancia de más de 3.000 verstas[80].

Haciéndose eco de los informes de la RAK, Rumjancev cursa un despacho a Stroganov en Madrid (20 de abril/2 de mayo de 1808)[81], ordenándole hacer presente al gobierno español que el establecimiento de relaciones comerciales con los territorios rusos correspondía al deseo de los habitantes de California. Si las autoridades españolas abriesen los puertos de California al comercio ruso, los rusos harían lo propio con los puertos del Kamčatka[82].

Nada más lógico, dados estos antecedentes, que el eco encontrado en Rusia por la naciente rebelión en los territorios españoles

---

[78] Ídem, pp. 92-93.
[79] Ídem.
[80] Vid. VPR, *I, 4*, pp. 163-164.
[81] Vid. Texto del despacho de VPR, *I, 4*, pp. 235-236. Vid. también Tichmenev, *Istoričeskoe obozrenie*, pp. 253-283.
[82] Vid. Völkl, *ob. cit.*, pp. 185-186.

de Suramérica, eco suscitado por las reflexiones de un ruso, llamado a desempeñar importantes cargos en la diplomacia rusa en América, Fedor Petrovič Palen:

> ... De toutes les puissances de l'Europe, l'Angleterre seule retirera de grands avantages de l'émancipation de l'Amérique; se trouvant exclue de tous les ports de notre continent, ceux du Nouveau Monde lui offrent un immense débouché pour les productions de son industrie... [83] (Palen a Rumjancev, París, 14/26 de noviembre de 1809).

He aquí, pues, formulado en estas frases, todo el problema: ¿cómo esperar que Alejandro I preste ayuda a la insurrección española cuando lo que hay que estimular es la independencia de unos territorios que abren un fabuloso mercado a los comerciantes rusos? Y, por otra parte, ¿quién es el verdadero enemigo, sino Inglaterra, no, porque excite a Suecia contra el Imperio o vigile que el zar no se establezca en los Dardanelos, sino porque Alejandro comprende que los ingleses son los más peligrosos rivales en Suramérica?

El planteamiento llevado a cabo por el zar parece sencillo: sabe que todo irá bien si Napoleón se encarga de liquidar a quienes son sus propios enemigos; de ahí, su pasividad ante la disyuntiva peninsular: la guerra en España y su paralelo en Ultramar, así como la lucha entre Francia e Inglaterra, favorecen claramente los intereses rusos.

Y, percatado el zar de la necesidad de un aliado en sus designios, pone en marcha la política que podríamos denominar de «reparto de influencias» en el continente americano: su traducción más característica es la aproximación a los Estados Unidos. El 18/30 de agosto de 1808, Alejandro nombra a Andrej Jakovlevič Daškov encargado de negocios en Filadelfia [84]. Un año más tarde, el 27 de diciembre de 1809/8 de enero de 1810, Rusia designa a su primer embajador en los Estados Unidos: el ya mencionado conde Fedor Petrovič Palen, experto en problemas americanos [85].

---

[83] Vid. Texto completo en VPR, I, 5, pp. 294-295. El texto viene reproducido también en un artículo sin firma referente a las opiniones de los diplomáticos rusos sobre la guerra de la independencia en América Latina publicada en la NNI 1 (1966), p. 113.

[84] Vid. el texto de su instrucción en VPR, I, 4, pp. 323-326. Vid. también Bolchovitinov, K Istorii ustanovlenija, pp. 157-160.

[85] La instrucción en VPR, I, 5, pp. 338-340; Bolchovitinov, ob. cit., pp. 161-162.

Las motivaciones del zar vienen resumidas en una sencilla frase: «Je cherche en les Etats Unis une sorte de rivale à l'Angleterre». En la filosofía política del zar de Rusia, en efecto, no cabe duda de que uno de sus principales móviles es llegar a instaurar la paz una paz duradera y mundial.

Todo el problema, sin embargo, consiste en saber, bajo qué égida se llevará a cabo la paz mundial. Los imperios capaces de regir los destinos del orbe no son ya muchos y es probable que Alejandro vea bastante cerca el desenlace de sus relaciones con Napoleón[86].

Llegado este momento, habrá que pensar también en eliminar a Napoleón, si por ventura lograse hacerse tan fuerte en la Península, como para pensar seriamente en América. Pero aquel planteamiento quedaba supeditado a la quiebra de la autoridad legítima, provocada por el cambio de dinastía en España. ¿Cuál sería la actitud del zar si un día volviese a ocupar el trono un miembro de la dinastía borbónica? ¿Cómo compaginaría Alejandro una política que tiende a favorecer los intereses de su Imperio con los derechos de soberanía del estado español?

Sentadas, pues, estas premisas, es necesario deducir que a finales de 1809/principios de 1810, Alejandro I tenía un evidente interés en ignorar cualquier clase de gobierno en la Península que no fuese el de José I. Una vez despejado el problema austríaco tras la batalla de Wagram y el subsiguiente tratado de Viena (14 de octubre de 1809) y resuelto el antagonismo ruso-sueco en la paz de Frederikshamm (1809), la eventualidad de una Monarquía Católica como Estado Soberano y no como parte integrante del mundo napoleónico, representaba para él un elemento anárquico en el sistema imperial francés. El pensamiento del zar de Rusia se orientaba, no cabe dudarlo, hacia el mantenimiento de la paz; y la permanencia de la insurrección española era un evidente factor de desorden: habrá que tener en cuenta esta circunstancia para entender el nombramiento de un embajador ruso cerca de José I, el general Peter Kornilovič Suchtelen[87]. Cuando el zar de Rusia, des-

---

[86] Vid. VPR, *I, 5,* p. 338.

[87] Peter Kornilovič Suchtelen era Jefe del estado mayor ruso en Finlandia. Texto de su instrucción en VPR, *I, 5,* pp. 275-279: «... Je désire», escribía Alejandro, «parce que je le considère comme devant être un grand acheminement vers la paix générale, que le roi Joseph obtienne à la fin l'amour et le suffrage de ses nouveaux sujets, et que la soumission rétablisse en Espagne un ordre de choses favorable à ce royaume que j'ai toujours estimé...» (28 de octubre/9 de noviembre de 1809).

arrollaba estos pensamientos, el descalabro sufrido en Ocaña y el repliegue de la Junta Central hacia Sevilla y luego Cádiz, parecían presagiar, efectivamente, la instauración definitiva del régimen napoleónico en España.

6. El impacto de la insurrección española en Rusia, II

B) LA SOCIEDAD RUSA. Los acontecimientos peninsulares de 1808-1812 coincidieron con una grave crisis política y social en el Imperio ruso. Sentada esta premisa, examinemos de qué manera la disyuntiva peninsular influyó en la quiebra que venía acechando al mundo zarista. Porque, a fin de cuentas, los rusos, no tardan en descubrir, detrás del espontáneo movimiento de defensa del territorio nacional, el verdadero alcance de las gestas españolas: los más reaccionarios ven en ellas la defensa a ultranza de un orden que ha llegado a su ocaso; los «liberales», el auge de una nueva era.

Los años que mediaron entre 1802 y 1809 habían conocido el firme propósito de Alejandro I y sus colaboradores de otorgar al Imperio una «Constitución»[88], sino que el término de que se valían se prestaba a equívocos. Cuando el zar de Rusia, en la primera década de siglo, hablaba de «constitución», se refería, según apunta Marc Raeff, a «los principios fundamentales de la organización administrativa». El término «constitución» implicaba para él la idea de un ordenado sistema de gobierno y administración libre de caprichos y de arbitrariedad; implicaba aportar orden en los asuntos administrativos, y fundar las relaciones entre el estado y sus súbditos sobre una base legislativa.

De momento, las reformas, al amparo del impulso del joven monarca y de sus amigos del «Comité secreto», se escalonan entre 1802 y 1807: entre ellas, la reforma de la educación eclesiástica y una nueva formulación del papel del gobierno en el desarrollo económico del país, ocupan un lugar primordial.

En ambos casos, ha tomado parte en su elaboración el hijo de un humilde pope del pueblo de Cherkutino, en la provincia de Vladimir, Michail Michajlovič Speranskij, que ocupa aún en aquel momento el cargo de un subordinado.

---

[88] Vid. la obra ya citada de Raeff, *Michael Speranskij*. La idea de una constitución —tal y como la entendemos hoy— para el Imperio ruso no empezó a abrirse paso hasta los años 1815-1820, cuando los decembristas, refiriéndose al modelo francés, inglés o español, se adueñaron del vocablo.

Speranskij, nacido en 1772, estaba destinado a ser uno de los más famosos «reformadores» de la historia rusa contemporánea. Había ingresado a los doce años en el seminario de Vladimir, donde la ayuda de un familiar le había permitido sobrevivir a la miseria y crudeza, típicas de todo seminario ruso de la época. Después, la «carrera» de Speranskij fue rápida. Gracias al importante cargo de su protector Kurakin, el «popovič» pudo ascender paulatinamente los escalones de la jerarquía administrativa: en 1797, fue nombrado asesor colegial; en 1798, Consejero de Corte, y en noviembre del mismo año, Consejero de Colegio. Cuando Alejandro pasó a ocupar el trono, Speranskij era jefe de uno de los departamentos en la Cancillería del procurador del Senado.

Fue, en 1809, cuando Speranskij redactó el proyecto de reforma política más importante de su vida. Elaborado para el propio emperador, el proyecto permaneció secreto para la mayoría de los rusos hasta que Nikolaj Turgenev, en 1847, publicó algunos fragmentos de él en su conocida obra «La Russie et les Russes» [89].

La inspiración francesa del proyecto de Speranskij —si bien matizada por elementos que procedían de la tradición legislativa rusa— no pasó desapercibida a la mayoría de iniciados políticos. En general, como ha señalado Raeff, éstos reaccionaron desfavorablemente ante las proyectadas reformas de los años 1809 y 1812 [90].

Nuestro análisis de la sociedad rusa de aquella época, de las corrientes ideológicas dominantes, debe arrancar de este punto, una vez percatados de las dificultades con que tropiezan los planes de inspiración francesa de un estadista, de origen no aristócrata.

La oposición proviene, en primer lugar, de cierto núcleo de la aristocracia, conservador y acaudalado propietario de grandes extensiones de tierra y de siervos [91].

Una parte de la nobleza es consciente de haber perdido el prestigio político y social que había conocido bajo el reinado de Catalina II. El portavoz de sus quejas es el historiador Nikolaj M. Karamzin, autor de un famoso tratado sobre la «Rusia Antigua y Moderna». Karamzin insiste en que el proyecto de Speranskij no es sino una copia de las instituciones francesas, producto de la Revolución y del usurpador Bonaparte.

---

[89] Vid. Tourgueneff, *La Russie et les Russes.*
[90] Vid. Raeff, p. 159.
[91] Idem, *ídem,* p. 172.

No es posible desarrollar aquí todos los pormenores que condujeron a la caída de Speranskij en 1812, transformando el acontecimiento en la «causa célebre» del reinado de Alejandro I. Sin embargo, su destierro abriga aún otro aspecto, que conviene apuntar. Desde los días en que Pedro I había construido la nueva capital a orillas del golfo de Finlandia, la rivalidad —política y social— caracterizaba las relaciones entre la nobleza de vieja alcurnia asentada en Moscú y los miembros de la corte y de la burocracia de San Petersburgo.

Los antiguos dignatarios, confinados en Moscú, insistían sobre el significado histórico y religioso de la «vieja época», a la que permanecían vinculados sentimentalmente. Desposeídos de su influencia política, pero no de sus riquezas, la nobleza moscovita actuaba como una verdadera «fronde».

Para la «fronde» moscovita y para los antiguos senadores, Speranskij era culpable por dos partes. Primero por ser un advenedizo, el hijo de un pope. Segundo, por ser el más acérrimo defensor del principio burocrático en el gobierno. La «fronde» no dudaba en acusar al Secretario de Estado de perseguir la destrucción política y social de la aristocracia. Speranskij se convirtió en el blanco «natural» de todas las «críticas» moscovitas, que no se atrevían a atacar directamente al propio emperador.

La postura de la nobleza moscovita no entrañaba, en un principio, graves peligros. Pero su importancia se acrecentó al transformarse en un eje alrededor del cual se polarizaron el descontento y las reivindicaciones de la numerosa nobleza provinciana. Las desastrosas campañas contra Napoleón habían resultado muy costosas para los propietarios de siervos campesinos. Más ruinosa todavía había sido la participación rusa en el Bloqueo Continental. Los terratenientes que exportaban a Inglaterra temían un desastre económico. Naturalmente los ataques y las protestas de la nobleza se centraban en la política del gobierno, en la amistad con Francia y, especialmente en la persona de Speranskij, a quien tenían por el más influyente y escuchado francófilo.

Entre los miembros más destacados de la aristocracia moscovita, figuraba el famoso conde Fedor Rostopčin, líder enérgico y elocuente de aquella nobleza [92]. Favorito del zar Pablo I, Rostopčin, sin embargo, había tomado parte en el complot contra el soberano ruso de marzo de 1801, y Alejandro I se vio obligado a exiliarlo.

---

[92] Idem, *idem*, p. 173.

7

A partir de aquel momento Rostopčin fijó su residencia en Moscú. A pesar de su educación afrancesada —Rostopčin terminaría su vida en París en un exilio voluntario— el conde fue fanáticamente antifrancés en los años que precedieron la invasión de 1812. Aunque había participado en el asesinato de Pablo I, era un ferviente partidario del absolutismo. Su temor consistía en que Rusia pudiese transformarse en un estado constitucional, lo que hubiese significado el fin del estamento aristocrático y de la institución de la esclavitud. En su opinión, Speranskij era la propia encarnación del diablo, a quien acusaba, no sin razón, de mantener relaciones con los masones. La fronda moscovita y Rostopčin contaban además con el apoyo de una importante personalidad, la propia hermana del emperador, la gran duquesa Ekaterina Pavlovna.

Finalmente, al grupo pertenecía también el ya nombrado Karamzin. Obedeciendo órdenes de la gran duquesa, éste redactó el conocido estudio «Sobre la Rusia Antigua y Moderna», que Ekaterina se encargó de hacer llegar hasta su hermano.

Los acontecimientos peninsulares de 1808-1812 repercutieron, pues, en el seno de una sociedad, cuya unidad se había visto resquebrajada por los proyectos de Speranskij. A raíz de las noticias que llegan de España, la escisión se hace más profunda. La guerra y la revolución se convierten en un eje alrededor del cual se polarizan los elementos más radicales de la sociedad rusa; en el seno de la aristocracia, los seguidores de Rostopčin.

Pero además, en el seno del mundo no aristócrata, el ejemplo español sirve para «aislar» a los primeros gérmenes de lo que pudiéramos denominar «liberalismo»; sirve para inculcar una conciencia política a unos hombres, que por no participar de las fuentes de riquezas del país, no han tomado parte hasta el momento en la vida política: literatos y periodistas miembros de la baja burguesía, futuros oficiales de los ejércitos rusos.

C) LA NOBLEZA. La oposición que la aristocracia rusa mostró hacia la política del zar respecto a España fue, en gran parte, un reflejo de protección y de miedo ante lo que creían ser inexperiencia por parte del joven emperador, seducido por Napoleón.

Una vez generalizada la insurrección en España, que se interpretó como una prueba de fidelidad hacia la dinastía borbónica, el embajador Tolstoj escribió:

Le sort de Charles IV doit nous pénétrer de la conviction que c'est aux souverains et non aux nations que le gouvernement français à juré une guerre éternelle... Il à formé le même plan contre tous les autres, il aurait le même espoir de réussite chez nous, si nous avions un souverain tel que Charles IV... (París, 9/21 de junio de 1808) [92a].

Circulaba, además, en aquellos momentos por la capital rusa, el famoso panfleto de Pedro Cevallos, que desenmascaraba las artimañas del emperador francés para acabar con la dinastía legítima española [93].

El temor de que Napoleón pudiera usurpar el trono de Rusia y proceder a un cambio de dinastía en este país, fue, sin duda, una huella profunda que los sucesos de Bayona dejaron entre los miembros de la alta aristocracia. Convencida de que el emperador francés iba a acabar con los legítimos soberanos de Europa, la nobleza rusa sintió miedo al enterarse de que Alejandro I, aliado de Napoleón al igual que en su día lo fue Carlos IV, iba a proceder a un reajuste de su alianza en Erfurt. A. A. Čartorijskij suplicó al zar que rompiese su compromiso con los franceses, seguro de que éstos, una vez sometida España, atacarían a Austria y luego a Rusia (26 de junio de 1808) [94]. En cuanto a la emperatriz madre, María Feodorovna, calificó a Napoleón de «tyran sanguinaire, qui vient de se signaler encore par l'attentat de Bayonne» [95].

¿Qué representó para Rostopčin y sus seguidores el patriotismo exaltado de la Península, el intento desesperado por deshacerse del ejército francés, plasmado en los sitios de Zaragoza o de Gerona? Representaba, no cabe dudarlo, la fidelidad al trono y a la iglesia, un espíritu guerrero muy arraigado, el amor a la patria y el odio hacia los invasores. Pero representaba también, además de la defensa del territorio nacional, la defensa de una clase social, la de los grandes terratenientes sobre quienes recaía el derecho de desempeñar altos cargos en la vida política de Rusia o de España. Representaba la defensa de unas prerrogativas que Rostopčin y la nobleza moscovita habían perdido en Rusia y anhelaban recu-

---

[92a] Vid. SBORNIK, T. 89, pp. 564-565.

[93] «Exposición de los Hechos y Maquinaciones que han preparado la usurpación de la Corona de España y los Medios que el Emperador de los franceses ha puesto en obra para realizarla», en BAE, 97, *Memorias del tiempo de Fernando VII*, I, pp. 155-185, edición de Artola. Vid. también Dodolev, *ob. cit.*, p. 434, quien escribe: «El 5 de febrero de 1809, Caulaincourt comunicó a Napoleón: "El libro de Cevallos ha empezado a circular aquí desde hace unos días... (Nos) ha hecho muy malos servicios".»

[94] Vid. Dodolev, *O vlijanii*, p. 33.

[95] Citado por Waliszewski, *La Russie il y a cent ans*, T. I, p. 264.

perar; la defensa de un orden social que se desmoronaba en el Imperio bajo los ataques de Speranskij y en España bajo los efectos de las propias tropas francesas.

Existe, a este respecto, una anécdota atribuida a Rostopčin del año 1812, que nos parece muy significativa. Conversando con su amigo A. J. Bulgakov, Rostopčin afirma que ha incendiado Voronovo. «¿Y qué es Voronovo?», replica Bulgakov, «Voronovo, señor mío», responde Rostopčin, «es mi casa solariega, en las afueras de Moscú... y pronto construiré mis castillos únicamente en España, no sólo por amor hacia los españoles, sino por necesidad...» [96]: a nuestro parecer, además del conocido proverbio francés, se escondía, detrás de la observación de Rostopčin, una alusión muy clara a la persistencia de cierto orden de cosas. El conde estaba convencido, sencillamente, de que el único país en donde la nobleza podría continuar subsistiendo, era España...

No menos significativa es, en este aspecto, la gloria de que gozaron entre los aristócratas a ultranza, los grandes caudillos de la guerra española, sobre todo el más célebre de todos ellos, Palafox. He aquí, por ejemplo, el comentario del almirante A. S. Šiškov, gran amigo de Rostopčin y de Karamzin, refiriéndose al «héroe de Aragón»:

> ... Gracias a España, Europa ha visto la llama de la libertad clara, inextinguible como nunca. Sí, allá, la sangre se convirtió en luz, y en el resto de la tierra reinaron las tinieblas de la esclavitud... [97].

El valor de redención para el resto del mundo que Šiškov atribuía a las gestas españolas quedaba claramente apuntada en frases tan estrepitosas como éstas...

D) EL CAMPESINADO. Y, sin embargo, si es verdad que uno de los rasgos incontestables de la revolución es la intervención directa de las masas en los acontecimientos históricos, los aristócratas Rostopčin y Šiškov se percataron muy poco de la huella más revolucionaria y profunda que estamparon los acontecimientos peninsulares en la sociedad rusa. Pensamos en una verdadera exaltación del campesinado, provocada a raíz de la entusiasta acogida que se deparó en el mundo ruso el peculiar estilo peninsular de hacer la guerra, la guerra de guerrillas.

---

[96] Citado por Alekseev, *Očerki*, p. 101.
[97] Ídem, p. 102.

Si, como observa Carr, la guerra de guerrillas fue un fenómeno rural, y como tal, un aspecto del odio campesino hacia la civilización urbana, era de todas suertes evidente que estaba llamada a tener gran resonancia en un país de economía eminentemente agrícola, como era el Imperio ruso de principios de siglo XIX. Sino que, en el caso ruso, al problema social se sumaba un grave problema político. Los campesinos rusos, esclavos de los grandes terratenientes o de la corona, constituían la clave sobre la que se asentaba todo el sistema político del país: la autocracia. Nada mejor para socavar los cimientos del régimen que procurar dar conciencia política a la clase campesina. El campesino ruso, ignorante y desprovisto de ambición, fue víctima en aquellos momentos de quienes deseaban provocar conflictos con la autoridad.

Cuanto mayor era el deseo de proceder a una reforma política, más empeño se puso en difundir noticias referentes a las guerrillas. Así la burguesía y la incipiente «intelligencija», cuyo órgano más conocido era el diario *Syn Otečestva (El Hijo de la Patria)*, se esmeraban por exaltar las hazañas guerrilleras y la figura del campesino. Pero cuando el *Syn Otečestva*, en su primer número de 1812, afirmaba que «los buenos campesinos han leído a saciedad en los diarios noticias sobre los guerrilleros españoles y nombran a aquellos caballeros que se lanzan al ataque en los pueblos...» no podemos sino observar que bien escasos eran en aquella época, los campesinos rusos que podían leer a saciedad... [98].

Lo importante era, al socaire de las guerrillas peninsulares, presentar una figura mitificada del guerrillero que contribuyese a realzar el valor político y social del campesinado. Para ello, nada mejor que transformar al guerrillero —la historiografía soviética habla del «partisano»— en un ser cargado de virtudes redentoras: los rusos convirtieron a los campesinos en «*kirilov-zi*», es decir, caballeros, ni más ni menos que los caballeros medievales...» [99].

Ligado, eso sí, a la mistificación del mundo rural y a su peculiar estilo de hacer la guerra, iba el nombre de España. Nikolaj Nevedomskij, poeta y guerrillero, escribió además de un «Arte de la guerra de las guerrillas» (Obraz vojny geriljasov), artículos sobre la historia y etnografía de la península [100]. Denis Davydov, autor de una célebre «Teoría de las hazañas guerrilleras en los ejércitos

[98] Citado por Alekseev, *ob. cit.*, p. 103.
[99] Vid. Alekseev, *ob. cit.*, ídem.
[100] Ídem.

rusos» (1812), recalcaba que «todos los labios deben alabar constantemente el sacrificio y los heroicos esfuerzos de la nación española...» [101].

El factor más importante de la ideología guerrillera, la exaltación del jefe, del caudillo, encontró amplio eco en el mundo ruso. El *Syn Otečestva* escribía en 1813 que «en las festividades y en los banquetes, se brindaba por las cortes españolas, el general Castaños..., el valiente Espoz y Mina, así como por todos los jefes de las guerrillas españolas...» [102].

¿Llegó a temer el zar la formación de una auténtica «jacquerie» en su Imperio, favorecida por la invasión napoleónica y la romántica exaltación del jefe guerrillero, que procedía de la Península? Existe una reacción del zar, una de sus medidas más discutidas y también menos explicadas, que nos parece muy acorde con el temor zarista a enfrentarse con la existencia de «guerrillas» en su propio territorio; pensamos en la creación de colonias militares en provincias eminentemente pobladas por campesinos en Novgorod, Charkov, Cherson y Ekaterinoslav (Ucrania) [103]. Dichas colonias, destinadas a transformar en soldados a los habitantes de aquellas regiones, con un régimen de durísima disciplina militar, aisladas del resto de la sociedad rusa, encontraron su apogeo después de las guerras napoleónicas, pero la idea surgió ya en 1809-10, es decir, en el momento, efectivamente, en que hacen su aparición las guerrillas en la Península.

Si la formación del caudillismo pudo contribuir en España, a dar «carta de naturaleza» al levantamiento, en Rusia, cualquier intento de proclamarse jefe de una guerrilla campesina atentaba directamente contra la autoridad del zar, puesto que ésta estaba íntimamente vinculada a la institución de la esclavitud. Alejandro se percató de que la proliferación de bandas guerrilleras, con sus correspondientes jefes, era un peligro para su seguridad. El historiador Tarle ha apuntado, por ejemplo, que, a principios de la invasión napoleónica, Alejandro había prohibido que se distribuyesen armas a los campesinos, por miedo a que pudieran más tarde, dirigirse contra el gobierno [104].

---

[101] Alekseev, *ídem*, p. 102.
[102] Alekseev, *ídem*, p. 110.
[103] Vid. Pipes, Richard, *The Russian Military Colonies*, pp. 205-219. Vid. también Blum, Jerome, *Lord and Peasant*, p. 501.
[104] Vid. Tarle, *Našestvie Napoleona*, p. 241.

Las guerrillas representaban, pues, bajo estas circunstancias, una amenaza para la idea de la autoridad zarista. De hecho, las colonias militares, alejadas del resto de la sociedad rusa, al margen de cualquier interferencia civil o militar en el imperio, dependían directamente del zar, y de su lugarteniente, A. A. Arakčeev. De tal manera, se intentó poner remedio a tres problemas: uno rural, otro militar y un tercero de carácter político que estaba ligado a la idea de soberanía.

E) Los LIBERALES.—La burguesía rusa —literatos y miembros de la incipiente «intelligencija»— que había aprovechado el movimiento guerrillero peninsular español para subrayar la importancia política que debía concederse al campesino, acusó también el impacto de la revolución que se estaba llevando a cabo en España.

Rusia, hasta la fecha muy protegida de toda corriente ideológica «maligna», había recibido el legado político más profundo de Francia, de los enciclopedistas y de la filosofía de las luces. Pero he aquí que Napoleón, heredero de aquella tradición y de la Revolución Francesa, sanguinario y déspota, había venido a desbaratar cuantas ilusiones de redención política se habían centrado en el poder del liberalismo francés. Se hacían, pues, necesarias nuevas soluciones.

De momento, y muy lejanamente, el movimiento de rebelión español, acompañado del firme deseo de otorgar al país nueva vida política, parece encerrar esperanzas prometedoras; los rusos traducen su simpatía por una verdadera ola de hispanofilia, inédita hasta la fecha por su magnitud y entusiasmo.

A partir de la primavera del año 1808 empezaron a filtrarse noticias sobre los acontecimientos españoles entre la población de las grandes ciudades rusas. El 12 de abril de 1808, por ejemplo, el agente de policía Vogel pudo informar al ministro del Interior, A. D. Balašov, sobre la «existencia de conversaciones referentes a una amplia revolución en España, organizada por los sacerdotes...» [105]. Algo más tarde, el mismo agente señalaba que corrían rumores sobre una sublevación entre los soldados españoles enviados por Napoleón al norte de Europa [106]. Éstos —apuntaba Vogel— se habían apoderado por la noche de algunos barcos daneses y habían huido a Suecia [107].

---

[105] Vid. Dodolev, *Rossija i vojna*, p. 34.
[106] Sin duda, los hombres capitaneados por La Romana.
[107] Vid. Dodolev, *Rossija i vojna*, p. 34.

Durante el resto del año 1808 y en 1809, la enérgica resistencia del pueblo español ante los ejércitos napoleónicos fue bien acogida en Rusia. El entusiasmo que los liberales rusos sintieron hacia las gestas españolas queda de manifiesto en frases como las siguientes:

> Los españoles les están ocasionando muchos problemas a este pequeño monstruo que ha vomitado Córcega... La bendición que Dios ha negado a los demás ejércitos europeos no abandona a los españoles y esto atrae aún más mis simpatías hacia ellos. El deseo de mi corazón es que el altísimo siga protegiendo como hasta ahora a España y éste tendría que ser también el deseo de toda persona decente [108].

Por su parte, los diarios de San Petersburgo tampoco ahorraron las noticias sobre los sucesos españoles, si bien su posición —apunta Dodolev— se caracterizó por una extremada prudencia [109]. En julio de 1809, por ejemplo, el conocido diario de San Petersburgo, *Vestnik Evropy (El Mensajero de Europa)* comentaba la toma de Barcelona por los rebeldes españoles y la huida del rey José de Madrid.

El sentimiento de que la resistencia del pueblo español ante la invasión napoleónica había provocado un cambio en la situación política europea, no escapaba a los observadores. Así, un capitán del regimiento Semenovskij, P. S. Kaizarov, redactó en febrero de 1811 unos apuntes titulados «Reflexiones políticas y militares sobre las medidas de precaución indispensables ante los acontecimientos que pueden destrozar la tranquilidad de nuestras fronteras» («Političeskie i voennye sobraženija o neobchodimych merach predostoroznosti protiv sobytij, kotorye mogut narušit opokojstvie granic»). En ellos, tras analizar detenidamente los acontecimientos de España y sus consecuencias, llegaba a la conclusión de que «en aquel país, residía la causa principal de todos los grandes cambios ocurridos en Europa...» [110].

Finalmente, y como última consecuencia de la admiración que se sentía hacia los españoles, cabe señalar la proliferación de los temas españoles en el terreno literario: en 1808, G. P. Deržavin glosa en diversas poesías la huida de los franceses de Madrid. En 1811, en Mitau, Jacobo Langen edita la gramática española de la

---

[108] Vid. Dodolev, *Rossija i vojna*, pp. 35-36.
[109] Ídem, *ídem*, p. 36.
[110] Ídem, *ídem*, p. 37.

Real Academia [111]. En 1812, dos eminentes profesores de la universidad de Moscú, P. A. Sochaevskij y M. G. Gavrilov, lanzan en la *Revista histórica, estadística y geográfica (Istoričeskij, statističeskij i geografičeskij žurnal)* una serie de artículos sobre la lengua, la literatura y la cultura de España... [112]. Finalmente, en 1812, el *Syn Otečestva* publica una «Exposición de los motivos más importantes que han impulsado a los españoles a crear la Junta Suprema de Sevilla» [113].

La proliferación de noticias políticas procedentes de España, sobre la guerra, la Constitución de Cádiz, las Cortes, etc., alcanzó su punto culminante en 1812, en el momento en que Rusia fue invadida por Napoleón [114].

Sino que además de la admiración por la defensa a ultranza del territorio nacional, los liberales rusos intentaron dar a comprender que los acontecimientos españoles debían imitarse también en sus aspectos políticos. En efecto, cuando uno de los futuros decembristas, N. I. Turgenev, escribía «Gloria a los invencibles españoles», apuntando «nunca ha sido vertida sangre humana con mayor justificación», ¿aludía a la lucha contra Napoleón o al esfuerzo español por llevar a cabo una profunda reforma política? Cuando otro famoso publicista, Fedor Glinka, hablaba del «espíritu popular de lucha por su alma y sus leyes», que había prevalecido en España y en Rusia en 1812 ¿pensaba en la lucha contra Napoleón o en la lucha contra el gobierno absolutista? [115].

Pero las diferencias entre ambos países eran notorias. El Imperio zarista aún no se hallaba al borde de una convulsión política y social como la que había conocido España en 1808. Por mucho que los liberales rusos se esforzasen en hacer comparaciones con la época de Carlos IV, advirtiendo que la invasión napoleónica había sido el dispositivo que había hecho prender la llama, la entrada de las tropas de Napoleón en Rusia provocó únicamente la eclosión del sentimiento nacionalista, que arraigó profundamente en todos los estamentos de la sociedad.

---

[111] Vid. Alekseev, *ob. cit.*, pp. 98-99.
[112] Vid. Dodolev, *Rossija i vojna*, p. 39.
[113] Vid. Alekseev, *ob. cit.*, p. 99.
[114] Véase a este respecto, el capítulo sobre el movimiento decembrista.
[115] Vid. Alekseev, *ob. cit.*, p. 104.

Capítulo III

LAS RELACIONES CON LAS CORTES DE CÁDIZ.
LA FIRMA DEL TRATADO DE VELIKIE LUKI (1812)

En el momento en que la situación en la Península parece cada vez más crítica para el levantamiento y que José I lleva a cabo su campaña militar en Andalucía, tiene lugar, por parte de los órganos de gobierno nacionales, el interesante intento de mejorar las relaciones exteriores mediante una toma de contacto con el zar de Rusia. Iniciado primero bajo forma de simple sondeo de la «opinión pública» rusa a través del cónsul Antonio de Colombí, culminó aquel proyecto —favorecido por las circunstancias y después de dos años de largas negociaciones— con la firma de un tratado de alianza entre la Regencia y el zar de Rusia (Velikie Luki, 8/20 de julio de 1812), por el cual Alejandro I reconocía la legitimidad de las Cortes reunidas en Cádiz y de la Constitución que habían promulgado[1]. Negociado y firmado por Francisco de Zea Bermúdez, el acuerdo se estipuló en nombre del soberano, Fernando VII. Sino que el tratado tuvo, una vez puesta en marcha la reacción absolutista del monarca español, el mismo nulo destino que la obra de las Cortes de Cádiz.

1. Los antecedentes

Deben buscarse, los antecedentes de aquella negociación, en las gestiones llevadas a cabo por algunos miembros de las Juntas Pro-

---

[1] Vid. texto del tratado en VPR, I, 6, pp. 495-496. Vid. también Cantillo, Tratados, pp. 722-723, y PSZ, T. XXXII, pp. 390-391: *Ryssko-ispanskij sojuznyi dogovor*. Velikie Luki está situado al oeste de Moscú, en la actual provincia de Pskov, que linda con Lituania.

vinciales, quienes pusieron todo su empeño en ganar al zar Alejandro a la causa española.

Impulsados por el entusiasmo del momento, los generales Jacome y Apodaca, el vizconde de Matarrosa, el caballero Vega y el caballero Sangro, «diputados de los cuatro Reynos de Andalucía, Extremadura y Norte de España cerca de S. M. británica» concibieron el proyecto de enviar un emisario al zar de Rusia, con vistas a obtener auxilios y colaboración[2].

La elección recayó en un antiguo miembro de la embajada española en San Petersburgo, don Joaquín de Anduaga, el cual había logrado escapar de Rusia.

Sin duda, si las intenciones eran buenas, se procedió con escaso conocimiento de la realidad. Causa asombro leer que el diputado por Galicia, Francisco Sangro, cedía gustoso «alguna isla o puerto en el Mediterráneo o en América», a cambio de la declaración de Alejandro I contra los franceses...[3]. «Pero la respuesta del Reino» no le dejó lugar a dudas sobre lo precario de sus elucubraciones[4].

¿Tuvo lugar la misión de Anduaga? Si nuestras fuentes no nos permiten deducciones sobre la posible presencia del enviado en Rusia, nos han facilitado por el contrario la prueba de que Anduaga logró llegar hasta Gotemburgo, en donde se entrevistó con el marqués de La Romana, a quien entregó los pliegos de los diputados de Londres[5].

A este primer intento, siguieron los pasos ordenados por Floridablanca en tanto que Presidente de la Juan Central a Antonio de

---

[2] Vid. *AHN, Junta Central*, 71-B. Londres, 22 de agosto de 1808. Sobre los diputados españoles en Londres, consúltese Antón del Olmet, *El cuerpo diplomático*, T. 3, Capítulo II, pp. 108-160. Existe una curiosa carta firmada por cierto M. D. S. J. y que obra en el *AHN, Junta Central*, leg. 52-H. El personaje que redactó este documento nos ofrece un buen ejemplo de la fascinación y el atractivo que ejercía en la época todo lo que procedía de Rusia. La solución que propugnaba a la crisis española consistía nada menos que en ofrecer la corona de España al Gran Duque Constantino, hermano del zar Alejandro I!

[3] Vid. *AHN, Junta Central*, 71-B. Carta de Francisco Sangro, diputado por el Reino de Galicia, Londres, 19 de agosto de 1808.

[4] *AHN, Junta Central*, 71-B. Lugo, 1 de septiembre de 1808.

[5] *AHN, Junta Central*, 71-B. Carta de Anduaga desde Gotemburgo, a 9 de septiembre de 1808, «a los Ex.mos S.res Diputados del Norte y mediodía de España». Según Antón del Olmet, *ob. cit.*, pp. 138-139, Anduaga consiguió llegar hasta Mitau, en donde fue hecho prisionero. Después consiguió huir de Rusia.

Colombí (octubre de 1808), según hemos visto en el capítulo anterior [6].

Estancado también aquel segundo proyecto, resurge en 1809 la idea de un acercamiento a Rusia.

La nueva modalidad, puesta en marcha por la Junta de Sevilla, tuvo dos características: una de índole política, la otra comercial. La política —conseguir la ayuda del zar de Rusia— había encontrado ya un año antes expresión en la famosa «Proclama» a Alejandro I [7]. Entre los vocales que la habían firmado, figuraba Francisco de Saavedra. Éste, que había ocupado la Secretaría de Estado, durante el escaso tiempo en que duró la exoneración de Godoy, se hallaba, pues, al corriente de los cauces seguidos por la política española del siglo XVIII hacia Rusia. Ahora, a principios de 1809, la Junta de Sevilla lleva a cabo un nuevo intento de aproximación al Imperio zarista, a través del antiguo embajador de Carlos IV en San Petersburgo, el conde de Noroña. Pero también fracasa la iniciativa de los vocales sevillanos: del 19 de febrero es la carta de Noroña, en donde ruega se le libere de la misión, cuyos objetivos eran «... primero, atraernos la amistad de la Rusia y hacerla entrar en nuestra causa... el segundo, tratar del casamiento de nuestro soberano con una de las grandes duquesas...» [8].

Desde el punto de vista comercial, también es sugestivo que sea Sevilla quien quiera entablar negociaciones con el Imperio ruso. Urgía, en efecto, evitar que el tráfico comercial no se viese absorbido completamente por Cádiz o por Lisboa. En la ciudad existía un núcleo de comerciantes —entre ellos, la propia familia Anduaga, vinculada a los negocios del cónsul Colombí en San Petersburgo— que había visto arruinadas sus actividades comerciales por la guerra y deseaba reanudarlas. No ocultará su deseo de ampliar las relaciones con Rusia. El 8 de abril de 1809, la *Gaceta de Sevilla* señalaba que Rusia «es un país aliado» y publicaba un decreto por el cual quedaban abiertos a los barcos rusos —de guerra o de comercio— los puertos españoles [9].

Sentadas estas bases, no es difícil avanzar que la idea de llevar a cabo una negociación con Rusia surgió de quienes buscaban, tanto poner fin a la invasión napoleónica mediante la ayuda militar, como despejar su propio porvenir incierto: se presenta así el

[6] Vid. *supra*, p. 88.
[7] Vid. *supra*, p. 87.
[8] *AHN, Estado*, leg. 3 435, núm. 6. Vid. también *supra*, p. 61.
[9] Cit. por Dodolev, *O vlijanii*, p. 39.

acercamiento a Rusia, en plena Guerra de la Independencia, como un aspecto más de la obra liberal-burguesa puesta en marcha por los hombres de Cádiz.

Tuvo aquella negociación —notablemente dificultada por el secreto con que hubo de llevarse a cabo y la distancia que mediaba entre ambos países— dos etapas: una que corrió a cargo de Antonio Colombí en constante intercambio epistolar con el Secretario de Estado Eusebio de Bardají y Azara (1810); otra que requirió el envío de un embajador especial de la Regencia a San Petersburgo, camuflado bajo la personalidad de agente comercial, Francisco de Zea Bermúdez (1811-1812). En ambos casos, el intermediario entre los representantes españoles y la corte rusa, fue un hombre que veía en el levantamiento español el símbolo de la cruzada contra el liberalismo, Rodion Alekseevič Košelev.

2. *La política rusa*

En uno y otro lado, existían importantes motivaciones para justificar aquel acercamiento. Por parte de Rusia, el inicio de relaciones con el gobierno de Cádiz supuso la quiebra del sistema iniciado en Tilsitt y consolidado en Erfurt y por lo tanto, un nuevo replanteamiento de toda su política.

Fue a mediados de 1810, cuando surgieron los primeros síntomas de desavenencias entre Napoleón y Alejandro, provocados por el claro desequilibrio de fuerzas que empezaba a percibirse. Aquel desequilibrio encontró su expresión en estos tres hechos:

el primero, los rumores de una posible desmembración de España, facilitados por algunos despachos del nuevo embajador ruso en París, Aleksandr Ivanovič Černyšev, con fecha de 5/17 de mayo de 1810;

el segundo, la boda de Napoleón con una princesa austríaca, que convertía al emperador Francisco en el primer aliado de Francia, y brindaba al soberano francés la posibilidad de obtener ventajas en los Balcanes;

finalmente, al incremento de poderío francés en el continente, se suma el incremento económico, que los grupos financieros de San Petersburgo no tardan en denunciar: en abril de 1810, los hermanos A. I. y P. I. Severin, famosos banqueros de dicha capital, dirigen al zar una memoria en donde indican que, debido a la desaparición del numerario, y a la desfavorable balanza de pagos del comercio ruso, se hace necesario establecer algunas restricciones en lo referente a ciertos productos de importación francesa [10].

Aquella, de por sí, precaria situación, se vio considerablemente empeorada, cuando, antes de finalizar el año, Napoleón promulgó el famoso decreto del 2 de octubre de 1810, según el cual, el bloqueo continental entraba en vigor en Berg, Meclemburgo, Lauenburg y las ciudades hanseáticas [11].

Los comerciantes rusos, nuevamente, hicieron constar su inquietud ante las perspectivas que auguraban los nuevos decretos: el 21 de noviembre/3 de diciembre de 1810, la Junta de Comerciantes de San Petersburgo elevó una súplica al Consejo de Gobierno, indicando las medidas que urgía adoptar para poner remedio a la situación [11a].

A estos síntomas de inquietud y de incertidumbre, el zar de Rusia debía añadir otros, relacionados con el temor de un auge demasiado rápido de Inglaterra, el temor de que los ingleses recojan —ellos solos— la herencia representada por las colonias españolas de América: en junio de 1810, el zar declaró a Caulaincourt que «el sistema de prohibiciones aduaneras no ha alcanzado la finalidad deseada, puesto que los asuntos españoles han abierto a Inglaterra los mercados de América y han cambiado el carácter de la guerra...» [12].

Nunca, en efecto, se insistirá bastante sobre la gran vigilancia con que San Petersburgo observaba los movimientos insurreccionales en la América española, de los que daba puntual información el primer embajador ruso en los Estados Unidos, el ya nombrado conde de Palen [13]. Aquellos informes, iniciados, según hemos visto, un año antes, fueron cobrando en dramatismo a medida que la disyuntiva en la América española era más espectacular y el peligro de que un tercero se aprovechara de ella, iba en aumento [14].

[10] Vid. Texto completo de la memoria, en VPR, *I*, 5, pp. 432-437.
[11] Vid. Servières, *L'Allemagne française*, pp. 147-148. Carta al embajador ruso en París, A. B. Kurakin, del 22 de noviembre de 1810. Texto en VPR, *I*, 5, páginas 589-591, sobre las consecuencias que las nuevas medidas de Napoleón acarrearían para las ciudades hanseáticas.
[11a] *Zapiska komiteta s.-peterburgskich kupzov v Gosudarstvennij Sovet, 21 nojabrja/3 dekabrja 1810 g.*, en VPR, *I*, 5, pp. 605-611.
[12] Citado por Dodolev, *O vlijanii*, p. 38.
[13] Vid. *supra*, p. 93, y VPR, *I*, 5, pp. 294-295. *Apuntes de F. P. Palen: Zapiska F. P. Palena.*
[14] Los despachos del Conde Palen, que obran en el Archivo de Política Exterior Rusa (AVPR), son una de las fuentes más preciosas que posee el historiador sobre el interés ruso por América Latina durante la primera dé-

El 16/28 de noviembre de 1810, por ejemplo, Palen advertía desde Washington:

> ... On dit que le Pérou et le Chili se sont déclarés indépendants... Jamais colonies ne se trouvèrent dans une situation semblable. On a vu de tous temps des provinces se détacher des Empires par suite d'oppression civile ou religieuse, mais c'est pour la première fois que l'histoire nous offre l'exemple de l'émancipation de tant de peuples par la disparition du gouvernement central. Les colonies espagnoles présentent l'image d'une nombreuse famille (si j'ose m'exprimer ainsi) qui entre dans l'exercice légitime de ses droits à la mort d'un père suranné [15].

Es entonces, a mediados de 1810, cuando se hace cada vez más patente que la alianza con Napoleón está en vías de entrar en una etapa crítica, cuando los trastornos en los territorios españoles de América son cada vez más graves, que podemos fechar el inicio del acercamiento entre la Regencia de Cádiz y el Gobierno de San Petersburgo: acercamiento, que, por parte del zar, fue acompañado de una actitud de doble filo, puesto que continuó manteniendo relaciones diplomáticas con José I, nombrando al general Nikolaj Grigor'evič Repnin-Volkonskij embajador en Madrid (20 de mayo/ 1 de junio de 1810) [16].

3. *La primera etapa. Colombí y Košelev*

¿Cuáles fueron, debemos preguntar ahora, las verdaderas motivaciones que impulsaron a la Regencia a entablar relaciones con el zar? A esta pregunta, podemos contestar solamente con un planteamiento de la cuestión: el convencimiento que animaba a los miembros del Consejo de la necesidad de que Rusia procediese a reconsiderar su política.

Los preliminares de la negociación, corrieron a cargo de Antonio Colombí, quien desde los primeros avisos que le mandó Flo-

---

cada del siglo XIX. Vid. *Russkie diplomaty*, pp. 114-115, y VPR, *I, 5*, pp. 552-553. Informe de Palen del 13/25 del 10 de 1810.

[15] Vid. Bolchovitinov, *ídem*, pp. 115-116, y VPR, *I, 5*, pp. 596-597.

[16] Vid. sus Instrucciones en VPR, *I, 5*, pp. 450-451. Significativa es la frase: «... Montrez beaucoup de dévouement au roi, mais ne vous compromettez en rien et surtout en mon nom, si on vous invitait à faire des démarches officielles soit auprès de la nation, soit auprès des puissances étrangères, soit auprès de la maison précédemment régnante...», p. 451.

ridablanca, no había roto las relaciones con Košelev. Se intensificaron los contactos en un momento crucial: julio de 1810, cuando
ya se daba toda la problemática anteriormente expuesta.

Es entonces cuando Bardají y Azara dirige, fechadas en 3 y 11
de julio (de 1810), las dos primeras, insistentes misivas a Colombí,
en donde quedaba planteada la situación: que la Regencia se había
enterado de la labor llevada a cabo por el cónsul en San Petersburgo, que España seguiría luchando por su libertad, que los intereses de la Rusia «bien considerados deben ser los mismos que
los de España...»; «que el Gobierno español abrazará *cualquier
partido* que pueda proponerle esa Corte...» [17].

La segunda carta, del 11 de julio, es todavía más explícita: habla de una entrevista habida entre el embajador en Londres, Juan
Ruiz de Apodaca y el marqués de Wellesley; de la urgencia de que
Rusia ataque a Francia, para que Napoleón se vea obligado a re-
tirar tropas de España; finalmente, de la absoluta necesidad de
una reconciliación entre Rusia e Inglaterra... [18].

La llegada de estos despachos a San Petersburgo y su traslado
de Colombí a Košelev (septiembre/octubre de 1810), coinciden
—hay que subrayarlo— con la llegada de una noticia apta, si bien
aún no decisiva, para hacer cambiar el ánimo de Alejandro I respecto a los asuntos de España; es ésta, el anuncio de que al gobierno, anárquico y callejero, que había imperado en los primeros
días de la invasión francesa, ha sucedido un órgano de gobierno
que se preocupa por dar a toda la Monarquía —incluidas las Américas— una forma de gobierno estable; que el ejercicio de la soberanía entrará pronto en un cauce «normal» [19].

La llegada de estas noticias coincide también con un nuevo
estado de tensión entre Rusia y Francia. Las posibilidades de
una ruptura entre ambos países son cada vez más inminentes: en
septiembre de 1810, un miembro de la embajada rusa en París,
Karl Nesselrode, informaba de que la posibilidad de una guerra se
había convertido en tema de conversación predilecto de los salo-
nes parisinos [20]. Finalmente, a últimos de diciembre (19/31, 1810),
Alejandro da un paso decisivo hacia una aproximación a Ingla-

---

[17] Eusebio de Bardaxí y Azara a Antonio de Colombí, Cádiz, 3 de julio
de 1810, en *AHN, Estado,* leg. 6 123 [1].

[18] Eusebio de Bardaxí y Azara a Antonio de Colombí, Cádiz, 11 de julio
de 1811, en *AHN, Estado,* leg. 6 123 [1].

[19] Vid. Nicolas Michajlovič, *L'Empereur Alexandre Ire,* T. 2, pp. 14-15.

[20] Vid. VPR, *I, 6,* p. 688, nota 64.

terra: publica un decreto por el cual el bloqueo continental queda definitivamente fuera de vigor en Rusia[21].

Para las negociaciones españolas en San Petersburgo, las circunstancias, pues, son cada vez más favorables. Entregadas a Košelev las misivas de Bardají, Colombí recibe el 23 de octubre/4 de noviembre de 1810, una respuesta que, de momento, contiene afirmaciones esperanzadoras[22].

Surge aquí un elemento inesperado para la diplomacia española: puesto que la paz con Turquía es condición para que Rusia abra un frente en Europa Occidental, capaz de causar dificultades a Napoleón, será, pues, necesario emplearse a acelerarla.

Más tarde, el 24 de febrero/8 de marzo de 1811, Antonio Colombí en una extensísima carta dirigida a Bardají[23] dándole cuenta de las gestiones realizadas en San Petersburgo desde el mes de julio, nos revelará algunos pormenores de la interferencia española en la solución del litigio ruso-turco. Basándose en el consejo de la Regencia, según el cual «en Cádiz se darían por satisfechos con que sólo consiguiésemos variase la Rusia el sistema que había seguido hasta entonces...»[24]. Colombí acogió con especial interés los despachos cursados desde Constantinopla por Juan Jabat, encargado de negocios de la Regencia y se apresuró a notificarlos al gobierno imperial «... llamando en particular la atención de S. M. I., sobre el empeño solapado que tenía la Francia de perpetuar esta guerra para debilitar las fuerzas de la Rusia...»[25].

Fruto de las conferencias habidas entre Colombí y el ministerio imperial fue el beneplácito de Alejandro I para que Jabat interviniera cerca del gobierno turco a favor de un entendimiento con Rusia[26].

---

[21] Vid. Crouzet, *L'économie britannique*, T. 2, p. 653.

[22] Texto en VPR, *I, 5*, p. 578.

[23] Vid. *AHN, Estado*, leg. 6 123 [1]. Nótese que no era ésta la primera vez que España actuaba de mediadora entre Rusia y la Puerta; ya en 1788-1790 Juan de Bouligny, embajador en Constantinopla, había llevado a cabo gestiones importantes para intentar lograr un acuerdo entre ambas potencias, que se hallaban en estado de guerra. Vid. Schop Soler, *Die spanisch-russischen Beziehungen*, pp. 161-170 y *supra*, p. 34.

[24] Colombí a Bardají, 24 de febrero/8 de marzo de 1811, en *AHN, Estado*, leg. 6 123 [1].

[25] Idem.

[26] De la carta de Colombí no se desprende exactamente si habló personalmente con Alejandro I o con Košelev.

Y, entregado por entero a su empeño de lograr una derrota de Napoleón en España, el cónsul comunica a Jabat que conjuntamente con el embajador ruso en Constantinopla, Italinskij, haga saber a la Sublime Puerta las condiciones a que Rusia se atendrá para firmar la paz (3/5 de febrero de 1811) [27].

4. *La primera misión de Francisco de Zea Bermúdez (Diciembre de 1810-marzo de 1811)*

Difícilmente, sin duda, hubiesen alcanzado su cometido los esfuerzos de Colombí, de no haberse personado en la capital rusa un agente especial de la Regencia, Francisco de Zea Bermúdez, quien llegó a San Petersburgo a mediados de diciembre de 1810 [28].

Camuflada su personalidad bajo el título de agente comercial, a las órdenes de la casa Colombí, para no levantar las sospechas del general Pardo de Figueroa, embajador de José I, el futuro ministro del «despotismo ilustrado» hizo sus primeras armas en la política logrando la firma de un acuerdo que ofrecía a España tanto la posibilidad de mejorar su posición internacional, como de estimular el intercambio comercial.

Las circunstancias habían favorecido la toma de contacto entre el comerciante malagueño que era Zea Bermúdez y los miembros de la Regencia. Ocupada Málaga por los franceses desde principios de 1810, y paralizado el comercio, Zea se vio precisado a establecerse en Cádiz, coincidiendo su presencia con la llegada de las cartas de Colombí. Pronto, estimulado por la familia Anduaga y por Ranz Romanillos, consejero del Consejo de Castilla, Zea se prestó a trasladarse a San Petersburgo y transmitir personalmente a Colombí y al propio Alejandro I los propósitos de la Regencia. Aprobada la decisión por Bardají y Azara, Zea Bermúdez logró obtener pasaporte del gobierno del rey José, gracias a la ayuda que le prestó un hábil negociante, llamado más tarde a granjearse la amistad de Fernando VII y del embajador ruso Dmitrij Tatiščev, Antonio Ugarte [29].

Escasas son las noticias que poseemos sobre los pormenores del primer viaje de Zea a San Petersburgo, a donde llegó en diciembre de 1810, después de haber visitado al antiguo embajador ruso

---

[27] Antonio de Colombí a Juan Jabat, *AHN, Estado*, leg. 6 123 [1].
[28] Vid. Nikolaj Michajlovič, *Alexandre*, T. 2, p. 18.
[29] Vid. Eggers y Feune de Colombí, *Zea*, p. 43.

en España, Stroganov, que se hallaba en Suecia. Pero sí podemos imaginarnos fácilmente que la llegada de Zea a la capital rusa hubo de causar profunda emoción a Colombí, quien, además de recibir noticias recientes de los sucesos peninsulares, percibió la posibilidad de perseguir con nuevo ánimo su actuación diplomática [30]. Por lo demás, la presencia de Zea fue inmediatamente comunicada a Alejandro por el propio Košelev, una vez percatado de la importancia de la misión confiada al agente comercial.

El entusiasmo con que Košelev defendía la negociación hispano-rusa, no procedía siempre de una exacta apreciación de la realidad. Además tropezó durante el escaso tiempo en que duró la primera estancia de Zea en San Petersburgo (diciembre de 1810 a marzo de 1811) con la zozobra existente en un país que se veía obligado, paulatinamente, a reconsiderar su sistema de alianzas, y la presencia del ministro Rumjancev al frente de la cartera de Estado, «obstinadamente adicto al sistema contrario», diría Colombí [31], dificultaba en gran parte el feliz desenlace de la negociación.

Una de las entrevistas más esperanzadoras que Zea y Colombí pudieron sostener con miembros del gobierno ruso, fue, sin duda, la habida con el ministro de Finanzas, Dmitrij Aleksandrovič Gur'ev, durante la cual:

> ... convenimos tanto p.ª disfrazar con el Publico el objeto verdadero de su estado (el de Zea) en San Petersburgo quanto para dexar llano el arbitrio de sacar granos de los puertos del Baltico si se necesitasen en adelante en la Peninsula y al propio tpo. asegurar la admisión en el Imperio de los frutos de nras colonias, lo que no solo ha sido concedido, sino que también nos ha insinuado el Ministro de Hacienda que en el caso de pretenderse hacer extracción de granos del puerto de Odessa no dudaba accedería a ello el Emp.ᵒʳ en favor de los Españoles... [32].

Importaba, en efecto, intentar deshacerse del monopolio de importación de granos en la Península, que venían poseyendo, desde 1810, ingleses y norteamericanos... [33].

---

[30] Colombí a Azara, San Petersburgo, 24 de febrero/8 de marzo de 1811, en *AHN, Estado,* leg. 6 123 ¹.

[31] Carta citada del 24 de febrero.

[32] Idem.

[33] Vid. Galpin, *The American Grain,* pp. 24-44. La importación de harina procedente de los Estados Unidos en la Península pasó de 2.550 barriles en 1800 a 30.449 en 1808, 40.047 en 1809 y 144.436 en 1810.

De las noticias, sin embargo, que Zea, en el mes de abril de 1811, llevará consigo a España, ninguna había de ser acogida con mayor entusiasmo como la referente a movimientos de tropas rusas en las fronteras occidentales del Imperio: sumaban, a decir de Colombí, 255.000 los hombres retirados de los ejércitos del Dvina y del Dnjpr y dirigidos hacia el Oeste. Además la paz con Turquía permitiría incrementar esta suma... [34].

En otros informes, contenidos en extensas cartas de Colombí a la Regencia, quedaba plasmada la voluntad del zar de ayudar al gobierno español. La Rusia era ya, a decir del cónsul, «una aliada firme y poderosa...». Evidentemente, la euforia de Colombí, plasmada en esta frase, distaba mucho aún de corresponder a las verdaderas intenciones de Alejandro. En los informes del cónsul, había un punto negro, sobre el cual, de momento, no se insistió:

> Es cierto, escribía Colombí, que alg.[os] sacrificios pecuniarios serán pues indispensables, pero en mi concepto, ni demasiado grandes en proporcion à los recursos del Estado, ni nada comparables con el fruto que producirán ni tampoco todos precisos de una vez ni de pronto... [35].

¿Sacrificios pecuniarios? Aquella exigencia había de provocar, en quienes sostenían la lucha en el país invadido, una categórica negativa...

De momento, Zea, en abril de 1811, cumplida su primera misión de «enlace» y entregados los papeles de Colombí a la Regencia, permanecerá en Cádiz hasta finales de junio de 1811, hasta que ésta no decida hacer uso de las favorables intenciones rusas.

Entretanto transcurren dos meses, ricos en acontecimientos decisivos, durante los cuales van perfilándose los últimos reajustes que habían de presidir a la formación de los dos bloques antagónicos. Si Napoleón no duda en integrar a su Imperio el ducado de Oldemburgo y las ciudades hanseáticas, Alejandro procede a renovar su antigua amistad con el rey de Prusia, Federico Guillermo III [35a].

Entretanto, en la Península, merced a la acción combinada de las guerrillas españolas y a los movimientos de Wellington, se consigue a mediados de 1811, «una situación de equilibrio en que

---

[34] Colombí a Bardaxí, del 24 de febrero/8 de marzo. *AHN, Estado*, leg. 6 123 [1].

[35] Idem.

[35a] Vid. la extensa obra de Bailleu, que contiene la correspondencia del rey de Prusia con Alejandro I.

los imperiales, pese a su superioridad numérica en tropas regulares, no pueden repetir la invasión de Portugal...» (Artola).

5. *La Regencia e Inglaterra*

Así las cosas, asistiremos, en esta segunda mitad de 1811, al intento por parte de la Regencia española de llevar a buen fin la negociación iniciada con Rusia. Pero si todos parecían estar convencidos de la urgencia de mejorar la posición internacional, no menos convencidos se mostraron en Cádiz de la obligación de informar oficialmente al gobierno inglés de los pasos dados en San Petersburgo. Las órdenes entregadas a Zea el 15 y 29 de junio de 1811, no dejaban lugar a dudas sobre el papel que debía asumir Inglaterra en aquella negociación.

La misión de Zea, aquella segunda misión, debía entrañar mayores riesgos que la primera, puesto que iba a ser decisiva. Además, ya no se trataba solamente de negociar con Rusia, era necesario convencer a los ingleses de la oportunidad de «anticipar a la Rusia por lo menos lo que haya gastado en preparativos hostiles...», visto que «las conmociones que de un año a esta parte se han suscitado en América» habían obligado «a los virreyes y gobernadores de aquellas vastas posesiones a echar mano del dinero que estaba destinado a la Península...» [36].

Dejaba, sin embargo, bien puntualizado el secretario de Estado, que la firma del tratado hispano-ruso debía llevarse a cabo bien fuera «con el concurso de la Inglaterra o sin él» [37].

De cuantas observaciones se hacían al enviado de la Regencia en sus Instrucciones, ninguna dejaba traslucir mayor esperanza que la apuntada en esta frase:

> ... Habiendo ya llegado sin embargo el caso de hallarse tan adelantada la negociación que en el sentir de la Regencia no falta mas que formalizarla... concurre... la feliz combinación de que la amistad de la Rusia es infinitamente útil a la Inglaterra, de manera que partiendo de estos principios la Regencia de España se encuentra en la posición mas agradable que podía desear para ser mediadora entre dos Potencias cuyos intereses reciprocos son los mismos y se combinan perfectamente con los de la misma España...

---

[36] Vid. Instrucciones de Eusebio de Bardají y Azara a Francisco de Zea Bermúdez, 29 de junio de 1811, en *AHN, Estado*, leg. 6 123 [1].

[37] Idem.

Sin embargo, no bien hubo Zea desembarcado en Inglaterra a principios de julio de 1811, pudo fácilmente comprobar, que, si bien la voluntad inglesa de reconciliarse con Rusia era innegable, el gobierno de lord Wellesley no estaba dispuesto a conceder créditos ni subsidios «ni era conforme a sus intereses contraer semejantes empeños con las Potencias del Norte»[38]. Viendo, pues, las dificultades, Zea, prosiguió, conjuntamente con el embajador Juan Ruiz de Apodaca, las conversaciones durante todo el mes de agosto. Fruto de aquellas entrevistas fue la voluntad inglesa de proporcionar al agente de la Regencia un buque de guerra que le condujese al Báltico, así como la entrega de tres importantes documentos para San Petersburgo:

> Una carta del Príncipe Regente Jorge dirigida al Emperador Alejandro.
> Una Exposición política a que aquella se refiere...
> Una misiva de Lord Wellesley para Košelev[39].

Zarpó, pues, Zea de Portsmouth a finales de agosto de 1811 en dirección a Rusia. Únicamente una mala noticia vino a ensombrecer la primera parte de su misión: el fallecimiento de Colombí, sobrevenido en marzo de 1811[40].

6. Rusia y Venezuela

De regreso Zea, en San Petersburgo, a finales del verano de 1811, hubo de hacer frente a una inesperada dificultad, relacionada con la presencia en la capital rusa de un comerciante norteamericano llamado Cortland L. Parker, quien actuaba en representación del agente venezolano López Méndez.

Una vez más, es necesario recapitular los esfuerzos rusos para afianzar su política americana, esfuerzos observados muy superficialmente desde España. Y en primer lugar, cabe destacar la lenta, pero decidida penetración en tierras californianas. Aquella penetración, tuvo lugar, al principio, según hemos visto ya, con la colaboración de los comerciantes norteamericanos[41]. Pronto, sin embargo, pasaron los rusos a la ofensiva. La iniciativa corrió, aquí

[38] Zea a Bardají, 27 de julio de 1811, en *AHN, Estado*, leg. 6 123 ².
[39] Zea a Bardají, 21 de agosto de 1811, en *AHN, Estado*, leg. 6 123 ².
[40] Vid. Feune, *ob. cit.*, p. 44.
[41] Vid. Völkl, *ob. cit.*

también, a cargo de los miembros de la RAK, quienes decidieron ponderar por su cuenta a los habitantes de California las ventajas que podían esperar de un intercambio comercial con los rusos. Para tal fin, el 15 de marzo de 1810, los directores de la RAK, Michail Matveevič Buldakov y Benedikt Kramer, hicieron entrega de una petición —redactada en tres idiomas, español, ruso y latín— al corregidor de San Vicente, Manuel Ruiz. Éste prometió entregarla al gobernador de Alta California, Felipe de Goycoechea [42].

Al mismo tiempo, los rusos no descuidaban incrementar sus relaciones con los Estados Unidos, representados en San Petersburgo por John Quincy Adams (1809-1814). Éstas habían recibido un nuevo impulso desde que la importación de productos coloniales de la América española debía pasar, inevitablemente, por el intermediario norteamericano [43].

Pero, allí donde rusos y norteamericanos parecían tener intereses similares, era en lo relativo a la cuestión de la independencia de las colonias españolas. En octubre de 1810, Adams comunicó que aquella cuestión «allways appears to interest him» (Rumjancev) [44].

Una vez más, Rumjancev se convirtió en el portavoz de la política rusa en América. Sigilosamente montó puntos de observación alrededor de los focos más importantes de la rebelión suramericana. Fueron éstos, en aquel verano de 1811, esencialmente dos: los propios Estados Unidos y Brasil. Tres instrucciones, fechadas todas a escaso intervalo de tiempo, daban fe de la voluntad rusa de no desatender eventuales requerimientos de ayuda por parte de los sublevados: la primera iba dirigida al nuevo cónsul ruso en los Estados Unidos Nikolaj Jakovlevič Kozlov (2/24 de agosto de 1811) [45]; la segunda del 30 de julio/11 de agosto de 1811, encerraba instrucciones para el cónsul general de Brasil, Ksaverij Ivanovič Labenskij [46]; la tercera, por fin, la más importante, estaba destinada al famoso conde Palen, quien se convertiría en embajador ruso cerca de la corte portuguesa (22 de agosto/3 de septiembre de 1811) [47].

---

[42] Vid. Völkl, ob. cit., p. 102; asimismo los estudios de Bartley.
[43] Vid. Bolchovitinov, K Istorii, pp. 151-162, y Völkl, ob. cit., p. 186.
[44] Vid. Adams, John Quincy, Memoirs of..., T. 2, pp. 184 y 217.
[45] Vid. Texto en VPR, I, 6, pp. 147-151.
[46] Vid. VPR, I, 6, p. 703, nota 167.
[47] Vid. Texto en VPR, I, 6, pp. 156-158.

De las tres instrucciones destacaremos la de Palen; de ésta, los párrafos más significativos:

> ... Il est à supposer que la cour de Rio-Janeiro apporte une grande attention aux affaires de l'Amérique Espagnole. D'un côté, sa politique peut lui faire envisager sous un jour avantageux l'affaiblissement de cette monarchie et l'organisation de ces provinces en plusieurs Etats indépendants. De l'autre, l'extinction de la branche masculine de la maison d'Espagne l'autoriserait à prétendre à ce riche héritage, par droit de revendication de l'infante, épouse du prince régent. Dans cette dernière hypothèse il est présumable que l'Angleterre, jalouse d'un si grand accroissement de domination, y apportera obstacle. Sous ce rapport il serait peut-être convenable à la Russie de voir contrebalancer dans l'autre hémisphère la puissance britannique, mais sous celui du commerce un tel évènement deviendrait nuisible à cette concurrence, qui est la source de sa prospérité. Vous aurez le plus grand soin de tâcher de pénétrer les dispositions de la cour du Brésil sur cette matière, de connaître l'opinion qu'en porte le ministre d'Angleterre, ainsi que leur conduite respective, ostensible et particulière, envers les colons espagnols.
>
> Il n'est pas improbable que quelques partisans de leur indépendance ne vous fassent des ouvertures pour se lier avec la Russie; ce qui porte à le croire est la pensée qu'en ont déjà eue les nouvelles autorités de Carracas, de S-ta Fé et de Vénézuela. Si l'on vous faisait dans cet esprit quelques propositions, vous ne vous refuserez pas de les écouter, mais vous vous renfermerez dans des assurances générales de la protection très étendue accordée dans mes Etats à tout commerce licite en évitant d'entrer dans aucun engagement qui pourrait être prématuré... [48].

Basten estas líneas para percatarnos de la magnitud de la interferencia rusa en el continente americano, en donde se centraban los intereses de España, Estados Unidos, Inglaterra y Rusia...

El zar, mientras tanto, parecía desechar toda idea de intervención política y esperaba el desenlace de la guerra en la Península.

Sin embargo, entre los propios suramericanos, la idea de una posible ayuda rusa en su lucha por la independencia, había de producir profundo entusiasmo...

---

[48] VPR, ídem, pp. 157-158. Sobre la peculiar situación de la corte portuguesa en Río, y sus relaciones con la América española y con Inglaterra, consúltese Oliveira Lima, Manuel, Dom João VI na Brasil. Asimismo, vid. sobre el incipiente interés ruso por el Brasil los estudios de Alperovič, Bartley, Komissarov.

Fue antes de finalizar el verano de 1811 cuando por vez primera, los venezolanos intentaron una toma de contacto directa con la corte de San Petersburgo, disfrazada bajo el aspecto de una misión comercial, encomendada a Cortland L. Parker.

Alertado Rumjancev de la presencia de Parker por el cónsul norteamericano Levett Harris, el ministro ruso pudo percatarse del alcance, de las propuestas del agente: Caracas, Venezuela y Santa Fe de Bogotá deseaban entrar en contacto comercial con todos los países amigos, y sobre todo, con Rusia. Los «venezolanos» deseaban exportar a puertos rusos, bajo las condiciones impuestas a los buques neutrales por el Bloqueo Continental[49].

Rumjancev, oídas las propuestas de Parker, vio surgir ante sus ojos la posibilidad de realizar uno de sus más anhelados deseos: contrarrestar el monopolio comercial francés gracias a la creación de un mercado independiente centrado en los países americanos[49a].

Recordando que en diciembre de 1809, el propio Napoleón había hablado de un reconocimiento de la independencia de las colonias españolas, Rumjancev consultó al ministro de Comercio, Dmitrij Aleksandrovič Gur'ev, quien redactó las condiciones, bajo las cuales, previa autorización del zar, debían iniciarse las relaciones comerciales ruso-venezolanas[50].

Pero el proyecto no podía ser llevado adelante sin la aprobación del Consejo de Estado (Gosudartsvennij Sovet), presidido en aquellos días por Michail Speranskij. Rumjancev redactó un informe que ha llegado hasta nosotros bajo el título de «Apuntes del ministro de Asuntos Exteriores sobre la apertura de relaciones comerciales con las colonias españolas» (Zapiska Ministra Inostran-

---

[49] Vid. Bolchovitinov, *Otnošenie*, pp. 125-127.

[49a] Así lo comunicó a Adams el 15 de noviembre de 1809, vid. Kennedy, *Foreign Ministers*, p. 177.

[50] Eran éstas:

1) Los buques de «Amérique Meridionale» podían anclar en puertos rusos bajo las condiciones válidas para todos los buques neutrales;

2) Los americanos podrían importar todas las mercancías rusas cuya exportación estuviese permitida;

3) Los barcos de la América española deberían estar provistos de certificados expedidos por los cónsules rusos en Brasil ó en los Estados Unidos que avalasen la procedencia neutral de las mercancías. Citado por Bolchovitinov, *Otnošenie*, p. 127 (sin fecha).

nych Del ob otkrytii torgovych snošenij s gišpanskimi kolonijami) [51].
En él, subrayaba Rumjancev que no creía que existiese impedimento alguno en iniciar un intercambio comercial con aquellas colonias. Y el motivo en que se basaba era sencillo: ¿No había dicho
el propio Napoleón que él no se opondría a su independencia,
siempre y cuando no tuviesen contactos con Inglaterra?

Y sin embargo, a pesar del interés de Rumjancev por dar vida
a aquel comercio, de las presiones del cónsul americano Harris y
de la presencia del venezolano Parker en la capital rusa, el proyecto tropieza con la oposición del Consejo de Estado. En día 9/
21 de octubre, el Gosudarstvennij Sovet declara que hasta que la
situación política no ofrezca mayores garantías, es preferible no
iniciar relaciones comerciales con los países suramericanos [52]. El
día 27 octubre/8 de noviembre de 1811, Alejandro ratifica aquella
decisión [53].

El incidente, aunque de momento sin mayores consecuencias,
había sido lo bastante grave como para poner en peligro la anhelada firma del tratado hispano-ruso. Zea Bermúdez, meses más tarde, confirmará a Bardají y Azara la premura con que hubo de
reaccionar ante los insistentes rumores sobre el proyectado
acuerdo.

Zea, una vez más, recurrió a Košelev, «... calificando de sediciosos y perturbadores del orden social a los supuestos agentes de
Caracas, traté de excitar contra ellos la sospecha y el resentimiento de S. M. Imperial» [54].

El argumento era propio para hacer reaccionar a Alejandro.
Košelev lo esgrimió ante el zar con habilidad, haciendo hincapié

---

[51] Informe de Rumjancev del 16/28 del 9 de 1811, en VPR, I, 6, pp. 171-172.
[52] VPR, I, 6, pp. 201-202: *Protokol obščego sobranija Gosudarstvennogo Soveta (Protocolo de la Junta General del Consejo de Estado)*.
[53] Vid. VPR, I, 6, pp. 216-217, y Bolchovitinov, *Otnošenie*, pp. 127-129.
[54] Francisco de Zea Bermúdez a Bardají y Azara, 7/19 de febrero de 1812, número 21, en *AHN, Estado*, leg. 6 123 [2]:

... Baxo la protección abierta del Embaxador Frances que tenia empeño de hacer valer dicha insurrección y otras que o suponía o exageraba para disminuir a los ojos de la Rusia la fuerza y consistencia
de nro. Gobno... y a la sombra del influxo solapado, pero muy activo
de la legacion americana, habia tomado ya tanto cuerpo el asunto,
que quando yo llegué a descubrirlo, estaba en visperas y de hecho
anunciado para verse y discutirse en el Consejo de Estado, con mucha
probabilidad de éxito...

en la diferencia de trato dada a un representante del orden legítimo y al de un rebelde.

No se dieron, sin embargo, por vencidos los enviados suramericanos y a mediados de 1812 asistimos a un intento muy curioso por parte de los venezolanos, consistente en entregar a Rusia la isla de Orchila (al norte de Venezuela), como base comercial, a condición de que ésta les ayudase a conseguir la anhelada independencia. A este respecto, resulta sumamente interesante un escrito enviado por el ministro de Asuntos Exteriores del gobierno revolucionario, José María Sanz, a Francisco de Miranda [55].

Nada sabemos, sin embargo, del cariz que tomó la cuestión. Völkl ha apuntado únicamente la sorpresa que causa pensar en la pasividad de Miranda en este asunto, dadas sus excelentes relaciones con los rusos [56].

7. *La segunda misión de Zea. La firma del tratado*

Volvamos ahora de nuevo a las gestiones del enviado de la Regencia y veamos cuáles fueron sus diligencias hasta conseguir una alianza hispano-rusa.

Entregados los documentos a Košelev en septiembre de 1811, éste suplica del zar una toma de posición (3/15 de octubre de 1810) [57], que no llegaría hasta finales de enero de 1812 (26 de enero/7 de febrero) [58].

Entretanto, Zea, en noviembre de 1811 (12/24), ha hecho presente al maestro de ceremonias que la Regencia española deseaba vincular lazos muy estrechos con Rusia:

> ... la Régence ferait tout ce qui dépendrait d'elle pour décider S. M. à demander pour épouse S. A. I. la Grande-Duchesse Anne Pavlovna, soeur de S. M. I., étant intimement persuadée, non seulement que cette union plairait infiniment au Roi mon Maître, mais encore qu'elle serait accueillie avec les applaudissements les plus éxaltés de toute la Nation Espagnole... [59].

---

[55] Dicha carta viene reproducida en Giménez Silva, *Las primeras misiones diplomáticas de Venezuela*, T. 2, pp. 92-95, y también en Dávila, V. (ed.), *Archivo del General Miranda*, T. 24, pp. 35-37.

[56] Vid. Völkl, *ob. cit.*, p. 192.

[57] Vid. Nikolaj Michajlovič, *Alexandre*, T. 2, pp. 49-50, y VPR, *I, 6*, páginas 188-189.

[58] Vid. VPR, *I, 6*, pp. 270-271.

[59] Citado por Nikolaj Michajlovič, *Alexandre*, T. 2, p. 124. Villa Urrutia, en su conocida obra *Las mujeres de Fernando VII*, pp. 74-78, alude a esta ges-

El proyecto, de momento, no encuentra mayor resonancia. Pero volverá a resurgir, más tarde, cuando Fernando haya cruzado la frontera española, como un leit motiv de las aspiraciones españolas en la corte de San Petersburgo. Y servirá también, una vez conocida la negativa rusa, para poner de manifiesto el escaso prestigio de que gozó la política fernandina durante los años de la Restauración...

Los meses que corren desde la segunda llegada de Zea a la capital rusa, hasta la firma del acuerdo de Velikie Luki, fueron decisivos en todos los aspectos.

En el Imperio ruso, en donde cada vez se vislumbra con mayor claridad la posibilidad de una guerra con Napoleón [60], se empiezan a tomar medidas necesarias, políticas y militares capaces de hacer frente a la situación. El 5/17 de octubre de 1811 [61], se firma una convención de guerra con Prusia; el 24 de marzo/5 de abril de 1812, se establece la paz y una alianza con Suecia [62]. Finalmente, el 16/28 de mayo de 1812, tiene lugar la tan anhelada tregua con Turquía: el tratado de Bucarest entrega a Rusia la provincia de Besarabia [63]. Entre tanto, ha mediado, también la firma de un convenio comercial con Portugal, 29 de mayo/10 de junio de 1812 [64].

En cuanto a los efectivos militares, ya había informado Colombí que una vez firmada la paz con Turquía, Rusia podría hacer avanzar hasta la frontera oeste del Imperio un total de 294.960 hombres [65].

Quedaban por resolver el problema inglés y —de rechazo— el problema español. En ambos casos Zea Bermúdez se esmeró por obtener una solución positiva. Urgía, en efecto, poner fin al estado

---

tión, diciendo: «No sabemos si la peregrina idea de esta boda se le ocurrió espontáneamente al Ministro de Estado Bardaxí o si se la sugerió Zea Bermúdez, cuya inexperiencia diplomática merecería disculpa...» Pero lo que Villa Urrutia no sabía era que el mencionado proyecto ya formaba parte de las instrucciones dadas por la Junta Gubernativa del Reino a Colombí en 1808, y además que el verdadero «inspirador» de aquel enlace era Godoy. Vid. *supra*, pp. 61, 88.

[60] La mayoría de los diplomáticos rusos estaban convencidos de que Napoleón, una vez resueltos los asuntos de España, atacaría a Rusia. Vid. Dodolev, *O vlijanii*, p. 39.

[61] Vid. Texto en VPR, *I, 6*, pp. 191-197.

[62] Vid. Texto en VPR, *I, 6*, pp. 318-324.

[63] Vid. Texto en VPR, *I, 6*, pp. 406-412.

[64] Vid. Texto en VPR, *I, 6*, p. 420.

[65] Antonio de Colombí a Bardají y Azara, San Petersburgo, 24 de febrero/ 8 de marzo de 1811, en *AHN, Estado*, leg. 6 123 [1].

de guerra entre Rusia e Inglaterra y estructurar definitivamente el acuerdo hispano-ruso. A Zea debía unírsele, en su empeño, por lograr la formación de un frente anti-napoleónico, el conde de Saint Julien, embajador de Austria. El enlace directo entre el enviado de la Regencia española y Alejandro I fue, una vez más, Rodion A. Košelev, quien actuó a menudo sin conocimiento de Rumjancev.

¿Hasta qué punto encontraron los deseos de la Regencia la misma solicitud en la corte de Rusia? ¿Hasta qué punto el esfuerzo español correspondía el mismo grado de simpatía en San Petersburgo?

De hecho, a principios de 1812, cuando el zar permanece silencioso ante las insistencias de Košelev y de Zea, surge la sospecha de que la corte rusa no desea comprometerse con España o con Inglaterra, sino que desea que éstas se comprometan con Rusia.

Por fin, Alejandro escribe a Zea (26 de enero/7 de febrero de 1812):

> La Russie, par ses armements et par son attitude, est d'un secours réel à l'Espagne en attirant par là même une très grande masse de forces françaises, qui auraient été dirigées contre l'Espagne, dans le Nord. Sans traités d'alliance, ces deux Etats n'en suivent pas moins une marche qui leur est mutuellment utile. Si la guerre éclate dans le Nord, pour qu'elle puisse avoir un résultat heureux pour les deux Etats, *il faut nécessairement que l'Espagne fasse des efforts* pour, profitant du moment où l'attention et les forces de la France seront portées vers le Nord, porter la guerre dans *le sein même de la France*. Si l'Angleterre en même temps porte des diversions puissantes, d'un côté sur les villes Anséatiques, et de l'autre depuis la Sicile sur l'Italie ou le Royaume de Naples, on pourrait se flatter alors à juste titre que ces efforts réunis atteindraient leur but, celui de faire finir les malheurs de l'Europe... [66].

La actitud del zar, en aquel principio de 1812, venía condicionada, pues, por su convencimiento de que la guerra con Napoleón era inevitable. Para él, la alianza con la Regencia tenía solamente validez en tanto representaba estas dos posibilidades: la primera, obtener los subsidios que necesitaba para hacer frente a la guerra; y la segunda, aprovechar la actividad tanto diplomática como estratégica de los países oprimidos por Napoleón para poner en pie una nueva coalición, cuyo eje debía ser Rusia.

---

[66] Vid. VPR, *I*, *6*, pp. 270-271. La cursiva es nuestra.

Consciente Zea de la necesidad de acelerar la negociación y comprobada la insistencia de Rumjancev en obtener subsidos, optó éste —una vez convencido de que la Regencia no podía entregarlos— [67] por llevar a cabo un último intento en Inglaterra, a donde se trasladó en mayo de 1812.

Allí, informado por el embajador, Conde de Fernán Núñez [68], Zea pudo comprobar la existencia de negociaciones directas entre San Petersburgo y Londres que tenían lugar por el conducto de Suecia. Convencido de que, ante la eventualidad del peligro común, la cuestión de los subsidios pasaría a segundo término, Zea fundó sus esperanzas en que «no será quizá difícil que la reconciliación de ambas potencias con la Rusia penda de un mismo y único tratado, en cuya triple alianza estriben la felicidad de las partes interesadas y la salvación de Europa» [69].

El planteamiento llevado a cabo por el enviado de la Regencia olvidaba, sin embargo, que los intereses del zar se encaminaban a encauzar las aspiraciones de quienes debían, llegado el momento, formar un frente común contra Napoleón. Un tratado tripartito entre Rusia, Inglaterra y la Regencia no correspondía a la preocupación del zar ni a la de su ministro Rumjancev.

Importaba mucho más estructurar, por separado, las bases sobre las que Rusia edificaría su sistema defensivo. Y una vez Napoleón hubo cruzado la frontera rusa, la puesta en marcha del nuevo sistema de alianzas se hizo urgente.

Para nosotros, que conocemos el estado de la cuestión en todos sus pormenores, surge la sospecha de que el empeño del zar en no firmar «un tratado tripartito» podría relacionarse con un posible deseo de no crearse impedimentos a las interferencias comerciales con América...

Como quiera que sea, la firma del tratado con la Regencia, el 8/20 de julio de 1812, obedeció ante todo a la necesidad de incluir a España en la coalición contra Napoleón. Pero se llevó a cabo independientemente del acuerdo con Inglaterra, que había tenido lugar unos días antes, el 6/18 de julio de 1812 [70].

---

[67] José Pizarro a Zea Bermúdez, Cádiz, 11 de abril de 1812, en *AHN, Estado*, leg. 6 123 ².

[68] Carta reservada del Conde de Fernán Núñez a Zea Bermúdez, Londres, 14 de mayo de 1812, *AHN, Estado*, leg. 6 123 ².

[69] Zea a Fernán Núñez, Londres, 25 de mayo de 1812, en *AHN, Estado*, leg. 6 123 ².

[70] Vid. Texto en VPR, *I, 6*, pp. 491-492.

El tratado de Velikie Luki, firmado en nombre de Fernando VII, no implicaba, en verdad, compromiso especial de Alejandro hacia España. En él se ponía de relieve la amistad y alianza que debían existir entre el Rey de España y el emperador de Rusia, y se dejaba estipulado que ambas partes procederían, sin pérdida de tiempo, a especificar más detalladamente cuanto hacía referencia a sus intereses recíprocos:

> ... la ferme intention où elles sont de faire une guerre vigoureuse à l'empereur des Français, leur ennemi commun, et se promettent dès cette heure de veiller et de concourir sincèrement à tout ce qui pourra être de l'avantage de l'une ou de l'autre partie... [71].

Para la Regencia, la importancia del tratado residía, sin lugar a dudas, en su artículo tercero; Alejandro reconocía:

> pour légitimes les Cortés Généraux et extraordinaires réunis aujourd' hui à Cádiz, ainsi que la Constitution qu'ils ont décrétée et sanctionnée [72].

La euforia que la noticia de la firma produjo en Cádiz se asemejó a la que hubiese producido cualquier victoria sobre Napoleón. Se cantó un *Te Deum* y el 1 de septiembre de 1812 se ponderó, en una proclama, el «corazón tan noble y elevado de Alejandro». Se le consideró el «Protector de la libertad y de la civilización, no solamente del norte de Europa, sino también del Mediodía». Se vio en la alianza con el poderoso Imperio ruso, el símbolo de que la resistencia española había encontrado, por fin, un reconocimiento internacional y que el sistema político puesto en marcha en Cádiz recibía el beneplácito de un soberano «que por principios liberales parece destinado por la Providencia a mejorar la suerte de la especie humana...» [73].

La impresión fue, pues, extraordinaria, y sin embargo, el apoyo que el zar de Rusia prestaba en aquel momento a la Regencia, ocultaba esta realidad innegable: que este apoyo era solamente moral y que el compromiso de Rusia con España había quedado reducido al mínimo. Tal había sido el planteamiento fundamental llevado a cabo por Rumjancev, pocos días antes de la firma del tratado (4/16 de julio de 1812):

[71] Vid. VPR, *I, 6*, p. 495, artículo II.
[72] Ídem, artículo III.
[73] En *AHN, Estado*, leg. 6 123 [1].

... Sire M. Zea, presse beaucoup la conclusion du traité et se sert toujours des mêmes arguments si souvent reproduits par M. de Kocheleff. Je pense en effet, sire, qu'il faut terminer... je me suis servi du moyen d'un traité d'alliance qui n'engage à rien *si l'on ne se concerte mieux...* Le traité d'amitié et d'alliance tel qu'il est ébauché, sire, n'offre rien de désavantageux pour v. m. et offre cet avantage précieux à l'Espagne, que vous la reconnaissez pour régie par le roi Ferdinand... [74].

8. *Las ambiciones rusas en América*

Casi coincidente con la firma del acuerdo de Velikie Luki, tuvo lugar un acontecimiento de gran alcance, que, de momento, pasó desapercibido en Cádiz. Estaba relacionado con el avance ruso en tierras californianas, con la creciente pujanza de la RAK. La compañía ruso-americana había llegado al convencimiento —tras sus primeras exploraciones en la costa de Alaska— de las ventajas que supondría para el desarrollo del comercio en América —y en particular, para la caza de nutrias— la instalación de un establecimiento ruso con carácter permanente al norte de California. En la primavera de 1812, un antiguo miembro de la compañía comercial de Grigorij Ivanovič Šelichov, Ivan Aleksandrovič Kuskov (1765-1823), que se hallaba estacionado en Novo-Archangel'sk, recibió órdenes de hacerse a la mar a bordo del «Čirikov» y explorar la costa californiana. Kuskov zarpó, acompañado de algunos albañiles y de 150 cazadores de nutrias. El día 30 de agosto —onomástica del emperador— se fundó la primera instalación rusa, situada en las cercanías de la bahía Bodega y que llevaría el nombre de Ross (es decir, Rusia). La bahía Bodega se transformó en «Port Rumjancev» y el río San Sebastián, que tenía su desembocadura entre la bahía Bodega y el fuerte Ross fue bautizado «Reka Slavjanka» (río Eslavo, hoy Russian River) [75].

De momento, Ross es solamente un «fuerte», construido primitivamente, rodeado de las habitaciones de madera de los habitantes de la «América rusa» o de los indios de California.

Pero la instalación debía transformarse en un centro importante de comercio con la California española y en un punto estratégico para la caza de nutrias.

---

[74] Vid. VPR, *I, 6,* pp. 471-472.
[75] Vid. Völkl, *ob. cit.,* pp. 95-96.

Ahora bien: la trascendencia del hecho residía, como es de suponer, en sus implicaciones políticas. ¿Cómo podía aceptarse la instalación de una colonia rusa en un territorio que España consideraba como suyo? Jurídicamente, la argumentación de los rusos se basaba en la afirmación de que Ross había sido edificada en un «no man's land», puesto que establecían una distinción entre la California española, situada al sur de San Francisco, y la costa septentrional, denominada «New Albion», según la apelación que le diera Drake.

De momento, la controversia quedó desplazada por la escasa —por no decir nula— atención que se prestó en Cádiz al acontecimiento. Pero debía surgir un par de años más tarde: España apelaría al tratado de Nootka (1791), según el cual sus posesiones se extendían hasta el estrecho de Juan de Fuca[76].

---

[76] Idem, *ídem*, pp. 98-99. Vid. a este respecto dos artículos míos en *La Vanguardia* de Barcelona, del 29 de noviembre y 7 de diciembre de 1972.

CAPÍTULO IV

LA LIQUIDACIÓN DE LA EUROPA NAPOLEÓNICA

Los años que corren desde la llegada de Fernando VII a España hasta la proclamación de la Constitución de Cádiz en 1820 conocieron, dentro del marco internacional, la restauración de las viejas monarquías europeas derrocadas y la proclamación de un nuevo orden, plasmado en la fórmula de la Santa Alianza.

Para España el problema reside en la integración en este orden, que ella, por su resistencia frente a Napoleón, ha contribuido a crear.

1. *La nueva política de Alejandro I. De Rumjancev a Karl Robert Nesselrode*

La actitud de Alejandro I, a principios de 1812, vino condicionada por su convencimiento de que la guerra con Napoleón era inevitable. El zar, sin embargo, a pesar de sus vacilaciones, intentó llevar a cabo, simultáneamente, una política de paz y de guerra. Pero, contrariamente a su ministro Rumjancev, el emperador abrigaba pocas ilusiones sobre un posible arreglo con Napoleón: intuía que la invasión de Rusia sería inevitable [1]. Aquella postura debía, paulatinamente, suscitar diferencias entre Alejandro y Rumjancev.

En realidad, si Rumjancev había sido el ministro de la paz y del entendimiento con Napoleón, era obvio que no podía ser el

---

[1] Vid. Kennedy, *The Foreign Ministers*, pp. 188-189.

ministro de la guerra. Su presencia en el ministerio había correspondido a una etapa del reinado de Alejandro, plasmada, en política interior, en el intento reestructurador de Speranskij. Pero liquidado el ensayo reformista, era necesaria también una nueva formulación de la política exterior. Ésta halló su expresión en la participación rusa en la Cuarta Coalición[2].

Cuando Alejandro abandonó San Petersburgo en diciembre de 1812 para reunirse con el ejército, dejó órdenes secretas al Conde Karl Robert Nesselrode para que acudiera algunos días más tarde a su cuartel general. El Emperador deseaba que Nesselrode estuviese presente en calidad de secretario en el curso de importantes conversaciones diplomáticas.

Así, imperceptiblemente, Nesselrode pasaba a ocupar el cargo de ministro de Asuntos Exteriores del Imperio.

Hijo de un diplomático alemán al servicio de Rusia, Nesselrode nació en Lisboa en 1780 y cursó estudios en un colegio de Berlín, en donde su padre era embajador de Rusia. El futuro ministro del Imperio no llegó a San Petersburgo hasta la edad de dieciséis años. Iniciado el reinado de Alejandro, ocupó sucesivamente los cargos de secretario de embajada en las legaciones de Berlín, La Haya y París[3].

Al lado de las grandes figuras políticas de la Restauración, de Talleyrand, Metternich o Castelreagh, Nesselrode debía pasar casi desapercibido. Eclipsado por la personalidad de Alejandro I y más tarde por la de su hermano el emperador Nicolás, Nesselrode no poseyó jamás las dotes de un gran estadista: falto de brillantez intelectual y del carácter requerido. Durante los largos años que permaneció en funciones, no pasó de ser un buen secretario de asuntos diplomáticos. Aquella «pasividad» le permitió permanecer al servicio de tres emperadores tan dispares en su personalidad y en sus actitudes políticas, como fueron Pablo I, Alejandro I y Nicolás I.

Si Rumjancev había sido el portavoz de la política rusa en los Balcanes, el defensor de los intereses de los pueblos eslavos, que «sufrían» la dominación turca, Nesselrode había de ser, por el contrario, el artífice de la aproximación rusa a Europa Occidental. Al igual que la mayoría de los extranjeros al servicio de Ru-

[2] Vid. Kennedy, *ob. cit.*, p. 193.
[3] Vid. sobre Nesselrode, Capefigue, *Les Diplomates Européens*, T. I, páginas 341-383.

sia, abogaba por una intervención enérgica del Imperio en la política europea. De su padre, Nesselrode había heredado la nostalgia del *Ancien Régime* y de los principios sobre los que se asentaba. Odiaba a la Revolución Francesa y a su seguidor Napoleón, que representaba la quiebra del orden político, sobre el que se basaban sus privilegios. Nesselrode abrigaba esperanzas de una posible restauración política «sin la cual la dignidad de los soberanos, la independencia de las naciones, la prosperidad de los pueblos serán únicamente tristes recuerdos...». Consideraba que Ru-Rusia debía tomar el liderato de aquella restauración, en tanto que única nación capaz de derrotar a Napoleón [4].

La nueva modalidad bajo la cual se inscribiría, en adelante, la política exterior rusa, debía ser, pues, la aproximación a Europa Occidental. Se iniciará, no bien los franceses hayan invadido el territorio nacional ruso, con la decisión del zar de encabezar la lucha contra Napoleón. En efecto, a la expulsión del enemigo, debía suceder la formación de una poderosa alianza europea, capaz de acabar definitivamente con el opresor francés. La reacción de Alejandro ante el peligro que amenazaba a su Imperio cobró caracteres de «conversión» religiosa y adquirió matices carismáticos: el zar se mostró preparado para dirigir personalmente las operaciones de defensa y dispuesto a llevar a cabo una larga y prolongada contienda, derrotar a Napoleón e instaurar una paz duradera. La defensa de Europa contra la tiranía de Bonaparte se transformó así no sólo en la misión personal del Emperador, sino también en lo que Alejandro consideró ser misión histórica de su país. Por primera vez desde hacía mucho tiempo, Rusia pareció no ambicionar ventajas personales, sino orientar plenamente su política hacia un compromiso con Europa Occidental. De hecho, la Cuarta Coalición llevó el sello del entusiasmo de Alejandro, y debió gran parte de su éxito a los rusos, quienes condujeron triunfalmente a los aliados hasta París.

2. *La aproximación a España. El embajador Dmitrij Pavlovič Tatiščev*

En el marco de la política de intervención en los asuntos de Europa Occidental, que Alejandro entendía ponen en marcha, debe inscribirse el inicio de una dilatada relación con la corte española,

---

[4] Ídem.

inaugurada inmediatamente después de la firma del tratado de Velikie Luki. Su traducción más patente fue el nombramiento, en septiembre de 1812, del consejero Dmitrij Pavlovič Tatiščev «en qualité de (Son) Envoyé Extraordinaire et Ministre Plénipotenciaire près Sa Majesté Catholique le Roi Ferdinand VII» [5].

El caso del conocido personaje —que ha hecho correr tanta tinta— exige una aproximación detallada al hombre, pero también —y eso es lo importante— a la política que representó. Porque, indudablemente, sería demasiado fácil suponer que el embajador del emperador de Rusia hubiese actuado durante los cuatro años que permaneció en España, sin mayor motivación que la de ser «estímulo atizador de aquella fragua (la Camarilla)» [6].

Conviene recapitular las etapas más importantes de la «carrera» de Tatiščev [7]. Nace en 1767; empieza su carrera en el ejército, en el regimiento Preobraženskij; en 1791, durante la guerra con Turquía, se alista como voluntario en el ejército del Conde Potemkin. Su primera actividad diplomática tiene lugar en 1792, una vez firmada la paz de Jassy con la Puerta otomana: Tatiščev es enviado a Constantinopla en calidad de encargado de negocios. En 1802, después de haber servido en el ejército de Suvorov, entre 1794 y 1795, es nombrado embajador en Nápoles, en donde permanece únicamente un año. En 1805, vuelve de nuevo a Nápoles, donde logra la firma de un acuerdo entre aquella corte y el Imperio ruso [8]. Reside en Nápoles en calidad de representante del zar hasta 1808. En 1812, es nombrado embajador cerca de Fernando VII. De España, que abandona en 1819, pasa a Viena. Toma parte importante en el Congreso de Verona, en donde desempeña, al lado de Nesselrode y del Conde Lieven, una importante labor diplomática. Entre 1826 y 1841, ejerce el cargo de embajador en Viena, en donde muere en 1846, en tanto que Consejero Secreto, Gran Maestre de Cámara, Miembro del Consejo de Estado y Senador [9]. Alcanzó la cumbre de su carrera a finales de 1821-princi-

---

[5] Vid. *AHN, Estado,* leg. 6 123 [1]. Rumjancev informó el 16 de septiembre de 1812 a Zea del nombramiento. Vid. sobre Tatiščev Dodolev, *Fond.*

[6] Vid. Saralegui, *Un negocio escandaloso,* pp. 20-22. De semejante manera, habla de él Villa Urrutia, *El Conde de Fernán Núñez,* p. 147.

[7] Vid. para estos datos, principalmente, el artículo sobre Tatiščev, Dmitrij Pavlovič, en el *RBS,* T. 20, San Petersburgo 1912, pp. 347-349.

[8] El 29 de agosto/10 de septiembre de 1805. Vid. su texto en VPR, *I, 2,* páginas 570-574.

[9] Vid. *RBS, ob. cit.,* pp. 348-349.

pios de 1822, en el momento en que el futuro ministro Capodistrias impulsaba a Alejandro a tomar parte activa en favor de la insurrección griega: el zar confió entonces a Tatiščev la delicada misión de entablar negociaciones secretas con Metternich: nada supieron de ellas Capodistrias o Nesselrode. Tatiščev actuó únicamente en colaboración con el embajador ruso en Viena, Golovkin. Durante los años siguientes, continuó desempeñando altos cargos relacionados con los asuntos balcánicos. Hasta corrieron rumores de que Tatiščev podía substituir a Nesselrode [10].

El personaje no era, por lo tanto, un cualquiera [11].

Tratemos de examinar ahora la política que encarnó el representante del emperador de Rusia.

Consideremos, primero, cuáles habían sido hasta la fecha los campos en donde Tatiščev había ejercido su labor diplomática: Constantinopla y, sobre todo, Nápoles. Los dos puestos tienen en denominador común estas realidades: la primera, ser una baza importante en el Mediterráneo; la segunda, ser un feudo de la política inglesa.

De las dos embajadas llevadas a cabo por Tatiščev, destaquemos la actuación desempeñada en Nápoles. Tiempos difíciles para la corte italiana, que se veía sometida, en aquel 1805, a la presencia de tropas francesas desde hacía dos años [12]. Deseosa de encontrar remedio a tan malhadada situación, la corte napolitana intentó firmar un tratado de alianza con alguna potencia capaz de contrarrestar la tutela francesa. Pero he aquí que el Reino de las Dos Sicilias se convirtió pronto en plataforma de quienes buscaban no solamente hacer frente a Bonaparte, sino también asegurarse una posición estratégica en el Mediterráneo: entre ellos, Rusia e Inglaterra.

No nos interesa aquí el relato de la gestión llevada a cabo por Tatiščev en el verano de 1805, que culminó con la firma de un curioso tratado entre Rusia y el reino de Nápoles (10 de septiembre de 1805) [13].

---

[10] Vid. Kennedy, *ob. cit.*, pp. 282-283.

[11] «Pertenece», escribirá el representante español en San Petersburgo, Eusebio de Bardají, el 25 de diciembre de 1812/6 de enero de 1813, «a una familia de las más antiguas de Rusia, y está enlazado con las primeras casas; pero no posee sino muy pocos bienes y puede decirse que depende de sus sueldos», en *AHN, Estado,* leg. 6 124 [3].

[12] Vid. Berti, *Russia e stati italiani,* pp. 248-250.

[13] Vid. Maresca, *I Due Trattati,* p. 604; Stanislavskaja, *Russko-anglijskie,* página 379.

Conviene apuntar únicamente que si el acuerdo ruso-napolita-
no estaba destinado, en primer lugar, a frenar las ambiciones francesas, constituía también un notable éxito de la diplomacia rusa
frente a los ingleses, que se veían así obligados a contar, en sus
maniobras, con la presencia de un cuerpo expedicionario ruso en
aguas mediterráneas.

Por lo demás, Tatiščev se valió, como es natural, de la penuria
en que creía hallarse la corte italiana frente a Napoleón [14].

De la gestión llevada a cabo por Tatiščev en Nápoles, se desprende, pues, esta realidad: el embajador ruso había logrado des-
bancar —con o sin artimañas— a una potencia —en este caso Inglaterra— tradicionalmente aliada de aquel país.

Cuando en 1812 el diplomático ruso reciba órdenes de ir a representar a su país en España, se enfrentará con una situación
que recordará la de la corte napolitana en 1805: un rey débil, a
merced de intrigas cortesanas, una potencia mediterránea, estrechamente vinculada a Inglaterra, un país, en suma, que debía pasar del «campo» inglés al «campo» ruso.

Se desprende, pues, de todo cuanto hemos dicho anteriormente,
que España estaba llamada a desempeñar, dentro de la política
de aproximación a Europa Occidental que caracterizó a la diplomacia rusa en los años de la postguerra, un papel que fácilmente
podríamos denominar de «zona de influencia», papel que, por lo
demás, le fue asignado muy pronto a la Península, puesto que el
nombramiento de Tatiščev es de septiembre de 1812. Y se comprende, en efecto, el pensamiento del zar: consciente de que después de la derrota de Napoleón se plantearía inmediatamente el problema del nuevo equilibrio de fuerzas, consciente de que, lógicamente, la península italiana pasaría a «manos» del hábil Metternich, Alejandro puso su empeño en «asegurarse» a tiempo un feudo en Madrid que neutralizase a la vez las presiones austríacas y
los intereses británicos. Cuidó al mismo tiempo Alejandro de anu-
dar estrechas relaciones con la corte de Francia, a donde envió en
1814 a un diplomático oriundo de Córcega, Charles André Pozzo di
Borgo [15].

---

[14] Maresca, *ob. cit.*, p. 603.

[15] Charles André Pozzo di Borgo —o en ruso Karl Osipovič— nació en
Alala, en la isla de Córcega, en 1768 y murió en París en 1842. Fue uno de
los principales diplomáticos rusos en la época de Alejandro I y representa
el prototipo del extranjero al servicio de Rusia. Su odio hacia Napoleón le
impulsó a unirse a las tropas del general ruso Suvorov en el año 1798; en

3. La última etapa de la Regencia. La inquietud de Antonio Cano Manuel

Al enjuiciar la situación durante los meses que precedieron a la formación de la Europa de la Restauración, precisa recordar en primera instancia esta realidad básica: la ilusión a que se entregaron los hombres de la Regencia —con o sin razón— sobre la unánime admiración y gratitud que la resistencia española había de suscitar entre los soberanos europeos, admiración y gratitud que debían traducirse en una ecuánime recompensa en el concierto de las naciones... [16].

Un incidente en el curso del año 1813, vino a subrayar ante los ojos de las naciones europeas —y en particular ante los ojos de su aliada rusa— la escasa inteligencia política que presidía en aquellos difíciles momentos las gestiones diplomáticas de la Regencia. Fue éste motivado por una disputa de etiqueta en Londres, de la que fueron principales protagonistas el embajador español Conde de Fernán Núñez y el embajador ruso, el Conde de Lieven: se trataba de la famosa cuestión de la precedencia en ceremonias oficiales. ¿Quién debía ceder el paso a quién? ¿El embajador de España al embajador de Rusia? ¿O viceversa? [17].

Pero las buenas intenciones del diplomático español se torcieron debido a la intransigencia de la Regencia, que, a través de La-

---

1813 se instaló definitivamente en San Petersburgo. En 1814 fue nombrado Ministro Plenipotenciario en París, a partir de 1821 hasta 1834 fue embajador en la misma ciudad. En 1821 Alejandro I le encomendó una misión cerca de Fernando VII (vid *infra* pp. 329 y 331). Entre 1835 y 1839 fue embajador en Londres. Su correspondencia con Nesselrode fue publicada por uno de sus nietos (1814-1818). Vid. sobre Pozzo, *RBS*, T. 14, pp. 727-732, y Capefigue, *Les Diplomates*, T. 1, pp. 144-206.

[16] Véase, sin embargo, la opinión del ministro ruso Nesselrode a este respecto, en una carta dirigida a Labrador, el 22 de marzo de 1816 (en *AHN, Estado*, leg. 6 125 ¹):

> ... Le sacrifice et les efforts du peuple Espagnol contre l'ennemi commun furent grands, sans doute, et dignes de l'admiration de l'Univers. Ils influèrent même considérablement sur les destinées du monde: mais d'une manière négative, ou du moins si distincte qu'elle ne sauroit être confondue avec la coopération active que déployèrent les autres Etats confédérés contre la France...

[17] El caso queda bastante bien relatado en Villa Urrutia, *Fernán Núñez*, páginas 117-118.

brador, comunicó a Fernán Núñez que desaprobaba la solución dada al conflicto (25 de enero de 1813)[18].

La crisis se prolongó hasta el año 1814 y fue resuelta por José Pizarro y Tatiščev en París. Pero había ofendido en alto grado al emperador de Rusia. Y fue necesaria la buena voluntad de Bardají y Rumjancev para no malograr unas relaciones de buen entendimiento, iniciadas apenas un año antes con la firma del tratado de Velikie Luki[19].

Lo grave era que el incidente había dejado al descubierto la falta de táctica que caracterizaba las gestiones de la Regencia española. En realidad, ésta había de zanjar a menudo entre lo que consideraba asunto suyo, o derecho de la Corona. De ahí que obrara con tanto recato. En la cuestión de la precedencia, no discutiremos si las órdenes cursadas desde Cádiz estaban justificadas o no; pero parece fuera de duda que, dadas las circunstancias, enemistarse con el zar de Rusia por un mero problema de protocolo era del todo inadecuado[19a].

Tampoco faltó quien se apresurara a subrayar la importancia que la alianza con Rusia revestía para España; he aquí lo que Tatiščev ordenaba a un futuro miembro de la embajada rusa en Madrid, J. A. Vallenštejn[20]:

> ... Vous connaissez déjà suffisamment l'origine, la marche et l'état actuel de cette singulière affaire, où l'extreme modération de l'empereur notre auguste maître contraste si fortement avec les prétensions exagérées d'une vanité nationale mal entendue. Appliquez-vous, Monsieur, à ramener le Ministère Espagnol à des vues plus modérées et plus conformes à ses intérêts qui lui commandent impérieusement de ne pas sacrifier à de fausses notions sur la prééminence des nations les avantages réels et importants que l'Espagne peut retirer d'une union intime avec la Russie... (Londres, 1/13 de agosto de 1813).

Existe un interesantísimo documento dirigido a Bardají por Antonio Cano Manuel el 19 de agosto de 1813 del que se desprende

---

[18] Idem, p. 146.

[19] «M. de Bardaxi sur la question de la préséance ne m'a rien dit, Sire», escribía Rumancev a Alejandro I el 27 de agosto/8 de septiembre de 1813, «qui ne portât l'empreinte du regret sur la maladroite démarche qu'avait prescrite la régence à son embassadeur», en VPR, I, 7, pp. 366-368.

[19a] Vid. a este respecto el comentario de Villa Urrutia en *Fernán Núñez*, página 137: «Era locura defender la disputa de la prerrogativa ... en las tristísimas circunstancias porque atravesaba la nación, etc...»

[20] Vid. VPR, I, 7, p. 350.

que no todos los miembros de la Regencia se habían dejado cegar por las ventajas que podía esperarse de la alianza rusa. Había sido motivada aquella misiva por los rumores que corrían sobre un posible acuerdo entre Alejandro I y Napoleón. Según el artículo II del Tratado de Velikie Luki, Rusia y España debían proceder a especificar en un segundo tratado las bases sobre las que se proseguiría la lucha contra los franceses. Probablemente, en las sugerencias que los rusos hicieron a Bardají para concertar este segundo acuerdo, había algún punto inaceptable para España y contrario al Decreto de 1 de enero de 1811, según el cual no debía entrarse en negociación alguna con Napoleón hasta que el territorio nacional estuviese completamente liberado. Probablemente aquella insistencia rusa para llegar a un acuerdo con los franceses disgustase en sumo grado a Cano Manuel, quien apuntó con amargura en aquella nota reservada:

> ... Notará V. q.ᵉ el lenguaje de los amigos en las proposiciones no es exacto y que las voces de integridad é independencia de España no son las mismas q.ᵉ las q.ᵉ ellos reconocieron y ratificaron en Sevilla y Weliki-Louki, y aunque no se deba temer alguna torcida intención en no haber usado del lenguaje de los celebres convenios q.ᵉ tuvieron lugar en aquellos puntos, con todo se trata con el tirano q.ᵉ sabe aun sacar mejor partido de las palabras que de las armas, y por lo tanto conviene q.ᵉ al propio tiempo q.ᵉ hagamos honor à nuestros amigos en las indicaciones para que observen la debida precaución, no nos desentendamos de procurar q.ᵉ fixe la verdadera significación de las voces... [21].

Encierra, además, aquella carta otro punto de importancia capital, puesto que en ella aflora —creemos que por primera vez— la inquietud de un miembro de la Regencia que se da cuenta de que España ha ido tal vez demasiado lejos en su entrega al zar de Rusia: porque, al leer el despacho de Cano Manuel surge la sospecha de que los rusos habían hecho depender las «indemnizaciones» de ciertas ventajas en «Ultramar». Apunta, aquí, la quiebra y desgaste del Estado español, reducido a la bancarrota económica, y que no encuentra otra salida a su desdichada situación que la de entregarse, políticamente, al único país capaza de poner remedio a sus males. La intervención rusa en los asuntos internos de España, que caracterizó de manera tan cruda el reinado de Fernando VII, empezó a perfilarse, pues, en 1812-1813, y tuvo como

---

[21] Vid. *AHN, Estado*, leg. 6 124 ². Cádiz, 19 de agosto de 1813.

principal motivo la penuria en que se hallaba España para hacer frente a Napoleón.

Véase cómo Cano Manuel enjuiciaba la situación:

> ... Si el convenio (con los Rusos), se adelanta como hay motivos de esperarlo por lo mal paradas q.ᵉ estan las cosas de la Peninsula con respecto àl tirano, yá no se deberá tratar en el general ó definitivo *sino del punto de indemnizaciones.* Aquí es donde yo tiemblo; por q.ᵉ estoy firmem.ᵗᵉ persuadido que una vez arreglados los negocios de este gran cuerpo de *acá se ha de tender la vista sobre el de Ultra...* que no tiene cabeza y cuyo empeño por conseguirlo separandose de la antigua se ha *sostenido a mi juicio por algun amigo* con ofensa de las relaciones de la amistad. No por q.ᵉ yo crea que haya querido nunca darsela. Lejos de mi este pensamiento, que ha seducido á muchos individuos de aquel cuerpo monstruoso.

A la carta reservada que acabamos de comentar, iban unidos unos *Apuntes Confidencialísimos* [22], no menos sugestivos y extraordinarios. Se reducían éstos a tres puntos:

a) Si Rusia desea conservar la preponderancia en Europa, es necesario que el gobierno español prosiga la guerra «despues de arrojados los enemigos de nuestro suelo, aunque sólo se la mire con carácter de puramente defensiba».

b) El único medio de impedir que España se vea envuelta en otra guerra, una vez restituido el Rey a su trono, es «afianzar para lo sucesivo su suerte política de un modo estable y permanente. *Habla a VS. de la reunion de Portugal à la Peninsula».*

c) «La Rusia conociendo la grande influencia que ha de tener el que su aplicación sea efectiva en fabor de una Nacion tan heroica como la nuestra, para hacerla depositaria de la balanza del poder que mantenga el equilibrio politico en la parte Occidental de la Europa, es la única que puede contribuir a ello.»

De cuanto tenemos apuntado, desde el problema de América hasta la extraordinaria idea de anexionar a Portugal, todo ello pasando por el intermediario de Rusia, se desprende una inquietante pérdida del equilibrio, casi del sentido común político; se perfila una negativa de atenerse a las realidades más inmediatas, lejos de inverosímiles posibilidades. Y, sobre todo, se percibe un juego muy a la ligera, irresponsable, con la infantil convicción de que la heroicidad del país iba a ser premiada por el Emperador de Rusia...

---

[22] *Ibidem.*

4. *La proyección comercial rusa en Sudamérica*

Contrastando con la pusilanimidad o con la política en «pequeño» de la Regencia española, el despliegue llevado a cabo en aquellos momentos por el gigante ruso aparece francamente grandioso. Es el auge de un nuevo imperialismo, pacientemente afianzado durante los años en que la Península se había visto sometida a la lucha por la Independencia. Favorecida por la pugna que ha tenido lugar entre los nacientes Estados Unidos e Inglaterra durante los años 1811-1812, la política comercial rusa se percata perfectamente de que toda la suerte futura de las colonias españolas —y portuguesas— está en juego. Y decide salir al paso de tan favorable coyuntura.

Para ello, cuenta Rusia en aquellos momentos con la actividad de dos diplomáticos, asentados en sendos puntos estratégicos: el primero es el cónsul general en Filadelfia, Nikolaj Jakovlevič Kozlov; el segundo, el embajador cerca de la corte portuguesa en Río de Janeiro, el conde Palen.

Para ambos se impone, en los años decisivos de 1812-1813, esta realidad: las transformaciones políticas que han tenido lugar en Europa y América obligan a cambios importantes en las relaciones comerciales con los países afectados.

Así, por ejemplo, el cónsul Kozlov se da cuenta de que Rusia puede participar de un comercio que era hasta la fecha privilegio de ingleses, americanos y españoles: el tráfico con la isla de Cuba. «Los mercaderes de aquí (USA) opinan que nuestra paz con Inglaterra es muy desventajosa para su comercio con Rusia», escribe Kozlov en una larga misiva a Rumjancev, el 8/20 de febrero de 1813 [23].

El hecho era que Kozlov no había perdido el tiempo. Después de una conferencia con el representante del gobierno español en los Estados Unidos, Luis de Onís, Kozlov llegó al convencimiento de que no eran necesarias formalidades previas para establecer relaciones comerciales con la isla de Cuba. A pesar de existir una gran actividad en los puertos de Matanzas, Santiago y Trinidad, Onís había afirmado que en La Habana se hallaban almacenes llenos de productos procedentes de todos los territorios españoles. Convencido de que Rusia podría introducir en la isla hierro, sal, lonas, espejos y jarcia a precios ventajosos y comprar azúcar,

[23] Vid. VPR, *I*, 7, pp. 55-59.

café, indigo, cochinilla, zarzaparrilla y otros productos de América Latina, Kozlov procedió a nombrar a un agente comercial en Cuba, Antonio Lynch (8/20 de febrero de 1813), un comerciante que la propia embajada española le había recomendado[24].

Pero, también el Imperio del Brasil, transformado por las circunstancias políticas en sede del gobierno portugués, ofrece una ventajosa plataforma de observación al perspicaz conde de Palen[24a]. No se equivocaba éste en sus aserciones: aun en el supuesto de que la corte volviese algún día a Lisboa, Brasil pasaría a ocupar un lugar destacado entre los países independientes...

De la voluntad de asentarse paulatinamente en todos aquellos dominios en que la autoridad —ya fuese española o portuguesa— se iba resquebrajando, da fe otro curioso nombramiento por parte del ministerio ruso en un lugar de ínfima superficie, pero de notable importancia estratégica: la isla de Madeira, último eslabón europeo en la ruta comercial hacia América. A partir del año 1812, Rusia tuvo un representante en la isla en la persona de Franz Francevič Borel. Y el enviado del gobierno ruso —que tenía también bajo su jurisdicción las islas Azores— dio muestras de gran sentido de responsabilidad.

Elijamos, a título de ejemplo, el informe que dirigió al Departamento de Comercio Exterior del Ministerio de Finanzas de su país, fechado a 1/13 de abril de 1813[25]. De él se desprenden las extraordinarias posibilidades que se brindaban a los comerciantes rusos. Posibilidades que no se limitaban solamente a Madeira, a las Azores o al Brasil, sino también a las islas Canarias: la cebada

---

[24] Instructions pour M. Antonio Lynch, agent commercial de Russie dans l'île de Cuba, 8/20 de febrero de 1813, en VPR, *I*, 7, pp. 59-61. No era ésta la primera vez en que se relacionaba la isla de Cuba con el Imperio Ruso. En el año 1785, se editó una obra bajo el título *La Crise de l'Europe*, en la que se sugería a las potencias europeas que contribuyesen a la emancipación de toda América. España y Francia no podían tener motivos de queja, puesto que también ellas habían contribuido a la emancipación de las colonias británicas. En compensación, las potencias europeas debían ser «recompensadas»: a saber, *Rusia con Cuba*, Dinamarca con la Martinica, Suecia con la isla de Guadalupe, Prusia con Puerto Rico, Austria con la isla Hispaniola e Inglaterra con las otras islas del Mar Caribe. Citado por Völkl, *ob. cit.*, páginas 42-43.

[24a] Además, escribía Palen: «España está demasiado debilitada y anda demasiado ocupada en su propia conservación para tener la posibilidad de dictar su voluntad a los pueblos del territorio que va desde California al Cabo de Hornos...», en *Russkie Diplomaty*, p. 117.

[25] Vid. VPR, *I*, 7, pp. 154-159.

y la avena, por ejemplo, eran necesarias para alimentar a los caballos; el hierro en barra y las lonas cobrarían gran importancia, si hubiese cantidades almacenadas. Porque, en efecto, no se trataba solamente de cubrir las necesidades de Madeira, sino también de las islas Canarias, de los barcos que hacían escala allá, y hasta de especular sobre operaciones dirigidas hacia Brasil y la América española...

Otros artículos susceptibles de encontrar buena acogida en aquel mercado eran... los sombreros, las velas de sebo, los objetos de vidrio, el cristal para espejos, las lámparas; los zapatos de hombre, de mujer y de niño.

Pero no se limitaron a este punto las actividades del cónsul Borel. Sus preocupaciones en vistas a fomentar el comercio ruso con América del Sur le impulsaron a adoptar otras medidas. Advirtió el agente comercial que el tráfico localizado en la isla de Madeira podía ampliarse en gran manera si encontraba una nueva plataforma de acción en el propio Imperio del Brasil: para ello, Borel necesitaba un «enlace» a sus órdenes y no dudó en crearlo. El 18/30 de junio de 1813 informó al conde Palen de su decisión de nombrar a Gonçalves Oliveira vicecónsul en Pernambuco [25a].

Tampoco faltan, en estos interesantes informes de los representantes de Rusia en los dominios brasileños, acertadas observaciones sobre la relación economía-régimen político que imperaba en aquellos momentos en la corte de Río de Janeiro: he aquí que las necesidades de elevar la producción agrícola del país —y hasta, en parte, de colonizar aquellas vastas tierras— han inducido al Príncipe Regente a adoptar medidas que fácilmente podemos calificar de «liberales», en oposición a otras más restrictivas que venían rigiendo hasta la fecha: el cambio producido en la política económica quedó reflejado en una carta del cónsul general de Rusia en Río de Janeiro, Langsdorf, fechada en 24 de julio/5 de agosto de 1813:

> Le gouvernement jadis nommé bigot, est aujourd'hui si libéral dans ses sentiments que le prince régent a donné une sauvegarde afin que ces Chinois puissent professer leur religion, qui n'est même pas chrétienne sans que personne les en empêche. Par ce moyen on croit pouvoir attirer bientôt un grand nombre de cette nation qui est connue pour être très industrieuse... [26].

[25a] Vid. VPR, I, 7, pp. 272-273.
[26] «Raport general' nogo Konsula v Rio—de—Žaneïro G. I. Langsdorfa Kollegii Inostrannych Del», en VPR, I, 7, pp. 332-334. El subrayado es nuestro.

Eran los inicios de aquella revolución ideológica que tanto había de combatir la reina Carlota Joaquina...

Pero lo que quedaba definitivamente palpable era la precisión con que la diplomacia rusa seguía el desarrollo de la situación en los países sudamericanos y enjuiciaba el provecho que se podía sacar de él: Madeira y Pernambuco, Cuba y las Azores eran los puntales de toda una nueva política de expansión, que los españoles no captaban aún en aquellos momentos...

5. *Las intenciones de los aliados*

Ya bien entrado el año de 1813, Bardají no logró descubrir cuáles eran las intenciones de las cortes aliadas ni respecto a la continuación de la guerra ni respecto al futuro de España: «Por más diligencias que hago», escribía el 3/15 de noviembre de 1813, «para averiguar si los Aliados han concertado algún plan (o sentado algunas bases para fixar hasta que punto deben continuar la guerra) no me ha sido posible descubrir nada y me persuado que hasta ahora no hay nada concertado...»[27].

Y, sin embargo, desde mediados de 1813, se habían llevado a cabo conferencias secretas entre Austria, Rusia y Prusia, que culminaron primero, en los famosos acuerdos de Reichenbach (junio de 1813) y, más tarde, en la convención austro-rusa de Teplitz (29 de agosto/9 de septiembre de 1813)[28].

No parece, pues, que los aliados pusieran esmero particular en hacer partícipe a la Regencia española de todos estos pormenores. Fue, desde luego, una lástima, que el proyectado Congreso de Praga se disolviese antes de empezar sus tareas —puesto que Austria decidió pasar a formar parte de la Coalición—, ya que el embajador español, José de León y Pizarro, hubiese sacado partido de antiguas amistades y relaciones —como la de Metternich— que hubiesen podido ser muy valiosas[29].

En cuanto a la participación política que Alejandro I entendía atribuir a la Regencia en la futura ordenación de Europa, es aleccionador examinar una correspondencia cruzada entre el zar de

---

[27] Eusebio de Bardají y Azara al Excmo. Señor Don Ant.º Cano Manuel, San Petersburgo 3/15 de noviembre de 1815, Nr. 85, en *AHN, Estado*, legajo 6 124 [3].

[28] Vid. Texto en VPR, *I*, 7, pp. 369-374.

[29] Vid. Pizarro, *Memorias*, I, p. 170.

Rusia y su embajador en Londres, el conde de Lieven. Versaba dicha correspondencia sobre la conclusión de un tratado general de alianza entre las potencias europeas, que habían aunado sus esfuerzos contra Francia; y en ella se hacía alusión también al problema español (que los ingleses querían resolver insertando en el tratado de paz cláusulas relativas a la Península). Alejandro respondió a esta sugerencia (24 de noviembre/6 de diciembre de 1813) señalando cuáles eran los objetivos que estratégicamente habían de cumplirse en la Península:

> La guerre d'Espagne doit cesser de conserver son ancien caractère local et pour ainsi dire défensif... aujourd' hui que les souverains du Nord se sont ressentis des bons effets que la résistance faite sur ce point a produits et que l'Espagne... doit en grande partie l'expulsion de l'ennemi à la guerre glorieusement entreprise et soutenue par ces mêmes souverains, les deux armées doivent travailler réciproquement à affaiblir ce même ennemi, à l'attaquer dans le centre de ses ressources... [30].

Ahora bien: lo curioso del caso era que Alejandro, que pretendía exigir un prolongado esfuerzo militar a los españoles —al punto de pedir la invasión del territorio francés—, no pensaba recompensar dicho esfuerzo elevando a la Península a la categoría de «primera potencia» —como lo hubiese merecido—, sino que continuaba confiriendo al Gobierno español el carácter de «puissance de second ordre». Este desfase entre la exigencia militar requerida en el marco europeo, por una parte, y la escasa compensación política concedida en este mismo marco, por otra, es uno de los aspectos más ambiguos y, a la postre más egoístas, de las relaciones que Alejandro I mantuvo con la Regencia de Cádiz.

Finalmente, para dejar bien puntualizado que tanto Inglaterra como Rusia entendían únicamente utilizar a España para meros fines personales, y que ambas tenían muy pocas intenciones de hacerla participar plenamente en el nuevo orden político de Europa, aducimos este párrafo, insertado en una carta cruzada entre Lieven y Nesselrode, que venimos detallando: tratábase de ciertas puntualizaciones relativas a la firma de un tratado de alianza entre Rusia e Inglaterra. Ambas potencias «situées aux deux extrémités de l'Europe», debían «offrir leur appui aux autres

---

[30] «*Instrukcija Alesandra I poslu v Londone Ch. A. Livenu i general-majoru K. O. Pozzo di Borgo*», Frankfurt am Main 24 de noviembre/6 de diciembre de 1813, en V*PR, I*, 7, pp. 492-497.

puissances de cette partie du monde contre toute domination qui tendrait à attaquer leur intégrité».

Tanto Inglaterra como Rusia coincidían en este punto esencial: insertar a España en los acuerdos de alianza era una complicación; no insertarla era igualmente un fallo, puesto que la Península era necesaria tanto por el esfuerzo bélico que prestaba («... l'avantage immédiat...») como para impedir que, una vez terminada la guerra, sucumbiese de nuevo al influjo francés...

Culminaron las conversaciones anglo-rusas sobre el futuro plan de paz europea en la decisión —por lo demás, bastante imprecisa—:

> ... avertir l'Espagne et le Portugal comme étant plus éloignés de se tenir prêts pour envoyer immédiatement des délégués lorsque ces puissances en seront requises (10/22 de diciembre de 1813) [30a].

Iniciado el año crucial de 1814 —año del regreso a la patria del deseado monarca y de la derrota de Napoleón—, lo que nosotros necesitamos recordar es la febril actividad diplomática que caracterizó las actuaciones de los aliados, conscientes de que sus éxitos militares culminarían pronto en el derrumbamiento definitivo del sistema francés. Alejandro I, Metternich, Lord Castlereagh y Hardenberg van estructurando poco a poco la nueva configuración política europea.

En este conjunto de conversaciones diplomáticas, vemos destacarse claramente la figura de Alejandro I y de sus consejeros políticos. La diplomacia rusa imprime su sello a la disyuntiva del momento. La interferencia zarista en la mayoría de los pequeños estados europeos es un hecho de importancia capital: a finales de 1813, principios de 1814, los diplomáticos rusos ajustan convenios y capitulaciones con los cantones suizos, con la ciudad hanseática de Bremen, con el Condado de Hessen y el Ducado de Württemberg, con los países del Brabante [31]. La penetración rusa en Europa Occidental es, pues, más profunda que nunca y las guerras napoleónicas han conferido al Imperio ruso la insospechada posibilidad de avanzar hasta el mismo corazón de Europa.

[30a] Lieven y Pozzo a Nesselrode, a 10/22 de diciembre de 1813, en VPR, I, 7, p. 518.

[31] Con la ciudad de Bremen, el 3/15 de octubre de 1813 (VPR, I, 7, pp. 397-399); con el Gran Condado de Baden, en 8/20 de noviembre de 1813 (VPR, I, 7, páginas 452-460); con Hessen, el 20 de noviembre/2 de diciembre de 1813 (VPR, I, 7, pp. 486-489).

6. La reacción española

¿Cómo reaccionó el Gobierno español —o, la opinión pública española— ante aquella inusitada proyección de la política rusa? Fenómeno difícil de enjuiciar, si se tiene en cuenta, además, la escasa información —por no decir, la mala información— que se recibía en Cádiz sobre las actividades rusas, en particular en América. Considérese, por ejemplo, el caso de la colonia Ross, situada al norte de San Francisco, y fundada el día 30 de agosto de 1812 (e. a.)[32]. Si bien el gobernador de California, Ariaga, informó sin pérdida de tiempo al virrey Calleja que, en su opinión, los rusos tenían intención de establecerse «sólidamente», insistiendo en que tal establecimiento era contrario a las cláusulas del tratado hispano-ruso de Velikie-Luki, recientemente firmado[33], medió año y medio (enero de 1814), hasta que se adoptasen las decisiones necesarias en Cádiz: el nuevo secretario de Estado con carácter interino, José Luyando, ordenó a Bardají que exigiese una explicación del Gobierno de San Petersburgo[34].

Pero, en realidad, faltaban todos los detalles referentes a las mencionadas actividades rusas; se ignoraba siquiera que no se trataba de un principio, sino de un establecimiento que tenía ya más de un año de existencia. Todo lo cual demostraba la escasa coordinación de noticias entre América y España, puesto que a Ariaga se le había informado de que «les (russes) disposaient d'une petite armée et avaient élevé un fort bien installé...»[35]. Todo quedaba por descubrir aún en Cádiz; y ante todo, que «Ross» era solamente un pequeño eslabón de una política mucho más audaz, cuyo principal portavoz era la Compañía Ruso-Americana; faltaba, en suma, averiguar el alcance que podía tener aquel establecimiento ruso en el norte de California...

---

[32] Vid. *supra*, p. 129 (e. a.): estilo antiguo.

[33] Vid. Gronsky, *L'Etablissement des Russes*, p. 412. Vid. también Taylor, *Spanish-Russian*, p. 121 ss.

[34] José Luyando a Eusebio de Bardají y Azara, Madrid 30 de enero de 1814, Reservado, en *AHN, Estado*, leg. 6 124. «Hay principios —escribía Luyando— de un establecimiento ruso en la costa N.O. de nuestra América... por el referido parte no se viene en conocimiento de si tal establecimiento es formado de proposito ú forzado...»

[35] Vid. Gronsky, *ob. cit.*, p. 413.

Contestó Bardají el 20 de mayo de 1814 a las preguntas hechas por Luyando [36] y apuntó la seguridad que le habían dado los miembros de la RAK sobre la inexistencia de establecimientos rusos en la costa californiana. Un punto, sin embargo, pareció digno de especial mención al embajador español: la estrecha amistad que caracterizaba las relaciones del principal protector de la Compañía, el conde Rumjancev, con el señor John Quincy Adams, embajador de los Estados Unidos en San Petersburgo.

Detengámonos ahora aquí: toda nuestra narración perdería en valor y resultaría absurda si no hiciésemos hincapié, una vez más, en la falta de realismo que acompañó a las decisiones de la Regencia al iniciar las conversaciones del año 1814, capitales en todos los aspectos, puesto que debían abrirnos las puertas de Europa. El error provino de que España estaba convencida de que se enfrentaba a las demás potencias con todo su antiguo poderío, mientras que éstas se percataban perfectamente de que éste ya estaba perdido...

Los despachos del cónsul ruso en Filadelfia, Kozlov, eran explícitos en este aspecto: el 3 de febrero de 1814 indicaba que: «Una carta fechada en Buenos Aires a 26 de julio de 1813, manifiesta que los insurrectos de esta ciudad, en número de 4.000 hombres, bajo el mando del general Belgrano, se habían adueñado de las plazas de Tucumán, Salta y Potosí... Los soldados, enviados contra ellos, desde Lima, se encontraban a la vista de los insurrectos. El combate tuvo lugar inmediatamente...» [37].

Pero el error provino también de la extraña confianza depositada en la buena voluntad del zar de Rusia para con España. Bastará, para convencerse, echar una ojeada a un curioso folleto impreso en Madrid en mayo de 1814 bajo el título *Memoria sobre la Alianza de España con Rusia y la gratitud que los Españoles deben al Emperador Alexandro, dala a luz D. Matías Jorge de Arcas*. La finalidad del opúsculo no era tanto representar al lector las diver-

---

[36] San Petersburgo, 20 de mayo de 1814, núm. 107, en *AHN, Estado*, legajo 6 124[1]. Es interesante ver cuán poco intuía Bardají los lazos que se estaban tejiendo entre Rusia y los Estados Unidos y su escaso conocimiento de la política rusa: «Es muy verosímil —decía— que Rumjancev, ignorante de las tramas de la administración de los Estados Unidos, haya caído neciamente, o con malicia, en qualquier lazo que el Ministro Adams le haya armado...»

[37] El cónsul general en Filadelfia N. A. Kozlov a N. P. Rumjancev, 3 de febrero de 1814, en *Russkie Diplomaty*, p. 118.

sas etapas que habían caracterizado la conclusión de la alianza hispano-rusa de Velikie Luki, sino ponderar «(el reconocimiento) que se debe al inmortal Alexandro por el interés que tomó en nuestra suerte; por los esfuerzos extraordinarios con que le (a Zea) ha protegido, dignos de su grandeza y la de su Imperio; y por el estado de felicidad y gloria a que con ellos nos ha conducido...»[37a].

Mientras tanto, se iniciaban con la reunión del Congreso de Châtillon (febrero de 1814)[38] el largo ciclo de discusiones y conferencias que debían presidir la nueva configuración política de Europa. Dominado por las figuras de los plenipotenciarios ruso y austríaco, Andrej Kirillovič Razumovskij y Metternich y —lejanamente también por Lord Castlereagh— el Congreso, antecedente directo del que debía reunirse en Viena algo más tarde, reflejó claramente la escasa participación política que se concedía al Gobierno español en los asuntos europeos. Empezaba a perfilarse ya cierta clasificación que dividía a los estados entre los llamados «grandes y pequeños poderes».

El criterio de separación elegido había sido la posibilidad de contribuir eficazmente o no a la lucha contra Napoleón. No se engañó José Pizarro, representante de España, cuando escribía a Fernán Núñez:

> ... Desengáñese Vüecencia, que en realidad no quieren que hagamos el papel, que nos corresponde, y sólo lograríamos si tuviéramos una fuerza reunida correspondiente a nuestro actual sistema, en una palabra, si, libre ya la España, se hubiese organizado un ejército de reserva de 60 a 80.000 hombres, pues las tropas que tenemos no son consideradas sino como auxiliares al ejército inglés del duque de Ciudad Rodrigo...[39].

[37a] Dicho folleto se encuentra en la Biblioteca Central de Barcelona, Folletos Bonsoms, núm. 1.685. Frases como las siguientes reflejaban el escaso conocimiento de causa del autor: «... Sépase, pues, y esto es lo que me propongo manifestar en este escrito, que el Emperador de Rusia, el magnánimo Alexandro, se entusiasmó por nuestra causa, apenas se le informó del verdadero objeto de ella; y del incansable tesón con que la sosteníamos entonces, *por consideración a nosotros* resolvió entrar en la lid, y no deponer las armas hasta dexarnos vengados: lo que ya ha cumplido hasta más allá de lo que en sueños podíamos prometernos...»

[38] Vid. Fournier, *Der Congress von Châtillon.* Vid. también la obra de Demelitsch F., *Aktenstücke.*

[39] Pizarro, *Memorias,* II, p. 168. Villa Urrutia, *España en el Congreso de Viena,* p. 22.

7. *El regreso de Fernando VII*

A) LAS POSIBILIDADES DE LA POLÍTICA EXTERIOR ESPAÑOLA. Entre los acontecimientos que caracterizaron la vida en la Península en aquella mitad de 1814, el retorno de Fernando VII y su inmediato golpe de estado del mes de mayo constituyeron momentos decisivos. Liberado por Napoleón en virtud del tratado de Valençay, Fernando VII cruza la frontera e instaura un régimen absoluto.

A partir de aquel momento, quedan planteados, en el marco internacional —que es el que nos interesa— numerosos problemas; problemas que surgen en aquella segunda mitad del año 1814, que encuentran eco y continuidad —sino solución— durante el Congreso de Viena y desenlace final en la época que corre de 1816 a 1820. De todos ellos, nos esforzaremos por consignar cuantos elementos y características sean necesarios para perfilar las relaciones habidas entre España y Rusia.

Dentro de la panorámica general, era evidente que urgía despejar la incógnita sobre la futura zona de influencia a que debía pertenecer España: dos posibilidades, en un principio, parecían deber ser consideradas como plausibles. La primera, la estrecha vinculación a Francia, dados los anteriores lazos de alianza durante el siglo XVIII, y la pertenencia a la misma dinastía; la segunda, la influencia inglesa, habida cuenta de la participación británica durante la guerra de la Independencia y de la amistad que unía a Fernando VII y al duque de Wellington. Pero, he aquí, que entre estas dos posibilidades, vendrá a abrirse camino una tercera solución, encarnada en la eventualidad de una alianza con el zar de Rusia; política heredada de las tentativas de Floridablanca durante el pasado siglo, proseguida por el Príncipe de la Paz durante su valimiento en los primeros años del siglo XIX, la solución propugnada encontró su expresión, por parte de España, en el proyecto de casamiento de Fernando VII con la hermana de Alejandro I, la gran duquesa Anna Pavlovna; y por parte de Rusia, en el envío del embajador Tatiščev. Cierto que las motivaciones que presidieron a aquel intento no fueron las mismas de uno y otro lado; cierto que el concepto bajo el cual el zar de Rusia pretendía integrar a España en su sistema distaba mucho de corresponder a una situación de equilibrio entre países aliados; pero el mero hecho de una eventual unión entre ambas potencias bastó para conferir a aquella época una tonalidad inusitada.

B) EL PROYECTO DE MATRIMONIO DE FERNANDO VII CON LA GRAN DUQUESA ANNA. El proyectado matrimonio entre Fernando VII y la gran duquesa Anna Pavlovna [40], que hubiese conducido necesariamente a una estrecha vinculación política entre España y Rusia, había tenido un antecedente directo durante los años que precedieron a la guerra de la Independencia en la propuesta hecha por el Príncipe de la Paz al entonces embajador ruso en Madrid, el barón Grigorij Aleksandrovič Stroganov [41].

Fue el Gobierno de Cádiz quien en febrero de 1814 volvió a insistir en San Petersburgo sobre el mencionado proyecto matrimonial como punto culminante de la alianza existente entre España, Rusia e Inglaterra.

La Real Orden, cursada por José Luyando a Bardají el 11 de febrero de 1814 [42], encargándole gestionar el enlace, obedecía sin duda alguna, a razones de tipo práctico. Pero a razones de tipo político también: la unión entre las familias real e imperial de España y Rusia equivaldría de todas suertes al encuadramiento definitivo de la Península en las filas de los «aliados», equivaldría a una garantía importante en el orden internacional. Y significativo es que el propio Fernando VII, ya en España, diese orden a Bardají, a través del duque de San Carlos, de proseguir las negociaciones iniciadas en este sentido: la única condición impuesta era la conversión al catolicismo de la princesa ortodoxa (Real Orden del 22 de julio de 1814) [43].

La importancia que se concedía en España al matrimonio de Fernando VII, con la hermana del zar de Rusia quedó ampliamente de manifiesto durante los meses siguientes, hasta junio de 1815, en que hubo de darse por fracasada la negociación, por la insistencia con que se persiguió el proyecto desde España, al punto de no temer exponerse al fracaso de una negativa. Bardají recibió no más tarde del 22 de agosto una nueva Real Orden, mandándole llevar adelante la negociación. Y por si fuera poco, el 22 de octubre de 1814, temiendo sin duda que Bardají no fuese lo bastante acertado en sus actuaciones, se remitió un despacho a Pedro Gómez Labrador, representante de España en el Congreso de Viena,

---

[40] De cuantas obras ha mencionado este proyecto, la mejor es la de Becker, *Relaciones entre España y Rusia: Un proyecto matrimonial*, en *La Época*, 6 de marzo, 14 de marzo, 21 de marzo, 26 de marzo y 2 de abril de 1906.

[41] Vid. mi obra *Las relaciones*, p. 137 y *supra*, p. 61.

[42] Vid. Becker, *ob. cit.*, *La Época*, 6 de marzo de 1906.

[43] *Idem*, 14 de marzo de 1906.

informándole de lo que se proponía la corte e intimándole a tomar el asunto bajo su dirección. Al propio tiempo, indicaba la orden de Madrid que Fernando VII estaba dispuesto a hacer concesiones [44].

Esto nos permite registrar hasta que punto el rey de España tenía empeño en relacionarse íntimamente con la corte de Rusia; pero nos permite captar también el escaso sentido de la realidad que acompañaba la decisión de Madrid; jamás se avendría la princesa rusa a abjurar su religión ortodoxa.

El proyecto del casamiento del rey de España, que había quedado confiado a Labrador, en aquel final de 1814, desembocó en una penosa y categórica negativa por parte de la corte de Rusia, sin duda alguna por tener Alejandro I otros planes políticos para su hermana. Pero lo escandaloso del caso residió en las motivaciones dadas por el embajador ruso en Viena, Stackelberg, a Labrador: motivaciones que evidenciaban el poco prestigio de que gozaba el rey de España [45]:

> ... que el Emperador y todas las personas de la familia imperial tienen una muy triste idea del sistema adoptado en España; pues suponen al Gobierno bajo la influencia del clero y de los frailes, y creen que éstos tienen tal Imperio sobre la Nación, que la persona misma de la Gran Duquesa no estaría segura aun cuando abjurase.

Lo curioso fue que, efectivamente, numerosas reformas llevadas a cabo por Fernando VII se atribuyeron —con o sin razón— a la exagerada influencia de que gozó un singular personaje ruso en la corte, el embajador Tatiščev.

En todo caso lo que, sin duda alguna, resultaba en aquellos momentos del todo indigno, era la actuación de Cevallos, quien el 28 de febrero de 1815 ordenó de nuevo a Labrador proseguir los intentos y, a ser posible, tratar de llegar a una solución, cuando mínimo con la otra hermana del zar, la gran duquesa Catalina. Aquella indecorosa aventura duró hasta junio de 1815, hasta que se mandó a Labrador, en vista de los numerosos obstáculos, no volver a remover el asunto [46].

---

[44] *Idem*, 21 de marzo de 1906.

[45] *Idem*, 26 de marzo de 1906. Labrador citaba las palabras del embajador ruso en un despacho al duque de San Carlos desde Viena, el 30 de noviembre de 1814.

[46] *Idem*, 2 de abril de 1906.

C) LA TENSIÓN CON FRANCIA. No nos interesa aquí el relato circunstanciado de la crisis que en octubre de 1814 puso a prueba la amistad reinante entre el gobierno francés y el español. René Bittard des Portes nos ha dejado un estudio de los pormenores que condujeron a ambos países casi al borde de la ruptura de relaciones diplomáticas [47]: el arresto en París del general Espoz y Mina y de un grupo de españoles liberales por el encargado de negocios español conde de Casas Flores, a despecho de las leyes francesas, provocó una airada reacción por parte de la corte del país vecino, a la que siguió la expulsión del representante español. La tirantez entre Madrid y París no cesó hasta que el repentino desembarco de Napoleón en las costas del sur de Francia obligó a ambos gobiernos a adoptar una postura más flexible y dar por terminado lo sucedido (marzo de 1815). Pero detrás del conflicto —que bien hubiese podido quedar reducido a la presentación de excusas por parte del representante español— se escondía algo mucho más grave: el incidente sirvió para poner de relieve que la diferente ideología política reinante en aquellos momentos en España y Francia podía fácilmente quebrar la solidaridad borbónica en el campo internacional.

La política absolutista inaugurada por Fernando VII en mayo de 1814 y perseguida con tesón en los meses siguientes, la persecución despiadada de los liberales tuvieron consecuencias no solamente en el ámbito nacional, sino que acarrearon forzosamente un nuevo replanteamiento de la política exterior: a Luis XVIII y al gobierno británico se les hacía difícil apoyar las exigencias de España en política internacional, al mismo tiempo que se veían obligados a censurar severamente las directrices del rey en la Península. Y, por otra parte, parece como si el propio Fernando VII no hubiese puesto demasiado esmero en conservar las amistades tradicionalmente contraídas...

D) LA REACCIÓN INGLESA. Con similar inquietud hubo de reaccionar el gobierno de Londres ante las perspectivas que auguraba el reinado de Fernando VII. Conocido es el viaje que realizó a Madrid el duque de Wellington entre el 24 de mayo y el 5 de junio de 1814, con el fin de intentar apaciguar el ánimo vengativo del rey y aconsejarle una política moderada [48]. Pero, como ha señalado

---

[47] Bittard des Portes, *Un conflit*, pp. 107-136. Vid. también Becker, *Historia*, pp. 353-354.
[48] Vid. Azcárate, *Wellington y España*, p. 223.

Pablo de Azcárate, de lo que se trataba en realidad era de «atraer a Fernando VII a una alianza con Inglaterra» [48a]. Porque, si algo temía Inglaterra en aquellos momentos, era un nuevo resurgir de la antigua amistad franco-española, favorecida por la presencia de soberanos pertenecientes a la misma familia en París y Madrid. Así consiguió el gobierno de Londres la firma de un tratado de paz, amistad y alianza con España, por cuyo artículo secreto [49]:

> Su Majestad Católica se obliga á no contraer con la Francia ninguna obligación ó Tratado de naturaleza del conocido con el nombre de pacto de Familia, ni otra alguna que coarte su indepencia ó perjudique los intereses de su Majestad Británica y se oponga á la estrecha alianza que se estipula por el presente Tratado... (5 de julio de 1814).

Bien lejos se hallaba de sospechar en aquel momento, la política inglesa que no había de ser ella quien se beneficiase del sistema represivo impuesto por Fernando y del subsecuente enfriamiento de las relaciones hispano-francesas: un tercero, hábilmente, había de sacar mejor juego de la partida.

E) ALEJANDRO I Y FERNANDO VII. Tomemos de nuevo el hilo de nuestra historia, la de las relaciones entre España y Rusia durante el primer tercio del siglo XIX. Intentemos explicar por qué y cómo alcanzó la conexión entre ambos países una amplitud apenas conocida hasta entonces.

Para comprender la política de Fernando VII, será necesario consignar que la apertura hacia Rusia había sido iniciada, no solamente por el Príncipe de la Paz, sino mucho más recientemente, por la Regencia de Cádiz. Cuando el embajador Tatiščev llegue a España en septiembre de 1814, el terreno para un entendimiento con la corte imperial rusa habrá sido preparado por la alianza de Velikie Luki, por la euforia con que los españoles saludaban cualquier gesto amistoso por parte de Alejandro I, por el deseo del rey de contraer matrimonio con la gran duquesa Anna Pavlovna.

Porque la historia de la influencia de que gozó la política rusa en España durante aquellos años se nos antoja, al mismo tiempo, como la historia de las maniobras políticas interiores, necesarias para afianzar el régimen del golpe de estado de mayo de 1814. Fernando VII comprendió muy bien que si quería proseguir su

---

[48a] *Idem.*
[49] Vid. Villa Urrutia, *España*, p. 14.

política, tendría que renunciar a la ayuda de Francia o de Inglaterra, mientras que si conseguía a otro «aliado» en Europa, no tendría tantas dificultades para estabilizar el sistema inaugurado. Por otra parte, el zar de Rusia se percató de que si quería utilizar a España para sus planes de política exterior, tenía que apoyar la lucha de su rey contra el liberalismo: un retorno al sistema de Cádiz hubiese acarreado necesariamente una mayor unión de España a Francia e Inglaterra, y la pérdida de la zona de influencia rusa. Así, tanto Fernando VII como Alejandro I coincidían en sus intereses: el uno porque sabía que necesitaba al zar para mantener su política represiva; el otro, porque necesitaba que el rey de España prosiguiese su sistema para conseguir ventajas en el campo internacional.

Cierto que dentro de este esquema general será necesario muy a menudo establecer matices. ¿Hasta qué punto, por ejemplo, se puede culpar de este abondono a Fernando VII y no a los que le rodeaban? ¿Cuántas maniobras hubo de efectuar el gobierno ruso para conseguir lo que quería? Pero lo que difícilmente podrá negarse, es que —por lo menos durante los primeros años de su regreso al país— Fernando no buscase un nuevo aliado en el campo internacional, capaz de subsanar la ausencia de Francia e Inglaterra.

Por otro lado, la restauración del absolutismo fernandino hubo de plantear, necesariamente, un problema básico de las relaciones entre España y Rusia.

En efecto, ¿no se había comprometido el zar, por el tratado de Velikie Luki, no solamente a reconocer a Fernando como legítimo rey de España, sino también a la Constitución de Cádiz?

La reacción de Alejandro, en el momento, en que el rey de España procedía a destruir poco a poco la obra de las Cortes, no fue fiel a los compromisos contraídos con los hombres de la Regencia. Y es que, en tanto que soberano absoluto, el zar de Rusia consideró siempre, según hemos apuntado ya, que las resoluciones de Cádiz eran obra de un gobierno, fruto de la anarquía callejera. Sus relaciones con las Cortes no pasaron de ser mero producto de las necesidades del momento. En los años decisivos de 1813-1814, cuando se forjaba progresivamente en los diversos congresos la Europa de la Restauración, el papel político asignado a España fue mínimo, a despecho de todos los compromisos contraídos con ella. Bien es verdad, por otra parte, que la Regencia española no dispuso de diplomáticos bastante hábiles para defender con más ahínco los derechos internacionales del país, o de alguna magna figura política, capaz de ejercer, una influencia considerable fuera de la Península.

Sin embargo, Alejandro I había, en un punto muy concreto, favorecido los intereses de Fernando: lo había reconocido como legítimo rey de España. Esto, que parece ser muy natural, tuvo su importancia, porque podría haber contribuido en buena parte a fortalecer al monarca español en su opinión, según la cual el único soberano del que podía esperar ayuda alguna era del zar de Rusia.

En efecto, existe una curiosa información, publicada por Louis Jullian en su obra *Précis Historique des principaux événements politiques et militaires qui ont amené la Révolution d'Espagne* (París, 1821), según la cual Fernando VII hubo de hacer frente a su regreso a España «à la perfidie d'un autre cabinet». Y acto seguido, apuntaba el escritor, en nota a pie de página:

> il passe pour constant en Espagne, mais nous n'en donnons d'autre garantie de ce fait qu'un bruit public généralement répandu, que par suite des difficultés élevées par le duc de Wellington, au nom du ministère britannique, sur la reconnaissance de la légitimité de Ferdinand, que le noble duc contestait en se fondant sur l'abdication de Bayonne, ce prince, pour mettre fin à ces discussions, s'était vu dans la nécessité de payer à l'Angleterre un tribut annuel... [50].

Sería excesivo querer emitir un juicio sobre la veracidad de la afirmación elevada por Jullian. Nos limitaremos, sin embargo, a consignar ciertos aspectos que evidencian la inquietud del duque de Wellington, cuando tuvo noticia de que Napoleón y Fernando VII estaban negociando la restauración de este último al trono de España. La primera reacción de Wellington fue la de temer, que a resultas de aquellas conversaciones, España concertara una paz separada con Napoleón. Al tener conocimiento del tratado de Valençay, Wellington escribió una carta a su hermano Enrique,

---

[50] Jullian continuaba: «Après le retour de Ferdinand, en 1814, ce prince aux yeux duquel, on assure que la perfidie d'un autre cabinet venait de se dévoiler à Valence, se hâta de resserrer avec Alexandre, des liens dont il attendait le plus utile secours pour l'affermissement de son trône...» (páginas 58-59). La nota que citamos, p. 58, dice así: «... On ajoute que, pendant les six années qui viennent de s'écouler, des sommes immenses d'argent ont été envoyées en Angleterre par Gibraltar et par Lisbonne. On va même jusqu'à désigner le duc de San Carlos, alors Ministre de Ferdinand, comme ayant été le négociateur et le signataire de ce traité...»

en la que reclamaba su atención, con verdadera alarma, sobre el artículo 9 del tratado, por el cual se devolvían a los afrancesados títulos, honores y prerrogativas y se les restituían sus propiedades. Advertía con razón Wellington que, gracias a este artículo, se crearía en España un «partido francés», que colocaría al país bajo dependencia del país vecino.

Tuvo lugar poco después, el 17 de abril de 1814, el encuentro del embajador inglés cerca de la Regencia, sir Henry Wellesley con Fernando VII, en Valencia. Después de la conversación mantenida con el Rey, Wellesley escribió dos cartas a lord Castlereagh, el día 19, en las que informaba que Fernando se negaba a jurar la Constitución; en cuanto al embajador, había decidido mantenerse apartado del conflicto que se avecinaba. No podemos sino hacer conjeturas sobre el supuesto intento británico de negar la legitimidad de Fernando, abdicada en Bayona. Pero no nos habría de extrañar que el gobierno inglés, asustado por las consecuencias que la política absolutista no dejaría de acarrear, hubiese pensado en la posibilidad de alejar a Fernando VII y substituirlo por otro monarca.

Esto coincidiría con la actitud de Luis XVIII, quien según dice Bayo, viendo la mala política inaugurada por su pariente, escribió a Carlos IV, poco antes del Congreso de Viena, indicándole:

> el modo diverso con que se habla en Europa de la abdicación de Aranjuez, protestada casi en el acto por el anciano monarca.

y concluyendo:

> manifestando la necesidad de renovar aquel primer acto libremente, puesto que no ambicionaba volver à empuñar el cetro... [50a].

La respuesta del antiguo soberano español fue convincente: contestó que no vacilaría en abdicar de nuevo la corona, «pero que se sepultase en un profundo silencio la inhábil renuncia de Aranjuez, arrancada por violencia...».

La reacción de Carlos IV hubo de provocar una despiadada venganza en quienes había fomentado el motín de Aranjuez: parece ser que el Príncipe de la Paz, a instancias del propio pontífice Pío VII, hubo de trasladarse a Pésaro... Hasta que el anciano mo-

---

[50a] Vid. Vayo, *Historia de la vida y Reinado de Fernando VII de España*, Tomo II.

narca hubo de extender, en el congreso de Viena, una nueva renuncia a la corona de España... [50b].

F) EL DESTINO DE LOS ESTADOS ITALIANOS. De cuantos problemas
habían de evidenciar, en el plano europeo, la escasa unidad reinante entre los vencedores de Napoleón, ninguno de mayor trascendencia para España como la cuestión italiana. Y, no solamente
porque se trataba de hacer justicia a los intereses de la Casa de
Borbón, sino porque el problema italiano puso de relieve, una vez
más, con crudeza espectacular, que solamente a las grandes potencias les estaba permitido sacar provecho material del fracasado
imperio napoleónico.

No se crea que las dificultades quedaron planteadas una vez
el sistema francés se hubo hundido definitivamente. La importancia que la península italiana representaba para la nueva política
de Metternich —el abandono de la tradicional influencia en los estados meridionales de Alemania, Baviera y Baden, y su substitución por la «Lega Italica»— era demasiado evidente [51].

[50b] Ídem, ídem, pp. 70-71. Vid. también, para estos pormenores, Villa
Urrutia, Fernando VII..., p. 247. Vid. también, sobre el destino de los reyes
padres Carlos IV y María Luisa y la inquietud que siempre atormentó a
Fernando VII de que su padre le reclamase la corona, la interesante obra
de Pérez de Guzmán, Estudios de la vida, reinado y proscripción y muerte
de Carlos IV y María Luisa de Borbón, p. 243 y sig. El embajador de Fernando VII en Roma, Vargas Laguna, consiguió que Carlos IV renunciase
una segunda vez a la corona mediante un tratado firmado en 1816. De todas
formas, para demostrar lo intrincado de la situación bastará reproducir aquí
un párrafo de una carta de Vargas, aducido por Pérez de Guzmán en su
obra citada, pp. 247-248: «Hace pocos días que avisé a Ustedes, señores de
la legación de Roma, de las tramas inicuas que se forjan contra Fernando.
Ahora les explico una parte de los pasos que se dan, para que Ustedes no
se duerman. Hay en París un comisionado de Carlos IV, que sé quién es,
que promueve la solicitud de restituirlo al Trono. Hay también un personaje que podría nombrar, que es el intermediario de las comunicaciones
del comisionado con los que deben proteger el plan. Se han dado pasos
con algunas Potencias continentales para que apoyen el pensamiento de
restituir à Carlos IV al Trono, haciendo que Fernando reine en Portugal...»
[51] Vid. Srbik, Metternich... T. 1, pp. 557-558. Ya a principios de 1814, el
11 de enero, el Imperio austríaco había firmado un tratado —ofensivo y
defensivo— con el rey de Napolén, Joaquín Murat, que estipulaba el alcance
de la aportación militar napolitana a la lucha contra Napoleón. Pero lo que
afloraba ya en el acuerdo eran las intenciones políticas de Austria «à qui
il tenait à coeur», como observó Alejandro I, «de fixer inmédiatement le sort
de l'Italie». Vid. también Neumann, Recueil des traités conclus par l'Autriche,
Tomo II, pp. 403-409, y Instruction d'Alexandre I au Général A. D. Balašov,

Y no se crea tampoco que el soberano ruso se opuso, en un principio, a las aspiraciones austríacas en Italia. La prueba más contundente la proporcionó la firma del tratado del 30 de marzo/11 de abril de 1814 entre los soberanos aliados y Napoleón, por el cual la emperatriz María Luisa de Austria debía recibir los ducados de Parma, Plasencia y Guastalla, a despecho de los derechos de la Casa de Borbón [52]. Algo más tarde, en septiembre de 1814, Nesselrode tratará de justificar ante Bardají con un argumento dudoso la prontitud que había presidido a aquella decisión: alegó que las potencias aliadas se habían propuesto, ante todo, obtener la abdicación de Bonaparte «necesaria a su parecer para evitar una guerra civil en Francia; y que habiéndola juzgado de una importancia mayor tuvieron que estipular lo que contiene dicho tratado» [53]. (Bardají al duque de San Carlos, San Petersburgo, 19 de septiembre de 1814. Nr. 132.) En realidad, era obvio que aquella decisión beneficiaba únicamente a Austria, y que Rusia se reservaba alguna réplica para más tarde. Ésta no tardó en surgir durante el congreso de Viena, cuando Alejandro I planteó con insistencia el problema de Polonia.

La arbitrariedad de la conducta aliada provocó inquietud y desazón entre quienes se sentían afectados por ella: primero, los propio italianos [54]. Segundo, los españoles. El problema, si bien no era vital para ellos, entrañaba características de importancia: se trataba del papel que debía corresponder a la política española en la Europa de la Restauración.

¿Cuándo se inició la reacción española ante los acuerdos del 11 de abril?

Ésta quedó de manifiesto en la actitud del embajador Fernán Núñez y de su secretario Justo Machado; ambos se negaron a suscribir los acuerdos del 18/30 de mayo de 1814, más conocidos bajo el nombre de Primera Paz de París, por la que los aliados ponían fin a la guerra con Francia. La negativa de ambos plenipotenciarios obedeció, en primer lugar, a la falta de instrucciones exactas desde Madrid; pero obedeció también, como dijo Machado al duque de San Carlos el 31 de mayo, a que en el tratado:

Chaumônt, 28 de febrero/12 de marzo de 1814, en VPR, I, 7, p. 608. Subrayado en el texto.
[52] Vid. VPR, I, 7, p. 644.
[53] AHN, Estado, leg. 6 124 [1].
[54] Vid. Bianchi, Storia documentata, T. I, Anni 1814-1820, p. 339.

no se ha querido insertar un artículo secreto relativo a los indisputables derechos de S. M. y de su Real familia á Nápoles, Etruria y Parma... Es superfluo manifestar a V. E. cuán necesario y urgente es que para el Congreso general de Viena se encargue de tan ardua empresa una persona dotada de todas las cualidades necesarias para desempeñarla dignamente... [55].

Era, pues, necesario afrontar esta realidad: en el concierto de personalidades que se aprestaban a rehacer a Europa, las cosas no se presentaban fáciles para España. Era, por lo tanto, imprescindible, una clara visión de lo que se pretendía alcanzar.

8. *La diplomacia española*

Se ha dicho y repetido muchas veces que España fue al congreso de Viena sin ninguna preparación, confiando la suerte de su diplomacia en manos de Pedro Gómez Labrador, quien llevó a cumplimiento su misión con poco acierto.

El fenómeno del fracaso español en el concierto de naciones que debía rehacer a Europa, exige, por lo grave del caso, examinar puntualmente las incidencias ocurridas antes de que se iniciase el Congreso.

Desde la llegada del plenipotenciario español a París (junio de 1814) hasta la apertura de conversaciones en Viena, el lapso de tiempo transcurrido no es muy dilatado. Pero es lo bastante largo para que en él apunten ya los primeros escollos.

No hace el caso a nuestra historia el tema tan traído y llevado de la escasa personalidad de Pedro Gómez Labrador. Lo cierto es que Labrador hubo de salvar —o por lo menos hacer respetar— los derechos de la corona española en un ambiente en donde todo le era hostil. O hasta quizá peor que hostil: tropezó en los primeros momentos el diplomático español con la indiferencia de los «grandes» frente a las reclamaciones españolas...

Sin duda alguna, es importante puntualizar que sí fue durante el congreso de Viena (abierto en septiembre/octubre de 1814) cuando se intentó hallar una solución a la Europa postnapoleónica, los principios que habían de regir durante sus sesiones, quedarón ya formulados durante la primavera anterior, cuando Labrador aún no había llegado a París. Un acontecimiento tan importante como

---

[55] Citado por Villa Urrutia, *España en el...*, p. 25, nota 1.

la famosa reunión del 31 de marzo, en el palacio de Talleyrand, a la que asistieron Alejandro I, el rey de Prusia, los príncipes de Schwarzenberg y de Liechtenstein, Nesselrode y Pozzo di Borgo, y en la que el retorno de los Borbones a Francia quedó decidida, tuvo lugar a espaldas de la diplomacia española [56].

Por parte de España se echó a perder un tiempo inestimable. De los plenipotenciarios españoles que entraron con los aliados en París, Pizarro y Justo Machado, el primero acudió al Congreso de Châtillon, pero no tomó parte en las Conferencias, puesto que el plenipotenciario designado oficialmente, el conde de Fernán Núñez, aún no había llegado de Londres. Pisó el 24 de abril Luis XVIII tierra francesa y Fernán Núñez seguía en Inglaterra. Hasta que una vez en París, se le notificó, a mediados de mayo, que no era él el elegido para representar a España en el Congreso de Viena.

La realidad es, pues, ésta: en los días clave que ven la derrota de Napoleón y conocen la febril actividad diplomática por parte de los aliados, la política española aparece desorganizada, sin directriz clara, salpicada —como no— por los rencores de los propios diplomáticos, que no ven recompensada, tal Fernán Núñez, la fidelidad con que han servido al Rey durante su cautiverio.

Todo, sin embargo, parece estar supeditado, en aquel mes de mayo de 1814, al retorno de Fernando VII a España y al viraje que imprime a la política. Y los plenipotenciarios aliados, que no ignoran los trastornos que puede promover la llegada del soberano, se esmeran por conseguir que Fernán Núñez firme —por lo menos *sub spe rati*— el tratado de París. Así lo aconsejan lord Castlereagh y —probablemente también— Talleyrand [57].

En efecto, si entre los políticos reunidos en París, alguno miraba con expectación —aunque velada— la línea política que Fernando VII iba a inaugurar éste era, sin duda, el príncipe de Benevento. En Valençay, había sido el anfitrión del monarca desterrado y había puesto particular esmero en aliviar la estancia de los príncipes españoles: «Podía creerse», escribió el propio Talleyrand, «que en Valençay hice conocer a los príncipes una clase de libertad y de agrado que jamás habían gustado junto al trono de su padre» [57a].

Ahora bien, en los primeros momentos del retorno del rey, ¿podemos percibir algún síntoma que permita descubrir —dejando a

---

[56] Vid. Pabón, *La subversión*, pp. 171-173.
[57] Vid. Villa Urrutia, *España en...*, p. 25.
[57a] Vid. Talleyrand, *Mémoires*, pp. 234-236. Vid. también a este respecto la obra de Izquierdo Hernández, *Antecedentes del reinado de Fernando VII*.

parte la «forzada» entrevista con Wellington— la orientación que el monarca entendía imprimir a su política exterior? A mi ver, hay que registrar un gesto inequívoco de Fernando VII; fue éste la concesión del Toisón de Oro, primero a Talleyrand (junio de 1814) [57b], y un mes más tarde, al zar Alejandro (4 de julio de 1814) [57c].

Formulemos la pregunta: ¿obedecía esta actitud del rey a un acto de cortesía, o entrañaba alguna finalidad política? En el caso del ministro francés, la respuesta podía ser dudosa: Fernando deseaba, a la vez, agradecer la acogida dispensada en Valençay, y poner en marcha una política de acercamiento a Francia. Pero, en el caso de Alejandro, no había lugar a dudas. Debía tratarse, necesariamente, de un paso político. ¿Por qué razón, si no, aquel inusitado ademán para con el zar de Rusia?

Labrador, no bien hubo llegado a París, pudo despejar la incógnita: lo que España deseaba era «les bons offices de la France pour procurer... la récupération du duché de Parme, ou celle de la Toscane...» [58]. Algo más tarde, el representante ruso, Pozzo di Borgo, señalaba: «J'ai toutefois lieu de croire que, dans le traité qui va se conclure avec l'Espagne, la garantie des droits de la maison des Bourbons sur Naples y sera expressément stipulée...» [59].

La cuestión italiana constituía, pues, la reivindicación primordial de la corte española, alrededor de la cual giraría su actuación

---

[57b] Pozzo di Borgo lo comunicó a Nesselrode, en 1/13 de junio de 1814; vid. SBORNIK, T. 112, p. 18.

[57c] Carta del Duque de San Carlos a Bardají, en *AHN, Estado*, leg. 6 124 [1]: «... Como el Emperador Alexandro se ha hallado ausente de su Corte dio Comision el Rey à Dn José Pizarro, que seguía en el Quartel General de los Soberanos Aliados, para que le ofreciese en su real Nombre el Collar de la Insigne Orden del Toyson de Oro, cuyo encargo executó Pizarro en Londres, y habiendo aceptado S. M. I. se dio la Comisión al Sr. Duque de Ciudad Rodrigo para presentarselo, como Caballero que es de la misma insigne Orden...»

[58] Carta de Pozzo di Borgo a Nesselrode, París, 24 de junio/6 de julio de 1814, en SBORNIK, T. 112, p. 32; vid. también Villa Urrutia, *España*, p. 38. El artículo adicional secreto en que Francia se comprometía a ayudar a España rezaba así: «Su Majestad Cristianísima promete emplear sus buenos oficios, siempre que sea necesario, y especialmente en el próximo Congreso, tanto en favor de los príncipes de la Casa de Borbón de la rama española, que tengan posesiones en Italia, como para hacer que la España obtenga una indemnización por las pérdidas que pudieren resultar contra ella de la no ejecución del tratado de Madrid de 21 de marzo de 1801». (Vid. Cantillo, *ob. cit.*, p. 741.)

[59] Carta de Pozzo di Borgo a Nesselrode, 24 de junio/6 de julio de 1814, en SBORNIK, T. 112, p. 33.

en el Congreso que se preparaba. Ahora bien, ¿cómo llevar a cabo aquel empeño sin contar con la ayuda de otras potencias?

Justo será reconocer que Labrador no se engañó sobre las intenciones de Austria en la península italiana. Y justo también observar que a él se debe la indicación de que los representantes españoles en Rusia, Prusia e Inglaterra debían abogar por la causa española en las cortes donde estaban acreditados (21 de junio de 1814).

El mismo día en que se firmaba la paz con Francia (20 de julio de 1814)[60], la Secretaría de Estado cursó orden a Bardají para que incitase a la Corte de San Petersburgo a apoyar los deseos españoles en el Congreso que pronto debía iniciarse[61]. Ahora bien, si por una parte, podemos establecer que Madrid intentó —en parte solamente— conciliarse las buenas intenciones de Talleyrand y de Alejandro I, no menos claro parece también el despiste y desorden que acompañaron a la mayoría de directrices en política exterior. En efecto, ¿cómo conciliar la exigencia del apoyo francés en la cuestión italiana y firmar al mismo tiempo un convenio con Inglaterra que hacía imposible cualquier tratado similar al Pacto de Familia?[62].

Ante tal contradicción, justo será reconocer que la razón asistía a Labrador, cuando escribía a Madrid:

> ... Entre tantos intereses opuestos y guerra política de Gabinetes convendría que V. E. me dijese cuáles son las miras y los deseos de S. M., pues no siempre podré engañar con buenas palabras à los unos y à los otros. Tampoco muchas veces es posible mantenerse en tan estrecha neutralidad que no se desagrade à los partidarios contrarios, y para más probabilidad de acierto me parece indispensable declararme por alguna...[63] (10 de julio de 1814).

---

[60] Vid. Cantillo, *ob. cit.*, pp. 734-741.

[61] Duque de San Carlos a Eusebio de Bardají y Azara, Madrid, 20 de julio de 1814, Reservada, en *AHN, Estado*, leg. 6 124[1]. Esta postura correspondía a la adoptada por los políticos italianos. Vid. Bianchi, *ob. cit.*, p. 54.

[62] Vid. Villa Urrutia, *España*, p. 14, y Cantillo, *ob. cit.*, p. 733. El artículo secreto rezaba así: «Su Majestad Católica se obliga a no contraer con la Francia ninguna obligación o tratado de la naturaleza del conocido con el nombre de Pacto de Familia, ni otra alguna que coarte su independencia o perjudique los intereses de su Majestad Británica, y se oponga a la estrecha alianza que se estipula por el presente tratado. Vid. también la obra de Bernhardi, *Geschichte Russlands*, Libro II, p. 478.

[63] Citado por Villa Urrutia, *España*, p. 18.

Pero lo que verdaderamente asombra, es la escueta respuesta del duque de San Carlos, el 26 de julio:

> ... Su Majestad se decidirá en favor de lo que pueda ser más conducente para los intereses de su Monarquía [64].

Y, sin embargo, eso ¿quién lo sabía?

9. *La política rusa en Europa y en América*

A mediados de verano de 1814 ¿cuáles son las principales incidencias que nos interesa apuntar?

1) El impacto, inmediato y negativo, que provocaron fuera de España, las primeras medidas antiliberales tomadas por Fernando VII [64a].

2) Un intento de aproximación entre Francia y Rusia, cuyos principales protagonistas fueron el embajador ruso en París, Pozzo di Borgo, Nesselrode y el propio rey de Francia, Luis XVIII.

3) El inicio de cierta tensión entre Rusia e Inglaterra, surgida en el verano de 1814 y motivada por la poca diplomacia con que la gran duquesa Catalina, hermana del zar, llevó a cabo una misión que su hermano Alejandro le había confiado en Londres.

4) Finalmente, la llegada, en septiembre de 1814, del embajador Tatiščev a Madrid [65] y la inmediata puesta en marcha de un plan que fácilmente podemos denominar de «desmontaje» de la alianza anglo-española sellada en junio del mismo año; todo lo cual iba encaminado, como es natural, a separar en el Congreso a ambas potencias.

Ahora bien, lo insólito del «caso» Tatiščev, lo borroso de sus actividades, y la mala información que sobre su diplomacia poseemos, nos obligan a proceder con mucho tiento en el asunto.

---

[64] Idem.

[64a] Véase lo que escribía el embajador ruso en París, Pozzo, a Nesselrode: «... le décret du Roi d'Espagne concernant le rétablissement de l'Inquisition a fait sur le Roi de France l'impression la plus pénible...» (París, 28 de julio/ 9 de agosto de 1814), en SBORNIK, T. 112, pp. 62-63.

[65] La *Gaceta de Madrid* escribió el 10 de septiembre de 1814, núm. 124, página 1023, lo siguiente: «Irún 2 de setiembre. Hoy ha llegado aquí el caballero senador Tattichef, embajador de S. M. el emperador de todas las Rusias. A las quatro y media de la tarde ha salido continuando su viage á Madrid: este personage se halla entusiasmado por los españoles. Ha visto con mucho gusto maniobrar el batallón que aquí tenemos de guarnición, con nombre de *Batallón General*». Vid. Dodolev, *Fond Tatiščeva*, p. 73.

Vuelvo sobre lo dicho: la primera pregunta que hemos de plantear encierra ya la clave del asunto: ¿actuó Tatiščev siguiendo órdenes directas del ministerio ruso o llevó a cabo por su cuenta la mayoría de sus gestiones? En ambos casos, hemos de descartar, por inverosímil, la respuesta extrema: resulta imposible suponer que el embajador del zar de Rusia realizase ciertas actuaciones, sin previa orden de su Corte; pero resulta asimismo imposible avanzar que todos los pasos de Tatiščev fuesen directamente dictados desde San Petersburgo. Porque, si la idea directriz de un «destronamiento» de la influencia inglesa en España nació en la capital rusa, resulta claro que la realización corrió a cargo del embajador, quien, como es de suponer, empleó sus buenas mañas para conseguir lo que se le había ordenado, sin parar demasiadas mientes en lo correcto de su proceder.

Mucho más importante, a mi ver, a de ser la pregunta siguiente: ¿por qué este interés tan acervado de la política rusa para neutralizar la influencia inglesa en España, influencia que al cabo se remontaba únicamente a los últimos años?

En la coyuntura que tratamos, dos libros reclaman nuestra atención. El primero, es la obra de Guglielmo Ferrero, *Reconstruction. Talleyrand à Vienne 1814-1815* [66], magistral estudio del triunfo del «esprit constructeur» del genial diplomático, que logra vencer el miedo («la grande peur»), convirtiéndose de esta manera en el verdadero salvador de Europa, esgrimiendo frente a «l'esprit d'aventure incarné» de un Napoleón, el principio de la legitimidad. El estudio del historiador italiano gira en torno a la obra más audaz de Talleyrand: la reconciliación con Alejandro I, el 31 de marzo de 1814, base para el primer tratado de París del 30 de mayo. La «Reconstrucción de Europa» con Francia, merced al acuerdo logrado con el zar de Rusia, había sido alcanzada. Y he aquí que estos dos arquitectos, Talleyrand y Alejandro, se disponían a llevar a cabo la obra iniciada en el Congreso de Viena.

Pero otro estudio no menos sugestivo, la obra de Jacques-Henri Pirenne, *La Sainte Alliance. Organisation Européenne de la paix mondiale* [67], ha puesto el acento de manera decisiva en el impacto hallado durante el Congreso de Viena por el problema de Ultramar. La oposición a nivel mundial Rusia/Inglaterra aparece para

---

[66] Editado por primera vez en Ginebra en 1940. Vid. también Pabón, *La subversión*, p. 150 sig.

[67] Vid. Bibliografía.

el gran historiador como una directriz fundamental en sus actuaciones: ambas ambicionan la hegemonía.

Pero mientras Inglaterra trata de proteger su poderío marítimo mediante una política de equilibrio de poderes en Europa e intenta influenciar la política de los países del Imperio Alemán —barrera entre Rusia y Francia—, Rusia desea conservar la preponderancia absoluta en el continente y mantener la balanza de poderes en el mar.

Frente a tal avance, la Santa Alianza, forjada por Alejandro, aparece como un instrumento de lucha contra Inglaterra, deseosa de asumir el mando en Europa y fuera de Europa.

Bajo esta perspectiva, cobra cuanto sabemos de la actuación rusa en nuestro país durante la restauración fernandina un carácter mucho más verosímil. Concuerda además la tesis de Pirenne con las afirmaciones hechas anteriormente por Hermann Baumgarten [68], Aleksandr Tračevskij y Theodor Bernhardi [69]. En efecto, según estos investigadores, dos fueron los posibles motivos que impulsaron al zar de Rusia a neutralizar la influencia inglesa en España.

Primero, el deseo de obtener «una voz más» en el concierto europeo.

Segundo, el intento de poner en marcha, valiéndose de España, un amplio sistema de alianzas, en vistas a acabar con la supremacía mundial de Inglaterra («die britische Weltmachtstellung»). Todo lo cual se veía ampliamente confirmado por los despachos del embajador prusiano en Madrid, Werther.

Así España hubiese sido únicamente una pieza más en el «montaje» de Alejandro, pero una pieza clave, puesto que de ella dependían asuntos europeos y asuntos americanos. En todo caso, un buen camino para eliminar a los ingleses en América era hacerles perder posiciones en Europa, y ante todo, en la Península [70].

Si pasamos ahora a examinar qué fue lo que Tatiščev ofreció a Fernando VII, tendremos que comprobar que las ofertas rusas —por muy descabelladas que parezcan— entrañaban en el fondo un elemento de equilibrio.

¿Qué prometió, en efecto, el embajador ruso al rey de España?

---

[68] Vid. Baumgarten, *Geschichte Spaniens*, Zweiter Theil, pp. 88-89.
[69] Tračevskij, *Ispanija*, y Bernhardi, *Geschichte Russlands*, T. 3, páginas 479-480.
[70] Citado por Baumgarten, *ob. cit.*, p. 88.

(El embajador inglés y el de Prusia, apunta Baumgarten, lo señalaron sin duda posible):

1) Apoyo en las reivindicaciones españolas de Parma y Toscana;

2) Ayuda en la conquista de Portugal;

3) Colaboración para reorganizar el ejército y las finanzas;

4) Y la conclusión del anhelado casamiento del rey con la gran duquesa Anna[71].

Como puede apreciarse, era la interferencia total de la política rusa en los asuntos españoles.

Aquí también, habremos de proceder con cautela antes de emitir un juicio. Es evidente que en todo lo que hacía referencia a la política italiana, Fernando VII vio una puerta abierta a la realización de sus deseos, en un momento en que Labrador ya había informado ampliamente desde París sobre las dificultades que Austria oponía a las pretensiones españolas en Italia.

En cuanto a la curiosa propuesta de anexionar a Portugal, preciso será traer a la memoria el documento de Antonio Cano Manuel, que hemos mencionado anteriormente[72]. En efecto, en él afloraba ya claramente la idea de un miembro de la Regencia, según la cual España no podría gozar de tranquilidad, tras el regreso del Monarca, sin antes haber conquistado a Portugal; pero que para tal hacer «la Rusia... es la única que puede contribuir a ello»[73].

Así pues, el pensamiento expuesto por el embajador ruso tenía su fondo de validez y es probable que Tatiščev utilizase el anhelo que manifestaban algunos para convertir en más apreciable la alianza rusa...

El resultado momentáneo de cuanto acabamos de referir fue que el representante del zar polarizó a su alrededor las intrigas cortesanas. Mas, ¿cómo había de ser de otra manera si, en la recién inaugurada segunda etapa fernandina un curioso personaje

---

[71] Ídem, *ídem*, p. 89. Es digna de mención la versión que sobre este último punto da Baumgarten. Según afirmaciones del embajador inglés Wellesley, Tatiščev había sido enviado apresuradamente a Madrid para activar este asunto. En realidad, rectifica Baumgarten, el plan del casamiento se remontaba ya a la época de la Regencia. En cuanto a Bernhardi, *ob. cit.*, afirma rotundamente que Alejandro I no estaba informado de los tres primeros puntos.

[72] Vid. *supra*, p. 140.

[73] Ídem.

oriundo del norte venía a prometer poco más o menos que la salvación de España?

Porque, en efecto, en la mente de unos y otros, de esto se trataba.

El caso es, que alrededor de la persona de Tatiščev habían de escindirse las opiniones. En una inmensa paradoja, he aquí que los liberales, fundando sus esperanzas en el reconocimiento zarista de la Constitución de Cádiz (Tratado de Velikie Luki, 1812, artículo 3), vieron a través del representante del más déspota de los gobiernos el alumbramiento de una nueva era y abogaron por el casamiento del rey con la duquesa Anna; mientras que a clericales y serviles parecía aquella unión con una princesa cismática del todo censurable: por lo que preferían, al igual que los ingleses, el matrimonio del rey con una princesa portuguesa[74].

10. El primer momento. Octubre de 1814

Sin duda alguna, supone el mes de octubre de 1814 el primer momento importante de la interferencia rusa en los asuntos de España. Tomemos, por ejemplo, el caso del matrimonio real con la gran duquesa Anna. Parece evidente que aquel enlace debía resultar muy incómodo para algunos, que hicieron cuanto estuvo en sus manos para desbaratar el proyecto. Otros, tales San Carlos y Macanaz, parecían tener gran empeño en el asunto. Así es, refiere Baumgarten, como Tatiščev conferenciaba diariamente con San Carlos, discurría horas enteras con él, haciéndole ver el contraste entre la potencia rusa y la debilidad inglesa o austríaca...[75].

Aprovechando la ocasión, Tatiščev se apuntó un tanto para la política imperial: obtuvo permiso para insertar en las gacetillas españolas un anuncio, convidando a los polacos que la guerra había conducido a España a presentarse en su casa: él, Tatiščev, se encargaría de hacerlos regresar a su país...[76]. Lo cual, no dejó de

---

[74] Vid. Baumgarten, Geschichte, p. 89.

[75] Ídem, ídem, p. 88.

[76] He aquí el texto publicado por la Gaceta de Madrid el sábado 8 de octubre de 1814, núm. 136, pp. 2027-2028. «En virtud de haberse convenido en que... (página rota) habiendo sido hechos prisioneros de que... (página rota), los regimientos ó en qualquiera otro destino puedan volver á sus patrias, S. E. el Ministro de todas las Rusias, deseando que este convenio se verifique, avisa por medio de este periódico à todos los expresados individuos de dichas naciones que se hallen en Madrid que se le presenten perso-

sorprender muchísimo al embajador inglés, Wellesley, quien hubo de quejarse ante San Carlos, haciendo constar que Polonia aún no había sido adjudicada al Imperio ruso... [77]. Estas y otras fantasías más del representante ruso hicieron temer seriamente a los miembros clericales de la camarilla que su posición no llegase a tambalearse: hicieron caer a San Carlos y a Macanaz y el casamiento ruso desapareció de la escena...

Ahora bien, esta explicación de Baumgarten entraña algunos errores: nosotros, por ejemplo, sabemos a ciencia cierta que la idea del casamiento «ruso» era de origen bastante más remoto que la llegada de Tatiščev a Madrid; y segundo, que no se estancó con la caída de San Carlos. En efecto, en un artículo de Jerónimo Becker, antes citado, hemos visto que el nuevo ministro de Estado, Pedro Cevallos, prosiguió con el mismo empeño que San Carlos el asunto del matrimonio con la hermana del zar, enviando repetidas cartas a Gómez Labrador a Viena, con tanta insistencia que ni siquiera cuando el embajador español hubo advertido de la inutilidad de toda gestión, se dio Cevallos por vencido: una Real Orden del 28 de febrero de 1815 ordenaba al mismo Labrador intentar conseguir la mano de la hermana de Anna, la gran duquesa Catalina [78].

El asunto de la alianza rusa entrañaba, en aquellos momentos, una importancia especial por la conexión que tenía con uno de los primeros problemas planteados, no bien se hubo reunido el Congreso de Viena: el de la restitución de Nápoles, en donde aún imperaba Joaquín Murat, a su legítimo soberano, el rey de las Dos Sicilias. En efecto, la política española no había dejado ninguna duda sobre la postura que entendía adoptar en la cuestión napolitana: no logró Fernán Núñez que en el tratado de París del 30 de mayo de 1814 se hiciera mención alguna del problema italiano; pero no mucho más tarde, la diplomacia española señaló de manera inequívoca que estaba dispuesta a defender a Fernando IV: en un artículo adicional y secreto del tratado franco-español del 20 de julio, el rey de Francia se comprometió a apoyar los es-

---

nalmente, y los que están fuera de ella le hagan inmediatamente saber por escrito el lugar de su residencia, á fin de reunirlos con la mayor brevedad posible, y tomar las medidas convenientes para que se trasladen à sus respectivos países.»

[77] Vid. Baumgarten, *Geschichte*, p. 89.

[78] Vid. Becker, *Un proyecto matrimonial, La Época*, 2 de abril de 1906, nota 4.

fuerzos españoles en el Congreso en pro de la restauración de los Borbones en Parma y en Nápoles[79].

Ahora bien, el apoyo hispano-francés a Fernando IV había de verse secundado muy pronto por la diplomacia rusa. Todo el empeño de Alejandro I, aduce Maturi[80], consistía en lograr la retirada de los ingleses de la isla siciliana, mediante un hábil juego político, que permitía a Austria restablecer a Fernando IV en Nápoles; a Prusia y a Rusia, lograr ventajas en Polonia.

De tal suerte, continuaba Maturi, que los representantes rusos en Madrid y París, Tatiščev y Pozzo di Borgo, hicieron cuanto estuvo en sus manos para poner en marcha un sistema anti-austríaco y anti-inglés frente al cual se alzaría un fuerte bloque formado por Prusia, Rusia y las potencias borbónicas...

Al abrirse el Congreso, la política española y la política rusa se hallaban unidas por el común deseo de ver restaurado a Fernando IV en el trono siciliano: el rey de España, porque con tal hacer defendía a un borbón; el zar de Rusia, porque de tal manera asestaba un fuerte golpe a la influencia inglesa en el Mediterráneo. Y así fue como el embajador Tatiščev se prestó a secundar activamente los pasos del enviado especial napolitano en Madrid, el príncipe Canosa, quien debía, entre otras cosas, intentar negociar el casamiento de Fernando VII con una hija del príncipe heredero napolitano, Francesco[81]. La presencia del italiano fue, en aquel mo-

---

[79] Vid. Villa Urrutia, *España*, pp. 46-51 y 69.

[80] Vid. Maturi, *Il Congresso di Vienna e la restaurazione dei Borboni a Napoli*, pp. 32-72 y nota 61.

[81] Idem, p. 3, nota 5. Las aberturas diplomáticas a este respecto debían ser llevadas a cabo por el tío del príncipe Canosa, el príncipe de Castelfranco, quien gozaba de cierto prestigio en la Corte española. Pero el 21 de octubre de 1814, Castelfranco advirtió sin más tardanza al príncipe Francesco que existía un proyecto de boda con la hija del zar.
Por lo demás, resulta en sumo interesante examinar el intento de Luis XVIII de expulsar a Murat de Nápoles y alejar a Napoleón de la isla de Elba. El soberano francés envió a un emisario (Hyde de Neuville) al rey Vittorio Emanuele. Dicho emisario reveló que su cometido era: «quella di pattire una stretta alleanza tra le Corti di Sardegna, di Spagna, di Sicilia e di Francia al fine di sodestare per forza d'armi Murat e Napoleone, ove il Congresso, che stava per aprirse, non si fosse accomodato a quel partito (Octubre 1814), vid. Bianchi, *ob. cit.*, p. 35 y pp. 394-396: Dépêches du Comte de Vallaise, ministre Secrétaire d'Etat du Roi de Sardaigne, au Marquis de Saint-Marsan à Vienne, le 15 Octobre 1814 «... Cet officier, M. Hyde de Neuville, colonel au Service de la France, qui a constamment été attaché à la cause du roi, est arrivée (sic) à Turin le 12 courant, il s'est présenté directe-

mento, como una bendición para Tatiščev: no ofrece lugar a dudas que el embajador ruso se sirvió a menudo de Canosa para obtener cuanto deseaba de San Carlos.

Merece la pena subrayar que, a la vista de tal despliegue de actividades, el embajador Wellesley estaba convencido de que una intriga rusa se estaba fraguando en Nápoles y en Madrid y que la llegada de Canosa a España obedecía a aquella circunstancia [82].

Por lo pronto, en la corte fernandina, lo que Tatiščev había conseguido con su habilidad y al amparo de las circunstancias, era hacer creer al soberano español y a unos cuantos consejeros que una alianza con Rusia podía ser de mayor utilidad para España que una unión con Inglaterra o con Francia; que de la amistad con el zar de Rusia saldría la solución a todos los problemas internacionales —y hasta nacionales— del país... Y Fernando VII, naturalmente receloso de ingleses y franceses cayó, por decirlo así, en la trampa: se prestó gustoso a sostener las aspiraciones rusas en el Congreso con la fatua esperanza de que Rusia haría lo propio cuando se tratase de los intereses de España.

Por eso se apresuró Cevallos, cuando Labrador pidió instrucciones a Madrid sobre la actitud que debía adoptar en la cuestión polaca, a comunicar al embajador [83]:

> ... Aunque nuestras relaciones con respecto à la Polonia y à su suerte no obliguen à que la España tome una parte activa ni eficaz, los deseos del Rey nuestro señor de estrechar su alianza con la Rusia y de que las dos naciones se apoyen recíprocamente en sus intereses mueven à S. M. á prevenirme que encargue à V. E. muy particularmente que, no sólo no contradiga las pretensiones de la Rusia sobre este particular, sino que con la prudente precaución que exige la materia, para no dar celos á otras naciones ni llamar demasiado la atención de sus representantes en el Congreso, coopere V. E. á ellas, con especialidad si se trata de un modo significativo de establecer como Rey de Polonia à un Gran Duque de Rusia...

No resultará difícil percibir que aquel despacho de Madrid había, fatalmente, de colocar a Labrador en una especie de callejón sin salida. O se atenía a las órdenes recibidas, y se enfrentaba a la postura francesa; o se negaba a secundar los planes rusos, y corría

---

ment à S. M. pour lui remettre une lettre de Louis XVIII, qui ne contient aucun détail sur le but de sa mission...»

[82] Vid. Baumgarten, *ob. cit.*, p. 90, nota (traducción).

[83] Real Orden del 9 de octubre de 1814, citada por Villa Urrutia, pp. 70-71.

el riesgo de que Rusia no nos ayudara en la cuestión de Parma y Etruria; o se prestaba a la usurpación de Sajonia por las cortes aliadas, y «entonces desmentiré los principios de legitimidad y de la justicia que nos han hecho triunfar de los ejércitos y de las tramas del Atila Corso...»[84].

Bien es verdad que, en las semanas siguientes, se dieron órdenes a Labrador que desvirtuaban, en gran parte, las que se le habían mandado primero, encargándole, ante todo, ni comprometerse ni declararse...[85].

11. *El Congreso de Viena y la diplomacia de Tatiščev*

La primera gestión llevada a cabo cerca de la corte rusa para protestar contra los acuerdos de París del 11 de abril de 1814, fue motivada por una indicación del propio Labrador. Siguiendo sus avisos, el 20 de julio de 1814, el duque de San Carlos cursó un despacho a Bardají, en el que quedaba expuesto el punto de vista español en el problema italiano, ordenándole, además, entregar al gobierno de San Petersburgo una nota de protesta. Debía asimismo el embajador solicitar los buenos oficios rusos en favor de la causa española[86].

Bardají, el 19 de septiembre, dio cuenta a Madrid de cuanto había podido averiguar en la entrevista mantenida con el conde de Nesselrode. No era mucho, en verdad, lo que el representante español había sabido conseguir:

> ... mas que una respuesta verbal que el Emp.or quedaba enterado de todo y que el Conde trataria sobre el particular en Viena con el S.or Labrador, y se entenderían...

Por lo menos, Bardají no se engañó sobre las verdaderas intenciones de las grandes Potencias:

> Todo el gran punto del decantado Congreso de Viena consiste en que cada una de las tres Potencias: Austria, Rusia y Prusia quiere aprovechar de la ocasión para adquirir lo que jamás había podido imaginar, y como para esto se necesita que una a otra sean gene-

---

[84] Ídem, *ídem,* p. 72.
[85] Ídem, *ídem,* pp. 72-74; Vid. también de Villa Urrutia, *Fernando VII,* páginas 240-241.
[86] Vid. *AHN, Estado,* leg. 6 124 [1]. *Reservado.*

rosas entre si, á trueque de realizar cada una sus proyectos... si la Prusia y la Rusia pueden adquirir lo que pretenden, aquella en Alemania y esta en Polonia, adios Familia de Borbón en Italia... [87].

Ahora bien; si partimos de la base, según la cual España era una pieza más en el sistema de Alejandro, lógico será pensar que el zar no pusiera demasiado esmero en defender la posición española, por lo menos en tanto esta defensa implicaba una mejora de la postura internacional del país. De todos modos, en el sinfín de intrigas que caracterizaron las conferencias de Viena, preciso será distinguir varios movimientos.

El primero, el más evidente, es el deseo de Alejandro de evitar una unión demasiado estrecha entre la política francesa y la política española: Cuando Labrador hizo entrega al soberano ruso, en nombre del rey de España, del Toisón de Oro, Alejandro aprovechó la ocasión para reprenderle: «le dijo que quería hablarle como soldado y no como político: que la Francia había sido la enemiga terrible de la España y de la Rusia y demás Potencias nuestras amigas, y así era menester que caminasemos de acuerdo con ellas y no nos allegásemos tanto a los franceses» [88].

El segundo movimiento consistió en la presentación de una nota de protesta por parte de Labrador, reclamando para la reina María Luisa, como regente y tutora de su hijo Carlos Luis, el Gran Ducado de Toscana (22 de noviembre de 1814) [89]. Al mismo tiempo, y sin que los protagonistas del drama lo adviertan, tiene lugar un gesto del zar que encierra graves consecuencias para el futuro: la promesa hecha a la archiduquesa María Luisa de Austria de que Alejandro no rompería jamás las cláusulas del tratado de Fontainebleau.

El tercer movimiento conoció el triunfo de la diplomacia francesa. Gira en torno al tratado del 3 de enero de 1815 entre Francia, Austria e Inglaterra. Iniciadas las conversaciones secretas en diciembre de 1814 [90], culminaron en el mencionado acuerdo, desenlace directo del tratado del 31 de mayo de 1814.

---

[87] Eusebio de Bardají y Azara al Excmo. Sr. Duque de San Carlos, San Petersburgo, 19 de septiembre de 1814, núm. 132. *Reservado*, en *AHN, Estado*, leg. 6 124 [1].

[88] Citado por Villa Urrutia, *España*, pp. 66-67. Despacho del 12 de octubre de 1814.

[89] Vid. Becker, *Relaciones*, p. 381, y Bianchi, *ob. cit.*, p. 397.

[90] Vid. Sorel, *L'Europe et la Révolution Française*, T. 8, pp. 405-407.

¿Podía decirse lo mismo de España? Según escribe Villa Urrutia, Labrador no tuvo la menor noticia ni sospecha de la alianza entre los tres grandes... [91].

Ahora bien; ¿podemos percibir alguna reacción de Alejandro ante sus malogrados intentos en Polonia, pues esto era lo que el tratado del 3 de enero había venido a desbaratar?

Baumgarten nos ha referido que, en los primeros meses de 1815, Tatiščev se entregó en Madrid a una febril actividad. Su finalidad consistía en convencer a Cevallos de la absoluta necesidad de conseguir una unión entre España y Rusia.

Añadía Werther que, unas semanas antes, Tatiščev le había comunicado que, al abandonar San Petersburgo, había recibido orden general de incrementar al máximo la influencia rusa en España, y de neutralizar cuanto fuera posible la influencia inglesa [92].

Las afirmaciones de Baumgarten van todavía mucho más lejos: pretende que apenas el embajador ruso hubo comprendido su fracaso en el asunto de la «boda», puso en marcha un nuevo plan, consistente, esta vez, en el enlace del rey con una princesa siciliana [93]. Con tanto ahínco trabajó Tatiščev que consiguió dividir al grupo clerical, ante el cual había debido rendirse un mes antes: pues, el nuncio Gravina, quien aspiraba a la sede arzobispal de Palermo, no pudo sino declararse partidario de tal idea; mientras que Ostolaza, por el contrario, prefería una unión con Portugal.

No sé hasta qué punto puede darse por cierto lo dicho por Werther y repetido por Baumgarten y Tračevskij. Pero lo que, desde luego, parece fuera de duda, es la existencia de un proyecto de casar a Fernando VII con una hija del rey Vittorio Emanuele de Sicilia [94], proyecto detrás del cual se escondían, una vez más, Tatiščev, el nuncio apostólico y hasta el embajador siciliano, el conde Cesare Balbo. Sino que a decir de Bianchi, no fue hasta principios de 1819, después de la muerte de Isabel de Braganza, cuando surgió el mencionado plan [95].

---

[91] Vid. Villa Urrutia, *Fernando VII*, p. 238.

[92] Vid. Baumgarten, *ob. cit.*, p. 96.

[93] Ídem, ídem, p. 95. Nada dice Villa Urrutia de este asunto en su obra *Las Mujeres de Fernando VII*.

[94] Vid. Bianchi, *ob. cit.*, p. 259.

[95] Ídem, *ídem*.

Lo que a nosotros nos interesa, de momento, es subrayar la relación entre la firma del tratado del mes de enero y la «actividad» del embajador ruso en España durante el mes de febrero.

12. *El intermedio de los Cien Días*

¿Cómo repercutió la huida de Napoleón de la isla de Elba en los asuntos españoles que se trataban en Viena?

¿Existió durante los días que conocieron el último reinado de Napoleón una posibilidad de que las aspiraciones españolas en Italia hallaran una solución favorable?

Ahí también, preciso será distinguir varios movimientos.

El primero hace a la actitud de las potencias, conocedoras de la fuga de Napoleón. Bertier de Sauvigny nos ha relatado, en unas concisas páginas, la actividad a que se entregó Metternich secundado por Talleyrand para estipular que los soberanos aliados estaban dispuestos a prestar ayuda a Luis XVIII (13 de marzo de 1815)[96]. Días más tarde, ante la posibilidad de que Napoleón entre en París, las cuatro potencias renuevan el tratado de Chaumônt (25 de marzo), comprometiéndose cada una a poner en pie un ejército de 150.000 hombres: declaración suscrita también por Labrador[97].

Ahora bien, en una segunda fase, hemos de atender, en nuestro relato, al impacto producido en la propia España por la fuga del emperador. Porque la adhesión al tratado mencionado implicaba el sostenimiento de un ejército numeroso, capaz de proteger las fronteras del país y hacer frente a eventuales situaciones de peligro. Medida que, por lo demás, hubiese podido permitir a España recobrar algo del prestigio que las impopulares leyes del rey le habían hecho perder. Pero he aquí que, sin más tardanza, surgió el problema financiero. Y surgió el problema de fondo. El embajador Werther —y con él los de las otras potencias— incitaban a Cevallos a adoptar medidas radicales: ¿por qué no gravar de una vez, con impuestos, el estamento eclesiástico?[98]. Pero esta sugerencia, que implicaba una transformación radical del régimen, no encontró resonancia alguna en el recién «reestablecido» Consejo

---

[96] Bertier de Sauvigny, *Metternich et la France après le Congrès de Vienne*, Tomo I, pp. 14-15 sig.

[97] Vid. Villa Urrutia, *España*, p. 90.

[98] Vid. Baumgarten, *ob. cit.*, pp. 98-99.

de Estado [99]: El propio Cevallos confesó a Werther haber propuesto esta solución en la primera sesión, mas el rey había objetado que esta medida merecía una detenida consideración, siendo apoyado inmediatamente en su opinión por diversos miembros del Consejo, entre otros, por Felipe González Vallejo [100].

Bajo estas circunstancias —la falta de medios financieros adecuados para hacer frente a lo suscrito por Labrador—, la llegada de cartas alentadoras del propio Napoleón hizo tambalear la firmeza de Fernando VII y de los miembros del Consejo.

En aquella disyuntiva, era preciso entablar relación con alguna potencia y se enviaron emisarios —aunque sin éxito— a Inglaterra para intentar conseguir subsidios [101]. Al mismo tiempo, Labrador recibió orden de plantear nuevamente ante el Congreso de Viena el asunto de Parma. Orden condenada, desde luego, al fracaso, ya que el día 29 se había decidido que la archiduquesa María Luisa recibiría los ducados; y que a su muerte, éstos pasarían a la infanta María Luisa o a su hijo, el príncipe Carlos Luis [102].

El tercer movimiento que hemos de considerar se ajusta a las necesidades de las tres potencias: Austria, Rusia y Prusia. En un convenio secreto, Metternich supo utilizar el interés del zar en garantizar al hijo de Napoleón el derecho a la sucesión de Parma (31 de mayo de 1815) [103].

Tratado de dilatadas consecuencias, que no será revelado a Castlereagh hasta 1817 [104], pero que condicionará al fracaso durante el resto del año 1815 cualquier otra gestión de Labrador.

Por otra parte, cuanto en aquellos momentos acontecía en la Península, había de provocar indignación en Viena. El embajador de las potencias aliadas, el duque de Angoulême, encargado de reorganizar las fuerzas realistas francesas huidas a España y de preparar, conjuntamente con un cuerpo español, la invasión en el sur de Francia, tropezó con la indiferencia del rey y la enemistad de Cevallos. Angoulême abandonó Madrid, sin haber conseguido nada.

[99] Vid. Fontana Lázaro, *La quiebra*, pp. 103-104.
[100] Vid. Baumgarten, *ob. cit.*, p. 98.
[101] Ídem, *ídem*, p. 100, y Villa Urrutia, *España*, p. 92.
[102] Ídem.
[103] Vid. Srbik, *ob. cit.*, I, p. 563. Bernhardi yerra cuando afirma que Prusia no supo nada de este tratado, vid. *Geschichte*, II, pp. 489-490. Dicho tratado fue impreso en la obra de Martens, *Recueil de traités conclus par la Russie*, Tomo III, p. 534.
[104] Vid. Sauvigny, *ob. cit.*, T. I, p. 134.

No es difícil adivinar las consecuencias de tal actitud: si escaso había sido el prestigio de que España había gozado hasta el momento, éste decreció aún más después de los Cien Días. Y de poco sirvió que Labrador se negara a firmar el Acta final del Congreso, por haberse atribuido Parma, Plasencia y Guastalla en toda soberanía a la archiduquesa María Luisa, si bien quedó estipulado que el asunto de la sucesión había de encontrar más adelante una solución definitiva mediante un acuerdo entre España, Austria, Rusia, Gran Bretaña, Francia y Prusia [105]. En otro artículo se acordó dar al infante Carlos Luis, hijo de la infanta española María Luisa, el ducado de Luca, así como una renta de quinientos mil francos, pagaderos por Austria y Toscana [106].

Por lo demás, la quiebra y desazón en que se debatía España en aquel mes de julio de 1815 quedaron plasmadas en las siguientes observaciones del encargado de negocios ruso en Madrid, Julius Vallenštejn [107]:

> Les conjonctures actuelles me donnent matière d'entretenir V. E. des affaires de ce pays...
>
> Il était facile de prévoir, que le Roi serait l'instrument de la faction qui avait eu l'adresse de se concilier en lui un chef, quelque divisés que fussent leurs intérêts, et qu'ayant refusé d'entrer en communication avec ses sujets pour amener un rapprochement d'intentions et de voeux, Ferdinand ne signalerait plus son régne que par une opposition continuelle avec la partie raisonnante de la nation, une dépendance servile envers ceux qui sauraient le dominer par la crainte des conspirations et des résistances, enfin par une attitude violente au dedans et une position peu noble au dehors...
>
> Le Roi a trouvé à son retour un fonds de consolidation qui s'élevait à 1.600 millions de réaux (80 millions de piastres), un crédit national avantageusement établi, des préjugés entamés, une activité, éveillée, un esprit public qui pouvait être dirigé avec habileté des noms connus en Europe, une impatience vague dans la généralité de la nation qui pouvait être mise à profit, si l'on avait voulu ne pas s'en effrayer. Tant d'éléments précieux de sécurité et de prospérité ont disparu. Une classe isolée, qui à cause de ses voeux et ses principes de corporation ne se rattache à toutes les autres que sous le rapport des rétributions qu'elle leur impose, a absorbé dans peu de mois des richesses immenses. L'état est épuisé; toutes les ressources sont consommées par une libéralité inconcevable; le clameurs retentissent de

---

[105] Vid. Villa Urrutia, *España*, pp. 98-100.
[106] Vid. Becker, *Historia*, p. 384.
[107] Vid. SBORNIK, T. 121, pp. 464-466.

toute part, à mesure que les bienfaits s'accumulent sur un petit nombre de têtes, la misère et le mécontentement percent partout, et le monarque le plus chéri d'abord est réduit à chercher dans des bienfaits mal placés la garantié de sa securité...

CAPÍTULO V

LAS RELACIONES HISPANO-RUSAS DURANTE LA PRIMERA ETAPA ABSOLUTISTA DEL REINADO DE FERNANDO VII (1814-1820)

1. *La opinión de Alejandro I*

Fracasado de momento tan lamentablemente el intento de integrar a España en el concierto de naciones, cabe examinar cuanto se hizo después en este aspecto y analizar los resultados obtenidos. Un punto, a mi entender esencial, ha de fijar nuestra atención: la insistencia con que los países aliados reclaman, hacia finales de 1815, la concesión de una amnistía para los liberales españoles.

El propio Talleyrand, en su «Rapport fait au Roi pendant son voyage de Gand à Paris», escrito en junio de 1815, subrayó de manera categórica el juicio que merecía la política de Fernando VII[1].

De hecho, a partir de marzo de 1815, el clamor en favor de los liberales perseguidos por el rey Fernando no había cesado de hacerse escuchar en toda Europa. Muy pronto, ya en marzo de 1815, la cuestión española había sido debatida en el Parlamento inglés: el jefe de la oposición, Lord Brougham, y un miembro de la Cá-

---

[1] Citado por Pallain, *ob. cit.*, pp. 472-474. Sobre los liberales españoles, el propio Pallain cita una carta de Jaucourt del 7 de diciembre de 1814, p. 474, nota 1: «Le Général Alava a été mis en liberté; il la doit à la crainte d'une émeute. Des arrestations nombreuses se succèdent; des familles entières sont conduites à l'Inquisition; les libéraux sont toujours poursuivis. Le plus grand mérite ne garantit de rien.»

mara de los Comunes, Horner, habían violentamente apostrofado al rey, tachando al soberano de «infamous usurpator» y de «execrable wretch»[2].

Ahora bien, en lo que queda de año 1815, los esfuerzos aliados por aliviar la suerte de los liberales españoles no decrecen. Por el contrario, con insistencia, una y otra vez, desde agosto hasta diciembre, los representantes de las Cortes de Rusia, Austria, Prusia e Inglaterra, abogan por los enemigos del régimen absoluto de Fernando VII. Del 28 de agosto es el primer memorándum que reciben los embajadores de sus respectivas cortes, y en el que se hace especial hincapié en el hecho de que los liberales habían sido miembros del Gobierno mientras España era aliada de otras naciones y luchaba contra Napoleón[3].

No más tarde que el 4 de septiembre, los mencionados diplomáticos recibieron un «Conseil des Cabinets actuellement réunis à Paris»[4], a raíz del cual el día 10 mantuvieron una larga entrevista y redactaron conjuntamente un documento, en el que aludían a la situación española, a las circunstancias que habían conducido a aquel punto y al escaso éxito que cabía esperar de cualquier intervención «extranjera».

Algo conocemos del pensamiento ruso sobre la situación en España a finales de 1815. Éste se halla consignado en un amplio informe redactado por Capo d'Istrias desde París el 5/17 de octubre de 1815[5], y en las instrucciones dirigidas a Tatiščev en 1/13 de noviembre de 1815[6].

Si nos atenemos al informe de Capo d'Istrias, el cuadro no podía ser más negativo. Si bien el pueblo español era considerado por el ministro ruso como de carácter independiente y orgulloso, también hacía hincapié en el deficiente estado, tanto administrativo como financiero, del país; en el distanciamiento cada vez más grande entre España y el resto de Europa desde el punto de vista económico y social; en los extremos privilegios de que gozaban la nobleza terrateniente y algunas órdenes religiosas, al punto de

---

[2] Vid. Bernhardi, *ob. cit.*, T. 2, p. 501.
[3] Vid. Baumgarten, *Geschichte*, pp. 113-114.
[4] Vid. Ídem, *ídem*, p. 114, y Bernhardi, *ob. cit.*, p. 494.
[5] El informe llevaba por título *Zapiska I. A. Kapodistrii* (traducido por *Précis sur les affaires d'Espagne*). París, 5/17 de octubre de 1815, en VPR, *I, 8*, pp. 551-555.
[6] Vid. *Reskript Aleksandra I poslanniku v Madride D. P. Tatiščevu*, Berlín, 1 (13), nojabrja 1815, en *VPR, I, 8*, pp. 590-592.

privar al Estado con sus inmunidades de una gran fuente de ingresos financieros.

Por el contrario, las medidas que urgía adoptar radicaban, ante todo en:

1) La mise en liberté de tous les détenus pour opinions politiques...
2) Le jugement prompt de tous ceux qui méritent des punitions...
3) Cette opération une fois terminée, le roi doit prononcer une amnistie et calmer tous ces sujets sur les conséquences de leur conduite politique pour le passé.
4) Composer une commission d'ecclésiastiques et autres grands corps qui jouissent des exemptions concernant l'impôt sur les terres...
5) Apporter des améliorations dans les finances par des économies...
6) La question des colonies est également de la plus grande importance; sans les abandonner, l'Espagne doit se préparer à les perdre, surtout celles du continent américain.

Tales eran las observaciones del ministro de Alejandro, Capo d'Istrias, sobre las reformas que debían presidir la Restauración fernandina.

Como fácilmente puede adivinarse, lo que el ministro ruso proponía equivalía poco más o menos a una verdadera revolución, y es de sobra conocido que Fernando VII no estaba dispuesto a llevarla a cabo. En todo caso, lo que aparecía seguro, aun a los que no residían en España, era que de seguir así las cosas, el rey acabaría pronto siendo presa de su propia ceguera y la corte víctima de alguna desgracia imprevisible.

Y Alejandro, ¿qué piensa Alejandro de la situación en que se halla España, de la política que persigue Fernando VII y de todos los problemas surgidos a raíz del golpe de estado fernandino, sobre los que le ha informado su embajador Tatiščev?

Sabemos que el 1/13 de noviembre de 1815 [6a], el soberano ruso envió a su representante en Madrid una extensa instrucción, en la que destacaba el problema que para él —y no solamente para él— representaba España, y cuyos puntos principales eran los siguientes:

Por una parte, el interés de que España se «integre» en el orden europeo está fuera de duda. El zar lo expresa con las palabras siguientes:

[6a] Idem.

... L'affermissement de la puissance espagnole est étroitement lié au système d'équilibre général.

Ahora bien, a qué se refiere Alejandro en su carta: indudablemente, a los votos que los aliados han hecho en favor de los liberales españoles, en favor de todos aquellos que Fernando ha perseguido una vez restituido al trono.

En el ánimo del emperador ruso, cuanto había que tener en cuenta era lo siguiente:

Ce n'est point une amnistie, mais un jugement prompt et formel, qui doit seul les absoudre. Et ce jugement fondé sur des principes de sagesse et de modération, que prescrirait le cabinet du roi lui-même, suffirait seul, pour tranquilliser les esprits, concilier tous les égards et désarmer tous les partis par un exemple éclatant de clémence et d'énergie.

Por lo demás, el soberano ruso no duda en mencionar las reformas que a su modo de ver son imprescindibles llevar a cabo para que todo funcione en España a pedir de boca:

... En approfondissant les motifs, qui peuvent avoir déterminé les députés de la nation à espérer que les plus grands résultats naîtraient des réformes constitutionnelles, on découvre les moyens d'utiliser ces mêmes individus et de les employer comme instruments de la réorganisation...

En definitiva, lo que en España hace falta, Alejandro I lo expresa con una palabra clave, Regeneración:

... C'est le régéneration de ces institutions antiques mises en harmonie avec l'époque actuelle, qui peut ouvrir une carrière à tous les talents, à toutes les ambitions légitimes, en substituant des perfectionnements partiels, mais effectifs, à ce désir vague d'amélioration, si contraire à la stabilité de l'ordre social.

En otras palabras, lo que Alejandro I esperaba, según él mismo decía, era que el rey de España llegase a convencerse de que después de tantas calamidades y de la crisis universal por la que había pasado Europa, lo único que podía salvar la situación era «une amélioration graduelle des institutions tant civiles que politiques, que les gouvernements sont appelés à réaliser» [7].

---

[7] Idem, pp. 590-592.

¿Surtió algún efecto la voluntad extranjera de defender la causa de los políticos españoles encarcelados? En un principio, podemos afirmar que su acción fue prácticamente ineficaz. Además, el gabinete de Madrid parecía estar condenado a un aislamiento «internacional» y a un desprestigio cada vez más profundo, aislamiento y desprestigio que la mínima participación española en el Congreso de Viena había venido a acentuar[8].

Así, dadas estas circunstancias, resulta todavía más asombroso comprobar el afán con que, en aquel final de 1815 y principio de 1816, más de una potencia extranjera se esmeró precisamente por granjearse la amistad de España y de su rey.

Veamos, por ejemplo, una vez más, a los dos grandes rivales, Inglaterra y Rusia, en acción. En un artículo de Miguel Ángel Ochoa[9], hemos podido consultar un «Catálogo» de los despachos del embajador inglés Vaugham y de los documentos que encierra. De él se desprende cuáles fueron, a partir del 15 de septiembre, los pasos más importantes dados por el embajador inglés.

Así, el día 16 de noviembre, Vaugham procede a entrevistarse personalmente con Cevallos. En los papeles del embajador se levantó acta, escuetamente, de tan importante conversación:

«Madrid. Conferencia con Cevallos sobre la mediación de Gran Bretaña entre España y sus Colonias americanas. Oferta del Gobierno Español de abrir comercio con Gran Bretaña, exclusivamente, en caso de éxito de la negociación. Informe del Consejo de Indias presentado al Rey. Cambio de la disposición del gobierno español acerca de esta cuestión. Importancia de una pronta consideración del asunto por el gobierno británico»[10].

No escapó en aquellos momentos a la perspicacia de Tatiščev que los ingleses le estaban «pisando» el terreno, gracias a la buena relación que habían logrado establecer con Cevallos. Y decidió, por su parte, que la mejor solución consistía en entrar en contacto directamente con el rey. Así, relata Baumgarten[11], a finales de otoño de 1815, gracias a dos ayudas de cámara y gracias también al oro ruso, Tatiščev consiguió entrevistarse a menudo en secreto con Fernando VII y poner en marcha una correspondencia directa entre el soberano ruso y el monarca español[12]. El historiador ale-

---

[8] Vid. Baumgarten, *ob. cit.*, p. 211.
[9] Ochoa Brun, *Catálogo de los «Vaughan Papers»*, pp. 63-122.
[10] Idem, *ídem*, p. 103.
[11] Vid. Baumgarten, *Geschichte*, T. III, pp. 157-158.
[12] Idem, *ídem*.

mán no duda en afirmar que la crisis de enero de 1816, el cambio de ministros y la iniciativa para gravar al estamento se debieron, principalmente, a la influencia de Tatiščev.

Todo, a partir de aquel momento, parecía, pues, deber enfrentar cada vez con mayor acritud la posición rusa y la posición inglesa en la Península. Y todo parecía indicar que el Gobierno de Londres no acertaba a comprender cuál era el verdadero designio que se ocultaba tras los manejos del embajador ruso.

Cierto que para el historiador resulta tarea difícil desentrañar hasta dónde llegó verdaderamente la influencia del ministro ruso y hasta qué punto podemos dar por ciertas estas aserciones. Pero lo que no ofrece lugar a dudas es que, a finales de 1815, todos los países europeos parecían tener gran interés en granjearse la amistad del rey de España: ya hemos visto cómo actuaban los representantes inglés y ruso; en noviembre y en diciembre de 1815, el embajador francés intentó firmar una alianza; a finales de diciembre hizo su aparición en Madrid el embajador austríaco, conde Kaunitz, quien debía negociar —según se supo más tarde— el casamiento del rey con una gran duquesa austríaca. Por navidad llegó a la capital el conde Palmella, embajador de Portugal, con vistas a establecer una alianza defensiva entre ambos países y gestionar también la boda del rey con una princesa portuguesa [13].

Dadas, pues, estas circunstancias, no resultará difícil comprender que el embajador ruso hubiese de multiplicar sus esfuerzos para mantener una influencia de la que ya había empezado a percibir numerosos efectos. La razón asiste a Baumgarten cuando apunta que el ex embajador ruso en Nápoles podía en aquellos instantes utilizar la experiencia de intriga adquirida durante sus años de residencia en la corte italiana.

Así, paulatinamente, llegamos a principios del año 1816, momento en que se plantea la primera crisis de carácter grave en el seno del gobierno de Fernando VII. Sabido es que las fuerzas antagónicas que en él luchaban provocaron la sustitución de cuatro ministros, entre otros la del ministro de Estado Cevallos por Lozano de Torres. Este último, sin embargo, al cabo de tres días, recuperaría su puesto [14].

---

[13] Ídem, pp. 156-157.

[14] Vid. sobre Lozano de Torres, el artículo de Moreno Morrison, *Un ministro fernandino*. Por lo demás Pérez de Guzmán publicó un artículo titulado *Los Ministerios y los Ministros del Rey Fernando VII*, en *La IEA*, 8 de enero de 1912, pp. 18-19, en el que se anota erróneamente que Cevallos fue

No me interesa aquí un examen detallado de aquella circunstancia, que por lo demás ha sido ya estudiada repetidamente [15], pero sí quiero apuntar que Baumgarten [16] insiste en que la destitución del ministro de Estado Cevallos fue fruto de intrigas provocadas por Tatiščev, quien quería a toda costa constituir un grupo de gobierno adicto a la política rusa. En el curso de los meses siguientes, la actuación del embajador ruso no será sino una enconada lucha para salir al paso de los planes del ministro en la mayoría de asuntos europeos, que, después del Congreso de Viena, habían quedado por resolver. Y el hecho es que a principios de verano de 1816, Tatiščev había plenamente alcanzado su objetivo. Veamos cómo.

2. Las crisis del año 1816

Si el Congreso de Viena había permitido integrar a los países europeos a un nuevo orden internacional, no había servido, en cambio, para solucionar los problemas españoles.

El país se hallaba a principios de 1816 en una situación delicada, prácticamente marginado de todo cuanto constituía la vida política internacional.

Las razones de este aislamiento no son conocidas; ante todo, la negativa española de acceder al Acta Final del Congreso de Viena (20 de noviembre de 1815), a la que debía seguir, casi inmediatamente, la no adhesión al tratado de la Santa Alianza. Conocemos también el porqué de esta actitud: esencialmente, la desfavorable solución que el problema italiano había encontrado para la causa española en el Congreso; segundo, la exigencia de que la plaza de Olivenza fuese restituida a Portugal. Restaba por resolver asimismo el asunto de la trata de negros. Y aún nos queda por señalar la faceta más importante en nuestra historia: el siempre latente problema de América.

Examinemos primero hasta qué punto Rusia ejerció una influencia en los designios de la política española durante el año 1816, los móviles a que obedeció y las consecuencias que trajo

---

ministro de Estado a partir del 26 de enero de 1816 hasta el 30 de octubre del mismo año.

[15] Vid. para un estudio de aquella crisis la obra de Fontana Lázaro, *La Quiebra*, pp. 104-107.

[16] Vid. Baumgarten, *Geschichte*, p. 142.

consigo. Por lo pronto, conocemos las muestras de simpatía con que Alejandro I había acogido el regreso de Fernando a la patria. El día 30 de junio/12 de julio de 1814, el zar envía un mensaje al soberano español concebido en los siguientes términos[17]:

> Monsieur Mon Frère. La part glorieuse qu'a eue la nation espagnole au rétablissement de l'indépendance politique de l'Europe, la constance avec laquelle elle a soutenu une lutte sanglante qui avait le retour de ses souverains légitimes pour objet, a fait l'admiration de tous les peuples, et mon premier soin est de féliciter v. m. de se retrouver dans sa capitale, où mon conseiller privé de Tatischeff lui porte l'assurance de tous mes sentiments...

A) EL PROBLEMA ITALIANO. LA ACCESIÓN AL TRATADO DE LA SANTA ALIANZA. Uno de los primeros problemas que debemos abordar es el de la adhesión de España al Tratado de la Santa Alianza, así como el asunto de la firma del Tratado de París. Sabido es que Fernando VII firmó el 31 de mayo de 1816 el Acta de acceso, y sabido es también que el ministro de Estado en funciones, Cevallos, lo ignoró durante largo tiempo[18].

Ahora bien, ¿qué implicaba aquella accesión, sino un abandono más de la política inglesa y una aproximación más a la política rusa?

Puntualicemos varios aspectos de la cuestión.

La verdad es que, si el éxito conseguido por Tatiščev en aquel asunto es innegable, éste se había visto sobremanera favorecido por la postura de algunos miembros del Parlamento británico. A principios de marzo de 1815, y más tarde en febrero de 1816, los miembros de la oposición en la Cámara de los Comunes atacaron durísimamente al gobierno de Fernando VII y al ministro Castlereagh por sus relaciones con éste[19].

No resultará difícil imaginar el efecto que tales demostraciones produjeron en el ánimo del rey de España. Y bajo estas circunstancias, otro acontecimiento —decisivo éste— vino a acabar

---

[17] Vid. VPR, *I, 8,* p. 62.
[18] Vid. Villa Urrutia, *España,* p. 124, nota 1.
[19] Vid. Baumgarten, *Geschichte,* pp. 145-147. Fontana Lázaro cita en su obra *La quiebra* las palabras del primer ministro inglés Castelreagh dirigidas al embajador en Londres Fernán Núñez, quien temía «que la baja opinión que en Inglaterra se tiene del Gobierno Español y su marcha en los negocios interiores produxese efectos desagradables y de muy fatales resultados...» (página 112).

con la escasa simpatía que el rey Fernando sentía hacia Inglaterra. Fue éste la sospecha de que la conspiración de Richart, más conocida con el nombre de Conspiración del Triángulo, había tenido lugar con complicidad inglesa [20].

Paralelamente, y en la política internacional, España tenía que resolver el problema que había motivado su negativa a acceder a la Santa Alianza, a saber la cuestión del Ducado de Parma. Y este asunto había de provocar, en los primeros meses de 1816, un juego diplomático entre las cortes de Madrid, Viena y San Petersburgo.

A principios de marzo de 1816 (el 9/21), Pozzo di Borgo comunicó al conde de Nesselrode los principales puntos que obstaculizaban el feliz desenlace de los problemas europeos [21]:

> L'Espagne, decía, n'a point adhéré entièrement au Congrès de Vienne, attendu ses prétentions en Italie; mais elle offre d'adhérer au traité de Paris, avec la réserve expresse que cette adhésion n'apportera aucun préjugé aux protestations faites par elle contre les transactions du Congrès de Vienne...

Ahora bien, para entender lo complejo de la situación española en aquel momento se hace necesario recordar que, mientras tenía lugar el intento de hallar una solución al problema de Parma, que fuese viable para España, Fernando VII había firmado el acceso a la Santa Alianza, sin poner en conocimiento de ello a su ministro de Estado. Es decir, que mientras los diplomáticos españoles se esmeraban por resolver lo mejor posible un problema pendiente, el rey parecía echar a rodar toda posibilidad de hallar un arreglo honroso para España en aquel asunto.

Es muy poco cuanto sabemos sobre la actuación que el rey de España estaba llevando por su cuenta en aquellos primeros meses del año 1816. Pero lo que parece fuera de dudas es que existió una correspondencia directa entre Fernando VII y Alejandro I, favorecida por la astucia del embajador Tatiščev. Sabemos que el 31 de marzo el zar envió una carta al rey de España, cuyo contenido hacía alusión directa a la amnistía para los liberales y los comprometidos en las diversas conspiraciones [22].

---

[20] Vid. Baumgarten, *Geschichte*, p. 152, y Bernhardi, *Geschichte*, p. 505.

[21] Le General Pozzo di Borgo au Comte de Nesselrode núm. 409. París, 9/12 mars 1816, en SBORNIK, T. 112, p. 452.

[22] Citado por Becker, *Relaciones*, pp. 418-419. Vid. también Bernhardi, *ob. cit.*, p. 504, quien reproduce parte de este texto en alemán. Vid. también Villa Urrutia, *España*, p. 123.

A este escrito del zar de Rusia respondió Fernando VII con una carta fechada en abril de 1816[23], en la que el rey de España daba muestras de inmensa gratitud hacia el soberano que se mostraba dispuesto a ayudarle. Expresaba el rey su opinión según la cual, con la ayuda de Dios, restablecería el orden en el interior; en el asunto colonial, abrigaba esperanzas de que la unión con la madre-patria volvería a «robustecerse». En lo que hacía a las dificultades europeas, no dudaba el soberano español que hallarían éstas rápida solución, en cuanto las demás potencias se enterasen del interés que la Monarquía española merecía a Alejandro. Finalmente y como para expresar su agradecimiento, Fernando VII anunciaba al soberano ruso que había accedido a la Santa Alianza[24].

El acceso de España a la Santa Alianza aparecía así como un mero asunto privado, destinado a favorecer únicamente al rey, que había sabido granjearse la amistad del zar de Rusia.

Ahora bien, conviene recalcar que si el embajador ruso había logrado un éxito muy claro, se había visto poderosamente ayudado en su empeño por dos personalidades españolas que coincidieron en Madrid a principios de junio de 1816. La primera fue el entonces cónsul general en San Petersburgo, Francisco de Zea Bermúdez[25], y la segunda el embajador en Berlín, José García de León y Pizarro[26].

La presencia de Zea en Madrid fue, a decir de Pizarro, decisiva, puesto que nadie podía contradecirle, cuando afirmaba que lo que él decía merecía la aprobación de Alejandro I. Así fue como el 6 de junio de 1816, Zea entregó una nota a Cevallos, sugiriendo que España debía reconsiderar su política exterior y convertirse en la primera aliada de Rusia[27].

El hecho es que el mismo día 6 de junio, la diplomacia española pareció querer cumplir al pie de la letra los deseos de Zea.

---

[23] Citado por Villa Urrutia, *España*, pp. 123-124.
[24] Idem.
[25] Vid. Baumgarten, *Geschichte*, T. III, p. 159, quien escribe: «Im Juni erschienen der spanische Gesandte in Berlin Don Josef Garcia de Leon y Pizarro und der General consul in Petersburg Don Francisco de Cea Bermudez in Madrid, um den russischen Gesandten in dem Kriege gegen ihren Chef zu unterstützen...»
[26] Vid. Pizarro, *Memorias*, T. I, p. 141.
[27] Citado por Villa Urrutia, *España*, pp. 122-123, nota 4.

Se cursó un despacho a Ignacio Pérez de Lema en San Petersburgo, ordenándole que procurase conseguir la mediación del emperador Alejandro en cuantos problemas España tenía aún por solucionar: tratábase, ante todo, de las indemnizaciones que Francia nos debía; del asunto de Etruria; del problema de la piratería berberisca en el Mediterráneo, y sobre todo «de poner remedio a las revoluciones de las Americas, cuya conservación en la dependencia de la España interesa a todas las Naciones que son o pueden ser industriosas... quando por el contrario la independencia de la America lexos de abrir el comercio a todas las Potencias le hará... (ilegible) de aquella que domine los mares...» [28].

Esta nota de Cevallos fue confirmada unas semanas más tarde por una carta de Fernando VII a Alejandro I, del 3 de julio de 1816, en la que requería su ayuda para solucionar los problemas italianos, reclamando «su intervención en favor de la Reina de Etruria, por no haberse podido entender con el Gabinete de Viena y expresándole sus deseos de que se reconociera a la infanta Doña María Luisa el derecho de suceder a sus Estados patrimoniales y se elevara mientras tanto su pensión a un millón de francos, convirtiéndola en Soberanía territorial, para lo cual había de añadirse el Ducado de Luca los de Massa y Carrara, y aun, si necesario fuere, parte de la Toscana. Otra aspiración del Rey era que se declarase la sucesión eventual de la Corona de Cerdeña en favor de la Casa de Parma, a la extinción de la línea masculina de la Casa de Saboya» (3 de julio de 1816) [29].

El caso era, pues, que ya a principios de verano de 1816 España requería la ayuda del zar de Rusia en asuntos de tan grave alcance como eran la cuestión italiana o la pacificación de América. Y para dejar bien asentado el lugar que a partir de entonces se entendía conceder a la alianza rusa en la política exterior española, procedióse en julio de 1816 a nombrar a un ferviente partidario de dicha alianza, Francisco de Zea Bermúdez, ministro residente cerca de Alejandro I [30].

[28] Real Orden de Pedro Cevallos a Ignacio Pérez de Lema, Madrid, 6 de junio de 1816, en *AHN, Estado,* leg. 6 125.
[29] Citado por Villa Urrutia, *La Reina de Etruria,* pp. 134-135.
[30] El 16 de julio de 1816 se comunicó a Pérez de Lema el nombramiento de Zea Bermúdez en tanto que Ministro Residente cerca del Emperador de Todas las Rusias, en *AHN, Estado,* leg. 6 125 [3], y Baumgarten, en *Geschichte,* página 159.

Las instrucciones que se entregaron a Zea, fechadas a día 13 de julio, no fueron sino la repetición de lo que se había encargado a Lema un mes antes [31]:

> Debe Vs. interesar el alma justa y generosa de Alejandro I en el desagravio de una Reyna victima antes de la politica propia del usurpador y despues de los arreglos del Congreso...
>
> Debe tambien interesarse á S. M. Y y R. en q.ᵉ alimente su magnanimo y benefico corazon, promoviendo la idea del Rey de enfrenar la pirateria de los Moros...
>
> La pacificación de ntras Americas es otro de los cuydados graves de nuestro Soberano... La Ynglaterra seria la unica que ganase, pr una exclusiva comercial de hecho ... Los Estados Unidos protejen de hecho à los rebeldes de Nueva España ... será oportuno que la Rusia, p.ʳ medio de su Embiado en Filadelfia, apoye las justas y continuas reclamaciones de S. M. C...
>
> Debe trabajar V. S. muy particularmente p.ᵃ inquirir las ideas de la Compañia ruso-Americana de Petersburgo en establecerse en la Alta California sobre territorio español; y apurar si el Gobierno tiene miras de introducirse baxo estos pretextos mercantiles y en tal caso si obra p.r si solo ó de acuerdo con los Ingleses, ó Anglo-Americanos...

La pregunta surge aquí inevitablemente: ¿cuál fue la reacción de la política rusa ante la demanda de auxilio de Fernando VII para solucionar el problema italiano, que es el que nos interesa ahora?

Alejandro contestó a la carta de Fernando VII del 3 de julio el 10/22 de agosto de 1816, comunicándole que Tatiščev se encargaría de transmitirle sus órdenes. Por lo demás, el zar reiteraba su opinión, según la cual el asunto de Lucca no debía enturbiar las relaciones entre las cortes aliadas [32].

El zar de Rusia se limitó a una maniobra diplomática que en nada favorecía los intereses españoles: consistía ésta en rogar al rey de Francia que interviniese, de manera confidencial y secreta, cerca de Su Majestad Católica para que ésta aceptase lo estipulado en Viena, y ante todo, cuanto hacía referencia a la archiduquesa María Luisa. El encargado de llevar a cabo la difícil misión cerca del rey de Francia era Pozzo di Borgo y la fecha de

---

[31] Pedro Cevallos a Francisco de Zea Bermúdez, 13 de julio de 1816, en *AHN, Estado*, leg. 6 125 [2].

[32] Vid. VPR, *II, 1*, pp. 232-233.

la instrucción llegada desde San Petersburgo era el 9/21 de julio de 1816 [33].

En cuanto al ideario político de Alejandro que había motivado tal decisión, Nesselrode lo resumió con las siguientes palabras:

> maintenir la paix dont jouit le monde, en fonder la stabilité sur un juste équilibre et sur une grande alliance; faire participer à la composition de l'un et de l'autre la France et l'Espagne... [34].

La noticia de la postura del emperador ruso fue objeto de una carta del embajador español en San Petersburgo, Pérez de Lema, enviada el 22 de julio de 1816 [35] y que respondía a las Reales Órdenes del 6 de junio. Daba cuenta en ella el representante español del resultado de sus conferencias sobre el tema con el conde Capo d'Istrias. Una vez percatado de la mediación que Alejandro entendía pedir al rey de Francia y de la escasa fortuna que presidía a las reclamaciones españolas, resumía el embajador [36]:

> conviene que V. E. apresure las indemnizaciones que haya que pedir, pues no dudo, mediante lo que digo que por aquí se contribuya a contentarnos. Esto que digo à V. E. se corrobora con la mediación que ha solicitado este Gobierno de la Francia, y de que me ha dado parte de palabra el Conde, para que el Rey N. S. acceda a lo decidido en el Congreso de Viena, y verá V. E. como urgen para ello. Igualmente corrobora lo dicho una conversación que he tenido con el Baron de Strogonoff de la que he inferido que aqui se teme mucho el que se rebuelva la Europa...

Ahora bien, desde el envío del citado despacho de Pérez de Lema hasta la firma del tratado supletorio al Acta del Congreso de Viena, que determinaba la reversión de los ducados de Parma, Plasencia y Guastalla y del Principado de Luca (10 de junio de 1817) [37], transcurrió un año, rico en acontecimientos, y durante el

---

[33] Le Comte de Nesselrode au General Pozzo di Borgo, Saint Pétersbourg, 9/21 juillet 1816, en SBORNIK, T. 112, pp. 577-578.

[34] Le Comte de Nesselrode au General Pozzo di Borgo, Saint Pétersbourg, 9/21 juillet 1816, en SBORNIK, T. 112, pp. 568-569.

[35] Dn. Ignacio Pérez de Lema al Excmo. Sr. D. Pedro Cevallos, Reservada, Sn. Petersburgo, 22 de julio de 1816, en *AHN, Estado*, leg. 6 125 [1].

[36] Idem.

[37] Vid. Cantillo, *Tratados*, pp. 794-795. El título ruso rezaba así: *Traktat meždu dvorami rossijskim, avstrijskim, gišpanskim, francuzškim, velikobritanskim i prusskim zaključennyj v Pariže 20 maja/10 jiunja 1817 goda*, en *Dokumenty dlja istorii diplomatičeskich snošenij Rossii*, T. 2, pp. 575-580 (texto en ruso y en francés).

cual la diplomacia rusa se consagró a solucionar el problema pendiente. Veamos cómo.

El 9/21 de agosto de 1816, Nesselrode informó a Pozzo en París de la existencia de una correspondencia secreta entre Fernando VII y Alejandro I, en la cual el rey de España pedía al emperador ruso que interviniera en el asunto de Parma y le formulaba los ruegos siguientes, que nosotros ya conocemos a través de la carta de 3 de julio [38].

Acto seguido, exponía Nesselrode los deseos del zar en aquel asunto. Ante todo, era necesario que nadie supiese el paso confidencial llevado a cabo por Su Majestad Católica («il est essentiel que ni les agents du Roi ni vos collègues n'aient connaissance de la démarche que Sa Majesté Catholique a faite envers Sa Majesté Impériale»); después, ordenaba el zar a Pozzo que informase al duque de Richelieu sobre el asunto y sobre la opinión que el caso merecía a Su Majestad Imperial:

> afin qu'il puisse, en donnant suite à notre idée primitive de faire arriver aux Alliés par le cabinet des Tuileies les voeux de l'Espagne, accepter de la part de cette puissance les propositions qu'elle fera pour la satisfaction de la Reine d'Etrurie et du prince son fils, en écartant toutefois les vues qu'elle énonce pour l'établissement eventuel de ce prince...

Recalcaba Nesselrode, de manera inequívoca:

> Le Roi [de España] dans une lettre dont aucun des ministres n'a eu connaissance... [39].

B) ECOS MEDITERRÁNEOS. Hasta ahora todo parecía girar alrededor de la cuestión italiana, de la insatisfacción que había producido en la corte española la solución dada en el Congreso de Viena al problema de Etruria, insatisfacción a la que se unía amargura, por haber sido relegada España a potencia de segundo orden.

Sin embargo, a mediados de 1816, la situación surgida del Congreso de Viena parece haber experimentado algún cambio debido a la demanda de ayuda a Rusia por parte de Fernando VII y a la voluntad de Alejandro de no desatender eventuales requerimien-

---

[38] Le Comte de Nesselrode au Général Pozzo di Borgo, Saint-Pétersbourg, 9/21 Aôut 1816, en SBORNIK, T. 112, pp. 603-605.

[39] Idem, p. 603.

tos españoles, aunque sea a través de un tercero, en este caso de Francia. Asistimos —no cabe dudarlo— al inicio del acercamiento entre Rusia y España, que no pasa desapercibido a los observadores del momento. ¿Cómo pensar que ingleses —y de rechazo austríacos— no advirtiesen en aquellos instantes las posibles implicaciones de aquella nueva situación? Porque, en efecto, una alianza entre Rusia y España podía acarrear, en un punto muy preciso, un extraordinario avance zarista en Europa y quebrar la política de equilibrio: esto era, en lo que hacía a una nueva penetración rusa en el Mediterráneo.

Sería excesivo desarrollar aquí el tema, ya antiguo, del interés ruso por asentarse definitivamente en el Mare Nostrum [40]. Pero, cuando se intente, habrá que abarcar también la problemática surgida en los años 1816-1817, en torno a una posible cesión de la isla de Menorca al Imperio ruso.

¿Existió o no el mencionado proyecto? Todos los autores concuerdan en una respuesta afirmativa, si bien la mayoría hablan de un rumor surgido solamente en 1817 [41]. Ahora bien, ¿quién lo difundió y por qué? ¿Fue fruto de difamaciones inglesas y austríacas, o correspondió efectivamente a la realidad?

Puntualicemos otro aspecto de la cuestión. Hasta ahora hemos fijado nuestra atención en cuanto se refería al interés ruso por España. Pero, en la política mediterránea del zar, hay que incluir también a la península italiana: la lucha de los Estados italianos —en particular del Piamonte— por frenar la supremacía austríaca representa un elemento de gran importancia en la coyuntura de la Europa de la Restauración [42].

Dentro de esta perspectiva, la política austríaca hizo cuanto pudo para dar a entender en Londres que lo que Rusia deseaba

---

[40] Quien quiera informarse sobre el avance ruso en el Mediterráneo, puede acudir a Schop Soler, *Die spanisch-russischen Beziehungen*, pp. 117-139; 176-193; ídem, *Las relaciones*, pp. 46-48 y 52-55. La obra de Uljanickij, *Russkija konsul'stva za graniceju*, es un excelente estudio sobre la proyección comercial rusa a orillas del Mediterráneo durante el siglo mencionado. Vid. también sobre el avance ruso en el Mediterráneo, a finales del siglo XVIII y principios del siglo XIX, la interesante obra de Norman Saul, *Russia and the Mediterranean*, que estudia la problemática del despliegue ruso en los Balcanes y las islas Jónicas a raíz del avance francés en Italia. Vid. también las obras de Sirotkin, Stanislavskaja y Družinina, citadas en la bibliografía a este trabajo.

[41] Villa Urrutia, *Fernando VII*, pp. 227-228.

[42] Vid. a este respecto la interesantísima obra de Berti, *Russia e...*, páginas 363-365.

13

era un alegato que justificase una nueva penetración en el Mediterráneo. Roselli ha comentado la situación diciendo que «L'Austria cercava di suscitare a Londra fantasmi di una Russia mirante a penetrare nel Mediterraneo». Ahora bien, parece ser que en julio de 1816, la primera reacción de Castlereagh ante tales afirmaciones fue la de una franca sorpresa; él mismo lo subrayó de manera inequívoca en una carta a Charles Stewart [43].

En lo que quedaba de 1816 y durante 1817, por todas las cortes europeas se esparció la noticia [44].

El problema requiere, indudablemente, alguna consideración. No nos interesa aquí la autenticidad o la falsedad del rumor. Baste con señalar su existencia y las implicaciones que tuvo.

Cierto que, al estudiarlo, no se nos puede quedar atrás la posibilidad de una maniobra austríaca o inglesa en el asunto. Metternich relacionó hábilmente, en aquellos momentos, dos puntos esenciales de la crisis: el 20 de febrero de 1817 escribía al embajador austríaco en San Petersburgo Lebzeltern [45]:

> ... Si l'affaire de Minorque est vraie, il en naîtra de graves complications. On ne nous fera pas à Pétersbourg le reproche de ne pas être larges et coulants dans ce qui dépend de nous. Nous ne ferons cependant jamais la guerre ni au Brésil, ni à Caracas, ni à Buenos-Ayres.

Las palabras del canciller austríaco señalaban, sin duda posible, la conexión entre hechos gravísimos: el avance ruso en el Mediterráneo, la crisis en América y la liquidación del problema italiano.

C) OTRA VEZ LA CRISIS ITALIANA. Volvamos ahora a la crisis italiana y a sus implicaciones, en suspenso desde el verano de 1816. Encomendadas las gestiones en París a Pozzo di Borgo, éste no pareció tener un excesivo interés en solucionar la crisis favorablemente a España. El 27 de agosto/8 de septiembre de 1816, el embajador ruso en París comunicó a Nesselrode que la divergencia de parecer entre las cortes de Madrid y París dificultaba en aquel

---

[43] Vid. Rosselli, *Piemonte e Inghilterra*, p. 55 (vid. también Berti, *ob. cit.*, página 365, nota). Por lo demás, cabe señalar que al mismo tiempo que corrían rumores sobre un convenio hispano-ruso respecto del Mediterráneo, también existían sospechas al respecto sobre un acuerdo entre Rusia y Piamonte. Vid. Bianchi, *Storia*, p. 238.

[44] Vid. Debidour, *Histoire diplomatique*, T. I, pp. 106-107.

[45] Vid. LEBZELTERN, p. 213.

momento la mediación francesa [46]. Que, por otra parte, el conde de Fernán Núñez había llevado a cabo una gestión en Londres, solicitando la ayuda inglesa en el asunto, sin que Pozzo di Borgo u otra persona tuviese conocimiento de ello. Y el 3/15 de septiembre puntualizaba a Capo d'Istria [47]:

> Ayant reconnu que l'Espagne par ses différentes communications, tantôt secrètes de la part du Roi, tantôt officielles de la part de son ministère avait croisé ses propres démarches et compliqué l'affaire, j'ai cru qu'il était prudent d'attendre un développement.

Lo que ocurría era, pues, claro: por una parte, actuación del rey, a espaldas de su ministerio, en busca de una ayuda eficaz y personal de Alejandro I; por otra parte, intervención de la Secretaría de Estado —en este caso el aviso cursado a Fernán Núñez— y el evidente deseo de mezclar a Inglaterra en la solución del problema. Tal diversidad de actuaciones provocó la cólera de Tatiščev, quien, a decir de Villa Urrutia [48], el 5 de septiembre de 1816, escribió una carta a Fernando VII, advirtiéndole de las fatales consecuencias que podría tener el llegar a un acuerdo con la corte de Viena, sin la intervención rusa; el rey de España no debía olvidar que era él, quien había puesto el asunto en manos del zar: urgía, por lo tanto, evitar que la Secretaría de Estado practicara gestiones contrarias a las de su Majestad Imperial...

La iniciativa de Cevallos, tan desacorde con las intrigas de Tatiščev, había de costar cara al ministro. La citada carta del embajador ruso a Fernando VII fue la sentencia de muerte para el secretario de Estado. A finales de octubre de 1816, Cevallos era sustituido por José León y Pizarro. La razón asiste a Baumgarten cuando apunta que el nombramiento de Pizarro representaba un triunfo de la política rusa, que no dejaría de tener mayores consecuencias [49].

Por lo pronto, ante la misiva escrita por Tatiščev el 5 de septiembre, Pizarro reaccionó enviando inmediatamente un despacho a Zea en San Petersburgo, en el que aclaraba la confu-

---

[46] Le General Pozzo di Borgo au Comte de Nesselrode, París, 27 août/8 septembre 1816, en SBORNIK, T. 112, pp. 613-614.

[47] Le General Pozzo di Borgo au Comte Capo d'Istria, París, 3/15 de septembre de 1816, en SBORNIK, T. 112, pp. 622-623.

[48] Vid. Villa Urrutia, *España*, p. 126, nota 2.

[49] Vid. Baumgarten, *Geschichte*, T. III, p. 163: «Die Ernennung Pizarro's war ein folgenreicher Triumph der russischen Politik».

sión surgida a raíz de la maniobra de Cevallos [50]. Tras haber repetido los anhelos de su Majestad en la cuestión italiana, añadía el despacho real:

> ... pero es indispensable que V. S. sepa que al mismo tiempo que el Rey hacía sus pasos confidenciales con el Emperador en este negocio, el Ministro de Estado daba otros pasos diferentes por medio de los embajadores de Londres y París, pidiendo otras concesiones menos ventajosas al Rey, y sin duda estos pasos, lejos de adelantar el negocio, lo han paralizado... [51].

Efectivamente, la llamada «doble diplomacia» no había hecho muy buen servicio a la causa española. En efecto, el zar, aprovechando la ocasión que se le presentaba, no tuvo dificultad alguna en culpar a los representantes españoles de la dificultad que en aquel momento representaba para él intervenir en el asunto de la reversión italiana. Cuando Zea le rogó que hiciese cuanto estaba en su mano para zanjar la cuestión, Alejandro respondió [52]:

> Me dio luego a entender que no habría tenido reparo alguno en haber procurado atraer la negociación de éste negocio baxo su inmediata mediación, como yo le propuse, si nuesto Gobierno no hubiese recurrido por otra parte a la interposición de la Gran Bretaña, la qual había dado ya pasos en el particular, y que en este estado de cosas convenia no mudar de sistema...

Por lo demás, no será difícil adivinar la impresión causada en el mundillo diplomático por los frecuentes cambios ministeriales que tenían lugar en Madrid [53].

A principios del año 1817, concretamente el 1/13 de febrero, Zea Bermúdez pudo enviar a León y Pizarro un despacho muy reservado; en él apuntaba una vez más la opinión de la corte rusa sobre el aún no resuelto problema de Etruria. En realidad, lo que Zea hacía era limitarse a glosar en su carta un escrito que sobre el asunto le había entregado Nesselrode [54]. Y he aquí lo que en él se decía:

---

[50] Vid. Villa Urrutia, *España*, pp. 128-130.

[51] Idem.

[52] Francisco de Zea Bermúdez a Pedro Cevallos, San Petersburgo, 14/26 de noviembre de 1816. En cifra, núm. 4, en *AHN, Estado*, leg. 6 125 [3].

[53] Pozzo di Borgo lo comentaba a Nesselrode, 3/15 décembre 1816, en SBORNIK, T. 112, p. 725.

[54] Zea Bermúdez al Excmo. Sr. Dn. José García de León y Pizarro, San

... el Emperador apunta, como unico medio acertado, que el Rey N. S. usando de las expreciones que den mas realce á una resolucion semejante, empieze por mandar notificar, por medio de sus respectivos agentes diplomaticos y por circulares de un mismo tenor, à las Cortes signatarias del tratado de Viena, que S. M. ha resuelto acceder à dicho tratado, salvo no obstante la reserva que juiciosamente indica la referida minuta adjunta...

Además, los embajadores del rey deberían comunicar a las demás cortes donde estuviesen acreditados [55]:

Que S. M. Catholique a cessé de rendre conditionnelle son accession au Recez de Vienne, parce qu'elle est convaincue des sentimens qui animent *toutes les Puissances indistinctement* dans l'affaire de Marie Louise...
Que si même elles n'amenaient à aucun résultat satisfaisant, S. M. se plaît à s'en reposer sur les résolutions que les Souverains prendront à cet égard, *dès que leur réunion prévue par le traité du 8/20 Novembre aura lieu...*

Zea apuntaba en la carta que aquella propuesta le parecía muy válida, puesto que podría incitar a pensar a los demás países, que existía alguna combinación secreta entre la corte de Madrid y la de San Petersburgo, y por lo tanto, facilitaría el acceso de España al concierto de naciones.

Sin embargo, y como es de sobra conocido, las cosas no fueron exactamente así, y lo único que podemos decir con certeza es que la corte rusa, bajo pretexto de ayudarnos cuanto podía en aquel asunto, no hizo en realidad nada que pudiera sernos verdaderamente útil, por falta de interés, o por temor, a enfrentarse con la corte de Viena. El día 18 de abril de 1817 se enviaron a Tatiščev unos documentos que, con el título de «*Aperçu de l'expédition adressée à Mr. de Tatistcheff*» [56], consignaban la postura rusa en

---

Petersburgo, 1/13 de febrero de 1817. Muy Reservada, en *AHN, Estado*, legajo 6 126 [1], y el escrito de Nesselrode del 31-1/12-2-1817, en *VPR, II, 1*, páginas 441-444. El título del documento ruso rezaba así:

Résumé de l'Opinion de la Cour de Russie sur l'accession de l'Espagne au Recez de Vienne, et les arrangements relatifs à S. M. l'Infante Marie Louise, St. Pétersbourg, le 31 Janvier 1817.

[55] Subrayado en el texto.
[56] En *AHN, Estado*, leg. 6 125 [1].

diversas cuestiones pendientes y, entre otras, en el asunto de «Trois Duchés». El zar limitábase a decir:

> Il n'appartient pas au Cabinet de St. Pétersbourg de se prononcer le premier sur les conditions articulées par le Ministère Autrichien. Le vote du plénipotentiaire de l'Empereur se réunira à ceux de la majorité de Ses collègues, étayé du consentement de l'Espagne...

Añadía Alejandro que deseaba ver participar a España en «l'Association Générale des Puissances de l'Europe», mediante la conformidad dada al tratado de Viena. Era, pues, de esperar que «l'Espagne offre à son tour quelques facilités pour conduire cette négociation à une prompte issue...» [57].

El resultado de las «facilidades» que España hubo de conceder en aquella ocasión es también cosa sabida. El 29 de mayo/10 de junio de 1817 se firmó en París un tratado entre Rusia, Austria, Francia, Gran Bretaña, Prusia y España que consagraba la reversión de los ducados de Parma, Plasencia y Guastalla, que a la muerte de la archiduquesa María Luisa de Austria, pasarían a la infanta española María Luisa, y después a su hijo el infante Carlos Luis. Todas las esperanzas españolas de recibir nuevos estados para la reina de Etruria y mayor renta que la estipulada en Viena, se venían abajo; con el agravante de tener que tolerar una división austríaca en Plasencia, y devolver Lucca.

D) EL ASUNTO DE LA TRATA DE NEGROS. Paralelamente a la negociación relativa a la cuestión de Etruria, la diplomacia española —y singularmente Zea Bermúdez— llevó a cabo en San Petersburgo otra serie de negociaciones referentes al asunto de la abolición de la trata de negros [57a]. Lo curioso del caso es que en aquella cuestión la política rusa pareció estar de acuerdo con los intereses ingleses.

Fue a principios de 1815 cuando Tatiščev, siguiendo órdenes de Nesselrode, inició una serie de gestiones en Madrid con vistas a lograr el asentimiento del rey de España en aquel asunto. Es más: la política rusa propuso a Fernando VII que aceptase la mediación de Alejandro I para solucionar aquel conflicto con Inglaterra.

---

[57] Idem.
[57a] Vid. sobre el tratamiento dado al asunto de la trata de negros en el Congreso de Viena el artículo de Berding.

Resulta muy interesante a este respecto leer algunos párrafos escritos por Tatiščev a Nesselrode el día 27 de febrero/11 de marzo de 1815[58]. He aquí lo que decía el embajador ruso:

> ... il m'a paru indispensable de préparer les voies de manière à ne me laisser aucun doute sur l'acceuil favorable de la démarche que j'allais faire. Je fis pressentir les dispositions du roi par le moyen des intelligences que je me suis ménagées directement auprès de s. m. catholique et je ne tardai pas à m'assurer que le roi rendant justice à la pureté des intentions de l'empereur notre maître, accepterait avec empressement l'intervention de s. m. i. dans l'affaire de l'abolition définitive de la traite des nègres...

Acto seguido, Tatiščev había pedido una entrevista a Cevallos, que se había celebrado, siguiendo la descripción del embajador ruso, el día 8 de febrero, y durante la cual Cevallos se había mostrado plenamente de acuerdo con los deseos rusos[59]. Adjuntaba Tatiščev a su informe la nota[60] que había dirigido por escrito a Cevallos, cotejándola con la observación siguiente:

> ... La réponse est connue d'avance. Elle sera entièrement conforme aux intentions de l'Empereur...[61].

---

[58] En VPR, *I, 8*, pp. 221-222.

[59] He aquí el comentario del embajador ruso: «Les choses étant ainsi disposées je demandai à M. de Cevallos une entrevue qui a eu lieu dans la soirée du 8 courant. Il m'apprit ce que je savais déjà avant lui, et en général je l'ai trouvé abondant dans le sens désiré et même renchérissant sur la nécessité d'admettre notre intervention dans leurs arrangements avec le gouvernement anglais relativament à la suppression de la traite des nègres» (ídem, p. 222).

[60] *Nota poslannika v Madride D. P. Tatiščeva ministru inostrannych del Ispanii Seval'osu* (Nota del embajador en Madrid D. P. Tatiščev al ministro de Asuntos Exteriores de España Cevallos), 25 febralja/9 marta (25 de febrero/9 de marzo), en VPR, *I, 8*, pp. 217-218:

> «S. m. i. en appelant la sollicitude du gouvernement espagnol sur la cause de cette classe infortunée, n'ignore pas les difficultés que présente pour l'Espagne l'abolition spontanée de la traite des nègres par la complication des intérêts qu'on craindrait de froisser et l'obstination des opinions qu'on ne voudrait pas effaroucher. Mais si l'équité du principe est une fois reconnue, l'empereur Alexandre se flatte que la piété éclairée du roi et sa prudence sauront prendre les arrangements convenables pour apaiser le cri de l'humanité sans heurter les intérêts du pays et des sujets.»

[61] Vid. nota 58.

Como se puede observar, no deja de ser sorprendente el tono adoptado en su carta por el embajador ruso, el cual no duda ni por un momento que pueda haber dificultad alguna en la respuesta que espera del gobierno de Fernando VII.

Algunos meses más tarde, en mayo de 1815 [61a], Alejandro I mandó una instrucción a su representante en la corte portuguesa, F. Balk-Polev, en la que dejaba bien asentado cuáles eran sus opiniones en el asunto de la abolición de la trata. El zar, haciendo hincapié en los propósitos de humanidad que presidían a sus decisiones, señalaba que no podía por menos que unirse a las potencias que deseaban la supresión —inmediata o paulatina— de aquella horrible institución, y que por lo tanto, sumaría sus esfuerzos a los de Inglaterra.

Bien entendido, sin embargo, que el zar no toleraría en modo alguno que aquella resolución favoreciese únicamente a quienes, a raíz de aquella supresión, quisieran establecer una verdadera dictadura marítima en favor de su política comercial y colonial.

Por lo demás, nos consta, por haber sido relatado ya en otro estudio [61b], que el problema volvió a resurgir a principios de 1816, ante la insistente exigencia de Inglaterra de llegar pronto a un acuerdo sobre la abolición de la trata. Pero lo que me interesa apuntar es que a finales de 1816/principios de 1817 se dieron órdenes a Zea Bermúdez en San Petersburgo, para que intentase lograr la ayuda del emperador Alejandro en aquel asunto. El representante español cursó el 28 de enero/9 de febrero de 1817 un despacho a Madrid [61c], en el que parecía que el conde Capo d'Istrias le había dado algunas esperanzas al respecto. Sin embargo, el día 30 de enero, el gobierno ruso entregó una nota a Zea, en la que se limitaba a subrayar que el embajador español en Londres, hallaría siempre la ayuda necesaria en la persona del embajador ruso, conde de Lieven, puesto que se trataba de un asunto «fondée sur des principes admis au Congrès de Vienne, sanctionné en général par les dernières transactions et conforme au voeux des puissances européennes» [61d].

[61a] *Instrukcija Aleksandra I P. F. Balku-Polevu (Instrucción de Alejandro I a P. F. Balk-Polev)*, en VPR, *I, 8*, pp. 362-363, núm. 160.

[61b] Vid. Fontana Lázaro, *La quiebra*, pp. 112-115.

[61c] Francisco de Zea Bermúdez al Excmo. Sr. Dn. Josef García de León y Pizarro, San Petersburgo, 28 de enero/9 de febrero de 1817, núm. 300, en *AHN, Estado*, leg. 6 126 [1].

[61d] S. Petersbourg, ce 30 Janvier 1817, en *AHN, Estado*, leg. 6 125 [3].

En resumen, lo que en aquellos momentos aparecía claro, era que Alejandro no había favorecido en absoluto los intereses de la Monarquía española, que se vio obligada a firmar un tratado con Inglaterra, el 23 de septiembre de 1817 [61e] mediante el cual «se abolía inmediatamente el tráfico de esclavos en las costas africanas al Norte del Ecuador y se ordenaba que cesase en todo el continente a partir de mayo de 1820». España recibía la cantidad de 400.000 libras esterlinas, que habían sido cedidas ya un mes y medio antes de que se firmara el tratado, en concepto de primer pago por los cinco barcos que el gobierno de Alejandro I vendía a Fernando VII [61f].

No quiero cerrar este apartado sobre la abolición de la trata de negros sin antes hacer hincapié en la inmensa contradicción que presidía a las actuaciones de más de un ministro español de la época, en este caso, Cevallos. En efecto, recordemos que ya en febrero de 1815, Tatiščev había pedido comunicar a Nesselrode que estaba plenamente seguro de que la respuesta del gobierno español sobre aquel asunto, colmaría los deseos del gobierno inglés... y del ruso. ¿A qué venían entonces las órdenes cursadas a Zea a principios de 1817, y el proyecto que Cevallos redactó en marzo de 1816, si a mediados de 1815, el embajador ruso estaba convencido de su éxito?

Tampoco hará falta remarcar la doblez que caracterizaba a la política rusa en sus relaciones con España; por una parte, la insistencia de que el zar de Rusia es el mejor aliado de España; por otra, la realidad de que en los asuntos, que más interesaban a la Monarquía católica (así, por ejemplo, la cuestión de Etruria o la trata de negros, o como veremos enseguida el asunto portugués), España se veía «abandonada» por su más fiel amigo. Y aún nos queda por analizar cuanto ocurrió en la cuestión de América...

E) EL ASUNTO PORTUGUÉS. Otro de los problemas que debemos señalar y que quedó por resolver durante el Congreso de Viena fue la cuestión de la restitución de la plaza de Olivenza a Portugal. Este asunto que, de por sí hubiese podido parecer anodino, era en realidad muy importante, porque planteaba, no solamente el problema de las relaciones entre España y Portugal, sino también, porque detrás de él se escondía nada menos que el proyecto de la anexión de Portugal a España gracias a la ayuda de Rusia.

[61e] Vid. Texto del tratado en Cantillo, *Tratados,* pp. 800-809.
[61f] Vid. *infra,* p. 215.

No se olvide, por ejemplo, que ya en 1813, Antonio Cano Manuel en unos «Apuntes confidencialísimos» había propugnado aquella solución y reclamado urgentemente la ayuda del emperador Alejandro para llevar a cabo tal empresa [61g]. Aquel asunto, que, en un principio hubiese podido parecer más bien desatino que otra cosa, fue sin embargo lo bastante importante como para motivar el 22 de diciembre de 1814/3 de enero de 1815 un despacho de Nesselrode a Tatiščev [61h], en el que el ministro ruso informaba al embajador en Madrid de la existencia de ciertos rumores que circulaban en la capital española y que apuntaban a la posibilidad de una ayuda rusa a España para conquistar a Portugal.

Como se puede suponer, Alejandro I había tranquilizado el ánimo del embajador portugués en San Petersburgo, marqués de Marialva, y había ordenado a Tatiščev, mediante la misiva escrita por Nesselrode, que saliese al paso de todos los rumores que circulasen sobre este sentido en la capital española.

Por lo demás, también nos es conocida la instrucción que el zar otorgó en mayo de 1815, a su embajador en la corte portuguesa, Balk Polev, y en la que, señalaba el problema de la plaza de Olivenza. La actitud del soberano ruso no dejaba lugar a dudas sobre sus deseos de ayudar a Portugal en este aspecto. Basándose en la afirmación, según la cual el estado portugués no había dificultado en absoluto la marcha de las negociaciones de paz de París —al punto de haber renunciado a sus conquistas para no obstaculizar el feliz desenlace de las conversaciones—, Alejandro había resuelto [62]:

[61g] En *AHN, Estado*, leg. 6 124 [2].

[61h] *K. V. Nesselrode poslanniku v Madride D. P. Tatiščevu, Vena, 22 dekabrja 1814 g./3 janvarja 1815 g.*, en VPR, *I, 8*, p. 155:

> «Les dernières lettres parvenues ici de Madrid à la légation portugaise rapportent une nouvelle qui momentanément paraît lui avoir causé quelque inquiétude. Elles lui annoncent qu'il existe entre la Russie et l'Espagne des négociations qui auraient pour but non seulement de contracter des liens de famille entre les deux souverains, mais aussi de procurer à celle-ci l'acquisition de tout le royaume de Portugal par suite de cette alliance. L'empereur, à qui le marquis de Marialva en a parlé, s'est empressé de le tranquilliser en lui donnant l'assurance la plus formelle que jamais un projet aussi singulier, que le serait dans les circonstances présentes celui d'une réunion de ces deux pays, ne s'est présenté à son esprit ni ne lui a été suggére par personne. Il charge v. ex. de le démentir toutes les fois que ce bruit se renouvellera...»

[62] Vid. nota 61a.

... de joindre mes bons offices à ceux de mes alliés pour lui procurer de l'Espagne la restitution d'Olivenza que le traité de Badajoz lui avait enlevé.

Reflejo de la interconexión existente entonces entre la política rusa, la española y los asuntos de Portugal, es la situación provocada años más tarde, en 1817, por la invasión de las provincias del río del Plata por las tropas portuguesas. Y lo curioso del caso es que en aquellos momentos resurgió la noticia de la cesión de la isla de Menorca hecha por España al Imperio ruso[63].

3. *El problema de América*

Intentemos desentrañar ahora, en cuanto nos sea posible, la situación surgida en los años 1816/1817, con motivo de la difícil coyuntura americana.

Un hecho de nuevo, indiscutible: la seguridad en que se hallaba la política rusa de que la situación española en América era cada vez más precaria. «En este continente, señor», escribía el embajador en Estados Unidos, Daškov a Nesselrode, el 29 de enero/9 de febrero de 1816, «los asuntos de España no van mejor que en Europa. El espíritu revolucionario fermenta en estos territorios

---

[63] En el *Archivo Histórico Nacional de Madrid, Estado*, leg. 2 849, existen una serie de cartas procedentes de la legación rusa en Lisboa, que se escalonan entre el primero de abril y finales de mayo de 1817.
Dichas misivas, escritas por el ya mencionado embajador en Portugal, Balk Polev —que luego sería representante ruso en Río de Janeiro—, estaban dirigidas a Tatiščev y tenían como finalidad darle cuenta de la situación en el país vecino, después de todos los disturbios surgidos a raíz de la sublevación de 1817. Otra de las finalidades de las mencionadas cartas consistía en tranquilizar al embajador ruso respecto de la probabilidad de una invasión de España por parte de los portugueses. En el escrito del 9 de abril, al hablar de la negativa de las tropas lusitanas a embarcarse hacia Brasil, añadía el comentarista:

V. E. peut compter sur cette information, tout comme que la Cour d'Espagne doit être non seulement tranquille sur la disposition de ce pays, mais que même le peuple commence à se prononcer pour Elle, par considération pour la Reine...

Mucho más importante es, a mi ver, la noticia insertada en la carta del 7 de mayo, según la cual en Lisboa había causado asombro la noticia leída en el diario inglés *Morning Chronicle* la que apuntaba:

S. M. C. a offert Minorque à la Russie, si l'Emper voulait donner ses mains à la réunion du Portugal à l'Espagne...

americanos»[64]. Por lo demás, aquella situación afectaba asimismo a los territorios brasileños, en donde se registraban ya claros sín-tomas de rebeldía entre las tropas gubernamentales[65].

Antes, hemos señalado ya que fue precisamente a principios del verano de 1816 cuando España solicitó, por primera vez, la ayuda rusa para «poner remedio a las revoluciones americanas». Esta petición la encontramos de nuevo formulada en las Instruc-ciones que se entregaron a Zea Bermúdez, recientemente nombra-do «ministro residente cerca del emperador de todas las Rusias», en substitución de Pérez de Lema[66].

No sé hasta qué punto, en aquellos momentos, el gobierno de San Petersburgo, consideró seriamente la propuesta que se le hacía; propuesta, por lo demás, bastante imprecisa, según apun-taba el propio Pérez de Lema en contestación a la carta que se le cursó el 6 de junio[67]. Lo que, sin embargo, difícilmente podría ne-garse es la coincidencia cronológica entre el ruego español hecho a Rusia de contribuir a hallar una solución viable para el proble-ma americano, y la circulación de rumores sobre una presunta cesión al Imperio ruso de la isla de Menorca[68].

Lo curioso del caso es que, efectivamente, desde finales de 1816 principios de 1817, podemos registrar el inicio de cierto cambio de rumbo de la política rusa en relación con las aspiraciones in-dependentistas americanas. Y este cambio de rumbo fue perfecta-mente captado por los suramericanos, quienes en el curso del año 1817, hubieron de reconocer haberse entregado con exceso de con-fianza a la buena voluntad del zar de Rusia.

Porque en efecto, a mediados del año estudiado, tuvo lugar la firma de un extraño acuerdo entre Rusia y España que había de

---

[64] Vid. *Russkie Diplomaty*, en *NNI* (1966), p. 119.

[65] Vid. Ermolaev, *Nekotorye voprosy*, p. 27.

[66] El 16 de julio de 1816 se comunicó a Pérez de Lema el nombramiento de Zea, vid. *AHN, Estado*, leg. 6 125³, y Pedro Cevallos a Zea Bermúdez, 13 de julio de 1816, en *AHN, Estado*, leg. 6 125².

[67] La respuesta de Pérez de Lema lleva fecha del 22 de julio de 1816, nú-mero 100. Reservada, *AHN, Estado*, leg. 6 125¹. Señalaba que «no habiendome dicho V. E. de la manera en que piensa puede contribuir este Gobierno a la pacificación de ellas (Las Américas), nada puedo practicar, pues lo primero que me preguntarian sería que era lo que deseaba el Rey se hiciese en ello: asi es preciso el que V. E. me indique lo que debo solicitar».

[68] Debidour escribe en su *Histoire Diplomatique*, T. 1, p. 106: «Les Minis-tres Russes, interrogés, nièrent la convention. Elle avait pourtant bien été rédigée. Mais Alexandre ayant reculé devant une rupture de la Sainte Allian-ce, bientôt il n'en fût plus question.»

poner en manos de Fernando VII —por lo menos así se creyó comúnmente— un instrumento de lucha contra la rebelión de América. Me refiero a la famosa venta de una escuadra de guerra al gobierno español por parte del Imperio ruso.

4. *La venta de los barcos rusos*

El caso ha sido repetidamente estudiado y comentado. Pero no ha sido nunca resuelto satisfactoriamente. La mayoría de autores se limitan a repetir —de forma más o menos velada— cuanto han escrito sus antecesores. En los archivos españoles, prácticamente nada podemos encontrar al respecto, y mucho menos el texto del convenio, firmado el 11 de agosto de 1817 entre el embajador ruso Tatiščev y el ministro de Marina español Francisco Eguía [69]. De ahí que durante largo tiempo se pusiera en duda la existencia del mencionado acto.

Todo cuanto sobre el caso sabemos debe ser revisado, sin embargo, a la luz de los descubrimientos del historiador ruso Vladimir Michajlovič Miroševskij (1900-1942) y de su discípulo B. N. Kommissarov [70]. Miroševskij, uno de los primeros especialistas ru-

---

[69] Vid. Texto del tratado figura sin embargo en Cantillo, *Tratados*, pp. 795-797. Pero, en la página 795, en nota 1, se lee la siguiente advertencia:

> Este tratado se ha traducido de una copia publicada en uno de los números del periódico inglés *Morning Chronicle*, de diciembre de 1825. Se ha buscado en los archivos del ministerio de estado, pero sólo se encontró la convinción de que no existía en él, ni en los demás ministerios. Quizá el mismo Fernando VII lo extravió para evitar los cargos que amagaron por parte de las cortes contra Eguía y Ugarte, ambos favoritos de aquel monarca, y de los cuales el primero firmo el tratado actual y el segundo el convenio complementario de 27 de setiembre de 1819, que se ha copiado de un papel presentado por el ministro de Rusia con motivo de reclamar el pago total de las sumas estipuladas. En estos negocios no parece que hubo la limpieza necesaria por lo que no es estraño hayan desaparecido los comprobantes y con ellos los papeles de una y otra negociación.

[70] Vid. Komissarov, *Ob otnošenii Rossii (Sobre las relaciones de Rusia)*, Vestnik LGU (1964), pp. 60-71. Vid. también a este respecto el artículo Komissarov, *Polémica en torno a la convención ruso-española de 1817*, en *Cuadernos de Historia Económica de Cataluña* IV (1969-1970), pp. 101-106. (Se trata de un artículo aparecido en VI, 6 (1966), pp. 195-197, traducido al castellano por Elena Vidal.) Vid. también el artículo de *Spasskaja*. Hoy día sabemos mucho más sobre este asunto gracias a los documentos publicados en la **VPR**.

sos en cuestiones latinoamericanas, consiguió dar con el texto del convenio en un archivo ruso y escribió un artículo a este respecto en 1940-1941; pero no llegó a publicarlo. En 1964, Kommissarov divulgó la noticia en la revista de la Universidad de Leningrado. Hoy, gracias a los descubrimientos de ambos especialistas, podemos reconstruir lo ocurrido con mayor seguridad.

¿Dónde tomó su origen la idea de la transacción? De momento, y ante todo, precisa apuntar que el asunto de la compra de barcos rusos no puede ni debe ser examinado independientemente de una serie de circunstancias que lo circundaron; una desapasionada interpretación histórica ha de enmarcar el suceso dentro de la problemática general hispano-americana de los años 1815-1817 y dentro de la crisis interna del régimen de Fernando VII.

Así, urge recordar primero que el bienio 1815-1817 es el momento álgido de la crisis suramericana[71].

La crisis se agudizó sensiblemente hacia finales de 1816 al producirse la inesperada agresión portuguesa a los territorios españoles de la Banda Oriental del río del Plata. Y en este contexto, no estará de más recordar que uno de los primeros pasos de Fernando VII al conocer la noticia de la agresión consistió en pedir a Rusia que mediara en el conflicto[72]. La carta de Nesselrode a Pozzo di Borgo, del 18/30 de diciembre de 1816[73], dábale cuenta de aquel «incident inattendu» y de la «demande formelle que le Roi d'Espagne adresse à Notre Auguste Maître, en réclamant sa haute intervention et celle des autres Cours alliées dans des explications aussi graves que décisives...». Consignaba al propio tiempo el ministro ruso, que:

> Le seul récit de cette opération présumée agressive a fait éprouver à Sa Majesté Impériale un sentiment de surprise et de peine, ainsi que le désir de la voir éclaircie et constatée jusque dans ses moindres circonstances...

[71] Vid. Webster, *Britain and the Independence*, T. 2, p. 14.

[72] Francisco de Zea Bermúdez a Excmo. Sr. José León y Pizarro, en San Petersburgo, 3/15 de diciembre de 1816, en *AHN, Estado*, leg. 6 125[3]. Decía Zea: «Avisa haber advertido según se le ha dicho en 6 de noviembre la Real Orden, *relativa a la inesperada agresión del Portugal contra los Dominios de S. M. en el Rio de Plata*» (en cifra). Vid. también VPR, *II, 1*, pp. 360-361, la nota de Nesselrode a Zea, del 15/27 de diciembre de 1816, en la que expresaba la opinión según la cual, si Brasil no cambiaba de actitud, las demás cortes europeas deberían ofrecer a España su apoyo en común para recuperar las provincias invadidas.

[73] Le Comte de Nesselrode au Général Pozzo di Borgo, Saint Pétersbourg, 18/30 décembre 1816, en SBORNIK, T. 112, pp. 730-732.

Subrayaba además la voluntad del zar de intervenir en el asunto [74]. Ésta tomó cuerpo, según comunicó Tatiščev a Pizarro, el 23 de enero/4 de febrero de 1817, en una proposición de Alejandro a la conferencia de ministros aliados en París para que se presentase una interpelación simultánea y colectiva al gobierno portugués en Río de Janeiro. En caso de que la corte brasileña no reaccionase, Alejandro proponía ofrecer a España el apoyo aliado para recuperar sus posesiones [74a].

A partir de aquel momento, pues, el problema americano cobraba una nueva gravedad. Si hasta la fecha se había tratado —en principio— de un litigio interno entre España y sus colonias, la agresión portuguesa infería a la crisis un claro carácter internacional. Y no cabe duda de que, por lo menos a finales de 1816, Alejandro I pareció estar muy dispuesto a hacer justicia a Fernando VII y a emplear la fuerza.

Pero lo que a nosotros nos interesa destacar, de momento, es que la peligrosa coyuntura exterior venía a coincidir a fines de 1816, de una manera decisiva, con una difícil situación española.

Examinemos a título de ejemplo la situación del comercio catalán según se desprende de una carta dirigida a Cevallos por la Junta de Gobierno del Comercio de Cataluña (22 de junio de 1816) [75]. En ella se hacía constar:

> la disminución sensible en la exportacion de los vinos de la peninsula contra lo que sucedia en las anteriores epocas de paz, porque no concurridos entonces los puertos de nuestra América con buques extrangeros, eran nuestros vinos los únicos q.ᵉ se consumían, como por los envios q.ᵉ se practicaban a los puertos del Imperio ruso, y q.ᵉ siendo de propiedad y con bandera española, disfrutaban de las tres cuartas parte del dro q.ᵉ por aranceles habrían debido pagar...

Así pues, no solamente la pérdida de los mercados americanos, sino también el deficiente estado de la política comercial con Rusia habían conducido a aquella situación. Aunque resultara evidente que al primero de estos factores correspondía la parte de mayor alcance en la desastrosa coyuntura del momento. A decir del general Castaños, por ejemplo, la pérdida del mercado americano había obligado a numerosas industrias textiles catalanas a cerrar

---

[74] Ídem, p. 731.
[74a] Vid. VPR, *II, 1*, pp. 417-418.
[75] Vid. *AHN, Estado*, leg. 3 392.

sus puertas y así lo señaló a Fernando VII el 1 de mayo de 1816[76].

Pero lo más grave era, según ha apuntado Tračevskij, que los barcos españoles empezaban a ser presa de los filibusteros suramericanos[77].

Por otra parte, no debe olvidarse que el asunto del ataque portugués al río del Plata había sido tratado por los embajadores de las potencias aliadas reunidos en París durante los primeros meses de 1817 con escaso éxito para España. Las cortes de Prusia, Austria e Inglaterra parecieron adoptar una actitud de expectativa, pero Inglaterra dejó bien puntualizado que «le moindre mouvement hostile» por parte de España entorpecería el curso de la negociación y se hallaría en contradicción con el espíritu que debía presidir a las conversaciones[78].

La situación era, pues, en todos los aspectos, francamente desfavorable para el rey de España. Bastará recordar, en estas líneas, que el año 1816 es el de una nueva conspiración contra Fernando VII (la del «Triángulo») y que forzosamente el suceso debía dejar profunda huella en el ánimo del rey[79].

El descontento no era menor en las filas del ejército sobre todo a partir del momento en que el gobierno, debido a la precaria situación financiera, hubo de licenciar a numerosos batallones de reserva, como, por ejemplo, el del general Ballesteros[80].

Además del malestar reinante entre los oficiales, la situación financiera acusó un nuevo déficit, pasando de 60 millones de reales de vellón en 1814 a 453.950.653 en 1816[81].

Cierto era que Fernando VII tenía sus motivos para actuar como lo hacía. El soberano debía ante todo agradecimiento a los que habían fomentado el motín de Aranjuez en 1808, y después a los que habían preparado el golpe de estado de 1814. Y era de todas suertes evidente que al favorecer a sus amigos había de ignorar la existencia de numerosos hombres capaces a su alrededor[82].

---

[76] Vid. Fehrenbach, *Moderados and Exaltados*, pp. 52-69. La carta de Castaños a Fernando, del 1 de mayo de 1816, obra en el Archivo de Palacio, Papeles Reservados, XV, 212.
[77] Vid. Tračevskij, *Ispanija*, p. 275, quien cita a su vez un artículo de la *Gaceta de Madrid* del martes 13 de febrero de 1816, núm. 20.
[78] Citado por Bernhardi, *Geschichte*, pp. 535-536.
[79] Vid. Comellas, *Los primeros pronunciamientos*, pp. 46-50.
[80] Citado por Fehrenbach, *ob. cit.*, p. 57; Arzadún.
[81] Vid. Fehrenbach, *ob. cit.*, p. 57.
[82] Vid. Comellas, *Los primeros pronunciamientos*, pp. 34-35.

En todo caso, faltábale al soberano un instrumento que le permitiese recuperar, a él y al país, el prestigio perdido.

Una única solución aparecía como posible para paliar la crisis: la pacificación de América. Y es bajo esta luz que debemos examinar cuanto Miroševskij, Komissarov, Spasskaja —basándose en los informes de Tatiščev— nos dicen sobre el asunto de la venta de la flota rusa. Además, gracias a los documentos publicados en la VPR el asunto de la venta de la flota rusa a España queda prácticamente aclarado.

En marzo de 1817, Fernando VII se dirigió al embajador ruso y le rogó transmitiese a Alejandro I una «oferta muy importante» de cuya aceptación dependía —según palabras del rey— el «restablecimiento» del poderío de España en América. «No disponiendo de flota» —explicó el monarca a Tatiščev— «no puedo dominar las colonias». Fernando VII comunicó al embajador que, al principio, quería pedir al zar permiso para construir durante un año algunos barcos de guerra en los astilleros rusos en Archangelsk, por ejemplo, pero que después había llegado a la conclusión de que restablecer la flota española de tal manera sería un asunto de «demasiada envergadura» y no surtiría efecto rápido; por lo que rogaba al zar le proporcionara o «cediese» durante el año en curso, 4 barcos de línea y 7 u 8 fragatas de la flota del mar Báltico.

Tatiščev, en carta del 14/25 de marzo de 1817, informó al emperador de Rusia de cuanto le había comunicado Fernando VII; al propio tiempo, indicó que la corte de San Petersburgo podría exigir de España a cambio ventajas territoriales, así, por ejemplo, en California, lo que sería muy beneficioso para la Compañía Ruso-Americana; también se podrían exigir ventajas comerciales en los puertos venezolanos, en el de La Habana y en el de Veracruz. Al final, Tatiščev escribió que Fernando VII rogaba mantener las conversaciones sobre la compra de los barcos en el mayor secreto; según palabras del rey, ni el infante Don Antonio, ni el ministro del Estado, se hallaban informados del asunto [83].

Detengámonos unos instantes aquí y subrayemos tres puntos importantes. El primero que la idea de la compra de los barcos rusos no tuvo su origen en la mente del embajador ruso, sino en la del rey España [84]. El segundo punto que cabe recalcar es la in-

---

[83] Vid. Komissarov, *Ob otnošenii*, p. 64. La carta de Tatiščev obra en el AVPR, Kanceljarija, 7548, leg. 29-34, y VPR, *II, 1*, pp. 492-494.

[84] Komissarov subraya acertadamente que una serie de historiadores han afirmado que la idea de la compra de la escuadra procedía de Tatiščev (así,

mensa importancia que para la política rusa representaba el lograr una expansión en América, ya fuese territorial o comercial. Y tercero, la contradicción flagrante entre una política que por una parte parecía estar dispuesta a ayudar a España vendiéndole una flota, pero por otra reclamaba privilegios en el propio continente americano.

La importancia del paso dado por Fernando VII fue captado por el gobierno ruso [85]. Un mes y medio más tarde, el 31 de mayo/ 12 de junio de 1817, Nesselrode contestó a Tatiščev [85a]. El embajador recibió orden de comunicar al rey que tanto el ministro de Finanzas, Gur'ev, como el de Marina, Traversay, habían desaconsejado la instalación permanente de un astillero en San Petersburgo o Archangelsk destinado a la construcción de barcos para la marina española, debido a las dificultades que empezaban a encontrar los propios rusos para abastecerse en madera. En cambio, la corte de San Petersburgo deseaba entregar a Fernando VII 5 barcos de línea y 3 fragatas (en lugar de 4 barcos de línea y 7 u 8 fragatas), *contra una satisfacción pecuniaria*

La escuadra se entregaría armada y tendría víveres para cuatro meses. Sus costes se elevarían a unos 12 millones de rublos en papel. Anteriormente y atendiendo a una antigua petición, la escuadra transportaría cereales a Francia, con lo cual se pensaba disimular la transacción.

Al mismo tiempo, en sus instrucciones a Tatiščev, Nesselrode insistió en que no debía concederse al acto de la venta de los barcos una importancia política y que la corte de San Petersburgo consideraba la venta como una *sencilla operación financiera* [86]. El ministro expresó el deseo de Alejandro de poner aquel negocio en

---

por ejemplo, Tračevskij en su obra *Ispanija*, p. 287). Sin embargo, a la luz de los documentos citados queda claro que la iniciativa fue del rey de España.

[85] A juzgar por las cartas que Alejandro I escribió a Fernando VII el 23 de mayo/4 de junio de 1817, en VPR, *II, 1*, pp. 560-563, el zar no quería proceder sin más a la cesión de barcos. Alejandro declinó asimismo la propuesta, hecha por Fernando VII en carta de 26 de marzo, de elevar las representaciones rusa y española en Madrid y San Petersburgo, respectivamente, que hasta la fecha tenían rango de «misiones» a rango de embajadas. Como futuro embajador español en Rusia, se hablaba del Conde Perelada o del General Palafox.

[85a] Komissarov, *ídem*, p. 64, una copia de la carta de las instrucciones de Nesselrode a Tatiščev se halla en el AVPR, Kanceljarija, 7550, leg. 94-105. Vid. también VPR, *II, 1*, pp. 569-571.

[86] Vid. Komissarov, *ídem*.

conocimiento de los aliados (Londres, Viena, Berlín y París) en el momento que los barcos zarpasen hacia España; y hacerlo de tal forma que no perjudicase a las «relaciones amistosas» existentes entre Rusia e Inglaterra. Insistía además Nesselrode en que el acuerdo no debía ser considerado en el extranjero como el resultado de un empeño en «dar a las relaciones hispano-rusas un carácter de exclusividad y además de enemistad hacia Inglaterra». Se ordenó a Tatiščev comunicar a Fernando VII que la corte de San Petersburgo, una vez decidida la venta de los barcos, no se apartaba en modo alguno del principio, según el cual el restablecimiento de la autoridad española en las colonias debía lograrse no como resultado de cualquier combinación separada entre España y Rusia, sino gracias a una «cooperación colectiva y unánime de los estados aliados». Acto seguido, Nesselrode dejó claramente asentado que la importancia de la transacción residía para la corte rusa en la importante suma de ingresos que representaba [86a].

Komissarov, comentando las instrucciones de Nesselrode, acertadamente señaló que estaban llenas de tendencias contradictorias, características de la política rusa en la cuestión española, empeñada, por una parte, en ayudar a España en su lucha contra los insurrectos americanos; deseosa por otra parte de evitar conflictos con Inglaterra, que ayudaba en secreto a estos mismos sublevados.

No cuesta mucho trabajo suscribir a la afirmación de Komissarov [87]. En efecto, al propio tiempo que Tatiščev llevaba a cabo en Madrid las gestiones necesarias para ultimar todos los detalles de la compra, se desarrollaba el intercambio normal de correspondencia entre ambas cortes, sin que de ella se pueda deducir cual-

---

[86a] VPR, *II, 1*, p. 571.

[87] Bernhardi, en su obra *Geschichte*, T. II, p. 544, cita, por ejemplo, las siguientes palabras de Capo d'Istrias pronunciadas en la Conferencia de París que reflejan la opinión de Alejandro sobre el estado de la América española:

> ... L'Empereur reconnaît que les malheurs et les crimes qui ensanglantent aujourd'hui l'Amérique sont en partie le résultat du système étroit et exclusif et des maximes d'administration oppresives (sic) que l'Espagne a suivi jusqu'ici dans ses colonies; que le seul moyen d'y pacifier les troubles, et d'y établir l'ordre social sur ses véritables bases est de substituer des principes d'une liberté sage et raisonnable, aux principes opposés, qui n'ont prévalus (sic) que trop longtemps, et que c'est sur des bases pareilles que l'on peut asseoir l'espérance de voir l'Amérique accepter la médiation, et que d'autres bases conviendraient aussi peu aux Alliés qu'à l'Espagne et l'Amérique, et répondraient mal à l'esprit libéral et juste de la politique actuelle de l'Europe...

quier alusión a la flota. Es más, en un despacho de Zea, fechado en 25 de abril/7 de mayo de 1817, podemos percibir sin dificultad la serie de ambigüedades y contradicciones que caracterizaban a la política rusa frente al problema americano [88]:

> ... El Embajador de Rusia en Londres ha dado cuenta à su Gobierno de ciertas negociaciones que penden entre la España y la Gran Bretaña sobre que esta última interponga su mediación para la pacificación de las provincias en estado de insurrección contra el Gobierno de la metrópoli. No sé que haya habido otro motivo para que el Emperador haya hecho alto en este asunto y se haya decidido à pronunciar su opinión en él. Lo cierto es que en las instrucciones que este Ministerio dá al Sr. Tatistcheff este punto ocupa un lugar particular y es el objeto de una ventilación bastante dilatada que termina en aconsejar la adopción de medios de conciliación y de paz en preferencia à los de la fuerza para restablecer la tranquilidad en dichas colonias...

A partir de este momento, preciso será recabar en el hecho de la «doble diplomacia» desarrollada por ambas partes. Por parte de Rusia, que no dudaba en entregar a Fernando VII una flota a sabiendas del destino que le aguardaba, y que no cesaba de repetir en Madrid, Londres y San Petersburgo que deseaba una solución pacífica del conflicto, aquella actitud se doblaba de otra aún más censurable, a poco que nos paremos a examinar la política rusa y de la RAK frente a California. Pues si bien Nesselrode continuaba afirmando a Zea que «el Emperador está muy lexos de querer permitir que ning.ª corporación ó individuos de sus vasallos formen establecimientos en parte alg.ª con ofensa de los derechos de otros Soberanos...» [89], el hecho es que, por ejemplo, Tatiščev dirigió a Nesselrode el 14/20 de marzo de 1817 un escrito, en el que comunicaba que a través del comandante del puerto de El Callao, se habían recibido noticias sobre los progresos de los establecimientos rusos en la costa noroeste de América, añadiendo que Pizarro tenía nociones confusas al respecto, y que confundía la situación actual con ciertos datos del año 1803 [90].

---

[88] Vid. Francisco de Zea Bermúdez a Excmo. Sr. José de León y Pizarro, San Petersburgo, 25 de abril/7 de mayo de 1817, en *AHN, Estado*, leg. 6 126 [1]. Citado también por Robertson, *Russia*, p. 197.

[89] Vid. Francisco de Zea Bermúdez al Excmo. Sr. José de León y Pizarro, San Petersburgo, 29 de agosto/19 de septiembre de 1817, núm. 178, en *AHN, Estado*, leg. 6 126 [2].

[90] En VPR, *II, 1*, p. 496.

Es más: tanto arraigo tenía en las cortes europeas la idea de que Rusia se estaba tallando un «su parte» en el hemisferio americano, que Metternich, ya en febrero de 1817, no dudaba en escribir al conde Zichy, embajador austríaco en Berlín: «Nous savons de science certaine que la pensée de l'Empereur Alexandre est dirigée depuis longtemps vers un établissement russe dans l'Amérique méridionale...»[91]. Y fue, desde luego, significativo que un año más tarde, en noviembre de 1818, un americano de Monterrey, John B. Prevost, informase de que los rusos pretendían apoderarse de toda California, con San Francisco[92].

En cuanto a Fernando VII, pecó desde luego el soberano por no informar debidamente a sus ministros de lo que se proponía: únicamente se informó a los miembros de la camarilla. Así, pues, en nuestro relato, deberemos distinguir, como mínimo, dos aspectos: uno «oficial», que hace a las gestiones de las diversas potencias en vistas a lograr una solución a la crisis americana; y otro «inoficial», que es relativo a la compra de la flota rusa y operaba, por decirlo así, como un cauce subterráneo.

Examinemos, primero, el tema de la venta de barcos rusos a Fernando VII, apoyándonos, una vez más, en cuanto sobre el caso nos ha dicho Miroševskij y Komissarov, Spasskaja y los documentos de la VPR.

Una vez recibidas las instrucciones a que antes hemos aludido, Tatiščev inició las conversaciones, que tuvieron carácter rigurosamente confidencial. Siguiendo las órdenes cursadas desde San Petersburgo, el embajador ruso se dispuso a hacer hincapié en el aspecto financiero de la cuestión. En julio (31 / 19 de julio de 1817)[93], Tatiščev comunicó a Nesselrode que la suma exigida para los barcos parecía demasiado alta al gobierno de Madrid; al mismo tiempo, subrayó que éste haría concesiones y firmaría[94]:

> solamente un acuerdo ventajoso y únicamente después de haber recibido las garantías imprescindibles.

[91] Metternich al Conde Zichy, Viena, 9 de febrero de 1817, citado por Velázquez, *Documentos*, p. 57.
[92] Citado por Völkl, *Russland*, p. 149. Vid. asimismo el capítulo VIII de este trabajo, en donde se hace hincapié en el interés que California despertaba en el ánimo de los decembristas: Vid. el artículo de Mazour, *Dimitry Zavalishin;* asimismo la propia obra de Zavališin, *Vselenskij Orden (Orden Universal de Restauración).*
[93] Vid. Komissarov, *Ob otnošenii*, p. 65, nota 21.
[94] Vid. Komissarov, *ídem*, p. 65.

El resultado de las conversaciones nos es conocido: lo constituyó la firma de una *convención secreta*, negociada en Madrid el 30 de julio/11 de agosto de 1817 entre Tatiščev y Eguía[95]. Por ella, Rusia se comprometía a entregar a España 5 barcos de línea y tres fragatas (art. 1), con todo lo necesario para una larga navegación, con armamento de guerra y con cuantas provisiones fuesen necesarias para cuatro meses (art. 2). En contrapartida, España se comprometía a pagar a Rusia 13.600.000 rublos en asignaciones (art. 5) y a cubrir los gastos de regreso a la patria de los marineros rusos que viajasen con la escuadra a Cádiz (arts. 3, 4 y 8). La primera entrega de la mencionada suma debía elevarse a 400.000 libras esterlinas, que España recibiría de Inglaterra en concepto de indemnización estipulada en el tratado sobre la abolición de la trata de negros (artículo 6). El resto de la suma debía pagarse no más tarde del 1 de marzo de 1818 (arts. 7 y 8).

Un día después de haberse firmado el acuerdo (31 de julio/12 de agosto de 1817), Tatiščev remitió a San Petersburgo una copia del tratado, y adjuntó una carta suya que lo comentaba. Habló de la «inmensa alegría» del rey de España al enterarse de la firma del acuerdo y de su profundo agradecimiento al gobierno zarista, que había brindado a España la posibilidad de restablecer su poderío bélico. Finalmente, descubriendo su propio pensamiento a Nesselrode, Tatiščev escribió:

> La venta de los barcos tendrá una importancia política al ejercer una influencia sobre las colonias sublevadas[96].

Komissarov apunta:

> No fue esta la primera ni la última vez que Tatiščev se permitió dar consejos que contradecían las finalidades de la corte de San Petersburgo[97].

Ahora bien, el deseo del gobierno ruso de eliminar cualquier posible interpretación política relativa al tratado que se acababa de

---

[95] Ídem, texto del tratado según Komissarov. VPR, *II, 1*, pp. 626-628. En este volumen, el texto reproducido lleva ya el título «Acte de Vente». En la nota 285, p. 759, sin embargo, se alude muy claramente al hecho de que el primer documento firmado entre Tatiščev y Eguía —prácticamente sin intervención directa del gobierno ruso— era una Convención, por la cual Fernando VII recibía ayuda del gobierno ruso para reconquistar las colonias, etc. Vid. Slezkin, *Rossija i vojna*, pp. 139-144.

[96] Vid. Komissarov, *ídem*, p. 66.

[97] Ídem.

firmar, queda bien patente en las gestiones realizadas inmediatamente después por el ministro de Asuntos Exteriores zarista.

En su instrucción del 17/29 de octubre de 1817, Nesselrode hizo presente a Tatiščev la necesidad de convencer a Fernando VII para que se aviniese a cambiar el nombre del «tratado» (Konvenzija) del 30 de julio/11 de agosto por el de *Acto de venta* (*Akt o prodaže*)[98]. Expresaba el ministro su temor de que, si el documento firmado llevaba por título «Tratado», los otros estados podrían sospechar que encerraba puntos secretos sobre concesiones territoriales; pero que si, por el contrario, el documento se denominaba *Acto de vento*, surgiría la creencia de que se trataba de una mera operación comercial, sin ninguna importancia política[99].

Tatiščev, tal como se le ordenaba, informó a Fernando VII y a Eguía del deseo de la corte de San Petersburgo. Pero he aquí que el rey de España acogió la propuesta con franca frialdad[100]. Hizo observar al embajador —con harta razón, añadiremos nosotros— que todo ello no impediría a los agentes ingleses, si lo deseaban, esparcir la especie de que España estaba dispuesta a hacer cesiones territoriales a Rusia («cessions de territoire»). (Carta de Tatiščev a Nesselrode de 11/23 de diciembre de 1817)[101].

Además, Fernando no se mostraba nada inclinado a minimizar la importancia de la convención firmada: él no podía tener nada en contra en hacer alarde, ante los ojos de todo el mundo, de sus estrechas relaciones con la poderosa corte de San Petersburgo. Y —añade Komissarov— fue necesaria toda la habilidad diplomática de Tatiščev para lograr que el rey de España se aviniera a modificar el título del documento. Finalmente, en abril de 1818, se extendió un nuevo documento denominado «Acte de vente»[102]. Lo curioso del caso fue que, mientras se discutían en España los pormenores referentes al cambio de denominación del tratado, los barcos ya habían zarpado de Reval hacia España (Despacho de Nesselrode a Tatiščev, del 15/27 de septiembre de 1817)[103]. La es-

---

[98] Ídem. Vid. texto del despacho de Nesselrode a Tatiščev, en VPR, *II*, 2, páginas 24-26, en donde el ministro ruso resaltaba la negativa del zar de mantener la convención secreta. Únicamente se avenía Alejandro, si el rey de España lo deseaba, a añadir un artículo separado secreto referente al precio de la escuadra que permitiese a Fernando VII mantener oculto el verdadero gasto total.

[99] Ídem.

[100] VPR, *II*, 2, pp. 114-115.

[101] Vid. Komissarov, *ídem*, p. 66, y VPR, *ídem*.

[102] Vid. Komissarov, *ídem*, p. 67.

[103] Ídem, *ídem*. Vid. también Veselago, *Spisok russkich voennych sudov*

cuadra, al mando del almirante A. V. Moller, se componía de cinco barcos de línea y de tres fragatas. He aquí sus nombres:

Barcos de línea	Fragatas
Tri Svjatitelja Tres Santos	Merkurius
Nord-Adler	Patrikij
Neptunus	Avtrojl
Drezden	
Ljubek	

Finalmente, el 9/21 de febrero de 1818, después de un viaje que había durado cinco meses, Tatiščev comunicó que la escuadra había arribado a Cádiz (Carta de Tatiščev a Nesselrode, del 17 de febrero/1 de marzo de 1818) [104].

Y, una vez anclados los buques en aguas de Cádiz, surgieron las complicaciones. Veamos, siguiendo siempre el relato de Komissarov y los despachos de Tatiščev, cuanto ocurrió a continuación.

El 17/29 de abril de 1818, es decir, el mismo día en que Tatiščev remitía a Nesselrode una copia del «Acto de venta», escribió el embajador un extenso informe al propio Alejandro I, indicando que Fernando VII había procedido a nombrar una comisión, formada por los mejores expertos navales españoles, para que reconociese el estado de los barcos [105]. Dicha comisión había emitido

---

s 1668 po 1860 (Relación de los barcos de guerra rusos de 1668 hasta 1860), páginas 52-55 y 98-99. Vid. también Saralegui, Un negocio escandaloso, p. 56.

[104] Vid. VPR, II, 2, p. 784, nota 165. El día 28 de febrero, la Gaceta de Madrid hizo público un anuncio, en que se daban a conocer los motivos que habían impulsado al rey a adquirir la flota:

... La llegada de esta escuadra á los puertos de España, es un efecto de los incesantes desvelos del Rey nuestro señor en beneficio de sus pueblos y del comercio y prosperidad de sus vasallos de Europa y Ultramar... La sabiduría de S. M. lo ha hallado todo en su paternal corazón, y en la sincera amistad de su augusto aliado el Emperador de todas las Rusias; y entendiéndose directamente sobre ello con S. M. I., en una negociación que el Rey ha entablado y continuado por sí mismo hasta su feliz conclusión, ha adquirido para la España la propiedad de la referida escuadra, debida a sus desvelos, sin otro sacrificio que el del justo pago en dinero efectivo del valor legítimo de los buques de que se compone; y aun para este desembolso ha buscado S. M. el medio de irlo efectuando en términos que no haya sido preciso gravar con dicho objeto á sus vasallos... Vid. Gaceta de Madrid, Año 1818, I, pp. 223-224, Madrid, 27 de febrero; y Saralegui, ob. cit., pp. 117-119.

[105] Vid. Komissarov, ob. cit., p. 68. La carta de Tatiščev obra en el AVPR, Kanceljarija 7558, leg. 2-3.

el dictamen siguiente: a saber, que tres barcos de línea (entre los cinco enviados a Cádiz) y dos fragatas (entre las tres arribadas), se hallaban en excelente estado y aptas para una larga navegación; pero que el barco de línea «Nord Adler» necesitaba —según dictamen de la comisión— ser ampliamente reparado. En cuanto al barco de línea «Tri Svjatitelja» y a la fragata «Avtrojl» habían sido declaradas inservibles para el servicio [106].

Yerran, por lo tanto, los numerosos autores, que siguiendo lo apuntado por Vázquez de Figueroa, Pizarro o Saralegui, afirman que no se hizo un reconocimiento adecuado de las naves cuando éstas arribaron a Cádiz.

¿Qué sucedió a continuación? Veámoslo, utilizando de nuevo una tercera carta escrita por Tatiščev a Capodistria el mismo día 17/29 de abril de 1818 [107]. Según el embajador ruso, ante aquella inesperada circunstancia, Fernando VII pidió al gobierno ruso que la suma exigida para el pago de los barcos se redujese o bien que se entregasen a España (gratis, bien entendido) tres fragatas más [108].

Para evitar el escándalo, el gobierno zarista se avino a cumplir las condiciones impuestas. El 30 de julio/11 de agosto de 1818, las fragatas «Loigkij», «Provornij» y «Pospešnij» zarparon de Kronštadt al mando del capitán M. I. Ratmanov [109]. El 29 de septiembre/ 11 de octubre arribaron a Cádiz en perfecto estado. El 18/30 de octubre de 1818, Tatiščev lo comunicó a Nesselrode [110]. Uno de los oficiales del «Provornij» observó en su carnet de ruta: «Hoy —15 de octubre— nuestras fragatas han sido inspeccionadas por el ministro de Marina español don Sasperos (léase don Cisneros) (sic) y ha quedado con ellas muy contento» [111].

Detengámonos ahora algunos momentos. Una pregunta surge, inevitablemente, en toda su magnitud: ¿existe, en todo cuanto hemos relatado hasta ahora, algo que justifique el escándolo montado alrededor de la famosísima venta de la escuadra rusa? Dejemos hablar al propio Komissarov: «La versión», dice el historiador,

---

[106] Vid. Komissarov, *ob. cit.*, p. 69.
[107] Ídem, p. 70. La carta de Tatiščev obra en AVPR, Kanceljarija 7553, leg. 40-43.
[108] Ídem.
[109] Vid. Komissarov, *ídem*, p. 70.
[110] Ídem, p. 70, nota 45.
[111] Vid. *Otryvok iz pochodnych zapisok v Ispaniju flota Lejtenanta Vladimira Romanova*, en *Otečestvennyja Zapiski*, Čast II (1820), pp. 40-41.

«del deficiente estado de los barcos arribados a Cádiz ha ganado un derecho inamovible de ciudadanía en la literatura histórica. Sin embargo, una serie de circunstancias nos hace pensar que la afirmación relativa a la extrema vetustez de los barcos es por lo menos exagerada. Todos los barcos de línea vendidos a España fueron botados entre 1810 y 1813, de forma que a su llegada a Cádiz, se hallaban en servicio desde hacía cinco u ocho años, mientras que la edad media de servicio de los barcos de línea rusos es mucho más larga. Los barcos de línea de la flota del Báltico, construidos en 1810-1813 y no vendidos a España, fueron destrozados o almacenados en 1825-1826. En cuanto a las fragatas, fueron botadas en 1815-1816; de manera que al llegar a Cádiz, no tenían más de dos o tres años. Una fragata construida al mismo tiempo navegó bajo pabellón ruso y no fue destruida hasta 1830»[112].

A la luz de estas afirmaciones, putualicemos, una vez más, lo ocurrido.

5 barcos de línea y 3 fragatas zarpan de Reval en septiembre de 1817 y arriban a Cádiz el 21 de febrero de 1818. La duración del viaje de Rusia es excepcionalmente larga. ¿Ha ocurrido durante el camino algún hecho que motive el largo retraso? Poseemos, para nuestra investigación, tres cartas del embajador Zea Bermúdez enviadas a San Petersburgo, dando cuenta de algo importante: a saber, que apenas hecha a la vela la escuadra, había tenido que refugiarse en Suecia —o por lo menos, creemos poder afirmar que en ambos casos se trató de un puerto sueco— y proceder a reparar ciertos desperfectos causados por la tormenta[113].

Por otra parte, Saralegui publicó en su libro, *Un negocio escandaloso*, una Real Orden de Pizarro a Zea del 8 de febrero de 1818, apuntando que «Avisan de Londres que la escuadra rusa aún esta detenida. Esto es muy reparable, y se congetura maliciosamente, por unos, que haya diferencias entre España y Rusia sobre pago; y por otros, que los buques son malos...»[114]. Dejando a parte

---

[112] Vid. Komissarov, *ídem*, p. 69.

[113] En *AHN, Estado*, leg. 6 125[1]:
Le Conseiller d'Etat actuel d'Oubril s'empresse de faire part à Monsieur le Chevalier de Zéa-Bermudez qu'il vient de recevoir de Stockholm una dépêche qui lui mande que d'après les avis reçus de Gothembourg en date du 31 octobre vieux style, l'escadre destinée pour l'Espagne, et qui avoit été obligée de relâcher devant cette ville, a remis à la voile après avoir réparé les légères avaries qu'elle avoit essuyées... ce 18 Novembre 1817.

[114] Vid. Saralegui, *Un negocio*, p. 134.

el trasfondo político —el supuesto hecho de que fuesen los ingleses que retuviesen la escuadra, y la maliciosa observación que seguía al texto citado, según la cual era extraño que los barcos hubiesen atracado en Inglaterra y no en Francia— lo que parece seguro es que ya antes de que la flota llegase a Cádiz, se tenía la sospecha en España —a través de las cartas de Zea— de un posible estado defectuoso de la misma. Todo lo cual explica muy bien que se procediese *inmediatamente* y *por orden expresa de Fernando VII* a inspeccionarla, según Tatiščev comunicó al propio Alejandro I el 17/29 de abril de 1818.

El resultado de la mencionada inspección ha quedado registrado en las páginas anteriores. Y, de igual modo, hemos registrado la reacción rusa: el envío inmediato de tres fragatas más, que llegaron a Cádiz en octubre de 1818. Formulemos de nuevo la pregunta: en el asunto de la compra de barcos rusos, ¿de dónde procedió tanta confusión? A todas luces, no solamente de la escasa información, sino también de la mala información, alimentada a menudo por el resentimiento de los que se sintieron frustrados a raíz del asunto, tales Pizarro o Vázquez de Figueroa.

No pondremos aquí en duda la escasísima soltura con que se procedió a adquirir la flota; ni la desgraciada actitud del rey al poner en marcha un asunto a espaldas de sus ministros; ni la —a menudo— obscura actividad de Tatiščev. Inevitablemente, sin embargo, ciertas consideraciones de importancia se imponen al historiador.

1) En la mayoría de los casos —por no decir en todos— se ignora que, en el asunto de los barcos rusos, Fernando VII asumió el papel de iniciativa muy destacado. Júzguese, por ejemplo, lo que a este respecto escribió Pizarro: «Entretanto Tatichef planteaba con su fidelísimo Eguía, su sapientísimo Ugarte y demás, una intriga de las más sucias y criminales que se pueden imaginar. Con motivo de la expedición a América, propusieron la adquisición de buques de guerra rusos por no sé cuántos millones; todo secretamente y a espaldas de los Ministerios de Estado, Hacienda y Marina...»[115]. Mientras que nosotros sabemos, según relato de Komissarov, que donde el asunto halló su origen fue en la mente de Fernando VII... Naturalmente, se me observará que la objeción a cuanto afirmo resulta fácil: a saber que fue el propio Tatiščev quien planteó el problema de tal manera a Nesselrode, ocultán-

---

[115] Vid. Pizarro, *Memorias*, T. I, p. 270.

dole el posible interés que él mismo tenía en la compra de la flota... A lo que no tendré dificultad en responder que, de ser esto verdad, el ministro no hubiese insistido tanto en considerar todo el asunto como una operación financiera y no como un asunto político... [116].

2) Se ignora —o se olvida sistemáticamente— que se procedió *inmediatamente* a reconocer los buques llegados a Cádiz a finales de febrero de 1818, puesto que Tatiščev dio cuenta de ello a San Petersburgo en un despacho del 17/29 de abril de 1818. Más aún, el asunto era de tan grave alcance —ya que el embajador debía informar del deficiente estado de tres de los barcos enviados— que no dudó en enviar su informe al propio Alejandro I [117]. Yerra por lo tanto Saralegui cuando cree que el reconocimiento de los navíos fue ordenado solamente *el 23 de mayo* por el ministro y su resultado dado a conocer el 21 de julio por el capitán general Baltasar Cisneros a Figueroa [118].

3) Asimismo, se silencia —o se desconoce— la reacción de Fernando VII al enterarse de que tres de las naves no se hallaban en estado de prestar servicio. Recordemos que el soberano se apresuró (Informe de Tatiščev del mismo día 17/29 de abril de 1818) a pedir al gobierno ruso o bien una indemnización en el pago o bien el envío de nuevas fragatas [119]. En cambio, un autor como Saralegui ignora la razón de la posterior arribada (octubre de 1818) del «Loigkij», del «Provornij» y del «Pospešnij» y habla de las «tres fragatas regaladas por nuestro egregio amigo el emperador» [120].

Como fácilmente se podrá comprender, el desconocimiento de la correspondencia de Tatiščev y el embrollado —y a menudo falso— planteamiento de la cuestión ofrecido por Pizarro, Saralegui y otros muchos, no han contribuido en absoluto a lanzar luz sobre el asunto. En cualquier caso, un hecho es cierto: en octubre de 1818, los barcos rusos anclados en Cádiz —exceptuando los tres buques que habían sido declarados no aptos para el servicio— se hallaban en estado de ser utilizados. Otra cuestión es, en cambio, que a partir de aquella fecha, se les desatendiese de tal forma que fuesen pronto completamente inservibles... Finalmente, y para descartar toda duda posible sobre la cuestión, aduzco en las notas a

---

[116] Vid. Komissarov, *Ob otnošenii*, p. 64.
[117] Vid. Komissarov, *ídem*, p. 69, nota 41; VPR, *II, 2*, p. 784, nota 165.
[118] Vid. Saralegui, *Un negocio*, pp. 68 y 129 a 131.
[119] Vid. Komissarov, *ídem*, p. 70.
[120] Vid. Saralegui, *ob. cit.*, p. 78.

este capítulo una carta del propio Fernando VII a Alejandro I, muy curiosa por varios aspectos, y ante la cual se desvanece cualquier interpretación encaminada a exonerar al soberano español de una intervención muy directa en el asunto de la compra de barcos [121].

---

[121] «Monsieur mon Frère,

La nouvelle des frégattes que Votre Majesté a bien voulu m'envoyer, ne m'a pas surpris. J'admire trop Votre belle âme pour qu'une action généreuse de Votre part, Sire, ne me semble toute naturelle. Je Vous remercie infiniment de ce Secours. Il m'arrive précisément au moment où il m'était le plus nécessaire.

Les difficultés sans cesse renaissantes pour la restitution du territoire envahi au Rio de la Plata, ou plutôt le désir constant des portugais d'en conserver la possession et la connivence de leurs amis pour la leur assurer, au moins en grande partie, m'avait démontré l'urgente nécessité de préparer un armement qui pût suffire à la reconquête de cette province, dans le cas où les négociations seraient infructueuses. Les explications qui ont eu lieu entre mon Cabinet et celui de Londres sur la pacification des Colonies insurgées, m'ont convaincu que je devais hâter cet armement et le rendre aussi considérable que possible. Le rétablissement de l'ordre dans le Nouveau Monde est sans doute d'un intérêt immédiat pour l'Espagne; mais aussi aucune puissance ne devrait y être indifférente. Toutes devraient vouloir que l'Espagne rafermisse ses liens avec ses possessions d'Outre -mer. Votre Majesté Impériale l'a jugé ainsi. Sa haute sagesse lui a fait prévoir les dangers que prépare à l'Europe le vertige prolongé de l'Amérique. Vous m'avez fait communiquer, Sire, votre pensée sur la marche que je devais suivre pour m'assurer le concours des Puissances dans mes efforts pour ramener les Américains à l'union avec leur Mère-patrie. J'ai reçu cette communication à Sacedon; et j'ai autorisé alors Mr de Tatischeff d'assurer Votre Majesté que Ses idées étaient devenues les miennes; et j'ai en même temps prescrit à mon Cabinet de concerter ses démarches avec le Ministre de Votre Majesté. La Cour de Londres, indifférente sur la prosperité des Nations, lui préfère le calcul de ses intérêts mercantiles. Lord Castlereagh en a fait l'aveu au Duc de S. Carlos. Je ne sais comment qualifier cette naïveté. Votre Majesté la jugera, d'après les détails de ce qui s'est passé à ce sujet et dont Votre Ministre a été mis à même de faire le rapport. Quelsque soient les artifices dont on voudra colorer l'intention d'assister les révoltés, ce système est connu; et je dois chercher à en détruire les effets. Votre appui dans les négociations et les efforts de l'Espagne elle même pour rassembler les moyens actifs, suffiront, j'espère, avec l'aide de Dieu pour rétablir mon autorité à Buenos-Ayres, dans ce foyer de l'insurrection. La pacification du Chili n'est point douteuse. Je fais préparer à cet effet des forces que l'officier auquel je vais confier cette importante entreprise a jugé lui-même suffisantes, pour en assurer les succès. 18 mille hommes sont rassemblés à Cadiz avec tout l'attirail nécessaire. On travaille à réunir les bâtimens nécessaires à leur transport. Ils seront escortés par les vaisseaux que Votre Majesté a bien voulu me céder. Cette expédition ira débarquer sur la rive occidentale de la Plata, et marchera sur Buenos-Ayres, en proclamant le pardon et l'oubli

Ahora bien, en la mencionada carta existe un punto importante sobre el cual no estará de más insistir. En la misiva de Fernando VII, aparece esta curiosa frase: «... La pacification du Chili n'est point douteuse. Je fais préparer à cet effet des forces que l'officier auquel je vais confier cette importante entreprise a jugé lui même suffisantes, pour en assurer le succès. 18.000 mille hommes sont rassemblés à Cadiz avec tout l'attirail nécessaire. On travaille à réunir les batimens necessaires à leur transport. Ils seront *escortés* par les vaisseaux que Votre Majesté a bien voulu me céder...» [122].

5. *Las repercusiones políticas de la venta de la flota rusa a España. El pago de la flota*

En la exposición de los pormenores relativos al estado de la escuadra, se nos ha quedado rezagado uno de los puntos más importantes de aquel asunto: el de la repercusión política, el de la

---

des erreurs passés. Si la Providence bénit cette entreprise, la Cour du Brésil ne pourra plus alléguer les prétextes dont elle s'est servie jusqu'à présent pour déguiser ses projets d'agrandissement au dépens de l'Espagne, et dès qu'elle voudra revenir à une politique plus morale, j'irai moi même au devant d'Elle avec cordialité et franchise. Voilà, Sire, un récit fidèle de mes efforts et de leur but. Tous ces soins me donnent des peines que d'autres Souverains ignorent. La crise que l'Espagne a subie, a jeté dans les esprits des semences de haine et de division que j'ai pu empêcher de se développer, mais qu'il est bien difficile de déraciner. Les meilleures têtes sont malheureusement égarées par des principes contraires à la légitimité. Dans nos climats, les passions sont vives, et le désir de faire triompher son opinion rend indifférend sur la tranquillité publique. J'ai choisi mes ministres dans tous les partis, ne me décidant que d'après leur réputation d'habilité. Je leur ai dévolu toute l'autorité nécessaire pour exécuter les plans qu'ils avaient conçus. J'ai repoussé les soupçons et les plaintes tant que leur conduite pouvait être excusée. Mais j'ai dû les congédier quand l'esprit qui les dirigeait au mal, était devenu évident. Par toutes ces circonstances, j'ai dû surveiller moi même tous les détails de l'armement qu'on prépare: car, je savais, que ceux qui par leur emploi devaient aider au succès de ce travail, s'efforceraient en secret de l'entraver. J'ai confié leur tâche à des mains plus pures.

Je dépose ce récit dans le sein de l'amitié qui saura apprécier l'abandon avec lequel je m'ouvre à elle. Les obligations que je Vous ai; celles dont je Vous serai encore redevable ne peuvent plus rien ajouter aux sentimens de mon coeur. Ils Vous sont acquis pour la vie.

Je suis, Sire.»

En *AHN, Estado,* leg. 2849-22.

[122] Vid. Komissarov, *Ob otnošenii,* p. 67.

reacción de las otras potencias ante aquel inusitado hecho... y al propio tiempo, el de la reacción de otros diplomáticos rusos.

Como fácilmente se podrá suponer, la primera cuestión que se planteó estuvo íntimamente ligada al significado exacto que cabía conceder a la cesión de la flota a España. Y es de toda evidencia que muy pocos se engañaron sobre el verdadero alcance del hecho. En efecto, muy pronto surgieron voces que concedían a la venta de dicha escuadra un claro significado político. El propio Tatiščev —tal como hemos señalado ya—, al enviar una copia del convenio a San Petersburgo, lo dejó puntualizado [123].

Pero también otros observadores de la escena política lo subrayaron sin lugar a dudas. Una vez enterado de la compra de la escuadra por parte de España, Pozzo di Borgo, por ejemplo, no dudó en expresar su pensamiento a Nesselrode:

> Si España —escribía el embajador el 8/20 de octubre de 1817— de acuerdo con el deseo de nuestro augustísimo soberano, extiende sus medios de lucha en el mar, se muestra capaz de aumentar sus fuerzas y enviar una fuerte expedición contra Buenos Aires, esta operación conducirá a la evacuación de los ejércitos rebeldes en Chile; pondrá en peligro un importante foco de insurrección, traerá consigo el bloqueo de Buenos Aires y eliminará la posibilidad de la más remota ayuda a los insurrectos por parte de las distintas naciones [124].

Y el historiador ruso Komissarov no pudo por menos que comentar acertadamente:

> Las palabras del final de esta cita, que contienen una clara alusión a la ayuda que Inglaterra prestaba a las colonias españolas sublevadas, no dejaban lugar a dudas de que Pozzo di Borgo se percató perfectamente de que la venta de la escuadra rusa era un acto hostil hacia Inglaterra [125].

El temor de Pozzo, según el cual la venta de la citada flota sería considerada como un claro acto político dirigido a neutralizar la acción inglesa en el foco insurreccionista de Buenos Aires, vino a coincidir, sin lugar a dudas, con el pensamiento del propio zar y de Nesselrode. En efecto, a partir de finales de 1817 (Instrucción a Tatiščev del 17/29 de octubre) [126], asistiremos a un curioso

---

[123] Ídem, p. 66 y *supra*, p. 214.
[124] Citado por Komissarov, *ob, cit.*, p. 66.
[125] Ídem.
[126] Vid. Komissarov, *ob. cit.*, p. 66.

movimiento por parte de la política rusa, encaminado a conceder a la venta de la flota un mero carácter comercial: de ahí el gran interés en convencer a Fernando VII para que se aviniese a cambiar el título de la *convención* firmada el 30 de junio/11 de agosto en «*Acto de venta*» («*Akt o prodaže*»). Según hemos apuntado antes, Nesselrode temía que si el tratado suscrito se denominaba «Convención», algunos pudieran ver detrás de él secretas cesiones de territorio [127].

Pero he aquí que el deseo ruso vino a tropezar —y con razón— con la oposición del rey de España. Fernando VII objetó —según hemos visto ya— que el cambio de denominación no impediría a los agentes ingleses especular sobre posibles cesiones de territorio. Y desde diciembre de 1817 hasta abril de 1818, el soberano se negó a cumplir el deseo ruso.

Entretanto, la salida de la escuadra al mando del almirante Moller hizo imposible silenciar por más tiempo la existencia de un acuerdo hispano-ruso [128].

Pronto centróse la polémica en torno al verdadero destino reservado a la flota que en aquellos momentos surcaba el Báltico en dirección a las costas españolas. Como es de suponer, una de las reacciones más vivas fue la del gobierno inglés. Conocemos a este respecto cuanto sobre el caso nos ha dicho Martens, relatando la actuación del embajador ruso, el conde Lieven [129].

> Lord Castlereagh fut non seulement profondément étonné de cette opération sans précédent, effectuée par une grande puissance, qui n'avait pas de superflu en fait de navires de guerre, mais il voulut y voir une tentative d'intervention dans la guerre de la métropole espagnole avec ses colonies révoltées.

Por lo demás, no extrañará que el representante español en Inglaterra, el duque de San Carlos, se expresase en términos similares ante el gobierno inglés: una nota entregada el 17 de noviembre de 1817, contenía la seguridad de que se trataba de una nego-

---

[127] Ídem.

[128] Vid. Komissarov, p. 67. Consúltese sobre la resonancia en la prensa francesa del envío de la flota rusa a España, el libro de Harpaz, *L'École Libérale sous la Restauration*, pp. 208; 212-213.

[129] Vid. Martens, *Sobranie traktatov i konvenzij (Colección de tratados y convenciones)*, T. XI, Sanktpeterburg 1896, p. 268. Texto francés y ruso. Debo una copia de dicha carta a la amabilidad de la profesora Družinina, que me la envió desde Moscú.

ciación privada, y no de una transacción política... [130]. En todo caso, el gabinete británico decidió obrar con cautela y no dar muestras exteriores de descontento. Lieven, el 26 de octubre/7 de noviembre de 1817, informó que los ingleses habían prometido abastecer a la escuadra y permitirle atracar en sus puertos [131].

Como fácilmente se podrá comprender, los representantes rusos en el extranjero y hasta el propio gobierno zarista se mostraron muy inquietos sobre la suerte inmediata de la flota. La escuadra avanzó con gran lentitud hacia su destino y durante algún tiempo, no se tuvieron noticias de ella, lo cual suscitó en los círculos diplomáticos rusos una seria inquietud. Pozzo, por ejemplo, el 1/13 de diciembre de 1817 escribía a Nesselrode:

> Yo temo que nuestra escuadra haya encontrado serias dificultades; no hay noticia alguna sobre su aparición en La Mancha; no queda excluida la posibilidad de que se haya guarecido en Noruega [132].

Nosotros sabemos perfectamente, gracias a los despachos de Zea, que la flota había ido a refugiarse en algún puerto sueco para efectuar algunas reparaciones causadas por la tormenta. Asimismo, no ignoramos que a su arribo a Cádiz algunos de los barcos fueron declarados inservibles. Mas no por eso habrá que olvidar el deficiente estado del arsenal gaditano y los escasos cuidados que recibió la flota a su llegada.

Ahora bien; antes de proseguir adelante en nuestra investigación sobre el problema colonial en el bienio 1816-1818, nos queda aún por señalar un último punto referente a la famosa venta de la escuadra rusa.

En efecto, ¿cómo se solucionó el problema del pago total de los barcos? Sabido es que por el tratado del 30 de julio/11 de agosto de 1817, España se había comprometido a satisfacer la totalidad de la suma exigida por los rusos (13.600.000 rublos en asignaciones de Banco) no más tarde del 1 de marzo de 1818.

Sabemos también que la primera parte de dicha cantidad (400.000 libras esterlinas) fue satisfecha inmediatamente [133]. Sin embargo, surgen, en lo que hace referencia al pago posterior de la suma adeudada por España, una serie de dudas, que me interesa

---

[130] Vid. Becker, *Historia*, pp. 421-422.
[131] Vid. Martens, *ob. cit.*, p. 268.
[132] Vid. Komissarov, *ob. cit.*, p. 68.
[133] Vid. *supra*, p. 214.

apuntar. Y la primera es la existencia de otro tratado firmado por Antonio Ugarte y Tatiščev en Madrid el 27 de septiembre de 1819, y cuyo título rezaba así: «Convenio adicional entre las coronas de España y Rusia para liquidar y señalar el pago de las cantidades no satisfechas aún por la escuadra rusa de que hace mérito el tratado de 11 de agosto de 1817, concluido en Madrid el 27 de septiembre de 1819» [134].

Señalábase en el mencionado convenio que, hasta la fecha, España debía a Rusia la cantidad de cinco millones trescientos mil rublos en asignaciones de Banco. Además, según el artículo 3, España se comprometía a entregar inmediatamente «sobre el dinero que le toca aún del gobierno francés, y que ahora está detenido por dicho gobierno, dos millones seiscientos cinco mil francos». Finalmente (art. 4), España se comprometía a pagar el resto de la suma «en el curso del año 1820, empezando el día 2 de enero y después el primero de cada mes de dicho año en letras sobre Londres catorce mil ciento sesenta y seis y dos tercios de libras esterlinas formando en total dicha doce cantidades, ciento setenta y siete mil libras esterlinas, divididas en doce pagos iguales, como arriba se ha dicho». Se insistía además en que [135]:

> esta suma siendo pagada antes de 30 de diciembre del año de 1820, sea cual fuere la variación del giro entre Petersburgo y Londres, no se podra exigir de la España ninguna bonificacion, ni escedentes de la suma mencionada, y por consiguiente todas las cuentas sobre la cesión de la escuadra estaran concluidas y cerradas...

En la introducción al convenio que acabamos de citar se explicaba que, si bien había quedado estipulado anteriormente que la suma debida por España quedaría totalmente pagada en 1 de marzo de 1818, «las circunstancias extraordinarias e inesperadas habiendo desviado los fondos de la tesorería española hacia otros gastos que era indispensable hacer, el plenipotenciario de su Majestad Imperial no había recibido más que una parte de la suma mencionada». El convenio que en aquel momento se firmaba tenía como finalidad «liquidar las cuentas provenientes de la adquisición de la escuadra y de convenir de modo y tiempo para el reembolso total de las sumas que la Rusia alcanza aun de la España».

---

[134] Vid. Cantillo, *Tratados*, pp. 825-826; dicho tratado ha sido reproducido también por Saralegui, *Un negocio*, Documento núm. 7, pp. 124-126, y por Fernández Duro, *Armada Española*, T. 9, pp. 151-152; y VPR, *II, 3*, pp. 118-120.

[135] Vid. Cantillo, *ídem*, p. 826.

Mas, lo que me parece digno de mención es la futura suerte que corrió el tratado antes citado. En efecto, si nos atenemos a un despacho de Nesselrode dirigido a Pozzo, del 10/22 de junio de 1820, veremos que Alejandro, siguiendo algunas consideraciones del a la sazón embajador ruso en Madrid, Bulgary, y debido a las circunstancias por las que atravesaba España, había decidido no insistir sobre el pago de los 2.600.000 francos que aún se debían al tesoro imperial ruso [135a].

Más adelante vemos que el 7/21 de julio de 1827, el entonces embajador ruso en Madrid, Petr Ubril, envía una carta a Manuel González Salmón, en la que hace hincapié en el siguiente hecho: que la suma adeudada por España en 1819 (5.300.000 rublos) aún no ha sido liquidada. En efecto, las revoluciones de 1820 habían imposibilitado la ejecución de la deuda, y el emperador Nicolás se mostraba comprensivo ante tal circunstancia. Pero el soberano ruso creía que era llegado el momento de acabar definitivamente con el asunto [136].

Muy apremiantes debieron ser las órdenes recibidas por Ubril, porque no más tarde del 27 de noviembre de 1827, el embajador ruso se dirige de nuevo a González Salmón con el mismo ruego, insistiendo en que «l'Empereur Nicolas... se contenterait de voir l'Espagne s'occuper sérieusement des moyens d'honorer ses engagemens et d'indiquer dès à présent les termes dans lesquels il croirait pouvoir successivement se libérer» [137].

Como se puede suponer, la actitud del Ministerio español consistió en tratar de convencer al embajador ruso de que el gobierno se ocuparía lo antes posible del caso, pero lo cierto es que el 6/18 de febrero de 1829, Ubril se vio precisado a mandar de nuevo una carta a González Salmón, recordándole que desde hacía un año no cesaba de rogarle que urgía solucionar el asunto pendiente.

Finalmente, el 7 de mayo de 1829, González Salmón escribió una carta a Ubril en la que insistía de nuevo en que «lejos de estar postergado este negocio, ocupa la consideración del Gobierno de S. M. y su anhelo es verle finalizado...» [138].

[135a] Vid. VPR, *II*, *3*, pp. 424-425, y pp. 764-765, nota 177.
[136] En *AHN*, Estado, leg. 6 136 [3].
[137] Idem.
[138] Idem.

Pero lo cierto fue que el 15 de julio de 1829 el propio González
envió un despacho al ministro español en San Petersburgo, José
Miguel Páez de la Cadena, en el que se leía lo siguiente [139]:

> La intención de S. M. es no acceder al pago de la suma indicada,
> pues aunq.e es cierto q.e por la cuenta girada y por el texto del
> convenio firmado por el Baylio Tatischeff y Dn Antonio Ugarte, resulta
> la Rusia acrehedera á los cinco millones trescientos mil rublos en asig-
> naciones, hai en contrario tales y tan concluyentes razones, q.e desva-
> necen este empeño...

Al escrito de Salmón contestó Páez el 30 de septiembre de 1829,
indicando que haría cuanto estuviera en su mano para solucionar
el asunto favorablemente a España, pero que dudaba mucho del
éxito de su empresa [140].

La negociación se prolongó todavía durante todo el año 1830 [141]
y aun durante el 1831 [142], sin que nuestras fuentes nos permitan deducir cómo finalizó aquel asunto. Es de presumir que la muerte
de Fernando VII puso fin a todos aquellos trámites; pero si nos
atenemos a todo cuanto sabemos sobre el caso, parece casi seguro
que España no liquidó completamente la deuda pendiente con Rusia, fundándose para ello en el mal estado en que se hallaban los
barcos a su llegada a España.

6. *El problema de la mediación en el asunto colonial*

A mediados del año 1817 quedó planteado el problema de la
pacificación de América.

En páginas anteriores, hemos consignado que a raíz de la invasión portuguesa de la Banda Oriental del Río del Plata, y temiendo el gobierno inglés alguna represalia por parte española, había
éste puntualizado claramente que no toleraría «le moindre mouve-

[139] Manuel González Salmón al Sr Ministro de su Majestad en Rusia, Madrid, 15 de julio de 1829, en *AHN, Estado*, leg. 6 136 [3].

[140] Al Excmo. Señor Dn Manuel González Salmón, el enviado de S. M. en
Rusia, San Petersburgo, 30 de septiembre de 1829, núm. 875, en *AHN, Estado*,
leg. 6 136 [3].

[141] Al Excmo. Señor Dn Manuel González Salmón, el enviado de S. M. en
Rusia, San Petersburgo, 16 de octubre de 1830, núm. 1027, en *AHN, Estado*,
leg. 6 137 [1].

[142] El mismo al mismo, San Petersburgo, 14 de febrero de 1831, núm. 1108,
en *AHN, Estado*, leg. 6 137 [3].

ment hostile». Y así lo manifestó a la Conferencia de embajadores de París (26 de febrero de 1817)[143].

A partir de aquel momento, y en torno a la crisis abierta por la invasión, empezaron a circular los más diversos rumores sobre una posible ayuda rusa a España. A cambio, el imperio zarista obtendría un puerto de guerra en la isla de Menorca. Consignado por numerosos autores, el acuerdo —si acuerdo hubo— jamás llegó a entrar en vigor. Interrogado Nesselrode sobre el asunto por el embajador inglés, lord Cathcart, negó rotundamente que tales fuesen las intenciones del zar[144].

Mayor alcance, por el contrario, debemos conceder al persistente rumor, según el cual un ataque español a Portugal, respaldado por el beneplácito ruso, entraba dentro de lo posible. Aquí también, gran cautela se impone en la investigación. Cierto que la eventualidad de una invasión portuguesa con ayuda rusa había sido apuntada —y reclamada casi— por Antonio Cano Manuel. Cierto, también, que la ausencia de la familia real y el descontento reinante en Portugal favorecían en este aspecto toda clase de conjeturas[145].

Pero lo que ante todo debe entrar en consideración es que el pequeño reino de Portugal se convertía de pronto —al igual que España— en una plataforma más de la rivalidad anglo-rusa. En efecto, malas lenguas decían que Tatiščev se hallaba detrás de los sublevados portugueses[146].

Existe, en el Archivo Histórico Nacional, una interesantísima correspondencia —a la que ya hemos aludido anteriormente— escrita en abril, mayo y junio de 1817, dirigida desde la legación rusa en Lisboa a Tatiščev y que permite conclusiones importantes sobre algún punto[147].

La primera hacía referencia a la participación inglesa en los disturbios suramericanos y, además, a la evidente ingerencia del gobierno británico en los *asuntos portugueses*. Al mismo tiempo, quedaba ampliamente de manifiesto el vivo interés que sentían los ingleses por ver estallar un conflicto armado entre España y Portugal.

---

[143] Vid. *supra*, p. 208.
[144] Vid. Bernhardi, *Geschichte*, p. 537.
[145] Vid. *supra*, p. 140.
[146] Vid. Debidour, *Histoire*, T. I, p. 108, y *AHN, Estado*, leg. 2 849.
[147] Vid. *supra*, p. 203, nota 63.

La segunda conclusión que permiten las cartas mencionadas es que los ingleses aprovechaban el temor de una invasión española para enviar tropas a Portugal. Y el 4 de junio se anunciaba [148]:

> Dans la crainte d'une invasion de la part des Espagnols la Régence a agité la question si l'on devait requérir le Secours stipulé par le Traité conclu avec la Grande Bretagne. Je cite là un bruit très répandu ici. Mais je crois que la Régence ne se déterminera à traiter plus cette affaire que lorsque l'Espagne aura fait à l'égard du Portugal quelque démonstration équivoque. Beresford travaille cependant à hâter l'entrée des troupes anglaises...

Conforme vayan transcurriendo los meses, la creencia según la cual España estaba dispuesta a invadir Portugal hallará cada vez un eco más definido. En octubre de 1817, Wellington se lamentaba sobre la existencia de una conspiración en favor de España en el propio Portugal, y no dudaba de su triunfo final, a menos de que el rey João VI o el príncipe regente Pedro regresasen de América.

El mariscal estaba convencido de que una de las familias portuguesas más ilustres se hallaba implicada en el asunto: todos preferían ser una parte de España antes que una dependencia del reino de Brasil [149].

Conviene señalar que a aquellas alturas —octubre de 1817— el problema colonial —el problema de la pacificación y de la mediación— había sido ya ampliamente debatido por los embajadores de las diversas potencias en la Conferencia de París.

Veamos, más detalladamente, la actitud adoptada por Rusia ante el problema colonial.

El 4/16 de abril de 1817 [150], Zea cursó un despacho a Madrid y adjuntó al propio tiempo una nota de Nesselrode sobre la postura que el gabinete ruso entendía adoptar en la cuestión de las desavenencias entre la corte española y la corte del Río de Janeiro.

En ella quedaba de manifiesto que

> L'Empereur enjoint au Lieutenant général Pozzo di Borgo de soutenir en discussion l'opinion émise antérieurement au nom de Sa Ma-

---

[148] Idem.

[149] Vid. Baumgarten, *Geschichte*, pp. 212-213.

[150] Carta de Francisco de Zea Bermúdez al Excmo. Sr. D. José de León y Pizarro, San Petersburgo, 4/16 de abril de 1817, núm. 86, en *AHN, Estado*, leg. 6 126 [1].

jesté Impériale; mais de se conformer au reste à la majorité des votes de ses Collègues pour toutes les mesures qui seront arrêtées d'un commun accord (Saint Pétersbourg, 3 avril 1817)[151].

Algunos días más tarde, el 25 de abril/7 de mayo de 1817, Zea cursó de nuevo dos despachos a García León y Pizarro: el primero, relativo al problema existente con la Corte de Río de Janeiro; el segundo, referente a la pacificación de América en general. Ambos matizaban —y puntualizaban— la postura que la corte rusa entendía adoptar en las cuestiones expuestas.

El primer despacho (Nr. 101)[152], atendía al litigio con la corte brasileña. Revelaba que el emperador de Rusia había sido a menudo blanco de los gobiernos de Viena y Londres:

> ... constándome que éstos dos le han manifestado abiertam.te que extrañaban se hubiese pronunciado à nuestro favor con tanta claridad y energía à nuestro primer llamamiento, echándole capciosam.te en cara que la nota que se me había comunicado en el mes de Diciembre contenía una declaración más amplia y más fuerte que la que la España misma había reclamado.

La opinión del gobierno ruso —continuaba el despacho de Zea— seguía siendo la misma: «... no querer hacer causa separada por no encender una guerra, pero no por eso se retractaría de lo dicho...».

Encerraba además la misiva de Zea otro punto importante: la labor de zapa llevada a cabo por los mencionados gabinetes para «persuadir al Gobierno Ruso de separarse de esta mediación, proponiendo dexarla al cuidado exclusivo de la Gran Bretaña, à cuyo intento han llegado a insinuar y suponer que la España no tendría en ello reparo alguno...». Pero el emperador de Rusia había contestado que ignoraba que tales fuesen las intenciones del rey de España; mas, si así fuese, no se opondría a ella en modo alguno...

El segundo informe (Nr. 103)[153] hacía intrínsecamente referencia

---

[151] La nota rusa enviada por Zea el 4/16 de abril obra en *AHN, Estado,* leg. 6 125 [1].

[152] Carta de Dⁿ Francisco de Zea Bermúdez al Excmo. Sʳ Dⁿ Josef García de León y Pizarro, San Petersburgo, 25 de abril/7 de mayo de 1817, núm. 101, en *AHN, Estado,* leg. 6 126 [1].

[153] Carta de Dⁿ Francisco de Zea Bermúdez al Excmo. Sʳ Dⁿ Josef García de León y Pizarro, San Petersburgo, 25 abril/7 de mayo de 1817, núm. 103, en *AHN, Estado,* leg. 6 126 [1]. Vid. también el artículo de Robertson, *Russia,* páginas 196-197; y Bolchovitinov, *K voprosu ob ugroze,* p. 52.

al problema de la pacificación de América y a la mediación de la Gran Bretaña. Zea se limitaba a exponer las instrucciones enviadas por los rusos sobre el asunto de Tatiščev. El zar había hecho constar su opinión según la cual le parecía conveniente que España no se entregase exclusivamente a la mediación de una potencia para solucionar dichos asuntos, sino que sería «quizá muy conducente y acertado sujetar en algún modo dicha mediación baxo influencia o por mejor decir baxo los auspicios y garantía de algunas potencias europeas desinteresadas, estableciendo de antemano los principios fundamentales de la mediación, y fixandole ciertos límites y condiciones, según exijan las circunstancias, el interés y la dignidad del Gobierno Español».

Poco después, el embajador ruso Tatiščev comunicó a León y Pizarro las instrucciones recibidas de Nesselrode (20 abril/2 de mayo de 1817) [154], en las que el problema colonial ocupaba una parte importante. Además de las consideraciones filosóficas que caracterizaban el pensamiento zarista de la época (la insurrección no era solamente un asunto español, o americano, sino algo que debía proporcionar nuevas perspectivas al enjuiciar casos de rebeldía contra la legitimidad, etc.), Nesselrode añadía algunos puntos, por lo demás bastante conocidos: a saber, que le sería muy difícil a España restablecer su soberanía en América mediante medidas coercitivas, que por lo tanto debía procederse a entablar negociaciones, y —en franca contradicción con todas las afirmaciones zaristas hechas hasta entonces— añadía Nesselrode que Alejandro I no se opondría a que Inglaterra interviniese en un arreglo amistoso entre España y sus colonias.

Más que este texto, nos interesa otro que Nesselrode envió a Tatiščev en 15/27 de mayo de 1817 [155], por lo que nos aclara de las actuaciones españolas —o por mejor decir de las del rey de España— para con Rusia. Resumiendo todos los informes y despachos que el Ministerio de Asuntos Exteriores ruso había recibido de Madrid desde hacia un año y medio, llegaba Nesselrode a la conclusión de que lo que España pretendía era poco más o menos que Rusia se convirtiese en su primera aliada, que ejerciese su influencia en todos los problemas que tenía planteados el país, desde el problema de Italia hasta la restauración de la potencia española en los dos hemisferios, etc. Este texto —seguramente el que mejor

---

[154] VPR, *II, 1,* pp. 523-524.
[155] VPR, *II, 1,* pp. 553-556.

nos puede informar sobre las actuaciones de la política exterior española y su recepción en Rusia— es de una gran importancia porque con él se atenúan todas las afirmaciones según las cuales era *solamente* la política rusa la que buscaba ganar influencia en España y granjearse una sólida base operacional en el sur de Europa. Nesselrode en su escrito, después de las frases de cortesía habituales, refutaba la llamada de auxilio del rey de España, como demasiado peligrosa, inútil para la política rusa, y susceptible de acarrear complicaciones dentro del campo internacional. Otra cosa es que la propia política rusa no incurriese en serias contradicciones, como por ejemplo, vender una flota de guerra a España, pensando únicamente en fines lucrativos, en un momento de tensión internacional. Pero lo que Nesselrode dejaba claramente expresado era que Rusia no podía ni quería aceptar una «entrega» tan espectacular de un país a la política rusa.

Algo más tarde el gabinete ruso dio a conocer una extensa Memoria publicada en San Petersburgo a 2/14 de junio de 1817 bajo el título de *Aperçu des relations politiques de la Russie, pour servir d'instructions aux missions de Sa Majeste Impériale à l'étranger* [156]. Leíase en ella la afirmación de que el sistema del zar procedía única y exclusivamente del espíritu y de la letra de las transacciones de Viena y de París del año 1815. «Maintenir inviolable la foi des actes, y faire concourir également toutes les puissances de l'Europe, tel est *l'objet unique de notre politique*» [157]. Partiendo de esta base, la política de los otros gabinetes europeos no debería tener otra finalidad sino la de encaminarse a solucionar los problemas pendientes, a saber [158]:

> ... l'affermissement des trônes placés sous la sauvegarde de la légitimité; de l'autre la réorganisation du Corps germanique, les questions territoriales en Allemagne, l'abolition de la traite des nègres, l'affranchissement de la Méditerranée des pirateries barbaresques, l'accession de l'Espagne au recès de Vienne, enfin les différends qui menacent de compliquer les rapports de cette puissance avec le royaume uni du Portugal et du Brésil...

Ciñéndose a este dilatado programa, la política imperial respecto de España, la cual «a voulu se placer sous la sauvegarde

---

[156] Vid. SBORNIK, T. 110, p. 239.
[157] Ídem, p. 240. Subrayado en el texto.
[158] Ídem, p. 241.

unique de la Russie» debía dirigirse a «amener l'Espagne sous celle de la grande alliance, et par l'entremise du ministère britannique» [159]. Mas he aquí que la invasión repentina del Río del Plata por las tropas de su Majestad Fidelísima abría «une discussion majeure d'un intérêt général». Los pasos dados hasta la fecha podían resumirse así [160]:

> L'Espagne en appelle à l'intervention collective des puisances européennes. L'Angleterre aurait désiré *être seule* la médiatrice. Le cabinet de Vienne voulait amener celui de Saint Pétersbourg à y consentir. Ses ouvertures sont arrivées trop tard. Nous les avons devancées par nos réponses à celles de l'Espagne.

Alcance todavía mayor que el que encierran estas frases cabe conceder a un dilatado despacho de Pozzo di Borgo a Nesselrode, fechado en París a 2/14 de junio de 1817 [161]. Era ésta la primera vez que un estadista ruso vertía, en un importante texto, cuantas puntualizaciones le sugería el problema suramericano en aquel momento.

Motivado por la insurrección que acababa de estallar en Pernambuco, el informe del embajador ruso en París revelaba un fondo de escepticismo en cuanto al futuro político de las antiguas colonias, nada comparable con la evolución seguida por los Estados Unidos. En América del Sur no existía ningún elemento de estabilidad. Por el contrario, los jefes políticos no hacían sino excitar a las poblaciones y distribuir armas, mas no se había registrado un solo intento feliz de gobierno civil. Con gran lucidez, preveía:

> Avec cette marche, ils peuvent à la vérité détruire la supériorité espagnole, mais ce sera pour y substituer de petits tyrans barbares et féroces, actifs à s'entre-détruire, et qui mettront cet inmense continent dans un état égal à celui des peuplades de l'Afrique...

Todo ello se había debido a la nulidad del gobierno español, a su ciega temeridad, a su dureza y a su falta de previsión, pero también a la timidez y tergiversaciones del gabinete inglés [162].

Hay que reconocer que la razón asistía a Pozzo cuando escribía que en lugar de refugiarse en ataques infructuosos, lo que debería

---

[159] Ídem, pp. 243-244.
[160] Ídem, p. 245. Subrayado en el texto.
[161] Vid. SBORNIK, T. 119, pp. 228-232.
[162] Vid. SBORNIK, T. 119, p. 230.

hacerse era presentar un plan de pacificación de las colonias, cuya base fuese una mejor administración local, la concesión de privilegios provinciales y mayores facilidades de comercio.

Una vez conocidos estos pormenores, las grandes potencias podrían declararse mediadoras en aquel asunto. El sistema preconizado debería aplicarse, primero, en las provincias fieles aún a la metrópoli, y después, paulatinamente en las sublevadas. Ninguna otra solución le quedaba a España, puesto que las colonias ya podían considerarse, a partir de aquel momento, como independientes.

Finalmente argumentaba Pozzo que si el gabinete de Madrid tuviese la posibilidad de elegir, debiera considerarse feliz, de poder unir sus intereses a los de Europa [163].

Muy pronto, sin embargo, se polarizaron las discusiones en torno a una nueva nota presentada por Fernán Núñez, el 2 de julio, a la conferencia de embajadores de París, y relativa al problema pendiente con Portugal. Creyó entonces Pozzo di Borgo que el paso dado por Fernán Núñez auguraba cierta disposición del gobierno español para considerar la propuesta de mediación general [164].

Opinaba por lo tanto el embajador ruso que España debía ser invitada a pronunciarse ante la conferencia sobre este punto. Mas he aquí, que una vez más, la buena voluntad existente, tropezó con la negativa inglesa, celosa de que España se adhiriera, pura y simplemente, a los partidarios de la Santa Alianza [165]:

> L'ambassadeur d'Angleterre a dit, à cette occasion, que l'Espagne paraissait vouloir agir dans l'esprit de la Sainte Alliance, à laquelle le Prince Régent n'avait pas adhéré; que la médiation sur les affaires du continent américain espagnol se traitait à Londres depuis quatre ans, sans avoir pu amener le cabinet de Madrid à aucune conclusion raisonnable, que cette affaire enfin concernait exclusivement l'Angleterre et qu'elle ne pouvait être conduite à bonne fin que par elle, si toute fois il existait quelque possibilité à ce sujet...

En aquella ocasión, Pozzo di Borgo escribió a Nesselrode algunos comentarios sobre la situación, recogidos hoy en uno de los volúmenes que encierra su correspondencia inédita. Aflora en ellos muy claramente el disgusto ocasionado por la reciente negativa

---

[163] Idem.
[164] Vid. SBORNIK, T. 119, p. 275.
[165] Idem, *ídem*, pp. 275-276.

británica de aceptar la propuesta española; y apuntaba también la necesidad de no permitir que el asunto colonial pasase a ser únicamente feudo de la política inglesa [166]:

> Vous verrez combien les Anglais répugnent à s'associer aux autres puissances afin d'amener, s'il est possible, l'Espagne et les colonies à mieux s'entendre; ils ont grandement tort de montrer ainsi le bout de l'oreille, d'autant plus que lorsqu'ils agiront franchement et d'après un plan convenable à tous, ils ne perdront rien de leur importance et des avantages que les moyens qu'ils possédent et leur position leur assurent. Mais le cabinet est retors, timide et soupçonneux, et ne sait pas se décider; quelle que soit leur manière de voir, mon avis est de ne pas abandonner une si grosse affaire à leur discrétion particulière; nous sommes tous interessés à savoir ce que deviendra une si grande partie du monde, et ils auraient très mauvaise grâce de le trouver mauvais.

7. El Memorándum zarista de noviembre de 1817

Por lo demás, la postura del gobierno británico quedó ampliamente de manifiesto en un extenso Memorándum que encerraba la opinión del ministro Castlereagh al respecto y que llevaba la fecha del 28 de agosto de 1817 [167]. La opinión definitiva del gobierno inglés parecía decantarse hacia una mediación presidida por Inglaterra, Francia, Austria, Prusia y Rusia. Sugería también el documento que el «forum» de discusiones fuese trasladado de París a Londres. Por lo demás, se exigían algunas condiciones previas para tratar sobre el problema de la mediación, a saber [168]:

1) que España se aviniese a firmar con Inglaterra el tratado sobre la trata de negros,

2) que se concediese una amnistía general para todos los sublevados,

3) que se otorgasen a los suramericanos los mismos derechos que al resto de los españoles,

4) y que los suramericanos pudiesen comerciar libremente con todas las naciones.

---

[166] Carta de Pozzo di Borgo a Nesselrode, 21 juillet/2 août 1817, en *Correspondance diplomatique du Comte Pozzo di Borgo*, T. 2, p. 167.

[167] Vid. Webster, *Castlereagh and the Spanish Colonies*, I, 1815-1818, páginas 78-95. Vid. al respecto, las pp. 86 88.

[168] Vid. también Perkins, *Russia and the spanish*, p. 661; y Robertson, *Russia and the emancipation*, p. 199.

¿Cuál fue, debemos inquirir ahora, la reacción, tanto del gobierno español como del gobierno ruso ante la nueva oferta de Castlereagh?

La reacción española tomó cuerpo en forma de una nueva nota presentada por Fernán Núñez a la conferencia de París en octubre de 1817 [169].

Dábase a entender en ella que los principios revolucionarios contra los que las potencias habían luchado en Francia años atrás volvían a resurgir en América. Tratábase, por lo tanto, de una empresa que debía interesar por un igual a las demás naciones, vencedoras de la Revolución Francesa y de su heredero Napoleón. El rey de España tenía razón cuando se lamentaba de haber sido «abandonado» por sus demás «colegas». Por lo tanto, era justo entregar armas a España y ayudarla, sin exigir condiciones previas.

Cierto era que si la nota presentada por Fernán Núñez correspondía a un trasfondo de verdad, hubo de coincidir en aquellos momentos con el acontecimiento capital del envío de la flota rusa. Sin duda para realzar la amistad que creía reinar entre Fernando VII y Alejandro I, Fernán Núñez estimó conveniente apuntar que la flota estaba destinada a levar anclas hacia América, recuperar ante todo Montevideo y reforzar las tropas españolas en cuantos puntos fuesen necesarios [170]. Huelga decir la impresión que de-

---

[169] Vid. Bernhardi, *Geschichte*, pp. 547-548. En una Carta del Duque de San Carlos a Dn Francisco de Zea Bermúdez, Londres, 14 de octubre de 1817, en *AHN, Estado*, leg. 6 125 [3], se lee lo siguiente:

> ... Yo ahora empiezo por informarle que se trata de entablar una Mediacion con las Potencias Aliadas para que nos ayuden a sugetar los rebeldes de America. Nuestro Gobierno propone que esta Mediacion se tratase en Madrid; y he hecho las mas vivas diligencias p.ª q.ᵉ los deseos de S. M. se cumplan; pero el gavinete Ynglés me ha demostrado su repugnancia à q.ᵉ esto se verifique en otra parte que en Londres. Dicen los Ministros que siendo la Ynglaterra la que mas puede y debe contribuir, en virtud a su mayor poder marítimo, parece regular que dha mediacion tenga lugar aqui... Que esto no solo seria conveniente a la Ynglaterra sino también à la España misma, porque así se aceleraria la mediación, por razon de que teniendo q.ᵉ referirse a esta clase de negocios el Consejo privado de S. M. Britan. siempre q.ᵉ se susciten objecciones, la mediacion en otra parte se haria eterna en perjuicio de todos. El Austria y la Francia se conforman con que se trate en esta Capital, segun me lo han asegurado sus respectivos Embaxadores: Por lo que haze a Prusia y Rusia lo ignoro todavia...
> Londres, 14 de Octubre 1817,
>
> El Duque de San Carlos

[170] Vid. Bernhardi, *Geschichte*, p. 548.

bió producir semejante declaración ante los enviados ingleses toda vez que el conde Lieven informaba de la preocupación de lord Castlereagh ante la presencia de los navíos rusos en aguas británicas.

Por su parte, Tatiščev, el 2/14 de octubre de 1817[171], escribió a Nesselrode que la nueva propuesta comunicada confidencialmente al gobierno de Madrid por el embajador inglés no era admisible para España, puesto que en realidad ésta tenía como finalidad estipular previamente concesiones y garantías para los insurrectos que España no podía conceder y que sólo servía para entorpecer las actividades militares de España, manifestar claramente su aislamiento, si la intervención aliada no tenía lugar, y hacer retrasar la negociación con Portugal. Tatiščev desestimó asimismo la idea de que la conferencia de paz tuviese lugar en París o Londres, por las implicaciones políticas que ello supondría, y la influencia que los enemigos de la pacificación de América podrían ejercer sobre los agentes del rey de España. Por el contrario, abogó por el traslado de las conferencias a Madrid, no sin pensar, añadiremos nosotros, que así podría controlar más el asunto... Casi al mismo tiempo se producía desde Moscú una primera reacción al documento inglés de agosto de 1817, motivada además por una carta dirigida por Fernando VII a Alejandro I en 25 de junio de 1817. En dicha carta el rey de España daba cuenta al zar del acto de sumisión voluntario de uno de sus sujetos americanos, Valdés, encargado por las provincias del Plata de entrevistarse con el emperador de Austria y el zar de Rusia. Alejandro contestó el 16/28 de octubre de 1817[172], expresando su satisfacción al respecto; al propio tiempo, Nesselrode (17/29 de octubre de 1817) notificó a Tatiščev las comunicaciones que debía presentar a Fernando VII[173]. El emperador, decía el ministro, aún no había fijado su opinión definitiva sobre la intervención extranjera en la pacificación de América, pero ésta no se dirigiría en ningún caso contra la dignidad ni contra los intereses mayores de España. Además, puntualizaba Nesselrode, el zar deseaba que las colonias, gracias a la cooperación franca y leal de las potencias europeas, volviesen a pasar bajo la égida del rey de España. A Tatiščev, cuyas dotes diplomáticas no se ponían en duda, incumbía la labor de hacer entender al emba-

---

[171] En VPR, *II*, 2, pp. 10-12.
[172] Vid. VPR, *II*, 2, pp. 15-16.
[173] Vid. VPR, *II*, 2, pp. 17-19.

jador británico en Madrid que la intención del rey de España era noble, y que su deseo consistía en establecer negociaciones colectivas.

Finalmente, en noviembre (el 17/20 de noviembre) de 1817, el gobierno ruso presentó un extenso *Memorándum* sobre el problema colonial, que llevaba por título: «De la négociation relative à la question du Rio de la Plata, et en général, de la Pacification des Colonies» («Mémoire à communiquer aux puissances intéressées, ainsi qu'aux cabinets des puissances médiatrices»), Moscú, 17/29 noviembre 1817 [174].

Dicho documento representaba la contestación al escrito presentado por Castlereagh en agosto del mismo año, pero ofrecía también, al mismo tiempo, un resumen de las directrices políticas del gabinete de San Petersburgo en lo que hacía a los asuntos europeos y a los americanos, que no eran sino un reflejo de los problemas del viejo continente.

«Notre thèse», decía el documento, «se fonde sur un principe plus général. Elle embrasse des vues plus étendues».

En efecto, para el gobierno ruso, el problema de la pacificación de América —ya fuese en lo que hacía a las desavenencias entre España y Portugal a propósito de la Banda Oriental del Río del Plata, o ya fuese en lo que se refería a la pacificación de las colonias españolas sublevadas— brindaba la posibilidad de poner en práctica los principios establecidos entre las potencias aliadas al derrumbarse el imperio napoleónico en los acuerdos de 1815:

> ... la transaction dont il s'agit maintenant présente le premier cas d'une application pure et simple des principes de cohésion des cabinets, réunis d'intention pour le maintien du repos général et pour que le bon droit triomphe en toute occurrence à l'égard de tout Etat, quel qu'il soit, selon les maximes éternelles de la justice...

Por lo demás, y basándose en este principio, la solución del desacuerdo existente entre España y Portugal se reducía a:

> simplifier, sous la médiation européenne les rapports entre ces deux cours, de manière à ce qu'elles se présentent à l'Amérique méridionale comme étant intimement, nécessairement et irrévocablement unies d'intention et de fait, quant au système qu'elles se proposent de suivre à son égard...

---

[174] Vid. VPR, *II*, 2, pp. 80-82, y SBORNIK, T. 119, pp. 474-482.

En cuanto al problema de su ejecución, reducíase a los ojos del gobierno ruso a:

> faire participer les vastes contrées du nouveau monde aux avantages dont jouit l'Europe sous les auspices du recès de Vienne...

Mas no se paraban ahí las ideas del gabinete imperial. Urgía otorgar a las provincias sublevadas una Carta Constitucional:

> ... En supposant que ce projet de Charte Constitutionnelle, destiné séparément ou collectivement aux provinces insurgées, fût unanimement reconnu par les puissances intervenantes comme le plus juste et le meilleur des moyens de les réunir à la mère patrie, pourrait-on croire alors que les questions accessoires de neutralité, d'armistice, de coopération, de garantie, soient de nature à arrêter la marche et les succès de cette grande entreprise?

La pacificación de las colonias americanas se asemejaría entonces a las estipulaciones del tratado de Viena. Y en este caso, ¿cómo dudar de que hallaría el beneplácito de todas las potencias?

¿Cómo no recelar, después de haber leído estas frases, que lo verdaderamente se escondía detrás del pensamiento zarista era el deseo de *participar* activamente en la solución de la crisis abierta en América, con todas las ventajas que representaba aquella situación, en detrimento de la política española? ¿Cómo no pensar que lo que se entendía hacer era explotar la penuria en que se hallaba el rey de España?

8. *El proyecto ruso de Carta Constitucional*

No mucho más tarde, el 28 de noviembre/10 de diciembre de 1817 [175], el gobierno ruso enviaba instrucciones particulares sobre el asunto a Tatiščev.

En la primera de ellas quedaba consignada la opinión rusa sobre el problema colonial, y quedó expresada en cuatro puntos concisos:

1) La corte de Madrid debería ser convencida para otorgar amplios poderes al plenipotenciario que debía representarla en las conferencias de los aliados en París;

---

[175] Vid. VPR, *II*, 2, pp. 84-86, 87-90, y Giménez Silva, *La independencia* 39, páginas 206-209.

2) El gobierno español prepararía un plan de pacificación destinado, por una parte a reconciliar las colonias y por otra, a manifestar a las potencias mediadoras que su cooperación debería ejercerse dentro de determinados límites;

3) Que era necesario convencer a Su Majestad Católica de que el pleito sobre la posesión del Río del Plata y las negociaciones sobre la pacificación de las colonias podían tratarse conjuntamente;

4) La corte de Madrid debía considerar que la disputa referente al Río del Plata era un asunto de menor alcance y que, por lo tanto, debería preceder a la negociación referente a las colonias. Opinaban los ministros rusos, sin embargo, que este punto de vista no sería aceptado por Su Majestad Católica; y que la controversia territorial no causaría perjuicio alguno a las discusiones que tenían como objeto la pacificación del Nuevo Mundo [176].

Más interesante resulta aún el tercero de los despachos cursados [177] a Tatiščev el mismo día 28 de noviembre/10 de diciembre de 1817, en el que se encargaba al embajador ruso hacer prosperar los asuntos españoles mediante la alianza general y no, exclusivamente, mediante la influencia rusa. En cuanto a los problemas pendientes entre España y Portugal, la corte rusa pensaba que para solucionarlos debía establecerse un acuerdo entre la política española y la de la corte de Río de Janeiro, procediendo a hacer concesiones territoriales recíprocas. De tal manera, el plan de pacificación de colonias resultaría más factible.

¿Cómo reaccionó, debemos preguntar ahora, el gobierno español ante el Memorándum ruso del 17 de noviembre de 1817? Como era de suponer, las ideas rusas no encontraron el beneplácito ni de Fernando VII ni de Pizarro, a pesar de que, en opinión de Tatiščev, Pizarro había entendido tan mal el Memorándum ruso que hubo de explicarle cuáles eran los medios coactivos que se podían utilizar sin emplear la fuerza [178]. Pero era de todas suertes evidente que la idea de otorgar una Carta Constitucional no podía seducir al ministro español, quien reprochó a Tatiščev su opinión demasiado optimista sobre la situación del pueblo suramericano. Por lo demás, Tatiščev aducía que los adversarios de otorgar constituciones a los americanos podrían argüir fácilmente que esta pre-

---

[176] Vid. Robertson, *Russia*, pp. 202-203.
[177] Vid. nota 175.
[178] Vid. VPR, *II*, 2, pp. 110-112 y 320-324. Despacho de Tatiščev a Nesselrode del 17/29 de abril de 1818.

ferencia dada a las colonias frente a la metrópoli reavivaría antiguas pasiones y amargaría el espíritu del rey contra los miembros del gobierno de Cádiz. Acertadamente, el embajador ruso concluía que un proyecto de reforma de las colonias concebido de tal manera sería demasiado peligroso, pero confiaba aún en conseguir que el rey se dejase convencer de la bondad del Memorándum ruso. En cuanto al problema del Río del Plata, Pizarro había observado que el Memorándum ruso contenía errores, como el de suponer que existían problemas de demarcación territorial entre España y Portugal anteriores a la invasión del Plata, y suponer que Portugal estaba dispuesto a entablar negociaciones sobre la pacificación de América en general. Tatiščev añadía que la intención del gabinete de Madrid consistía en exigir de Portugal una declaración previa con la oferta de restituir el territorio del Plata. En caso contrario, España no dudaría en emplear la fuerza.

Para el historiador que narra estos trances, nada más interesante de cuanto hasta ahora hemos visto, que la audaz sugestión del gobierno ruso sobre una posible concesión a los pueblos americanos de una Carta Constitucional. Confirmada esta idea en un extenso despacho de Zea del 28 diciembre de 1817/9 de enero de 1818 [179], tenía su origen en el pensamiento del conde Capodistrias, según el cual la forma constitucional del Imperio ruso podía aplicarse —en tanto que solución— al Imperio español. Y, en efecto, hoy en día, se nos antoja muy moderna la idea de convertir en una especie de «Commonwealth» a aquellos diferentes países americanos alrededor de la Madre Patria. Tan osado le pareció semejante pensamiento a Zea que hubo de emplear sus buenas palabras para tratar de minimizar su importancia ante los ojos de la Secretaría de Estado:

> ... en efecto, debo confesar, en honor de este Ministerio, que no solo lo creo de la mejor buena fé en este negocio, sino muy dispuesto a sostener los derechos sagrados e incontestables de nuestro amado Soberano; y si habla de *Carta Constitucional* convengo que es en buen sentido.

La razón de la propuesta zarista, residía, a decir de Zea, en [180]:

> creo es casi innata en este Soberano la oposición a todo lo que dice rigurosa uniformidad en materia de administración para las diferentes

---

[179] Citado por Delgado, *La pacificación*.
[180] Idem.

provincias de su vasto Imperio, y lo mismo su propensión de gobernar cada una de distinto modo, esto es, por sus antiguas leyes, y segun la indole, el interes supuesto, ó las preocupaciones políticas de sus habitantes.

Cierto que tal como estaban las cosas, tanto en España como en América, difícilmente podía pensarse en semejante solución, por muy valederos que fuesen los argumentos rusos. Por lo demás, el 1/13 de abril de 1818, cursó Zea un nuevo informe a Madrid, que especificaba de nuevo la postura del gabinete imperial en el decisivo asunto americano [181]. En él se hacía especial hincapié en la necesidad de que España llegara a un acuerdo con la corte brasileña. Los rusos entendían que, de lograrse este paso, se produciría una identificación de la política española con la política brasileña en la cuestión americana y la mediación se vería facilitada en gran manera.

9. La opinión del ministro Capo d'Istrias. La «Exposición al Rey» de José de León y Pizarro

Mayor alcance que este citado despacho, cabe conceder, a mi juicio, a una interesante carta del conde Capo d'Istrias, dirigida a Pierre de Poletica, a la sazón embajador ruso en Estados Unidos. La carta fechada en Varsovia, a 18 de abril de 1818, a donde el ministro había acompañado al zar que acababa de inaugurar la Dieta Polaca, contestaba a una serie de preguntas formuladas por la mencionada Poletica [182]. Sugestivo no solamente en lo que hace a la visión rusa respecto de los problemas americanos, el despacho de Capo d'Istrias lanzaba también luz en lo que hacía referencia a una posible ingerencia de los Estados Unidos en los asuntos de América meridional:

La république des Etats-Unis —decía el ministro— sympathise avec les colonies insurgées; et son Gouvernement, comme vous l'observez avec justesse, se verra engagé, si ce n'est par son propre mouvement du moins par l'influence de la volonté nationale, à soutenir les efforts

---

[181] Citado por Delgado, *ídem*, pp. 46-47, y VPR, *II*, *2*, pp. 276-278. Se trataba de una carta confidencial dirigida a Zea por el Secretario de Estado Capodistrias el 18/30 de marzo de 1818.

[182] Vid. Carta del Conde de Capodistrias a Pierre de Poletica, Varsovie, le 18 avril 1818, en *Correspondence of the Russian Ministers 1818-1825*, páginas 310-315.

que feront les peuples du Midi de l'autre hémisphère, pour, s'élever à la dignité d'Etats libres et indépendants...

Dadas estas circunstancias, resultaba lógico pensar que los Estados Unidos deseasen saber [183]:

1) Si la Russie est libre de tout engagement quelconque et si elle peut conséquemment rester spectatrice impartiale et inactive des événems;

2) Si elle seroit disposée à prendre part, même indirectemente, au système des Etats-Unis, et à favoriser ainsi l'affranchissement des Colonies Espagnoles, en leur promettant de les reconnaître libres et indépendantes;

3) Si une guerre venait à éclater à ce sujet entre l'Espagne et les Etats-Unis ou bien entre cette république et l'Angleterre, quelle seroit l'attitude que prendre (sic) la Russie?

Tales eran los puntos interrogantes que necesariamente deberían presentarse tanto a Mr. Adams, como al embajador español en Estados Unidos, don Luis de Onís.

Pasaba después Capodistrias a desarrollar cada uno separadamente. En lo que se refería al primer punto, Capodistrias insistía en que Rusia no tenía compromiso particular con ninguna potencia, y que su Majestad Imperial regía su política según los acuerdos de París y de Viena de 1814 y 1815.

Por lo tanto, parecía claro que el ánimo del zar era «réconcilier l'Espagne avec le Portugal, et ensuite pacifier les Colonies par l'ascendant seul de l'unanimité éclairée et impartiale des principaux Cabinets...». Por lo demás, Rusia parecía decantarse hacia una solución satisfactoria para todos los protagonistas.

En cuanto al segundo punto, la opinión rusa resultaba tan poco específica y aclaratoria como en lo que hacía al primer punto. Por una parte, el emperador estaba lejos de querer contribuir, a través de su influencia, a que las colonias permaneciesen bajo el poder («assujetties») de la metrópoli «comme par le passé, savoir, d'après un système mercantile, et, pour les avantages éphèmères du Commerce de Cadix». Sin embargo, por otra parte, de tal convicción no debía deducirse que existiera «le droit de forcer directement la volonté du Roi d'Espagne», ni mucho menos que su Majestad Imperial quisiese «faire prospérer par son intervention directe ou indirecte, une pareille entreprise (la independencia)».

---

[183] Idem, p. 311.

Finalmente, en lo que hacía al tercer punto, Capodistrias se limitaba a levantar, ante los ojos de Poletica, el espectro de una posible invasión española en Portugal, si los Estados Unidos procedían a ocupar la Florida y la Monarquía Católica perdía la Banda Oriental del Plata.

Ahora bien, mientras Capo d'Istrias desarrollaba estos pensamientos, Tatiščev comunicaba un escrito a Pizarro (1/13 de mayo de 1818) [184] que parecía estar en franca contradicción con la opinión del ministro, y que persistía en la necesidad de una negociación bajo la mediación de las potencias europeas. El embajador ruso iba tan lejos como para proponer a Pizarro que la Banda Oriental del Río del Plata fuese ocupada momentáneamente por tropas españolas y portuguesas, hasta que Buenos Aires volviese a manos españolas.

En todo caso, un mes más tarde, el 3/15 de mayo de 1818, Zea despachó a León y Pizarro un extenso informe, conservado hoy en el Archivo General de Indias [185].

Contenía el despacho, además de una carta explicativa del embajador, el borrador de la nota respuesta referente a las colonias que Capo d'Istrias —todavía en Varsovia— entendía hacer llegar a Zea a través del Consejero de Estado Ubril. El objeto de la carta de Capodistrias residía en poner en tela de juicio *la necesidad de una intervención europea* en el asunto de la sublevación de las colonias españolas.

Finalmente, concluía el ruso:

> ... Si la pacification des Colonies doit fournir l'objet d'une négociation, il s'agit d'en établir les bases: et l'initiative ne peut appartenir à cet égard qu'à la Cour d'Espagne...

Lo curioso del caso es que la idea de rechazar la mediación de las potencias europeas para decantarse, pura y simplemente, hacia una solución «española», pareció ser también pensamiento de José Pizarro en la extensa *Exposición al Rey sobre la pacificación de América* presentada al Monarca en 9 de junio de 1818 [186].

De los 18 puntos señalados por el ministro, ninguno aludía a la mediación europea. Se reclamaba, eso sí, el envío de una «única,

---

[184] Vid. VPR, *II*, 2, pp. 351-353.
[185] Vid. Delgado, *La pacificación*, pp. 47 y 296-298.
[186] Dicho documento obra en *AGI, Estado*, leg. 88. Vid. también Delgado, *La pacificación*, pp. 285-290.

pronta y fuerte expedición» al Río del Plata, la participación de los extranjeros en el comercio americano, la concesión de una amnistía general a los desterrados españoles, el fomento de la Marina y el armamento de corsarios contra los insurgentes, la formación de «sabios aranceles» para proteger el comercio y la industria española, etc. Pero, en ningún momento hablaba Pizarro de la tan traída y llevada «mediación».

Y sin embargo, durante el verano de 1818, el gobierno español ante la inminente reunión del Congreso de Aquisgrán debía intentar un último esfuerzo para lograr una solución pacífica al problema americano. Sabemos que éste tomó cuerpo en forma de una Real Orden cursada a Zea en fecha de 1 de junio de 1818 y en la que se mandaba al representante sugerir la idea de que España fuese invitada a tomar parte en la conferencia y abordar en ella el problema de la pacificación[187].

10. *Los antecedentes del Congreso de Aquisgrán. La actividad diplomática*

Zea acató puntualmente las órdenes de Madrid y presentó un informe a Nesselrode, el 22 de junio/4 de julio de 1818[188]. Insistía el representante en el hecho de que España consideraba el próximo congreso como una reunión cuya finalidad era garantizar la seguridad y la paz general «... et dont le premier et seul mobile et l'unique but sont l'union et l'intérêt communs». Pasaba acto seguido Zea a plantear el problema importante: España deseaba pacificar sus colonias «moyennant l'influence et l'action morale des Puissances intervenantes, appuyée sur un système juste et équitable...». Mas si no se permitía a la Monarquía Católica la asistencia al Congreso, «de quel oeil les chefs révolutionnaires envisageroient —ils cette exclusion positive? ne feroit—elle pas augmenter leurs espérances coupables? et quel en seroit finalement l'effet moral sur les peuples de l'autre hémisphère?...».

Estos argumentos, que eran de todas suertes más que razonables, no surtieron efecto. Nesselrode se limitó a contestar el 10/22 de julio que no podía sino transmitir el deseo español a las demás potencias, observando que, las Cuatro Cortes «sont loin de s'arroger un droit exclusif, ou de méconnaitre ceux dont jouissent avec une

---

[187] Citado por Becker, *Historia,* p. 490.
[188] Ídem, p. 499.

égalité parfaite toutes les Puissances qui ont accéde au même traité [el de París]» [189].

Y con tal declaración parecía extinguirse toda posibilidad de participación española en la conferencia que pronto debía inaugurarse.

De hecho, la actitud rusa venía condicionada por dos factores importantes: el uno, cierto temor ante una violenta reacción británica, en caso de admisión en el Congreso de un representante español; el otro, el deseo de no figurar ante los ojos de los suramericanos como ciegamente adictos a la causa de Fernando VII.

Preciso será recordar ante todo que la buena relación existente entre rusos y suramericanos hasta 1812-1813 había sufrido un duro golpe al conocerse la noticia de la venta de la escuadra rusa a Fernando VII. Muy curiosos son, en verdad, los detalles a este respecto. Parece ser que [190] uno de los primeros agentes suramericanos que dio informaciones sobre este asunto fue Bernardo Rivadavia (30 de agosto de 1817). Algo más tarde, el 18 de noviembre y el 22 de diciembre, López Méndez observó que era digno de sospecha el que Rusia vendiese barcos a España, puesto que aquel Imperio no los tenía en demasiada abundancia. El suramericano afirmó rotundamente que Rusia recibiría en contrapartida Menorca o California.

Y sin embargo, conviene puntualizar aún varios aspectos. Si quisiéramos intentar una definición de la actitud rusa frente al problema de la sublevación americana poco antes de empezar el Congreso de Aquisgrán, deberíamos confesar que esta actitud era en realidad un arma de doble filo. Por una parte, Alejandro I se movía dentro de las máximas legitimistas y los acuerdos de la Santa Alianza y no podía —moralmente— rehusar el apoyo a Fernando VII; en cuanto a la ayuda práctica, el soberano ruso había ya dado muestras de buena voluntad al vender a España la famosa escuadra. Pero, por otra parte, el zar tenía consciencia de que los países suramericanos alcanzarían tarde o temprano la independencia y, en cierto modo, no podía permanecer completamente ajena a ella. Además, no ignoraba que el área geográfica suramericana pasaría —una vez libre— a ser zona de influencia predilecta no solamente de Inglaterra, sino también de Estados Unidos; de ahí la reticencia imperial en aceptar, pura y sencillamente, una liberación de aquellos territorios.

---

[189] En VPR, *II*, 2, pp. 444-445.
[190] Vid. Völkl, *Russland*, p. 204.

Y ponderando todos estos aspectos durante el Congreso que se iniciaba en Aquisgrán, la postura rusa pareció abogar muy decididamente por el triunfo de la tesis legitimista.

11. *El Congreso de Aquisgrán*

El mes de septiembre de 1818 —época en que se abrió el Congreso— coincidió con la conocida crisis política en Madrid, a raíz de la cual fueron exonerados tres ministros: el de Estado, Pizarro; el de Marina, Vázquez Figueroa, y el de Hacienda, Martín Garay.

Y así fue cómo Fernando VII llamó a la Secretaría de Estado a un «experto» en problemas americanos, al marqués de Casa Irujo, antiguo embajador en Estados Unidos y en la corte de Río de Janeiro.

A partir de aquel momento, la postura española frente al problema de la pacificación iba a cobrar caracteres distintos, cuyo portavoz sería, precisamente, el nuevo secretario de Estado: «una postura», sigue escribiendo Delgado, «antitética de la mantenida hasta entonces». Porque, si hasta la fecha se había pensado en una intervención de las potencias europeas, Casa Irujo preconizará, por el contrario, «deshacer, si aún estamos a tiempo, lo adelantado en el asunto de la pacificación de las Américas por la intervención de las que se llaman Grandes Naciones de Europa...» [191]. Cuando Fernando VII estampó su conformidad en el mismo margen de la «Exposición» que le hizo su ministro, significó la puesta en marcha de una nueva modalidad en el asunto colonial... [192].

Mucho se ha repetido que la caída de Pizarro tuvo su origen en la enemistad del embajador ruso Tatiščev, el mismo hombre que le había llevado al poder. Muy tajante es, a mi juicio, esta opinión, que difícilmente se podrá demostrar satisfactoriamente. Otra cosa es, en cambio —y esto me parece mucho más importante— que la nueva política lanzada por Casa Irujo *coincidiese*, en aquellos momentos, con el pensamiento del gabinete ruso en lo que hacía a los asuntos suramericanos. En efecto, a finales de 1818/principios de 1819, podemos percibir con claridad cómo el gabinete ruso se inclinaba cada vez más hacia una *intervención directa por parte de España en la cuestión americana*, una política que por lo demás debía quedar patente durante el Congreso de Aquisgrán.

[191] Delgado, *ídem*, pp. 306-309.
[192] Ídem, p. 306, y *AGI, Estado*, leg. 89, 2.

Por de pronto, Casa Irujo comunicará enseguida (el 17 de octubre de 1818) a Zea y Tatiščev las nuevas bases sobre las que entendía asentar su política suramericana. La nota cursada a Zea insistirá en que «... la política y el equilibrio de la Europa requieren que la España conserve su antigua importancia y que tenga una Marina hasta cierto punto respetable...». Y concluía que el rey de España no podía conservar las Américas «sin una Marina Real; sin una Marina Mercante..., etc.». En cuanto al embajador ruso, se le remitió una nota de contenido muy semejante, prueba «de la especial importancia que Casa Irujo concedía a Rusia»[193].

¿Cuál fue, debemos preguntar ahora, la reacción rusa ante el cambio de rumbo efectuado por la política española? La acogida, si debemos atenernos a nuestras noticias, no pudo ser más favorable. En síntesis, podemos afirmar que la aprobación rusa se manifestó de la siguiente manera:

1) La negativa de prestar atención a las súplicas o insinuaciones que los agentes suramericanos hicieron al soberano ruso durante el Congreso de Aquisgrán, para que apoyase la causa de los países sublevados. Así fue cómo el agente venezolano Luis López Méndez, en carta del 6 de octubre de 1818, pidió a Alejandro I renunciar a toda actividad «mediadora» entre España y sus colonias, puesto que Venezuela estaba dispuesta a defender su independencia por cualquier medio. Pero la misiva de López Méndez no halló ninguna clase de resonancia[194]. Lo propio ocurrió con la gestión del delegado argentino Bernardo Rivadavia[195], quien había entrado en contacto durante su estancia en París, con el antiguo preceptor de Alejandro, el suizo Friedrich Caesar Laharpe[196-197].

---

[193] Vid. Delgado, *La pacificación*, pp. 261-269.
[194] Vid. Völkl, *Russland*, p. 193.
[195] En el año 1816, un diplomático ruso había entrado ya en contacto con el agente argentino Carlos Alvear. En 1817, otro diplomático ruso, Petr Fedorovič Balk-Polev, mantuvo conversaciones con un delegado argentino, cuyo nombre desconocemos (citado por Suchomlinov, *Ob ustanovlenii*, p. 93. El despacho de Balk-Polev que narra dicho encuentro es del 5 de mayo de 1817 y obra en el AVPR). Sobre Alvear, consúltese el libro de Correa Luna, *Alvear y la diplomacia de 1824-1825*.
[196] En cuanto al encuentro de Rivadavia con Laharpe, vid. Ravignani, *Comisión de Bernardo Rivadavia*, T. I, pp. 271-280. El biógrafo de Laharpe, Boehtlingk, autor de la obra *Der Waadtländer Friedrich Caesar Laharpe*, no cita el encuentro de Rivadavia con Laharpe.
[197] Aleksandr I a Laharpe, Weimar, 23 de noviembre/5 de diciembre de 1818, en Nikolaj Michajlovič, T. 1, p. 343.

2) Las instrucciones cursadas al embajador ruso en los Estados Unidos, Pierre de Poletica, para que éstos no procediesen a reconocer las colonias sublevadas [198].

3) En tercer lugar, durante el Congreso de Aquisgrán el gobierno ruso, juntamente con el gobierno francés, procedió a presentar un *Memorándum*, en el que se hacía un llamamiento a la responsabilidad de las naciones; y se ponía en guardia a los demás estados europeos ante un probable reconocimiento de los países suramericanos por los Estados Unidos. Y lo peor de todo, era que el partido democrático deseaba transformar a toda América en una gran «Conféderation Republicaine, à la tête de laquelle se placeroient naturellement les Etats-Unis». Las consecuencias de dicho suceso serían incalculables [199].

4) Finalmente, cabe conceder aún mayor importancia a las conversaciones privadas sostenidas por Francisco de Zea Bermúdez con los ministros rusos: tanto Capo d'Istrias como Nesselrode abogaron por el envío *urgente* de la expedición militar que se preparaba. El primero lo hizo en Aquisgrán, a 25 de noviembre de 1818 («... y al despedirse concluyó con decirme que la cosa que juzgaba la más importante y urgente para preparar tan feliz resultado era el pronto apresto de la expedición destinada a tomar posesión de Montevideo, cuya habilitación debía accelerarse a cualquier costa con fuerzas formidables como el medio mas solido y eficaz para corroborar los argumentos diplomaticos en esta otra negociación pendiente...») [200]; e idéntico significado tuvieron las palabras de Nesselrode al embajador español, el 28 de diciembre

---

[198] Vid. Le Comte de Nesselrode a Pierre de Poletica, Aix-La-Chapelle, 9/21 noviembre 1818, en *Correspondence of the Russian Ministers in Washington*, pp. 315-317.

[199] Dicho texto se halla impreso en Wellington, *Supplementary despatches*, Tomo 12, pp. 805-809. En este volumen, dicho Memorandum viene considerado como si se tratase de un documento conjunto hispano-francés. En realidad, hoy está fuera de dudas de que se trató de un documento franco-ruso. Baumgarten, en *Geschichte*, T. II, p. 227, y Robertson, *France*, p. 153, lo han demostrado ampliamente. Más recientemente Sarrailh en un breve artículo titulado *Sur une note diplomatique de 1818 relative à «la Pacification des Colonies Espagnoles insurgées»*, ha probado claramente la participación del Duque de Richelieu y del Conde Sérurier en la confección del escrito. Sobre la actuación del Duque de Richelieu, en el Congreso de Aquisgrán, vid. la obra de Cisternes, *Le duc de Richelieu*.

[200] Carta de Francisco de Zea Bermúdez al Excmo. Sr Marqués de Casa Irujo, Aquisgrán, 25 de noviembre de 1818, núm. 423, en *AGI, Estado*, leg. 101.

del mismo año[201]. Ambos estadistas rusos opinaron que la idea de abandonar la mediación había sido acertadísima.

Así, pues, hacia finales de 1818, no ofrece lugar a dudas de que la opinión de los ministros rusos respecto de una solución en América cobraba casi matices de verdadera reconquista.

Por otra parte, resulta difícil especificar si este pensamiento correspondía al propio sentir del emperador, o si, por el contrario, correspondía únicamente al criterio ministerial. El texto, que más parece reflejar la opinión de Alejandro I sobre el asunto, tomó cuerpo en forma de una carta escrita a Fernando VII desde Viena, a finales de diciembre de 1818, es decir, después del Congreso de Aquisgrán. En el documento aparece, por lo menos, claro un punto: la tenacidad con que el zar trataba de impedir que los Estados Unidos reconociesen al gobierno de Buenos Aires:

> ... quoiqu'il en soit, decía Alejandro, chacun des cinq cabinets dans son particulier va faire dans les formes les plus confidentielles une démarche à l'effet de ne pas laisser ignorer aux Etats Unis d'Amérique l'opinion qu'il porte à l'égard de l'intention que l'on attribue à ce Gouvernement de reconnaître l'association insurrectionnelle de Buenos Ayres...

El texto apelaba, también, a la buena voluntad de Fernando VII en favor de una solución de tipo pacifista, en la que las potencias europeas hubiesen, una vez más, aportado su apoyo moral... (...dans une alternative aussi épineuse, serait-il également impossible d'entamer la négociation de manière à ce que le *cas de guerre* en fût écarté, sans exclure toutefois, la chance de l'appui moral, que toute Puissance Européenne prête aux droits des autres Etats, parce que ces droits reposent tous sur une base commune...)[202].

Pero resultaba evidente que a aquellas alturas el resentimiento español hacia la intransigencia inglesa —y hasta austríaca— en la

---

[201] El mismo al mismo, París, 28 de diciembre de 1818, núm. 437, Muy Reservado, en *AGI, Estado,* leg. 88. Las palabras de Nesselrode fueron, a decir de Zea: «... Asi se ha explicado conmigo en esta ocasion el citado Conde concluyendo con recomendar de nuevo la mas pronta habilitacion de la expedicion militar que se prepara para el Rio de la Plata como el movil mas eficaz para terminar felizmente la negociacion pendiente con el Portugal y dar al mismo tiempo el impulso mas saludable al importante negocio de la pacificación de América...»

[202] Carta de Alejandro I a Fernando VII, Vienne, le 10/22 décembre 1818, en *AHN, Estado,* leg. 2 849, y VPR, *II, 2,* pp. 596-597.

cuestión colonial había alcanzado su punto álgido y no estaban los ánimos para nuevas concesiones. Una última prueba de la reprobable postura británica en los asuntos americanos la había ofrecido el escaso tacto con que el problema de la pacificación había sido tratado en el Congreso de Aquisgrán. De nuevo, me atengo aquí, por el indudable interés que encierra, a lo consignado algunos años más tarde —en 1826— por el conde Capo d'Istrias en un texto autobiográfico destinado a ser leído por Nicolás I. Como bien se podrá apreciar, el ministro ruso registraba imparcialmente los errores en que había caído la administración española, no menos que el desenfrenado espíritu especulador que imperaba en Londres [203].

12. *Las vicisitudes del año 1819*

El primer mes del año 1819 conoció el intento de Tatiščev, siguiendo órdenes del zar desde Viena, para hacer reconsiderar al gobierno de Fernando VII su actitud, consistente en desechar la mediación aliada en el asunto de la pacificación de las colonias. Pero todos sus esfuerzos para hacer cambiar de opinión a Casa Irujo fueron vanos. En un despacho a Nesselrode del 19/31 de enero de 1819 [204], el embajador ruso no pudo por menos de notificar que la elección del duque de Wellington en tanto que presidente de la comisión mediadora en el asunto colonial podía ser difícilmente aceptada por España. El escaso éxito que preveía Tatiščev en sus actuaciones motivó un despacho del embajador al propio Alejandro I (30 de enero/11 de febrero de 1819) [205], en el que, tras haber narrado su fracaso cerca de Fernando VII para que llamara al duque de Wellington a Madrid, explicaba cuáles eran los verdaderos motivos de discordia entre ambos países: era la situación en la América Meridional, cuya emancipación resultaba favorable a Inglaterra; ésta realizaba, por lo tanto, esfuerzos para estorbar los planes españoles. Comentando la situación

---

[203] Documento redactado por Capo d'Istrias. Por lo demás, remito al lector a la ya citada obra de Kennedy, *The Foreign Ministers*, pp. 244-246; así como a *Zapiska Grafa Ionna Kapodistria o ego služebkon dejatel' nosti*. Aperçu de ma carrière publique, depuis 1798 jusqu'à 1822. A Sa Majesté l'Empereur (Ecrit à Genève, le 12/24 décembre 1826), en SBORNIK, T. 3, pp. 163-296, y VPR, *II, 2*, pp. 602-607.

[204] VPR, *II, 2*, pp. 639-642.

[205] VPR, *II, 2*, pp. 656-659.

de manera acertada, Tatiščev aclaraba que España, que en el año 1817 no tenía fuerzas navales, poseía en aquel momento, gracias a la escuadra cedida por Su Majestad rusa, nueve barcos de línea y ocho fragatas. Los ingleses veían, como era de suponer, aquellos armamentos con gran disgusto, y atribuían a Tatiščev aquella actividad, que intentaban paralizar. Finalmente, Tatiščev trazaba un cuadro de la situación española elogiando al rey y a sus últimas actividades, y atacando claramente al ministerio inglés.

Cuál sería la inquietud de Tatiščev al no poder cumplir las órdenes que se le habían cursado, que se decidió a escribir otro despacho a Nesselrode (el 31 de enero/12 de febrero de 1819) [206], en el cual resumía una vez más todos los esfuerzos realizados para convencer al rey de España y a Casa Irujo de aceptar la mediación inglesa. Surge de pronto en este informe del embajador la figura de un Fernando VII más inflexible ante presiones externas del que es comúnmente conocido —Tatiščev hubo de lamentarse de la escasa influencia de que, a su parecer, gozaba— y que llegó a decir al embajador ruso: «J'espère que Vous ne me conseillerez jamais un acte de faiblesse.» En todo caso, lo que estaba fuera de duda era que el gobierno español ya no estaba dispuesto a tolerar una intervención extranjera en el asunto colonial, y esta actitud quedó especificada en una Real Orden de Casa Irujo a Zea [207] (25 de enero de 1819).

No acertaba a comprender el ministro cómo, tras haber aprobado la decisión española de desechar toda clase de mediación, opinaba de nuevo el zar que debía reconsiderarse la cuestión. Esta espectacular actitud quedó, sin embargo, muy pronto neutralizada al comprobarse que no cabía conceder mayor alcance a la carta del zar. El día 5/17 de marzo de 1819, Zea, en un amplio despacho, contestó desde San Petersburgo [208]:

> que el Emperador está muy lejos de querer inducir ni persuadir al Rey N. S. a que pida o admita la intervención de la Inglaterra y de las otras quatro potencias para conseguir la pacificación de las Américas; que S. M. Imperial no entiende ni jamás ha entendido en ella. Que su

---

[206] VPR, II, 2, pp. 662-670.

[207] Carta del Marqués de Casa Irujo a Francisco de Zea Bermúdez, Madrid, 25 de enero de 1819, en AHN, Estado, leg. 6 128 ².

[208] Carta de Francisco de Zea Bermúdez al Excmo. Sr Marqués de Casa Irujo, San Petersburgo, 5/17 de marzo de 1819, núm. 448. Muy Reservado, en AHN, Estado, leg. 6 128 ². Véase también el despacho del 14/26 de marzo de 1819, en AHN, Estado, leg. 6 128 ².

opinión ha sido, es y sera siempre que esta grande obra incumbe de derecho pleno à S. M. Catolica, como que es un asunto de su privativa juridiccion y unica competencia... (5/17 de marzo de 1819).

A mediados de 1819, tuvo lugar una curiosa maniobra francesa cerca del zar de Rusia. Consistió en el envío de un emisario secreto, el caballero Hulot d'Osery, quien tenía por misión especial exponer un plan francés sobre una posible pacificación de las colonias a Alejandro [209].

Desarrollaba el gobierno francés su pensamiento más audaz: la voluntad de los insurrectos americanos era que un príncipe de una casa real europea viniese a ocupar el trono de su país, y que su elección había recaído en un príncipe de la casa de Borbón, a saber el duque de Orleáns.

No obstante, el rey de Francia estaba convencido de que la fuerza de los acontecimientos lanzaría pronto a Buenos Aires a la independencia. Todo consistiría en adjudicar la corona del nuevo reino a un príncipe de la casa de España.

Por los demás, la idea de que un infante de España pasase a ocupar el trono de un país suramericano pareció encontrar bastante buena acogida entre los miembros de la Conferencia de París, puesto que fueron los propios plenipotenciarios portugueses quienes lanzaron dicha propuesta. El día 3/15 de noviembre de 1819, Zea comentó el hecho en una carta desde San Petersburgo, añadiendo estar convencido de que se trataba de una maniobra inglesa. Zea intentó, como es lógico, averiguar cuál había sido el impacto en la corte imperial de aquella sensacional declaración y llegó a la conclusión de que «el gabinete ruso la atribuía, en gran parte, al estado de agitación en que se hallaba el reino de Brasil, por cuya razón quiere (aquel Soberano) de un modo u otro ver restablecido quanto antes allí un gobierno monárquico, desengañado ya sobre el riesgo que corren sus estado de inficionarse de los contagiosos principios democráticos que ya empiezan a cundir por la proximidad y trato de los rebeldes de Buenos-Ayres» [210].

---

[209] Note Secrète remise au comte Hulot D'Osery, París, 1er Mai 1819, en SBORNIK, T. 127, pp. 81-83.

[210] Carta de Francisco de Zea Bermúdez al Excmo. Sr Duque de Sa Fernando y Quiroga, San Petersburgo, 3/15 de noviembre de 1819, núm. 544, en AHN, Estado, leg. 6 128².

En cuanto a la postura definitiva que el gobierno ruso entendía adoptar, quedó ésta consignada en unas nuevas instrucciones cursadas desde San Petersburgo a Pozzo di Borgo el 27 de noviembre/9 de diciembre de 1819 [211]. Nesselrode insistía en que el emperador Alejandro deseaba ante todo «le maintien de l'alliance générale, la lettre des traités, l'inviolabilité des engagements qu'ils consacrent...». Así parecía decantarse el zar de Rusia, muy claramente, hacia una postura de no intromisión en todos los asuntos que en aquel momento agitaban a Europa...

Una última orden al embajador en París dejaba muy claramente establecido que se abstuviese de tomar la iniciativa en cualquier momento, siendo así que su Majestad Imperial daría su opinión en último extremo, y de acuerdo con todas las decisiones anteriores y las opiniones que las habían motivado.

13. *La firma del Convenio Onís-Adams sobre la Florida. Sus antecedentes. La reacción rusa (1819)*

El 30 de junio/12 de julio de 1813, el embajador ruso en Washington, Andrej Jakovlevič Daškov, comunicaba a Rumjancev [212]:

> Monseigneur. J'ai déjà eu l'honneur de mentionner à v. ex. la disposition ostensible du gouvernement américain de s'agrandir dans ses possessions. Leur invasion du Canada dont la conquête est plutôt l'objet réel de la guerre que l'intention de ramener l'Angleterre au respect de leurs droits des neutres, leur conduite avec les Indiens dont ils convoitent les terres et cherchent à s'en emparer de toutes les manières, enfin leur attaque de la Florida de l'Est, leur coopération dans la révolution des provinces du Nord du Mexique et récemment l'occupation du fort espagnol Mobile, sont des preuves assez fortes qu'un goût trop prématuré d'envahissement a été inoculé à l'administration américaine.

---

[211] Le Comte de Nesselrode au General Pozzo di Borgo, Saient Pétersbourg, 27 novembre/9 decembre 1819, en SBORNIK, T. 127, p. 256. La instrucción de Nesselrode continuaba así:

> Nous n'avons pas d'instructions particulières à vous donner, parce que l'Empereur n'a point de but particulier à remplir. Il ne poursuit de vues exclusives, ni dans les discussions qui regardent la France, ni dans celles dont rend compte la seconde partie de vos dépeches, nous voulons parler de la médiation, et en général, des affaires de l'Espagne dans l'autre hémisphère... (p. 259).

[212] En VPR, *I*, 7, pp. 299-300.

Las palabras del embajador ruso, en aquel verano de 1813, apuntaban ya a un problema que, andando el tiempo, había de convertirse en verdadera piedra de discordia entre España y los Estados Unidos. El inmenso territorio al oeste y al sur del Mississipi, la Luisiana o Florida, enmarcada entre los Estados Unidos y las posesiones españolas, se había tranformado a principios del siglo XIX en una zona disputada entre ambos países.

Curiosamente, el Imperio ruso se vio implicado en aquella discordia. Pero, desde principios de siglo hasta 1819, en que Luis de Onís firmó el tratado de retrocesión de la Florida a los Estados Unidos, mediaron numerosas incidencias que hacen a nuestra relación.

La primera se sitúa en los años 1812-1813, en el momento en que la guerra entre Estados Unidos e Inglaterra es un hecho y en que se lucha por la independencia en la Península Ibérica. Tiene lugar entonces una primera iniciativa por parte del representante español Luis de Onís, con vistas a lograr una solución al conflicto aceptable para ambas partes: centróse aquel paso en una gestión cerca del embajador ruso, Andrej Daškov, para que impulsase a los americanos a considerar aquel asunto [213]. Al propio tiempo, el embajador ruso, en marzo de 1813, comunicó al presidente Monroe que el zar de Rusia estaba dispuesto a mediar en el conflicto surgido entre Estados Unidos e Inglaterra [214]. Cursáronse inmediatamente órdenes desde España al embajador en Londres, Fernán Núñez, para obtener que los ingleses pidieran a los americanos la evacuación de las zonas ocupadas en la Florida, el reconocimiento de la Regencia de Cádiz y de su representante en Estados Unidos, Luis de Onís.

Fernán Núñez hizo cuanto estuvo en su mano acerca del nuevo ministro de Estado británico, Robert Stewart, Lord Castlereagh. Mas sus pasos vinieron a tropezar con estos dos hechos: el primero, la negativa de Castlereagh a aceptar la mediación rusa; y el segundo, según apuntaba Fernán Núñez en su despacho del 25 de septiembre de 1813, el evidente interés que mostraron los rusos en apoyar las reivindicaciones inglesas: se hacía así difícil la realización de los deseos españoles, por aquella parte [215].

---

[213] Vid. la obra de Brooks, *Diplomacy and the Borderlands*, p. 24.
[214] Vid. VPR, I, 7, p. 113 (12/24 marzo 1813).
[215] El Embajador de S. M. al Sr. Secretario Inter.º del Despacho de Estado, Londres, 25 de septiembre de 1813, núm. 253, en *AHN, Estado*, leg. 5 557 [1].

Por otra parte, señalaba el despacho de Fernán Núñez que no cabía esperar de ingleses y americanos que aceptasen la presencia de los españoles en las conversaciones de paz entre ambos países, que tal vez se abrirían en San Petersburgo[216].

El problema se replanteó agudamente en los años 1816/1817 y en él quedó implicado, de forma análoga que tres años antes, el Imperio ruso. En efecto, paulatinamente, el continente norteamericano se había convertido en una plataforma de la rivalidad entre Estados Unidos, España y Rusia. Para percatarnos de la veracidad de este hecho, bueno será recordar la disputa por la posesión de la costa del Pacífico, el famoso «Pacific Northwest», disputa sostenida solapadamente por los citados protagonistas desde hacía medio siglo. La fundación de la ciudad de San Francisco fue, según ha señalado acertadamente Philip Brooks, una fase en la colonización defensiva española, inspirada por el temor ante una posible agresión rusa[217]. Más adelante, el famoso incidente de Nootka dio lugar a la firma de la convención de octubre de 1790 entre España e Inglaterra que regulaba las condiciones de navegación, pesca, comercio con los indios, etc.[218].

Al propio tiempo, los rusos proseguían sus actividades, que generalmente disimulaban bajo el nombre de la Compañía Ruso-Americana[219]. Sin embargo, si bien la rivalidad entre los países era latente a orillas del Pacífico, hasta 1819 —año en que se firmó la convención Onís— no existió ninguna demarcación fronteriza específica.

Lo cierto es que toda política de Estados Unidos respecto a un engrandecimiento territorial estaba supeditado a un entendimiento no solamente con España, sino también con Rusia. En mayo de 1816 el presidente Monroe escribía al enviado William Pinkney: «al

---

[216] Ídem. La misma idea de que ingleses y americanos admitiesen a los españoles en las conversaciones de paz de San Petersburgo se encuentra consignada en una carta de Antonio Cano Manuel a Eusebio de Bardaxí y Azara, Cádiz, 6 de septiembre 1813, en *AHN, Estado*, leg. 6 134 [2].

[217] Vid. Brooks, *ídem*, p. 48.

[218] Vid. Texto del tratado en Cantillo, *Tratados*, pp. 623-625. Sobre aquellas circunstancias consúltese a Sánchez-Barba, *Españoles, rusos e ingleses*, y *La última expansión española en América*, y capítulo I de este libro.

[219] Sobre las actividades de la RAK, hemos insistido ampliamente a principios de este trabajo. La literatura sobre dicha Compañía es abundantísima y se puede consultar en nuestra Bibliografía. En todo caso, el 29 de agosto/10 de septiembre de 1819, Zea escribía a González Salmón dándole cuenta, una vez más, de todos los pasos llevados a cabo cerca del gobierno ruso para descubrir cuál era la verdadera finalidad de dichos comerciantes.

solucionar las reclamaciones con el gobierno ruso será conveniente hacerlo adoptando el paralelo 49 como frontera entre ellos y el Océano Pacífico» [220]. Al mismo tiempo, la política española empezaba a inclinarse cada vez más hacia una posible mediación extranjera en el conflicto abierto. Este punto de vista quedó plasmado en el denominado *Bosquejo de las relaciones de la España con los Estados Unidos en 6 de Noviembre de 1816* [221], obra, sin lugar a dudas, del ministro Pizarro. En él, se acusaba a Estados Unidos de hacer indirectamente la guerra a España, bajo pretexto de escrupulosa neutralidad, sosteniendo, bajo mano a las colonias insurrecctas de la América española. Aducía el *Bosquejo* que el embajador Erving había llegado a España con plenos poderes para negociar, pero también con amenazas y exigencias injustas.

La mejor política —continuaba el *Bosquejo*— consistía en prolongar la negociación y buscar la ayuda de algún poder respetable. El Imperio ruso parecía ser el elegido, puesto que no podía favorecer la independencia de las tierras sudamericanas, que acabarían con el comercio ruso en aquellas latitudes. También se pensaba ofrecer a Rusia una parte de las Floridas para premiarla por su ayuda en aquella negociación con los Estados Unidos [222].

Pronto, sin embargo, se abandonó la idea de la mediación rusa y se pensó en apelar, por el contrario, a la buena voluntad de Inglaterra. Narciso de Heredia, en su *Exposición hecha al Rey Nuestro Señor y a su Consejo de Estado* [223], sometida al dictamen del Consejo el 4 de junio de 1817, abogó muy claramente por una intervención inglesa. Y sin embargo, todos los esfuerzos de Onís en Estados Unidos y del encargado de negocios en Londres, Campuzano, tropezaron con la negativa británica y americana de hacer intervenir a un tercero en el asunto.

La situación experimentó un brusco viraje a partir de la primavera de 1818, cuando soldados a las órdenes del famoso general Gregor Mac Gregor se apoderaron de las islas Amelias. Sabemos que a partir de aquel momento, España lanzó un llamamiento de ayuda a las grandes potencias y, como es de suponer, también lo dirigió a Rusia.

---

[220] Vid. Brooks, *Diplomacy*, p. 66.
[221] Dicho escrito obra en el *AHN, Estado*, leg. 5 559, Expediente 5.
[222] Vid. Brooks, *Diplomacy*, p. 76.
[223] Vid. a este respecto las *Memorias* de Pizarro, II, pp. 188-223. Vid. también en el *AHN, Estado*, leg. 5 565, Expediente 4, el texto «Exposición ó Estracto de la negociacion seguida con los Estados Unidos de América, y estado actual de nuestras relaciones con aquella República».

Lo que conocemos sobre la postura rusa en aquella cuestión quedó consignado en un despacho cursado por Capo d'Istrias, desde Varsovia, al embajador ruso en Washington, Petr Poletika (18 de abril de 1818)[223a]. De él se desprende muy claramente que Rusia deseaba que los problemas pendientes hallasen una solución pacífica. «Si la force des armes a terminé dans d'autres temps des questions politiques entre les Etats, nous doutons qu'à cette époque elle puisse être employée comme moyen sûr de terminer celles, que la voie des négociations n'auroit pu applanir.»

Pasaba acto seguido Capo d'Istrias a lanzar la hipótesis siguiente: si los Estados Unidos, de acuerdo con la corte de Río de Janeiro, usurpaban a la Corona española la Banda Oriental del Río del Plata y las Floridas, y que España, por otra parte, invadiese Portugal, ¿cuál sería el beneficio que los Estados Unidos podrían sacar de una guerra general en Europa?

Casi al mismo tiempo, Tatiščev, desde Madrid, el 17/29 de abril de 1818 no pudo por menos, al igual que Capo d'Istrias, de hacer una comparación entre la conducta de los Estados Unidos y del Brasil, a la par que consignaba que «leur système ambitieux fait des progrès plus rapides qu'on ne le présumait...»[223b]

Claro que detrás de estas inquietudes debemos ver siempre el deseo ruso de que los Estados Unidos no lograsen una expansión territorial tan importante como para poder transformarse en rivales del Imperio.

No parece, sin embargo, que el gabinete ruso adoptase una actitud muy firme ante el problema que en aquellos momentos preocupaba a España. Sabemos que Zea Bermúdez comunicó el 4/16 de mayo de 1816 desde San Petersburgo que su Majestad Imperial lamentaba la conducta hostil de Estados Unidos y que había ordenado a su embajador en Washington emplear sus buenos oficios para evitar un rompimiento entre ambos países[224]. De modo similar, en noviembre de 1818 (el 9/21), cuando Nesselrode envíe instrucciones a Poletika desde Aquisgrán, será para recalcar que el emperador deseaba que «les Etats Unis puissent s'arranger à l'amiable avec l'Espagne relativement à la possesion des Florides»[224a].

[223a] Vid. *Correspondence*, pp. 310-315.
[223b] Vid. VPR, *II*, 2, p. 328.
[224] Vid. Brooks, *Diplomacy*, p. 118.
[224a] Vid. *Correspondence*, pp. 315-317, y VPR, *II*, 2, p. 588.

Finalmente, el tratado de cesión de las Floridas a los Estados Unidos se firmó el 22 de febrero de 1819 en Washington siendo ministro de Estado el marqués de Casa Irujo [225]. Sabido es que la firma de este tratado tropezó con una vigorosa oposición por parte de algunos miembros del Consejo de Estado, y que el rey no lo ratificó hasta el 24 de octubre de 1820 [226]. Pero lo que a nosotros nos interesa apuntar ahora es la actitud adoptada por Rusia ante la primera negativa española de ratificar el mencionado acuerdo.

Ante todo, me interesa destacar que uno de los beneficios que España sacaba del convenio era, a decir del embajador Luis de Onís:

> El que fijados los límites entre las dos potencias por los ríos y grados que se especifican en este tratado con toda precisión, y de manera que en ninguna época puedan ser expuestos a contestaciones, queda desde luego la Rusia excluida de los establecimientos que ha empezado á hacer á la sombra de las dolorosas circunstancias en que nos hemos hallado constituidos en las costas de California [227].

Siguiendo este razonamiento se explicaría muy claramente que Rusia hubiese adoptado una postura opuesta a la ratificación de un tratado que no beneficiaba en modo alguno los intereses expansivos de la Compañía Ruso-Americana. Pero, contrariamente a lo que cabría esperar, los rusos se inclinaron muy claramente por su ratificación. Así, vemos que el 2/14 de julio de 1819, Pozzo di Borgo escribe a Nesselrode desde París, lamentando que el gabinete inglés impulse a ciertos españoles a oponerse al mencionado tratado [228].

El propio Tatiščev, el 15 de agosto de 1819, pareció aconsejar a Fernando VII que no difiriese por más tiempo la ratificación. El extenso texto del ruso —reproducido por Becker— hacía es-

---

[225] Vid. Cantillo, *Tratados*, pp. 819-823.

[226] Yerra por lo tanto un autor como Fontana Lázaro cuando escribe en su obra *La quiebra*, p. 233, que el tratado de febrero de 1819 no se ratificó. El tratado se ratificó, según consta en la obra de Brooks, p. 213. Las Cortes, en sesión secreta, recomendaron la ratificación el día 30 de septiembre de 1820; el día 5 de octubre, las Cortes autorizaron dicha ratificación, y el rey firmó el decreto el día 24 de octubre. Brooks cita la correspondencia del embajador americano Forsyth con Pérez de Castro, del día 6 de octubre al 11 de octubre de 1820, editada en *American State Papers, Foreign Relations*, Volumen IV, pp. 696-701.

[227] Vid. Luis de Onís, *Memoria sobre las negociaciones*, pp. 217-218.

[228] Vid. SBORNIK, T. 127.

pecial hincapié en el hecho de que, en caso de ratificarse el tratado, los Estados Unidos, «lejos de dar auxilio o reconocer a los gobiernos insurgentes, se entenderán con la Corte de Madrid para establecer una amistosa unión y correspondencia en cuanto a los recíprocos intereses de los dos Estados en América»[229]. En torno similar se expresó Tatiščev ante el nuevo embajador de los Estados Unidos, John Forsyth.

Asimismo, el 27 de noviembre de 1819, Nesselrode cursó una carta a Poletica en la que señalaba que el emperador Alejandro no asumiría la defensa de España en el asunto de la ratificación; pero que esperaba del gabinete de Washington diese muestras de paciencia y de concordia; si bien insistía en que «L'Empereur n'intervient pas dans cette discussion»[230].

---

[229] Vid. Becker, *Relaciones*, pp. 478-479.

[230] Sobre el asunto de la Florida vid. el interesante artículo de Bolchovitinov, *Prisoedinenie.*

CAPÍTULO VI

LAS RELACIONES DURANTE EL TRIENIO CONSTITUCIONAL
(1820-1823)

1. *Primeras noticias*

Mucho antes de que el general Riego se pronunciase contra
el régimen absoluto de Fernando VII (finales de 1819-1 de enero
de 1820), movimientos insurreccionales entre las tropas que debían reconquistar América habían empezado a hacer mella en el
seno del ejército expedicionario. Si nos atenemos a las palabras
del encargado de negocios ruso en Londres, I. N. Bludov, en noviembre de 1818 (12/24), «sucedió otro acontecimiento que, sin
lugar a dudas, atrajo la atención general, que lo considera, con
toda razón, muy importante y muy desfavorable para los asuntos
del rey de España. El equipaje del barco, enviado de Cádiz a
América con las tropas, se amotinó durante la travesía, izó la
bandera de la independencia y se entregó, en el puerto en que se
encontraba al poder de los insurrectos»[1].

Noticias detalladas sobre el pronunciamiento en Andalucía fueron asimismo transmitidas a San Petersburgo por el nuevo encargado de negocios ruso en España, Mark Nikolaevič Bulgari (1788-
1829), el 17 de enero de 1820[2].

---

[1] Citado en *Russkie Diplomaty*, pp. 111-112. Traducción del ruso. Vid. también Woodward, *The Spanish Army*, y Costeloe, *Spain*.

[2] Bulgary a Nesselrode, el 15/27 de enero de 1820, en VPR, *II, 3,* pp. 232-
233. Asimismo, el 13 de enero de 1820, el diario *Russkij Invalid* de San Petersburgo escribió «que la orden del gobierno español de enviar a América
a 6.000 soldados había puesto en movimiento a toda la ciudad». El día 28 de

Como era de suponer, en medio de la anarquía que siguió a los primeros momentos del pronunciamiento, el gobierno español se esforzó por minimizar el acontecimiento, cursando despachos a sus representantes en el extranjero, según los cuales en la capital de España y «en todas las provincias del Reyno se observa la mayor tranquilidad» (24 de enero de 1820)[3].

La finalidad era, a todas luces, intentar que los embajadores de Fernando VII saliesen al paso de las informaciones sobre los últimos sucesos peninsulares que, sin lugar a dudas, no dejarían de publicarse en los diarios extranjeros («las gacetas liberales»). A Zea Bermúdez se le mandaron órdenes en este sentido a través de Fernán Núñez, los días 19, 24 y 28 de enero de 1820[4]. La del 28 de enero correspondía a una iniciativa particular del embajador en París, alarmado ante la insistencia de las noticias publicadas en Francia, que revelaban la magnitud de la insurrección en España. Hasta los diarios realistas —apuntaba Fernán Núñez— no sólo confirmaban estas noticias, sino que las exageraban extraordinariamente. Sin embargo, puntualizaba la carta, «hasta la fecha del 11 la insurrección no había hecho progreso alguno y se esperaba al contrario sofocarla de un momento a otro»[5].

Pero todos los pasos y diligencias que los embajadores pudieron realizar en este sentido no lograron disipar la pésima opinión y el disgusto que merecieron a los gobernantes rusos —y en particular a Alejandro I— los acontecimientos españoles.

Como testimonio del estado de ánimo que éstos provocaron en el soberano ruso, nos ha quedado el relato del embajador francés, el conde de La Ferronnays, en su informe al jefe de gobierno de su país, barón Pasquier. El 22 de febrero/5 de marzo de 1820 —antes, por lo tanto, de que Fernando VII jurase la Constitución— el embajador escribía[6]:

---

enero, el mismo diario manifestaba que la Constitución había sido promulgada en Cádiz y que los insurrectos avanzaban sobre Madrid, en *Russkij Invalid*, núm. 8 (13 de enero de 1820), p. 87. Fedorov, en su obra *Soldatskoe Dviženie*, p. 155, apunta que las noticias llegadas de España hicieron mella entre los soldados rusos.

[3] Carta del duque de San Fernando y Quiroga al señor duque de Fernán Núñez, Madrid, 24 de enero de 1820, en *AHN, Estado*, leg. 6 129[4].

[4] Estas cartas se encuentran en el *AHN, Estado*, leg. 6 129[1].

[5] Carta del 28 de enero de 1820, fechada en París, en *AHN, Estado*, legajo 6 129[1].

[6] Le comte de La Ferronnays au Baron Pasquier, Saint Pétersbourg, 22 février/5 mars 1820, núm. 20, en SBORNIK, T. 127, p. 326.

... J'ai entretenu le Comte Capo d'Istria de ce que Votre Excellence me mande dans sa lettre particulière au sujet de l'Espagne. Les nouvelles que l'Empereur a reçues de Madrid sont aussi d'une nature très alarmante, moins encore par l'importance et le danger réel des insurrections qui éclatent dans ce royaume, que par l'indécisión, la faiblesse et les inconséquences du gouvernement.

A la inquietud del gobierno ruso frente a lo acaecido en la Península se añadía, en aquellos momentos, otra desazón en lo que hacía referencia a los acontecimientos de Francia. En efecto, el gobierno «constitucional» del rey Luis XVII y de su ministro Decazes se había visto desbordado inesperadamente por el asesinato del duque de Berry, una noche del mes de febrero de 1820[7].

En la mente de Alejandro I, en efecto, los sucesos de Francia representaban, ante todo, un grave atentado a los principios morales de orden y de justicia, sobre los que se asentaba todo poder legítimo; pero representaban también un peligro para el sistema de alianza ruso, basado fundamentalmente en el buen entendimiento con Francia, frente a una penetración excesiva de Inglaterra en el sur del continente y de Austria en Italia y los Balcanes. Pero he aquí que a los disturbios franceses se sumaba una difícil y desconcertante situación en España; tanto más cuanto que el desenlace del movimiento desencadenado a primeros de enero era aún del todo imprevisible.

A finales de febrero de 1820, parece que Alejandro I no dudó en hacer responsable a la política francesa de la escasa influencia que había sabido ejercer en la corte española y que había desembocado en tan lamentable estado de cosas.

En todo caso, a partir de aquellos primeros acontecimientos, quedó planteado el problema en los siguientes términos: necesidad de permanecer alerta ante los sucesos peninsulares y de estrechar la colaboración a este respecto entre París y San Petersburgo. En cuanto a la posibilidad de una intervención extranjera en España para restablecer el antiguo orden de cosas, opinaba Capo d'Istria: «Il faudrait des circonstances beaucoup plus graves pour rendre nécessaires l'entrée des troupes étrangères dans ce royaume...»[8].

---

[7] Exactamente la noche del 13 al 14, delante de la Opera. El duque de Berry era el único miembro de la familia real que aún podía tener un descendiente varón.

[8] La Ferronnays au Baron Pasquier, 22 février/5 mars 1820, en **SBORNIK**, Tomo 127, p. 321.

Todo ello no impidió que el zar de Rusia sintiese la necesidad de lanzar un llamamiento a las demás potencias, invitándolas a hacer un frente común contra la «Revolución», que extendía sus tentáculos no solamente hacia Francia, sino también hacia España: el 3 de marzo, un primer manifiesto ruso proclamaba la necesidad de que la conferencia de París —que aún seguía ocupada con el problema de la mediación entre España y Portugal— estableciese una serie de líneas de conducta para todas las potencias, que éstas deberían seguir en sus relaciones con España. A decir de Nesselrode, podían darse tres circunstancias que obligasen a las potencias aliadas a discutir confidencialmente medidas a adoptar: primero, en el caso de que el gobierno español no estuviese en condiciones de frenar el «vulcan» revolucionario; segundo, en el caso de que el rey de España solicitase personalmente la ayuda aliada, y tercero, en el caso de que la crisis llegase a constituir un peligro para la Península, las colonias y toda Europa[9].

2. El impacto de los sucesos del 7 de marzo de 1820. La nota rusa

Así las cosas, la jura de la Constitución por parte de Fernando VII iba a imprimir un serio viraje a la ya de por sí difícil coyuntura. Fue el 23 de marzo de 1820 cuando Juan Jabat comunicó por Real Orden al representante español que persuadiese al gobierno ruso de que Su Majestad había jurado libremente la Constitución[10].

Muy pronto, sin embargo, iba a cristalizar el problema que para el emperador de Rusia significaba la nueva situación española; porque si, por una parte, cuanto había de revolucionario en la actuación de un grupo de militares no podía hallar el beneplácito del soberano ruso, tampoco podía ignorarse que el zar se había comprometido, mediante el artículo 3 del tratado de Velikie Luki de 1812, a reconocer por legítimas las Cortes Generales y Extraordinarias, así como la Constitución que éstas habían elaborado y sancionado. Cualquier política del zar respecto a España estaba, pues, supeditada a esta primera realidad. En un dilatado

---

[9] Vid. Baumgarten, *Geschichte Spaniens*, T. 2, p. 290. Carta de Pozzo a Nesselrode, París, 5/17 de marzo de 1820, en SBORNIK, T. 127, pp. 337-348, y carta de Nesselrode al embajador ruso en Londres, Lieven, en VPR, *II, 3*, páginas 315-316.

[10] Carta de Juan Jabat al Sr. Ministro de S. M. en Rusia, Madrid, 23 de marzo de 1820, en *AHN, Estado*, leg. 6 129 ².

despacho, del 16 de abril de 1820, Zea Bermúdez hubo de aludir a la inquietud concebida por Alejandro al «recibir las primeras noticias de la reacción acaecida en España»[11].

Porque el problema esencial que se planteaba en aquellos instantes era el del camino a seguir. Convencido de que toda intervención extranjera pondría en peligro —inevitablemente— la vida del soberano español, Alejandro I pareció decantarse, de momento, hacia una solución de «expectativa», sin descartar la posibilidad de una toma de influencia francesa en la capital española[12].

Pero aún conviene añadir algo más. En la apreciación de los sucesos españoles, y en su reacción ante ellos, jugará muy pronto para el zar una motivación importante. En efecto, el despacho de Zea Bermúdez, fechado en 18 de abril de 1820, número 620, y dirigido al duque de San Fernando, nos dará la clave del asunto. Después de unas palabras anodinas del embajador dando cuenta de haber recibido el Manifiesto del Rey a la Nación, contenía dicha carta tres párrafos más —ocultos a primera vista— que revelaban la existencia de una misión secreta confiada a Zea Bermúdez:

> ... Reservandome el dar puntualm.te cuenta à V. E. del efecto que surtan mis diligencias, solo añadiré que noticioso este Emperador de la importante comisión qe V. E. se ha servido conferirme, acaba de hacerme saber por conducto de Su secretario de Estado Conde de Nesselrode que suspenderá, por ahora, el darme la audiencia de despedida que yo había tan eficazmente solicitado con el fin de dejarme expedito el camino para desempeñarla...[13].

Nuestras afirmaciones, en este punto, se reducirán por el momento a meras conjeturas. ¿Cuál era la misión encargada a Zea? ¿Hacia dónde debía dirigir sus pasos? ¿Por qué este interés para que permaneciese en San Petersburgo?

Conviene puntualizar que Zea había recibido orden, en el curso del mes de febrero, de abandonar San Petersburgo y de trasladarse a Constantinopla, en tanto que «Ministro Residente con reunión del Consulado General». Su cargo en San Petersburgo pasaría a ser desempeñado por don Luis de Onís, a quien el Go-

---

[11] Carta de Francisco de Zea Bermúdez al Sr. duque de San Fernando, San Petersburgo, 16 de abril de 1820, núm. 618, en *AHN, Estado*, leg. 6 130 [1].

[12] Carta del barón Pasquier al conde de La Ferronnays, París, 11 de abril de 1820, núm. 114, en SBORNIK, T. 127, p. 367.

[13] *AHN, Estado*, leg. 6 130 [1].

bierno quería recompensar su brillante gestión en el asunto de la venta de la Florida, en calidad de enviado extraordinario y ministro plenipotenciario [14].

Una cosa por lo menos aparecerá clara: en el ánimo del zar de Rusia pesará, de ahora en adelante, de manera decisiva, la convicción de que a través de un canal secreto y aún mal definido, le llega una petición de auxilio del rey de España... Y a nosotros nos tocará ver cómo se perfilan estas dos corrientes: una oficial al servicio del nuevo gobierno español, y otra secreta, que aspiraba a ayudar en lo posible a Fernando VII.

Ahora bien, en medio de la general excitación que producían las noticias de España, una convicción se iba abriendo paso, cada vez con mayor fuerza: era ésta la seguridad de hallarse el rey sin poder alguno, prácticamente prisionero no solamente de la Junta de Madrid, sino hasta de los enardecidos «clubs» de la capital [15].

Pero no era ésta la única prevención que animaba a algunos círculos de San Petersburgo contra la revolución española. En los sucesos peninsulares había un hecho de indudable alcance, muy pronto vislumbrado por altos magnates rusos; era éste la intervención del ejército en cuanto venía ocurriendo desde el 1 de enero. De manera categórica, el 28 de marzo, el conde Semen Romanovič Voroncov lo subrayó:

> ... Lo que sucede en España, hace temblar a gobiernos y a pueblos. Si los soldados se adjudican todos los derechos creados por las constituciones y por su autoridad restablecen las Cortes, que en España no han existido durante seis años, las usurpaciones de la tropa no encontrarán límites y España se convertirá en algo parecido a Argel... [16].

[14] Según se desprende de una carta de Zea al duque de San Fernando, del 17 de marzo de 1820, núm. 602, en AHN, Estado, leg. 6 130 [1].

[15] Así pudo escribir el representante prusiano Schepeler el 23 de marzo: «Desde la dimisión de San Fernando el rey no tiene ninguna voluntad; firma todo cuanto le presenta la Junta; esta sin embargo está dominada por los clubs, sobre todo el del Café Lorencini.» Cit. por Baumgarten, Geschichte, T. II, p. 309. Vid. sobre el café Lorencini Gil Novales. Nesselrode se hallaba informado de las actividades de los miembros de las sociedades secretas españolas, cuya acción no se limitaba únicamente a España. He aquí, por ejemplo, lo que escribía el 7 de octubre de 1821 a Pozzo di Borgo a raíz de la fundación en París de un nuevo club revolucionario: «cette association est une émanation d'un club de Madrid, appelé les Rédempteurs de l'humanité. Les membres de cette commission resteront à Paris, sous la protection secrète du ministre d'Espagne». Cit. por Rousseau, Les sociétés secrètes et la Révolution espagnole, p. 17, nota 3.

[16] Citado por Dodolev, Rossija i Ispanskaja, p. 118; Dodolev cita a su vez el Archiv Kn. Voroncov, T. 17, p. 56. Traducción del ruso.

En todo caso, la opinión oficial del gobierno ruso respecto de la situación española quedó patente en las notas entregadas a Zea el 20 de abril/2 de mayo de 1820 [17], respuesta, en suma, a los informes del embajador del 7/19 de abril.

No añadían las páginas del documento nada que no supiésemos ya del pensamiento zarista: «... Sa Majesté Impériale n'a pu apprendre sans une profonde affliction les événemens qui ont motivé l'office de Monsieur le Chevalier de Cea... Trop souvent de pareils désordres ont annoncé des jours de deuil aux Empires. L'avenir de l'Espagne se présente donc encore une fois sous un aspect triste, et sombre...». Unas frases sin mayor importancia sobre la amistad que Rusia sentía por el valeroso y abnegado pueblo español y la gratitud que el resto de Europa debía guardarle. Indicaba el texto: «La Russie lui a payé le tribut de ces sentimens par le traité du 8/20 Juillet 1812.» Ninguna alusión se hacía al reconocimiento ruso de la Constitución doceañista [18].

A la par que entregaba la nota comentada a Zea Bermúdez, el gobierno ruso, en la misma fecha, enviaba a todos sus representantes en el extranjero un amplio despacho titulado: «Note diplomatique envoyée à tous les ministres de la Russie au sujet des Affaires d'Espagne» [19]. Redactado en forma de instrucción diplomática, el informe debía ser presentado a las grandes potencias como pensamiento fundamental del gobierno ruso sobre los sucesos de España. Examinémoslo de cerca.

Tras haber ponderado la generosa solicitud que las cortes europeas habían manifestado hacia España, pasaba el zar a recordar a estas mismas cortes que habían dejado bien sentado que «des institutions solides pouvaient seules assurer sur ses fondemens l'ancienne monarchie espagnole». Asimismo, los aliados, en el curso de largas conferencias, habían afirmado que estas insti-

---

[17] Dicha respuesta obra en el *AHN, Estado*, leg. 6 129 [2]. La nota viene también reproducida en la obra de Paganel, *De l'Espagne et de la Liberté*. Zea escribió a Madrid, el 4 de mayo de 1820, carta núm. 636, indicando que despachaba a Madrid al correo José García Pérez de Castro, el cual era portador de la mencionada nota rusa (en *AHN, Estado*, leg. 6 130 [1]). Vid., asimismo, VPR, *II, 3,* p. 357

[18] Véanse, al respecto, los siguientes autores: Lesur, *Annuaire pour l'année 1820;* Pasquier, *Mémoires,* T. IV, pp. 499-500; Paganel, *ob. cit.,* pp. 1-9, y Martínez de la Rosa, *Bosquejo histórico,* en BAE, 155, p. 329 y ss.

[19] *Pièce importante sur la Révolution d'Espagne et note diplomatique envoyée à tous les ministres de la Russie au sujet des affaires de ce Royaume.* París, 1820.

tuciones cesarían de ser instrumento de paz y felicidad «si au lieu d'être accordées *(par la bonté)* comme une concession volontaire, elles étaient adoptées par la faiblesse comme une dernière ressource *dans le naufrage»*. Lo ocurrido en España era un horrible atentado (un attentat) «pour la Péninsule», «pour l'Europe». No cabía otra solución, por parte de España, sino la de ofrecer a los pueblos de los dos hemisferios un acto de expiación («un acte expiatoire»). Sólo así podría la nación española reconciliarse con ella misma y con el resto de Europa.

Ahora bien, ¿en qué podía consistir este acto de desagravio? El zar de Rusia, cautelosamente, se atrevía a formular la propuesta siguiente: que la Cortes «par une mesure solennelle» se apresurasen a «extirper» cuanto había de censurable en la nueva administración española. En esto, aducía la nota, los intereses de las Cortes se identificaban con los intereses de Europa. Seguía una aguda observación:

> ... La soldatesque égarée qui les a protégés peut demain les attaquer; et leur premier devoir envers le monarque, envers leurs pays, et envers eux-mêmes, parait être de prouver qu'ils ne consentiront jamais à légaliser l'insurrection...

Pero la argumentación definitiva del gobierno ruso giraba alrededor de una gestión que deberían llevar a cabo los cinco embajadores aliados acreditados en París: tratábase de manifestar al embajador español que los soberanos no habían nunca cesado de hacer votos por la prosperidad de España y de desear que instituciones conformes al progreso de la civilización pudiesen proporcionar a todos los españoles largos años de paz y de dicha.

Luego, en los últimos párrafos, resurgía el argumento expuesto anteriormente: a las Cortes incumbía la labor de reparar aquel crimen y de eliminar para siempre aquel escándalo. Ellas eran quienes debían sancionar la manera cómo el nuevo gobierno había llegado al poder.

Solamente entonces los gabinetes europeos podrían avenirse a mantener relaciones amistosas con España.

Abrigaba el gobierno ruso la esperanza de que tales manifestaciones servirían para dar a comprender al gobierno español cuál sería la conducta que los aliados observarían en caso de reproducirse trastornos tan lamentables como los ocurridos el 8 de marzo. Si las Cortes aceptaban ofrecer al rey una prueba de su sumisión, la revolución habría sido vencida en el preciso momento en que creería haber obtenido un nuevo éxito. Pero si, por el contrario, se producía una nueva situación de alarma, entonces:

> ... les cinq cours auront de même rempli un devoir sacré...

Estos argumentos del gobierno ruso quedaron de nuevo consignados en los siguientes despachos de Zea Bermúdez, el 3, 5 y 9 de mayo de 1820 en los que el embajador daba cuenta a Juan Jabat y a Pedro Cevallos de las intenciones rusas [20]. En ellos, con cansina monotonía, se hacía hincapié en lo censurable que Alejandro I descubría en la revolución española: era la irrupción del estamento militar en la vida política y la imposición de normas de actuación al soberano; el menosprecio y la humillación a que se había visto sometida la corona; la utilización de la violencia en vistas a destruir el régimen absoluto. Porque Zea se esmeraba por señalar que no era el régimen constitucional *en sí* lo que rechazaba el zar de Rusia, sino la manera en que se había realizado el traspaso de una situación a otra:

> ... Todos mis conatos han sido no obstante vanos, siendo tal la impresión que ha causado en el ánimo del Emp.or Alexandro la insurrección militar, que no ha querido desentenderse de declarar abiertamente su modo de pensar en la materia... [21].

3. *La reacción aliada*

¿Cuál fue la resonancia que encontró la nota rusa del 2 de mayo entre las cortes aliadas? Examinemos, en cada uno de los casos, la impresión producida y empecemos por el gabinete francés, más atento que los otros, por razones dinásticas y de vecindad, a lo que ocurría en España.

Dirigía, en aquellos momentos, el canciller Pasquier la política francesa, juntamente con el duque de Richelieu.

Al analizar algo más tarde Pasquier la nota rusa entregada a Zea y la circular enviada a los representantes zaristas en el extran-

---

[20] Carta de Francisco de Zea Bermúdez a Juan Jabat, San Petersburgo, 3 de mayo de 1820, núm. 631, en *AHN, Estado*, leg. 6 130 [1]; carta del mismo a Pedro Cevallos, San Petersburgo, 5 de mayo de 1820, en *AHN, Estado*, legajo 6 129 [1]; carta del mismo a Juan Jabat, San Petersburgo, 9 de mayo de 1820, núm. 637, en *AHN, Estado*, leg. 6 130 [1]. Vid. también el artículo de Llorca Vilaplana, *Las relaciones*, p. 726.

[21] Carta citada del 5 de mayo.

jero sobre los asuntos españoles, no dudaba en afirmar el político francés que contenía esta última «l'idée mère de tous les principes politiques qui ont été développés depuis par l'empereur Alexandre».

Observaba acertadamente el canciller francés que la gran preocupación del zar residía en el papel desempeñado por el ejército en los sucesos españoles; y, además, recordaba a sus aliados los acuerdos sellados en Aquisgrán, el 15 de noviembre de 1818, y dictados por la inquietud que causaba el estado de los asuntos en Francia [22].

No fue hasta principios de julio —dice Pasquier— cuando se entregó a las cortes aliadas la memoria confidencial que contenía la respuesta del gobierno francés [23].

Formulaba la nota francesa tres preguntas, que parecían resumir aquellas ya discutidas por las demás potencias: a) ¿Los sucesos peninsulares justificaban sí o no, una intervención de las Cinco Cortes? b) En caso afirmativo, ¿cómo debía ser la naturaleza de tal intervención?; c) En caso negativo, ¿no sería necesario prever qué conducta habría que seguir, si los acontecimientos llegasen a empeorar?

Pasemos a examinar, ahora, cuál fue la actitud del gobierno británico ante la postura rusa. Y para ello, nada mejor que echar un vistazo a cuanto sobre el caso nos relata Charles Webster, el eminente biógrafo del político Castlereagh [24].

Para poder asentar la política inglesa sobre una base sólida, el gabinete británico rogó a Wellington y a Castlereagh que redactasen sendas Memorias sobre el estado de la situación. El escrito de Wellington —relativamente sencillo— estuvo ultimado el 16 de abril [25]. Su exposición era —siguiendo la argumentación de Webster— la de un soldado. Su tesis se basaba en que ni podían ni debían los aliados intervenir en España [26].

Fue labor de Castlereagh preparar el Memorándum que debía contener el punto de vista político del gobierno británico sobre la

---

[22] Vid. Pasquier, *Mémoires*, *I, 1815-1820*, Tome Quatrième, p. 494; Yerra Lévis-Mireroix, en su obra *Un collaborateur de Metternich*, p. 382, cuando escribe: «un agent secret de Louis XVIII, La Tour du Pin, s'était rendu à Madrid pour proposer à Ferdinand l'appui militaire de la France».

[23] Vid. Pasquier, *ídem*, p. 506 y ss.

[24] Vid. Webster, *Castlereagh*. En particular, el capítulo «The Spanish Revolution and the States Paper of May 5. 1820».

[25] Vid. Webster, *Castlereagh*, p. 235.

[26] Vid. también Azcárate, *Wellington*, p. 232.

situación europea. Quedó éste compuesto a finales de abril y fue dirigido al rey el día 30, bajo forma de minuta de gabinete[27].

Cinco eran los puntos que Castlereagh desarrollaba en su escrito: 1) Una justificación de la política británica hacia España y una consideración sobre el camino a seguir; 2) Una refutación de los argumentos rusos; 3) Una nueva exposición de los verdaderos principios de la Alianza; 4) Una negativa ante la propuesta rusa de firmar un nuevo tratado de seguridad general; y 5) Finalmente, la necesidad de disipar la alarma sembrada en Alemania a raíz del éxito de la revuelta militar española[28].

Como es de suponer, se prestaba particular atención a todo cuanto hacía referencia al caso español. Se insistía en que el rey de España había aceptado la Constitución y lo había notificado a las cortes extranjeras. Esta circunstancia dificultaba la táctica que debían emplear los estados aliados, sobre todo si se trataba únicamente de dar algún consejo, que no fuese seguido de otra actuación: este paso —argumentaban los ingleses— sólo serviría para provocar irritación. Los aliados advertirían al gobierno de Madrid de las consecuencias que podrían surgir de cualquier acto violento —por ejemplo, contra la persona del monarca, o contra el país vecino, Portugal—. Pero tales advertencias no debían tener necesariamente carácter público, ya que servirían más para ofender o irritar que para persuadir.

Resta por conocer la opinión de un tercero, no por ello menos importante en el apretado juego político europeo del momento: la del canciller Metternich.

No creo que sea necesario insistir aquí sobre la impresión que causaron los acontecimientos peninsulares al canciller austríaco.

Su sistema político, basado en una «entente» con Inglaterra, dirigida contra Rusia y Francia[29], no podía considerar con ojos favorables ninguna propuesta rusa que estuviese encaminada a aumentar la influencia de San Petersburgo en el sur de Europa. Además, Metternich se dio perfecta cuenta de las dificultades que surgirían si los gabinetes aliados decidían redactar una nota conjunta dirigida a las Cortes españolas. El 5 de junio, desde Praga, Metternich hizo saber al gobierno ruso, a través de su embajador Lebzeltern que no aceptaba sus propuestas sobre los asuntos es-

---

[27] Vid. Webster, *Castlereagh*, p. 236 y ss.
[28] Vid. Webster, *ob. cit.*, p. 238.
[29] Vid. Srbik, *Metternich*, p. 600.

pañoles. En tono confidencial, y dando libre curso a su enojo, Metternich dejó consignado en una nueva carta al embajador austríaco en San Petersburgo la opinión que le merecían las intenciones rusas [30]:

> ... Je me laisse pendre si je sais comment je rédigerais une déclaration à adresser de commun accord aux Cortés. Non, mon cher Baron, le règne *des mots* est fini, toute marchandise finit par passer de mode. Le terrain est monté à la realité; il s'agit de *faire* et pas de *dire*. C'est en nous pénétrant de cette vérité que nous pourrons espérer maintenir le repos autour de nous; depuis que le gouvernement français fait plus qu'il ne dit, il s'offre à lui quelques amis, et tout en Espagne dépend aujourd'hui de ce que les Cortès y feront, et non de ce qu'ils diront et de ce que les puissances pourraient leur dire.

4. *El aislamiento del gobierno de San Petersburgo*

Ahora, iniciado el verano de 1820, lo que necesitamos recordar de la situación estudiada, se reduce, esencialmente a los puntos siguientes:

Los sucesos españoles y la urgente necesidad de tomar posición frente a ellos han sembrado la inseguridad entre las cortes aliadas.

Solamente el gobierno ruso ha reclamado pasos urgentes y eficaces por parte de las cuatro cortes, ha hecho declaraciones —si bien algo aventuradas— sobre la supuesta obligación de las cortes de borrar la humillación sufrida por la realeza y ha enviado amplias instrucciones a sus embajadores, para que encaminen sus pasos sobre estas directrices.

A estas reclamaciones, las cortes aliadas han respondido con evasivas.

Los sucesos españoles y la diversidad de opiniones —por no decir divergencias— que éstos han provocado en el seno de la alianza europea, han servido, también, para demostrar hasta qué punto se halla quebrantada la solidaridad inicial de los miembros de la alianza. Tan pronto ha sido necesario echar las bases de una actuación común en un país invadido por la revolución, han surgido dificultades que demuestran que, móviles egoístas, se ocultan a menudo bajo supuestos designios de lucha antirrevolucionaria.

---

[30] Vid. LEBZELTERN, pp. 226-227. Subrayado en el texto.

Para el gobierno ruso, o, por lo menos, para el conde de **Capo d'Istria**, no ofrece lugar a dudas de que la alianza europea está en trance de desaparecer, y que —en todo caso— no ha cumplido sus objetivos. Pero también merece la pena subrayar que en la lucha contra la subversión revolucionaria la política rusa atribuía un papel definitivo al gobierno francés [31].

Por lo demás, el ministro de Alejandro I no abrigaba demasiadas ilusiones sobre la actitud que adoptarían los restantes miembros de la alianza ante los sucesos españoles: Capo d'Istria parecía aludir muy claramente a cierta combinación entre Viena, Berlín y Londres, cimentada intensamente a partir del mes de enero de 1818: «Ce qui vous donnera une première idée de la combinaison *trinaire*, qui s'est bien plus fortement cimentée depuis le mois de janvier de 1818, ce sont les réponses qu'on fera à nos communications, touchant l'affaire d'Espagne. Le silence gardé jusqu'à cette heure par les cabinets de Vienne, de Berlin et de Londres, est une preuve que ces trois oracles tiendront un langage uniforme, mais pour n'en parler aucun à l'Espagne...».

Así, pues, la iniciativa del gobierno ruso para organizar un frente común aliado, impedir mayores daños en Madrid, y expresar la repulsa unánime que había merecido la sublevación militar no halló el eco esperado. En definitiva, sin embargo, lo que quedaba plenamente de manifiesto era que numerosas fisuras habían empezado a producirse en el edificio de la alianza europea. «La révolution d'Espagne va servir à démontrer encore le peu d'harmonie qui existe aujourd'hui entre ces cabinets naguère si étroitement unis», escribió el embajador francés en San Petersburgo, La Ferronnays, el 6 de julio de 1820 [32]. En la cuestión española, el aislamiento del gobierno de San Petersburgo fue, pues, total.

5. *La embajada española en San Petersburgo*

Entretanto, el nuevo gobierno español procede a reorganizar su embajada en San Petersburgo. El 7 de junio de 1820 Manuel González Salmón recibe orden de salir inmediatamente hacia San Petersburgo, donde, de ahora en adelante debe representar a Fernando VII. Al propio tiempo, se nombra a Ángel Calderón agrega-

---

[31] Capo D'Istria au duc de Richelieu, Saint Pétersbourg, le 21 mai/2 juin 1820, en SBORNIK, T. 54, p. 539. Subrayado en el texto.

[32] La Ferronnays au baron Pasquier, Saint Pétersbourg, le 6 juillet 1826, en SBORNIK, T. 127, p. 402.

do de embajada. Zea debe partir enseguida hacia su nuevo destino, Constantinopla.

Se comprende con facilidad las motivaciones que presidieron a estos cambios. Y ante todo, la necesidad de explicar al emperador ruso, a través de una persona recién llegada de España, la precipitación que había caracterizado los últimos acontecimientos[33].

Pero no era menos importante dar a comprender a Alejandro I que todo lo ocurrido había sido con el beneplácito del rey, el cual con plena libertad, «en un momento ha hecho que todo marche según la Constitución, que ha jurado por propio convencimiento, y de espontánea voluntad». Y para dar realce a estas palabras, se entregó al nuevo representante una carta particular de Fernando VII, dirigida a su augusto amigo, en la que el rey de España explicaba las circunstancias que habían acompañado a las mudanzas políticas ocurridas en la Península, «y la libertad, espontaneidad y convencimiento íntimo con que S. M. se ha decidido a seguir el voto de sus leales vasallos...»[34].

Como era de esperar, el gobierno español puso todo su empeño en subrayar la situación de normalidad que reinaba en el país y la ejemplar conducta que había presidido a todos los cambios llevados a cabo desde hacia unos meses. Además, no menguaban las muestras de cariño y simpatía hacia el rey, quien en aquel momento (21 de julio de 1820) había iniciado su cura veraniega en Sacedón. Lo que en aquellos instantes se llevaba a cabo en España correspondía a una verdadera regeneración, en la que las Cortes, abiertas el día 9 estaban empeñadas: «la multitud de consideraciones importantes excita la presentación de muchos pensamientos, encaminados todos a restablecer el equilibrio, y el orden, más la moderación...»[35].

Finalmente, el 17 de agosto, se comunicó al secretario del embajador Luis Noeli que no desaprovechase ninguna ocasión para informar al gobierno ruso sobre el entusiasmo que había provocado la jura de la Constitución por su Majestad «en el seno de la representación nacional el 9 del corriente...»[36].

---

[33] Evaristo Pérez de Castro a Manuel González Salmón, Madrid, 7 de junio de 1820, en *AHN, Estado,* leg. 6 130[2].

[34] Idem.

[35] Evaristo Pérez de Castro al Encargado de Negocios de S. M. en Rusia, Sacedón, 21 de julio de 1820, núm. 18, en *AHN, Estado,* leg. 6 130[2].

[36] Evaristo Pérez de Castro a Luis Noeli, Madrid, 17 de agosto de 1820, en *AHN, Estado,* leg. 6 130[2].

Aún antes de que Zea Bermúdez abandonase la capital rusa, pudo cursar a Madrid algunos informes que no carecen de importancia: un despacho del día 23 de julio, número 656, por ejemplo, refería los pasos dados por Zea para acabar con la prevención del zar de Rusia contra el nuevo gobierno español [37]. El embajador optó por enviar una carta confidencial al conde Nesselrode, que explicaba el porqué del cambio acaecido. Asimismo, adjuntó Zea a su informe una lista de los diputados elegidos «acompañándola de las observaciones cuya copia traslado a V. E., designada con la letra B». El ministerio ruso contestó con una carta, fechada el 27 de julio, al propio tiempo que señalaba el día de la audiencia de despedida que Alejandro I concedería al embajador español. En el curso de ésta, Zea no ahorró esfuerzos para describir la situación española lo más favorablemente posible, no perdiendo nunca ocasión de elogiar la conducta de Fernando VII. El resultado de la arenga del embajador no pudo ser más satisfactoria. Alejandro se mostró, en su contestación, de una gran afabilidad e hizo votos por el bienestar de la Monarquía española y la prosperidad del rey; dijo «que había oído con un placer muy verdadero el progreso feliz y satisfactorio que iba haciendo nuestro Gobierno en su nueva organización... y acabó encargándome hiciese presente en su nombre a nuestro amado Monarca que nadie formaba votos más sinceros ni más ardientes que S. M. I. por la mutua felicidad y gloria del Rey y de la Nación Española...».

Surge, aquí, inevitablemente la pregunta: ¿había mediado algún paso más, del que no tenemos mayor referencia, había tenido lugar entretanto, alguna gestión más del embajador, en vistas a conciliarse la buena voluntad del emperador de Rusia? El retraso con que se concedió la audiencia de despedida a Zea y la mudanza en las palabras del zar incitan a creerlo. Ahora bien, ¿qué se encubría tras esta supuesta misión, de la que sólo podemos aventurar conjeturas?

Nada tendría de extraño que Fernando VII hubiese acudido al soberano ruso en demanda de auxilio —o, por lo menos— de no abandono en aquellas difíciles circunstancias.

Al propio tiempo que se entregaba a cumplir las órdenes de Madrid, Zea hubo de salir al paso de ciertos rumores que circula-

---

[37] Zea Bermúdez al Excmo. Sr. Evaristo Pérez de Castro, San Petersburgo, 23 de julio de 1820, núm. 656, en *AHN, Estado*, leg. 6 130 [1].

ban por la capital rusa, difundidos por la embajada portuguesa. A ellos hacía referencia el despacho del embajador del 24 de julio[38].

Tratábase de la siguiente afirmación: el embajador portugués en París y el de San Petersburgo, Saldanha, habían presentado sendas notas de protesta «en la que manifiestan grandes recelos que las últimas novedades políticas de España hagan prevalecer y adoptar las ideas que atribuye a algunas personas influyentes en el gabinete de Madrid de querer invadir y apoderarse de Portugal...».

Interpelado Capo d'Istria por Zea en este sentido, no pudo negar la veracidad del rumor. Los portugueses pedían que en caso de producirse la invasión, las cinco cortes aliadas se opusiesen a ella. Pero, el tono de las confidencias que el ministro ruso hizo en aquella ocasión al embajador español no pudo ser más prometedor para España: no pensaba el gabinete ruso que en las últimas conferencias de Viena, París y Aquisgrán hubiese quedado estipulada condición alguna que garantizase la integridad de Portugal. Y tal era también el parecer de las cortes de Austria, Francia, Prusia e Inglaterra.

Zea pudo, pues, despedirse de la corte rusa asegurando al gobierno de Madrid que «estas buenas disposiciones serán muy fecundas en favorables resultados en quantas negociaciones necesitemos el apoyo y buenos oficios de la Rusia»[39].

6. Los antecedentes del congreso de Troppau. La actuación de Fernando VII

Mas he aquí, que, inesperadamente, noticias sobre movimientos sediciosos en Nápoles —que culminaron con la instauración de un régimen constitucional— vinieron a sembrar nueva inquietud entre los soberanos aliados.

Nápoles era el segundo trono ocupado por un Borbón que amenazaba tambalearse. Pero el caso del reino italiano era algo diferente —y más complejo— por los numerosos vínculos que le unían estrechamente a la política austríaca. Era un verdadero reto a Metternich lo que se planteaba[40].

---

[38] Zea Bermúdez al Excmo. Sr. Evaristo Pérez de Castro, San Petersburgo, 24 de julio de 1820, núm. 657. En cifra, en *AHN, Estado*, leg. 6 130[1].

[39] Ídem.

[40] Vid. sobre la revolución napolitana de 1820, las obras de Lepre, *La Revoluzione napolitana del 1820*, y de Romani, *The Neapolitan Revolution*. Vid. Srbik, *Metternich*, p. 600 y ss.

De la importancia que los sucesos de Nápoles podían tener para España se percató, asimismo, el ministerio en Madrid. Una Real Orden del 23 de agosto de 1820, ordenaba a Salmón avisar puntualmente todo lo que pudiera averiguar sobre el caso, y en particular sobre cuantas decisiones tomasen Rusia y Austria a este respecto [41]. Salmón contestó, muy extensamente, en diversos despachos que envió a Madrid, desde finales de agosto hasta el 8 de octubre [42].

De todos ellos, el del 12 de septiembre, es el que más nos interesa [43]. Revelaba algo importante: la inmediata reunión, en algún lugar de los confines de la frontera austro-rusa, del emperador de Austria con los soberanos de Rusia y Prusia y hasta quizá, con el duque de Richelieu y el duque de Wellington, no habiendo lugar a dudas de que esta entrevista entre los soberanos «es con objeto de tratar entre sí de la actual situación política de la Italia, y combinar las medidas que deban adoptarse con respecto a la misma...». Era el Congreso de Troppau lo que se preparaba en gran sigilo.

Nada más natural que la próxima conferencia entre emperadores y gobernantes suscitase recelos e inquietudes en Madrid. En efecto, en las Reales Órdenes cursadas desde España, se advierte una gran insistencia para invocar las razones que habían movido a los españoles a adoptar un nuevo cambio de rumbo en política; cambio de rumbo nunca plenamente aceptado por el resto de Europa: El día 11 de octubre, Pérez de Castro, escribía [44]:

> Deberá V. E. partir siempre del principio que la Rusia, así como otros Gabinetes, no han desechado sus prevenciones contra nuestra mudanza política. No deberá V. E. contar con encontrar franqueza y sí estar seguro, para dejarlo entrever, segun y cuando que la España que estaba muy mal, *tiene derecho*, à que jamas renunciara, de mejorar su suerte sin ofender à nadie...

A partir de aquel momento —finales de septiembre/principios de octubre de 1820— las relaciones entre el gobierno español y los demás estados europeos empezaron a teñirse de cierta desconfianza, motivada principalmente por la equívoca conducta del rey.

---

[41] Evaristo Pérez de Castro a Manuel González Salmón, Madrid, 23 de agosto de 1820. En cifra, en *AHN, Estado,* leg. 6 130 [2].

[42] Todos ellos en *AHN, Estado,* leg. 6 130 [2].

[43] Manuel González Salmón a Evaristo Pérez de Castro, San Petersburgo, 12 de septiembre de 1820, núm. 16, en *AHN, Estado,* leg. 6 130 [2].

[44] Evaristo Pérez de Castro a Manuel González Salmón, Madrid, 11 de octubre de 1820, en *AHN, Estado,* leg. 6 129 [2].

Las Cortes habían pasado todo el verano empeñadas en legislar asuntos tan graves como la supresión de los mayorazgos, la reducción de diezmos y el arreglo de las órdenes regulares. Mas he aquí que, a finales de octubre, el monarca se negó a suscribir la ley de regulares, haciendo uso del derecho de veto que le ofrecía la Constitución.

Si bien algunos historiadores escriben que «las primeras muestras de actividad política anticonstitucional de Fernando VII parece fueron posteriores a su marcha a El Escorial» (25 de octubre) [45], nosotros creemos que el soberano las inició antes, según demuestran los hechos que ahora aduciremos.

El día 26 de septiembre de 1820, Pérez de Castro envió un despacho a Salmón, ordenándole vigilar atentamente las andanzas de cierto José Álvarez de Toledo, a quien suponía tener intención de entrevistarse con algún personaje importante [46].

Las sospechas de Pérez de Castro no eran infundadas. A finales de octubre, el día 31, Salmón recibió confirmación absoluta de lo que tramaba Álvarez de Toledo. Fue un aviso de Joaquín Zamorano, representante español en Berlín, que le advirtió del suceso [47]:

> ... habiendose encaminado el sugeto de que se hace mencion acia Breslau, me han asegurado por un conducto fidedigno, que à su llegada ha dirigido una representacion al Emperador de Rusia pidiendole que le permita pasar a Troppau para hacerle presente verbalm.te el objeto de su mision.

El emperador de Rusia se había negado a recibirle, prohibiéndole que se acercase a Troppau. Mas no es ésta la cuestión que nos ha de preocupar. Lo que realmente nos interesa es saber si Fernando VII, traicionando su juramento de lealtad al gobierno constitucional, se hallaba detrás de los mencionados pasos de Álvarez de Toledo.

Todo nos incita a pensar que éstos fueron dados con la complicidad del soberano. Porque si no en el caso preciso de Álvarez —y si no en el momento indicado— tenemos por lo menos un documento fehaciente de la actitud de Fernando VII: es éste una carta, fechada a 25 de octubre de 1820, y dirigida a Luis XVIII, rey de

---

[45] Por ejemplo, Artola, *Fernando VII*, p. 685 y ss.

[46] Evaristo Pérez de Castro a Manuel González Salmón, Madrid, 26 de septiembre de 1820. En cifra, en *AHN, Estado*, leg. 6 130².

[47] Joaquín Zamorano a Manuel González Salmón, Berlín, 31 de octubre de 1820. Muy Reservada, en *AHN, Estado*, leg. 6 130².

Francia, en la que el monarca español pedía a su pariente que, juntamente con los demás aliados, acudiese a salvarlo «... ainsi qu'à ma famille...»[48].

La fecha de este escrito no puede ser más significativa: 25 de octubre. Es el momento en que Fernando VII ha capitulado ante las Cortes y ha firmado la ley de regulares. Y nosotros sabemos que de ahí partió el enfriamiento en las relaciones entre el soberano y el equipo gobernante, y que el mismo día 25 Fernando marchó hacia El Escorial. La carta mencionada —fechada en Madrid— debió ser, pues, redactada *antes* de la salida del monarca hacia el Real Sitio...

Se comprende que, dadas estas circunstancias, Pérez de Castro recelase de los acuerdos que en Troppau debían tomar los soberanos. En particular, se temía que en el congreso se tratase no solamente de los asuntos italianos, sino también de cuanto había ocurrido en España. Su inquietud quedó de manifiesto en la Real Orden del 29 de noviembre de 1820, en la que se mandaba a Salmón intentar averiguar por cualquier medio si en Troppau se había discutido la cuestión española[49]. Al propio tiempo —dos días antes, 27 de noviembre— Pérez de Castro reiteró a Salmón la consigna de permanecer prevenido contra el sujeto llamado José Alvarez de Toledo[50].

7. *Los acuerdos del congreso de Troppau*

Las decisiones adoptadas en el congreso por las potencias aliadas requieren alguna consideración por nuestra parte.

Abierto el 23 de octubre, el congreso reunió a los soberanos de Austria, Prusia y Rusia, acompañados de sus respectivos ministros: estaban presentes Metternich, Hardenberg, Nesselrode, Capo d'Istria, etc. Representaban al rey de Francia los condes de Caraman y de La Ferronnays. Lord Stewart asistía en calidad de observador de Su Majestad Británica[51].

Antes de la apertura, los representantes rusos Nesselrode, Capo d'Istrias, redactaron un informe y dejaron planteados cuáles eran

---

[48] Pasquier, en *Mémoires*, T. IV, p. 510, y Stern, *Geschichte*, T. II, p. 557.

[49] Pérez de Castro a Manuel González Salmón, Madrid, 29 de noviembre de 1820. En cifra, en *AHN, Estado*, leg. 6 131[2].

[50] El mismo al mismo, Madrid, 27 de noviembre de 1820, en *AHN, Estado*, leg. 6 131[2].

[51] Vid. Lévis-Mirepoix, *Un collaborateur*, pp. 390-391.

los temas que debían ser tratados. Éstos se podían resumir de la manera siguiente: la elaboración de una declaración, según la cual cualquier país azotado por la revolución quedaba fuera de la alianza, mientras que el resto de sus miembros tenían derecho de intervenir en él y de «reconducirlo» mediante medios legales; la voluntad de solucionar la crisis en España y Portugal después de haber solucionado la de Nápoles; el deseo de volver a reunirse al cabo de un año o 18 meses para completar su trabajo y firmar un pacto de solidaridad[52]. Metternich, en el momento de la apertura, el 23 de octubre, presentó un extenso documento en el cual justificaba una intervención armada en Nápoles a partir de los puntos siguientes:

> ... maintien inconditionnel de l'ordre établi par les traités de 1814;
> 2) le droit d'intervention, dont l'application, dans le cas, était en outre légitimée par les ouvertures secrètes du souverain des Deux-Siciles;
> 3) l'appui moral des Alliés, manifesté déjà par le refus de reconnaître les envoyés du gouvernement issu de la révolution[53].

Mas, si una intervención en el reino italiano parecía perfectamente justificable al príncipe de Metternich, no opinaba lo mismo en lo que hacía referencia a una actuación en España. Bertier de Sauvigny nos ha relatado las discusiones que caracterizaron las entrevistas entre diplomáticos franceses, austríacos y rusos, reunidos en Troppau. Fue, en última instancia, un cambio de orientación de la política francesa lo que acabó con los deseos de Alejandro I: Luis XVIII se avino a anunciar oficialmente ante el congreso, que asumiría gustoso la mediación entre los reyes de Nápoles y de España, por un lado, y sus pueblos, por otro. El protocolo firmado el 19 de noviembre consagró aquella actitud y señaló la necesidad para los aliados, no solamente de proceder a una nueva reunión —que tenía que ser en Laibach—, sino de cursar una invitación al rey de las Dos Sicilias para que asistiese a ella[54].

Un mes más tarde, en diciembre, cuando empieza a vislumbrarse el alcance de lo pactado en Troppau, Pérez de Castro analiza de nuevo la situación y escribe esta sentencia: atacar a Nápoles es atacar al principio político que rige en España[55].

---

[52] Vid. VPR, *II*, *3*, pp. 567-570.
[53] Vid. Bertier, *Metternich*, T. II, pp. 367-368.
[54] Vid. VPR, *II*, *3*, pp. 619-624.
[55] Pérez de Castro a Manuel González Salmón. En cifra, Madrid, 12 de diciembre de 1820, en *AHN, Estado*, leg. 6 131 [2].

Así finalizaba el año 1820 con una penosa incertidumbre para el gobierno español en lo que hacía referencia a las decisiones de las demás potencias para con España...

8. El Congreso de Laibach (1821)

Del congreso reunido en enero de 1821 en la ciudad austríaca de Laibach, nos interesa consignar todo cuanto hace referencia a España y a la problemática suscitada por la posición de Alejandro I.

Volvamos al tema señalado ya en páginas anteriores: el zar de Rusia cree que no basta una acción contra el reino de las Dos Sicilias, cuyo soberano, en el momento de abrirse el congreso, se halla ya camino de Laibach; está convencido de que debe actuarse también en España.

Esta circunstancia quedó confirmada en un interesante documento, remitido por Nesselrode a Bulgari desde Laibach el 2/14 de febrero de 1821 [56], en el que el ministro ruso hablaba claramente de los gritos de auxilio lanzados por Fernando VII a través de Álvarez de Toledo y del comendador Saldanha (este último había entregado una memoria que Alejandro I había leído y meditado intensamente). Nesselrode expresaba el deseo sincero del zar de intervenir en España «dès que l'intervention étrangère pourra être possible et utile». Bulgari debía comunicarlo al rey de España, personalmente o a través del nuncio.

Pero, además, Alejandro creía que era a Francia a quien incumbía llevar a cabo aquella actuación.

A estas alturas, nos interesa dejar bien asentado el alcance de las discusiones entre rusos y franceses respecto de una posible intervención en España, porque de ellas partirá la futura actuación de los aliados. En febrero de 1821, Capo d'Istria pudo escribir a Richelieu esta frase fundamental [56a]:

> En terminant ma lettre semi-oficielle, je vous ai dit, mon cher Duc, que c'était à vous qu'il appartenait de diriger l'Espagne dans ce qu'elle doit faire pour se sauver. Ce mot renferme l'idée-mère du système et la pensée toute entière de l'Empereur... (Laybach, 1/3 de febrero de 1821).

---

[56] Vid. VPR, II, 3, pp. 712-714.
[56a] Capo d'Istria au Duc de Richelieu, Laibach, le 1 (13) février 1821, en SBORNIK, T. 54, p. 593.

El convencimiento del zar de Rusia, según el cual ninguna actuación en España podía prescindir del apoyo francés —capital en todos los aspectos—, encontró numerosas afirmaciones en el curso de las conversaciones habidas con los embajadores de Luis XVIII. El día 2 de marzo, La Ferronnays comunicó a Pasquier que en una entrevista mantenida con el zar se había tratado de los asuntos españoles [57]. «Il était prêt», dijo, «à soutenir la France en cas de conflit avec sa voisine, mais ne ferait rien sans qu'on le lui demande». «Rien sans vous, et à votre demande tout ce que vous voudrez.»

Pero he aquí, que, cuando más empeñados se hallaban los soberanos en cortar las alas a la revolución, llegó a Laibach la noticia de una nueva sublevación: la del Piamonte (14 de marzo de 1821). Metternich y los dos emperadores decidieron adoptar las medidas siguientes: 1) el ejército que debía dirigirse contra Nápoles proseguiría sus operaciones sin preocuparse de lo que sucedía en el norte; 2) un ejército austríaco de 60.000 hombres quedaría concentrado en Lombardía bajo las órdenes del general Bubna; 3) el zar pondría a disposición de los aliados un ejército de 90.000 soldados, quienes atravesarían los estados del emperador Francisco I, para ir a ayudar en Italia a las tropas austríacas [58].

Lo curioso del caso fue que aquella nueva circunstancia coincidió con una agravación de la situación en Madrid. El día 1 de marzo de 1821 tuvo lugar el famoso discurso de la Corona, a la que el monarca añadió luego la no menos famosa *coletilla*, que provocó, según es sabido, una verdadera crisis de gobierno [59].

A partir de aquel momento, tenemos pruebas de que Fernando VII intentó entrar en contacto con los soberanos de la Santa Alianza y que sin lugar a dudas, consiguió sus objetivos. Así, por ejemplo, el rey acreditó a Fernán Núñez cerca de Luis XVIII y de cualesquiera otros soberanos europeos que pudiera necesitar. Y en igual modo acreditó a Antonio Vargas Laguna cerca del rey de las Dos Sicilias [60].

---

[57] Citado por Bertier, *Metternich*, T. II, p. 469.
[58] Idem, p. 481.
[59] Vid. Artola, *Fernando VII*, p. 695 sig.
[60] Vid. Villa Urrutia, *Fernán Núñez*, p. 250.
No dice, sin embargo, Villa Urrutia que fuese en aquel preciso instante —principios de marzo de 1821— cuando el rey hizo tal comisión a los mencionados embajadores.

Artola supone en su magna obra que sí corresponden a esta época las cartas credenciales entregadas a Fernán Núñez y a Vargas en tanto que embajadores personales de Fernando cerca de los soberanos europeos [61]. En todo caso, a nosotros nos interesa saber cuáles fueron las relaciones del zar con Fernando VII.

Así, por ejemplo, el día 8 de marzo, Fernando VII escribió una carta al zar a través de su embajador en Madrid, el conde Bulgari [62]. Apuntando a los recientes sucesos, el rey explicaba que el cambio de ministros había sido «une mesure d'une nécessité absolue. Ennemis acharnés de ma personne, ils ont tout fait pour me perdre. Leur chute est le premier triomphe emporté sur la faction». Señalaba después el soberano que deseaba caminar francamente por la senda constitucional; si bien quería que el pacto entre su pueblo y el rey fuese monárquico. Además, hacía hincapié en la amistad que siempre le demostrara Alejandro I: «L'Empereur connaît à cet égard mes sentiments: les circonstances présentes n'ont fait que les fortifier».

Sin duda alguna, no fue ésta la única carta que Alejandro recibió de Fernando VII a través de su embajador en Madrid o de terceras personas. El convencimiento del monarca ruso respecto de la lamentable situación en que se hallaba el rey de España quedó ya plasmado en sus conversaciones con los embajadores franceses en Troppau y en Laibach, durante las que reclamó una actuación aliada para ayudar a Fernando: ésta debía ser, según opinión del zar, obra de la vecina Francia.

Más tarde, sin embargo, en marzo de 1821, sabemos a ciencia cierta que Alejandro planeaba una acción muy concreta contra el gobierno español: negarse a reconocer a González Salmón en tanto que representante del gobierno español y su intención de *reconocer* únicamente en San Petersburgo a quienes fuesen los agentes del rey.

Así las cosas, y conocida la creciente animosidad del zar de Rusia ante la marcha de las cosas en España, no es de extrañar que empezasen a circular insistentes rumores sobre una pretendida «invasión» de la península por parte de tropas rusas. Por ejemplo, el 27 de marzo/8 de abril de 1821, el duque de Richelieu lo escribía

---

[61] Vid. Artola, *Fernando VII*, p. 697.
[62] Carta de Fernando VII a Bulgary, 8 de marzo de 1821, en *AHN, Estado,* leg. 2 579, núm. 50, publicado por Artola, *Epistolario.*

al conde de Capo d'Istria, con ocasión de la llegada a París del embajador La Ferronnays y del ruso Nariškin [63, 64].

Ahora bien, ¿hasta qué punto debemos dar por auténticos todos estos rumores? Nuestras fuentes nos permiten establecer dos afirmaciones bien definidas: la primera, el deseo efectivo del zar de lanzar sobre España tropas que vinieran en ayuda de Fernando VII y acabasen con el malhadado estado de cosas; la segunda, la inquietud francesa ante la persistente voluntad de Alejandro I de que fuese Francia quien se encargara de llevar a cabo aquella operación.

Léase, en apoyo de lo que afirmamos primero, la siguiente carta escrita por el conde Nesselrode al conde Golovin el 3 de abril de 1822, en la que el ministro ruso resumía el pensamiento zarista respecto de lo que creía necesario hacer en la Península [65]:

> A Laybach, lorsque les événements du Piémont motivèrent la marche d'une armée russe, lorsque des forces réelles pouvaient être mises à la disposition de S. M. C., l'Empereur proposa une troisième fois de venir au secours de l'Espagne et d'y porter la nouvelle armée qui s'avançait vers l'Italie. Les mêmes considérations firent penser que ce voeu ne pouvait pas non plus s'accomplir...

Además, Bertier de Sauvigny nos ha relatado, en su obra a menudo citada, que, en marzo de 1821, Pasquier redactó una extensa Memoria para La Ferronnays, en la que se aludía, entre otras cosas: «détourner le Tsar de sa grande pensée du moment: celle de faire intervenir la France contre la Révolution espagnole» [66].

Mas la inquietud de los franceses no se centraba únicamente en el deseo de Alejandro de ver a éstos actuar en España, sino que recelaban que el zar quisiese llevar a cabo personalmente la operación, rogando solamente al gobierno de París que le concediese el derecho de «tránsito».

---

[63] Le duc de Richelieu au Comte de Capo d'Istria, París, le 27 mars/8 avril 1821, en SBORNIK, T. 54, p. 618.

[64] Algo más tarde, el 14 de abril, el embajador austríaco en París, Binder, comunicó a Metternich una noticia similar. La oposición liberal había recogido la noticia del próximo envío de tropas rusas al Piamonte y había urdido con ella una espectacular tramoya: aseguraba la existencia de conversaciones secretas entre Rusia y Francia en vistas a permitir el paso de un ejército ruso destinado a restablecer la monarquía absoluta en España. Citado por Bertier, *Metternich*, T. II, p. 496.

[65] Vid. Nicolas Michajlovič, *Alexandre*, p. 415.

[66] Vid. Bertier, *Metternich*, T. II, p. 500.

Al embajador La Ferronnays en San Petersburgo se le ordenó, por lo tanto, dejar las cosas bien aclaradas. Nunca podría Francia pensar en llevar a cabo por sí sola una acción militar en España. Una «acción pacífica», tal vez, «en amenant son gouvernement à des termes raisonnables et à une organisation propre à rassurer tous les intérêts». Pero para ello, preciso sería ganar la confianza del gobierno de Madrid; y el zar Alejandro podría contribuir en gran manera a tal hacer, si autorizaba al gobierno francés para que garantizase a los españoles que no serían atacados por los miembros de la Alianza [67].

El congreso de Laibach finalizó a mediados de mayo de 1821, y los príncipes aliados se separaron, no sin antes haber redactado algunos manifiestos, tales como una «Declaración de los Plenipotenciarios de Austria, Rusia y Prusia publicada en Laibach á 12 de mayo de 1821», y una «Circular dirigida desde Laibach á los agentes diplomáticos de las tres potencias acreditados en las cortes extranjeras» [68]. Ninguno de ellos hacía alusión a España, por lo que debemos conceder aún mayor importancia a los documentos que Nesselrode envió a Bulgari desde la misma Laibach también [69].

Esta carta, que ha llegado hasta nosotros en su traducción española, no era sino una justificación por parte de los aliados, y en particular, por parte del emperador de Rusia, por no «venir en ayuda activamente à la España y... apagar en su primer foco el incendio que amenaza comunicarse siempre á las demás partes de la Europa...». Alegaba Nesselrode, en descargo de Alejandro, que:

> la opinión del Emperador sobre la situacion presente de la España y sobre los deveres que las Potencias aliadas tienen que cumplir con ella es y sera imbariable mientras exista la obra de la rebelion y q.e un orden de cosas legal, benefico y savio consume la restauración de la monarquia española...

Y añadía, para tranquilidad de Fernando:

> ... Que sin embargo los deseos de S. M. I. no barian, y q.e si alguna vez exigiese su cumplimiento una asistencia activa de su parte se

---

[67] Idem, p. 501.

[68] Ambas notas bien reproducidas en castellano, en Miraflores, *Documentos*, pp. 214-219; vid. también Bertier, *Metternich*, p. 502.

[69] Vid. *AHN*, Estado, leg. 2 579.

apresuraria S. M. a prestarla de concierto con sus aliados como lo prestará siempre à menos q.e no se opongan a ello obstaculos insuperables...

9. El intercambio epistolar con el embajador de Rusia durante el verano de 1821

La citada carta de Nesselrode a Bulgari llegó a Madrid, juntamente con otros documentos de gran interés, a principios de junio de 1821. El día 6, el embajador ruso comunicó a Fernando VII la importancia de los pliegos que había recibido. Y son éstos los que debemos examinar ahora.

¿En qué consistían los documentos citados que habían llegado a manos del embajador Bulgari a principios de junio? Componíanse éstos de [70]:

Letra A:

Copia de un despacho en cifra del Conde de Nesselrode al Conde de Bulgari, Laibach 1/13 de mayo de 1821.

Copia de una Carta de Gavinete al Rey de España, Laibach, 27 de abril/11 de mayo.

(Falta la letra B).

Letra C:

Copia de un despacho a Mr. de Divoff, Laibach 1/13 de abril de 1821.

Letra D:

Oficio al Duque de Serra Capriola, Laibach 1/13 de abril de 1821. Plan reserbado.

Todo ello iba acompañado de la mencionada carta de Bulgari a Fernando, fechada en 6 de junio de 1821, en la que el embajador ruso informaba al rey de España del contenido de los despachos que acompañaba. Veámolos más de cerca.

Para que el lector pueda hacerse una idea precisa de lo que Bulgari comunicó al rey, aduzco aquí, *in extenso*, los ocho puntos más interesantes que contenía el mencionado documento (la cita es un poco larga, pero imprescindible):

---

[70] La traducción castellana de estos documentos se halla en *AHN, Estado*, leg. 2 579. Las cartas originales de Nesselrode, redactadas en francés, vienen reproducidas en VPR, *II, 4*, pp. 135-137; 139-141; 142-143; 146-147. Hay, además, traducción al ruso.

Resumiendo Señor, los hechos referidos en esta Carta, y en los docum.^{tos} q.^e acompañan, conocerá V. M.

1) Que la amistad q.^e S. M. I. ha profesado à V. M. queda en su fuerza y vigor (inebranlable) en medio de los acontecim.^{tos} q.^e se suceden en Europa.

2) Que el Emperador á estado pronto y lo está aun á ofrecer á V. M. el socorro de sus armas, siempre q.^e la Francia pida q.^e se empleen como exigido p.^r el principio de su propia conserbacion, y p.^r la de V. M. y su augusta familia.

3) Que mientras tanto, el Emperador animado de los sentim.^{tos} de amistad, q.^e no se desmentiran jamas p.^a con V. M. cree necesario, y aun indispensable q.^e V. M. haga el ultimo esfuerzo p.^a rodearse de personas q.^e puedan merecer su confianza, y con su apoyo combinar un plan g.^l presente en todas sus partes, una garantia p.^a en adelante y q.^e se pueda executar lo mas pronto posible.

4) Que solo en este caso podre yo presentar á V. M. la Carta del Emperador la qual desaprovando p.^r una parte el principio de la rebelion, ofrezca á la España la intimidad de la Rusia, con la condición de q.^e los acontecim.^{tos} y las consecuencias del 8 de marzo de 1820, sean destruidos p.^r otros acontecim.^{tos} legitimos, cuyo fin y resultado séa bolber á colocar á V. M. en una completa libertad, con la q.^e pueda hacer todas las reformas q.^e juzgue á proposito, reformas cuyas vases ha aprovado V. M. en la memoria q.^e tube el honor de entregarle en otro tiempo. Para lo cual si V. M. me lo manda me apresuraré á entregarle un plan, facil en su execucion y cuyo resultado és pronto y seguro.

5) Que para dar V. M. una prueba al Emperador se digne mandar inmediatam.^{te} á Salmon y á las personas de su legac.^{on} q.^e estan en S.ⁿ Petersburgo se retiren de aquella capital, encargando p.^r el momento al Consul Gral los negocios de la legacion española.

6) Que la elección de V. M. de nuebos Ministros recaiga en persona q.^e sean fieles y adictas y q.^e no se haga este nombram.^{to} sin haber obtenido antes la aprovacion de S. M. I.

7) Que sobre todo lo dho. en esta carta se guarde el mas profundo secreto y q.^e solo séa savedor de ello el I. D.ⁿ Carlos, p.^r q.^e de lo contrario V. M. y su augusta familia correran grandes peligros cuyos resultados seran sumam.^{te} desastrosos.

8) Que V. M. mande al portador de esta q.^e no diga una palabra al Embajador de Francia de las comunicaciones, q.^e V. M. se digna tener conmigo, p.^r q.^e la cancillería de esta Embajada está corrompida p.^r el espiritu de jacovinismo y del azote q.^e amenaza al mundo de las mayores calamidades...

Esta carta iba acompañada de un *Plan reserbado*[71], en el cual
«devian de entrar dos o tres personas leales y energicas q.ᵉ concertasen sin comprometer al Rey, en los medios q.ᵉ habia q.ᵉ tomar
p.ᵃ destruir sin perdida de tiempo la execrable obra de la rebelión,

[71] *Plan reserbado:* Los rebolucionarios se proponen ó de forzar a el Rey á
declarar q.ᵉ el Congreso *sea permanente* hasta la próxima legislatura ó com-
bocar á cortes extraordinarias. En ambos casos la destrucción del trono será
resultado inevitable, y el Ministerio q.ᵉ se lo proponga á el Rey baxo cualquier forma q.ᵉ sea és un Ministerio q.ᵉ deve ser separado inmediatamente.
S. M. tiene dͬo. p.ᵃ ello y esta gran determinacion será bien recivida en el
Publico p.ͬ los grabes motivos q.ᵉ le han decidido á ello; pero esta determinación no ofrecería en si misma ningun resultado favorable, sino se hubiese antes combinado un plan en el cual devian de entrar dos, ó tres personales
leales y energicas q.ᵉ se concertasen sin comprometer al Rey en los medios
q.ᵉ había q.ᵉ tomar p.ᵃ destruir sin perdida de tiempo la execrable obra de
la rebelion, y todas sus consecuencias.
    Tres personas sobre cuya fidelidad incontrastable puede contar el Rey,
son el Consejero de Estado La Serna, el Gͬal. Palafox y el Capi.ⁿ Gral.
Morillo, los dos primeros podian entenderse en organizar y meditar profundamente los medios q.ᵉ haya q.ᵉ tomar, el tercero sería mantenido en sus
buenas disposiciones p.ᵃ con el Rey, y no conocería el Plan en su estension
hasta el mismo día en q.ᵉ se fuese á executar.
    El anciano La Serna cuyos sentim.ᵗᵒˢ conozco, se dedicaria al instante a
formar una lista de las personas de q.ᵉ deveria componerse el nuebo Ministerio. Esta lista se entregaria al Rey acompañando otra expresiva de los
Capitanes Gͬalͤs, Gefes Políticos é Intend.ᵗᵉˢ de las Prov.ᵃ q.ᵉ devian ser mu-
dados. Estos empleados publicos reciviran ōrn. de separar inmediatam.ᵗᵉ á
los subalternos conocidos p.ͬ su espiritu rebolucionario.
    Ala una de la noche llamaría el Rey al Ministro q.ᵉ p.ͬ su caracter opu-
siese menos resistencia à sus oͬns. y firmaria el decreto del nuebo nombramiento de Ministros q.ᵉ serían llamados al instante à Palacio, y firmarian à
su vez, todas las oͬns. q.ᵉ deverian expedirse en Mad.ᵈ y las Prov.ˢ, se envia-
rian Correos esta misma noche a todos los puntos de la peninsula en q.ᵉ
hubiera q.ᵉ comunicar estas ōrns. Tendrá cuidado de hacer marchar antes à
estos puntos, y en q.ᵗᵒ se puedan executar sin alarmar à los facciosos las
diferentes personas q.ᵉ se colocasen à la cabeza de las administrac.ⁿᵉˢ, en el
caso q.ᵉ muchos de estos se hallasen en Mad.ᵈ saldrian estan misma noche
y ellos mismos llevarían la ōrñ. de su nombramiento.
    El nuebo Ministro de la Guerra separaría inmediatamen.ᵗᵉ de todos los
Cuerpos de q.ᵉ se compone la Guarnición de Mad.ᵈ los oficiales conocidos
p.ͬ sus opiniones subersivas, estos serian reemplazados p.ͬ sus subalternos,
los Sargentos serian nombrados oficiales, y los soldados q.ᵉ son los mas fieles
al Rey, pasarian à Sarg.ᵗᵒˢ; este expurgo en el qual intervendria el Cap.ⁿ
Gral. y q.ᵉ se executaria la misma noche en q.ᵉ se mudase el Ministerio, daria el doble resultado, de desasirse de todos los malos sujetos y asegurar
el buen espiritu de los Cuerpos, q.ᵉ en el hecho mismo de esta promocion
ayudarian al Rey en todas las medidas legales q.ᵉ quisiese tomar. Dos Oficiales no degradados p.ͬ separados de sus cuerpos serian presos en la misma
noche, vaxo pretexto de una conspiracion cuya ilacción se fingiria haber

y todas sus consecuencias...». Estas tres personas eran: el consejero de Estado La Serna, el general Palafox, y el capitán general
Morillo.

---

hallado en las Logias de los Comuneros, en la de los Carboneros y otras
establecidas en Mad.ᵈ procurando conocer en esta semana los Directores en
Gefe de los demagogos y los parages q.ᵉ sirven de deposito p.ᵃ todos sus planes, se lograrian descubrir horribles misterios q.ᵉ servirian à reforzar el poder
real y acarrearian sin duda la restaurac.ᵒⁿ de la Monarquia. Deverian sorpren-
derse esta misma noche las Logias, y la Casa de Beltran de Lis, y al dia
sig.ᵗᵉ se publicaria un vando en q.ᵉ se anunciase el descubrimiento de una
conspirac.ᵒⁿ dirigida á transtornar el Govierno.

Es imposible explicar en este momento el conjunto de operaciones q.ᵉ
precederian, acompañarian y seguirian à esta mudanza. El plan q.ᵉ deve abra-
zarlas no está mas q.ᵉ bosquejado; y en reciviendo la aprov.ᵒⁿ real, podra
ser reflexionado á fin de poder darle su entera execucion, el golpe de estado
q.ᵉ se daria en el terreno Constitucional no haria de ningun modo responsable al Rey de sus resultas: estas no pueden menos de ser buenas, considerando sobre todo q.ᵉ el numero de los anarquistas, y sus recursos no son
tan grandes como quieren ponderar. Quitado el Ministerio q.ᵉ los contiene, su
derrota seria pronta y completa. Las Cortes mismas paralizadas p.ʳ esta
misma operacion q.ᵉ no podrian atacarla como inconstitucional, cesarian de
pedir la combocacion de Cortes extraordinarias p.ʳ q.ᵉ temerian su destruc-
cion, si se atreviesen á traspasar los limites de su poder, aun cuando estuviesen privadas del apoyo de los demagogos de q.ᵉ se componen los diferentes Cuerpos de la Guernicion de Madrid, y con quienes han tenido muchos
miram.ᵗᵒˢ

Dos considerac.ⁿᵉˢ importantes deben obligar al Rey à tomar dentro de
muy pocos días, una pronta determinación: la primera es la llegada proxima
del Rey de Portugal á Lisboa, q.ᵉ la contrarebolucion está preparada en
Portugal y q.ᵉ si se efectua durante el Ministerio actual en España los resultados pueden ser desastrosos p.ᵃ S. M. C. p.ʳ q.ᵉ temiendo los exaltados q.ᵉ á
imitac.ᵒⁿ del Portugal buelva á suceder lo q.ᵉ el año 14 cometerian todo
genero de escesos p.ᵃ evitar el peligro q.ᵉ los amenaza; esta consideración deve
hacer conocer al Rey, la necesidad de tener un nuebo Ministerio, q.ᵉ aprove-
chandose de la contrarevoluc.ᵒⁿ del Portugal, sepa calcular los resultados, y
sacar el partido mas ventajoso á la causa R.ˡ

Otra circunstancia militar p.ᵃ la pronta execucion de éste plan, y és el
peligro eminente de q.ᵉ se ve amenazada la España, de perder sus bastas y
ricas Colonias. Deve persuadirse S. M. q.ᵉ éstas se perderan irremisiblem.ᵗᵉ
si no acaecen en España sucesos importantes.

El plan q.ᵉ acava de proponerse serviria siempre à todos los intereses del
Mundo y a los de la legitimidad. Si S. M. aprueba las vases se servirá decir-
melo p.ʳ La Serna, poniendome dos palabras en Español q.ᵉ digan lo q.ᵉ sigue:
Autorizo á el portador p.ᵃ q.ᵉ se franquee con vm̄ y entonces concertariamos
los dos solos los Planes mas propios p.ᵃ volber á la Peninsula el orden, y
no se le comunicaria á Palafox hasta q.ᵉ se estuviese casi seguro de su buen
exito. No hay q.ᵉ perder momento en la formac.ᵒⁿ de este Plan. Morrillo sería
en esta ocasión el instrumentᵗᵒ mejor y mas util p.ᵃ los intereses de la dignidad
Real en España; y sobre todo lo dho. q.ᵉ se sirva S. M. decirme su opinión

Creo que la lectura atenta de estos documentos no necesita mayor comentario. Solamente añadiremos que, por aquellas fechas, la situación en Madrid, a raíz del asesinato del cura Vinuesa, había alcanzado un nuevo punto álgido. Puesto que el *Plan Reservado* hace alusión al capitán general Morillo —y nosotros sabemos que en mayo aún no ostentaba el cargo— podemos concluir que fue a principios de verano de 1821 cuando existió la tentativa por parte del embajador ruso —que no llegó a mayores consecuencias— de proceder a un verdadero golpe de estado, apoyado por el monarca.

En todo caso, si seguimos el hilo de la historia, podemos comprobar que Fernando VII cursó, el 21 de junio, una extensa carta al embajador ruso Bulgari[72], que no es sino la contestación del monarca español a la misiva del representante ruso del día 6 de junio. Al propio tiempo, el mismo día 21 de junio, Fernando VII escribió una carta personal a Alejandro I[73].

La carta de Fernando a Bulgari no era sino la demanda, urgente y descarada del soberano español al zar de Rusia para que éste, haciendo uso de todos sus medios, sin descontar la fuerza armada, preparara una intervención en España. Tan lejos fue el rey de España en su requerimiento de auxilio que hasta llegaba a nombrar exactamente la cantidad de soldados necesaria a su salvación: he aquí algunos de los párrafos más reveladores de la carta de Fernando:

> ... Así pues, repito, que haciendo el Emperador el uso que pueda hacer de estas observaciones como (sic) sabe hacerlo de todas las cosas con el acierto y tino que le es característico, no dudo que hallará motivo justo para abrigar en su corazón una intervención directa, no pasiva en los negocios de España, a fin de restituir las cosas al ser y estado que tenían antes del 9 de marzo de 1820, pues si en Nápoles y Piamonte ha sido necesaria la fuerza militar para conseguirlo, mucho mas necesaria es en España donde lo primero que hay que hacer es regenerar el ejército como se hace en Nápoles, porque la oficialidad está toda corrompida, y es el que forma y protege el partido revolucionario cuya operación es imposible verificarla sin tener una *fuerza militar extranjera* que la sustituya y la sostenga, y después pasar en seguida

y siempre q.ᵉ S. M. lo hiciese p.ʳ escrito se le debolbera su papel inmediatam.ᵗᵉ

Es traduccion del original»

Dicho documento obra en el *AHN, Estado,* leg. 2 579.

[72] Dicha carta se encuentra en *AHN, Estado,* leg. 2 579.
[73] Idem.

a hacer las demas reformas que convengan en cuyo caso estaré en actitud de poder seguir ciegamente los sabios consejos del Emperador, a cuyo magnánimo y generoso corazón recurro de nuevo para que tomando en consideración la peligrosa situación en que me encuentro, los males que amenazan la Europa si no se evitan en tiempo puedan disponer por los medios que le dicte su prudencia y su sabiduría el que se obligue a la Francia a que tome *intervención activa en las cosas de España,* mandando tropas suficientes a mi disposicion o permitiendo al *Emperador el paso* de las *suyas en número de cincuenta mil hombres,* que considero suficientes y yo las prefiero a todas las de otras potencias por la seguridad que tengo en ellas y cuyo golpe asombraría a la Europa así como asombró y aterró a todos el envío de la Escuadra cuyas gloriosas hazañas y difíciles empresas sólo están reservadas para el singular talento y magnanimidad del grande Alejandro por ser esto tambien muy conforme con el sistema adoptado por las potencias aliadas...

Además, imploraba en ella el rey español el retorno a Madrid del bailío Tatiščev, a fin de que con su ayuda y la ayuda de Ugarte pudiese restablecerse el contacto directo entre los dos soberanos.

A partir de aquel momento, la correspondencia directa entre Fernando VII y Alejandro I —las más veces a través del embajador Bulgari— es un hecho innegable. El 29 de junio por ejemplo, el rey español se dirige de nuevo al embajador ruso, con una súplica análoga a la de la carta del 21: pedía Fernando que, a la vista de los peligros que le rodeaban, y viéndose precisado a convocar Cortes extraordinarias, acudiese el soberano ruso en su auxilio «para preservar a mis pueblos y a la Europa de una gran catástrofe». Al mismo tiempo, sabemos que Fernando no desechaba la idea de pedir ayuda a su primo Luis XVIII, puesto que no más tarde que el 3 de julio le escribía una carta acreditando al marqués de Casa Irujo cerca del soberano francés «confiando a V. M. que contribuirá gustoso a sacarme de la penosa situación en que me encuentro» [74].

10. *Los sentimientos de Alejandro I*

Intentemos precisar, ahora, cuáles eran los sentimientos que la situación española despertaba en el ánimo del emperador de Rusia, Alejandro I. Por suerte, tenemos algún informe más que los

---

[74] Vid. Artola, *Epistolario*, pp. 56-57, y *AHN, Estado,* leg. 2 579.

enviados a Madrid por González Salmón (éstos, se limitaban a consignar, una y otra vez, que el gobierno ruso no variaba en nada su conducta hacia España, es decir, que no demostraba en absoluto tener confianza en el nuevo gobierno)[75].

El documento a que nos referimos es una carta fechada a 19 de julio del embajador francés conde Gabriac, quien en verano de 1821, substituía en San Petersburgo a La Ferronnays. Y lo que en la misiva se narra, es una conversación mantenida con el propio emperador, escasos momentos antes. Como es de suponer, la conversación recae enseguida sobre los asuntos españoles. Alejandro I comenta las comunicaciones que Gabriac le ha hecho, la situación en España y en particular, la del propio rey[76]. Confirma que el encargado de negocios rusos en Madrid le ha facilitado los mismos informes; mas, exclama Alejandro, ¿qué hacer ante tal circunstancia? ¿Cómo ayudar al rey de España? ¿Qué clase de consejos pueden dársele? El emperador da libre curso a su inseguridad, afirmando además que una de las mayores desgracias de Fernando VII era la presencia de Bardají en el Ministerio, a quien el zar atribuía la responsabilidad de los desórdenes en Piamonte.

Solamente en caso de que una guerra civil estallara sobre España, podría pensarse en alguna forma de ser útil a aquel país. Por lo demás, el zar descubre al embajador francés el fondo de su pensamiento:

> J'ai cru quelque temps que, dans l'espoir de susciter des troubles chez vous, les révolutionnaires espagnols vous déclareraient la guerre; mais ils ont compris qu'en vous attaquant ils s'adressaient à l'Europe et vous savez que *j'aurais mis avec plaisir mon armée à la disposition du Roi.*

Después de haber observado que el reino de Portugal no se hallaba en mejor situación que el de España, Alejandro I concluía que no había arreglo posible con los revolucionarios del mundo entero, cuyo centro era Francia. Así pues, no puede decirse que fuese deseo exclusivo de Fernando VII el que España se viese «depurada» de facciosos y revolucionarios; el propio zar de Rusia confesaba su esperanza de poder acabar con ellos, en una lucha común, que reuniera a rusos y franceses...

---

[75] Manuel González Salmón a Eusebio de Bardají y Azara, San Petersburgo, 19 de julio de 1821, núms. 169 y 170, en *AHN, Estado,* leg. 6 131[2].

[76] Vid. Nicolas Michajlovič, *Alexandre,* T. II, pp. 373-378. St. Pétersbourg, 19 juillet 1821.

Poco tiempo después, antes de finalizar el año 1821, el embajador ruso, conde Bulgari, llevó a cabo una nueva maniobra, no sabemos si por iniciativa propia, o por orden de su corte, o en combinación con el embajador francés La Garde. Tomó cuerpo ésta en forma de nota presentada a Fernando VII bajo el título «Observaciones sobre el auxilio de tropas francesas». En ella se trataba de «los medios más propicios para obligar por grados al gabinete de las Tullerías a tomar parte activa en los negocios de España». El documento, o por lo menos una copia de él —que obra en el Archivo Histórico Nacional [77]—, fue citado por el profesor Artola, por lo que me limito aquí a consignar los tres «medios» propuestos por Bulgari:

> ... 1) Lisonjear y llenar el amor propio del gabinete de las Tullerías, haciendo que el rey francés proponga el medio de salvar a Fernando VII;
> 2) Indemnizar a Francia los gastos de la intervención;
> 3) Prometerla una compensación en las colonias capaz de interesar a toda la nacion francesa a decidirse en favor de España.

Aún antes de concluir el año, otro acontecimiento definitivo iba a revelar, en toda su acritud, la penosa y humillante situación en que se hallaba la monarquía española: fue éste la proclamación por el general San Martín de la Independencia del Perú, en julio de 1821. Acontecimiento previsto ya desde hacía tiempo, fue reseñado en un informe del embajador ruso en Washington, Pierre de Poletica, al conde de Nesselrode el 19 de noviembre de 1821 [78].

11. *El año definitivo: 1822*

Al iniciarse el año 1822, preciso es puntualizar ciertas características esenciales de la situación. Por parte de Fernando VII, es innegable su deseo de recibir ayuda de los soberanos europeos

---

[77] Vid. Artola, *Epistolario*, p. 57.
[78] Vid. *Russkie Diplomaty (Los diplomáticos rusos)*, pp. 112-114: «Puede ser que con la ayuda de algunos pasos de reconciliación se consiga dentro de algún tiempo evitar la ruptura de los frágiles vínculos que todavía unen España a Méjico e incluso a Perú. Pero pensar que tal situación puede prolongarse todavía mucho tiempo significaría claramente sobrevalorar la sabiduría de las Cortes y las virtudes políticas de los hombres de confianza en América. El primer acontecimiento político en España rompería inevitablemente para siempre el hilo que une todavía la Metrópoli a la colonias...»

—concretamente del rey de Francia— y además, parece innegable también —a la luz de la correspondencia cruzada entre el rey y el embajador Bulgari— que el soberano español está dispuesto a tomar en consideración la posibilidad de hacer promesas territoriales en las colonias a los franceses, siempre y cuando el emperador Alejandro no se oponga a ello. Por lo menos, así se desprende de una carta de Fernando a Bulgari, escrita el 5 de enero de 1822 [78a].

A esta misiva, contestó el ruso el 18 de enero (día 1 en estilo ruso), alegando que, si bien no podía emitir más que un juicio personal a este respecto, no dudaba de que todo cuanto se hiciese por el bien de España, sería necesariamente del agrado de la política rusa [79].

En cuanto a la situación de la política interior española, había alcanzado un nuevo punto álgido al substituir Fernando VII a principios de enero a cuatro de sus ministros y provocar la caída del Ministerio Feliu [80]. Esta vez, las cosas no volvieron a su cauce hasta que en febrero de 1822 pudo constituirse un Ministerio presidido por Francisco Martínez de la Rosa.

Ahora bien, a la vista de los documentos que conocemos, no es posible pensar que Fernando VII se adhiriese de corazón al nuevo gobierno. Porque además de las cartas que el soberano dirigió al conde Lagarde y al propio Luis XVIII, en febrero de 1822, en las que el rey subrayaba la necesidad de impedir la reunión de las Cortes, así como la voluntad de ceder a Francia la mitad de la isla de Santo Domingo «y cualquier otro punto que la acomode en América» [81], conocemos otra demanda de auxilio del rey cerca del soberano de las Dos Sicilias, realizada a través de su incondicional Antonio Vargas Laguna, en diciembre de 1821. Y he aquí que el monarca napolitano, en febrero de 1822, se apresuró a comunicar al emperador ruso, tal y como lo deseaba Fernando, el llamamiento del rey de España [82].

Por suerte para el historiador, nos ha quedado también la respuesta que mereció a Alejando I o por lo menos, a uno de sus

---

[78a] Vid. Artola, *Epistolario*, p. 57.
[79] Carta de Bulgary a Fernando VII, Madrid, 1/13 janvier 1822, en *AHN*, *Estado*, leg. 2 579.
[80] Vid. Artola, *Fernando VII*, p. 705.
[81] Vid. Artola, *Epistolario*, pp. 59 y 60-61.
[82] La carta de Fernando VII al rey de Nápoles y la misiva de éste a Alejandro I fueron publicadas en Grand-Duc Nicolas Michajlovič, *Alexandre*, Tomo II, pp. 403-405.

más allegados colaboradores, su ministro el conde de Nesselrode, la demanda de auxilio recibida desde Nápoles en nombre del rey de España; se trata de una extensa carta del mencionado ministro ruso al embajador conde Golovkin, en la que se recapitulan todos los esfuerzos realizados por el gabinete ruso desde el año 1816 para convencer al resto de los aliados de la necesidad de poner freno a los progresos de la Revolución. Concretamente en el caso de España, la conclusión más contundente a la que llegaba Nesselrode era que, a tales alturas, únicamente la suerte de las armas podía decidir el futuro de aquel país. Reclamaba, sin más demora, la formación de un cuerpo europeo, en el que cada nación estuviese representada, para sofocar el núcleo revolucionario español; la creación, en suma, de una verdadera cruzada contra la hidra liberal[83].

[83] Idem, pp. 414-416:

«... St.-Pétersbourg, le 3 avril 1822.

Depuis *1816*, le Cabinet de Russie n'a jamais manqué de signaler à l'attention des Cabinets alliés tous les symptômes qui annonçaient les malheurs dont gémissent aujourd'hui la Péninsule occidentale de l'Europe et ses vastes provinces d'Outre-Mer.

L'Empereur était profondément convaincu de cette vérité. Aussi l'a-t-il répétée dans toutes les circonstances qui lui ont permis de la faire entendre.

A *Saint-Pétersbourg, en 1820*, lorsque nous *adressâmes notre réponse* du *20 avril* au chevalier de Zéa-Bermúdez, S. M. I. invita les Cours à charger leurs plénipotentiaires réunis à Paris de faire en leur nom une déclaration solennelle et commune, tant à S. M. C. qu'aux hommes de malheur qui avaient renouvelé en Espagne l'exemple à jamais funeste du renversement de l'autorité légitime...

Or, aux yeux de l'Empereur, cette expérience ne sera pas perdue, pourvu que les *Cours alliées prennent une forte résolution*, qu'elles démontrent par des faits ce que peut et ce que veut l'Alliance, qu'en un mot, elles emploient toute leur puissance commune à faire cesser *les désordres de l'Espagne et du Portugal*.

Aujourd'hui ce *n'est plus assurément par des actes diplomatiques et des déclarations que cette puissance se manifestera. Ce n'est que par les armes.* A l'égard de l'Espagne surtout, les armes seules peuvent utilement agir.

Si donc la Cour de Vienne, à qui V. E. en fera la proposition comme les autres représentants de S.M. I. vont la faire aux Cours de Berlin, de Paris et de Londres, si la Cour de Vienne reconnaît *l'urgence de former un corps d'armée européen*, auquel chacune des puissances alliées fournirait son contingent, et dont la destination serait d'étouffer le foyer des révolutions en Espagne et partout où il pourrait se transporter, l'Empereur déclare qu'il *enverra sans retard le nombre de troupes nécessaires* pour la mise à *exécution de cette grande mesure*, et que, dans le cas où elle serait adoptée en principe par les puissances alliées, mais dans ce cas seul, il serait prêt à délibérer avec elles sur tous les arrangements de détail dont on croirait devoir convenir d'avance...»

12. *Ecos americanos*

En el momento en que Nesselrode escribía estas líneas, un importante acontecimiento había venido a empeorar la posición internacional de España. Me refiero al reconocimiento de la independencia de las colonias españolas por los Estados Unidos, en marzo de 1822 [84].

Convencido de lo serio de la situación, Martínez decidió hacerla frente. Era obvio que, en la disyuntiva en que se debatía España en aquellos momentos, la relación con los estados de la Santa Alianza había de ser capital. Si entre la realeza y el gobierno surgido de la revolución de 1820 existía disconformidad de intereses, no podía ser así ante tan alarmante acontecimiento. Para la corona y los miembros del gabinete, la disparidad de opiniones era imposible en aquel asunto.

De momento, el 22 de abril, Martínez envió despachos a los embajadores de Francia, Rusia e Inglaterra, en los que se desbarataban los argumentos norteamericanos en pro de la independencia y se expresaba la esperanza de que los gobiernos que mantenían relaciones amistosas con España esperarían los resultados de las negociaciones iniciadas por su Majestad Fernando VII, con sus súbditos suramericanos [85].

En los días siguientes, concretamente el día 23, Martínez de la Rosa hizo una nueva comunicación a Pedro Alcántara de Argaíz. Importaba, dada la estrecha relación que reinaba entre España y Rusia, que el embajador recordase a su Majestad imperial todo cuanto el Imperio ruso había hecho en pro de España hasta la fecha: así su buena disposición durante la mediación entablada a raíz de los sucesos de Montevideo; así «la política recta y justa que siempre ha manifestado respecto de la cuestión actual, y que expuso uno de sus ministros en el año 1818», así el interés que debía tener Rusia en que «la separación de las provincias españolas de América» no se efectuase en beneficio exclusivo de una o más naciones marítimas... [86]. Finalmente, el día 25, Martínez de la Rosa

---

[84] Vid. Robertson, *The Recognition*, pp. 239-269, y Robertson, *The United States and Spain in 1822*, en pp. 785-786; Griffin, *The United States*.

[85] Francisco Martínez de la Rosa a Pedro Alcántara de Argaiz, Madrid, 22 de abril de 1822, en *AHN, Estado*, leg. 6 132 [1]. Vid. también Robertson, *Recognition*, pp. 254-255.

[86] Francisco Martínez de la Rosa, al encargado de negocios de S. M. en Rusia, Madrid, 23 de abril de 1822, en *AHN, Estado*, leg. 6 132 [1].

lanzó un nuevo mensaje dirigido esta vez a los embajadores nacionales en las principales cortes europeas, instándoles a que no ahorrasen esfuerzos para contrarrestar, con su actuación, los efectos de la decisión norteamericana [87].

Urge, a partir de ahora, intentar desentrañar dos importantes aspectos de la cuestión. El primero, que nos ha de interesar, es el de la reacción de las potencias aliadas —y en particular de Rusia— ante la nueva política puesta en marcha por los Estados Unidos. El segundo, que reclama nuestra atención, es la actuación de Fernando VII. ¿Condicionará el riesgo que corren las colonias en aquellos instantes las relaciones del rey con los aliados? ¿Habrá en la postura del soberano un amago de reconciliación con el sistema «revolucionario» en vistas a lograr una solución al problema americano?

El 6 y 9 de mayo se cursaron dos despachos más a Argaíz en San Petersburgo, en los que se hacía hincapié en la importancia que tenía para España la amistad y alianza del zar de Rusia en aquel asunto [88]. El primero de ellos no era sino la reiteración de lo que había de ilegal en el reconocimiento de independencia de los países suramericanos; al mismo tiempo se insistía en que España estaba dispuesta a conceder grandes franquicias comerciales.

En cuanto a la segunda carta, iba en cifra y con carácter reservado, lo que indica plenamente su importancia [89]. Trataba, ésta, en efecto, de las gestiones concretas que Argaíz debía llevar a cabo en la capital rusa, para que no se malograran todos los esfuerzos que apuntaban a salvar lo que aún podía ser salvado en América. «Los objetivos principales», rezaba el documento, «que debe V. S. proponerse son:

> q.ᵉ ese Gobierno no reconozca directa ni indirectamente à los Gobiernos de hecho existentes en las Provincias disidentes de America; que no envie à ellas ni reciba agentes revestidos de caracter publico ni entable relaciones algunas políticas de las que median entre nacion y nacion».

---

[87] Francisco Martínez de la Rosa, del 25 de abril de 1822, en *AHN, Estado,* leg. 6 132 [1].

[88] F. Martínez de la Rosa al señor encargado de negocios de S. M. en Rusia, Madrid, 6 de mayo de 1822, en *AHN, Estado,* leg. 6 132 [1]. Y el mismo al mismo, 9 de mayo de 1822, en *AHN, Estado,* leg. 6 132 [1], en cifra y Reservado, *AGI, Estado,* leg. 90.

[89] Idem.

Pienso que Argaíz andaría muy presto en cumplir las órdenes que se le daban, porque ya el 3 de junio podía escribir a Madrid, dando cuenta de todas las diligencias que había llevado a cabo con los ministros rusos, en ese caso con Nesselrode y Capo d'Istrias [90].

Nesselrode, en la audiencia concedida a Argaíz, se limitó a manifestar «que el gobierno de los Estados Unidos no había dado ningún paso cerca del Emperador p.ª este reconocimiento, que S. M. I. había aprobado completamente la conducta de su embja.ʳ en Francia, en no contestar a la nota de Zea» [91].

Sin embargo, en la conversación mantenida con Capo d'Istrias, éste adoptó un tono más franco y dijo confidencialmente:

> ... que creía imposible obtener el q.ᵉ las provincias de Ultramar reconociesen ya la madre patria; no pude menos de convenir con él en varios puntos, por ejemplo me dijo: ¿con quien han de tratar los comisarios? ¿con los gob.ⁿᵒˢ de hecho? claro esta q.ᵉ estos no querran vencer mas pasiones particulares, y deponer la autoridad q.ᵉ han usurpado; no ven además una gran seguridad en ello pues no se les oculta q.ᵉ la Peninsula está en el mismo estado de agitación que ellas; la tranquilidad de la America hubiera sido practicable en 1816, declarandolas parte integrante de la nación y gobernandolas por las mismas leyes; convine en ello con una escepción importante; esto es que era necesaria una garantía y esta debia ser: haber establecido un gob.ⁿᵒ legislativo en España [92].

Antes de seguir analizando cuanto Argaíz hizo, así como la postura oficial rusa, que pronto se debía comunicar al embajador español [93], diré solamente que el día 10 de junio, Martínez de la Rosa

---

[90] Argaíz a Martínez de la Rosa, Petersburgo, 3 de junio de 1822, núm. 94, en *AHN, Estado,* leg. 6 132 [1].

[91] Se trata de Francisco Antonio Zea, antiguo Vicepresidente de Colombia que había recibido orden en diciembre de 1819 de trasladarse a Europa para llamar la atención de las potencias aliadas sobre la suerte de su país. Vid. Völkl, *Russland,* p. 193. El 8 de abril de 1822, Zea había dirigido una nota a las principales potencias europeas en la que casi exigía el reconocimiento diplomático de Gran Colombia, vid. Kossok, *Deutschland,* pp. 90-91. Vid. también Webster, *Castlereagh,* Appendix F, pp. 577-580, 10 de junio de 1822, la nota del embajador ruso Lieven a Castlereagh en donde explica la razón de la negativa dada a Zea.

[92] Argaíz a Martínez de la Rosa, Petersburgo, 2 de junio de 1822, núm. 94, en *AHN, Estado,* leg. 6 132 [1].

[93] Vid. SBORNIK, T. 3, pp. 163-296 y particularmente la p. 290.

cursó dos despachos más a San Petersburgo [94]. El uno, encerraba una copia —o mejor dicho la traducción de una copia— de un artículo de gaceta publicado en los Estados Unidos, en la que se insistía sobre las ventajas que podían resultar para los norteamericanos de la independencia de los países suramericanos, y en particular de la isla de Cuba; y el segundo llamaba la atención de Argaíz sobre la existencia de «comunicaciones muy activas» entre el embajador de Rusia en Washington y el secretario de Estado americano, referentes al «reglamento de la compañía ruso-americana, sancionado por el emperador, por el cual se prohíbe el comercio de los extranjeros en la costa noroeste de América desde el grado 51 de latitud, prohibiendo la aproximación a ella desde la distancia de 100 millas de Italia» [95]. Después de recibir los documentos citados, el embajador español entregó al gobierno ruso en fecha de 29 de mayo/10 de junio de 1822, una copia del manifiesto español sobre el estado de las colonias [96], y dos días más tarde dos notas confidenciales, que recogían principalmente los argumentos incluidos en los despachos de Martínez del día 6 y 9 de mayo [97]. Además, Argaíz criticó el mensaje del presidente Monroe, y aludió al estado de la América Española, según noticias recibidas en España. En conclusión, rogó al gobierno imperial que respetase los derechos de España y que se abstuviese de cualquier acción que pudiera entorpecer el intento de pacificar las colonias españolas mediante negociaciones amistosas. Si pasamos a examinar ahora cuál era el verdadero pensamiento que se escondía detrás de la actitud rusa, preciso será reconocer, primero, que la respuesta oficial entregada a Argaíz, por Nesselrode, el 13/25 de junio de 1822 se limitaba a hacer hincapié en que:

> Sa Majesté Catholique ne peut révoquer en doute le désir, que l'Empereur auroit de voir cette belle et riche partie des possessions de l'Espagne, prospérer sous les loix du Monarque dont la paternelle sollicitude s'occupoit depuis longtemps des moyens de leur assurer un paisible et heureux avenir...

---

[94] Martínez de la Rosa al señor encargado de negocios de S. M. en Rusia, Madrid, 10 de junio de 1822, en *AHN, Estado*, leg. 6 132 [1].

[95] Idem.

[96] Vid. Robertson, *The United States*, pp. 794-795.

[97] Vid. *AGI, Estado*, América en General, 5, y Robertson, *The United States*, páginas 795-796.

Por otra parte, se insistía en que las decisiones de las potencias europeas no irían dirigidas contra los intereses de España [98].

En los documentos que interesan a nuestra investigación sobre el asunto colonias, se desprende que el Imperio ruso puso sus esperanzas —al igual que las había puesto en el momento de la crisis de la Floridas— en la buena maña que se daría su embajador para evitar una ruptura entre España y los Estados Unidos. Quedaba bien claro en la misiva de Nesselrode que las naciones europeas consideraban de manera diferente que los Estados Unidos la existencia política de las colonias españolas; además, el ministro ruso insistía en que los Estados Unidos habían declarado que no impedirían al gobierno español el llegar a un acuerdo con sus súbditos suramericanos, si este encontraba una posibilidad [99]. Se trataba, en suma, de una postura de conciliación, que aspiraba a lograr un acuerdo pacífico entre España y los Estados Unidos, pero que, de momento, no dejaba traslucir otros móviles de la política zarista. Lo único que se podía vislumbrar era que a las intenciones rusas en Suramérica no convenía una influencia demasiado importante de los Estados Unidos, y hasta, diría yo, de ninguna otra potencia. Esta actitud, que evitaba adoptar una tesitura negativa para con España quedó de nuevo de manifiesto durante el congreso celebrado en Verona, en noviembre de 1822. En efecto, el duque de Wellington, presentó un «Memorándum sobre la necesidad de algún reconocimiento adicional de la independencia de las colonias españolas» [100]. Muchos autores han insistido ya sobre la respuesta que dio Nesselrode, el jefe de la delegación rusa, a la nota inglesa, la cual fue francamente negativa para los intereses británicos; de modo que me limitaré a consignar el hecho y a remitir al lector a las notas de este capítulo. Es probable que Inglaterra incitase en el Congreso de Verona al gobierno ruso a formular de nuevo su política hacia Suramérica; y así, vemos cómo Nesselrode se encarga de aclarar al embajador inglés que el emperador no desea que el reconocimiento llevado a cabo por los Estados Unidos sirva para aumentar las desdichas de España, y que en caso de que ésta

---

[98] Vid. *AGI, Estado,* leg. 90.

[99] Vid. *Documents,* pp. 335-344.

[100] El título exacto era *Memorandum on the necessity of some further recognition of the independence of the Spanish Colonies,* en Wellington, *Despatches,* citado por Robertson, *Russia,* p. 211, y Webster, *Britain and the Independence,* T. II, pp. 82-83. Vid. también Giménez Silva. *La Independencia de Venezuela,* T. 39, pp. 225-227.

quisiese obtener ventajas comerciales de sus colonias disidentes los Estados Unidos no deberían impedírselo. Alejandro I parecía por lo tanto querer respetar los derechos que España había gozado durante tres siglos.

Veamos ahora si la noticia del reconocimiento de la independencia de las colonias por los Estados Unidos modificó la actuación de Fernando VII. Nada en la documentación que tenemos ante nuestros ojos que permita suponer un cambio en la postura de Fernando VII. Al contrario, numerosas son las cartas, editadas por Ortiz de la Torre [101] y Artola [102], que testifican la complicidad del rey con los soberanos aliados. A partir de mayo de 1822, Fernando VII acude al procedimiento de las cartas disimuladas, dirigidas a sus secretarios Antonio Martínez Salcedo y Antonio Ugarte, quienes a su vez deberán transmitirlas a otros terceros. Así sabemos que, por lo menos, el 1, el 3 y el 6 de mayo, el rey informó a sus íntimos de las conferencias habidas con el embajador ruso Bulgari, y con el francés La Garde. De cuanto en ellas escribía, destacaremos la proposición siguiente (el lector curioso podrá acudir a la lectura del artículo de Ortiz de la Torre): al informar a Ugarte de una conversación habida con Lagarde escribe el rey:

> ... me confesó al fin que sabía que las tropas francesas tenían orden de entrar y favorecernos, siempre que antes hubiese aqui un movimiento; p.ª me dixo que por ahora no veia que hubiera un peligro inminente, ni que corriésemos riesgos [103].

Cuando estallen las Jornadas de julio, bueno será rememorar esta conversación del rey con el embajador francés.

Ahora bien, ¿conocemos, siquiera parcialmente, la reacción de las potencias aliadas ante la insistente demanda de auxilio por parte de Fernando VII? En páginas anteriores hemos registrado ya diversos pensamientos del zar de Rusia a este respecto. Sabemos que ha llegado a la conclusión de que únicamente la suerte de las armas puede acabar con el desastroso estado en que se encuentra España. Su ministro Nesselrode comparte esta opinión [104]. Mas ¿qué piensan a este respecto los otros aliados y, en particular, el canciller del Imperio austríaco Metternich?

---

[101] Vid. Ortiz de la Torre, *Papeles de Ugarte*, pp. 24-32.
[102] Vid. Artola, *Epistolario*, passim.
[103] Vid. Ortiz de la Torre, *Papeles*, p. 29.
[104] Vid. *supra*, p. 297.

13. *La política austríaca y la política rusa*

Desde el año 1821, un grave conflicto había sembrado inquietud y zozobra en los confines de Europa oriental. El pueblo griego, animado por el ejemplo de las revoluciones española y napolitana, había iniciado la lucha por la independencia. Durante largos meses las cancillerías austríaca y rusa se enfrentaron con el problema de un posible rompimiento entre el Imperio turco y el Imperio ruso. El 1 de enero de 1822, Grecia se proclamó independiente. Heinrich von Srbik, el eminente biógrafo del canciller austríaco, nos ha relatado la maniobra de Metternich para convencer a Tatiščev —ahora embajador en Viena— de que una garantía aliada en favor de los griegos, así como el rompimiento de relaciones diplomáticas con el Imperio otomano eran imposibles [105]. El alejamiento de Capodistrias de San Petersburgo acabó con todo sueño de intervención rusa en Constantinopla.

No duda Srbik, ni tampoco Lévis-Mirepoix [106], en señalar la relación existente entre el abandono de los proyectos griegos por Alejandro y su «conversión» a la causa española. Y a nosotros, que sabemos cuantas veces hemos aludido a la conexión del factor Turquía-España, no nos aparece extraño el pensamiento.

Como quiera que fuese, debemos aceptar que Metternich veía con mayor agrado una intervención rusa en España que en los Balcanes y que además recordaría a Alejandro su misión en tanto que jefe de la «Santa Alianza». Pero, pregunta Srbik, ¿podía esperarse un feliz desenlace de esta nueva aventura del conservadurismo europeo? ¿No existían numerosos obstáculos entre los aliados que dificultaban el proceso a seguir? Metternich era consciente de todos los escollos que se hallarían en el camino. Por de pronto, había que contar con la decidida oposición de Inglaterra que no toleraría la transformación en Madrid —a largo plazo— en un feudo francés, como tampoco lo había tolerado en tiempo de Napoleón [107].

Conocemos el fondo del pensamiento de Metternich. El 7 de mayo de 1822 cursó dos cartas a su embajador en San Petersburgo, Lebzeltern [108]. Una, cuyo contenido debía ser comunicado *in extenso* a Alejandro; otra, para uso particular del embajador.

---

[105] Vid. Srbik, *Metternich*, T. I, p. 613.
[106] Vid. Lévis-Mirepoix, *Un collaborateur*, p. 414.
[107] Vid. Srbik, *Metternich*, T. I, p. 614.
[108] Ambas cartas han sido editadas en LEBZELTERN, T. 2, pp. 364-367.

He aquí un extracto del contenido de la segunda:

> Le prince pense que les doléances qui viennent d'être reproduites par le Roi d'Espagne peuvent avoir réveillé les voeux et les nobles sentiments de l'Empereur, mais il attribue encore et la proposition et la forme qui lui a été donnée à d'autres causes, à la ligue qui s'est formée l'année dernière entre Capo d'Istria et Stroganoff, à laquelle s'est accolé Pozzo (depuis que le changement de ministère en France a porté un coup décisif à une influence prépondérante sur le terrain de la politique et de l'administration de ce Royaume), afin de conquérir un champ nouveau à son activité. Grands développements à l'appui de cett supposition. Je découvre en rapprochant toutes ces données: 1.º une marche double dans le sein même du Cabinet de Russie; 2.º un but positif à ce que, de la part de ce Cabinet, il paraît y avoir de condescendance en faveur de l'élan généreux, mais malheureusement peu réfléchi, du Monarque; 3.º un jeu préparé de longue main par le général Pozzo; 4.º des concessions réciproques entre cet ambassadeur et le Comte de Capo d'Istria en faveur de deux actions.

Las respuestas de Lebzeltern desde San Petersburgo nos revelan el fondo del pensamiento del emperador Alejandro. Abandonado definitivamente el proyecto griego, el autócrata ruso ya sólo piensa en combatir la revolución en España con todas sus fuerzas. El embajador austríaco en carta de 19/7 de mayo de 1822 nos lo confirma sin lugar a dudas:

> ...L'Empereur pense sérieusement, avec la chaleur qu'il met à de hautes conceptions bien dignes de son grand coeur, à la possibilité et à l'intérêt de faire marcher *à travers la Monarchie Autrichienne, la Lombardie et le midi de la France quarante milles hommes en Espagne pour y combattre et tuer la révolution*...
>
> Je laisse à V. A. à juger de l'effroi qu'inspire aux ministres de l'Empereur une nouvelle tendance aussi prononcée vers l'exécution d'un projet qui, tel qu'on l'a conçu, n'aurait sans doute d'autre résultat que de coûter à la Russie 40 mille hommes et 40 millions sans bénéfice pour l'Espagne. Leur espoir, celui particulièrement de M. le comte de Nesselrode, se place en vous, Mon Prince, et ils espèrent que V. A. vouera tous les soins à détourner l'Empereur de ce projet... [109].

Fácil es suponer el comentario aducido por Lebzeltern al citado informe. Si tal proyecto ofrecía la ventaja de acabar para siempre con los sueños balcánicos de Alejandro, podía conducir a un acer-

---

[109] Vid. LEBZELTERN, St-Pétersbourg, 19 avril/7 mai 1822, núm. 44, p. 93.

camiento de todos los partidos españoles, y hasta, quién sabe, si a la formación de un gobierno republicano. El embajador afirmaba que los medios de que hablaba Alejandro eran, a la vez, excesivos e insuficientes, y que más valía que fuese Francia quien desempeñase un papel, que, en el fondo, le asignaba su posición geográfica [110].

Mas no se paraba ahí el designio zarista. Su afán por combatir la hidra revolucionaria le llevaba a pensar hasta en una intervención en Francia. El gobierno ultrarrealista presidido por Villèle le hacía temer posibles reacciones. Era, pues, necesario que los aliados mantuviesen dispuesto un ejército para salvar a la monarquía francesa [111]. Tal era el tenor de las comunicaciones de Lebzeltern a Metternich, el día 16/28 de mayo de 1822, contenidas en un extenso informe del embajador al canciller austríaco [112]. También, en este caso, aun a riesgo de entorpecer la lectura de nuestro texto con largas citas, nos vemos obligados a insertar parte de la conversación habida entre Alejandro I y el representante de Austria, en la que destaca muy particularmente el temor zarista a una súbita revolución en Francia y sus graves consecuencias:

> L'Empereur a daigné me recevoir samedi matin à Kamenny-Ostroff...
> L'Empereur fit lui-même la lecture de la dépêche secrète de V. A. du 7 mai et l'interrompit par plusieurs observations.
> A l'article 1.º, Une armée européenne, etc., il dit: «J'entendais ou bien une armée européenne ou l'armée d'une seule puissance agissant au nom des Alliés et d'après leur direction.»
> A l'article 2.º, Le gouvernement français est-il assez sûr de l'intérieur du Royaume, etc. «C'est précisément sur cela que j'ai basé mes idées et je vous les expliquerai tout à l'heure.»
> A la fin de l'article 4.º, il avoua que le risque dont il était question n'était que trop possible.
> Il fut frappé de la justesse de tout l'article 5.º: «Sans doute le Roi d'Espagne courrait des dangers, mais n'en court-il pas en ce moment, et, par l'appel qu'il fait aux alliés, ne semble-t-il pas décidé à risquer les chances incertaines de l'avenir, plutôt que de rester exposé aux dangers certains qui l'environnent?»
> L'Empereur convint ensuite que l'appréhension qui terminait le même article était malheureusement bien fondée «Mais c'était aussi pourquoi» continua-t-il «le plus grand secret devrait être observé dans

---

[110] Vid. Lévis-Mirepoix, *Un collaborateur*, p. 422.
[111] Vid. Idem, *ídem*, p. 423.
[112] Vid. LEBZELTERN. St.-Pétersbourg, 16/28 mai 1822, pp. 98-101.

le concert qui serait pris, pour ne point offrir un si spécieux prétexte aux libéraux d'exalter l'esprit national français».

En développant davantage ses idées, je m'aperçus que l'Empereur se plaçait sur un autre terrain que celui où je devais le supposer. Il ne s'agissait plus de concerter en ce moment une opération dirigée principalement contre l'Espagne, mais de se mettre en mesure de remplir les obligations de l'Alliance pour le cas d'une catastrophe en France, afin que les distances et le défaut d'entente préalable ne prissent pas les Alliés au dépourvu, en les privant des moyens d'agir avec un succès qui serait plus ou moins assuré par la promptitude de leurs résolutions et de leurs mouvements. Il s'agissait, une fois en France, si des événements malheureux y ramenaient les Alliés, de tendre une main amicale au Roi d'Espagne et d'étouffer un foyer de révolution dont l'intensité menaçait de tout dévorer.

Cualesquiera que fuesen en aquel instante las divergencias entre Alejandro I y Metternich sobre la realización práctica de una posible intervención en España, lo cierto es que el zar de Rusia no dudó en dar a Fernando VII las más serias garantías de que podía contar con el apoyo de los aliados. Hemos encontrado en el Archivo Histórico Nacional un documento titulado «Copia de la reserva del E. A. al C. C.», fechada en San Petersburgo a 28 de mayo de 1822 [113]. Se trata, evidentemente, de la traducción al castellano de una carta entregada por el emperador Alejandro (E. A.) a cierto mensajero denominado C. C., cuya verdadera identidad desconocemos. Nuestro personaje recibía orden de llevar a Madrid «una contestación berbal à la carta q.e el Rey de España dirigió á S. M. I. en fha. de 26 de junio de 1821. Comisión tan delicada é importante, 'proseguía la carta', exige, siguiendo los trámites de precaución y de prudencia, que oculteis el objeto de buestro biaje para alejar todas las observac.nes que sigan buestros movimientos a cuyo fin ireis de antemano á Londres».

Acto seguido debía el emisario, una vez establecido el contacto con Pozzo di Borgo en París, dirigirse a Madrid, en donde, gracias a Antonio Ugarte, debía informar a Fernando de la «seguridad de que nro. amo, conserva á S. M. C. todo el interes de una sincera amistad y que su eficacia está vivamente excitada en buscar los medios para sacarle de la penosa situación en que lo han puesto las circunstancias». Seguía a continuación una alusión a la carta escrita desde Nápoles por el rey de las Dos Sicilias —carta de la

---

[113] En *AHN, Estado*, leg. 2 579.

que ya hemos hablado— y la actuación que en el asunto de la transmisión de misivas cupo a Antonio Vargas. El rey de España debía conciliar en su conducta *la prudencia con la firmeza*. En cuanto a las frases que seguían, reclaman nuestra máxima atención. Rezaban así:

> ... en el interin debe desearse que el Rey De España pueda en su conducta conciliar la *prudencia con la firmeza*, y conducirse de modo que en el interior el número de sus leales vasallos se aumente y su unión tome consistencia; y *en el exterior* proceder con tanta circunspección que los agentes de las turbulencias que agitan a la España no puedan prevalerse de ella para deslumbrar à la Nación, y llegar al estremo de segundar su odiosa empresa. Seria acaso mas prudente abstenerse en lo sucesivo de nuevas gestiones siendole suficiente al Rey el estar informado de que el Emperador se ocupa en los medios de serle util, y que en el momento que las voluntades esten de acuerdo y los medios reunidos, *será socorrido*... [114].

El párrafo ofrece, por su difícil interpretación, cierta complejidad. Por una parte, la situación está muy clara: el zar ruega a Fernando que ande con cautela y que esté en la certeza de que se le ayudará. Por lo menos, que guarde el convencimiento de que el emperador de Rusia no le abandona, antes bien que trabaja para lograr el ansiado acuerdo entre los aliados en la espinosa cuestión española.

Pero, por otra parte, la cita encierra también alusiones a algo importante que cabe examinar: ¿qué significa la circunspección con que Alejandro habla de turbulencias promovidas desde el exterior, y la invitación al rey de España para que abandone mayores gestiones en este aspecto y confie única y exclusivamente en la diplomacia y la intervención del zar de Rusia?

De hecho, no debía pasar mucho tiempo sin que fuerzas antagónicas —puestas en marcha, precisamente, con la complicidad del extranjero— estallasen alrededor de la corona; el plan que, a decir de Alejandro I, debía resultar más nefasto que beneficioso, iba a culminar pronto en una maniobra peligrosa, el 7 de julio de 1822.

14. *Los sucesos de julio de 1822*

Conocidos son los personajes que actuaban en Francia en tanto que agentes del rey: Eguía, Mataflorida, Morejón, etc. [115]. Sin

---

[114] Idem.

embargo, ha escrito Baumgarten, si nada consiguieron durante el año 1821, el cambio de gobierno en Francia —subida de los realistas, caída del duque de Richelieu y encumbramiento de Corbière, Villèle, Montmorency— abría esperanzas muy prometedoras a los designios de Fernando VII [116]. Vino además a favorecer la situación del rey de España la formación del famoso «Cordón sanitario» francés a lo largo de los Pirineos, oficialmente establecido para impedir la propagación de la fiebre amarilla o peste, en Francia; tratábase en realidad, ha escrito el marqués de Gabriac: «... d'un corps d'armée d'observation» [117].

A partir de aquel momento, los liberales españoles, por muy moderados que fuesen, se consideraron enemigos del gobierno francés. El embajador prusiano Schepeler escribió el 23 de mayo que Martínez de la Rosa había enviado una nota muy dura, y hasta amenazadora, a París; que se sabía que los franceses no solamente protegían a los emigrados españoles, sino que hasta les daban dinero [118].

La mayoría de los representantes de los gobiernos extranjeros no dudaron en hacer a Fernando VII cómplice de los sucesos que alcanzaron su punto álgido el 7 de julio de 1822 y se iniciaron el 30 de mayo en Aranjuez, y en ver detrás de ellos, sin lugar a duda, la participación francesa. Así, el embajador inglés Hervey escribió que durante la estancia del rey en el Real Sitio, el representante francés La Garde había tenido frecuentes entrevistas con el soberano para preparar el golpe y gastado sumas elevadas para repartirlas entre la Guardia [119]. Más tarde, sir Charles Stuart man-

---

[115] Vid. Vayo, *Fernando VII*, T. 2, pp. 296-297.
[116] Vid. Baumgarten, en *Geschichte*, T. IV, p. 453. La escasa energía con que el gobierno de Richelieu hizo frente a la revolución italiana provocó una airada reacción por parte de las potencias del norte. Vid. Duvergier de Hauranne, *Histoire du Gouvernement parlamentaire*, T. VI, p. 282: «Les puissances du Nord, fort mécontentes de la conduite de la France, dans les affaires d'Italie ne cessaient de pousser les royalistes, sinon à une rupture complète, du moins à l'exercice plus hardi de leur influence.»
[117] Vid. Gabriac, *Chateaubriand et la guerre d'Espagne*, T. I, p. 545.
[118] Vid. Baumgarten, *Geschichte*, T. IV, pp. 454-455, nota.
[119] En el Índice de los Papeles de la Regencia de Urgel, leg. 5, p. 39 (publicado por el Marqués de Mataflorida, *Apuntes histórico críticos*), que comprende «La Correspondencia de Don Fermín Martín de Balmaseda, en su primer viaje a París, en abril de 1822», existen varias alusiones a la ayuda financiera prestada por el gobierno francés a la contrarrevolución. Por ejemplo, se leen Noticias sobre el Plan Balmaseda «para sacar al Rey y à su Patria de las garras de la revolución». «Presentado este plan por Balmaseda

tuvo con gran insistencia esta acusación en París y el 22 de septiembre, el representante inglés en Viena, Mr. Gordon, comunicó que Francia había sido la principal culpable en los acontecimientos de julio. Estas afirmaciones eran compartidas asimismo por el propio Metternich. En carta del 31 de julio, el canciller austríaco expresó su «profundo convencimiento» («innigste Überzeugung») de que los doctrinarios franceses habían provocado la catástrofe de Madrid [120].

Lo curioso es que el propio soberano francés Luis XVIII no parecía apoyar en ningún modo las actuaciones de los extremistas franceses.

Hay, por lo tanto, razones para creer que el movimiento contrarrevolucionario del 7 de julio no encontró en modo alguno la aprobación de los soberanos aliados: Alejandro I se expresará sobre él —lo veremos más adelante— de forma muy negativa. Por el contrario, la postura de Fernando VII aparece como muy poco conciliatoria. En lugar de intentar un arreglo con sus ministros, no ahorra ocasión para atacarles ante los demás soberanos [121].

Ahora bien, la convicción de que únicamente Francia había sido la instigadora de los sucesos de julio debe ser corregida a la luz de un informe del embajador austríaco en Madrid, Brunetti, recogido por el embajador del mismo país en París, Vincent. En efecto, el 25 de julio, este último escribió a Metternich que en su opinión, la intriga había sido promovida por el embajador ruso en París, Pozzo, quien había dado instrucciones en este sentido a Bulgari, el encargado de negocios del zar en Madrid. La explicación aducida por Vincent era sencilla: Pozzo quien al principio había hecho ciertas concesiones al partido liberal, había creído que, con tal éxito, haría la felicidad del gobierno francés y del gobierno imperial... [122].

---

al Vizconde Boissett, fue aprobado con aplauso por el Ministerio Francés y según se desprende de dicha correspondencia éste daba siempre esperanzas de entregar los fondos necesarios para su ejecución.» Finalmente, sin embargo, parece ser que el Ministerio francés no cumplió las condiciones (p. 39).

Asimismo, en carta del 1 de mayo de 1822, se decía que se había dado una comisión a Saldanha para salvar al Rey, contando con los medios del Ministerio francés (p. 40).

[120] Vid. Baumgarten, *Geschichte*, p. 464.

[121] Vid. Ortiz de la Torre, *Papeles*, pp. 128-129.

[122] Vid. Bertier, *Metternich*, T. II, p. 605. Vid. también el artículo de Dodolev, *Rossija i Ispanija*, p. 117. Parece ser que Bulgari había sugerido a

En todo caso, aun contando con una complicidad muy poco acertada de Pozzo di Borgo en los sucesos del 7 de julio, nadie dudó en ver detrás de ellos la participación del gobierno francés, o por lo menos, de algunos sectores de la opinión pública de aquel país. Al propio tiempo, nadie ignoraba que a partir de aquel momento el desenlace de la crisis española —positivo o negativo— se hallaba cerca. El día 10 de agosto el emperador Alejandro sostuvo a este respecto una conversación con el embajador francés La Ferronnays, en la que se trató de la cuestión española [123]. He aquí parte de su contenido:

> L'Empereur:
>
> Quant à la question d'Espagne, mon cher Ambassadeur, elle est d'une nature plus grave encore peut-être et plus alarmante. C'est sur elle qu'il est d'une haute importance que nous soyons tous d'accord et que l'action soit commune. Ce n'est donc qu'au congrès, lorsque nous serons tous réunis, que nous pourrons tous nous communiquer nos idées, qu'il sera possible de juger s'il est moyen d'être utile au Roi d'Espagne sans le compromettre. Je ne vous cache pas que je blâme fortement le mouvement contrerévolutionnaire, intempestif et mal calculé, qui vient d'échouer d'une manière si malheureuse à Madrid. Je crains, je vous l'avoue, qu'il n'ait été provoqué par des gens qui sont chez nous et qui sont aussi prompts à concevoir des espérances que légers et irréflechis dans leur calculs. C'est un bien grand malheur que cette folle et maladroite tentative, qui prouve de la part de ses auteurs une ignorance entière du caractère du Roi. On l'a placé ainsi dans une situation presque sans remède...

Protestó el embajador ante estas palabras del emperador de la buena voluntad del gobierno francés, negó su complicidad en los asuntos de España y aludió a la estrecha vigilancia a que eran sometidos los revolucionarios.

El zar aclaró que no ponía en duda la buena voluntad de los ministros franceses, mas hizo hincapié en la existencia de ciertas personas «que leur zèle égare», los cuales no sabían calcular las dificultades de una situación ni alcanzaban a preparar los medios convenientes para modificarla. Siguió una clara y tajante negativa

---

Fernando VII la idea de aceptar la Constitución y hacer concesiones a los insurrectos, lo cual desagradó a Alejandro I.

[123] Vid. Grand-duc Nicolas Nichajlovič, *Alexandre Ier*, T. 2, pp. 413-417. «Précis de la conversation du 14 Août entre S. M. l'Empereur de Russie et M. le Comte de La Ferronnays, ambassadeur de France.»

al «sistema» diplomático montado por Fernando VII, única y exclusivamente en vistas a su salvación:

> Le Roi d'Espagne, «dijo», entretient auprès de tous les Souverains une agence secrète qui ne peut que lui faire tort, et dont les conseils l'auraient déjà perdu, si nous eussions eu l'imprudence de les suivre.

Pasaba entonces el soberano ruso a plantear un nuevo problema. En el caso que fuese necesario recurrir a métodos más eficaces ¿era posible, en verdad, creer que el ejército francés no había sido minado, él, también, por las ideas revolucionarias? ¿Era posible pensar que los recuerdos que el ejército francés suscitaría en España serían realmente ventajosos para Fernando? [124].

Recordemos, de momento, este factor importante: el zar de Rusia, aun antes de partir hacia el Congreso de Verona, que debe reunir a las potencias aliadas, expresa sus dudas sobre la conveniencia de que sea un ejército únicamente francés quien asuma el papel de salvador del trono de Fernando VII. Este punto debía ser fundamental entre los reunidos en la ciudad italiana.

Lo ocurrido en la capital española después de la sublevación del día 7 de julio de 1822, es cosa conocida: presentación de un oficio por el cuerpo diplomático, en el que se declaraba de la manera más formal que las relaciones de España «con la Europa entera iban a depender "de la conducta que se observe respecto de S.M.C...."» [125]; contestación, un día más tarde, de Martínez de la Rosa, sobre la adhesión de que era objeto S. M. y Real Familia [126]. Conocido también es que no disminuyó la correspondencia de Fernando VII con Luis XVIII o Alejandro: el rey de España escribe el día 18 de julio al embajador La Garde; el día 24 al soberano francés, el día 10 de agosto al zar de Rusia [127]. Esta última carta era, en realidad, la contestación a la misiva del zar que citamos en la página 307 [128] y constituía una autodefensa del propio Fernando VII ante Alejandro I, al que invitaba a escuchar al bailío Tatiščev como testigo de los actos de «humanidad y compasión»

---

[124] Ídem. Vid. sobre la «subversión» en el ejército francés el artículo de Savigear, P., *Carbonarism and the French Army, 1815-1824*, en *History* LIV (1969), pp. 198-211.

[125] Vid. Miraflores, *Apuntes*, p. 15.

[126] Vid. Ídem, *ídem*, p. 17.

[127] Vid. Ortiz, *Papeles*, pp. 132-139, y Artola, *Epistolario*, pp. 62-67.

[128] Vid. *supra*, p. 307. En esta misiva aparece el nombre de «Conde Chlusowyk» quien fue, según parece, el portador de dicha carta.

del soberano durante el régimen «llamado absoluto». Hallábase dispuesto el rey de España a restablecer las Cortes *por estamentos*, según se lo había insinuado el embajador La Garde; y agradecía a Alejandro I cuantos consejos le había hecho llegar, habiendo podido «hacer conocer visiblemente que la masa de la Nación Española aborrecía la Constitución de Cádiz, y que sólo la toleraba por estar subyugados por la rebelión militar y por el Gobierno, empeñado y comprometido en sostenerla...».

Al finalizar el Congreso de Laibach, había quedado previsto que los soberanos aliados volverían a reunirse en la ciudad de Florencia en otoño de 1822. En julio de 1822, Metternich, considerando que los asuntos griegos y —más aún— los españoles reclamaban mayor atención que los italianos, hizo aceptar un cambio de sede: los miembros de la Alianza no se reunirían en Florencia, sino en Verona[129].

Además, para incitar al gobierno inglés a enviar a un representante, Metternich logró que el congreso se dividiese en dos partes: primero, tendría lugar en Viena una reunión de los jefes de gabinete de las cinco potencias, en la que se discutiría la cuestión de Oriente y los asuntos españoles: después, en Verona, se hablaría de la Península italiana. Así el gobierno inglés podría fácilmente, si lo deseaba, ausentarse de la segunda fase del congreso.

Aduzcamos, antes de iniciar el estudio de los preparativos del congreso, un detalle curioso: de todos, el peor informado, es el embajador español en San Petersburgo, Pedro Alcántara de Argaíz. El día 29 de julio escribe a Martínez de la Rosa que no acierta a comprender la utilidad del congreso de Verona, una vez finalizada la reunión de Viena: «Si la negociación relativa a las desavenencias entre la Puerta y la Rusia se termina en Viena, no concivo cuál pueda ser el objeto del Congreso de Verona, cuando el Austria se ha apresurado a concluir sus convenciones con Nápoles y Piamonte...». La Puerta, Rusia, Austria, Italia, mas ni una palabra de España: tal era el despiste del ingenuo embajador...[130].

15. *La conferencia de Viena, antesala del congreso de Verona*

Durante el mes de septiembre de 1822, fueron llegando a Viena los embajadores de los países aliados que debían tomar parte en

---

[129] Vid. Bertier, *Metternich*, T. II, p. 609.

[130] Pedro Alcántara de Argaíz a Francisco Martínez de la Rosa, San Petersburgo, 29 de julio de 1822, núm. 122, en *AHN, Estado*, leg. 6 132[1].

la conferencia. A principios de mes, hizo su entrada el duque de Montmorency, quien debía representar los intereses franceses en lugar de Villèle; el día 29 llegó Wellington [131]. Entretanto, Alejandro había hecho su aparición acompañado de su corte diplomática: Nesselrode, Pozzo di Borgo y, sobre todo, Tatiščev.

Distinguamos varios puntos. Una primera realidad sobre la que hay que insistir: la postura, en un principio, irreconciliable del zar ante la situación revolucionaria española y su convencimiento de que únicamente el empleo de la fuerza podía acabar con los males de España. Añádase a esta sentencia el hecho de que Alejandro está dispuesto a que dicha acción de castigo corra a cargo del ejército ruso, si el gobierno francés se muestra demasiado reticente. Como es de suponer, la actitud del zar de Rusia provoca vivas inquietudes en los ministros franceses.

Así pues, la actitud de Alejandro está, desde un principio, bien definida. Debe actuar *personalmente* en España, para hacer olvidar que ha desatendido los asuntos griegos y para no mermar su papel de jefe espiritual de la Santa Alianza. Mas, con tal hacer, el emperador ruso pone a la política francesa en un aprieto difícil de superar, ya que en modo alguno puede ésta permitir el paso de tropas rusas por su territorio. En cuanto a Austria, lógico es que vea con mayor agrado a los franceses que a los rusos correr a cargo con la operación de limpieza en España, si bien Metternich debe cuidar de mantener a Alejandro I alejado de los Balcanes. En cuanto a Inglaterra, permanece, desde siempre, contraria a todo principio de intervención.

Dadas estas circunstancias, el empeño de Alejandro parecía difícil de realizar. El día 9 de septiembre, el embajador de Prusia escribió que no creía que el emperador de Rusia lograse vencer la oposición de las otras cortes [132]. El día 22, el embajador inglés Gordon comunicaba que las cosas no habían cambiado demasiado. Alejandro no cesaba de manifestar su deseo de acabar con la Constitución española, sin saber exactamente cómo, y tropezaba, además, con la desconfianza que le merecía Montmorency. En cuanto a Metternich, había que impedir que, llevado por su afán de hacer vencer la contrarrevolución, dominado por sus simpatías hacia los realistas de Cataluña, no se decantase del lado de Montmorency. Estas afirmaciones fueron confirmadas también por lord London-

---

[131] Vid. Bertier, *Metternich,* T. II, p. 623.
[132] Vid. Baumgarten, *Geschichte,* T. IV, p. 494.

derry en carta dirigida a Lord Bathurst, a mediados de septiembre de 1822 [133].

Todo quedó de nuevo en suspenso con la aparición de Wellington en Viena. El día 3 de septiembre recibió instrucciones de Canning, el nuevo secretario del Foreing Office, intimándole a dirigirse hacia la ciudad italiana. Pero antes de ponerse en camino tuvo una primera entrevista con el zar, de la que dio amplia cuenta a Londres el día 4 [134].

El emperador Alejandro —explicó Wellington— estaba convencido de que España era el foco principal de la revolución y del jacobinismo; la familia real se hallaba en el mayor peligro; en tanto se tolerase la situación revolucionaria en España, cualquier país europeo —y ante todo Francia— corría la suerte de «contaminarse»; la actuación llevada a cabo contra Nápoles ofrecía un precedente perfectamente utilizable en el caso español: en ambos estados la tranquilidad se había visto perturbada, ambos soberanos habían apelado a la ayuda de las potencias aliadas, y Fernando VII lo había hecho repetidas veces. La argumentación de Wellington, según la cual Inglaterra no tomaría parte alguna en la intervención, no inmutó al emperador de Rusia. Únicamente en un punto pareció Wellington hacer mella en las intenciones del zar. Alejandro arguyó que no pensaba permitir en modo alguno que la operación corriese únicamente a cargo de las tropas francesas: *podían* éstas participar en ellas, pero el núcleo del ejército de liberación debía quedar constituido por soldados fieles y seguros. Wellington objetó inmediatamente que Francia no toleraría que su territorio se transformase en base de operaciones contra España y que el criterio de Villèle sobre este particular estaba bien definido. Alejandro pareció extrañarse al oír tal revelación, pero siguió argumentando que Francia debía ceñirse a lo que el Congreso decidiese y que no podía, ella sola, solucionar la cuestión española [135].

La reacción del emperador ruso no dejó de suscitar algunos comentarios del representante inglés sobre el particular. En su opinión, el zar deseaba una intervención en España, mas confiada al ejército ruso; Alejandro manifestaría siempre su oposición a que cualquier otro ejército llevase a cabo aquella operación. Por-

---

[133] Citado por Bertier, *Metternich*, p. 624, nota 44.
[134] Citado por Bertier, *Metternich*, p. 628, y Baumgarten, *Geschichte*, páginas 492-494.
[135] Vid. Baumgarten, *Geschichte*, T. IV, p. 495.

que lo que el soberano ruso deseaba era, más que acabar con la revolución española, dar una ocupación a sus soldados, a quienes había convencido de que su pasividad en la cuestión de Oriente venía condicionada por su anhelo de acabar con la revolución en Occidente, ante todo en España. Y así, el zar se hallaba acorralado entre la cuestión turca y la cuestión española [136].

Las sesiones del Congreso debían abrirse, pues, a la vista de unas premisas claras y bien definidas. Por un lado, Rusia, partidaria absoluta de la guerra contra España; por otro lado, Inglaterra, «passionnée pour la paix», según palabras del propio Duvergier [137]. Entre ambas, la difícil situación de Francia. En cuanto a Austria, la habilidad de Metternich debía, asimismo, intentar llevar adelante un doble juego muy significativo. Porque, si Francia resultaba victoriosa en su empeño, era evidente que al éxito sucedería un incremento de su poderío, cuando no de su prestigio; y si resultaba vencida, la revolución se extendería por toda Europa. Y, al mismo tiempo, existía otro punto peligrosísimo para Metternich, que debía afrontar decididamente: no había duda de que si Francia ponía a sus ejércitos en movimiento, Alejandro haría lo propio con los suyos, tal y como lo había hecho después del Congreso de Laibach, cuando Austria invadió Italia. Pero para llegar hasta Francia o España había que atravesar Alemania. ¿Podía Metternich permitir, sin recelo, la presencia de numerosas tropas rusas cerca de la frontera del Imperio austríaco? ¿Cómo no suscribir la afirmación según la cual el Congreso de Verona era para Metternich el más importante de los que se venían celebrando desde 1814-1815? [138].

16. *El Congreso de Verona*

Durante el curso de un mes, del 20 de octubre al 19 de noviembre, los representantes de las naciones aliadas prosiguieron sus reuniones en la ciudad de Verona.

---

[136] Vid. Baumgarten, *ídem*, p. 496, y Wellington, *Despatches*, I, p. 285 sig.
Vid. sobre la actuación de Wellington durante el Congreso de Verona, los artículos de Green, *Wellington and the Congress of Verona*, pp. 200-211, y de Lackland, *Wellington at Verona*, pp. 574-580.
[137] Vid. Duvergier de Hauranne, *Histoire*, T. VII, pp. 143-144.
[138] Vid. Srbik, *Metternich*, T. I, p. 614, y Bertier, *Metternich*, T. II, páginas 632-633.

Congreso esplendoroso aquel, en el que se habían dado cita seis príncipes soberanos, nueve ministros principales, acompañados de un sinfín de embajadores, ministros o secretarios de embajada, además de la emperatriz de Austria, el virrey y la virreina del reino de Lombardía, la duquesa de Parma, el príncipe Guillermo de Prusia, el duque y la duquesa de Módena, la reina de Cerdeña y la gran duquesa de Toscana [139].

Inicióse el Congreso con la presentación, el día 20 de octubre, en el curso de la primera reunión, de una nota de Montmorency, que resumía la postura francesa y planteaba la línea a seguir. Decía así:

> ... Dans le cas où la France se verrait forcée de rappeler de Madrid le ministre qu'elle y a accrédité, et de rompe toute relation diplomatique avec l'Espagne, les hautes Cours seraient-elles disposées à prendre une mesure semblable, et à rappeler leur propres légations?
>
> 2) Si la guerre doit éclater entre la France et l'Espagne, sous quelle forme et par quels actes les hautes puissances prêteront-elles à la France l'appui moral qui doit donner à son action toute la force de l'alliance, et inspirer un salutaire effroi aux révolutionnaires de tous les pays?
>
> 3) Quelle est, enfin, l'intention de hautes puissances, quant au fond et à la forme, dans le cas où, sur sa demande, leur intervention active deviendrait nécessaire, en admettant une restriction que la France déclare, et qu'elles reconnaitront elles-mêmes être absolument exigée par la disposition générale des esprits? [140].

¿Cuál fue la reacción de Alejandro ante aquellas premisas? Lo menos que podemos decir es que el emperador de Rusia continuaba firme en su actitud radical, aunque matizada por alguna incertidumbre. El día 24 de octubre, en el curso de una larga audiencia, Alejandro aseguró a Montmorency que no movería un solo soldado, a no ser por requerimiento expreso de Francia. El día 26, Montmorency hizo presente a Nesselrode que había entendido la comunicación imperial como refiriéndose no solamente a la entrada de tropas rusas en Francia, sino también a cualquier

---

[139] Vid. Duvergier de Hauranne, *Histoire*, T. VII, pp. 157-158. Sobre el Congreso de Verona, además de las obras ya conocidas como pueden ser las de Chateaubriand, o los apuntes de Wellington, en sus *Despatches*, se leerán con provecho los artículos de Nichols, Irby C., *The Congress of Verona*, y el de Reinermann, *Metternich, Italy and the Congress of Verona, 1821-1822*.

[140] Vid. Bertier, *Metternich*, p. 633. Este último da un resumen de estas proposiciones.

orden de movimiento hacia sus fronteras. Mas he aquí que, de pronto, Alejandro parece haber cambiado de opinión: sin duda, renuncia el zar a que un ejército ruso —o internacional— se adentre en Francia, pero, entretanto, ha concebido una nueva idea: ¿por qué no dejar estacionado en Piamonte un ejército de 150.000 soldados para imponer respeto a los jacobinos franceses?

La respuesta oficial rusa a las declaraciones de Montmorency del 26 de octubre fue conocida el día 30, y no contenía elementos nuevos dignos de mención. Bertier se limita a decir que Rusia ofrecía toda clase de ayuda moral y material deseada por Francia; Baumgarten apunta que la nota afirmaba «que Rusia espera con absoluta seguridad que Francia, sin miramientos, asirá la primera ocasión que se le presente para favorecerse y favorecer a los demás estados, según se espera de su opinión, sus principios y su posición. Por su parte, Su Majestad Imperial no hará ninguna dificultad para prestar a Francia su más preciosa ayuda en los casos determinados por el señor de Montmorency en la conferencia del 20 de octubre» [141].

Huelga decir que la contestación de Wellington a la nota de Montmorency, conocida asimismo el día 30, era del todo negativa para las intenciones aliadas; y, según explica Chateaubriand, estaba redactada en términos tan desabridos que Montmorency amenazó con contestarle públicamente [142].

No fue sino hasta la mañana siguiente, día 31, que Metternich presentó lo que podemos llamar la «opinión austríaca» sobre la cuestión; el documento llevaba por título «Propositions du cabinet autrichien dans la conférence du 31 Octubre» [143].

La nota de Metternich, que Wellington reproduce en sus «Despatches», era extensa, y, en más de un punto, definitiva. En ella se afirmaba, por primera vez, que las potencias debían precisar con exactitud el «Casus Foederis». Muy curioso es que Bertier de Sauvigny, quien intenta demostrar la reticencia de Metternich a una invasión de España por parte de Francia, no insista sobre la mencionada nota, mientras que Baumgarten le confiere toda su importancia. El historiador alemán observa que Metternich, si bien muy empeñado en hacer ver que era partidario de toda clase de ayuda a los realistas españoles con el fin de evitar cualquier intervención extranjera, había sido en realidad quien, con aquella

---

[141] Vid. Bertier, *Metternich*, T. II, pp. 634-635.
[142] Vid. Chateaubriand, *Congrès de Vérone*, Capítulo XXIV.
[143] Vid. Baumgarten, *Geschichte*, p. 502.

nota, había puesto en el orden del día del Congreso el asunto de la intervención directa extranjera en España. Lo que la política rusa había soñado realizar desde hacía años, he aquí que Metternich, con su propuesta de aquel día, parecía hacerlo posible. No bien hubo quedado planteado el problema, he aquí que Nesselrode aprovechó la ocasión para declarar que el emperador deseaba que se firmasen uno o varios acuerdos, antes de que el Congreso se diese por finalizado. En ellos, debía quedar estipulado, con gran exactitud, todos los «Casos Foederis», la cantidad y la clase de tropas que debían presentar las potencias, la ruta a seguir, los puntos de concentración, etc. [144].

Como es de suponer, Wellington no aprobó las propuestas de Metternich ni los deseos de Alejandro, expresados por boca de Nesselrode. Y se produjo la primera quiebra seria entre las potencias aliadas: cuando el canciller austríaco recomendó presentar por separado notas de protesta al gobierno de Madrid, se le unieron Rusia, Francia y Prusia, pero Wellington no asintió. Hacía así su aparición una nueva constelación de potencias, asentada sobre la base de una posible intervención absolutista en España. El desentendimiento de Inglaterra en todo cuanto hacía referencia a las cosas del continente era total. Así se transformó el Congreso de las cinco potencias, en lo referente a la cuestión española, en conferencias secretas de los cuatro gabinetes.

Las opiniones de Francia, Rusia, Austria y Prusia sobre el problema español, no eran, ni con mucho, similares. Una vez eliminada Inglaterra del Congreso, había que hacer frente a los problemas de los miembros del «congresillo».

Examinemos, de nuevo, la opinión de Alejandro. Destaca, en primer lugar, su inquietud ante la incertidumbre que le merece la actitud del gobierno francés. Acosando de nuevo a Montmorency, a principios de noviembre, insiste por conocer la decisión del gobierno francés respecto de la paz o la guerra. Más adelante, el general Pozzo di Borgo, portavoz imperial y embajador en París, se permitía declarar que estaba dispuesto a marchar a París y ponerse a la cabeza de la oposición realista para forzar la mano al ministerio. No cedía, pues, la agresividad del zar frente a los asuntos españoles.

Cabe hacer la pregunta: dadas estas circunstancias, ¿no constituyó un triunfo de Metternich —y de Montmorency— el conse-

---

[144] Vid. VPR, *II, 4*, pp. 588-589.

guir que Alejandro se aviniera y se conformara a firmar un acuerdo que preveía la ayuda aliada a Francia en algunos casos concretos —y solamente en algunos casos—? El protocolo firmado el 7/19 de noviembre de 1822, «le Procès Verbal», establecía los tres casos a la vista de los cuales las potencias firmantes se verían obligadas a cumplir sus compromisos con Francia. Eran éstos: 1) en caso de un ataque de España contra Francia; 2) en caso de destronamiento del rey de España, de un proceso contra su persona o contra los miembros de su familia; 3) en caso de cualquier ataque u ofensa contra los derechos de sucesión de la familia real española.

Ahora bien; ¿podían considerarse estos acuerdos satisfactorios? ¿Quedaban todos los puntos aclarados y solucionados? Un punto permanecía dudoso, o por lo menos digno de reflexión: el zar, quien tanto interés tenía por movilizar a su ejército y darle alguna ocupación, ¿sería capaz de ver actuar a un ejército francés en España sin querer participar en la hazaña? Y, suponiendo que los franceses fracasasen como durante la guerra de la Independencia, ¿no pretendería entonces Alejandro ser él quien invadiese la Península? Con otras palabras, ¿qué resultaría del acuerdo del 19 de noviembre una vez puesto en marcha el ejército francés?

Por suerte para el historiador, nos ha quedado también un protocolo confidencial, firmado por Rusia, Austria y Prusia el 13/25 de noviembre de 1822 (durante una reunión a la cual también asistió Tatiščev), en el que las mencionadas potencias intentaban asegurarse un margen de acción frente a posibles desavenencias con Francia. Dicho protocolo, que fue enviado a las misiones de dichos países en París, estipulaba que en caso de que Francia no se aviniese a unirse en sus actuaciones hacia España, los representantes de Rusia, Prusia y Austria actuarían solos en Madrid [145]. Un día más tarde, el 14/26 de noviembre de 1822, Nesselrode envió varios despachos a Bulgari, comunicándole lo pactado en Verona respecto a España. El despacho Nr A era perentorio: en caso de que el gobierno español no aceptara liberar al rey, los embajadores tenían orden de abandonar la capital. El ministro ruso manifestó únicamente que las cortes aliadas no querían hacer indicaciones sobre la manera de cómo debía ser liberado el rey [146].

---

[145] Vid. VPR, *II, 4,* p. 593.
[146] Vid. VPR, *II, 4,* pp. 594-595.

Los meses que corren desde la firma del acuerdo del 19 de noviembre de 1822 hasta la entrada de las tropas francesas en España, en abril de 1823, conocieron aún serias desavenencias entre los aliados, sobre la forma de proceder frente a la situación española. Tres factores jugarán, en aquella alternativa, un papel importante; primero, los acontecimientos en España; segundo, la postura de Inglaterra, que intentará, valiéndose de éstos, desbaratar o poner fin a la meta fijada por los aliados; tercero, la actitud del zar, poco inclinado a buscar una solución pacífica a la crisis. Y, como se puede suponer, los hechos vinieron a hacer mella en el seno del gobierno francés, principal protagonista en la situación del momento.

Los acontecimientos españoles que ejercieron una influencia sobre la política aliada se refieren, ante todo, a la derrota sufrida por la Regencia de Urgel a partir de octubre de 1822. Si bien sus miembros habían intentado obtener un crédito del banquero francés Ouvrard y si bien mantenían relaciones con los representantes aliados en Verona, la Regencia de Urgel vio su fuerza considerablemente disminuida a partir del momento en que las campañas de Mina la obligaron a refugiarse en Francia.

Coincidiendo con esta derrota realista, tuvo lugar una maniobra inglesa con vistas a granjearse la amistad del gobierno español. El 22 de noviembre llegó a París un correo del embajador La Garde, manifestando que Inglaterra estaba a punto de concluir un tratado de comercio, y hasta tal vez, una alianza con el gobierno de Madrid. A decir del embajador, tras una sesión secreta, el ministerio español había obtenido facultad por parte de las Cortes para proceder a tal arreglo [147].

A partir de aquel momento la política francesa hubo de hacer frente a una difícil situación. No solamente en lo que se refería a la propia España o a la actitud que adoptase Inglaterra hacia ella habían surgido desacuerdos, sino que aquellos imprevistos habían reavivado una vieja tensión entre los dos dirigentes más pronunciados de la política francesa: Montmorency y Villèle.

Dadas las circunstancias, el presidente del Consejo francés, Villèle, optó por enviar a Verona una orden a sus plenipotenciarios para que rogasen a la conferencia que se retrasase el envío a Madrid de las instrucciones y notas previstas. El correo que llevaba la nueva propuesta francesa llegó a Verona el 11 de diciembre.

---

[147] Vid. Duvergier de Hauranne, *Histoire*, T. 7, pp. 207-208.

La reacción que esta nueva actitud provocó en el zar Alejandro es fácil de adivinar. El embajador francés La Ferronnays había tenido, algunos días antes, una entrevista con el zar, en la que se había esmerado por demostrar que el gobierno francés no dudaba sobre la actitud que convenía adoptar. Además —insistía La Ferronnays—, suponiendo que existiesen algunas dudas, no era esto natural, dada la postura de Inglaterra.

Alejandro se había apresurado a responder que, por su parte, no tendría duda alguna y que se hallaba dispuesto a firmar un compromiso formal, por el cual consideraría enemigos de Rusia a todos aquellos que, en tal circunstancia, fuesen los enemigos de Francia. Por lo demás, Alejandro confesó su disgusto de que Francia no se hubiese presentado ante el Congreso manifestando claramente su intención de atacar un orden de cosas que resultaba amenazador para ella y para Europa, y rogando a sus aliados que estuviesen preparados para defenderla. Si en un principio no se había querido reconocer que la guerra era inevitable, todo el mundo lo reconocería ahora, y todo anunciaba ya un feliz desenlace [148].

Júzguese —después de leer estas frases— el efecto que produciría en el zar el anuncio de que Francia deseaba un aplazamiento de la presentación de notas de protesta a Madrid.

En la conferencia que tuvo lugar el día 12 de diciembre se resolvió no considerar la petición francesa. El día 14, una vez redactada la última circular, el Congreso se separó.

De hecho, aun antes de que finalizara el año, un acontecimiento que debemos mencionar iba a evidenciar, en toda su magnitud, la crisis en que se debatía el gobierno francés: aludo a la dimisión de Montmorency y a su sustitución por el vizconde de Chateaubriand. Con ella parecía haber perdido Alejandro uno de sus más fieles aliados, pero, en realidad, el nuevo ministro francés era partidario ardiente de la guerra, si bien, de momento, no lo manifestó con claridad.

17. Las vicisitudes del año 1823

Al iniciarse enero de 1823, todo cuanto debía condicionar el futuro ya estaba planteado. Conocida era la negativa inglesa a cual-

---

[148] Bertier, *Metternich*, T. II, p. 678, comenta: «Alexandre s'y montra bien plus hostile que Metternich à l'idée d'un délai dans l'expédition des notes à Madrid, et interprétait les réticences du gouvernement français comme une preuve déplorable de sa faiblesse.»

quier intervención extranjera en la Península; conocida también la postura de las cortes aliadas, y pronto se supo la reacción del gobierno español. El día 6 de enero, los representantes de Rusia, Prusia y Austria entregaron notas a San Miguel, en las que se condenaba la revolución española, se criticaba al gobierno y se manifestaba que Europa no podía tolerar semejante estado de cosas, perjudicial para su seguridad. Las tres notas encerraban la intimación de que se restableciese un orden que permitiese a los estados europeos mantener relaciones con España. De todas ellas, la más dura era la rusa [149].

La ruptura fue inmediata. El día 9, San Miguel contestó a los embajadores refutando sus puntos de vista y los día 14, 15 y 16 éstos abandonaron Madrid. En cuanto al representante francés, La Garde, había recibido orden de entregar una nota similar a la de los demás aliados, y ante la dureza de la respuesta de San Miguel, pidió su pasaporte el día 18 [150].

La marcha de los embajadores de Madrid, ¿suponía la guerra? Las esperanzas de paz se desvanecieron pronto después del día 28 de enero, a partir del momento en que el soberano francés advirtió ante la Cámara de Diputados: «... Cent mille Français, commandés par un prince de ma famille, par celui que mon coeur se plaît à nommer mon fils, sont prêts à marcher en invoquant le Dieu de Saint Louis.»

Resulta imposible pensar que estas palabras no hallasen el beneplácito del emperador de Rusia. El embajador austríaco Lebzeltern, a quien debemos varios informes de febrero y marzo de 1823, observaba que «S. M. I. me parut être infiniment réconciliée avec le ministère français depuis le discours du Roi» [151]. La enérgica postura que los franceses habían decidido adoptar alegraba sumamente al soberano ruso. Convenía, ahora, que, olvidando todas sus desavenencias, los aliados prestasen al gobierno francés toda la ayuda necesaria.

---

[149] Vid. Becker, *Historia*, p. 511, y Baumgarten, *Geschichte*, p. 525. Este autor apunta que la nota rusa afirmaba que tal estado de cosas sólo se solucionaría, cuando «der König in seiner vollkommenen Freiheit die Mittel erlangte, den Bürgerkrieg zu beendigen, den Krieg mit dem Auslande zu vermeiden, sich mit seinen erleuchtetsten und treuesten Unterthanen zu umgeben, um Spanien die seinen Bedürfnissen und seinen berechtigtsten Wünschen entprechendem Institutionen zu verleihen...».

[150] Vid. Bertier, *Metternich*, T. II, p. 708.

[151] LEBZELTERN, St-Pétersbourg, 12 mars/28 février 1823, núm. 53, p. 112.

Surgió, en aquel instante de la conversación, la verdadera motivación de la visita al emperador solicitada por Lebzeltern [152]:

> V. M. — lui ai-je répondu — a déjà ordonné un mouvement de concentration vers Ses frontières de l'Ouest. Cette mesure fera un grand bruit en Europe; elle pourra être salutaire ou nuisible d'après la manière dont elle sera interprétée...

Esta era, en el fondo, la disyuntiva fundamental. El temor de Austria de que Alejandro enviase tropas a Europa Occidental bajo pretexto de las acciones francesas en España, o, tal vez siquiera, de vigilarlas, dará lugar a un constante malestar en el ambiente diplomático europeo, aumentado por la incertidumbre que se escondía ante la incógnita de los planes de Alejandro.

> A l'arrivée de Monseigneur le bruit se répandit parmi Ses alentours qu'il s'agissait de faire marcher un corps russe en France pour appuyer les opérations en Espagne et que les troupes polonaises étaient déstinées à former l'avant-garde de cette armée...

Las mismas conjeturas se abrían paso paulatinamente en la sociedad rusa: he aquí lo que a raíz de la guerra de España escribía un aristócrata ruso, N. N. Raevskij, a sus padres:

> L'Empereur avait proposé de faire marcher toute son armée pour mettre terme tout d'un coup à la Révolution, mais le Roi de France a refusé en demandant cependant qu'en tout cas elle se tienne prête... [153].

Llegados a este punto, preciso será hacer la pregunta: ¿pensaba el zar seriamente en hacer avanzar sus ejércitos hasta España? Era posible que el emperador ruso se aventurase a dar semejante paso sin preveer las enormes consecuencias a que daría lugar?

Hemos encontrado en la Biblioteca Nacional de Madrid un manuscrito que parece confirmar seriamente los propósitos del zar. Se trata de una carta de Fermín Martín de Balmaseda al marqués de Mataflorida [154], en la que aquél informa a éste haber tenido una conversación con un amigo, el cual le había hecho sen-

---

[152] Idem, p. 114.

[153] Vid. H. H. Raevskij k otcu (N. N. Raevskij a su padre), le 25 mars 1823, S. Pétersbourg, núm. 336, en *Archiv Raevskij*, T. 7, S. Pétersbourg 1908, páginas 529-530.

[154] Fermín Martín de Balmaseda al marqués de Mataflorida, París, 21 de marzo de 1823, núm. 74, en BN, manuscrito 1867.

sacionales revelaciones respecto de las intenciones rusas. Decía así:

> ... Ayer he hablado por espacio de mas de dos horas con el Embaxador de Rusia y con el mayor secreto me ha informado sobre el plan de su Amo el Emperador. Tres objetos se descubren en este Plan:
> 1) intervenir con parte de su ejercito en los asuntos de la España;
> 2) dejar con este pretesto en Francia trescientos mil hombres;
> 3) apoderase de la parte Europea de Turquia...

Pasaba acto seguido a examinar las relaciones de la Regencia de Urgel con Alejandro, llegando a la sorprendente conclusión de que era obra del zar el no haberse reconocido a los realistas ni tolerado que el marqués de Mataflorida formase parte de la Junta. En efecto, el interés de Alejandro estaba relacionado con la larga duración de las operaciones en España.

La explicación aducida no deja de ser sumamente interesante porque demuestra muy claramente que los verdaderos enemigos durante el reinado del zar Alejandro I no fueron sino los ingleses y que la guerra de España ofrecía al emperador una excelente oportunidad para combatir en dos campos alejados (España y Turquía) a sus rivales [155].

No se paraba aquí la intromisión del zar en los asuntos europeos. La segunda parte del plan de Alejandro consistía en contribuir a

---

[155] He aquí lo que escribía Balmaseda, refiriendo la revelación de su amigo:

> Save el Emperador que la francia es amenazada por la Inglaterra en el caso de hacer aquella la guerra á las Cortes, y es lo que verdaderamente desea el Emperador. Por esta razon ha obligado á esta Corte (Francia) por una nota que ha presentado Pozzo di Borho á que señale el día en que han de principiar las hostilidades y se respondio que el cinco del mes de abril. Una vez principiada la guerra y empeñada la francia en seguirla es consecuencia que la Inglaterra se declare à favor de las Cortes; decision que ha de poner en duda el buen exito de la empresa; pero convida... (ilegible) a avanzar los ejercitos del norte, que aun quando alguno entre en España quedaran la mayor parte de las fuerzas en territorio frances, como de retaguardia al que bá á entrar en la Peninsula. En medio del choque de la guerra y cuando los Yngleses se hallen con sus escuadras y sus egercitos batiendose con los franceses y los realistas españoles, hará el Emperador Alejandro un movimiento rapido con trescientos mil hombres sobre la parte de la Turquia Europea, que al paso que se hara dueño de ella llamara la atencion de los Ingleses para que sino con todas sus fuerzas empleadas en España, al menos con la mayor parte, acuda á impedir la ocupacion de la Turquia Europea...

acabar con la Carta Constitucional francesa, sirviéndose de los realistas de aquel país. Conforme a estos deseos, no parecía nada conveniente que el marqués de Mataflorida continuase teniendo tan gran influencia en los asuntos de la Regencia de Urgel, mientras que, por el contrario, se había invitado al duque de Angulema a formar parte del Comité Director. En cuanto a Balmaseda, habíase decidido que si proseguía defendiendo a la Regencia públicamente, recibiría orden de abandonar el territorio francés.

Naturalmente, todo cuanto se afirmaba en la misiva está sujeto a crítica, o por lo menos a ser considerado con precaución. El plan que se atribuía a Alejandro parece por lo menos fantástico y peligrosísimo, si bien no podemos tacharlo pura y simplemente de invención de Balmaseda. Porque, en efecto, los informes del embajador francés La Ferronnays de marzo de 1823 encierran frases que hacen pensar firmemente que el zar tenía la intención de tener una actividad en Europa Occidental más intensa que la prevista por los aliados durante el Congreso de Verona.

En una conversación mantenida por Alejandro I y La Ferronnays, referida a Chateaubriand por el embajador el día 24 de marzo de 1823 [156], resaltan puntos importantes y en particular el temor de Francia de que al estallar la guerra, Inglaterra mostrase inmediatamente su hostilidad ante tal acción: La Ferronnays hubo de convencer a Alejandro de que únicamente ésta era la razón que motivaba la previsión del gobierno francés. Por otra parte, el embajador francés La Ferronnays no ocultó los deseos de su país: hubiese sido conveniente que los miembros de la Alianza hiciesen saber al gobierno británico que estaban decididos a «regarder comme ennemie toute puissance qui, dans la circonstance actuelle, se déclarerait en faveur de l'Espagne».

Haciendo hincapié en este último punto, Alejandro aprovechó la ocasión para exponer su punto de vista:

> La France veut-elle agir seule? vos ministres veulent-ils faire de la guerre d'Espagne une opération exclusivement française? alors nous ferons des voeux pour vos succès, et nous prendrons entre nous les mesures que la prudence nous prescrira, pour que les événements ne nous trouvent pas sans moyens de prévenir ou d'arrêter ce qu'ils pourraient avoir de fâcheux ou d'inquiétant pour la tranquillité de l'Europe. Vous vous trouverez alors placés dans la situation où l'An-

---

[156] Vid. Grand-Duc Nicolas Michajlovič, *Alexandre Ier*, T. 2, pp. 425-439, número 79. Rapports du Comte de La Ferronnays, 24 mars 1823.

gleterre désire vous voir, où elle ne cesse de vous engager à vous
mettre et où elle nous presse de vous laisser. Voulez-vous au contraire
que cette grande et salutaire entreprise soit une *affaire européenne*,
à la tête de laquelle vous resterez, dont toute la direction et la gloire
ne cessera pas de vous appartenir? alors restez donc dans l'alliance,
marchez avec elle. parlez en son nom, et dans ce cas, tracez-nous notre
conduite: dites-nous quand et comment vous voulez que nous vous
soyons utiles... [157].

Conforme avanzaba la conversación, vióse con claridad que lo
que Alejandro deseaba era *participar* en las operaciones francesas
en España: lo expresó argumentando que la acción de los franceses debía ser necesariamente empresa común de los miembros
de la Alianza.

Finalmente, dijo a La Ferronnays esta frase insólita, que demuestra la poca simpatía con que Alejandro veía a los franceses
correr ellos solos con la liquidación del asunto español y el posible temor de que *únicamente* ellos resultasen beneficiados:

il est peut-être à regretter que le Roi se soit autant avancé et qu'il ait
aussi clairement énoncé la nécessité de faire la guerre, car après tout,
ce n'est pas la guerre que vous allez faire à l'Espagne: vous y allez au
secours du Roi, appuyer le parti national qui veut le sauver, et vous
pouviez soutenir ce parti sans faire la guerre... [158].

En suma, lo que Alejandro no quería era ver a un ejército
francés en movimiento, adentrarse en España y ser árbitro de la
situación.

... On vous a parlé, mon cher Comte, de l'armée d'observation que je
rassemble sur les frontières de la Pologne. Je désire qu'elle prenne le
nom d'armée de l'alliance; elle n'aura de mouvement, d'action, de
destination, que celle que voudra lui donner la conférence de Paris:
c'est là seulement qu'elle recevra des ordres, si jamais elle devait
marcher.

Toutefois je ne calcule rien, je saurai faire supporter tous les sacrifices que l'intérêt de l'Alliance pourra rendre nécessaires; en un mot je
justifierai sa confiance. Cette armée sera considérable et sera en état
de partir vingt quatre heures après avoir reçu l'ordre: *car enfin je ne
puis pas admettre que tout ce que vous faites en ce moment ne soit*

---

[157] Idem, p. 431.
[158] Idem, p. 436.

*qu'une comédie, et que l'intention de vos ministres ne soit que de faire
une promenade militaire à votre armée pour lui montrer de loin les
Pyrénées...*

Naturalmente, y como era fácil de prever, la diplomacia de
Metternich —en astuto juego con la política francesa— impidió
en última instancia que Alejandro transformase en aventura general lo que debía ser únicamente asunto del gobierno francés: nunca hubiese permitido el canciller austríaco el avance de los rusos
hasta Centroeuropa. Su habilidad consistió en llegar a un *modus
vivendi* con Chateaubriand y conseguir que Inglaterra se resignase
a permanecer neutral [159]. Así, el día 7 de abril, el duque de Angulema, al mando de cien mil franceses, abría la campaña contra
España cruzando el Bidasoa.

Hagamos otra consideración. Ante la penetración de España
por el ejército francés, la marcha del gobierno y del soberano
españoles hacia Andalucía, y la inminente entrada de los franceses
en Madrid, ¿cabía aún la posibilidad de que Alejandro manifes-
tara algún descontento?

Pronto, el embajador La Ferronnays tuvo ocasión de comunicarlo a Chateaubriand (el día 18 de mayo de 1823) [160]. Con cansina
monotonía, surge en la conversación mantenida con Alejandro el
tema de la honradez de la política francesa: el gobierno francés,
¿es verdaderamente fiel a la Alianza? ¿No han existido por ventura relaciones con Bertrand de Lys y los revolucionarios españoles? ¿No pretenderá Francia aislarse de la Alianza?

La Ferronnays pudo rebatir con facilidad los puntos de vista
imperiales: era obvio que las inquietudes del zar habían sido fruto
de insinuaciones mal intencionadas, procedentes a buen seguro de
la corte austríaca. Pero lo que ciertamente es digno de mención
—y lo que La Ferronnays refirió puntualmente— fue la vehemen-
cia con que Alejandro defendió la postura que, a continuación,
planteó al embajador: en efecto, el zar de Rusia propugnó una
lucha a muerte contra el liberalismo español, invitando al representante francés a «no dejar las cosas a medias», sino a perseguir
la revolución hasta su completo exterminio [161].

---

[159] Vid. Bertier, *Metternich*, T. II, pp. 741-742.
[160] La Ferronnays a Chateaubriand, St. Pétersbourg, le 18 mai 1823, número 84, en Grand-Duc Nicolas Michajlovič, *Alexandre*, T. 2, Annexes, pp. 444-
453. El subrayado es nuestro.
[161] Ídem, p. 449.

Fácil es adivinar que detrás de las calurosas palabras de Alejandro se escondía una preocupación más honda, de momento aún no revelada a su interlocutor. Pronto, sin embargo, surgió la verdadera motivación de la inquietud zarista. Lo que el emperador de Rusia temía era que los franceses, tras haber «conquistado» Madrid, sacasen ellos solos partido de la victoria, se aviniesen a un arreglo con las Cortes y —como es de suponer— iniciasen así una época de predominio francés en la capital española [162]:

> En reconnaisant un gouvernement provisoire et très monarchique, vous commettrez peut-être la dangereuse inconséquence de traiter avec le gouvernement révolutionnaire! Vous exposerez le Roi à se voir encore entouré de ceux qui l'abreuvent d'outrages et qui seront ses bourreaux! Par le fait même d'une transaction avec les Cortès, vous frappez de nullité tous les actes du gouvernement à l'organisation duquel vous travailler!...

Creemos que el embajador francés no comprendió cuál era la verdadera y profunda inquietud del emperador: que llegase a establecerse una influencia francesa en España, la cual haría difícil cualquier intento ruso de reconquistar el prestigio gozado durante la primera época absolutista de Fernando VII.

Su estupefacción al oír hablar de «transactions mystérieuses» no tenía límites e, intentando salvar las dificultades, inició una larga oración, protestando de la buena voluntad del gobierno francés. Pero Alejandro seguía obstinadamente el mismo argumento, a saber, que no se podía transigir con la revolución, ni sellar compromiso alguno con los revolucionarios, ni olvidar los peligros que suponía. Finalmente, descubrió lo que verdaderamente representaba el fondo de su pensamiento: el envío de un representante especial a Madrid, en ese caso Pozzo di Borgo, quien, como es de suponer, debía ser el portavoz de los designios del zar en el momento de la «restauración» de Fernando. Así, volvía la política rusa a ocupar un lugar de predilección al lado del monarca español. Buena prueba del interés que tenía Alejandro en mantener una postura de «consejero» especial al lado del rey Fernando a través de sus embajadores, es que, cuando La Ferronnays apuntó la necesidad de que el embajador inglés volviera a ocupar su puesto, una vez reconocido el nuevo gobierno provisional, la reacción del emperador ruso fue claramente negativa: con los ingleses

---

[162] Idem, p. 453.

de nuevo en Madrid, era claro que el carácter de consejero «exclusivo» que el zar entendía reservarse se hubiese visto seriamente comprometido [163].

Y es que, a todas luces, el problema que se planteaba a los aliados, una vez cruzada la frontera por el ejército francés, era el del camino a seguir hasta la total liberación de Fernando VII. Porque, como es lógico, cada uno intentaba, a pesar de lo avanzado de la situación, sacar el mejor partido de lo que aún no había podido conseguir: así, el zar de Rusia esperaba recobrar el antiguo prestigio de que gozara en épocas de Tatiščev, enviando a Madrid a uno de sus mejores diplomáticos, Pozzo di Borgo; por otra parte, el gobierno inglés —Mr. Canning— opinaba que los franceses debían retirarse detrás del Ebro y aguardar allá, en meros espectadores, el desenlace de la lucha de los diversos partidos; en cuanto a Metternich, su idea era todavía más arriesgada y desde luego, muy poco susceptible de encontrar el apoyo francés: consistía ésta en nombrar nada más y nada menos que al rey de Nápoles —Fernando IV— presidente de la Regencia en Madrid en tanto durase el cautiverio de Fernando VII [164].

En suma, lo que en Viena se deseaba —escribió La Ferronnays desde San Petersburgo— y lo que el embajador Lebzeltern había intentado demostrar a Nesselrode era la necesidad de «"défranciser" le plus promptement possible l'affaire d'Espagne et de réduire notre rôle, en plaçant la Régence sous la tutelle de l'Autriche et de la Russie...» [165].

Lo que ocurrió, de momento, fue sencillamente, el regreso de los representantes aliados a Madrid. Así, el marqués de Talaru, nuevo embajador francés; Brunetti, el austríaco; Bulgary, en representación del emperador Alejandro, visto que Pozzo di Borgo aún no se había desplazado, acudieron a la capital a principios de julio. Entretanto, tuvieron lugar los acontecimientos decisivos que liquidaban militarmente la intervención francesa en la Península: la toma del Trocadero a finales de agosto, la liberación del rey a principios de octubre y a mediados de noviembre el regreso del soberano a Madrid. Pero era obvio que detrás de estas aparentes

---

[163] Idem.

[164] Metternich a Lebzeltern, Vienne, ce 28 Août 1823, núms. 54-55, en Grand-Duc Nicolas Michajlovič, *Alexandre*, T. 2, p. 254.

[165] La Ferronnays a Chateaubriand, St.-Pétersbourg, 20 août 1823, en LEBZELTERN, p. 461. Subrayado en el texto.

satisfacciones el problema no estaba solucionado: aún cabía poner punto final, definitivamente, a la guerra de España.

De todos nuestros documentos que mejor pueden evidenciar los problemas que restaban por solucionar en la crisis española, escogeremos tres que, por su interés, nos parecen apropiados. Se trata, en primer lugar, de un informe de La Ferronnays a Chateaubriand, del día 18 de noviembre de 1823[166]; el segundo, el más extenso, es también una carta de La Ferronnays del día 28 de noviembre, y el tercero, un despacho del enviado de Prusia a Madrid, M. de Royer, del 16 de diciembre y dirigido al ministro prusiano conde de Bernstorff[167]. De la lectura de todos ellos podemos destacar los aspectos siguientes:

1) El deseo del emperador ruso de que Fernando VII llevase a cabo una política de clemencia, aconsejado, si fuese preciso, por los soberanos aliados.

Es verdad que en el intento de convencer al rey de llevar a cabo una política más susceptible de mejorar la situación de España, Alejandro I actuó de común acuerdo con el gabinete francés y con las demás potencias aliadas; pero es verdad también que el zar de Rusia intentó asegurarse de nuevo una influencia especial cerca de Fernando VII enviando a su embajador en París, Pozzo di Borgo, en noviembre de 1823 a España, con la misión de convencer personalmente al rey de lo que Alejandro I entendía debía ser la política interna del país: su pensamiento quedó resumido en unas instrucciones que Nesselrode envió a Pozzo desde Odessa el 21 de octubre/2 de noviembre de 1823[168]:

> 1) composer un ministère qui inspire confiance à son peuple et à l'Europe,
> 2) nommer un conseil... chargé de coordonner le chaos de l'administration espagnole.
> 3) faire travailler à fixer l'état des finances,
> 4) licencier l'armée ancienne sans exception et réorganiser la nouvelle en égard aux circonstances intérieures du pays,

---

[166] La Ferronnays a Chateaubriand, St-Pétersbourg, 18 novembre 1823, número 96, en LEBZELTERN, p. 489 sig.
[167] La carta de La Ferronnays a Chateaubriand del 28 de noviembre se encuentra en Grand-Duc Nicolas Michajlovič, *Alexandre Ier*, St-Pétersbourg, le 28 novembre 1823, núm. 97, pp. 494-503; y la Copie d'une lettre de M. de Royer, envoyé de Prusse à Madrid. à S. E. M. le Comte de Bernstorff, Madrid, le 16 décembre 1823, en LEBZELTERN, pp. 259-264.
[168] Vid. VPR, *II, 5*, pp. 249-251.

5) publier une amnistie,

6) combiner quelques démarches préliminaires envers les colonies et leur préparer un avenir libre et heureux.

Dichos consejos fueron repetidos por el propio Alejandro I a Fernando VII algo más tarde, en una carta que el zar escribió al soberano español el 22 de noviembre/4 de diciembre de 1823[168a].

El hecho es que el propio Fernando VII, en una carta confidencial dirigida a Alejandro a principios de diciembre de 1823, parecía querer de nuevo inaugurar una nueva etapa de influencia rusa. En ella solicitaba el rey de España la ayuda del zar no solamente en la cuestión de las colonias, sino también en la del restablecimiento de los derechos de los españoles. Y el hecho es que durante la estancia de Pozzo en España, es decir durante los últimos meses del año 1823, la interferencia rusa parecía abrirse otra vez paso en medio de la difícil y enmarañada situación interna española.

2) En el asunto colonial —tal vez el que más parecía preocupar a Alejandro—, la opinión del gobierno ruso según la cual, si no se podían tolerar revoluciones en Europa, tampoco debían tolerarse en América. Las palabras de Alejandro I a este respecto fueron taxativas[169].

3) El deseo de Alejandro de que Francia dejase en España un importante cuerpo de observación no solamente de 40.000 hombres como lo proponían los franceses, sino de 80.000[170].

4) El interés ruso de que las dificultades que surgieran entre el ejército de ocupación francés y las autoridades españolas fuesen resueltas con el asesoramiento de los otros embajadores aliados: lo cual era una manera de reservarse cierta influencia en los asuntos españoles[171].

Finalmente, tras haber dejado sentadas cuáles eran las directrices que Alejandro entendía imprimir a su política española, debemos hacer hincapié en el último episodio de importancia acaecido en 1823, y en el que el enviado especial del zar, Pozzo di Borgo, desempeñó un papel destacado. Me refiero al cambio de mi-

---

[168a] Vid. VPR, *II*, 5, p. 258.

[169] Carta del 28 de noviembre de La Ferronnays a Chateaubriand, en Grand Duc Nicolas Michajlovič, *Alexandre Ier*, St-Pétersbourg, le 28 novembre 1823, página 501.

[170] Ídem, pp. 497-498.

[171] Ídem, p. 499.

nisterio que tuvo lugar a principios de diciembre de 1823, y que conoció la caída de Víctor Sáez y el encumbramiento de Casa-Irujo primero y del duque de Ofalia después.

18. *La caída de Sáez*

El día 30 de noviembre de 1823, Pozzo di Borgo tuvo una entrevista con Fernando VII y le expuso, sin más miramientos, haber declarado a Sáez, ministro universal y confesor del rey, que debía abandonar ambas prerrogativas. Queda por lo tanto bien claro que el enviado del zar de Rusia tuvo una participación muy directa en los sucesos que contribuyeron al alejamiento del nuevo ministro fernandino [172].

Ahora bien, lo que hace falta recalcar es que la intriga, gracias a la cual Pozzo logró su objetivo, tuvo lugar con la oposición declarada de los otros embajadores aliados en Madrid, entre otros el francés Talaru y el prusiano Royer: los representantes se hallaron muy sorprendidos de ver que Pozzo lograba la formación de un ministerio «más» liberal que el de Sáez prometía serlo; un anhelo que había sido finalidad suya, durante las últimas semanas [173].

¿Qué había pasado? Pues sencillamente que Pozzo, al igual que años antes su compatriota Tatiščev, había conseguido granjearse la ayuda de Antonio Ugarte, y sacar del poder a Sáez, para formar un grupo ministerial que seguramente sería adicto al zar de Rusia. Se comprende, pues, que Brunetti, Royer y Talaru, a la vista de aquel suceso que prometía repetir la «era» rusa de los años 1815-1820, no escondiesen su mal humor y su indignación.

En suma, lo que la caída de Sáez evidenciaba era que existía, ya en aquel final de 1823, una lucha entre las diversas potencias aliadas para tratar de ganar influencia cerca de Fernando VII en aquel su «segundo reinado». Y lo que, desde luego, el triunfo de Pozzo aseguraba, era que, prescindiendo de si el ministerio Sáez proyectaba un decreto de amnistía o no, el zar Alejandro entendía

---

[172] Vid. Ortiz de la Torre, *Papeles*, pp. 219-221 y nota 4. La citada carta dice así: «Sesión de la noche del 30. Primeramente contó Pozzo di Borgo cómo le había dicho esta mañana a Sáez que debía dejar el Ministerio haciendo dimisión de él y al mismo tiempo el confesionario...» Sobre Sáez consúltese Moreno Morrison, *Don Víctor Damián Sáez*, pp. 393-394.

[173] Copie d'une lettre de M. de Royer, envoyé de Prusse à Madrid à S. E. M. le Compte de Bernstorff, Madrid, le 16 décembre 1823, en LEBZELTERN, páginas 259-264.

ejercer como antaño, su saludable consejo [174]. El emperador de Rusia se había apuntado ya un tanto y no es de extrañar con cuánta desazón lo registraba el resto del cuerpo diplomático.

Ahora bien, si pasamos a preguntarnos sobre los posibles móviles que indujeron a Fernando VII a «entregarse» una vez más a la influencia rusa, creo que debemos hacer hincapié, de manera especial, en el asunto de las colonias. Pienso que detrás de esta curiosa actitud del rey de España hay que ver la secreta esperanza del soberano de que tal vez Alejandro I fuese el único que pudiera ayudarle a liquidar el problema colonial de una manera honrosa y en beneficio de España. Porque si no sabemos con exactitud qué es lo que Pozzo dijo a Fernando, sí sabemos en cambio que el 8 de diciembre, el enviado ruso escribió una carta desde Madrid a Nesselrode, en la que criticaba la política seguida por las Cortes hacia las colonias [175]. Denunció que algunos de sus agentes habían firmado acuerdos con las autoridades en los países sublevados y no dudó en calificarlos de «traición e iniquidad». Expresó al mismo tiempo su disgusto de que el príncipe de Polignac hubiese mantenido conversaciones con Canning sobre el futuro de las Indias españolas, exactamente en el momento en que Fernando VII se hallaba en cautividad. Indicó que era necesario tomar medidas, antes de que ciertos informes sobre las condiciones en las colonias sublevadas hubiesen llegado a Londres.

Otro detalle que nos incita a pensar que la cuestión colonial iba a pesar mucho en adelante en las relaciones entre ambos países, nos lo ofrecen dos documentos, fechado el uno el 25 de diciembre de 1823 en Madrid, y el otro el 8 de enero de 1824 en París.

Se trata el primero, de una carta del conde Ofalia al duque de la Alcudia [176] (elegido para ser embajador en San Petersburgo), en la que leemos que:

> ... ha resuelto el Rey que se invite à los gabinetes de sus cargos é intimos aliados à establecer una conferencia en Paris, donde reunidos sus plenipotenciarios con los de S. M. C. auxilien a la España al arreglo de los negocios de America... en los paises disidentes...

---

[174] Vid. Alejandro I a Fernando VII, en VPR, *II, 5*, p. 258, el 22 de noviembre/4 de diciembre de 1823.
[175] Vid. Robertson, *Russia*, p. 216.
[176] En *AHN, Estado*, leg. 6 133 [1].

El segundo documento, no es sino la contestación del duque de la Alcudia a la carta recibida desde Madrid el día 26 [177]. En ella decía que «S. M. me manda trate de conseguir la cooperación del emperador en el arreglo de los negocios de la parte disidente de América...» y que no queriendo perder más tiempo, se había servido del «medio... de valerme del embaxador ruso en esta corte el general Pozzo di Borgo, que por acabar de recibir de su Amo una prueba de confianza en la comisión que desempeñó en Madrid, le creo en esta circunstancia el más a propósito para confiarle y que remita a su Gabinete la copia que yo debía entregarle...».

Creo, pues, y los documentos que tenemos así lo confirman, que a partir de ahora será el asunto colonial el que vincule a las cortes rusa y española de una manera especial, y creo también que en cierto modo, las unirá pese a la oposición —por decirlo así— que manifestarán las demás cortes aliadas.

---

[177] En *AHN, Estado,* leg. 6 133 [2].

Capítulo VII

LAS RELACIONES DURANTE LA DÉCADA OMINOSA

1. *Rusia y las Filipinas. La postura de Alejandro I*

Antes de pasar a analizar lo que representó el problema americano para las relaciones hispano-rusas a finales de 1823, en el momento de ser restituido al poder Fernando VII, quiero traer a colación un documento suscrito por Luis de Salazar, es decir, por un miembro de la Regencia creada por el soberano español, y dirigido al que, según parecía, tenía que representar a España en el futuro en San Petersburgo, el conde de la Alcudia. El documento, fechado en 25 de agosto de 1823, no es sino la instrucción política entregada al diplomático. Y en ella hay un párrafo referente al asunto americano que nos interesa, precisamente, porque en el fondo, demuestra que la aparente solicitud y buena voluntad rusas para con España eran consideradas en Madrid en aquel momento con cierta suspicacia y recelo, provocados por las actividades de la Compañía Ruso Americana de Comercio, actividades que se extendían ya hasta las lejanas Filipinas, y por el temor de una posible complicidad por parte de Estados Unidos en aquel asunto[1]:

> Las islas Filipinas son objeto esencial según se ha sospechado con fundamento, del proyecto de comunicaciones comerciales con la India por la via de Kamtschatka, golpe que dado de acuerdo con los Estados Unidos por la Rusia seria mortal para la Inglaterra por lo que no se descuidará de impedirlo.

---

[1] Vid. *AHN, Estado*, leg. 6 133 [1].

Algo debemos añadir aquí del interés ruso por las islas Filipinas, interés detrás del cual se escondía, como sospechaba Salazar, la Compañía Ruso Americana de Comercio. El empeño por establecer comercio con las lejanas islas tuvo su origen en la mente de un irlandés al servicio de Rusia llamado Peter Vasil'evič Dobell[2], el cual había entrado en contacto en Cantón con el navegante ruso Adam Johann Krusenstern[3]. En el año 1812, Dobell inició sus actividades comerciales en las ciudades de Petropavlovsk y Ochotsk. Desde allá, decidió enviar un barco con mercancías a las Filipinas.

Dos años más tarde, en 1814, Dobell se trasladó a San Petersburgo, en donde abogó por el inicio de relaciones comerciales con aquellas islas, entró en contacto con los miembros de la RAK —en particular con el almirante Mordvinov— a los que trató de convencer de las ventajas que representaría un intercambio comercial directo con Manila. También redactó un escrito detallando todos los pormenores que tenían que caracterizar aquel tráfico[4]. Además de las relaciones comerciales entre las islas de Sitcha y Manila, y entre San Petersburgo y Manila —pasando por el cabo de Buena Esperanza— propuso iniciar un trueque comercial con Japón y China. Era, en suma, el viejo anhelo de los comerciantes rusos lo que proponía Dobell.

Las propuestas del comerciante irlandés al servicio del Imperio ruso hallaron una acogida favorable. Por allá los años 1816-1817, el gobierno decidió abrir un consulado general en Manila, en donde Dobell debía residir. Ahora bien, ¿cómo reaccionó el gobierno español ante el avance ruso en el Pacífico? El embajador ruso en Madrid, Tatiščev, informó el 31 de julio/12 de agosto de 1817 a San Petersburgo que el gobierno español no deseaba el establecimiento de un consulado ruso en Filipinas, pero que no tenía nada que oponer al trueque comercial entre la península de Kamčatka y las posesiones rusas en América con las citadas islas. El propio Zea Bermúdez confirmó la noticia desde San Petersburgo[5]. Las

---

[2] La biografía de Dobell puede leerse en el *RBS*, T. 6, pp. 468-469.

[3] Vid. sobre Krusenstern, su propia obra *Reise um die Welt*, T. 1.

[4] El escrito redactado por Dobell se halla impreso en *Archiv Graf Mordvinovych*, T. 6, pp. 598-631. También dio una traducción alemana de él, Pilder, *Die russisch-amerikanische*, pp. 120-127.

[5] Vid. Golder, *Guide to materials*, T. I, pp. 105-107. Si a las colonias españolas les estaba absolutamente prohibido hacer comercio con otros países, las islas Filipinas gozaban al respecto de una situación privilegiada debido

intenciones de Dobell y de los comerciantes rusos habían de torcerse, en última instancia, por la escasa fortuna que acompañó a los rusos en sus designios. En efecto, en 1819, Dobell partió de Petropavlovsk en dirección a las Filipinas y estableció sin más tardar un almacén de mercancías; pero su estancia en Manila coincidió con una sublevación de aborígenes contra los extranjeros, durante la cual su casa fue saqueada y sus bienes destrozados. A partir de aquel momento, el interés de Dobell por las Filipinas decreció rápidamente. Las dificultades con que había tropezado el comerciante y su precaria salud le incitaron a retirarse a San Petersburgo, donde se dedicó a relatar viajes en numerosas obras[6].

Como puede verse, el intento ruso de iniciar relaciones comerciales con Filipinas no aportó, de momento, ningún resultado positivo, pero la iniciativa de la RAK era ya lo bastante importante como para inquietar a algunos miembros del gobierno español. Sin embargo, todo cuanto sabemos sobre la política rusa y sus relaciones con los Estados Unidos y España estaba en franca contradicción con el temor que sentía Salazar en la carta antes citada. Ahora bien, no se puede negar que a la vista de la sagaz penetración rusa de California —que había culminado con la creación del fuerte Ross al norte de San Francisco— y del inicio de relaciones con las islas Filipinas, era del todo natural que en España se siguiesen muy de cerca los pasos de los comerciantes rusos a Asia y América.

Pero, lo que Salazar no intuía —o ignoraba— era que el emperador de Rusia temía casi más a Inglaterra que a los Estados Unidos, y que lo que cuidaría ante todo de impedir sería una penetración *inglesa* en el continente suramericano, tanto o más que una penetración norteamericana. Y precisamente, en aquel momento, a finales de 1823, asistimos a un movimiento táctico entre Francia e Inglaterra, que tiene como trasfondo el problema colonial español, muy a propósito para infundir inquietud a Alejandro.

Se trataba, en el fondo, de una fase más en las negociaciones iniciadas por el nuevo ministro inglés Canning para hallar una salida a lo que el avance francés en la Península Ibérica representaba para la política británica. Temerosos de que Francia utilizase la

---

a las presiones inglesas llevadas a cabo durante la Guerra de la Independencia.
[6] Vid. sobre todo *Sept années en China*. Véase también sobre la insurrección de Manila en 1820 el artículo *Peter Dobell on the massacre of foreigners in Manila en 1820*.

penetración del país español como plataforma para usar la fuerza contra las colonias españolas, y ayudase a Fernando VII a recuperarlas [7], los ingleses iniciaron, sigilosamente, una serie de conversaciones con el embajador francés en Londres, el príncipe de Polignac, el 9 y el 12 de octubre de 1823.

El resultado de dichas conferencias fue la redacción de un documento, más conocido bajo el nombre de «Memorándum Polignac», mediante el cual el gobierno francés se comprometía a no atacar a las colonias españolas («... adjured in any case, any design of acting against the Spanish Colonies by force of arms») [8].

Ahora bien, en las motivaciones que habían conducido a Canning a iniciar conversaciones con Francia sobre Suramérica, preciso será reconocer, tal como lo han hecho Temperley y Bolchovitinov [9], que la táctica del primer ministro inglés consistía en exagerar el peligro que para Gran Bretaña representaba la política francesa; de esta manera, la influencia inglesa quedaría claramente incrementada y mermada la «amenaza» francesa.

¿Cuál fue la repercusión que las conversaciones entre Canning y Polignac hallaron en San Petersburgo? Sabemos, que como resultado de dichas conferencias se cursó un despacho a Pozzo di Borgo en París en fecha de 25 de noviembre/7 de diciembre de 1823 que representaba la respuesta a las preguntas siguientes, formuladas al gobierno ruso por Chateaubriand:

> 1. Si l'Angleterre reconnaît l'indépendance des colonies espagnoles sans le consentement de S. M. Catholique, la cour de St. Pétersbourg reconnaîtrait-t-elle aussi cette indépendance?
> 2. La Russie n'ayant point de colonies, se regarderait-elle comme étrangère à cette question, laissant la France et l'Angleterre prendre tel parti que ces puissances jugeraient convenable?
> 3. Si le gouvernement espagnol refusait de s'arranger avec ses colonies et s'obstinait à réclamer sur elles une puissance de droit, sans avoir aucun moyen d'établir une puissance de fait, la Russie jugerait-elle qu'on peut passer outre et que chaque Etat serait libre d'agir selon ses intérêts particuliers?

La respuesta de Nesselrode era —como en muchos otros casos— una defensa del principio de la legitimidad. «Vouloir reconnaître

---

[7] Vid. *supra*.
[8] Vid. Webster, *Britain and the Independence of Latin America*, p. 19 sig. Vid. también Temperley, *French Designs*, pp. 34-53.
[9] Bolchovitinov, *K voprosu*, pp. 58, 59-60.

comme formant un Etat indépendant et séparé des provinces ré-
voltées contre leur Souverain légitime, c'est toucher à la partie la
plus délicate des rapports qui existent entre les nations.» Por lo
tanto, con el fin de ayudar a España a restablecer su autoridad
bajo unas bases tan positivas para la madre patria como para los
pueblos de América:

> 1) el gobierno ruso no reconocía la independencia de las colonias
> españolas;
> 2) el gobierno ruso señalaba que Rusia poseía colonias en Amé-
> rica del Noroeste y que por lo tanto no podía desinteresarse del pro-
> blema de las colonias españolas en América;
> 3) el gobierno ruso expresaba el deseo de que la cuestión de las co-
> lonias españolas fuese resuelto mediante los esfuerzos conjuntos de
> las potencias aliadas, para lo cual se hacía necesario poner en marcha
> las correspondientes conversaciones y que Pozzo di Borgo tenía orden
> de hacerlo constar en la conferencia de París [10].

2. La actividad del embajador Bulgari

Sentados, pues, estos precedentes, creo que no es del todo falso
afirmar que el año 1824 se iniciaba con una buena predisposición
—generosa o interesada— del gobierno ruso para con España en
la cuestión colonial; predisposición que no podía ser sino muy
desagradable a Inglaterra. Esta actitud era tanto más curiosa cuanto que el gobierno ruso se hallaba muy bien informado de todo lo
que acontecía en aquellos momentos en Suramérica, es decir, de
las victorias que los sublevados iban alcanzando [11]. El caso es que,
a principios de diciembre de 1823, asistimos a una nueva demanda
de auxilio de Fernando VII a Alejandro I, en forma de carta —muy
confidencial— entregada a Pozzo di Borgo [12] y en la cual el rey
pedía al zar su intervención para «restaurar los derechos de España
en sus colonias». La contestación de Alejandro I, que también nos
es conocida (6/18 de enero de 1824), indicaba que Bulgari se hallaba en posesión de instrucciones sobre dicho asunto, y que esperaba que Fernando las escucharía. Por otra parte, el zar señalaba

---

[10] Idem. Vid. también, VPR, II, 5, pp. 262-265.

[11] Así el embajador en Washington, Tejl Seroskerken escribió el 30 de
enero/11 de febrero de 1824, que «los periódicos comunican que Bolívar
entró en Lima en septiembre y que investido con el más alto poder, militar
y civil, se le confirió el grado de Libertador», en *Russkie Diplomaty*, p. 114.

[12] Vid. VPR, II, 5, p. 726, nota 164. Vid. *supra* p. 332.

que todos los gabinetes que habían contribuido a la liberación del rey de España estaban de acuerdo sobre el asunto: todos esperaban una señal de Fernando VII para reanudar las conversaciones en común, pero que era el rey de España quien debía tomar la iniciativa de ellas. «Tant qu'elle n'aura pas eu lieu», decía Alejandro, «il nous sera impossible de réaliser les voeux que nous formons»[13].

Si pasamos a examinar ahora cuáles eran las instrucciones que Bulgary tenía —a decir del zar de Rusia— veremos que se trataba en realidad además del despacho dirigido por Nesselrode a Pozzo di Borgo el 25 de noviembre/7 de diciembre de 1823[14], y del que ya hemos hablado, de una instrucción fechada en 9/21 de enero de 1824[15]. En ella despuntaba, en primer lugar, la intranquilidad del zar ante la posibilidad de que algún otro país —además de los Estados Unidos— reconociera la independencia de las colonias españolas. Legalmente, decía el zar, ninguna corte extranjera podía proceder a dicho reconocimiento. Por el contrario, en las primeras conversaciones que habían tenido lugar seis años antes sobre el futuro de las colonias, España no se había opuesto a adoptar soluciones razonables y era probable que tampoco se opusiera ahora. El zar de Rusia estaba dispuesto a tomar parte en un nuevo congreso, en el que deberían participar España y Portugal. Por lo demás, Alejandro insistía en que España debía intentar granjearse la buena voluntad de Inglaterra, y contarla entre los estados, capaces de prestar sus buenos oficios.

Finalmente, y apoyado en estas premisas, Pozzo di Borgo cursó una nueva instrucción a Bulgari el 5/17 de marzo de 1824, que es aleccionadora en más de un aspecto[16]. Dicha misiva, contestación a diversos informes de Bulgari desde Madrid[17], dejaba traslucir el verdadero pensamiento zarista sobre la cuestión colonial: a raíz de unos rumores, que corrían en Londres sobre supuestas transacciones entre España y diputados de Méjico por mediación del gobierno de Gran Bretaña, el ministro ruso hacía hincapié en lo desfavorable que sería un paso de España, en vistas a conseguir la mediación aislada de Inglaterra. Apunta aquí, con todas sus consecuencias, el temor de Rusia a que otro, en este caso, como otras veces Inglaterra, recoja él solo la herencia representada por las

[13] Vid. VPR, *II*, 5, pp. 296-297.
[14] Vid. VPR, *II*, 5, pp. 262-265.
[15] Vid. VPR, *II*, 5, pp. 300-302.
[16] Vid. VPR, *II*, 5, pp. 356-357.
[17] Vid. VPR, *II*, 5, pp. 739-740, notas 194-196.

colonias españolas. Para el zar de Rusia, que no cesa de proclamar su apego al principio de la legitimidad, una mediación de todas las potencias representaba la única garantía para poder mantener cierta influencia en el destino de aquellos países. Por eso, todo intento de España de «actuar por su cuenta», alarmaba al zar.

«Les représentants des Puissances», decía, «doivent insister pour que l'Espagne ne fasse aucun pas à l'égard des colonies, qui ne soit communiqué et concerté avec eux». Por lo demás, se recomendaba a Bulgary mantener contactos con Ofalia y, por supuesto, estar al tanto de las actuaciones de otros representantes cerca del rey de España.

Precisamente del 7 de marzo de 1824 es una carta calificada de muy secreta y dirigida por el embajador ruso a Fernando VII, de la que se desprende que dicho representante esperaba órdenes concretas del soberano español para hacerlas valer en una conferencia que debía celebrar con sus colegas francés, austríaco y prusiano, y en la cual debía tratarse, precisamente, del problema colonial[18].

La carta era un requerimiento urgente por parte de Bulgari para poder defender los intereses españoles ante los demás aliados y además, advertir cuanto antes a Alejandro I de las intenciones del soberano español. Al documento mencionado, el embajador ruso había adjuntado una copia del resumen de una entrevista mantenida entre el conde de Ofalia y el embajador austríaco, conde Brunetti[19], cotejándola con una serie de observaciones que él mismo hacía sobre el particular[20].

Los párrafos redactados por Ofalia, eran los siguientes:

... Mr le Cte d'Ofalia croit que si toutes les Puissances Européennes garantissoient à l'Espagne la possession du Mexique et des Iles en

---

[18] Bulgary a Fernando VII, Madrid, 7 de marzo de 1824, en *AHN, Estado*, leg. 2 379.

[19] Dicha copia llevaba por título «Précis d'une Conférence qui a été tenue entre M^r le Cte. d'Ofalia, premier Secrétaire d'Etat de S. M. C. et M^r. le Cte. Brunetti, Ministre de S. M. l'Empereur d'Autriche», en *AHN, Estado*, leg. 2 379.

[20] Las observaciones de Bulgari eran extensas y se centraban ante todo en la respuesta que debía darse a un despacho del primer Ministro inglés Canning a su embajador en Madrid, Sir William A'Court, del 30 de enero de aquel año. El gabinete británico argumentaba «qu'il est chimérique d'espérer, que toute médiation qui ne seroit pas basée sur l'indépendance, puisse aujourd'hui avoir quelque succès». A este párrafo respondió el embajador ruso con la contraproposición siguiente: «Le Cabinet de Madrid devroit dans ce cas déclarer, qu'il veut et peut avoir recours à la force des armes, sans laquelle tout plan de pacification devient presqu'illusoire.»

Amérique, Elle seroit disposée de faire les concessions suivantes dans l'ordre ci-aprés:

1 erement. Céder une partie de l'Amérique Meridionale, *ou toute s'il le falloit*, à une Puissance quelconque.

2 do. Envoyer dans l'Amérique Méridionale un Ynfant d'Espagne et y ériger une Monarchie indépendente.

3 o. Reconnaître l'indépendance des Etats Insurrectionnés dans le Midi de l'Amérique...

Y he aquí las aclaraciones que el embajador ruso pedía o, si mejor se quiere, los comentarios que le sugerían los puntos expuestos por Ofalia:

1) Entend-on exclure du Mexique le Royaume de Guatemala et le Darien?

2) Est-il convenable de mettre en avant le principe d'une cession territoriale si immense, et de démembrer par là la Monarchie Espagnole?

3) S. M. seroit-elle réellement dans l'intention d'envoyer en Amérique un Ynfant d'Espagne pour y ériger une Souveraineté indépendante.

4) Pourquoi l'Espagne, dans le cas où elle admettroit le principe du démembrement de la Monarchie, consentiroit-elle à céder tout le Sud de l'Amérique à une Puissance étrangère plutôt que d'y ériger un Etat indépendant, gouverné par un Ynfant d'Espagne.

5) S. M. C. rendue au libre exercice de Ses Alliés et de See peuples, croiroit-Elle pouvoir reconnaître l'indépendance des Etats insurrectionnés sans porter atteinte au système politique de l'Alliance?

Quant au 1er point: en admettant l'hypothèse que le Cabinet de Madrid voulût faire les plus grands sacrifices pour conserver en toute Souveraineté le Mexique, et en supposant qu'il fût possible au Coeur Paternal de S. M. C. de céder à une Puissance étrangère le Pérou, dont les habitants lui ont donné des preuves si éclatantes de zèle et de fidélité, il resteroit toujors à savoir:

1. Si la cession de l'Amérique Méridionale, faite à une Puissance quelconque, pourroit engager les autres Cours Alliées à garantir à l'Espagne la possession du Mexique, ce qui paraît pour le moins infiniment difficile.

2. Si le Royaume de Guatémala, le plus riche peut-être de ceux appartenant à la Couronne d'Espagne, formeroit partie du Mexique... [21].

---

[21] Nada dice tampoco sobre el asunto el Conde de Ofalia en sus escritos. Muchos de los puntos de vista que encierra el texto «Sobre la Independencia de América» (vid. *Escritos*, pp. 143-270), redactado según se apunta en 1818, están en contradicción con lo expuesto aquí.

En suma y según se desprende de este contexto, y de algunas observaciones más que seguían, Bulgari se inquietó lo bastante como para redactar la carta secreta dirigida a Fernando VII, de que hemos hablado en la página anterior. El embajador quería saber a ciencia cierta si las ideas expresadas a Brunetti por Ofalia correspondían verdaderamente al pensamiento real, o si se trataba únicamente de la opinión personal del ministro.

Desgraciadamente, desconocemos otros pormenores de la citada entrevista de los embajadores aliados en Madrid, y también desconocemos la respuesta que Fernando VII dio al embajador ruso Bulgari. Pero, desde luego, lo que nos parece digno de mención es el temor que suscitó en el representante zarista la posibilidad de que una potencia aliada —no sabemos cuál— se estableciese en Suramérica, es decir, la posibilidad de una intervención extranjera en la política colonial.

Muy difíciles son las conjeturas a este respecto y muy difícil también desentrañar el hilo que nos permita dar una visión concreta de lo que representaron los asuntos coloniales en aquella década ominosa.

Por lo pronto, parece cierto que en abril de 1824 el emperador Alejandro seguía considerando que una conferencia se hacía necesaria para decidir la futura suerte de las colonias.

3. La independencia brasileña. El deseo ruso de que España intervenga militarmente en América

En todo cuanto llevamos apuntado sobre el problema americano se nos ha quedado atrás un acontecimiento importante que interesa destacar: la proclamación de la independencia del Brasil, el 7 de septiembre de 1822, por el emperador Pedro I, en el famoso «grito de Ipiranga». A partir de aquel momento, las relaciones entre Brasil y Portugal se centrarán en el intento de reconciliación entre ambos, una vez sofocada la revolución que, paralelamente a la española, había estallado en abril de 1821, en el país lusitano. Sin embargo, no muy diferentemente que en el caso español, en el conflicto luso-brasileño, se darían cita casi todas las cancillerías europeas [22].

No nos importa aquí el relato detallado de todos los incidentes a que dio lugar el largo proceso del reconocimiento de la indepen-

---

[22] Vid. Temperley, The Foreign Policy of Canning, p. 189.

dencia brasileña por un Portugal en donde luchaban tres partidos, agrupados alrededor de los miguelistas, del primer ministro Subserra, portavoz de una alianza con Francia y del ministro de Asuntos Exteriores, Palmela, partidario de la política inglesa. Pero sí nos interesa apuntar que uno de los propósitos del ministro de Asuntos Exteriores portugués consistió en intentar conseguir la mediación austríaca, que le pareció menos peligrosa que la inglesa [23].

A raíz de este intento portugués de granjearse la amistad del canciller Metternich en el conflicto con Brasil, registramos una desavenencia entre Austria y Rusia con respecto de la actitud que debía adoptarse frente al problema luso-brasileño, desavenencia que, en el fondo, traslucía el temor ruso ante una excesiva interferencia austríaca en un asunto peninsular de tan grave importancia.

En efecto, para entender el recelo que el gobierno de San Petersburgo sentía al percatarse de la ingerencia austríaca en los asuntos luso-brasileños, preciso será recapitular brevemente cuáles habían sido hasta la fecha las relaciones entre Rusia y el Brasil.

La historiografía soviética ha dedicado mucha atención a estudiar los problemas más interesantes de las relaciones entre el Imperio ruso y el naciente Imperio brasileño [24]. Fruto de esta investigación son los trabajos de B. I. Komissarov, R. S. Ganelin y de B. F. Suchomlinov [25].

Iniciado el siglo XIX, los contactos entre rusos y brasileños quedan establecidos gracias a las expediciones de Johan Adam Krusenstern, quien arriba por primera vez a Brasil en 1804 con los barcos «Nadežda» (Esperanza) y «Neva». A bordo de ellos viaja el famoso científico J. F. Lisjankij, el cual en 1812 publica sus observaciones sobre la vida brasileña en los primeros años del siglo XIX [26]. En 1806, la fragata «Neva» atraca de nuevo en las costas

---

[23] Vid. Manchester, *The Recognition of Brazilian*, p. 88; vid. sobre Palmela la obra de Vaz Carvalho, *Vida do Duque de Palmela*.

[24] Vid. Bartley, Russell H., *A decade of Soviet Scholarship*, pp. 445-466.

[25] Kommissarov, *Brazilija*, pp. 43-54; Ganelin, *Iz istorii ekonomičeskich*, páginas 59-64; Suchomlinov, *Ob ustanovlenii russko-brazil'skich (Sobre el establecimiento de relaciones ruso-brasileñas)*, pp. 89-96. Vid. también Bethencourt, *Proyecto de un establecimiento*.

[26] La obra de Lisjankij, fue reeditada en 1947 bajo el título *Putešestvie vokrug sveta na korable «Nevě» v 1803-1806 gg (Viaje alrededor del mundo a bordo del barco «Neva» durante los años 1803-1806).* Moskva 1947.

brasileñas y en marzo de 1807, aparece el «Diana» al mando del comandante V. M. Golovnin. Años más tarde, en octubre de 1813, la RAK patrocina un nuevo viaje alrededor del mundo, con misión especial de visitar las colonias rusas en América. Los miembros de la expedición, durante el periplo, hacen escala en Río de Janeiro[27].

Por lo demás, en aquellos momentos, la invasión de la Península por las tropas de Napoleón es ya un hecho y la huida de la corte portuguesa a Río ha motivado el nombramiento del primer embajador ruso en aquellas latitudes. Se trataba del conocido conde Fedor Palen, el cual hasta la fecha había desempeñado un cargo similar en los Estados Unidos[28]. Al mismo tiempo, Palen dispone la apertura de un consulado ruso en la nueva capital, que queda confiado a un científico —etnógrafo y botánico—, el célebre Georg Heinrich von Langsdorf[29]. A partir de aquel momento, la visita de barcos rusos a los puertos brasileños es cosa casi habitual. Y como es de suponer, muy pronto se inician relaciones comerciales.

En 1813-1814, los mercantes «Dvina», «Patriarch» y «Suvorov» descargan mercancías rusas. En 1813, el soberano João VI entrega a Langsdorf la patente de cónsul ruso con «la finalidad de fomentar el tráfico comercial directo entre el Imperio ruso y el Brasil».

Como era de suponer, aquella inesperada aparición rusa en el Imperio brasileño debía disgustar necesariamente a los comerciantes ingleses, quienes, a decir de Palen y Langsdorf, detenían un monopolio total en el mercado brasileño. El caso es que el Brasil empezaba a ejercer tal atractivo para los rusos que en septiembre de 1813 el ministerio de Asuntos Exteriores de San Petersburgo decidió enviar a Río a cuatro jóvenes funcionarios «a fin de que se familiarizasen con los pormenores del comercio ruso-brasileño y pudiesen, pasados los años, ejercer las funciones de cónsules».

Por otra parte, y como también hemos visto, el gobierno ruso no descuida la isla de Madeira, a donde envía en 1813 al cónsul Franz Borel[30]. Por su parte, el gobierno portugués también dio muestras de querer incrementar sus relaciones con el Imperio ruso. En

---

[27] Vid. Lazarev, Michail Petrovič, *Dokumenty*. Pod. red. A. A. Samarova, Tomo I, Moskva 1952.

[28] Vid. *supra*, p. 93.

[29] Langsdorf realizó trabajos de botánica muy importantes sobre la flora del Brasil, en el curso de una expedición que llevó a cabo en el Minas Gerais en 1821. Vid. Manizer, *Ekspedicija Akademika G. I. Langsdorfa*.

[30] Vid. *supra*, p. 142.

una conversación mantenida con Palen, João VI expresó el deseo de establecer en la capital rusa una representación diplomática. Y es digno de mención, subraya Suchomlinov, que el informe de Palen al respecto fuese enviado a San Petersburgo a bordo de un barco de guerra portugués [31].

Por lo demás, era natural que Palen y Langsdorf informasen ampliamente, desde aquel excelente punto de observación, sobre cuanto acontecía en la América Española.

En los años siguientes, el gobierno ruso cuidó de no desatender su embajada en Río, a donde envió en 1817 a un nuevo diplomático, Petr Fedorovič Balk-Polev. Y éste, ayudado por Langsdorf, que lleva a cabo entonces una magna expedición científica en el Minas Gerais, sigue informando a San Petersburgo de los sucesos americanos. Y ante todo de la explosión revolucionaria que estalla en Pernambuco en el otoño de 1817. El gobierno se halla tan inquieto ante la eventualidad de un éxito por parte de los sublevados que João VI manifiesta sus temores en el curso de una conversación mantenida con Balk-Polev [32].

Finalmente, en marzo de 1821, el nuevo embajador ruso en Brasil, F. B. Tejl, informa de la creciente exigencia para que el gobierno otorgue al Brasil una Constitución. Al propio tiempo, João VI se traslada de Río a Lisboa; su hijo, don Pedro, permanece en Brasil como regente [33].

Ahora bien, de todo cuanto llevamos apuntado nos interesa destacar el deseo ruso de estar presente en aquellas latitudes, en el momento en que se avecinaban graves transformaciones políticas. Dejando a parte la iniciativa en el campo de las relaciones comerciales y científicas, es evidente que la política rusa intenta abrirse paso en un terreno disputado tradicionalmente por ingleses y portugueses. En el conflicto que se preparaba entre João VI y don Pedro, el gobierno de San Petersburgo desea desempeñar un papel de mediador, por no decir de árbitro.

El caso es, pues, que el miedo ruso a que Austria interfiriese en los asuntos peninsulares estaba relacionado con el temor de que el problema colonial pudiese tomar un rumbo negativo para la política zarista. A partir de aquel momento, los documentos que poseemos nos muestran a un gobierno ruso decidido, ante todo, a

---

[31] Vid. Suchomlinov, p. 91.
[32] Sobre Balk-Polev, vid. sus informes en VPR, *II, 1* y *II, 2*.
[33] Vid. Suchomlinov, pp. 93-96.

que España conserve sus colonias. Y esta decisión iba tan lejos como para *pensar en el envío de una flota y de un ejército*, que ayudasen a Fernando a reconquistar las colonias, y que estuviese compuesto por soldados de todos los países de la Alianza. Esta idea había sido expresada ya por Bulgary a la corte de Madrid, el cual cumplió, en este aspecto, las órdenes recibidas de Pozzo di Borgo [34].

Éste comunicó, el 14/26 de marzo de 1824, a Nesselrode que había incitado a España a llevar a cabo una intervención en América, con la esperanza de que sus aliados no permitirían que actuase sola, impidiendo así que España cayese en manos de Inglaterra [35].

En efecto, si nos atenemos a las órdenes recibidas por Pozzo di Borgo a través de Nesselrode, podremos comprobar que a mediados de 1824 (17/29 de marzo de 1824), el gobierno ruso estaba seriamente preocupado por el problema colonial [36], a pesar de que a decir de Nesselrode, el planteamiento de aquel inmenso problema aparecía en aquel momento mejor determinado: por una parte, gracias al decreto promulgado por el rey sobre la libertad de comercio con las colonias [37], y por otra por la nota del conde de Ofalia del 26 de diciembre de 1823 al representante inglés en Madrid, sir William A'Court, y a los representantes españoles en las demás capitales europeas, en la que se manifestaba el deseo de Fernando VII de que la conferencia aliada de París tratase el tema colonial [38].

Sin embargo, argumentaba Nesselrode, el gobierno inglés había comunicado ya que la promulgación del decreto sobre la libertad de comercio no cambiaba nada a sus puntos de vista y por lo tanto, que no ayudaría al rey de España; ¿cuál debía ser, entonces, la actitud del resto de las potencias? El ministro ruso, después de largos razonamientos sobre la insolidaridad inglesa, declaraba que los aliados debían intentar convencer al rey de España de dividir las colonias en tres tipos: aquellas que aún reconocían la autoridad de la metrópoli, aquellas en donde la lucha entre el poder le-

---

[34] Citado por Völkl, p. 216, quien a su vez cita a Perkins, *Monroe*, páginas 228-229.

[35] Idem. Perkins había trabajado en los archivos de los Ministerios de Asuntos Exteriores de Londres y París.

[36] Instrucción de Nesselrode a Pozzo di Borgo en VPR, *II*, 5, pp. 380-385.

[37] Decreto de Fernando VII del 9 de febrero de 1824, vid. Nieva, *Decretos del rey Nuestro Señor*, T. 8, pp. 129-131.

[38] Vid. British and Foreign State Papers, vols. 1823-1824, London 1825, páginas 54-57.

gítimo y la anarquía revolucionaria aún proseguía y finalmente aquellas en donde dicha lucha ya había cesado.

El remedio propuesto por Nesselrode era claro y estaba relacionado con la existencia de aquellas colonias en donde aún proseguía la lucha: el rey de España debía proceder a realizar reformas administrativas, siguiendo los consejos de sus aliados para poner en práctica las legítimas exigencias de sus habitantes; además para salir al paso de las prevenciones inglesas, publicar inmediatamente la nueva tarifa de comercio.

Pero, y esto era quizá lo más importante, todas estas medidas deberían ir acompañadas del envío de un contingente militar al Perú o a Méjico, o a las Granadas, para ayudar a los jefes que aún defendían la «buena causa». Ni Inglaterra ni Estados Unidos podrían entonces desestimar este nuevo intento de España. Y para hacer frente a la precaria situación financiera por la que atravesaba el estado español, Nesselrode invitaba a Fernando VII a lanzar un empréstito y fijar la deuda nacional. No dudaba el ministro ruso en afirmar que era Francia quien debía ofrecer un empréstito ventajoso a España [39].

4. *El nuevo embajador ruso en Madrid: Petr Jakovlevič Ubril*

Reflejo del interés que en aquellos momentos representaba la monarquía española para la política rusa fue el cambio de embajador, que se produjo en junio de 1824.

No sabemos si el nombramiento de Petr Jakovlevič Ubril (1774-1847) en tanto que nuevo embajador ruso en Madrid, substituyendo a Bulgari, obedeció al deseo ruso de proteger a Ofalia, en el que, sin duda, se ensañaba Ugarte; o si fue sencillamente consecuencia de algún desdichado paso dado por Bulgari; la cuestión es que en junio de 1824, asistimos al relevo diplomático en la embajada rusa de Madrid.

---

[39] Vid. VPR, *II, 5*, p. 385; Robertson, *Russia*, p. 217, comenta que en mayo de 1824 Nesselrode hablando con La Ferronnays volvió a insistir en la idea de una fuerza aliada para que España recuperase las colonias:

... Pero porque no pueden ayudarle los aliados? Y además que podría decir Inglaterra, o mejor que podría hacer, si un ejército compuesto por españoles, franceses, rusos, prusianos y austríacos se embarcase en una flota equipada y financiada por los Aliados del Rey de España y se dirigiese a América para reconquistar los derechos perdidos de este Monarca? (Traducción del inglés).

El día 30 de junio, Zea Bermúdez cursó un despacho al conde de Ofalia, en el que apuntaba los rasgos más característicos del nuevo enviado ruso:

> ... solo puedo decir que le tengo por más astuto y mañoso que franco en su porte y modales, mas travieso en su conducta que habil e ilustrado, no poco desconfiado y en extremo encogido para tomar la menor cosa sobre sí por justo que sea, pero no por eso deja de ser algo arrogante y fanfarron cuando se cree apoyado[40].

Conocemos exactamente las instrucciones de que era portador Ubril. Éstas le fueron entregadas por Nesselrode el 1/13 de abril de 1824[41]. Veámoslas de cerca.

Quiero hacer hincapié aquí, por lo curioso del caso, y porque Nesselrode lo mencionó a Ubril, en el hecho de que el nuevo embajador en Madrid, al igual que su antecesor Tatiščev, había sido hasta la fecha representante de su país en la corte de Nápoles. «Vuestra Excelencia», apuntaba Nesselrode, «se encontrará en España en la misma posición en que estaba hace dos años en el Reino de las Dos Sicilias».

Como en Nápoles, proseguía el ministro, Ubril debía aunar sus esfuerzos a los de sus colegas para borrar las secuelas de la revolución, y como en Nápoles, «ce grand but», debía de llevarse a buen fin con la ayuda y gracias a los consejos de la Alianza... Por

---

[40] Zea Bermúdez al Conde de Ofalia, París, 30 de junio de 1824, núm. 10, en *AHN, Estado*, leg. 6 133 ². Advierto que la ortografía de dicho embajador ruso varía en los textos entre Ubril y Ubri. Ubril había tenido una actuación diplomática poco afortunada en 1806 al firmar un tratado preliminar de paz con Napoleón, por cuyo artículo secreto se entregaban las Baleares al rey Fernando de Nápoles. Alejandro I se negó a ratificar dicho acuerdo y Ubril cayó en desgracia. Zea, en la carta que aduzco aquí, lo expresa de la siguiente manera:

> ... Inmediatamente despues de la conclusión de éste tratado, Mr. d'Oubril se puso en camino para presentarlo à la ratificación del Emperador. El 6 de agosto llegó á Petersburgo, pero fue muy mal recibido, habiendose S. M. Y. negado á ratificar dicho tratado, declarando que lejos de corresponder á sus benevolas intenciones era enteramente opuesto á las ordenes que había dado á su Plenipotenciario. *Es dificil saber hasta qué punto Mr. d'Oubril se habia excedido de los limites de sus instrucciones, lo que el tiempo solo aclarará*, pero lo cierto es que incurrió por entonces en la completa desgracia de su Corte, de que fue alejado, permaneciendo en lo interior de Rusia hasta el restablecimiento de la paz general...

[41] Vid. VPR, *II, 5*, pp. 417-419.

lo demás, si bien estas instrucciones eran de tipo general, Ubril
debía consultar en todos los asuntos de envergadura a su colega
Pozzo di Borgo en París, lo cual nos demuestra una vez más la
gran confianza que el zar de Rusia tenía depositada en aquel diplomático, y ceñirse a las instrucciones entregadas ya a Bulgary. En
cuanto a los problemas que preocupaban al zar de Rusia en el
caso español, resumíanse éstos en el asunto colonial, la situación
interna de España —en particular la tan esperada promulgación
de una amnistía política— y la famosa cuestión de Portugal, la
cual se convertirá, según vaya pasando el tiempo, en un problema
de grave alcance.

En efecto, conocemos exactamente las instrucciones de que era
portador Ubril en el asunto portugués, ya que éstas fueron mencionadas en una interesante carta de Pozzo di Borgo, dirigida al
entonces embajador en Viena, Tatiščev, el 23 de junio/5 de julio
de 1824; en ella se hacía referencia a las recomendaciones hechas
a Ubril, no solamente por el gobierno ruso, sino también por parte
de los gobiernos aliados [42]:

> Le Portugal nous donne de nouvelles inquiétudes. La Reine a tenté
> une révolution criminelle; cette révolution a été étouffée. Les minis-
> tres auraient dû s'occuper de rétablir le calme et de fortifier l'autorité,
> sans avoir recours à des innovations dangereuses. Au lieu d'une con-
> duite aussi simple, M. de Palmella promet la convocation des Cortès
> et MM. les ambassadeurs de France et d'Autriche, à ce qu'on dit, y
> consentent; il était naturel que celui d'Angleterre devait le désirer.
> Notre chargé d'affaires n'a pas manqué de signaler les inconvénients
> de cette mesure, et il a demandé des directions...
>
> Un autre projet du ministère portugais ajoute encore aux compli-
> cations dans lesquelles il va s'embarrasser lui-même. Le marquis Pal-
> mella veut proposer aux Cortès d'exclure de la Régence la Reine et
> l'Infant Don Miguel. Cette question est européenne, parce qu'elle atta-
> que la loi fondamentale relative à la Souveraineté et s'attache à celle
> de la succession; ainsi elle ne devrait pas être jugée sans l'avis de
> tout le monde. Nos principes et nos doctrines nous autorisent à nous
> en informer; mais ce qui est également évident, c'est la division dans
> laquelle une pareille mesure jetterait le pays. Le Prince Héréditaire
> fait de l'indépendance au Brésil; on veut, à ce qui me paraît, déshéri-
> ter le cadet et présenter à la nation une femme pour recueillir la suc-

---

[42] Citado por LEBZELTERN, p. 432, núm. 13, París, 23 juin/5 juillet 1824:
«Extrait d'une lettre particulière adressée par le Général Pozzo di Borgo à
M. de Tatichtcheff.»

cession sous le prétexte de la Régence. Est-il juste, est-il prudent d'agiter, dans le moment où nous sommes, une affaire qui portera l'alarme et la division dans tous les esprits?

Antes de cerrar este apartado sobre el nuevo embajador ruso en Madrid, no quiero dejar de mencionar que al propio tiempo, era trasladado a la capital de España en tanto que secretario de embajada un joven aristócrata ruso, el príncipe Dmitrij Ivanovič Dolgorukij, el cual, en sus numerosas cartas a su hermano Michail, nos ha legado un cuadro de lo que era la vida de un agregado de embajada en Madrid a principios del siglo XIX[43]. Los apuntes de Dolgorukij, llenos de nostalgia por la lejana patria, encierran observaciones como las siguientes:

> ... Si he dejado pasar el último correo sin escribirte, es solamente porque fui al Escorial, en donde, en este inmenso convento, fui presentado al rey de España, a la reina y a sus hijas. Estuve presente en todos los festejos, que me cansaron mucho y que me dejaron la sensación de vacío, como de cualquier otra grandeza vana... El rey es muy amable, y la reina, parecida a la hermana, la Gran Duquesa Mariana, tiene un encanto al que no permaneces completamente indiferente; a mí me ha parecido que en sus rasgos hay algo de común con su hermana, pero en la manera de comportarse no hay ningún parecido... El Escorial es el edificio más bonito y más enorme que he visto en mi vida. Esto es verdaderamente un alojamiento real...

5. *Las vicisitudes de los años 1824-1825*

A) LA SITUACIÓN ESPAÑOLA. Conforme vayan pasando los meses, la situación en España se convertirá en objeto de discordia entre la política rusa y la española. A Ubril, por ejemplo, se le hizo notar en sus instrucciones de 1/13 de abril de 1824, que si bien muchas medidas necesarias habían sido adoptadas gracias a la intervención

---

[43] Las cartas de Dolgorukij fueron publicadas en el *Russkij Archiv* bajo el título de *Perepiska Kn. D. I. Dolgorukago*, I (1915), pp. 49-84; 259-274; 386-402, y II (1915), pp. 112-128; 194-207. Desgraciadamente, este trabajo no da margen para hacer hincapié en el interesante tema de los viajeros rusos en España durante la primera mitad del siglo XIX. Remito al lector que quiera informarse al respecto, a los estudios del profesor Michail Pavlovič Alekseev y a los de Alexandre Zviguilsky, sobre el viajero Vassili Botkin. Vid. Alekseev, *Očerki istorii*, y Zviguilsky sobre la obra de Vassili Botkin, *Lettres sur l'Espagne*.

de Pozzo, el famoso decreto de amnistía aún no ha sido proclamado [44]. Más aún, cuando éste fue por fin promulgado en 1 de mayo de 1824 [44a], el gobierno español se apresuró a principios de junio a presentar una nueva ley, que derogaba prácticamente la amnistía proclamada. La reacción de Bulgari y de los otros representantes aliados en Madrid fue inminente: acudieron a entrevistarse con el ministro de Gracia y Justicia, Calomarde, que intentó explicarles el sentido de la nueva ordenanza, sin que dicha actitud surtiese efecto; los embajadores no pudieron por menos que comunicar a sus respectivas cortes la desdichada administración que seguía rigiendo el país.

Finalmente, el 11/23 de julio de 1824 [45], Ubril, durante la audiencia de entrega de sus cartas credenciales, no escatimó palabras para hacer ver al rey que si bien se había publicado un decreto de amnistía, éste no se practicaba de manera correcta, y que el zar deseaba la publicación de dicha amnistía, por lo cual Ubril se vio obligado a enseñar sus instrucciones; por otra parte, y siguiendo asimismo consignas de Rusia, Ubril aconsejó a Fernando VII —en presencia de Calomarde— no cambiar tan a menudo de ministros.

Sabemos que Fernando VII consignó la visita de Ubril en una carta a Ugarte; y a pesar de las relaciones que habían existido entre Alejandro I y Fernando VII, es de suponer que esta intervención directa del representante del zar en asuntos que tocaban tan de cerca los intereses del rey, hubo de alarmar al soberano: «Me leyó una lista de todos los puntos de que va a tratar conmigo» —escribía Fernando VII a Ugarte el 17 de julio de 1824—, «a cual más delicados y más difíciles...» [46].

Cualesquiera que fuesen los sentimientos de Fernando VII al respecto y su necesidad de protección interior, lo cierto es que ni la actividad de Ubril, ni la de los representantes de los otros ministros extranjeros hicieron mella en la actuación del rey en vistas a solucionar el problema de la amnistía. Ubril hubo de quejarse a Salazar el 26 de julio/7 de agosto de 1824 [47] debido a ciertas declaraciones que debían realizar los miembros de las sociedades se-

[44] Vid. *supra* pp. 331-332.
[44a] Vid. Nieva, *Decretos*, T. 8, pp. 325-333.
[45] Vid. VPR, *II, 5*, pp. 546-550.
[46] Vid. Ortiz de la Torres, *ob. cit.*, pp. 233-234.
[47] Vid. VPR, *II, 5*, pp. 572-573.

cretas; más tarde comunicó a Nesselrode (20 de agosto/1 de septiembre de 1824)[48] los pasos que había realizado, juntamente con sus colegas:

— para suspender la puesta en práctica de la ley de purificación de militares; para que ésta fuese reconsiderada;

— para anular todas las órdenes particulares cursadas al efecto, y en particular la que estipulaba que los individuos que habían servido en el ejército constitucional no podían ser «purificados»;

— para revocar las órdenes del 31 de julio, según las cuales no se podían conceder pasaportes para Madrid a las personas a que hacía referencia el decreto de Jérez del 4 de octubre;

— para que los miembros de la antigua municipalidad de Madrid fuesen incluidos entre los detenidos que debían ser juzgados en breve por dos comisarios nombrados a este efecto por el Consejo de Castilla.

Mas he aquí, continuaba Ubril, que Ugarte, a su regreso de La Granja, en donde se hallaba el rey, se había negado a hacer caso a la mayoría de peticiones rusas —y aliadas—. Dijo que era imposible revocar la ley de purificación de militares, pero que ésta se aplicaría con moderación. En cuanto a los otros puntos, Ugarte negó que se hubiesen dado órdenes en el sentido mencionado por los embajadores, y que los antiguos miembros de la municipalidad de Madrid serían juzgados por un tribunal competente. Ubril añadía que el requerimiento de dichos miembros le había sido entregado por el nuncio apostólico.

Finalmente, en una instrucción a Pozzo del 18/30 de diciembre de 1824, Nesselrode tuvo frases amargas para la situación de España, recalcando que el emperador estaba profundamente entristecido por la situación española: «Il suffit de jeter un coup d'oeil», decía el ministro, «sur les diverses ordonnances dont les cinq derniers mois ont amené en Espagne la triste série pour se convaincre que dans les provinces l'amnistie n'a jamais été exécutée...». Lo único que consolaba al soberano ruso era pensar que la Conferencia aliada establecida en París no cesaba de prodigar sus buenos consejos a España, y debía continuar haciéndolo e insistir sobre la proclamación de la amnistía, y hacer ver a Fernando VII que no debía proceder a tantos cambios de ministros —deseo por lo demás comunicado ya a Páez de la Cadena por el emperador—. Volvía Nesselrode, finalmente, sobre los temas conocidos, a saber

[48] Vid. VPR, *II*, 5, pp. 612-613.

que España debía reorganizar su hacienda con ayuda de un plan propuesto por Francia [49].

B) EL ASUNTO COLONIAL. En lo que quedaba del año 1824, los problemas referentes a la cuestión colonias, que nos interesa registrar, se reducen esencialmente a dos: primero, las sesiones de la Conferencia de París, del 2/14 de agosto de 1824 [50]; y segundo, la decisión del gobierno inglés de negociar tratados con Méjico, Colombia y el Plata [51].

Respecto de la conferencia de París, cuyo protocolo nos ha quedado consignado [52], y a la que asistieron todos los representantes de las cortes aliadas —exceptuando Inglaterra— cabe decir que los embajadores de Francia, Rusia, Austria y Prusia insistieron ante Zea Bermúdez en dos hechos importantes: primero, que de la tranquilidad y reconciliación en la Península dependía el éxito de todos los otros asuntos que en aquel momento interesaban tanto a Europa como al Gabinete de Madrid [53]; y segundo, que las potencias reconocían los derechos de S. M. C. sobre sus vastos dominios y que, por tanto, éstos debían volver al poder de su legítimo soberano.

Otra circunstancia que precisa destacar, es el anuncio hecho por Canning, en diciembre de 1824, de la intención británica de entablar negociaciones con Méjico, Colombia y el Plata, lo cual equivalía a un reconocimiento *de facto* de la soberanía de aquellos países [54].

¿Cuál fue la reacción de la corte rusa ante las decisiones británicas? Fue ésta francamente negativa y Nesselrode lo escribió claramente a Pozzo [55]. Y es que la política inglesa estaba, en aquel momento, en franca contradicción con el pensamiento de Alejandro I, el cual, aún en septiembre de 1824, había declarado al embajador francés La Ferronnays, según explica Dexter Perkins, que con ayuda de sus aliados, España podía alcanzar una victoria [56].

---

[49] Vid. VPR, *II, 5*, pp. 659-663.
[50] Vid. *Protocols of Conferences of Representatives*, en *AHR*, XXII (1916-1917), pp. 595-616. El resumen de la conferencia del 2/14 de agosto se encuentra en las páginas 597 a 600.
[51] Vid. Temperley, *Canning*, p. 150.
[52] Vid. *Protocols*, p. 598.
[53] Idem.
[54] Vid. también Robertson, *Russia*, p. 218.
[55] Idem, *ídem*. Traducción del inglés.
[56] Vid. Perkins, *Monroe*, p. 230.

No sé hasta qué punto pueden darse por ciertos los rumores que a partir de aquel momento empezaron a circular por diversas capitales europeas; pero el hecho es que, no más tarde que el 10 de enero de 1825, el embajador inglés en París, lord Granville, informó a Canning de que Pozzo di Borgo incitaba al gobierno español a reconquistar las colonias [57]. En todo caso lo que está fuera de dudas es que Alejandro I, por los motivos que fuese, desaprobó por completo la actitud inglesa de reconocer las colonias españolas. Así, el 12 de febrero de 1825, el nuevo embajador español en San Petersburgo, Juan Miguel Páez de la Cadena, podía escribir a Madrid: «El Emperador se manifestó muy sentido de la conducta de la Inglaterra y siempre muy firme en los principios» [58]; y algunos días más tarde, el 26, reafirma Páez su aserción, según la cual: «S. M. Y. no podía menos de desaprobar la resolución adoptada por la Inglaterra...» [59]. Es más, el día 23 de marzo, el propio Páez pudo comunicar que Alejandro I había enviado órdenes a sus representantes en Holanda y Suecia para que incitasen a los gobiernos de aquellos países a desatender la petición inglesa de reconocer a las colonias suramericanas sublevadas [60].

Hasta aquí la postura rusa ante el deseo británico de reconocer la independencia de Méjico, Colombia y el Plata.

Ahora bien, a mediados de 1825, concretamente en mayo, tuvo lugar una curiosa maniobra norteamericana, aún hoy poco conocida, que precisa aquí destacar. Tratábase —según informó el embajador norteamericano en San Petersburgo, Henry Middleton— de que Rusia impidiese que España actuase militarmente en Suramérica, a cambio de que Méjico y Gran Colombia no atacasen a Cuba [61].

---

[57] Citado por Temperley, *French Designs*, p. 49.

[58] Páez de la Cadena, San Petersburgo, 12 de febrero de 1825. En cifra, en *AHN, Estado*, leg. 6 133 ³, núm. 42.

[59] Páez de la Cadena a Zea Bermúdez, San Petersburgo, 25 de febrero de 1825, núm. 48, en *AHN, Estado*, leg. 6 133 ³.

[60] Páez de la Cadena a Zea Bermúdez, San Petersburgo, 23 de marzo de 1825, núm. 55. En cifra, en *AHN, Estado*, leg. 6 133 ³.

[61] Citado por Völkl, *Russland*, pp. 219-220, quien a su vez cita a Mendoza, Diego de, *Mediación de los Estados Unidos*. Sería excesivo desarrollar aquí, ni siquiera de manera resumida, el interesante tema de las relaciones entre Estados Unidos y Rusia en aquellos momentos. Pero si queremos consignar que en julio de 1823 el gobierno ruso ya se hallaba informado gracias a su embajador Tejl-van-Seroskerken que los Estados Unidos no estaban dispuestos a permitir que a partir de aquel momento ninguna potencia extranjera —y Rusia comprendida— estableciera nuevas colonias en América. Por

Para entender la importancia del paso dado en San Petersburgo por el gobierno norteamericano, se hace necesario recordar lo que hasta el momento representaban las islas de Cuba y Puerto Rico, tanto para ciertos europeos como para los americanos. Empecemos, primero, por los intereses europeos: ¿A quién pudo interesar la isla de Cuba durante la contienda entre España y sus colonias? Evidentemente, a Inglaterra y a Estados Unidos. El deseo de llegar a suprimir la piratería en las Indias Occidentales, hubo de inducir a Canning a pensar seriamente en un desembarco de marinos ingleses en la isla: y así lo hizo saber al gobierno francés en diciembre de 1822 [62]. Ahora bien, al plantearse la posibilidad de una intervención inglesa en Cuba para defender intereses comerciales, advertimos inmediatamente la reacción francesa. En efecto, llamados a socorrer a Fernando VII y restaurarlo al trono, ¿qué más lógico que pensar también en una ayuda más allá de los límites territoriales de España, del otro lado del mar? La penetración francesa en España inquietó profundamente al gobierno inglés y casi más por las posibles consecuencias en América, que por los propios resultados en la Península. Para Canning, no ofrecía lugar a dudas de que Francia preparaba una intervención en Suramérica [63].

El temor inglés de que Francia pudiese llevar a cabo una acción militar en Suramérica dio lugar a la conocida entrevista entre Canning y Polignac, de la cual resultó el no menos conocido *Memorándum Polignac*, de octubre de 1823, del que ya hemos hablado [64].

En junio de 1824, cayó el ministro francés Chateaubriand y le sucedió en el cargo Villèle. Prosiguieron las conversaciones sobre América en el seno de la conferencia aliada, y a pesar de las promesas hechas por Polignac, surgió la delicada cuestión de Cuba y Puerto Rico. Dentro de este contexto, no hay que olvidar que la especialísima postura de Francia en el caso venía condicionada por su presencia en la isla de la Martinica. Y Villèle resolvió explotar aquella coincidencia. Expuso a la conferencia aliada en París las instrucciones que había enviado a Donzelot, gobernador de la isla, ordenándole intervenir en Puerto Rico con:

lo demás, la opinión del embajador ruso era que según los Estados Unidos «l'indépendance de l'Amérique est une question résolue pour l'Espagne, pour le Portugal et même pour l'Angleterre». Vid. VPR, *II*, 5, pp. 152-153.

[62] Vid. Temperley, *French Designs*, p. 39.
[63] Idem, *ídem*, p. 42.
[64] Idem, p. 45.

des forces suffisantes toutes les fois qu'il sera question de réprimir un soulevement contre l'autorité légitime ou contre une entreprise au dehors qui serait dirigéé vers le même but [65].

Ciertamente, observa Temperley, dichas instrucciones eran de grave alcance, pues constituían una flagrante violación del Memorándum Polignac [66]. Mucho se ha especulado sobre las verdaderas intenciones francesas en aquel asunto. El hecho es que Donzelot, a principios de 1825, no solamente se aprestó a ayudar a la flota española que se dirigía a Cuba, sino que la hizo escoltar desde Martinica por buques franceses. Sólo la indignada intervención de Canning, en julio de 1825, obligó al ministro de Asuntos Exteriores francés, Damas, a prometer que en el futuro, Donzelot no repetiría su hazaña.

Ahora bien, detrás de la actitud de Canning, se escondía la decisión de plantear a la política francesa otra solución: ¿por qué no garantizar a España la posesión de la isla de Cuba, a cambio de que ésta reconociese la independencia de las colonias? Es más, los ingleses pretendían que también los Estados Unidos debieran interesarse por esta solución y llegar a un acuerdo tripartito referente a la isla. El mismo empeño que había demostrado Canning ante los franceses lo demostraron los Estados Unidos ante Rusia, en mayo de 1825. Pero en el asunto que estudiamos, nos interesan las motivaciones de cada uno de los participantes.

Parece cierto que tanto Inglaterra como Estados Unidos actuaron movidos por el miedo de que un tercero pudiera apoderarse de la codiciada isla y transformarla en ventajosa plataforma tanto política como comercial. Y este tercero, en aquel momento, creo que no podían ser sino los mejicanos y los colombianos. El embajador ruso en Washington, el conde Tejl, en abril de 1825, informaba a Nesselrode de lo que se rumoreaba en Cuba:

... Aqui se espera la llegada de un refuerzo de 2.000 hombres, que tienen que haber zarpado ya de las islas Canarias y además otro destacamento se espera de Barcelona. Dícese que se necesita toda esta ayuda porque los mejicanos y el gobierno de Colombia llevan a cabo una gran preparación para la toma de la isla de Cuba [67].

[65] Idem, p. 45.
[66] Idem.
[67] Texto en *Russkie diplomaty*.

Sentados estos antecedentes, cuanto nosotros podemos afirmar sobre la actitud norteamericana en San Petersburgo y la reacción rusa se halla registrado en un despacho del embajador español en Rusia, Páez de la Cadena, del 6 de septiembre de 1825 [68].

Páez informaba que el gobierno ruso le había hecho saber el paso dado por Mr. Middleton en nombre de los Estados Unidos, consistente en solicitar la mediación de Su Majestad el Emperador «para con el Rey N. S. à fin de hacer cesar la guerra contra los insurgentes reconociendo su independencia». El propio Páez nos indica a continuación lo expuesto por el enviado americano:

> ... El Gobierno de los Estados Unidos muy complacido de las ventajas que empieza a experimentar de nuestro comercio y de las medidas tomadas por nuestro Gobierno para contener la pirateria en aquellos mares, mira con el mayor interés la conservación de las Islas de Cuba y de Puerto Rico para la España las que por su riqueza por su impor- tante posición geografica e inmediación à Santo Domingo de cuyo funesto ejemplo [69] pudieran participar, así como excitar otras ambi- ciones y miras políticas, etc.; que todo ello debia excitar muy de ante- mano el cuidado y previsión de los Estados Unidos sin que pudiese en manera alguna extrañarlo S. M. Y.; y que bajo estas miras y sanos principios de conservar a la España aquellas tan importantes posesio- nes y precaver con tiempo cuanto pudiese en lo sucesivo alterar la paz; se adelantaban a proponer à S. M. Y. que escitase a la España à que solicitase de la Alianza Europea la garantia de las indicadas islas, aunque fuese, caso de juzgarse asi necesario poniendo allí guar- nición extrangera del número de tropas suficiente de las Naciones que se estimase oportuno...

Acto seguido, notificaba Páez en su informe que el conde de Nesselrode le había informado sobre la contestación del gobierno ruso y que ésta había sido negativa:

> ... Se añade que en quanto al actual estado y question pendiente de la América Española es muy diferente el modo de ver y juzgar las cosas de S. M. Y. del de el Gobierno de los Estados Unidos: que la opinion de S. M. Y. ha sido y sera siempre respetar los derechos y justa causa de la España auxiliandola por todos los medios posibles.

A la vista de estas afirmaciones tan categóricas, creo que Ro- bertson y Völkl se equivocaron cuando opinan que esta maniobra norteamericana fue motivo para que el gobierno ruso rogase al

---

[68] *AHN, Estado,* leg. 6 133 [3].
[69] Vid. Robertson, *Russia,* pp. 219-220.

español que reconsiderase su política americana. El «Projet de dépêche au lieutenant Pozzo di Borgo» [69a], en el que se desarrollaba esta idea, citado por Robertson, está fechado en 1826, es decir, en un momento en que el trono ruso había pasado de las manos de Alejandro I a las de Nicolás I, y en que otras consideraciones pudieran haber influenciado en la decisión rusa. Pero, en lo que quedaba de año 1825, no tenemos indicios de que el gobierno ruso entendiera modificar su pensamiento ante el problema americano. Es más: sabemos que a finales de 1825, el embajador ruso en Madrid, Ubril, pensaba que con 8.000 hombres se podía reconquistar Méjico [70].

C) EL PROBLEMA PORTUGUÉS. No fueron los problemas americanos los que Ubril expuso primero a Fernando VII, sino los portugueses, a juzgar por una carta que el soberano escribió a su inseparable Ugarte el 17 de julio de 1824, desde Sacedón: «Habló (Ubril) de lo disparatada que había sido la medida tomada en Portugal sobre Cortes ... Vino a las 5 y me leyó una larga memoria reducida a evitar en cuanto se pueda la reunión de Cortes en Portugal» [71].

El propio Ubril en su informe, ya citado, del 11/23 de julio de 1824 confirmó este extremo: «A cinq heures je me rendis de nouveau chez S. M. ... Je lui fis lecture, d'après l'autorisation de M. l'ambassadeur à Paris, des deux dépêches qu'il a adressées à M. de Borel ... et j'accompagnai cette lecture de tout ce qui me parut le plus propre à démontrer que la cour de Madrid ne devait nullement s'effaroucher des déviations momentanées du système général de l'Europe auxquelles la cour de Lisbonne avait été entraînée» [71a].

¿Cuál era la postura rusa frente al pleito abierto en Lusitania? Evidentemente, la de apoyar al legítimo soberano ante la rebelión del hijo, lo que equivalía a oponerse al reconocimiento de la independencia de Brasil. Y lo que equivalía también a un enfrentamiento con Inglaterra, tradicionalmente aliada de los principios liberales.

[69a] Vid. Robertson, *Russia*, pp. 219-220.
[70] Según una carta del embajador francés en Madrid, Charles Edmond de Boislecomte al ministro francés Damas, fechada en Madrid, a 24 de octubre de 1825 (citada por Torre Villar, Ernesto de la (ed.), *Correspondencia diplomática*, T. I, p. 217).
[71] Vid. Ortiz, *Papeles*, pp. 233-234.
[71a] Vid. VPR, *I, 5*, pp. 546-550.

La corte de San Petersburgo parecía creer que en la cuestión brasileña, como en la colonial española, eran las armas las que debían decidir el futuro político de aquellos países. Y al final de este mismo año, en noviembre, tendrá lugar además una intervención española, que vendrá a confirmar al gobierno ruso en su opinión. Será ésta, precisamente, un ruego del gobierno de Madrid al de San Petersburgo, cursado a través de Páez de la Cadena, y que correspondía a su vez, a un paso dado en Lisboa por el representante español. Decía éste, José María de Velasco:

> Las funestas consecuencias que produciria este acontecimiento tanto en Portugal como en España que tiene colonias que conservar imponen en mi concepto al representante de nuestro Gobierno en esta Corte la obligación de impedir por cuantos medios estan a su alcance que se verifique el reconocimiento de la independencia del Brasil, bien sea por la Metropoli expontaneamente, bien a influxo de la Inglaterra. Baxo este concepto no he dudado de acuerdo con los Encargados de Negocios de Rusia y Prusia dirigirme personalmente al Rey Fidelisimo y manifestarle del modo más respetuoso la próxima crisis que amenaza sus Estados y persona, y en consecuencia de su propio interés y del de mi Augusto Soberano animarle a que se oponga abiertamente à dicho reconocimiento... [72].

El 21 de noviembre de 1824, Zea Bermúdez escribía a Páez de la Cadena:

> ... aprovechando las buenas y favorables disposiciones que manifiesta ese Gobierno de sostener la causa de la legitimidad incline su animo à que se oponga al reconocimiento de la independencia del Brasil... [73].

No sé en qué quedaría, de momento, aquella maniobra del gobierno de Madrid, que tanto correspondía a los intereses de la monarquía hispana, y que tan bien se acoplaba a las directrices políticas rusas de aquellos años. Porque, en suma, volvemos a encontrar aquí la eterna discordia que opone a ingleses y a rusos: la lucha por la supremacía, centrada esta vez, no ya en la posibilidad de ejercer una influencia en Madrid y, de rechazo en Suramérica, sino en toda la Península, proyectándose esta vez hacia el inmenso dominio de Brasil, excelente plataforma para defender intereses

---

[72] José María de Velasco a Zea Bermúdez, 13 de noviembre de 1824, en *AHN, Estado*, leg. 6 133 [2].

[73] Zea Bermúdez a Páez de la Cadena, San Lorenzo, 21 de noviembre de 1824, en *AHN, Estado*, leg. 6 133 [2].

comerciales y políticos frente a la expansión británica y norteamericana. La cuestión portuguesa resurgirá, en toda su amplitud, a inicios del reinado de Nicolás I, en 1826, cuando a raíz de la muerte del soberano João VI, la crisis planteada por el problema sucesorio se transforme en una verdadera disputa europea, en la que jugarán fuerzas ideológicas muy opuestas; pero esto será solamente algo más tarde, y a nosotros nos incumbe ver ahora cómo actuó la política zarista frente a los problemas internos de España, abiertos en 1824.

D) PROBLEMAS FINANCIEROS ESPAÑOLES. Creo que si la intervención de Pozzo di Borgo y Bulgari a finales de 1823 fue importante en lo que se refiere al cambio de ministros y a la promulgación del decreto de amnistía en mayo de 1824 [73a], lo fue todavía más en un punto particular, que atañe a la política interior española, y sobre el cual, el gobierno ruso proyectó, sin duda alguna, su influencia y sus puntos de vista: me refiero al asunto de los empréstitos que el gobierno de Fernando VII llevó a cabo repetidas veces en capitales europeas —y singularmente en París— para intentar subsanar el deficiente estado de la hacienda pública nacional [74]. No quiero decir, por ello, que la intervención de la política rusa en aquel asunto fuese directa ni decisiva. Pero sí pienso que es necesario escribir algunas líneas aclaratorias al respecto, porque en aquella cuestión se refleja, a mi entender, la proyección rusa en España durante aquellos años.

Sabido es que la Regencia realizó en septiembre de 1823 el primer empréstito con una casa extranjera, la casa Guebhard, por un capital nominal de 334 millones de reales al curso del 60 por 100 y un 5 por 100 de interés y otro 5 por 100 de comisión. Sin embargo, y tal como nos expone Javier de Burgos [75], dado que ésta no cumplía con lo prometido, el nuevo ministro de Hacienda, Luis López Ballesteros, dio orden a don Joaquín Carrese, comisionado por la Regencia para ocuparse de aquel negocio en París, de que adjudicase el empréstito a otro banquero. En vano buscó el encargado

---

[73a] Vid. VPR, *II*, 5, pp. 486-488.

[74] Vid. Artola, *La época*, p. 901.

[75] Burgos, *Observaciones*, p. 7. Sobre el asunto, se encuentra en los *Papeles de Fernando VII*, publicados por Ortiz de la Torre, únicamente esta referencia (p. 225): «Aranjuez, 15 de mayo de 1824. Ugarte. Te incluyo estos papeles que me dio anoche la mujer de Guebhard muy picada, según me dixo, con Ballesteros, por haberle quitado la comisión del empréstito a Carrèra, y habersela dado a Burgos».

ayuda cerca de los más conspicuos financieros: negáronse Laffitte
y Rothschild a realizar operación alguna en España, mientras ésta
—dice Burgos— no empezase por reconocer los empréstitos de las
Cortes [76].

Ahora bien, no sé si sería pura envidia o si se ajustaba a un
fondo de verdad, la cuestión es que Metternich, en una carta secreta dirigida a Lebzeltern, nos ofrece un comentario algo diferente sobre la cuestión y bastante poco halagador para el enviado
especial ruso, Pozzo di Borgo (7 de febrero de 1824):

> ... La raison qui a fait manquer l'emprunt que les premiers banquiers
> de l'Europe avaient proposé à Madrid fut en tout premier lieu le
> préjugé qui s'était élève là contre l'intervention de Pozzo dans l'affaire
> «Il ne s'agit pas d'une affaire avantageuse à l'Espagne, mais de quel-
> ques millions que veut gagner Pozzo». Tel a été le dire public à Madrid
> et à Londres. C'est même là ce que M. Canning dans un avis de fran-
> chise a dit au comte de Lieven, qui s'est trouvé embarrassé de la con-
> fidence... [77].

Naturalmente, conociendo el antecedente de las andanzas de
Tatiščev por allá los años 1817-1818, resulta bastante plausible suponer que nadie quisiese aventurarse a poner en marcha un negocio mientras durase la influencia de algún embajador ruso en
Madrid. Por otra parte, parece también que existía el temor de
que si se llegaba a repartir dinero en abundancia en aquel momento, éste sirviera únicamente para reforzar las posiciones de ciertos
miembros de la camarilla, entre ellos Ugarte, lo que equivalía a
afianzar la influencia rusa. Existen a este respecto amargas quejas
de Metternich, quien, por lo demás, no dejó jamás de contemplar
al general Pozzo como uno de los obstáculos más poderosos para
la realización de su política [78].

Las acusaciones del canciller austríaco en contra del representante ruso en París las repetirá Metternich en una carta muy curiosa escrita también a Lebzeltern, el 18 de junio de 1825, en donde
narra nada más y nada menos que su encuentro en Génova —por
pura casualidad, dice— con Ugarte y Tatiščev. «Ils se sont rencon-
trés», comentó el canciller, «comme deux débris d'un édifice ruiné».

---

[76] Burgos, *Observaciones*, p. 11.

[77] Vid. LEBZELTERN, p. 271, núms. 67-68. Metternich a Lebzeltern, Vienne,
ce 7 février 1824, Secrète.

[78] Vid. LEBZELTERN, p. 279, Metternich a Lebzeltern, Vienne, ce 6 mars
1824, Secrète.

Y la exposición que nos hace acto seguido de cuanto Ugarte confió
a los dos hombres en aquella ocasión es altamente interesante:

... D'après Tatichtcheff, Ugarte attribuait tout le mal qui existait en
Espagne, et plus particulièrement encore la perte des colonies, au
général Pozzo; je témoignai ma surprise; M. d'Ugarte passe alors au
suivant:

Le général Pozzo di Borgo, «dit-il», est-allé en Espagne pour faire
accepter au Roi les emprunts des Cortès. Il y a personnellement un
grand intérêt, et le Roi, les sufaces, en un mot, toute l'Espagne le
savent. Des maisons de Paris fort considérées (M. d'Ugarte a nommé
entre autres la maison Rougemont) avaient offert à cette époque à
l'Espagne un emprunt de 200 millions de francs, au taux de 60 à 80
millions payables d'abord. M. de Pozzo ayant appris le fait, il a cul-
buté cet emprunt, avec l'aide duquel le Roi eut envoyé tout le monde
nécessaire en Amérique pour sauver les colonies.

Aujourd'hui elles sont perdues sans rémission. Il a été de toute
impossibilité au Roi de reconnaître l'emprunt des Cortés, car le fait
serait le signal d'une nouvelle révolution en Espagne. Les soins du
général Pozzo se dirigent néanmoins encore avec ardeur vers le
même but; il se sert, ou bien il se croit servir à cet effet de M. de Zéa,
mais sa peine sera perdue [79].

No se quedaron en esto las explicaciones de Ugarte respecto de
las andanzas del enviado ruso. Pozzo era culpable de la pérdida
de las colonias, por haber impedido que España tuviese a su disposición los medios necesarios para su reconquista, y acto seguido, lanzaba la acusación más grave hecha hasta el momento contra
el representante zarista:

... Il (Ugarte) prétend tenir en main les preuves matérielles que M. de
Pozzo a spéculé sur un capital nominal de 8 millions, effets de l'emprunt des Cortès. Il m'a dit qu'il avait basé son opération sur la
différence de 27 à 33%; c'est-à-dires qu'il m'a répeté ce qui de vingt
côtés m'était parvenu lors de son dernier séjour à Paris. Parmi mes
sources dans cette ville, il me suffira de vous citer M. de Villèle lui-
même. Je me suis bien gardé de ne rien répondre à M. d'Ugarte de ce
qui aurait pu lui faire admettre que je croirais à une version aussi
compromettante pour un homme public, etc... [80].

Un mes más tarde, el canciller austríaco relataba a Lebzeltern
unos interesantísimos pormenores sobre la interferencia rusa en

[79] Vid. LEBZELTERN, pp. 387-389, 18 juin 1825, Secrète, núm. 63.
[80] Idem, p. 389.

la política española, en donde destaca claramente el papel desempeñado por Ugarte, y las dificultades en que se halló el propio Metternich para descubrir los fines perseguidos por el gobierno ruso en España [81]. Tatiščev toleraba:

> non seulement les attaques secondaires qu'Ugarte dirige contre *Zéa*, mais celles plus actives *dirigées contre M. d'Oubril, de Pozzo*, et directement contre le Cabinet russe; plus même, il en aiguise les traits. A quoi et à qui en croire au milieu d'un dédale qui nous place, d'une part, en face du Cabinet de Russie, et de l'autre, vis-à-vis de l'ambassadeur de Russie à Paris, des ministres de cette même puissance à Madrid et à Vienne, de M. de Pozzo qui se plaint de M. d'Oubril, de M. d'Oubril qui se plaint du général Pozzo, de M. de Tatichtcheff qui accuse son collègue de Paris de perdre sa Cour pour servir ses intérêts personnels et son collègue de Madrid d'une ineptie absolue, de M. de Zéa soutenu par M. d'Oubril, suspecté par le général de Pozzo et accusé de trahison par M. de Tatichtcheff, enfin de M. Antonio Ugarte qui se fait fort publiquement de l'appui du dernier, après avoir été condammé à l'exil par les deux premiers! Que veut la Russie? Que veut-elle *en particulier en Espagne?*

Por lo demás, el momento en que Metternich lanza sus ácidas diatribas contra la nefasta influencia de Ugarte y Pozzo, es el momento de la llamada crisis de los voluntarios realistas, cuando Bessières y Capapé se alzan en nombre de un absolutismo a ultranza, cuando el Estado, también, estará más necesitado de la ayuda financiera de los banqueros extranjeros. El día 28 de agosto se cursó un despacho al duque de Villahermosa, embajador en París, ordenándole comunicase a la conferencia de París (en donde se daban cita los representantes aliados) la extrema necesidad en que se hallaba el gobierno de Fernando VII de obtener refuerzos para sanear sus finanzas. Muy curioso es este documento, en que, de algún modo, se relaciona la negativa de la banca extranjera de prestar dinero a España con las intenciones de sublevación de los caudillos realistas [82]:

> ... Al mismo tiempo que el gobierno de S. M. acaba de dar un testimonio público de su firmeza en la destrucción de la rebelión de Bessières y cuando con mano fuerte está trabajando en remover los obstáculos

---

[81] Vid. LEBZELTERN, p. 392, Metternich a Lebzeltern, 13 août 1825, 66, número 6, Secrète.

[82] Zea Bermúdez al Excmo. Sr. Duque de Villahermosa, San Ildefonso, 28 de agosto de 1825. Muy reservada, en *AHN, Estado*, leg. 6 133 [4].

que la ambición y la intriga oponen à su marcha, vé S. M. con sumo dolor que las tentativas criminales de dentro de España se encuentran en cierto modo apoyadas por lo coligacion que parece haberse formado por los Banqueros Extrangeros contra su prosperidad pues que ni las garantias más solidas ni la buena fe mas patente, ni los testimonios practicos del sistema de prudencia y de Justicia adoptadas por S. M. y seguidos con perseverancia han bastado para procurar á la España el auxilio pronto y efectivo que necesita.

Sin embargo, la tentativa no surtió efecto. Villahermosa explicó el 11 de septiembre a Páez de la Cadena [83], cómo, reunidos los embajadores aliados con el ministro francés de Asuntos Exteriores, e informados por el representante español de la demanda de auxilio de Fernando, hubieron de confesar no tener instrucciones de sus cortes a este respecto. Y es que no era poco lo que pedía el gobierno español: que las cortes aliadas se avinieran a garantizar a los banqueros la devolución de los 25 millones de vales que España necesitaba...

6. *La muerte de Alejandro I y el advenimiento de Nicolás I (1825-1855)*

El hilo de nuestra narración debe ser interrumpido aquí para dejar paso a la exposición de los acontecimientos en San Petersburgo que, a raíz de la muerte de Alejandro I, el 1/14 de diciembre de 1825, dieron lugar a una crisis de tres semanas, durante las cuales el Imperio ruso permaneció prácticamente sin soberano, y que terminó con el advenimiento al trono del hermano menor de Alejandro, Nicolás [84].

[83] El Duque de Villahermosa al Excmo. Sr. Ministro Plenipotenciario de S. M. en Rusia. Muy reservada, París, 11 de septiembre de 1825, en *AHN, Estado*, leg. 6 133 [4].

[84] Sobre la crisis de 1825, la muerte de Alejandro I y la subida al poder de Nicolás I, la literatura secundaria es abundantísima. Vid., ante todo, la obra ya citada de Šilder, *Imperator Aleksandr Pervij;* Korff, *Die Thronbesteigung;* Schiemann, Theodor (ed.), *Die Ermordung Pauls;* Idem, *Geschichte Russlands;* Zajkin, I., *Posladnie dni žizni Aleksandra I (Los últimos días de la vida del Emperador Alejandro I);* Lee, *The last days of Alexander;* Syroečkovskij, B. E., *Mežducarstvie 1825 goda (El interregno de 1825);* véase también el artículo de Seide, *Das russische Interregnum.* Muy importantes a este respecto son también los informes enviados a Viena y París por los embajadores de Austria y Francia publicados por Wakar, *Les rapports de l'ambassade de France* y *Les rapports de l'ambassade d'Autriche à Saint Péters-*

Punto culminante de aquella disyuntiva fue la famosa Sublevación Decembrista, de la que hablaremos más detenidamente en otro capítulo.

Ya hemos dicho que la muerte de Alejandro I (1 de diciembre de 1825) dio lugar a una crisis política que puso en marcha uno de los procesos revolucionarios más graves de la historia rusa, antecedente directo de las revoluciones de 1905 y de 1917. Dicho a grandes rasgos, la desaparición de Alejandro —ocurrida en la lejana Taganrog, a orillas del mar Negro, bajo circunstancias que aún hoy aparecen misteriosas— planteó el problema de la sucesión al trono e hizo estallar la revuelta decembrista. Ambos acontecimientos aparecen íntimamente ligados.

El problema de la sucesión al trono quedó planteado de inmediato, puesto que el legítimo sucesor y hermano de Alejandro, el gran duque Konstantin Pavlovič, había renunciado a la corona. Esta renuncia, que se remontaba a los años 1822/1823, era conocida únicamente —siguiendo la versión Korff [85]— por algunos altos dignatarios. Korff apunta que los hermanos menores de Alejandro, Nicolás y Miguel, no conocían en detalle los planes de Alejandro y Constantino. Parece ser que el propio Constantino puso en conocimiento a su hermano Miguel de la intención que tenía de abdicar la corona, mientras que Nicolás no conoció la renuncia al trono de su hermano hasta después de haberle jurado fidelidad. Sin embargo, escribe Seide, existen una serie de documentos que contradicen esta versión. Según informes del embajador francés La Ferronnays y del embajador austríaco Lebzeltern, Alejandro I tuvo la intención de publicar los documentos referentes a la renuncia al trono de Constantino, pero desistió de su empeño en última instancia, precisamente debido a los ruegos del gran duque Nicolás y de su esposa, Alexandra Feodorovna [86].

La noticia de la muerte de Alejandro sorprendió a la familia imperial y a la corte durante una ceremonia religiosa. El gran duque Nicolás, tras conocer el suceso, abandonó inmediatamente la iglesia y se dirigió hacia otra capilla de palacio, en donde él y los

---

bourg. Asimismo, ofrecen un interés indiscutible las cartas cruzadas entre el emperador Nicolás I y su hermano Constantino, pocos días después de la sublevación decembrista, y publicadas en SBORNIK, T. 2. Igualmente, vid. algunas cartas del representante español en San Petersburgo, Páez de la Cadena, que hablan de los sucesos de 1825.

[85] Vid. Korff, *Thronbesteigung*, p. 16.
[86] Vid. Seide, *Das Interregnum*, pp. 581-594.

demás altos dignatarios juraron precipitadamente fidelidad a Constantino [87]. No se sabe cuál fue el motivo que impulsó a Nicolás a actuar de aquella manera, teniendo en cuenta, además, que aquel paso estaba en contradicción con la ley, según la cual el juramento de fidelidad sólo podía efectuarse ante el Consejo de Imperio, el Senado, y el Santo Sínodo [88]. Después de conocer el testamento de Alejandro, el Consejo de Estado desaprobó el acto y declaró que «el manifiesto de Alejandro del 16 de agosto de 1824 no permitía ninguna duda sobre su sucesión». Nicolás, sin embargo, insistió en que solamente aceptaría el trono, después de que Constantino renunciase de nuevo públicamente a la corona.

Dos cartas llegadas el día 24 de diciembre a San Petersburgo, vencieron la indecisión de Nicolás. La primera procedía de Taganrog de entre los papeles de Alejandro, y en ella se hacía alusión a una conspiración que se extendía por toda Rusia y que amenazaba a la propia existencia del Estado. Esta carta, llegada a San Petersburgo por la mañana, provocó una gran inquietud en Nicolás. Por la noche, se recibió otra carta de Constantino, en la que, a pesar de habérsele jurado fidelidad, reiteraba su postura de renunciar al trono. Parece ser que estas dos misivas fueron decisivas para determinar a Nicolás a aceptar definitivamente la corona [89].

El gran duque Nikolaj Pavlovič había nacido el 25 de junio de 1796; era hijo del emperador Pablo I y pertenecía a la segunda generación de los hijos de dicho soberano, juntamente con sus hermanos Miguel, Catalina y Anna. Los dos primeros hijos del monarca, Aleksandr y Konstantin, fueron educados, por su abuela materna, la emperatriz Catalina II, quien parecía tener grandes planes para sus nietos mayores [90]. Nicolás y sus hermanos pequeños, por el contrario, se educaron en casa de sus padres.

El gran duque Nicolás, al que nada predestinaba a ocupar el trono, tuvo como mentor al general Lamsdorff, que fue el primero en infundirle respeto por la vida y la disciplina militar. Nicolás

[87] Idem, ídem, p. 10; Schiemann, Die Ermordung, T. II, pp. 19-20 y 96.
[88] Vid. Korff, Thronbesteigung, p. 37 sig., y Schiemann, Die Ermordung, página 119 sig.
[89] Vid. Schiemann, Die Ermordung, p. 120. Vid. Schiemann, Geschichte, Tomo 2, p. 20. Vid. Syroečkovskij, Mežducarstvie, p. 69.
[90] Catalina II había pensado en desheredar a su hijo Pablo, y hacer proclamar zar inmediatamente a su nieto Alejandro; en cuanto a Constantino, parece ser que recibió este nombre, porque su abuela tenía planes muy concretos respecto a la ciudad de Constantinopla.

aprendió lenguas con facilidad, pero mostró poca inclinación hacia el estudio de la literatura, de la historia o de las leyes. Se convirtió en un diestro jinete y demostró gran placer por la vida militar.

De 1814 a 1817, Nicolás realizó dilatados viajes por Europa Occidental, en donde visitó Prusia, Escocia, Francia e Inglaterra. Dícese que los sistemas políticos de los países que visitaba no lograron causarle impacto. En 1817, al regresar a su país, contrajo matrimonio con la princesa Carlota, hija de los reyes de Prusia, Federico Guillermo III y Luisa; ésta recibiría más tarde el nombre de Aleksandra Feodorovna. No cabe duda de que el gran duque tomó su profesión militar muy seriamente. En 1817, se le nombró inspector general del Cuerpo de Ingenieros; más tarde se le dio el mando de una brigada, y después, el de una división de la guardia. Nicolás no fue nunca muy popular entre los soldados, quienes le reprochaban su extremado sentido de la disciplina y del deber. El historiador Klučevskij ha apuntado acertadamente que si Nicolás no recibió educación política alguna fue debido a que no estaba destinado al trono [91].

Precisamente por haber sido «abandonado» en este sentido, el gran duque tuvo más ocasiones de observar la vida política por sí mismo, de acumular buen número de observaciones y conocimientos prácticos.

Nicolás fue en un sentido fiel observador de la ley, pero, en otro, continuó el proceso de modernización puesto en marcha por Pedro el Grande. Al transcurrir los años, sin embargo, el emperador acabó por confundir la ley con su propia voluntad, y los intereses de Rusia con su política del momento.

El soberano nombró a S. S. Uvarov ministro de Educación (1832-1849); al general P. D. Kiselev (1834-1856), ministro de Agricultura; conservó a Nesselrode en tanto que ministro de Asuntos Exteriores y supo ganarse la confianza de los generales I. F. Paskevič (que liquidaría la insurrección de Varsovia del año 1830) y Benckendorff.

Sin embargo, las revoluciones de los años 1830 en Francia y Bélgica, así como la guerra de Polonia, que le recordaban inevitablemente la sublevación decembrista, aumentaron su temor a posibles sediciones dentro del Imperio y contribuyeron a fomentar su deseo de mantener inamovible la máquina estatal. No fue sino durante la segunda ola de revoluciones europeas, en 1848, cuando

---

[91] Vid. Kljutschewskij, *Russische Geschichte*, pp. 379-380.

el control se hizo verdaderamente insoportable y el emperador Nicolás mereció el título de «Gendarme de Europa».

No sabemos exactamente cómo y cuándo llegaron a España las primeras noticias de los acontecimientos de San Petersburgo. Los informes de Páez de la Cadena, fechados entre el 28 de diciembre de 1825[92] y el 4 de enero de 1826[93] dan amplia información sobre la sublevación decembrista, pero menos sobre los detalles de la renuncia al trono de Constantino. El día 2 de enero de 1826 llegó a Madrid un despacho del embajador en París, duque de Villahermosa, comunicando la renuncia al trono de Constantino «a favor de su Augusto Hermano Nicolás»[94]. El propio Villahermosa escribió algo más tarde, el 17 de enero, que «la horrible conspiración» fue obra de los malvados que conspiran contra la «tranquilidad del Universo» y «contra la legitimidad de los tronos».

No nos es conocida, desgraciadamente, la reacción española, y más concretamente la de Fernando VII, ante los sucesos que acababan de tener lugar en la corte rusa. Lo que sí podemos avanzar es que, a partir de aquel momento, se perfila muy claramente un problema, que había de ser eje, alrededor del cual girarían las relaciones hispano-rusas durante aquellos primeros años del reinado de Nicolás I y últimos de Fernando VII: me refiero ante todo al asunto portugués y su repercusión en Brasil.

7. *El tratado del 4 de abril de 1826*

A principios de 1826, el problema portugués, que venía siendo tema de discordia desde mayo de 1825 (en que João VI había reconocido al Imperio de Brasil como independiente del reino de Portugal y del Algarve, cediendo los derechos de la corona brasileña a su hijo Don Pedro), se agudizó súbitamente a raíz del reconocimiento de esta independencia brasileña, nada menos que por

---

[92] Carta al Excmo. S.ʳ Duque del Infantado, el enviado de S. M. en Rusia. En cifra, núm. 153, San Petersburgo, 28 de diciembre de 1825, en *AHN, Estado*, leg. 6 134[1]; y núm. 154, 31 de diciembre de 1825 (esta carta está fechada en «San Lorenzo»; creo que se trata de un error del secretario que la descifró; debe decir, claro está, «San Petersburgo»), en *AHN, Estado*, leg. 6 134[1].

[93] Carta al Excmo. Sr. Duque del Infantando, el enviado de S. M. en Rusia, en cifra, núm. 158, Sⁿ Petersburgo, 4 de enero de 1826, en *AHN, Estado*, leg. 6 134[1]. Carta al Excmo. S.ʳ Duque del Infantado, el enviado de S. M. en Rusia, Sⁿ Petersburgo, 22 de enero de 1826, núm. 171, en *AHN, Estado*, leg. 6 134[1].

[94] Vid. *AHN, Estado*, leg. 5 249, Exp. 49.

una de las potencias que más acendradamente defendía el legitimismo: el Imperio austríaco[95].

Así las cosas, lo que Páez de la Cadena pudo notificar de momento desde San Petersburgo fue la sorpresa del ministro ruso por la falta de información llegada desde Madrid en lo referente al asunto portugués: Nesselrode comunicó a Páez que lamentaba:

> no haber logrado estar bien informado è instruido por nuestra parte desde los primeros momentos de las últimas innovaciones del Portugal; de quales eran los deseos, qual la politica franca y decidida que según su posición è intereses se proponia seguir el Ministerio del Rey N. S...[96].

Por lo demás, la correspondencia del embajador español en San Petersburgo, en aquellos primeros días del reinado de Nicolás I, refleja el afán de los distintos gobiernos por ganarse las simpatías del nuevo emperador, y hasta —a ser posible— de ejercer una influencia sobre su política. Así, por ejemplo, el gobierno británico eligió a lord Wellington para expresar el pésame —y al mismo tiempo la felicitación— de Inglaterra a la familia Imperial. Páez de la Cadena no dudó en opinar que esta elección obedecía a razones particulares[97]. En efecto, el representante español creía que el envío de tan alto dignatario, como era Wellington, obedecía a alguna indicación hecha al gobierno de Londres por el de Austria. Ambos gabinetes, comentaba Páez, se hallaban unidos por un interés común: a saber, el alejar, en tanto fuera posible, todo peligro de guerra con Turquía.

En cuanto a Austria y Francia, habían elegido respectivamente al archiduque Ferdinand von Este y al vizconde de Saint Priest para cumplimentar a la familia imperial. Por su parte Páez de la Cadena se permitió indicar a Madrid que sería una medida adecuada «se hiciese saber à este Emperador que el Rey nuestro Amo

---

[95] Vid. Robertson, *Metternich's Attitude*, p. 556; Metternich a Marschal, 8 jenner (enero) 1826, en *HHStA*, Brasilien Korrespondenz, 11; vid. también Robertson, *Metternich*, p. 557; vid. el artículo del barón de Loreto, *Reconnaissance*, pp. 502-522, apenas si hace alusión al reconocimiento de independencia por parte de Austria; se limita ante todo a examinar la actitud francesa e inglesa.

[96] Páez de la Cadena al Duque del Infantado, 20 de enero de 1826, en *AHN, Estado*, leg. 6 135 [1].

[97] Juan Miguel Páez de la Cadena al Excmo. Sr Duque del Infantado, San Petersburgo, 11 de enero de 1826, núm. 179 (según otra transcripción la carta sería del 11 de febrero), en *AHN, Estado*, leg. 6 134 [1].

destinaba al Gran Duque Alexandre, el Collar del Toison que se habia honrado en llevar su difunto tio»[98].

A principios de marzo de 1826, el fallecimiento del rey João VI, había de replantear inmediatamente, *el problema de Portugal*. Sabidos son los acontecimientos que, un mes más tarde, habían de influir considerablemente en las relaciones entre los países europeos: fueron éstos, esencialmente, la renuncia al trono de Portugal de Pedro I, emperador de Brasil, a favor de su hija María da Gloria y su otorgación, poco antes de abdicar, de una carta constitucional (29 de abril de 1826). Portugal quedaba regido por una regencia, al frente de la cual se hallaba la infanta Carlota Joaquina. Mas no se quedaban aquí los problemas: en efecto, el hijo de doña Carlota Joaquina, Don Miguel, aspiraba también a la corona.

Desde el punto de vista internacional, precisa hablar también aquí del famoso protocolo del 4 de abril de 1826 firmado en San Petersburgo por lord Wellington de una parte; Nesselrode y el embajador ruso en Londres, Lieven, de otra. Harold Temperley nos ha dejado un ceñido estudio sobre aquel convenio, que, representaba, desde el punto de vista internacional, una verdadera revolución diplomática[99].

Como fácilmente se podrá deducir, la firma del acuerdo del 4 de abril, en la cual tuvo participación muy decidida la princesa Lieven, esposa del representante ruso en Londres, había sido preparada y elaborada ya, muy sigilosamente, durante el reinado de Alejandro I. Este tratado, circundado siempre por un halo de misterio, revestía una importancia especial, porque ponía fin a la oposición, o si mejor se quiere, al antagonismo, que durante tanto años, había enfrentado al Imperio ruso con Inglaterra. En efecto, hasta la fecha, Rusia había actuado o bien sola o bien al amparo de las decisiones de la Santa Alianza. Siempre, sin embargo, en los acontecimientos de los últimos años —así, por ejemplo, en la cuestión de las colonias españolas— se percibía claramente una divergencia de intereses entre rusos y británicos. A partir de aquel momento, ya fuese por recelar de la actitud de Metternich, ya fuese por el deseo de hallar una salida al problema balcánico, lo cierto es que el gabinete de San Petersburgo se aparta de las directrices del canciller austríaco: es el principio del fin de la Santa Alianza,

---

[98] Idem.
[99] Vid. Temperley, Harold, *Princess Lieven and*, pp. 55-78, und Tatiščev, *Vnešnjaja Politika (La política exterior)*, T. I, p. 15. La fecha rusa de la firma del protocolo era el 23 de marzo.

y de la política de los congresos, mientras se inician los preparativos diplomáticos —y pronto militares— que conducirán al desmembramiento del Imperio turco.

De todas estas circunstancias, a nosotros, lo que más nos interesa es su posible repercusión en la política española, y, en aquellos momentos, en la cuestión portuguesa. Porque en efecto, si es verdad que la política inglesa defenderá a doña María da Gloria y a sus seguidores liberales, y si es claro que las simpatías personales de Nicolás I se dirigirán hacia don Miguel y sus partidarios absolutistas, no es menos importante subrayar que el emperador ruso tenía que compaginar la amistad inglesa (en vistas a proceder a «liberar» a los griegos del yugo turco) con el apoyo que, necesariamente, concedería a Don Miguel.

Los primeros informes que Páez de la Cadena envió a Madrid durante el verano de 1826 (así, por ejemplo, el del 14 de agosto) nos muestran a un Nicolás I deseoso de «no tomar por lo pronto resolución alguna», tachando únicamente la concesión de una constitución al pueblo portugués de nueva «folie légale»[100].

La mencionada carta de Páez encerraba también un párrafo de la mayor importancia: tratábase de la declaración del representante inglés al gobierno ruso sobre los acontecimientos portugueses, la cual se reducía, esencialmente, a las frases siguientes:

> ... Acerca de esto, expresaba, que una vez que el Pueblo Portugués admitiese gustoso y reconocido dicha Constitución, el Gobierno Inglés no podria menos que aprobarla y contribuir a sostenerla por todos los medios: que era de esperar mereciese igual aceptación à la Francia, siendo segun se tenia noticias una Constitución calcada sobre la que Luis XVIII habia dado en aquella Nacion y tanto habia influido para su actual prosperidad: que por iguales consideraciones era de creer no mereciese la desaprobación del Gobierno Austríaco: y en fin que por todo ello se lisongeaba el Gabinete Inglés que este Gobierno Imperial no solo no manifestaria la menor desaprobación dando a su Ministro en Lisboa las ordenes conslguientes, sino que también interpondría su influxo con la España para que no se dejase arrastrar a intentar alguna oposición...[101].

Todos los problemas, dificultades y posibles contradicciones que encerraba el informe de Páez son fáciles de percibir. Lo que

---

[100] Al Excmo. Sr Duque del Infantado, el enviado de S. M. en Rusia, Moscow, 14 de agosto de 1826, núm. 261, en AHN, *Estado*, leg. 6 134^1.

[101] Idem.

en aquellos momentos se estaba gestando era un nuevo conflicto de escala europea, en el que España, por razones muy concretas, se hallaba directamente interesada. En efecto, el problema que en aquellos momentos se planteaba para Fernando VII era claro: tras el triunfo del constitucionalismo en Portugal, ¿cómo no caer víctima de los que aconsejaban una política a ultranza en España, ya fuese liberal o absolutista? ¿Cómo mantener el orden en el país, ya de por sí tan agitado, a la vista de los acontecimientos portugueses?

Parece cierto que lo que en aquellos momentos preocupaba a Fernando VII era contar con el apoyo de alguna fuerza extranjera que pudiese ayudarle a frenar la marea de fuerzas antagónicas que se abatía sobre el país; y, en aquellos instantes, los que aún estaban en el país eran los franceses... Creo muy posible que el embajador en San Petersburgo recibiese órdenes para intentar averiguar lo que opinaba el zar de Rusia ante aquella difícil circunstancia para el soberano español; por lo menos, en una conversación sostenida con Páez, el conde de Nesselrode dio muestras de comprender perfectamente la penuria en que se hallaba el rey de España, a la par que dejaba bien aclarado el deseo de no intervenir en el asunto que animaba al emperador Nicolás [102]. Pero tal vez lo más importante que el emperador dijo estar dispuesto a hacer para ayudar a Fernando VII radicaba en su intención de intervenir cerca del gobierno francés para que no retirase sus tropas de España [103].

Finalmente, el día 26 de septiembre, Páez comunicó a Madrid que Su Majestad le había concedido audiencia, durante la cual había quedado de manifiesto la política que el emperador Nicolás entendía seguir en los problemas portugueses. Ésta se dirigía no solamente a practicar una actitud de no interferencia, sino iba tan lejos como para querer rogar al rey de España, que *tal como lo pedía Inglaterra,* se abstuviese de interferirse en los asuntos del vecino [104].

Por otra parte, Nicolás aseguró a Páez haber incitado al gobierno inglés para que procurase por todos los medios que la tranquilidad y la paz de España no se viesen turbadas por partidas procedentes de Portugal. Sin embargo, subrayó el emperador, si

---

[102] Idem.

[103] Al Excmo. Sr Duque del Infantado, el enviado de S. M. en Rusia, Moscow, 29 de agosto de 1826, en *AHN, Estado,* leg. 6 134 [1].

[104] Al Excmo. Sr Duque del Infantado, el enviado de S. M. en Rusia, reservado, Moscow, 26 de septiembre de 1826, núm. 278, en *AHN, Estado* leg. 6 134 [2].

los revolucionarios portugueses intrigaban y excitaban los ánimos en España, entonces Nicolás se mostraría dispuesto a intervenir cerca de los aliados para que cesasen las incursiones por parte de los portugueses [105]. Con todo el emperador de Rusia no pudo ocultar a Páez que:

> ... hubiera sabido con gusto no se hubiese dado acogida en España à las tropas Armadas que se pasaban del Portugal: ellas no obedecian à lo que se les mandaba en nombre de su Soberano Legitimo; à ellas no les tocaba deliberar, ni formar una opinion sobre el regimen político del Estado; ellas eran unos Cuerpos insurreccionados y rebeldes que no merecian proteccion; ... por lo mismo que el Gobierno justo del Rey su Amo de V. dificilmente podrá desentenderse de las reclamaciones que en esta parte intente la Regencia de Portugal... [106].

De todo cuanto el representante español podía escribir a Madrid, lo que quedaba claramente de manifiesto era que el tono de las declaraciones del soberano ruso no era exactamente el mismo que hubiese sido el de su predecesor en circunstancias similares. El deseo de no contrariar a Inglaterra aparece claramente reflejado, si bien éste tenga que permanecer disimulado en algunos momentos. En su afán por no ofender los intereses de la política inglesa, el zar llega hasta solicitar del rey de España que no intervenga en los asuntos de Portugal, como lo desea el gobierno inglés. Nunca se habían oído frases similares durante el reinado del fallecido emperador Alejandro.

Tal debió ser el estupor que las declaraciones de Nicolás I provocaron en el ánimo de Fernando VII, que dio lugar a una Real Orden de González Salmón a Páez de la Cadena, en fecha de 16 de octubre de 1826, que decía así:

> ... Enterado el Rey N.S. de un extracto del protocolo firmado en esa el quatro de Abril de este año entre los Condes de Nesselrode y de Lieven por una parte y el Duque de Wellington por otra, se ha servido S.M. resolver encargue à V.S. procure indagar con toda dilig.ª y certeza si la negociación del Duque de Wellington en Petersburgo no se ha extendido à mas puntos que los asuntos de la Grecia y sino se ha comprehendido en ella alguna cosa que diga relacion con el actual estado politico de Portugal... [107].

---

[105] Idem.
[106] Idem.
[107] Manuel González Salmón al Sr. Ministro de S. M. en Petersburgo, Madrid, 16 de octubre de 1826, *AHN, Estado*, leg. 6 134 ².

Dentro de esta coyuntura —y a mediados de 1827— se inscribe el conocido viaje del conde de Ofalia a París y a Londres, con misión especial de Fernando VII para intentar conseguir la evacuación simultánea de la Península por parte de ingleses y franceses [108]. El embajador español en San Petersburgo no tardó en dar cuenta de la inmediata reacción del gobierno ruso al enterarse del paso dado por Fernando VII:

> ... S.M.I. ha considerado este negocio como sumamente delicado y trascendental respecto à la tranquilidad de España, por la que ultima-mente toda la Europa fuera de la Inglaterra tomó en su día tanto interés, y la Francia hizo tan señalados esfuerzos... [109].

Páez añadía que el emperador se había apresurado a despachar instrucciones a sus embajadores en París y Londres, insistiendo desde luego, en «que debe procederse con gran pulso y meditación en el negocio, y no aventurarse à ninguna resolución decisiva sin las competentes seguridades y garantías de la tranquilidad de toda la Península». Y, en relación estrecha con el proyecto español, ya en marcha, el embajador no podía menos de insistir en que el gabinete imperial había recibido la noticia con algún recelo, siendo así que se hallaba persuadido de que la gestión de Ofalia había sido insinuada por Inglaterra.

Evidentemente, detrás de estas frases de compromiso se escondía un conjunto de motivaciones que impulsaban al gobierno ruso a querer mantener a toda costa tropas inglesas y francesas en la Península. Creo que la razón inmediata de aquella actitud radicaba en el desarrollo que tomaban para los rusos los asuntos balcánicos: y no cabe duda de que el zar debía tener gran interés en que parte del ejército inglés y francés permaneciese movilizado por otros asuntos en Europa Occidental...

---

[108] Vid. Real Orden de Manuel González Salmón al Sᵣ Ministro de S. M. en Rusia, del 2 de mayo de 1827, en *AHN, Estado*, leg. 6 135²; vid. también Ofalia, Conde de, *Escritos*, p. 485. Carta oficial núm. 12, del 15 de abril de 1827. Refiriéndose a su entrevista con el Rey de Francia, dice Ofalia: «Enseguida descendió S. M. à hablar acerca del punto que ha hecho más impresión á este Gobierno, que es, la petición dirigida por nuestra parte, para entrar en negociacion sobre la evacuación de la Peninsula por las tropas francesas é inglesas y disolucion simultanea del ejército español de observacion, reunido en la frontera de Portugal.»

[109] Al Excmo. Sᵣ Dn. Manuel González Salmón, el enviado de S. M. en Rusia, Sⁿ Petersburgo, 19 de abril de 1827, en cifra, núm. 363, en *AHN, Estado*, leg. 6 135¹.

Sin embargo, el empeño ruso de que Inglaterra siguiese presente en Portugal no era óbice para desear el regreso inmediato a aquella corte del infante Don Miguel. En la mente de Nicolás I, el problema era claro: ideológicamente, ¿qué duda había de su afán por ver reinar a un príncipe conservador? Y sin embargo, la ayuda inglesa a los liberales portugueses era útil a su política de expansión en los Balcanes porque mantenía al ejército británico comprometido en un serio problema... Minuciosamente, Páez nos dará, a lo largo de los meses de junio y julio de 1827, claras pruebas de las intenciones del zar respecto de Portugal [110]:

> ... al paso que en S.M.I. habia excitado *une vive surprise et une réelle inquiétude* la noticia que acababa de llegarle de la negociacion sobre la evacuación simultanea que se habia encargado al Sr. Conde de Ofalia; cada vez estaba mas persuadido de la llegada de Doña Maria da Gloria, de los derechos ya incontestables de Don Miguel, y de que esté puesto quanto antes al frente de aquel Reino ofreciese qual era de esperar *garanties durables de force et de solidité...* (2 de junio de 1827).

En cuanto a la corte de Viena uno era únicamente el problema que tenía que solucionar en la Península: lograr a toda costa que la revolución no hiciese mella en el país, que el espíritu liberal no se difundiese en tierras lusitanas con todas las posibles consecuencias que ello supondría para la situación española. Y para lograr tal propósito, el canciller Metternich había puesto sus esperanzas en Don Miguel, residente desde hacía algún tiempo en Viena, y al que había hecho educar cuidadosamente [111]. En cuanto a la evacuación definitiva de la Península por tropas francesas e inglesas, era claro que Austria no podría ver sino con muy buenos ojos el éxito de aquella maniobra.

Un nuevo giro para la política española tomó el asunto portugués a principios de otoño de 1827, cuando llegaron a Madrid despachos de Páez, en los que figuraban copias de notas del gobierno ruso comunicadas a sus representantes respectivos en Berlín, Londres, París y Viena sobre la cuestión portuguesa [112]. Desta-

---

[110] Al Excmo. Sr Dn Manuel González Salmón, el enviado de S. M. en Rusia, Sn Petersburgo, 2 de junio de 1827, núm. 384, reservada, en *AHN, Estado,* leg. 6 135 ¹. Subrayado en el texto.

[111] Vid. a este respecto la semblanza que de Don Miguel traza uno de los diplomáticos de la época, el Conde Andlaw, en *Erinnerungsblätter,* pp. 49-54.

[112] Al Excmo. Señor Don Manuel González Salmón, el enviado de S. M. en Rusia, 2 de octubre de 1827, núm. 467, en *AHN, Estado,* leg. 6 135 ¹.

caban en ellas tres puntos sobre los cuales las potencias «aliadas» habían expresado su conformidad. Después de haber apuntado que «la Russie, l'Angleterre, l'Autriche, la France, la Prusse ont unanimement été d'avis que, placé à la tête du Gouvernement Portugais, l'Infant devait s'interdire toute attaque imprévoyante contre les lois existantes, et toue réaction contre les individus», declaraban que insistían sobre la necesidad:

> 1) ... sur un acte d'abdication par lequel D. Pedro renoncerait formellement et sans condition à la couronne de Portugal et la trasporteroit sur la tête de D. Maria da Gloria sa fille qui épouserait l'Infant D. Miguel. Celui-ci continuerait alors à être régent de plein droit jusqu'à l'époque de la majorité de la Reine.
>
> 2) ... Sur la signature d'un pacte de famille qui réglerait l'ordre de succession au trône en Portugal, selon la Charte et l'ordre de reversibilité entre les deux branches de la maison de Bragance, en cas d'extinction de l'une d'elles. L'Autriche et l'Angleterre accéderaient à ce pacte et en seraient garantes.
>
> 3) ... Sur la conclusión d'un traité de commerce entre le Portugal et le Brésil. Ce traité assurerait réciproquement aux deux pays des avantages commerciaux dont aucun autre Etat ne pourrait jouir... [113].

Fácilmente podrá verse a través de estas líneas que el planteamiento de los puntos indicados equivalía poco más o menos a descartar por completo al gobierno de Fernando VII en la solución de la crisis portuguesa. Jerónimo Becker ha subrayado, con razón, que la llegada del despacho de Páez del día 2 de octubre de 1827, «vino a destruir no pocas ilusiones que se había forjado el Gobierno español y a echar por tierra los proyectos que acariciaba» [114]. Muy poco pudo hacer ya, después de aquellas resoluciones, el gobierno de Fernando VII, si bien, como explica Becker, se reunió una Comisión Diplomática del Consejo de Estado y se despacharon órdenes a los representantes de España en París y Londres. Tras haber oído la opinión de dichos representantes y haber deliberado sobre el caso, se llegó a la determinación siguiente:

> ... que si duraba en Portugal el estado político de cosas inaugurado en 1826, se sentirían bien pronto sus consecuencias en España; que convenía estar dispuesto a auxiliar el restablecimiento del Gobierno legítimo; que se evitase el reconocimiento de la división de Portugal y el Brasil y la existencia del Imperio... [115].

---

[113] Idem.
[114] Vid. Becker, *ob. cit.*, p. 571 sig.
[115] Idem, *ídem*, pp. 572-573.

Además, comenta Becker, podíase deducir de todo lo expuesto que Fernando VII «aspiraba a reivindicar los derechos que creía tener a la corona portuguesa, y que de no lograr esto pretendía sostener los derechos eventuales de la princesa de Beira y de la infanta doña María Francisca...» [116]. En conclusión, a finales de 1827, el problema portugués parecía haberse saldado con un claro fracaso para España.

Poco después, sin embargo, el regreso del infante Don Miguel a Lisboa y el reconocimiento que hizo de la Constitución brasileña para Portugal, habían de replantear el problema de la sucesión lusitana en toda su amplitud. Los acontecimientos de principios del año 1828 causaron una impresión confusa y desoladora. Nicolás I tuvo ocasión de comunicar a Páez el disgusto que le habían causado los últimos sucesos portugueses [117] (25 de abril de 1828).

Prosiguió Nicolás I rogando encarecidamente al embajador transmitiese a Fernando VII el siguiente mensaje:

> ... Que por todo ello y conforme à lo que yo sabia eran los principios de S.M.Y. (conforme à lo que tube la honra de informar à ese Ministerio en mi oficio reservado num. 278 y otros siguientes), las indicadas primeras noticias de las nuevas ocurrencias del Portugal no habian podido menos de serle sumamente sensibles, y que mientras se iban viendo mas en claro dichos acontecimientos y su verdadero origen, me encargaba desde luego dijese por su parte al Rey mi amo, que S.M.Y. le pedia en la mas viva instancia, *le suplicaba por decirlo asi, si era posible de rodillas (à genoux* tales eran las mismas expresiones, que muy reiteradamente me encargó S.M. El Emperador repitiese haciendolas llegar al Rey N.S.) no se mezclase ni interviniese en manera alguna en los negocios y nuevas disgustosas ocurrencias que desgraciadamente parecian sobrevenir en Portugal y que por el interés y particular amistad que le profesaba creía darle en ello un consejo del mejor amigo, y alejarle para lo sucesivo de compromisos por lo pronto dificiles de preveer en toda su grave trascendencia... [118].

El alcance de las palabras transmitidas por Páez es fácil de adivinar. Correspondía al temor zarista de que nuevas dificultades se abatiesen sobre Portugal. En la advocación hecha a Fernan-

---

[116] Ídem, *ídem*, p. 574.

[117] Al Excmo. Sr Dn Manuel González Salmón, el enviado de S. M. en Rusia, Sn Petersburgo, 25 de abril de 1828, Reservada, núm. 568, en *AHN, Estado*, leg. 6 136 [1].

[118] Ídem. Subrayado en el texto.

do VII de permanecer alejado de cualquier trastorno en el país vecino, se escondía el miedo de ver a la Península transformada en un nuevo foco de hostilidades, exactamente como lo eran los Balcanes en aquel preciso momento. De haberse encendido una guerra entre Portugal y España, ambos extremos del Mediterráneo hubiesen ardido al mismo tiempo. La guerra contra Turquía era, además, en aquel momento ya una realidad, y Páez no dudaba en afirmar, el 5 de julio de 1828 [119]:

> Jamás este Imperio ruso ha emprendido contra Turquía una guerra con tan formidables fuerzas.

8. Las vicisitudes del año 1830

Al proclamarse en 1829 Don Miguel rey de Portugal, se abrió una de las crisis más graves que conoció la Península Ibérica durante el siglo XIX y que había de proyectar su sombra, de manera inequívoca, sobre los últimos años del reinado de Fernando VII. Al mismo tiempo, la decisión del rey de España de publicar la Pragmática Sanción y lo inestable de la situación interior española convertirán a estos tres años en un preludio de los acontecimientos que, muerto el rey, habían de ensangrentar a España hasta 1839.

A partir de aquel momento, la intervención extranjera en los asuntos peninsulares es un hecho de considerable importancia. Tanto en el problema dinástico portugués, como en el sucesorio español, habremos de contar con la interferencia de las potencias europeas.

Desgraciadamente, nuestras fuentes no nos proporcionan dato alguno sobre la reacción inmediata rusa ante la publicación de la Pragmática, en marzo de 1830. Sí, en cambio, son abundantes las noticias sobre Portugal. Así, el 27 y el 30 de abril de 1830, corrió la voz en San Petersburgo —noticia, sin embargo, aún no confirmada— de que el marqués de Rezende, embajador de Brasil, había solicitado en nombre de dicha corte la mediación imperial rusa entre Don Miguel y la Regencia de doña María da Gloria, instalada en la isla de Terceira [120]. Noticia, como digo, sin confirmar, y

---

[119] Al Excmo. Sr Dn Manuel González Salmón, el enviado de S. M. en Rusia, Sn Petersburgo, 5 de junio de 1828, núm. 597, Reservado, en *AHN, Estado*, leg. 6 136 [1].

[120] Al Sr Ministro de S. M. en Berlín, Dn Luis Fernández de Córdova, Sn Petersburgo, 27 de abril de 1830, en *AHN, Estado*, leg. 6 137 [2]; y al Excmo. Sr Dn

que en agosto de 1830 fue desmentida por el embajador Páez de la Cadena [121].

De todos modos, a mediados de 1830 tuvo lugar un acontecimiento de capital importancia, que iba a sacudir fuertemente la coyuntura política del momento. Fue éste el estallido revolucionario de julio de 1830 en París, que alejó del trono al representante de la primera rama borbónica, Carlos X, para dejar paso al peculiar estilo de Luis Felipe.

La llegada al poder del rey burgués causó inquietud y desazón en España, y motivó una Real Orden, indicando que «... S. M. Católica celebrará que las Altas Potencias (sic) Aliadas le participen sin tardanza todo cuanto pueda servir de norma al Gabinete Español en el caso probable de que los actuales ó futuros Gobernantes de la Francia le hagan conocer su existencia, ó intentasen otras gestiones...» [122].

La misión encargada a Páez fue evacuada por éste, primero, el 9/21 de septiembre de 1830 y más tarde, el 18 de octubre. En septiembre [123], Páez se limitó a enviar a Madrid una copia de una carta fechada a 18 de septiembre en Carskoe Selo y dirigida por Su Majestad Imperial Rusa a Su Majestad el Rey de los Franceses.

Por lo demás, también en septiembre, el día 11 [124], Páez pudo escribir a Madrid, que había tenido ocasión de pasar a Carskoe Selo, en donde el emperador Nicolás le había hablado en los siguientes términos:

> ... empezó por manifestarme todo el vivo interés que tomaba por el Rey N.S. y por nuestra Nacion, tanto mayor despues de los últimos acontecimientos de Francia: indicó el sumo cuidado que le habían causado las noticias de algunas inquietudes en nuestra España, y con

Manuel González Salmón, el enviado de S. M. en Rusia, núm. 951, San Petersburgo, 30 de abril de 1830, en *AHN, Estado*, leg. 6 137 [1].

[121] Al Excmo. Sr Dn Manuel González Salmón, el enviado de S. M. en Rusia, 1 de agosto de 1830, núm. 990, en *AHN, Estado*, leg. 6 137 [1]: «El objeto de la misión del Marqués no parece haber sido otro que establecer aquí la misión del Brasil, que se espera vendrá a desempeñar otro Ministro.» En el artículo de Resende, *Correspondencia do Marquez de Resende*, pp. 119-505, no se menciona dicha misión.

[122] Manuel González Salmón al Sr. Ministro de S. M. en Portugal, Madrid, 12 de agosto de 1830, en *AHN, Estado*, leg. 6 137 [2].

[123] Al Excmo. Sr Dn Manuel González Salmón, el enviado de S. M. en Rusia, Sn Petersburgo, 9/21 de septiembre de 1830, núm. 1036, en *AHN, Estado*, leg. 6 137 [2].

[124] Al Excmo. Sr Dn Manuel González Salmón, el enviado de S. M. en Rusia, Sn Petersburgo, 11 de septiembre de 1830, nr 1011, en *AHN, Estado*, leg. 6 137 [1].

quanto gusto habia sabido despues que era todo falso y añadió con
calor que estaba persuadido quc nada, nada tendria que recelar el
Rey N. S. confiado qual debia estarlo, en el amor y lealtad tan pro-
bada de sus pueblos, gobernando como lo hacia con generosidad y con
justicia y si necesario fuera con decisión y con firmeza...

Muy pronto el gobierno español tuvo ocasión de hacer uso de
las buenas disposiciones del zar de Rusia. Fue en octubre de 1830,
cuando se solicitó a Páez de la Cadena que alertase al gobierno
ruso sobre las actividades de los españoles exiliados y residentes
en Francia cerca de la frontera española «con el manifiesto y per-
verso fin de alterar la paz y producir violentos trastornos en el
Reyno...» [125].

Por supuesto que Páez de la Cadena se dio buena prisa en llevar
a cabo la comisión que se le había encargado. Porque ya el 29 de
octubre/10 de noviembre de 1830 [126] pudo comunicar a Madrid el
resultado de sus gestiones. Resumíanse éstas en una conversación
mantenida con Nesselrode sobre el asunto, el cual había indicado
en un informe que:

> Dès le moment où le rassemblement (sic) ont commencé à se for-
> mer, l'Ambassadeur de Russie à Paris s'est fait un devoir d'éclairer le
> gouvernement français sur le danger de tolérer une si coupable en-
> treprise et sur la nécessité de la réprimer avec force...

En apoyo de esta aserción, el ministro ruso entregó a Páez una
copia de un despacho enviado al conde Pozzo di Borgo a París,
el 24 de octubre de 1830.

En el segundo apartado, se leía:

> ... Les rapports du Comte Matuzewic nous annoncent que l'Ambassa-
> deur britannique à Paris a reçu l'ordre de réclamer auprès du Gouver-
> nement de disposition (sic) propres à garantir la sécurité de la Pénin-
> sule Espagnole. Vous trouverez dans cette coincidence un moyen de
> plus pour convaincre le Ministère Français combien il est de son
> intérêt de prouver en cette occasion aux Alliés qu'il a l'*intention* et
> le *pouvoir* de faire respecter la tranquillité des nations étrangères [127].

---

[125] Real Orden del 11 de octubre de 1830, Madrid, 11 de octubre de 1830,
al Sr Ministro de S. M. en Rusia, *AHN, Estado*, leg. 6 137 [2].
[126] Despacho de Juan Miguel Páez de la Cadena a Madrid, Sn Petersburgo,
29 de octubre/10 de noviembre de 1830, núm. 1051, en *AHN, Estado*, leg. 6 137 [2].
[127] Idem. Subrayado en el texto.

La carta aquí citada, y singularmente sus últimas frases, hacían alusión directa a la famosa expedición de Vera [128] que tuvo lugar en otoño de 1830, y que tanto inquietó al gobierno de Fernando VII. Por lo demás, cabe señalar, como dato muy curioso, que entre los liberales que se aprestaban a invadir a España, se hallaba un joven ruso llamado Michail Andreevič Kologrivov. Existen dos interesantes artículos sobre la presencia de aquel ruso en las tropas expedicionarias, basados en documentos que obraban en el Archivo del Senado de Moscú y que afortunadamente han sido publicados por Kazman [129].

9. *La aparición de Don Pedro*

El fracaso de la expedición de Vera fue motivo para que a finales de diciembre de 1830 Nicolás I expresase a Páez de la Cadena su satisfacción por el feliz desenlace que habían tenido los últimos acontecimientos de España, una vez «rechazados los infames perturbadores que pretendían introducir la guerra civil» [130].

Así pues, el año 1830 parecía finalizar dentro de un ambiente de concordia y amistad entre Rusia y España. No por ello, sin embargo, hemos de deducir que los problemas pendientes habían sido eliminados. Entre ellos, cabe destacar, como de mayor alcance, la decisiva y aún no resuelta cuestión de Portugal.

---

[128] Vid. el conocido artículo de Núñez de Arenas, *Españoles*, pp. 610-666.

[129] Vid. los dos artículos de Kazman, *Russkij dobrovolec*, pp. 107-120, y K. L. *Ispanskij Insurgent*, pp. 174-193. La presencia de Kologrivov en las filas de los expedicionarios que intentaban invadir España en 1830 es una prueba más del impacto que habían producido en Rusia los sucesos españoles de 1820 (vid. a este respecto el capítulo VIII) y que ejercieron gran influencia en la gestación de la revolución decembrista de 1825. Después de la derrota de los decembristas, todos los que deseaban continuar la lucha revolucionaria, intentaron proseguirla en Occidente, al amparo de las revoluciones que estallaron durante aquellos años, y en particular, en Francia en 1830. Entre aquellos solitarios se hallaba Michail Andreevič Kologrivov. Kologrivov nació el 24 de noviembre de 1812, quedando muy pronto huérfano de padre. El joven se educó al cuidado de su madre y de su tutor D. I. Beličev. Su preceptor fue el «doctor en derecho» John, con quien sus parientes le enviaron a Francia en 1829. Al formarse la expedición que, al mando del General Mina debía invadir España, Kologrivov, que contaba apenas 18 años, se alistó en ella. Pero tras el fracaso de ésta, se dispersó el grupo.

[130] Al Excmo. Sr Dⁿ Manuel González Salmón, el enviado de S. M. en Rusia, Sⁿ Petersburgo, 20 de diciembre de 1830, núm. 1069, en *AHN, Estado*, legajo 6 137 [1].

Sabido es que la política de Fernando VII aspiraba al reconocimiento de Don Miguel como rey de Portugal, y que a esta finalidad consagró la diplomacia española buen número de gestiones y de diligencias durante los años 1830/1831. El problema quedó planteado a principios de febrero de 1831, cuando Páez de la Cadena recibió un despacho del embajador español en Londres, Zea Bermúdez, en el que daba cuenta estar gestionando cerca del gobierno británico el reconocimiento de Don Miguel en tanto que rey de Portugal [131]. Al mismo tiempo, Zea rogaba al embajador en San Petersburgo que interviniese cerca del gobierno ruso para que, a través de su embajador en Londres, apoyase sus pasos.

Páez, por aquel momento, no se atrevió a hacer las diligencias necesarias solicitadas por Zea, porque no había recibido orden directa de Madrid, pero el mismo día 5 de febrero, y en un despacho separado, informó al ministerio que el comendador Guerreiro, representante portugués en San Petersburgo, había entregado al gobierno ruso una nota en la que pedía el reconocimiento de Don Miguel. Dicha nota encerraba, entre otros, el siguiente párrafo [132]:

> Il est à craindre, il est même, j'ose le dire, très possible que l'Espagne, qui a eu le bonheur d'échapper aux premières tentatives qu'ont dirigé contre elle du côté de la France les Révolutionnaires Espagnols, ne puisse résister aux doubles efforts qui se feront indubitablement contre cette Monarchie tant du côté des Pyrénées, que de celui du Portugal, si, dans ce dernier Royaume les principes purement Monarchiques, qui s'y trouvent heureusement établis viennent à être remplacés, comme on doit le caindre, par ceux que professent hautement les partisans de Don Pedro...

Pero he aquí que a mediados de 1831, concretamente en abril, la renuncia de Don Pedro al trono de Brasil dio lugar a un nuevo recrudecimiento del problema portugués. En un principio, parecía que Don Pedro —quien llegó a Europa acompañado por su segunda esposa, la hermana del conde de Leuchtenberg, y por su hija María da Gloria— no abrigaba intenciones de recuperar la corona portuguesa. Pero una vez en Europa, Don Pedro hubo de escuchar los consejos de don José de Silva Carvalho, quien había intentado

---

[131] Al Excmo. Sr Dn Manuel González Salmón, el enviado de S. M. en Rusia, Sn Petersburgo, 5 de febrero de 1831, núm. 1092, en *AHN, Estado*, leg. 6 137 ³.
[132] Al Excmo. Sr Dn Manuel González Salmón, el enviado de S. M. en Rusia, Sn Petersburgo, 5 de febrero de 1831, núm. 1093, en *AHN, Estado*, leg. 6 137 ³.

fundar un partido liberal de centro, al margen de los capitaneados por Palmela y Saldanha. Convencido, pues, de que se podía intentar alguna acción contra Don Miguel, Don Pedro consultó a los ministros ingleses y franceses y se preparó para actuar contra su hermano [133].

La crisis que había alcanzado el problema portugués quedó crudamente evidenciada en julio de 1831, cuando el gobierno de Luis Felipe sintió la necesidad de acudir en defensa de los súbditos franceses establecidos en Portugal, enviando una flota al mando del almirante Roussin, el cual, después de haber bloqueado la desembocadura del Tajo, se apoderó en pocas horas de una flotilla portuguesa.

La airada reacción francesa ante la política reaccionaria de Don Miguel no favorecía en modo alguno los anhelos españoles, que aspiraban a lograr su reconocimiento internacional. A partir de agosto de 1831, y a raíz de la citada intervención francesa, asistimos a un verdadero despliegue por parte de la diplomacia española con vistas a conseguir el anhelado éxito en la cuestión portuguesa. Éste tuvo como protagonistas más destacados, además del propio gobierno, a Zea Bermúdez en Londres, Luis Fernández de Córdova en Berlín, Joaquín Francisco Campuzano en Viena, el conde de Ofalia en París, y el que para nosotros resulta más interesante, Páez de la Cadena, en San Petersburgo.

Fue el 6 de agosto de 1831, es decir, un mes escaso después de la expedición Roussin a Portugal, cuando el embajador español en San Petersburgo, y por orden de González Salmón [134], inició de nuevo gestiones con vistas a hallar una solución al problema portugués que correspondiese a los deseos del gobierno de Madrid. La coyuntura del momento no era, en verdad, muy favorable a las ambiciones españolas, dada la intervención armada que el gobierno ruso se había visto obligado a llevar a cabo en las provincias polacas del Imperio, donde la revolución francesa de julio de 1830 y la proclamación de la independencia belga (octubre-noviembre de 1830) habían hecho mella en el ánimo de los patriotas polacos. Al mismo tiempo, los problemas balcánicos y la guerra ruso-turca representaban un lastre indudable para la política rusa.

---

[133] Vid. Stern, *Geschichte*, T. 4, p. 425; y Vianna, *Documentos*, T. III.

[134] Al Excmo. Sr D^n Manuel González Salmón, el enviado de S. M. en Rusia, S^n Petersburgo, 6 de agosto de 1831, núm. 1189, en *AHN, Estado*, leg. 6 137 [3].

Con todo, a principios de agosto, Páez intentó, en el curso de una conferencia mantenida con Nesselrode, hacer presente al ministro ruso que:

> Las nuevas y mayores complicaciones y embarazos, que sobre tantas otras debia ofrecer respecto al Portugal y al Monarca que lo rige, este suceso y la venida de D.ª Maria, y el nuevo campo que podrá abrirse para reanimar las tentativas ya casi desesperadas de los que tanto han anhelado introducir la desunion y la guerra civil, y todos los horrores y calamidades de la anarquía en la Península, fueron reflexiones con que insistí sobre el interés general de la Europa en accelerar la época de poner término á la incertidumbre en que se halla el Reyno de Portugal, reconociendo los demás Gobiernos á aquel Monarca... [135].

Según relató Páez, parece ser que Nesselrode contestó, en aquel momento, que insistiría de nuevo cerca del emperador para que se mandasen al príncipe de Lieven, embajador en Londres, las órdenes pertinentes a este respecto. Si Páez de la Cadena no consiguió durante los meses de verano mayor contestación por parte del gobierno ruso que la que hemos apuntado ya, tampoco parece que su colega vienés, Campuzano, obtuviese mayor éxito.

Y, sin embargo, parecía que la causa de Don Miguel encontraba mayor eco en Viena que en otras capitales europeas. El rey de Portugal tenía en la capital austríaca a un agente secreto llamado Hulsemann, el cual estaba encargado de defender sus derechos.

No es, pues, de extrañar que fuese de Viena de donde Páez recibiese —exceptuando, naturalmente, Madrid— las presiones más fuertes para incitar al gobierno ruso a que apoyase la causa de Don Miguel cerca del gobierno inglés: «Por orden de S.M., escribía Campuzano a Páez el 19 de noviembre de 1831 [136], he solicitado oficialmente la cooperación de este Gobierno para sostener en Londres los pasos de nuestro Ministro en favor del reconocimiento de S.M. el Rey de Portugal como el único medio de restablecer la tranquilidad de aquel Reyno que tanto interesa a toda la Península.»

Afortunadamente, nuestras fuentes nos ofrecen una visión bastante concreta de lo que fue la actividad de Páez en San Petersburgo durante las últimas semanas del año 1831; y vemos que el

---

[135] Idem.

[136] Joaquín Francisco Campuzano a Juan Miguel Páez de la Cadena, Viena, 19 de noviembre de 1831, en *AHN, Estado,* leg. 6 138 ².

embajador español pudo, el 4 de diciembre, comunicar a Madrid
que el comendador Guerreiro, en ocasión de la expedición francesa contra Lisboa, había mantenido conferencias con Nesselrode,
cuyo fruto había sido el envío de instrucciones al embajador ruso
en Londres, príncipe de Lieven [137]. Tres días más tarde, el día 7,
Páez notificó a Madrid cuál había sido la reacción del gobierno
ruso, según le había informado el vice canciller conde de Nesselrode en una entrevista habida con él [138]:

> ... le hallé muy dispuesto à promover lo que yo le habia manifestado
> ser de tan urgente interés para el Rey N.S., hasta dejarme esperar...
> que no se retardaría en comunicar acerca de ello las instrucciones
> convenientes al Principe de Lieven, pero dejando al mismo tiempo
> entrever, que otros asuntos de más inmediata atención (qual debian
> ser entonces los que estaban pendientes de la Polonia y despues los
> del arreglo entre la Bélgica y la Holanda) debían hacer con respecto
> á los del Portugal que la intervención directa de este Gabinete cerca del
> Británico no fuese aislada, y mucho menos de los primeros á tomar
> una parte activa, a pesar de los vivos y constantes deseos de S.M. el
> Emperador de emplear en todas ocasiones su influjo para quanto pu-
> diese contribuir á los deseos del Rey N.S....

Entregado a aquella difícil tarea, Páez de la Cadena tuvo la
suerte de encontrar en el embajador de Austria, conde de Ficquelmont, a un aliado capaz de superar la reticencia con la cual el
gobierno ruso parecía actuar en el asunto. El mismo día 7 de diciembre, Páez escribió a Madrid que había recibido la visita de
dicho embajador, quien le dio cuenta de una serie de documentos
que acababa de recibir de Viena. Dichos documentos se reducían:

> ... 1.º a una carta de ese Ministro de Austria Conde de Brunetti al
> Principe de Esterhazy y Embajador en Londres de fecha 14 de Octu-
> bre... 2.º un Memorandum extendido por el Gabinete de Viena tomando
> en consideración el actual estado crítico de Portugal, y proponiendo
> el punto de vista bajo el que debe considerarse con respecto a la Penin-
> sula y a la paz y tranquilidad del resto de la Europa; 3.º una carta
> del Principe de Metternich dirigida al Principe de Esterhazy en la que
> se desenvuelven los principios indicados en el Memorandum, mandan-
> dole abrir sus comunicaciones sobre ello con el Gabinete Brit.ᶜᵒ 4.º otro

---

[137] Al Excmo. Sʳ Dⁿ Manuel González Salmón, el enviado de S. M. en Sⁿ Petersburgo, 4 de diciembre de 1831, núm. 1257, en *AHN, Estado*, leg. 6 137 ³.
[138] Al Excmo. Sʳ Dⁿ Manuel González Salmón, el enviado de S. M. en Rusia,
Sⁿ Petersburgo, 7 de diciembre de 1831, núm. 1260, en *AHN, Estado*, leg. 6 137 ³.

despacho reservado del mismo Principe de Metternich al indicado Embajador en el que se le previene el modo de entablar la negociación, suspendiendo toda comunicación oficial hasta ponerse de acuerdo, y que se recibiesen órdenes de sus Cortes los Representantes de Prusia y Rusia... y finalmente otro despacho del Principe Metternich dirigido a este Embajador Conde de Ficquelmont, en que refiriéndose a la copia de la carta del Conde de Brunetti y demás documentos que incluia le encarga solicitar de este Gabinete Imperial la adhesión á quanto se propone en el Memorandum y cooperación de las tres Cortes de acuerdo con la Inglaterra, para la conservación de la paz en la Peninsula y de toda la Europa... [139].

Así, pues, parecía como si los designios del gobierno español hubiesen de encontrar una dichosa correspondencia en la actitud de la corte de Viena, puesta ahora de relieve a través de todos los documentos que Ficquelmont ponía ante los ojos de Páez. Se trataba, ante todo, para el representante español, de asir la favorable coyuntura para hacer de nuevo hincapié ante el ministro ruso, de la necesidad de apoyar los pasos dados en Londres por el representante austríaco.

El caso es que, algunos días más tarde, el embajador pudo por fin escribir a Madrid [140], que Nesselrode le había comunicado haberse enviado ya a Lieven órdenes e instrucciones convenientes, que Páez interpretó como una adhesión rusa al Memorándum de la corte de Viena. Al propio tiempo, se le anunció que habían sido expedidos también correos a Pozzo di Borgo en París y a Ubril en Madrid. Pero en realidad, Páez desconocía por completo el tenor de las manifestaciones rusas a su embajador en Londres.

Se ilusionó pensando que el gobierno ruso habría, como mínimo, apoyado la solicitud austríaca de forma enérgica, y que después de las gestiones de los gobiernos de Austria, Rusia y Prusia, vendría el rápido y anhelado reconocimiento de Don Miguel. Pronto, sin embargo, y aun antes de acabar el 1831, Páez hubo de comprender que de momento era aún ínfimo el éxito conseguido a este respecto en Londres y que había que acelerar cuanto antes las diligencias. Recibió una carta del embajador español en Berlín, Luis Fernández de Córdova, el cual le transmitía noticias de Zea

---

[139] Al Excmo. Sr D^n Manuel González Salmón, el enviado de S. M. en Rusia, S^n Petersburgo, 7 de diciembre de 1831, núm. 1261, en *AHN, Estado*, leg. 6 137³.

[140] Al Excmo. Sr D^n Manuel González Salmón, el enviado de S. M. en Rusia, S^n Petersburgo, 14 de diciembre de 1831, sin número, en *AHN, Estado*, legajo 6 137³.

Bermúdez desde Londres y que dejaba pocas dudas sobre la forma de actuar de las potencias aliadas en la capital británica [141].

> No puedo excusarme de escribir nuevamente à V.E. y de excitar su celo para que concurra à allanar los entorpecimientos que en la cuestión Portuguesa hacen ilusorias las esperanzas que teniamos motivos y necesidad de concebir en la intervención de las Potencias Aliadas. Sus agentes en Londres manifiestan una tibieza en dichos negocios, que independientemente de otras causas, es preciso atribuir al vicio organico de las instrucciones que se les ha dirigido...

La lectura de la misiva de Fernández de Córdova entrañaba revelaciones desoladoras sobre la escasa fortuna con que el gabinete austríaco había llevado a cabo las gestiones en Londres: en vez de aspirar a lograr el reconocimiento de Don Miguel, su acción se había limitado a tratar de reconocer al gobierno español el derecho de intervenir en Portugal, en caso de que Don Pedro lo hiciese también.

Fernández de Córdova tuvo un juicio muy duro —o tal vez muy lúcido— sobre la verdadera finalidad de las potencias liberales —Francia e Inglaterra— respecto de la situación en la Península [142]:

> ... todo esto porque de la revolución del Portugal esperan la de la Península entera, en la cual se funda una coalición meridional que oponer á la del norte de Europa. Este objeto palpable y casi *avoué* es tanto más evidente cuanto se sabe que la revolución del Brasil ha sido una trama convenida y urdida por los revolucionarios para dar á D. Pedro un pretesto con que venir á Europa, á fin de coronarse constitucionalmente en toda la Península...

Concluía el embajador en Berlín su misiva pidiendo a Páez que hiciese cuanto estuviese en su mano para que el gobierno ruso «previo su acuerdo con los de Austria y Prusia», consiguiese del gobierno inglés que impidiese «se lleve a efecto la expedición (de Don Pedro), e incitase a los británicos «al restablecimiento de sus relaciones políticas con la corte de Lisboa...».

Dejando aparte la afirmación —por lo demás no demostrada— que la revolución del Brasil había sido un asunto preparado con

---

[141] Luis Fernández de Córdova al Excmo Sr Ministro de S. M. en Petersburgo, Berlín, 31 de diciembre de 1831, en AHN, *Estado*, leg. 6 138 [2].

[142] Subrayado en el texto.

antelación, no cabe duda de que la Península Ibérica era en aquellos momentos clave muy importante para el equilibrio en Europa.

De haber triunfado Don Miguel en Portugal, la Península, gobernada por dos sistemas eminentemente conservadores, hubiese hecho inclinar la balanza de poderes hacia Rusia, Prusia y Austria con grave detrimento para Francia e Inglaterra. El triunfo de Don Miguel en Portugal aparecía, pues, como un suceso peligrosísimo para las potencias liberales.

10. *La política española. La reacción rusa*

Lo grave de la situación fue, como es natural, captado en Madrid, desde donde ya a principios de 1832 se cursaron nuevos y apremiantes despachos a Páez para que no desistiese en su empeño. Así, el día 10 de enero, Calomarde comunicaba al embajador [143]:

> Siendo tan necesario y urgente en el estado avanzado en que se hallan los preparativos del Ex. Emperador D. Pedro, que esa Corte y sus otras dos aliadas procedan, sin perder tiempo, de la manera enérgica, eficaz y decidida que reclaman las circunstancias y el interés común de la Europa, V.E. debe esforzar sus gestiones y reiterar sus instancias, añadiendo à las consideraciones que le sugiera su celo...
>
> Primeramente verá V. E. que la España se halla ya explícita y terminantemente escitada por S.M. Fid.ma para ir en su socorro con la fuerza de sus armas, segun la Copia Adjunta de una Nota, que me ha dirigido en 16 del corriente el Sr. Ministro de Portugal...

La situación quedaba, pues, a principios de 1832, planteada de manera grave: España reivindicaba ahora, sin lugar a dudas posibles, el derecho de intervenir en Portugal en virtud de una llamada de ayuda por parte del rey Fidelísimo.

No creo que lo embarazoso de la situación aliada pueda ponerse en duda, puesto que si España atacaba efectivamente a Portugal, era evidente que Inglaterra intervendría inmediatamente en favor de Doña María da Gloria. Parece ser, según nos cuenta Stern, que únicamente al embajador austríaco en Londres se le ocurrió una solución de compromiso: «se reconocería a Don Miguel, se le

---

[143] Francisco Tadeo Calomarde al Sr Ministro de S. M. en Petersburgo, Madrid, 18 de enero de 1831, en *AHN, Estado*, leg. 6 138 [1].

entregarían las Azores, Don Pedro se alejaría del país y se proclamaría una amnistía para sus partidarios...»[144].

Claro está que esta solución tampoco iba a satisfacer en modo alguno las aspiraciones españolas, y así es, como durante los primeros meses de 1832, asistimos al repetido intento por parte de la diplomacia española en Londres, Berlín, Viena y San Petersburgo de lograr una solución favorable a España en el dificultoso problema, solución que urgía ahora más que nunca, puesto que Don Pedro se preparaba ya a llevar a cabo la expedición que debía acabar con el reinado de Don Miguel...

Entre las cortes que con más empeño parecían sostener la causa española en aquel momento, creo que cabe destacar la actuación de la corte prusiana. Precisamente el 20 de enero de 1832, Luis Fernández de Córdova, a la sazón embajador de Berlín, envió a Páez de la Cadena una carta muy significativa del ministro prusiano Ancillon, que encerraba la opinión del gabinete prusiano al respecto[145].

Y, sin embargo, a pesar de todas estas tentativas, era evidente que la gestión de las cortes aliadas no alcanzaba el éxito apetecido, en gran parte porque los embajadores de Rusia, Prusia y Austria no actuaban de manera clara ni ordenada. Faltaban a sus pasos la coordinación y la intensidad necesarias para que su gestión tuviese éxito.

Por su parte, el conde Ofalia, en París, tampoco ahorraba esfuerzos para convencer al gabinete francés de la necesidad de que España interviniese en Portugal, en favor de Don Miguel. El caso es que el 4 de febrero de 1832, Ofalia pudo comunicar a Madrid el resultado de una larga entrevista habida con el ministro francés Périer del que destaco el párrafo siguiente[146]:

> ... puedo asegurar á V.E. que tengo por cierto lo que dije en mi carta no 170 de que habiendo M. Billing escrito de oficio a Mr. Perier, que bajo pretexto de desercion se habian introducido en Portugal algunos miles de soldados españoles, M. Perier dijo confidencialmente *que haciamos bien siempre que fuese con maña* y en términos de no comprometerse el Gobierno Frances y parece que manda que... (ilegible) se contestase sobre ello a Billing...

---

[144] Vid. Stern, *ob. cit.*, T. 4, pp. 426-427.
[145] Copia de la Contestación dada por Mr Ancillon al Ministro de S. M. en Berlín, el 20 de enero de 1832, en *AHN, Estado*, leg. 6 138 [2].
[146] El Conde de Ofalia al Excmo. Sr. Dⁿ Francisco Tadeo Calomarde, París, 4 de febrero de 1832, en *AHN, Estado*, leg. 6 138 [2].

Como puede verse, la postura del gobierno francés era completamente adicta a España, al punto que no recelaba de que España hiciese pasar soldados solapadamente a Portugal. Parece ser que, después de esta conversación, Ofalia mantuvo una reunión con sus colegas de Prusia, Austria y Rusia, después de la cual estos iniciaron «gestiones eficaces en apoyo de las mías, con arreglo a sus instrucciones, siendo uno de los más activos el Sr. Pozzo di Borgo, de cuyo interés por nuestra causa y por la del orden monárquico en general, tengo muchos motivos de estar satisfecho» (Carta dirigida a Páez, del 9 de febrero de 1832). La razón asistía al conde cuando en esta misiva observaba a Páez [147]:

> La mayor dificultad está en Inglaterra de donde hasta ahora no tengo datos suficientes pª poder formar juicio de la conducta ulterior de aquel Gobierno...

Muy pronto, sin embargo, la postura de Inglaterra iba a ponerse de manifiesto. Fue el 10 de febrero cuando Palmerston entregó una nota a Zea en la que Inglaterra acusaba a España de hacer desertar soldados hacia Portugal y en la que exigía una respuesta categórica a este respecto por parte de España.

Así las cosas, asistimos a mediados de febrero (concretamente el día 24) a una nueva orden del conde de la Alcudia dirigida a Páez para que plantease otra vez al gobierno ruso la necesidad en que se había visto España de destacar «a un Cuerpo de Tropas respetable en la Frontera Portuguesa...» [148].

Algunos días más tarde, el 26 de febrero, se cursó una nueva nota a San Petersburgo, esta vez en términos aún más categóricos [149]:

> ... es la voluntad de S.M. que redoble V.E. sus instrucciones y eficaces reclamaciones à ese Gobierno para que renueve las más terminantes y categóricas instrucciones à sus Agentes en Londres y Paris, à fin de obtener desde luego con decisión y empeño el reconocimiento de nuestro derecho á intervenir en los asuntos de Portugal, cuyo Gobierno nos requiere reiteradamente à prestarle el auxilio à que nos obligan los tratados...

---

[147] El Conde de Ofalia a Juan Miguel Páez de la Cadena, París, 9 de febrero de 1832, Reservada, en *AHN, Estado*, leg. 6 138 ².
[148] El Conde de la Alcudia al Sʳ Ministro de S. M. en Petersburgo, Madrid, 24 de febrero de 1832. Muy Reservada, en *AHN, Estado*, leg. 6 138 ¹.
[149] El Conde de la Alcudia al Sʳ Ministro de S. M. en Petersburgo, 26 de febrero de 1832, en *AHN, Estado*, leg. 6 138 ¹.

Desgraciadamente, la decepción del gobierno español en el asunto de la intervención en Portugal no debía tardar en llegar. Tomó ésta cuerpo, a mediados de mayo de 1832, en un *Memorándum* ruso sobre la cuestión, que equivalía poco más o menos a la negativa del gobierno de Nicolás I a intervenir decididamente en el asunto. La contestación a las notas españolas que Nesselrode entregó a Páez de la Cadena decía así [150]:

> ... Il n'échappera point au Cabinet de Madrid qu'une intervention armée et directe en faveur de D. Miguel loin de répondre au but gu'il se propose, serait peut être le moyen de précipiter la catastrophe, qu'il a tant d'intérêt à écarter, puisque d'une part elle offriralt à la propagande française le prétexte de porter la guerre en Espagne et avec elle ses doctrines subversives; de l'autre elle mettrait le Gouvernement anglais dans le cas de prendre des déterminations sur la nature desquelles toutes ses déclarations antérieures ne laissent subsister aucun doute...

El empeño del gobierno de Fernando VII —conseguir el apoyo de las cortes aliadas y en particular de la corte rusa para proceder a una intervención en Portugal— se saldaba, pues, a principios de verano de 1832, con un resultado negativo para la política española. La contestación del gobierno ruso dejó paso a un verdadero movimiento de decepción en el ánimo del rey de España, que veía así venirse abajo buen número de esperanzas depositadas en la ayuda que esperaba de sus colegas del norte. El día 27 de junio, el conde de la Alcudia dejó traslucir la amargura que reinaba en los círculos reales de Madrid [151].

11. *La misión de Sir Strafford Canning*

En los meses que transcurren desde la entrega del Memorándum ruso a Páez de la Cadena hasta los sucesos de La Granja (septiembre de 1832), un único acontecimiento importante llena la vida política de la Península: es éste la aparición ante Oporto de Don Pedro, con una flota capitaneada por un oficial inglés, Sartorius. Don Pedro, anteriormente había instalado su ministerio en la isla de Terceira, y llamado a su cabeza a Palmela.

---

[150] Citado por Becker, *ob. cit.*, p. 607.
[151] El Conde de la Alcudia al Sr Ministro de S. M. en Petersburgo, Madrid, 27 de junio de 1832, en *AHN, Estado*, leg. 6 138 [1].

Pero es ahora evidente que el eje de la futura suerte de la Península se centra en los acontecimientos de mediados de septiembre de 1832, más conocidos bajo el nombre de Jornadas de La Granja, y sobre los cuales, desgraciadamente, nuestras fuentes no dan sino muy escasas informaciones dignas de interés. La actuación o la participación del embajador de Rusia, contrariamente a la del embajador de Austria, Brunetti, o a la de los embajadores de Nápoles y Cerdeña, Antonini y Solaro, parece que fue reservada, a juzgar por lo que sobre ellos nos dicen Hermann Baumgarten [152] y Gorricho Moreno [153].

En todo caso, nuestras fuentes tampoco nos indican reacción alguna del gobierno ruso ante los sucesos de octubre y noviembre de 1832, que conocieron la re-instauración de la Pragmática de 1830, así como una serie de medidas dirigidas a debilitar a los seguidores de Don Carlos. Parece cierto que, en política exterior, el afán del gobierno se centrará ahora en conseguir a toda costa —por lo menos a partir del mes de marzo de 1833, cuando Don Carlos marche a Portugal— una solución del problema portugués. A principios de 1833, y transformado Zea en ministro de Estado, éste envía al embajador de San Petersburgo una relación sobre los sucesos de septiembre de 1832, indicando [154]:

> Dirijo a V.E. la Gazeta de hoi, que inserta unas declaraciones hechas por el Rey N.S., en que S.M. da por nulo un decreto que se le arrancó por sorpresa en los momentos mas graves de su enfermedad, derrogando la Pragmatica sanción de 29 de marzo de 1830 sobre la sucesión regular à la Corona de España...
>
> Habiendose dado publicidad à este Decreto por una perfidia y apoyandose en el algunos manejos para seducir à los Gabinetes extranjeros, conviene V.E. le tenga presente para hacer las explicaciones que puedan ocurrir en alguna ocasión ni consentir sobre este punto discusiones con ese Gabinete, puesto que España no reconoce competencia a ningún Gobierno extranjero para intervenir en sus leyes fundametales... (1 de enero de 1833).

De todos modos, la empresa de Zea se centrará ahora, según hemos dicho, en lograr una solución al problema portugués. Éste había recibido un nuevo impulso a finales de 1832 por iniciativa

---

[152] Vid. Baumgarten, *Der Kampf um die spanische Succession*, p. 392.
[153] Vid. Gorricho Moreno, *Los sucesos de La Granja*.
[154] Zea Bermúdez al Ministro de S. M. en Sⁿ Petersburgo, 1 de enero de 1833, en *AHN, Estado*, leg. 6 138 ³.

del ministro inglés Palmerston: en efecto, en vistas a obtener una rápida solución a un asunto que amenazaba con convertirse en una seria desavenencia internacional, éste había despachado a la Península a un emisario: Sir Strafford Canning [155].

Todo cuanto sabemos sobre los primeros pasos del enviado inglés en España quedó consignado en una carta de Zea al emba- jador español en Londres, el día 22 de enero de 1833, y de la cual se envió también copia a San Petersburgo [156].

Evidentemente, y como cabía esperar, las conversaciones Zea- Strafford giraron alrededor de la guerra civil que amenazaba al reino de Portugal. Sin embargo, y en el curso de las entrevistas surgió un elemento nuevo, que demuestra hasta qué punto los sucesos de La Granja del mes de septiemre habían inducido a más de una potencia a pensar que había llegado el momento de obte- ner un cambio de rumbo en la cuestión portuguesa por parte del gobierno español.

A partir de este momento, es muy importante destacar que las potencias extranjeras, cuantas veces dirijan la mirada hacia la Península, no será ya únicamente para lamentar el grave problema portugués —alrededor del cual cristalizaban los fenómenos libe- ral y conservador—, sino para recelar de lo que en el futuro pu- diera ocurrir en España. Y es evidente que un gobierno como el inglés alentado por los cambios ministeriales de octubre-noviem- bre de 1832, había puesto su confianza en un desenlace favorable a la cuestión lusitana y al propio tiempo en una evolución «libe- ral» de la monarquía en España.

La preocupación por la futura suerte de España queda asimis- mo de manifiesto en una carta de Páez, fechada el 1 de febrero de 1833 en San Petersburgo, y en donde el embajador daba cuenta del pesar que había causado en el ánimo de Nicolás I «las noticias que le habían llegado de las pequeñas reuniones sediciosas, que se habían presentado pretendiendo turbar el orden público en To- ledo y en esa Capital» [157].

Por otra parte, y en la misma conversación habida entre Páez y el emperador ruso, este último, muy al contrario de lo sostenido

---

[155] Sobre Strafford Canning, léase la biografía de este diplomático en la obra de Lane-Poole.

[156] Al encargado de negocios de S. M. en Londres, Madrid, 22 de enero de 1833, en *AHN, Estado*, leg. 6 138 ³.

[157] Al Excmo. Sr Primer Srio de Estado el Ministro de S. M. en Rusia, Sn Petersburgo, 1.º de febrero de 1833, núm. 1 400, en *AHN, Estado*, leg. 6 138 ⁴.

por el gobierno inglés, afirmó al representante español «sus vivos deseos de ver terminada la cuestión del Portugal, siendo al fin **arrojados de Oporto** qual era de esperar el Principe Don Pedro...»[158].

Desde febrero hasta abril de 1833, lo que nuestras fuentes nos revelan son las diversas tentativas del enviado inglés Strafford para conseguir del gobierno español —y más concretamente de Zea Bermúdez— un cambio de postura en la famosa cuestión portuguesa. El 4 de febrero de 1833, y en una carta dirigida al embajador español en Lisboa, lo que resalta es la negativa de Fernando VII en permitir que los buques de la expedición de Don Pedro encontrasen cobijo en la bahía de Vigo, siendo tachadas dichas órdenes por parte del enviado inglés de «severas» y «lo conducente que en su sentir sería el que por complacer á la Inglaterra se modificasen»[159]. Anteriormente, el día 3, Zea había comunicado a Páez en San Petersburgo que «el objeto primero que intentaba alcanzar (Strafford Canning) era el que coadyuvasemos á la conclusión de un armisticio entre los dos Principes Pretendientes de la Casa de Braganza»[160]. Al mismo tiempo, se ordenaba a Páez notificase al gobierno ruso que esta pretensión había parecido al gobierno de Fernando VII incompatible «con la neutralidad prometida».

Ahora bien, lo que en las conversaciones de Zea con el enviado inglés había quedado muy pronto de manifiesto era que este último aún no había hasta aquel momento —es decir, febrero de 1833— revelado cuál era la verdadera finalidad de su misión. Al propio tiempo, Zea insistirá en que la política inglesa no cejaba en su empeño al punto de aprovecharse «hasta de los incidentes más agenos de la cuestión, como lo ha manifestado Sir Strafford Canning al acudir à los acontecimientos de La Granja». La conversación que Zea refería en la carta mencionada al embajador español en Londres terminó con la promesa de Sir Strafford Canning «que dentro de pocos días me haria una proposicion que me seria muy dificil desechar, si, como no lo dudaba, el Gobierno de S.M. seguía

---

[158] Idem.

[159] Al Ministro de S. M. en Lisboa, Madrid, 4 de febrero de 1833, en *AHN, Estado*, leg. 6 138 ³.

[160] Francisco de Zea Bermúdez al Sr. Ministro de S. M. en Petersburgo, Madrid, 3 de febrero de 1833. Muy Reservado, en *AHN, Estado*, leg. 6 138 ³.

en los mismos deseos de estrechar sus amistosas relaciones con el suyo y de vencer las dificultades que presenta el negocio» [161].

Aunque la verdadera finalidad del enviado inglés no quedaba claramente de manifiesto, Zea, sin embargo, no dudó en poner en conocimiento del gobierno ruso todos los detalles y pormenores que habían acompañado sus conversaciones con Strafford. A estas circunstancias obedeció el despacho cursado a Páez el 3 de marzo de 1833, que además iba acompañado de cuatro paquetes de documentos sobre el asunto de los buques franceses anclados en el Tajo y de la flota de Sartorius cobijada en la bahía de Vigo [162].

Ahora bien, en el escenario español, se produciría en aquel mes de marzo de 1833 el primer síntoma ineludible del desgarro, que tras la muerte de Fernando VII, había de abatirse sobre la Península: me refiero a la marcha hacia Portugal, acompañado de la princesa da Beira, del infante don Carlos. Y era evidente que, dadas las circunstancias, la partida del hermano del rey Fernando había de imprimir un nuevo giro a la misión de Strafford en España.

En efecto, no bien se hubo alejado de la corte el futuro pretendiente, he aquí que el emisario inglés dejó traslucir por primera vez *cuál* era el verdadero secreto de su embajada. Consciente de la tormenta que se avecinaba sobre el país, y consciente también de los medios que podía emplear para conseguir sus finalidades, la política inglesa proponía —según carta de Zea a Páez de la Cadena, del 6 de abril de 1833— la siguiente solución:

> ... Sir Strafford Canning «—escribía Zea—» parece querer proponer, como el único medio de terminar la contienda trabada entre los dos Principes hermanos de la Casa de Braganza, que reconoscamos (sic) à Doña Maria de la Gloria como Reyna de Portugal y coadyuvemos á colocarla sobre el trono Lusitano derribando de él por consiguiente à su actual poseedor, que hemos reconocido, el S^r Dⁿ Miguel, con la insultante capciosa oferta de que la Ynglaterra reconocerá à S. A. la Sra. Infanta Da Maria Isabel como heredera del trono de España [163]

---

[161] Francisco de Zea Bermúdez al S^r encargado de negocios de S. M. en Londres, 28 de febrero de 1833, en *AHN, Estado*, leg. 6 138 ³.

[162] Francisco de Zea Bermúdez al Sr Ministro Plenipotenciario de S. M. en Rusia, Madrid, 3 de marzo de 1833, en *AHN, Estado*, leg. 6 138 ³.

[163] Francisco de Zea Bermúdez al Sr Ministro de S. M. en San Petersburgo, Reservadísima, Madrid, 6 de abril de 1833, Letra B, en *AHN, Estado*, legajo 6 138 ³.

Y proseguía **Zea:**

... En una palabra este Embajador intenta inducirnos à que sacrifiquemos, à un capricho del actual Ministerio Britanico, la independencia de la nación que S.M. mira como el primero y mas caro interes de la Monarquia, à que olvidemos lo que es debido a nuestra propia dignidad, à que quebrantemos los empeños solemnes, y enfin à que hollemos los pactos que nos ligan con el Soberano de Portugal, y se mezcla en una cuestion puramente domestica y Española.

Finalmente, se encargaba a Páez que «bajo la mayor reserva» pusiese en conocimiento «de esos Sres. Representantes de las tres Grandes Potencias...» el contenido del oficio enviado, «rogandoles que... instruyan de todo à sus respectivas Cortes para que reconozcan la urgente e imperiosa necesidad de acudir a nuestro auxilio de un modo decididamente eficaz por medio de sus influyentes buenos oficios y serias reclamaciones...».

En Madrid se recibieron fechadas en 20 de mayo las respuestas a la carta de Zea del 6 de abril del embajador en San Petersburgo [164]. En ambas cartas, el emperador de Rusia pareció aprobar cuanto había constituido la actuación de Zea:

El Conde de Nesselrode... me aseguró que S.M. El Emperador había tomado conocimiento de ello con el mayor interés aprobando sobre manera todo lo practicado por V.E. y el contenido de sus diferentes notas de contestación à Mr. Canning, y añadiendome ademàs que cada día deseaba S.M.Y. mas vivamente ver decidida la lucha que con tanto pesar sabia por el contrario se prolongaba en Oporto, sin haber sabido sacar partido en Lisboa de las desavenencias ocurridas entre el Principe Dⁿ Pedro y el Almirante Sartorio... [165].

Por lo demás, Nicolás I no dejó de observar que si bien estaba dispuesto a hacer cuanto estuviere de su parte para ver terminada aquella contienda, «ni la posición geográfica de este Imperio, ni la clase de relaciones políticas con el Portugal (bien diferentes de las de Inglaterra), de las de Austria por conexiones (sic) de familias, etc., etc., le permitian tomar la iniciativa en tal negocio...». En cuanto a la propuesta del enviado inglés, de reconocer a Isabel II, no dudo que el emperador de Rusia la juzgaría como un

---

[164] La primera llevaba el número 1 443, la segunda el 1.444. Ambas se encuentran en el *AHN, Estado,* leg. 6 138 ⁴.
[165] Carta núm. 1443.

paso en falso diplomático y además de muy graves consecuencias. En su carta cifrada núm. 1.444 Páez escribió [166]:

... S.M.Y. me manifestó cuanto había aplaudido lo egecutado por el Rey nuestro Amo y las nuevas pruebas de aprecio y confianza que en todo ello habia dado a V.E. Me dijo igualmente que todo lo practicado por V.E. respecto à Mr. Canning y sus contestaciones en las conferencias con aquel no habia tampoco menos de merecer la mas completa aprobación de S.M.Y. añadiendome con aquella franqueza que tiene à bien dispensarme que dicho Canning al encargarse de esta torturosa misión había hechado una mancha sobre su opinion y carrera, que era mas bien misión de un aventurero desconocido que de un Diplomático de alguna reputación...

Detendremos aquí la investigación que hemos llevado a cabo en este capítulo, porque nuestras fuentes nos anuncian el final de una etapa de la Historia de España y el principio de una nueva época, cargada de graves vicisitudes y luchas. Al morir Fernando VII en septiembre de 1833, quedó planteado el problema de su sucesión, pero quedó planteado también el problema del reconocimiento internacional de su hija Isabel II. Se iniciaba una etapa de dura lucha diplomática, durante la cual el liberalismo debería efectuar una amplia labor de convicción para conseguir que las potencias llamadas tradicionalistas aceptasen a Isabel como reina de España. De momento, en noviembre de 1833, el zar de Rusia parecía ver con sumo placer las medidas adoptadas por la Reina Gobernadora:

... No creo deber retardar mas el manifestar a V. E. —escribía Páez de la Cadena el 23 de noviembre de 1833 a Zea Bermúdez— que el mismo Vice-Canciller me repitió cuan viva satisfacción había causado à S.M. el Emperador el manifiesto de S.M. la Reyna, que aqui ha excitado un General Elogio, y sido reputado como uno de los mas bellos documentos publicados en su genero... [167].

---

[166] Carta núm. 1444. Reservadísima, en *AHN, Estado*, leg. 6 138 [4].

[167] El Ministro de su Majestad en San Petersburgo a Francisco de Zea Bermúdez, San Petersburgo, 23 de noviembre de 1833, núm. 1509. En cifra, en *AHN, Estado,* leg. 6 138 [4].

CAPÍTULO VIII

LA REVOLUCIÓN ESPAÑOLA (1820)
Y LA SUBLEVACIÓN DECEMBRISTA (1825)

El 14 de diciembre de 1825, día señalado para que los regimientos acantonados en la capital rusa jurasen fidelidad al nuevo
emperador, Nicolás I, estalló en la plaza del Senado de San Petersburgo una sublevación de jóvenes oficiales, que ha entrado en la
Historia bajo el nombre de Sublevación Decembrista (Vosstanie
Dekabristov)[1].

La razón por la cual incluyo en este trabajo un capítulo que
versa sobre aquellos acontecimientos se debe a la enorme trascendencia que los sucesos españoles de los años 1808-1812, y sobre
todo de 1820, tuvieron para los que prepararon y tomaron parte
en la insurrección.

Unas breves palabras de introducción me parecen necesarias
para situar al lector en el marco histórico en que se desarrollaron
los acontecimientos rusos. Cuando el día 27 de noviembre de
1825 se esparció la noticia de la muerte de Alejandro I, ocurrida
en la lejana Taganrog (a orillas del Mar Negro), los regimientos
prestaron en aquel momento juramento de fidelidad al hermano
mayor del fallecido zar, Constantino, quien era virrey de Polonia.
Sin embargo, en enero de 1823, Constantino había renunciado a la
corona en favor de su hermano menor, Nicolás, y en agosto del

---

[1] Un buen resumen de la influencia de los acontecimientos españoles
de 1808 y de 1820 en la intelectualidad rusa y en el estamento militar puede
leerse en VPR, *II, 5*, pp. 758-761, nota 292. Todas las citas de autores rusos
de este capítulo han sido traducidas al castellano.

mismo año, Alejandro confirmó la renuncia de Constantino en un manifiesto secreto, cuyas copias fueron depositadas en la catedral Uspenskij de Moscú, en el Senado y en el Consejo de Estado de San Petersburgo. Además, Alejandro dio orden terminante de no abrir los sobres correspondientes hasta después de su muerte. Así, como ha escrito Mazour, «un acto tan importante quedaba solucionado como si se tratase de un asunto familiar»[2].

Al producirse la muerte de Alejandro, Constantino mantuvo su postura reiteradamente, haciendo valer su renuncia al trono y declarando su lealtad hacia Nicolás. Durante tres semanas, hubo una larga correspondencia entre Varsovia y San Petersburgo, y entretanto el Imperio permaneció sin soberano. Esta extraña situación provocó malestar. Cuando el día 12 de diciembre Nicolás se percató de que Constantino estaba decidido a no regresar a la capital, optó por hacerse proclamar emperador dos días más tarde. En efecto, el interregno provocado por la súbita muerte de Alejandro y la renuncia de Constantino habían creado descontento en las filas del ejército y el gobierno temió que se produjeran desórdenes e incidentes. La policía conocía la existencia de sociedades secretas y cada vez con mayor insistencia se abrían paso rumores de un posible golpe de estado. Es comprensible, pues, que Nicolás tuviera interés en ser proclamado emperador lo antes posible. Se escogió el día 14 de diciembre para que el Senado y la Guardia prestasen juramento al nuevo soberano.

1. *La Sublevación Decembrista*

La muerte de Alejandro I fue siempre considerada por los decembristas como el momento adecuado para actuar. Al empezar la confusión en torno a la sucesión al trono, seguida por el requerimiento hecho al ejército de jurar fidelidad a Nicolás después de haberlo hecho a Constantino, los decembristas decidieron sublevarse sin mayor espera. He aquí, a grandes rasgos, los acontecimientos.

La mayoría de los soldados de la guarnición prestó juramento el día señalado. Pero, dos de los principales sediciosos, Michail Muravev y Aleksandr Bestužev, consiguieron sublevar a un batallón del regimiento «Moskovskij», que marchó hacia la plaza del Se-

---

[2] Vid. Mazour, *The First Russian Revolution*, pp. 155-156. Vid. también a este respecto cuanto hemos dicho en el capítulo anterior.

nado —vacía en aquel momento—, en donde los rebeldes debían concentrarse, y empezaron a dar «vivas» a Constantino. Pronto se unieron a ellos algunos granaderos y guardias marinas, mandados por Nikolaj Bestužev. Eran las nueve de la mañana. Sin embargo, cuando todo presagiaba un feliz desenlace, los sublevados se vieron enfrentados a una inesperada situación: el principal líder del movimiento, el príncipe Sergej Petrovič Trubeckoj, no se presentó en la plaza del Senado, por razones que aún hoy permanecen oscuras. «Su ausencia», declaró Aleksandr Bestužev durante su juicio, «tuvo una influencia decisiva en nuestro ánimo y en el de los soldados» [3].

Así, abandonados y sin liderato, los soldados permanecieron en la plaza del Senado, desconcertados, bajo un viento glacial, gritando su adhesión a Constantino y preguntándose qué era lo que sucedía. Ninguno de los rebeldes más significados, tales como el príncipe Obolenskij o Nikolaj Bestužev, se atrevió a asumir el mando.

A las doce del mediodía, los sublevados contaban con 3.000 hombres, es decir, exactamente la mitad del número considerado por Trubeckoj como indispensable para que la sublevación tuviese éxito. El gobierno tenía bajo su poder a unos 9.000 hombres. Aún tenían los sublevados la posibilidad de impulsar a otros regimientos de la capital a unírseles a ellos; aún podían intentar ganar a su causa a los civiles, que poco a poco habían empezado a observar lo que ocurría en la Plaza del Senado. Las horas pasaban paulatinamente y el gobierno, a pesar de su indecisión, estaba ganando terreno y consolidando fuerzas. Ambas partes se hallaban una delante de otra: en la plaza del Senado, los rebeldes; no muy lejos, en el Boulevard del Almirantazgo, mirando hacia el Senado, se hallaba Nicolás, acompañado de su Estado Mayor. Los rebeldes esperaban que a la caída de la tarde conseguirían el apoyo de las tropas leales; y el gobierno creía que al anochecer los sublevados se marcharían pacíficamente a sus cuarteles. Sin embargo, para prevenir mayores daños, el gobierno no se limitó a observar el desarrollo de los acontecimientos. Empezó a reunir tropas leales alrededor de la plaza, y las mantuvo listas para atacar.

Durante cierto tiempo, el gobierno dudó en emplear la fuerza e intentó acabar con la situación utilizando la persuasión. El general Miloradovič, gobernador general de San Petersburgo, intentó

---

[3] Vid. *VD*, 1, p. 443.

entablar negociaciones, pero fue alcanzado por una bala que disparó el decembrista Petr Grigorevič Kachovskij. El comandante Stürlen, quien también trató de llegar a un acuerdo, fue herido de muerte por el mismo Kachovskij. Ni siquiera el metropolita Serafin, que se presentó ante los rebeldes revestido de sus ornamentos religiosos, fue capaz de obtener éxito... Suerte similar corrió el gran duque Miguel, quien estuvo a punto de ser muerto por el decembrista Wilhelm Küchelbecker.

Después del fracaso de todos estos esfuerzos, y viendo a la multitud invadir paulatinamente la plaza del Senado, Nicolás empezó a pensar que debían utilizarse métodos más persuasivos. Así, incitado por el general Sukhozanet y por varios miembros de su escolta, el emperador dio orden, tras algunos momentos de duda, de amenazar a los sublevados con abrir fuego sobre ellos, si no se disolvían inmediatamente. La advertencia del emperador no surtió efecto y éste dio orden de disparar[4].

El fuego de artillería barrió a los concentrados en la plaza, dejando tras sí a numerosos muertos y heridos, entre los que se hallaban algunos civiles. Aún hoy se ignora el número exacto de víctimas, puesto que muchas de ellas, por miedo a verse implicadas en la rebelión, hicieron lo posible por ocultar sus heridas.

«El fuego hizo estragos entre nosotros durante una hora», escribe un coetáneo[5]. No hubo distinción entre rebeldes y meros espectadores. Muchos soldados intentaron refugiarse en casas particulares, pero se les cerraron las puertas, y no fue posible convencer a sus moradores de dejarles entrar, pues todos temían posibles investigaciones del gobierno en busca de amotinados. Los que lograron escapar fueron perseguidos y muchos de ellos capturados. La revolución había terminado. El trono había sido salvado y comenzaba el reinado de Nicolás I[6].

Una de las primeras medidas adoptadas por Nicolás después de la sedición fue la creación de un Comité Especial, que debía investigar todo cuanto hacía referencia a las Sociedades Secretas. Nombrados por el propio emperador, sus miembros fueron el secretario de Estado D. Bludov, el ministro de la Guerra Tatiščev y su asocia-

---

[4] Citado por Mazour, p. 178.
[5] Idem, idem, p. 179.
[6] Parece ser que aquella misma noche, Nicolás escribió a Constantino las siguientes frases: «... Cher, cher Constantin, Votre volonté est faite, je suis empereur, mais à quel prix, Grand Dieu, au prix du sang de mes sujets». Citado por Syroeckovskij, Mežducarstvie, p. 145.

do A. Borovkov, el ministro de Instrucción Pública P. Goleniščev-Kutuzov, el gran duque Michail Pavlovič, el general Benckendorff, recientemente nombrado gobernador de San Petersburgo, los generales Levašev, A. Potapov y A. Černyšev.

Este Comité o Tribunal Inquisitorial recibió orden de iniciar inmediatamente sus pesquisas o investigaciones sobre todas las sociedades secretas en Rusia, sus fines y sus métodos para conseguirlos. El resultado debía ser, como es de suponer, presentado al emperador. Y como fácilmente se puede elucidar, desde el primer día, las pesquisas del Comité fueron dominadas por el sentimiento de venganza y de terror.

Varios meses transcurrieron hasta que el Comité pudo presentar al emperador el resultado de sus indagaciones en un informe definitivo (30 de mayo de 1826).

El día 1 de junio, Nicolás nombró a un Tribunal Supremo Especial, del que formaban parte representantes del Consejo de Estado, del Senado, de los Ministerios y del Sínodo, además de cierto número de civiles y militares. Finalmente, el día 9 de julio de 1826, se dictó sentencia. Un total de 579 personas habían sido juzgadas, de las cuales 290 fueron declaradas inocentes. De las 289 restantes, se seleccionaron 121 como principales responsables, 134 fueron declarados culpables de ofensas menores y, después de degradarlos militarmente, permanecieron bajo vigilancia de las autoridades locales; cuatro acusados fueron expulsados de su país, veinte murieron durante el juicio; y el destino de los otros nueve arrestados permanece oscuro.

Respecto de los 121 líderes, el tribunal sentenció a cinco a ser descuartizados. He aquí sus nombres: Pavel Ivanovič Pestel, Kondratij Fedorovič Ryleev, Sergej Ivanovič Muravev-Apostol, Michail Pavlovič Bestužev-Rjumin y Petr Grigorevič Kachovskij. Los otros 116 restantes debían dividirse en 11 categorías: 31 personas fueron clasificadas en la primera categoría y debían ser decapitadas; el resto debía ser exiliado a Siberia —algunos a trabajos forzados— y permanecer allí durante varios años, de acuerdo con el grado de su ofensa. Este fue el resultado que los altos dignatarios del Imperio presentaron a Nicolás, y aún pareció demasiado leve a alguno de ellos.

La sentencia dictada por el Tribunal Supremo fue modificada por Nicolás. Los cinco líderes que debían sufrir la más horrible muerte fueron condenados finalmente a la horca; 31 sufrirían cadena perpetua en Siberia, y los 35 restantes irían al exilio durante varios años [7].

2. *La quiebra en la sociedad rusa de 1812*

Baste cuanto hemos dicho en esta síntesis del movimiento decembrista para situar al lector en el marco histórico en que se desarrollaron los acontecimientos. Ahora bien, como fácilmente se puede suponer, la revolución decembrista —conocida como la primera revolución rusa— tuvo como profunda motivación algo más que el mero descontento producido a raíz de la subida al trono del gran duque Nicolás, cuya severidad y dureza eran conocidas en las filas del ejército.

En realidad, el siglo XIX se abrió para Rusia con un acontecimiento capital —la invasión napoleónica— seguido de la guerra de liberación —guerra patriótica, según la terminología rusa— y del avance del ejército ruso hasta Europa Occidental.

Pero a medida que los soldados y oficiales rusos penetraban en los países por los que había pasado la Ilustración y el genio de la Revolución Francesa, el contraste entre éstos y el marasmo que reinaba en el Imperio ruso aparecía cada vez más patente. La toma de contacto —se podría decir casi: el choque— del mundo ruso con el mundo occidental produjo una gran fermentación espiritual y motivó una profunda inquietud entre intelectuales y militares. En las memorias de los Decembristas o en sus declaraciones ante la Comisión Investigadora aparece, como tenaz leit-motiv, la importancia de las campañas en Europa que permitieron conocer la vida espiritual, política y social de los países por donde pasaban las tropas rusas. Con razón repetía el decembrista Michail Muravev-Apostol: «Todos eramos hijos del año 1812» [8]. Es comprensible, pues, que el regreso de los ejércitos rusos victoriosos a su país, en donde reinaban el despotismo y la esclavitud, favoreciese la futura actividad conspiradora de los decembristas. Véase, a título de ejemplo, lo que escribía Nikolaj Turgenev, uno de los miembros más destacados de la «intelligencija» rusa [9]:

---

[7] Vid. sobre estos pormenores Mazour, 212-213. El único dignatario que votó contra la pena de muerte fue el almirante Mordvinov. Vid. la biografía de Ikonnikov, *Graf. N. S. Mordvinov*, pp. 382-383.

[8] Vid. Lemberg, *Die Nationale Gedankenwelt*, p. 28.

[9] Vid. Tourgeneff, *La Russie et les Russes*, T. I, pp. 81-82. Subrayado en el texto.

... C'est à dater du retour der armées russes dans leur pays que *les idées libérales* comme l'on dissait alors, commencèrent à se propager en Russie. Indépendamment des troupes réglées, de grandes masses de miliciens avaient aussi vu l'étranger: ces miliciens de tous rangs, à mesure qu'ils repassaient la frontière, se rendaient dans leur foyers, où ils racontaient ce qu'ils avaient vu en Europe. Les événements eux-mêmes parlaient plus haut qu'aucune voix humaine. C'était là la véritable propagande.

Cette nouvelle disposition des esprits se manifestait principalement dans les endroits où étaient rassemblés les forces militaires, surtout à Saint-Pétersbourg, centre des affaires, et qui renfermait une nombreuse garnison de troupes d'élite...

Así pues, el retorno de los ejércitos rusos a la patria fue acompañado, como dice Turgenev, de la infiltración de ideas progresistas o revolucionarias —léase liberales— que motivaron la fundación de logias masónicas y de sociedades secretas. Entre estas últimas, señalemos como más importantes a la Sociedad del Norte (Severnoe Obščestvo), la Sociedad del Sur (Južnoe Obščestvo), la Sociedad de la Salvación (Sojuz Spasenija), y a la Sociedad de los Esclavos Unidos (Obščestvo soedinennych slavjan) [10].

Como es de suponer, lo que en aquellos círculos se discutía estaba en estrecha relación con los problemas más acuciantes del Imperio, políticos, económicos y sociales. El clamor que reclamaba urgentemente reformas en Europa Occidental, como resultado del paso de una sociedad medieval a una sociedad urbana y capitalista, no podía dejar de salpicar al Imperio ruso, cuya estructura política y económica reposaba esencialmente en estos tres pilares: autocracia, ortodoxia y la institución de la esclavitud.

Naturalmente, los decembristas atacaron a estas tres instituciones. La liberación de los campesinos, la supresión del sistema autocrático mediante la otorgación de una Constitución, el saneamiento del sistema económico y financiero, fueron hitos definidos del movimiento decembrista.

---

[10] Vid. sobre las sociedades secretas el ya citado libro de Lemberg, así como el libro de Lennhof, *Politische Geheimbünde*, pp. 132-143. Muy interesante es al respecto el estudio de Pypin, *Die geistigen Bewegungen in Russland in der ersten Hälfte des XIX. Jahrhunderts*, T. I.

Está claro que la recepción de ideas políticas y sociales occidentales —inglesas, francesas, americanas— [11] por los decembristas fue importante y en ningún modo pretendo demostrar que España ejerció una influencia exclusiva en la mente de los sublevados. Sin embargo, no cabe lugar a dudas de que los liberales rusos de los años 1820-1825 sintieron profunda veneración por los liberales españoles y que en más de un aspecto —que estudiaré a lo largo de este capítulo— el ejemplo dado por los españoles y su «ars operandi» para librarse de Napoleón, primero, y de un régimen despótico, después (comparable, según los rusos, al de Alejandro I), fueron motivo de entusiasmo y de verdadero fervor por parte de los decembristas. Cuanto los españoles hacían para alcanzar su libertad política —ya fuese frente a un invasor extranjero o a un tirano nacional— tenía valor paradigmático para los rusos, y era susceptible, por lo tanto, de ser imitado en Rusia, con las variaciones adecuadas. Esta reacción es tanto más curiosa cuanto que los decembristas —y en especial los miembros de las sociedades secretas— pueden ser calificados, según ha apuntado Hans Lemberg, de xenófobos [12], y que una de sus características más definidas era precisamente su acendrado nacionalismo. Citemos, para evidenciar la aureola de heroicidad que rodeaba a los protagonistas de la Revolución española de 1820, las palabras de uno de los decembristas, A. M. Bulatov, pronunciadas en el momento de la insurrección, en la propia plaza del Senado: «Ahora se verá si entre nosotros no existen ni Brutos [el general romano] ni Riegos» [13].

Claro está que el convencimiento de que los problemas españoles y rusos eran susceptibles de encontrar soluciones similares se nutría de una ilusión muy concreta: a saber, la afirmación, según la cual el desarrollo histórico de España y Rusia presentaba claros paralelismos, habiendo alcanzado ambas sociedades un nivel político-social comparable. De ahí procedía la esperanza de los

---

[11] Las obras sobre la recepción de las ideas occidentales en Rusia (o hasta de las americanas) son bastante numerosas. Remito al lector al artículo de Mirkin-Guetzevitch, *Les idées politiques*, pp. 374-384; y al de Vernadsky, *Reforms under Czar Alexander I*, pp. 47-64.

[12] Vid. Lemberg, *ob. cit.*, pp. 56-57.

[13] Vid. Petrov, *Očerki po istorii političeskoj poèzii*, p. 52. Dicha frase viene también citada por Alekseev, *Očerki*, p. 135, y también en el curiosísimo folleto publicado en España después de la sublevación con el título: *Informe presentado a S. M. el Emperador de Rusia por la Comisión de pesquisa sobre los acontecimientos de 26 de diciembre de 1825, en San Petersburgo. De Orden de S. M. en la Imprenta Real. Año de 1826*, p. 105.

decembristas, que se puede formular, poco más o menos, así: si
la sociedad española y la sociedad rusa se hallan en un estado de
madurez política comparable, adoptemos las soluciones que adopten
los españoles para acabar con nuestros males. Ahora bien, hay
que insistir, como hemos hecho ya en el segundo capítulo de este
trabajo, en que fueron los acontecimientos españoles de 1808-1812
los que sirvieron de catalizador de las corrientes de opinión de la
sociedad rusa. El fervor con que se seguían los sucesos peninsulares
dio pie, lógicamente, a que se planteasen problemas tan importantes
como el carácter y la esencia de las libertades políticas, el
significado de las reformas del gobierno, la decadencia nacional,
etcétera. Entre otros aspectos, se subrayó que la Constitución de
1812 era el reflejo de la crisis interna de la sociedad española [14].

3. *El paralelismo entre los destinos de Rusia y España*

La primera ola de hispanofilia tuvo lugar, según han señalado
Petrov, Alekseev y Dodolev, en 1808-1812, con ocasión de la invasión
peninsular por las tropas napoleónicas. Hemos hablado ya sobre
este tema en el segundo capítulo de este trabajo, donde hemos
apuntado el interés que encontraron los sucesos españoles en los
órganos de la prensa avanzada rusa. Solamente mencionaré aquí
que en julio de 1813 se editó en la *Revista histórica, estadística y
geográfica* de la Universidad de Moscú —que dirigía en aquellos momentos
M. I. Nevzorov— un artículo titulado «La nueva Constitución
española» (Novaja Ispanskaja Konstitucija) [15]. Nevzorov era
partidario del absolutismo ilustrado, y sus simpatías hacia la revolución
española eran moderadas, por lo que tan sólo citó en su
artículo los párrafos referentes a la educación nacional, acompañándolos
de algún que otro comentario en los que manifestaba su
deseo de que las Cortes rehuyeran en lo posible «aquellos planes
y reglas franceses» cuyo veneno había invadido a casi todas las
universidades de Alemania. Por lo demás, y según señala Dodolev,

---

[14] Vid. Dodolev, *Rossija i Ispanskaja Revoljucija 1820-1823*, p. 113. Uno de
los diarios que más frecuentemente daba noticias sobre España era el conocido
Syn Otečestva (El Hijo de la Patria), en donde escribían autores como
A. P. Kunizyn, M. Kačenovskij y A. B. Kurakin.

[15] El título ruso de la revista era *Istoričeskij, statičeskij i geografičeskij
žurnal*, 1812, ijul, Čast II, Kn. I, p. 97. Vid también Dodolev, *Rossija i Vojna
ispanskogo naroda*, p. 40.

el 8 de noviembre de 1812, se publicó en San Petersburgo una traducción francesa de la Constitución de Cádiz [16].

Creo también que resulta oportuno señalar aquí que paralelamente, por aquella época, hacen su aparición en España noticias sobre los acontecimientos rusos. Así, por ejemplo, el diario *El Fanal* publicó el jueves, día 26 de noviembre de 1812, y el lunes, día 30 del mismo año, noticias sobre el general Kutuzov, que ostentaba el mando del ejército ruso, y un artículo sobre «Bonaparte en Moscow» [17]. También hemos encontrado en la Biblioteca de Cataluña algunos folletos que hacían referencia a la penetración francesa en el Imperio, bajo el título de «Breve Resumen o Historia de la última campaña de Buonaparte en Russia...» (Palma de Mallorca, 1814) [18].

Tampoco estará de más señalar aquí que la simpatía de los rusos hacia los españoles se había visto considerablemente aumentada, en el año 1813, al hacer su aparición en la capital rusa cierto número de soldados españoles, que habían sido enrolados en los ejércitos franceses y que Alejandro I transformó en el conocido batallón «Imperial Alejandro». La festividad de la jura de dichos soldados, que tuvo lugar en la plaza Sofía de Carskoe Selo, constituyó un acontecimiento muy brillante, al cual asistieron no solamente altos dignatarios rusos, sino también representantes españoles tales como Zea Bermúdez —que se hallaba en Rusia en aquel momento encargado de una misión especial— y Eusebio de Bardají y Azara. Y como es de suponer los diarios de la capital comentaron ampliamente el suceso. El *Syn Otečestva* se hizo eco de la ceremonia y publicó un poema del conde D. I. Chvostov titulado «Sobre la jura de los españoles en Carskoe Selo» (Na prisjagu ispancev v Carskom Sele) [18a]. Además, y según decía el mencionado diario, Zea Bermúdez y Bardají y Azara pronunciaron discursos,

---

[16] Ídem, p. 40. *Constitution politique de la monarchie espagnole publiée à Cadix le 19 mars 1812. Traduit de l'Espagnol par m- r l'abbé Vialar, ancien Chanoine d'Albi*. Saint-Pétersbourg, 1812. En el año 1813, apareció en el diario *Syn Otečestva*, núm. 13-14, una traducción rusa de la Constitución de Cádiz bajo el título *Gosudarstvennij ustav ispanskoj Monarchii*.

[17] Vid. *El Fanal*, núm. 4, jueves 26 de noviembre de 1812, pp. 7-8, *Noticias sobre Kutuzov*, y lunes 30 de noviembre de 1812, núm. 5, p. 8. *Sobre Bonaparte en Moscow*. Dicho diario se halla en la BN, R/. 24561.

[18] Biblioteca de Cataluña, Folletos Bonsoms 2360. Palma de Mallorca, Imprenta de Felipe Guasp. Ídem, núm. 4099, *Circular traslladant un Decret de 2 de Setembre ratificant l'accord d'aliança entre Espagnya i Rússia*.

[18a] Vid. *Syn Otečestva*, Čast 5 (1813), pp. 301-315.

en los que se hizo ampliamente alusión a la Constitución española, y se leyeron algunos de sus artículos. Los soldados —escribió el Syn Otečestva— juraron guardar la Constitución. Los españoles —concluye Alekssev— eran, en 1813, los héroes del día[18b].

No hay, pues, lugar a dudas de que en la década que corre de 1810 a 1820 existió una corriente de simpatía muy grande entre ambos países, que alcanzó su grado máximo en 1820, en el momento en que estalló la sublevación de Riego. El caso más curioso que podemos hallar al respecto es el del futuro decembrista Fedor Nikolaevič Glinka, el cual publicó en una revista titulada *Sorevnovatel Prosveščenija (El Luchador de la Ilustración)* un artículo sobre la Guerra Patriótica Rusa (es decir, la guerra contra Napoleón). Mas he aquí que lo que Glinka hizo fue establecer, en una larga serie de afirmaciones, un claro paralelismo entre la historia rusa y la historia española[19]:

> Rusia y España, decía Glinka, se vieron sometidas a una invasión extranjera, y sin embargo, en uno como en otro caso, la fe en la verdad y en el alma del pueblo no desapareció... España expulsó a los moros, y Rusia se liberó de los tártaros. En la historia rusa son célebres el descubrimiento y la conquista de Siberia, en España, la de América... En ambos países existió la división en provincias... en las que se sucedían épocas de poder absoluto. Aragón y Gran Novgorod (Velikij Novgorod) disfrutaban de especiales libertades. En ambas, el clero tenía una gran fuerza y las «Cortes» —que eran elegidas por las ciudades— se reunían en los casos importantes; se establecieron «la Duma» o el «Concejo»... Finalmente, los rusos, engañados por el impostor, entregaron la antigua capital, su Moscú (que se parece, según se nota, a la capital de España, Madrid) a manos de los polacos. Pero vueltos de su engaño, partieron con un armamento universal, general. La guerra terminó por la expulsión total de los conquistadores y por el restablecimiento del orden antiguo y de la libertad del pueblo. Los caudillos de los ejércitos, después de la gran victoria, se habían vuelto famosos, pero no se dejaron seducir por la corona, y salvadores del Estado, intentaron devolver el trono al rey legítimo. Esto sucedió en Rusia en 1612 y se repitió en España en 1812.

[18b] Vid. Alekseev *Očerki*, p. 110. Por lo demás, hay que subrayar aquí que el famoso Regimiento Imperial Alejandro fue objeto de una viva controversia entre rusos y españoles en el año 1814, pues apenas regresado a la patria, el Gobierno de Fernando VII exilió a sus componentes a Galicia, como si se tratara de traidores. Vid. la extensa carta que Tatiščev envió a Cevallos quejándose del mal trato dado a dichos soldados en VPR, *I, 8*, páginas 136-137, el 13/25 de diciembre de 1814.

[19] Vid. Alekseev, *Očerki*, p. 116.

4. *El auge del absolutismo español y la reacción rusa: de 1815 a 1820*

Para poder apreciar exactamente el impacto producido por los acontecimientos españoles de 1820 entre los futuros decembristas, preciso será examinar primero la reacción (general) rusa ante las medidas reaccionarias de Fernando VII, inmediatamente después de su regreso a España.

En un principio, podemos decir que el retorno a una situación política similar a la de 1808 fue juzgada negativamente por los intelectuales liberales rusos, cuyo portavoz más conspicuo era la conocida revista *Syn Otečestva (El Hijo de la Patria)*. La persecución de los liberales españoles, que se habían alzado contra Napoleón, fue condenada categóricamente por los redactores del diario, quienes apuntaron que España les debía su salvación [20].

Lo curioso del caso es que hasta en la correspondencia de los diplomáticos rusos destaca una clara condena de la política absolutista y reaccionaria de Fernando VII, que, por lo demás, encontraba inevitables paralelos en el propio Imperio ruso.

Puede ser que a la reprobación de que fue objeto la persecución contra los liberales iniciada por el rey de España se sumase, al mismo tiempo, una desilusión respecto de la actitud adoptada por Alejandro I. En efecto, a principios de su reinado y aun durante las guerras napoleónicas, la figura del zar de Rusia había sido símbolo del liberalismo, encarnado en un príncipe joven, inteligente, comprensivo para las aspiraciones de los pueblos oprimidos, que era capaz de escribir a su embajador en España Tatiščev frases tan prometedoras como las que figuran en nuestro trabajo. Así, el príncipe Čartorijskij había encontrado, al lado de quien había sido su mejor amigo de juventud, fácil acogida para los anhelos de libertad del pueblo polaco [21]. Así, cuando Alejandro I conduce a sus ejércitos hasta orillas del Sena, le acompaña una aureola de salvador de Europa. Pero es que, detrás de esta maravillosa designación, que el zar trata de salvaguardar a toda costa, se esconde un programa político ambicioso: el de granjearse la estima de los elementos liberales, precisamente en aquellos países en que Alejandro tiene interés en incrementar su influencia. Así, por ejemplo, la diplomacia rusa recibió orden de esparcir la especie, en los paí-

---

[20] Vid. Dodolev, *Rossija*, p. 114, y *Syn Otečestva*, 1814, núm. 27, p. 88.
[21] Vid. Czartorijskij, Alexandre, *Alexandre Ier*.

ses de Europa Occidental, de que el zar de Rusia albergaba sentimientos de simpatía hacia los principios liberales (Carta de Nesselrode al embajador en Roma, F. Tejl, el 10 de mayo de 1815)[22]. ¿Y qué prueba más contundente, para demostrar cuanto acabamos de decir, sino recordar que el propio Dmitrij Pavlovič Tatiščev, en tanto que embajador ruso en España, tenía la consigna de incitar a Fernando VII a apiadarse de los desgraciados liberales?[23].

Sino que esta brillante y magnífica perspectiva debía desvanecerse poco a poco ante la que auguraba la política de la Santa Alianza, de la que Alejandro I era principal promotor. En los papeles del almirante N. C. Mordvinov, no faltan las críticas al desenfreno de la reacción en España, seguidas de algunas reflexiones nada despreciables. Según él, la guerra de la Independencia había acarreado consigo ciertos cambios socio-económicos, pero grandes intereses mantenían aún «el viejo sistema». El desorden de las finanzas y la corrupción de los funcionarios eran los culpables del lamentable estado de cosas en España. Además, Mordvinov no desperdició la ocasión para hacer ciertas reflexiones sobre la política de la Santa Alianza, después de finalizar el Congreso de Viena: «El gran error», apuntaba Mordvinov, «lo cometen aquellos que creen que la gente está de acuerdo porque calla». Y en 1816, escribía que el mantenimiento del absolutismo en Rusia era la causa profunda de la debilidad del Imperio. Como rasgo curioso y prueba fehaciente del interés que el almirante sentía hacia España, añadiremos que entre sus papeles se encontró una súplica de Antonio Quiroga a Fernando VII (desconozco el año), en la que éste afirmaba: «Los progresos actuales de la instrucción en Europa, Majestad, ya no permiten que las naciones sean gobernadas por sus soberanos como si se tratara de sus bienes»[24].

Asimismo, el embajador ruso en Munich, Fedor P. Palen, hermano del que mantenía relaciones con el revolucionario italiano Federico Confalonieri, escribía, refiriéndose a la «desgraciada España»: «Los excesos del poder arbitrario acarrean los excesos de los principios demagógicos»[25].

Naturalmente, las noticias que los liberales rusos recibían sobre la situación en España durante la primera etapa absolutista

---

[22] Vid. Dodolev, *Rossija*, p. 115, nota 14. Esto se denominó «liberalismo de exportación».

[23] Vid. Majskij, *Ispanija 1808-1917*, g.g., p. 99.

[24] Vid. Dodolev, *Rossija*, pp. 114-115.

[25] Vid. Dodolev, *Rossija*, p. 114.

del reinado de Fernando VII eran siempre indirectas, a través de
las que publicaba el *Syn Otečestva*, o de lo que relataban los intelectuales que vivían fuera de Rusia, tal el famoso Nikolaj Ivanovič Turgenev, que se había instalado en Alemania[26]. Sin embargo,
se da el caso curioso de «Un español en Rusia», el barón Luis
Tresc, a quien hallamos nada menos que en la lejana Kišinev, capital de la provincia de Besarabia, donde residía un grupo de exiliados políticos. Según las noticias que de él nos da el profesor
Alekseev —desgraciadamente bastante escasas—, Tresc era masón
y pertenecía al Gran Oriente de Madrid[27]. Es de suponer que Tresc
no ahorraría los detalles sobre la persecución sufrida por los liberales bajo Fernando VII, puesto que el 27 de noviembre de 1816,
uno de los futuros decembristas. P. A. Vjazemskij, escribía a A. I.
Turgenev:

> Dentro de unos días vendrá a tu casa con una carta mía un espa-
> ñol, un desdichado exiliado; uno de aquellos que lucharon por la
> libertad, por la independencia de la patria y por el legítimo soberano,
> el cual en agradecimiento los esparció por el mundo... El destino lo
> ha traído a Rusia...[28-29].

La crisis espiritual en que se debatía la Europa de la Restauración impulsó a más de un intelectual ruso a formular un diagnós-
tico sobre los destinos de Rusia y España, y así encontramos unas
«consideraciones sobre los verdaderos intereses de Europa»
(«soobraženija ob istinnych interesach Evropy»), del 4 de junio de
1817, en las que destaca el papel desempeñado por las guerras
de 1812. Su autor, S. I. Turgenev, explicaba que la lucha por la liberación nacional se había convertido en realidad en una lucha contra los soberanos. El Congreso de Viena había ignorado el interés
verdadero de los pueblos, del que daban fe, según palabras de Turgenev, la situación en España y Francia.

En todo caso, lo que estaba fuera de duda era el papel desempeñado por España en el nacimiento del liberalismo europeo. En
el año 1817, por ejemplo, el editor y director de la revista *Severnyj
Nabljudatel (El Observador del Norte)*, que se publicaba en San

---

[26] Vid. sobre Tourgeneff, sus obras, *La Russie et les Russes* y *Dnevniki
i pišma (Diarios y Cartas)*.

[27] Vid. Alekseev, *Očerki*, p. 124. Vid. también la obra de V. I. Semevskij,
Dekabristy-Masony (Los decembristas-masones), en Minuvšie Gody, febrero
de 1908, pp. 33, 36 y 40; marzo de 1908, p. 163; mayo-junio de 1908, p. 419.

[28 y 29] Vid. Dodolev, *Rossija*, p. 115.

Petersburgo, no dudaba en afirmar en uno de sus artículos que «la novísima España, una vez liberada del yugo napoleónico había sido la patria de los primeros librepensadores (los liberales) de Europa» [30].

No se crea, desde luego, que en el mundo intelectual ruso de los años 1815-1820 imperaba únicamente el sentimiento liberal. También existían lo que podemos denominar «reaccionarios», representados en primera instancia por Faddej Venediktovič Bulgarin, escritor y periodista [31]. Bulgarin era uno de aquellos rusos a quien las guerras napoleónicas habían deparado la fortuna de poder conocer los países de Europa Occidental. Tras haber sufrido alguna dificultad en su propio país, acabó por formar parte de la Legión polaca y pertenecer a las tropas de Napoleón. En 1809-1811, hizo las campañas de Italia y España, y en 1812, se hallaba bajo las órdenes del mariscal Oudinot. En 1820, de regreso a San Petersburgo, se convirtió en un conocido literato y en 1823 publico una obra titulada *Recuerdos de España (Vospominanija ob Ispanii)* [32].

Bulgarin estaba convencido de que los españoles vencieron a Napoleón «gracias a la fe, a la lealtad al trono y al amor a la patria» [33]. Así, como ha señalado Dodolev, hasta el año 1820, predominaban en la sociedad rusa dos corrientes, en lo que se refería a los sucesos españoles: una liberal-constitucional; otra monárquico-conservadora [34].

Claro que, a fin de cuentas, las esperanzas más firmes de los liberales rusos se centraban en la figura de Alejandro. Así, por ejemplo, muchos de ellos, como S. I. Turgenev, confiaban en que el emperador acabaría por jugar un papel de «liberador» de los oprimidos, tal y como pareció demostrarlo en sus discursos ante el Parlamento polaco o Sejm el 15 de marzo de 1818 [35]. Quizá los intentos más directos en este sentido fueron llevados a cabo por el antiguo preceptor de Alejandro, Frédéric Laharpe, quien no

---

[30] Citado por Dodolev en su artículo *Rossija i vojna ispanskogo naroda*, página 42.

[31] Vid. su biografía en la *Encikopedičeskij Slovar' Brockgaus-Efron*, Sankpeterburg, 1891, T. 4, p. 895.

[32] Vid. Alekseev, *Očerki*, pp. 111-112, y Dodolev, *Rossija i ispanskaja Revolucija*, p. 115.

[33] Vid. Bulgarin, *Vospominanija ob Ispanii*, p. 185.

[34] Vid. Dodolev, *Rossija i Revolucija*, p. 115.

[35] Idem.

dudó en hacer alusiones muy claras al caso español. En una carta del 19 de septiembre de 1818, Laharpe explicó al zar que si «España era una guarida de enfurecidos fanáticos», ello se debía a la política reaccionaria de los grandes poderes [36].

Desgraciadamente, los esfuerzos de Laharpe no encontraron el eco merecido. Seguramente, la razón estriba en que Alejandro jamás fue un liberal de corazón, y sus devaneos progresistas no fueron nada más que un pretexto para esconder sus verdaderas intenciones en política exterior. Por otra parte, también es cierto, que el zar de Rusia había visto con gran inquietud esparcirse por la Europa de la Restauración la semilla «revolucionaria», que motivaría en 1818 y 1819 la reunión de los Congresos de Aquisgrán, Carlsbad, Troppau y Laibach. El 1 de septiembre de 1819, por ejemplo, su embajador Tatiščev escribió desde España que las finalidades de los revolucionarios españoles evolucionaban, y que preparaban una Constitución similar a la francesa de 1793 [37]. Así pues, no es de extrañar que Alejandro efectuase por aquellas fechas, lo que se puede llamar «un viraje» a la derecha: el profesor Dodolev aduce, como muestra de ello, el cese de toda correspondencia precisamente con su antiguo preceptor, Laharpe, porque Metternich había lanzado ciertas acusaciones contra él [38].

Este «desliz» de Alejandro hacia una postura más rígida frente a todo lo que podía estar teñido de liberalismo o progresismo, había de costarle las simpatías de muchos futuros decembristas, que no tardarían en ver en él, a un traidor. El emperador de Rusia fue comparado a Fernando VII, quien tras haber aceptado la Constitución olvidó pronto su juramento. De este modo surgió, irremisiblemente, el sentimiento de la ruptura entre el soberano y su pueblo. Véase, por ejemplo, lo que escribía uno de los decembristas más destacados, Petr Grigor'evič Kachovskij, al general Levašev, en el momento de su proceso:

> ... El valeroso y tenaz pueblo español que defendía con su propia sangre la independencia y la libertad de la Patria, la salvación del rey, y del trono, las perdió por culpa de éste. Sin embargo, se vio obligado a aceptar en su trono a Fernando; el rey juró conservar los derechos del pueblo. El Emperador Alejandro en 1812 aceptó la Cons-

---

[36] Idem.
[37] Idem, p. 116. La mencionada carta de Tatiščev se halla en AVPR, Kanceljarija, d. 7560, f. 77.
[38] Vid. Dodolev, *ob. cit.*, p. 115.

titución española; más tarde, fue ratificada por todos los Monarcas europeos. Pero Fernando olvidó pronto el bien del pueblo, violó el juramento, violó los derechos del pueblo, de sus bienhechores... [39].

5. *El impacto de la Revolución Española de 1820 en Rusia*

Con haber conocido Europa antes de 1820 otras sublevaciones contra el absolutismo monárquico, los sucesos españoles de aquel año parecieron reclamar una atención particular por parte de los rusos, ya fuesen diplomáticos militares, futuros decembristas de tendencia liberal o intelectuales que podríamos calificar de reaccionarios [40].

Desde luego, puede afirmarse sin lugar a dudas que los rusos acogieron con gran curiosidad [41] las noticias que hablaban de movimientos sediciosos entre las tropas españolas, curiosidad que se fue trocando, según pasaban los días, en verdadero entusiasmo, si se trataba de un liberal «enragé», o en condena, si se trataba de algún aristócrata, poco amigo de los derechos del pueblo. Los diarios liberales entre los que figuraba el *Russkij Invalid* (El Inválido Ruso) o el *Syn Otečestva*, informaron abundantemente a sus lectores de cuanto acontecía en España. Y, en parte debido a la dificultad de obtener informaciones precisas; en parte, también, a las «ganas» de ver producirse alguna explosión revolucionaria en España, lo que la prensa rusa ofreció a sus lectores, era, más de una vez, una versión deformada de los hechos, distante de corresponder exactamente a la realidad. Así, el 13 de enero de 1820,

[39] Vid. *Piśma Petra Grigoreviča Kachovskago k Imperatoru Nikolaju Pavloviču i general'-adjutantu Levaševu (Cartas de Peter Grigorevič Kachovskij al Emperador Nicolás Pablo y al General Ayudante Levašev)*, en Borozdin, *Iz pisem i pokazanij*, pp. 12-13.

[40] Respecto de la revolución italiana escribía el decembrista Dmitrij I. Zavališin: «La revolución italiana no se consideraba entonces un asunto del pueblo y ni siquiera la gente francamente liberal sentía piedad; por esto la tolerancia del soberano de que Austria la aplastara no implicó nada acerca de los benévolos propósitos del soberano para con su pueblo; detrás de las revoluciones italianas, se vieron entonces muchas intrigas bonapartistas...» Vid. *Veselenskij Orden (La Orden Universal)*, en *Russkaja Starina* 33 (1882), páginas 33-39.

[41] Vid. Dodolev, *Rossija*, p. 116. El profesor Dodolev señala que el famoso libro del Abate De Pradt *De la Révolution actuelle de l'Espagne et de ses droits*, Paris, 1820, era conocido en Rusia y que en los apuntes de los hermanos Turgenev, de M. S. Voroncov, Bulgakov y N. S. Mordinov se hace alusión a él.

el *Russkij Invalid* afirmaba que «la orden del gobierno español de enviar de Cádiz a América a 6.000 hombres había puesto en movimiento a toda la ciudad» [42].

Con todo, un diplomático ruso, el conde Nikolaj Palen, de paso por París, hizo el día 28 de febrero una observación correcta sobre el profundo problema que se escondía detrás del movimiento sedicioso: «Yo creo», decía Palen, «que el pueblo español no hizo nada, pero la inactividad completa del pueblo hace más temible al ejército» [43]. Unas semanas más tarde, el 7 de marzo, uno de los futuros decembristas subrayaba en una carta a su amigo, A. J. Bulgakov, «... En España, todavía no hay acciones decisivas, pero por la precaución y vacilación de los ejércitos reales, se puede presumir que la fuerza de los insurrectos no es tan insignificante. Fernando VII necesitaba una lección» [44].

A partir de aquel momento, la atención de los rusos se centró en el posible desenlace que tomaría el movimiento desencadenado por el ejército y capitaneado por Riego. La penetración de noticias sobre los asuntos de España era, a decir del historiador L. Ju. Slezkin, profunda: «Toda la prensa hablaba de la Revolución Española» [45]. Cuando, después del 7/8 de marzo de 1820, Fernando VII hubo jurado la Constitución, se desencadenó un verdadero movimiento de júbilo por los éxitos españoles entre los pensadores liberales más importantes del Imperio ruso, tales como Peter Jakovlevič Čaadev, el futuro autor de las célebres *Cartas Filosóficas*, los insignes poetas Aleksandr Sergeevič Puškin, Kondratij Feodorovič Ryleev, y el conocido escritor Nikolaj Ivanovič Turgenev. Čaadev escribía a su hermano el 2 de marzo de 1820:

> Una noticia resueña por todo el mundo. La revolución de España ha terminado, el rey se ha visto obligado a firmar el acto constitucional de 1812. El pueblo entero se ha sublevado, la revolución ha terminado en ocho meses y sin embargo, sin una gota de sangre derramada, ni una matanza, ninguna destrucción, una carencia total de violencia, en una palabra nada que pudiera manchar este fantástico asunto. ¿Qué dices ante esto? Lo sucedido será un excelente argumento en favor de la revolución... [46].

---

[42] Vid. *Russkij Invalid*, núm. 8, 13 de enero de 1820, p. 87, así como la obra de Fedorov, *Soldatskoe Dviženie (El movimiento militar)*, p. 155.
[43] Citado por Gallevresi, G., *Carteggio del Conde Federico*, p. 216.
[44] Vid. *Russkij Archiv*, 4 (1879), p. 519.
[45] Vid. Slezkin, *Rossija i vojna za nezavisimost*, p. 244.
[46] Vid. Alekseev, *Očerki*, p. 121.

Ahora bien, lo que desde luego cabe resaltar es, a partir de aquel momento, la profunda veneración que los liberales rusos sentirán hacia el ejército español —y naturalmente, hacia Riego—, los cuales habían hecho posible el restablecimiento del régimen constitucional, y habían «reinstaurado» a las Cortes en su antiguo esplendor. Véase, a título de ejemplo, lo que escribió en su Diario, el ya mencionado Nikolaj Ivanovič Turgenev: establecido en Alemania, Turgenev se hallaba situado en un mirador excelente para juzgar cuanto acontecía en España:

> 24 de Marzo. Ayer se recibió la noticia de que el rey de España había reconocido la Constitución de las Cortes... Gloria a tí, glorioso ejército español! Gloria al pueblo español! Por segunda vez España demuestra lo que quiere decir el espíritu del pueblo, lo que quiere decir el amor a la patria... [47].

Tampoco faltaban, como es de suponer, quienes recelaban de la importancia que en la vida política pudiera ir ganando el ejército, en detrimento, ya fuese del soberano absoluto o del buen funcionamiento parlamentario. Así, el 28 de marzo de 1820, uno de los aristócratas de más rancia alcurnia, el conde Semen Romanovič Voroncov, hizo la siguiente observación, la cual, como podrá apreciarse, tiene su buen fondo de verdad:

> Lo que sucede en España, escribía, hace temblar al soberano y al pueblo. Si los soldados se arrogan todos los derechos creados por las constituciones, por su autoridad restablecen las Cortes, que no han exitido en España desde hace seis años, entonces las usurpaciones por parte del ejército no tendrán límites y España se convertirá en algo similar a Argel... [48].

En cuanto a N. N. Novosil'sev, redactor de un opúsculo titulado *Consideraciones sobre la situación en Europa,* cifró sus esperanzas en que las Cortes serían capaces de neutralizar la influencia de los militares [49]. Con todo quedaban estos hechos indiscutibles: el fervor y la admiración que acompañaban al nombre de Riego y del

---

[47] Vid. Turgenev, *Dnevniki i piśma (Diarios y Cartas),* p. 223 y sig.

[48] Vid. *Archiv Kn. Voroncova (Archivo de los Condes Voroncov),* T. 17, página 56.

[49] Vid. Dodolev, *Rossija,* p. 117. La obra de Novosil'cev llevaba por título *Soobraženija o položenii v Evrope.*

ejército español[50], el entusiasmo de los rusos ante las posibilidades de una «revolución pacífica», y la tolerancia del gobierno ruso, en dejar publicar abundantes noticias sobre España.

No nos faltan datos que aseveren la admiración que, según iban pasando los meses, sentían los rusos hacia la buena marcha de las cosas en España. Lo que se alababa era, ante todo, la ausencia de derramamiento de sangre y la firme voluntad que parecía prevalecer en los sublevados de no «salirse» de la nueva legalidad. Y esta admiración era compartida por todos, ya fuesen aristócratas o diplomáticos liberales como el conde Palen, ya fuesen escritores reaccionarios como el conocido historiador Nikolaj M. Karamzin. El día 11 de abril, el conde Palen escribía:

> Esta asombrosa revolución va con sus pasos contados y todo permite pensar que la puesta en práctica de la constitución irá por un camino pacífico. Esta Constitución tiene, sin duda alguna, sus lados contradictorios, pero un solo medio la salvará: actuar dentro del orden constitucional[51-52].

El escepticismo de Karamzin respecto de los sucesos españoles era grande. En una carta a su amigo Vjazemskij observaba:

> Deseo el bien de los españoles, pero es poco probable que tenga que ir a pie hacia ellos...[53].

Ahora bien, dentro de nuestra ojeada acerca del impacto provocado en Rusia por los sucesos españoles de 1820, no puede faltar una observación sobre el efecto que los acontecimientos mencionados hicieron en el propio emperador Alejandro I. Y ahí habremos de declarar, pura y sencillamente, que el zar de Rusia vio con muy malos ojos cuanto hacía referencia a la proclamación de la Constitución y tenía sabor a gobierno constitucional. El propio conde Palen, dejó plasmada en una frase simbólica, el verdadero sentir de Alejandro I: «En España», escribía el 21 de junio de 1820,

---

[50] Vid. las Memorias del futuro decembrista A. P. Beljaev, *Vospominanija dekabristov*, p. 488. «El nombre de Metternich se pronunciaba con desprecio y odio; la revolución de España encabezada por Riego, que dio al traste con la anterior Constitución de Fernando, arrancó un ardiente entusiasmo...»
[51] Vid. Dodolev, *Rossija*, p. 117.
[52] Alekseev, *Očerki*, p. 119.
[53] Ídem, p. 119.

«los asuntos van bien. La proclamación de la Constitución produjo una impresión muy mala en Rusia, es decir, en Su Majestad»[54]. No hará falta recordar aquí la nota que, el 2 de mayo de 1820, el ministro de Estado ruso, Karl Robert Nesselrode, entregó al embajador español en San Petersburgo, Zea Bermúdez[55]. Era una nota muy dura, que condenaba irremisiblemente la Revolución Española y reclamaba la intervención de los países de la Santa Alianza para reprimir los sucesos del mes de marzo. Dodolev, aduce, además, que el zar se mostró muy disgustado con su encargado de negocios en Madrid, Mark Bulgari, quien, según parece, había aconsejado a Fernando VII mostrarse generoso con los sublevados y jurar la Constitución[56].

Con todo, y para justificar el pensamiento de Alejandro, no habrá que olvidar que en octubre de 1820, tuvo lugar un acontecimiento que dejó una huella profunda en el corazón del zar de Rusia: me refiero a la rebelión del regimiento «Semenovskij», motivada por un cambio en el mando del mismo. Este suceso debió ser tanto más doloroso para el emperador cuanto que el zar sentía especial devoción hacia un regimiento, en el cual él mismo había prestado servicio[57]. Pero lo peor del caso fue, según ha escrito A. V. Predtečenskij, que, el zar vio en los sucesos que habían alterado el orden del regimiento Semenovskij, una repercusión inmediata de los acontecimientos españoles[58]. Además, parece ser que Alejandro no era del todo indiferente a las insinuaciones del canciller Metternich, y acabó por creer, como quería éste, que la «rebelión del regimiento de Semenovskij era un síntoma amenazador de la agitación general que había penetrado ya en Rusia»[59].

Por otra parte, y tal como señala Dodolev, parece ser que el gobierno ruso estaba al corriente del interés que la revolución española había despertado en algunos círculos de la sociedad rusa[59a].

---

[54] Vid. Dodolev, *Rossija*, p. 117.
[55] Vid. *supra*, capítulo VI.
[56] Vid. Dodolev, *Rossija i Revoljucija*, p. 117, y VPR, *II*, p. 356.
[57] Vid. Mazour, *ob. cit.*, pp. 58-59. Alejandro se expresó en los términos siguientes, después de la sublevación, cuando se hallaba en Troppau: «Personne n'a pu en être plus profondément peiné que moi. L'attachement personnel que j'ai toujours porté à ce régiment, pour y avoir servi moi-même, l'honneur de l'uniforme russe, la gloire de l'armée, tout s'est trouvé atteint, heurté par cette scandaleuse sédition...». Vid. *Russkij Archiv*, I (1875), p. 349.
[58] Vid. Predtečenskij, *Očerki obščestvenno-političeskoj istorii Rossii*, p. 336.
[59] Vid. Dodolev, *Rossija*, p. 118.
[59a] Vid. Dodolev, *ídem*, p. 119.

Así, por ejemplo, en 1821, se publicó en Madrid un folleto del conocido aventurero Juan Van Halen, titulado «Dos palabras al público por una víctima de la Inquisición», en el que narraba que, en octubre de 1820, después de su estancia-refugio en Rusia, al querer regresar a España, había recibido ayuda del general Ermolov. El encargado de negocios ruso en Madrid, Bulgari, envió dicho folleto a San Petersburgo, haciendo constar que otros españoles que se hallaban en Rusia, deseosos de volver a su patria, habían recibido ayuda por parte de algunos rusos... [59b].

Dados, pues, los temores de Alejandro, no tendrá nada de extraño ver, de pronto, a los círculos aristocráticos y más reaccionarios de la sociedad rusa, censurar muy claramente la evolución de los sucesos en España. Empezaron a circular rumores sobre la anarquía y el espíritu de rebelión que reinaba en la Península, sobre la semejanza entre la revolución española y la francesa, sobre la «inverosímil» Constitución de 1812 [60].

La gravedad de la situación española no dio lugar, de momento, a ningún otro paso, más que a gestiones diplomáticas, en las que se mezclaban también, según hemos expuesto en otros capítulos, los intereses de Francia, Austria e Inglaterra. El 3/15 de octubre de 1820, el conde Capo d'Istrias confirmó al conde Palen, desde Varsovia, que el emperador aún no había emitido juicio definitivo sobre las revoluciones acaecidas en Italia y en España [61]. Y a nosotros que conocemos el carácter prudente de Alejandro I, nos es fácil comprender que el zar no tenía interés en emitir un juicio oficial sobre la revolución española antes de conocer el «dictamen» de los gabinetes aliados. Por otra parte, podemos suponer que el emperador había puesto sus esperanzas en el triunfo de la contrarrevolución en España, una vez acabada la loca aventura de los jóvenes oficiales.

No hay que olvidar tampoco, al tratar del impacto que produjo en Alejandro I la revolución española, el problema de una posible

---

[59b] Dodolev apunta que en los documentos de los decembristas aparece el nombre de Van Halen como un agente de los carbonarios italianos. Por lo demás, dicho folleto obra en el *AVPR*, Kancelarija, d. 7567, 11.437-449. No fue sino hasta 1842 y 1849 cuando se publicaron en Madrid y Valencia las obras de Van Halen (vid. Bibliografía). De todos modos, es muy revelador el hecho de que las obras de Van Halen se publicasen en Rusia en el año 1884 en el *Istoričeskij Vestnik* 5 (1884), pp. 402-419; y 6 (1884), pp. 651-678, con una introducción de N. A. Beložerskaja.

[60] Vid. Idem, *idem*.

[61] Vid. Idem, p. 119.

intervención aliada, que hemos expuesto ya en páginas anteriores. Pero, lo que nos interesa destacar ahora es que apenas se esparció la noticia por San Petersburgo de que Rusia podría efectuar «una operación de limpieza» entre los sublevados españoles, el rechazo a que se llevase a cabo tal gesto fue absoluto. Y no solamente se alzaron voces que se oponían a toda intervención rusa en España, sino también en Italia. El 8 de septiembre de 1820, el anciano Laharpe intentó demostrar al soberano que no podría jugar un papel decisivo en los Congresos y le exhortó, por el contrario, a defender la independencia de España y de los estados italianos[62]. El 17 de octubre, D. V. Davydov escribía a su amigo A. A. Zakrevskij, que la idea de la guerra no era popular en Moscú, sin embargo, «... sé que Voroncov irá con su cuerpo de tropas a Galicia[63]. ¿Es esto verdad? Pido a Dios que haya paz y juro que no quiero guerra...»[64]. Durante la conferencia de Troppau, el conde Capo d'Istria, manifestó su oposición a toda clase de intervención. Su postura era compartida por otros altos dignatarios del Imperio, tal el general A. P. Ermolov, designado para mandar al ejército ruso, el cual, llegó a Laibach —y no por casualidad— con dos semanas de retraso[65]. Y no menos oposición demostró el príncipe N. M. Volkonskij, jefe del Estado Mayor del ejército ruso, quien observó que la marcha de la guardia provocaría gran pesadumbre en San Petersburgo[66]. Había que añadir, además, el mal humor de todos aquellos que consideraban, como Alexandre Sturdza, que Rusia había vendido sus intereses a Austria y que se indignaban pensando que el Imperio negaba su ayuda a los pueblos sublevados contra el yugo turco[67].

Naturalmente, si la oposición a toda intervención en España por parte de aristócratas y militares era grande, lo era todavía mucho mayor por parte de los intelectuales liberales.

S. I. Turgenev, por ejemplo, subrayó en sus *Apuntes*, que la política de intervención de la Santa Alianza era ilegal[68]. Con igual

---

[62] Vid. *Russkij Archiv*, Moskva 1875, Kniga 3 (Libro 3), p. 426. La carta de Laharpe no impresionó en lo más mínimo a Alejandro I.

[63] Se entiende que se trata de la provincia polaca de Galicia.

[64] Vid. Dodolev, *Rossija*, p. 119.

[65] Vid. Kovalskaja, M. I., *Ital'janskie Karbonarii i peredovaja Rossija (Los Carbonarios italianos y la Rusia progresista)*, en VI 8 (1967), p. 90.

[66] Vid. SBORNIK, T. 73, p. 4.

[67] Carta de A. S. Sturdza a D. P. Severin, del 6/18 de noviembre de 1820, citada por Dodolev, *Rossija*, p. 120.

[68] Vid. Dodolev, *ídem*, p. 120.

insistencia, P. A. Vjazemskij escribía el 31 de diciembre de 1820 a A. Ja. Bulgakov [69]:

> ¿Será cierto que Pedro el Grande lanzó Rusia a Europa, para que sus sucesores tuvieran siempre que pagar el pato? El quería europeizar a Rusia, pero no rusificar a Europa.

Muy curioso es, por cierto, la apelación con que los futuros decembristas designaban a aquellos que no compartían sus opiniones: los denominaban *españoles serviles*, y, a decir de Gribovskij, estaban preparados a todo con tal de obligar al soberano, que se hallaba en Laibach, a regresar a la patria lo antes posible y no permitir una participación activa del Imperio en los asuntos internos de otros países [70].

Dados, pues, estos sentimientos, es fácil adivinar la impresión que produciría el aplastamiento de las revoluciones de Nápoles y Piamonte en los círculos avanzados de la sociedad petersburguesa. El «liberalismo» de Alejandro quedó desenmascarado definitivamente y el 29 de marzo de 1821, S. I. Turgenev no dudó en escribir que Alejandro I se comportaba como Napoleón, quien consideraba a los sublevados españoles como «facciosos» [71]. Cuando, hacia finales de 1822, los rumores de intervención en España se hicieron cada vez más insistentes, las opiniones más contradictorias se abrieron paso en los círculos de la capital según la opinión política de cada uno. Así, por ejemplo, Sturdza, temía una acción de Rusia en España, que podría desviar la atención de Alejandro de los Balcanes. Otros, tal el anónimo autor de *La crisis española (Ispanskij Krizis)*, redactado, según parece, en febrero de 1823, censuraban en principio la intervención armada [72]. Finalmente, algunos liberales como S. I. Turgenev aludían a la neutralidad inglesa y a los disturbios que, según él, se reproducirían una vez concluida la intervención francesa [73]. Además, apuntó que, a diferencia de la revolución napoleónica, la revolución española se caracterizaba por la lucha encarnizada entre distintos partidos políticos, que hacían más probable cualquier intervención extranjera [74].

---

[69] Vid. *Russkij Archiv*, 4 (1879), p. 520.
[70] Vid. Dodolev, *Rossija*, p. 120.
[71] Ídem, p. 121.
[72] Ídem, ídem.
[73] Ídem, p. 121.
[74] Ídem, p. 122.

De todos modos, antes de terminar esta ojeada sobre el impacto producido por los sucesos españoles, en los diversos estratos de la sociedad petersburguesa, será necesario señalar que muchos liberales se dieron perfecta cuenta de dónde residía el fallo esencial de la revolución española. Y el primero, el no haber sabido captar las simpatías del pueblo, o, por decirlo más precisamente, de las masas campesinas, lo que no dejaba de dar a la insurrección un carácter minoritario. Parece ser, según escribe Dodolev, que esta realidad fue perfectamente comprendida por Alejandro I, quien confió largo tiempo en que la contrarrevolución acabaría por triunfar al igual que en el año 1814 [75]. Sin embargo, para los futuros decembristas, los errores españoles serán fuente de meditación y de reflexión, y si pondrán gran esmero en ser dignos sucesores de Riego, también se esmerarán —con escasa fortuna— por no repetir los fallos de los sublevados españoles. Así, por ejemplo, S. I. Turgenev, en octubre de 1820, apuntaba: «Riego cometió el mismo error que La Fayette. Llegó a Madrid sin ejército, al igual que La Fayette a París. Las consecuencias fueron similares» [76]. Por otra parte, esta consideración dio lugar a que se discutiera el problema de la llamada revolución pacífica, tal y como había sido la revolución española. Y así mientras el filósofo Čaadaev especulaba sobre la utilidad de tal revolución [77], el diario *El Mensajero de Europa (Vestnik Evropy)*, aun incluso después de la reacción fernandina, arguyó que «lo que confería a la revolución española su grandeza era su carácter pacífico» [78].

6. *El ejército, Riego y la Constitución*

La revolución española fue aplastada por las tropas francesas del duque de Angulema, y la represión ordenada por Fernando VII, pero la semilla sembrada por los sublevados de Cabezas de San Juan y los liberales españoles arraigó de manera profunda en el lejano Imperio ruso. Después de la visión de conjunto que hemos

---

[75] Vid. Dodolev, *Rossija i Revoljucija*, p. 117.

[76] Ídem, p. 118.

[77] Vid. Dodolev, *ídem*, p. 121.

[78] Vid. *Vestnik Evropy*, núms. 13-14 (1823), p. 150. El título del artículo en donde se expresaban las ideas mencionadas era el siguiente: *Mnenie bespristrastnogo o politike Veronskogo Kongressa otnositel'no k Ispanskoj revoljucii (Opinión imparcial sobre la política del Congreso de Verona referente a la Revolución Española).*

dado en los apartados anteriores, conviene ahora insistir, de manera más sistemática, en aquellos puntos que merecieron la atención especial de los futuros decembristas. Porque en efecto, cabe destacar primero, la especie de magia que producían en su alma algunos vocablos «clave» de la revolución española. Así, tendremos que ver, por ejemplo, la resonancia exacta que hallaban palabras como «ejército», «Riego», «Quiroga», «Cortes», «Constitución», etcétera, y de qué manera empezaron a hacer mella en los círculos progresistas rusos.

A) EL EJÉRCITO. Hemos observado ya la inmensa importancia que supuso para la formación de los futuros núcleos decembristas el regreso a la patria de los ejércitos rusos vencedores de Napoleón. Quiero, sin embargo, aducir aquí de nuevo algunos comentarios del historiador Dmitrij Petrov, que me parecen de gran interés. Dice así [79]:

> ... Los viajes de 1812-1814 contribuyeron al acercamiento de los jóvenes militares rusos con la cultura de Europa Occidental y con sus exigencias e ideas. Al regresar las tropas rusas a la patria, los intereses políticos y sociales que se habían despertado con fuerza especial entre los oficiales de la guardia, no pudieron extinguirse. Los mantenían vivos el descontento por el régimen nacional, sólidamente establecido en Rusia en tiempos de la Santa Alianza, y una constante afluencia de noticias nuevas de Occidente, que llegaban a través de periódicos y revistas. Según testimonio de I. D. Jakuškin, en 1815, en el regimiento Semenovskij, se constituyó un «artel» [80], se agruparon 15 o 20 oficiales para tener la posibilidad de comer cada día juntos. Después de comer, jugaban al ajedrez, leían en voz alta periódicos extranjeros, seguían los sucesos de Europa.
> ... Queda completamente claro que en estos círculos, de los que salieron los decembristas, se seguían con particular atención las peripecias de la tormenta política que se había desencadenado en la Península pirenaica en el primer cuarto del siglo XIX.

De todo cuanto acabamos de señalar, lo que aparece bien claro es la decepción de los soldados rusos al volver a su patria. Paulatinamente, apunta Mazour, los oficiales rusos se dieron cuenta de que habían regresado a un país en donde se sentían extraños. A los héroes de las batallas de Borodino, Leipzig y París el lenguaje ul-

---

[79] Vid. Petrov, D. K., *Rossija i Nikolaj I*, pp. 48-50.
[80] Un «artel» es una brigada.

trarreaccionario de un Rostopčin o de un Šiškov había de parecerles, sin lugar a dudas, ridículo y fuera de lugar. La propaganda de algunos rusos, que intentaban representar a los franceses como seres vandálicos y bárbaros, que tenían la osadía de hablar de libertad, filosofía y amor hacia la humanidad, había de impresionar muy negativamente a todos cuantos habían visto con sus propios ojos el país francés. El fanatismo de un Golicyn, Ministro de Instrucción Pública, el espíritu reaccionario de un Arakčeev, la venalidad de un Magnickij o de un Runič, la ignorancia de un Krasovskij, habían de desalentar y ofuscar a los oficiales y soldados rusos vencedores de Napoleón [81].

Uno de los futuros decembristas, I. D. Jakuškin, comentaba con las siguientes palabras el tremendo marasmo político y social que reinaba en la capital, San Petersburgo, y que contrastaba de manera tan cruda con la inquietud imperante en las filas del ejército:

> ... En 1814, la vida para la juventud era aburrida en San Petersburgo. Durante dos años los acontecimientos que habían pasado ante nuestros ojos, habían determinado el destino de las naciones y en cierto grado, nosotros habíamos participado de ellos. Y ahora se hacía necesario mirar la vida vacía de Petersburgo y ver chochear a los ancianos, que alababan el tiempo pasado y nos reprochaban cualquier movimiento progresista. Estábamos por lo menos cien años lejos de ellos... [82].

Pero lo que me parece verdaderamente digno de mención es que en aquellas mismas fechas, se alzaban voces en España que expresaban exactamente el mismo sentir que los rusos. Así, por ejemplo, bastará echar una ojeada al conocido libro de Arzadún, *Fernando VII y su tiempo*, para percatarnos del malestar reinante en las filas del ejército, una vez finalizada la guerra de la Independencia y ser licenciados numerosos oficiales [83].

En cuanto a la «insípida vida social» de la capital española, era solamente comparable con la monotonía característica de San Petersburgo [84].

---

[81] Vid. Mazour, *The First Russian Revolution*, pp. 55-56.

[82] Vid. Jakuškin, *Zapiski, stati, i piśma*, p. 13.

[83] Vid. Arzadún, *Fernando VII*, p. 81.

[84] Vid. Quintana, Manuel José, *Cartas a Lord Holland sobre los sucesos políticos*, en BAE 19, p. 544. Sobre Quintana, consúltense los últimos estudios de Dérozier, *Manuel Josef Quintana et la naissance du libéralisme en Espagne*.

En todo caso, y lo que está fuera de duda, es la simpatía que sentían los liberales rusos hacia el ejército español, debido precisamente a su acrisolado liberalismo y por haber puesto en marcha la revolución. Ya hemos aludido antes, a este respecto, a las palabras pronunciadas por Turgenev al enterarse de los hechos españoles de 1820 [85]. Pero también, entre las propias filas del ejército ruso surgían a menudo comentarios sobre la situación española.

Entre los oficiales del ejército que más simpatizaban con la revolución española figuran los miembros de la llamada «Unión de la prosperidad» («Sojuz blagodejstvija»), todos ellos futuros decembristas. Dentro de los círculos más íntimos de la «Unión de la prosperidad», así por ejemplo, el llamado «Lámpara verde» (Zelenaja Lampa), no era raro que algún miembro expusiese sus opiniones sobre la situación de Europa. Así sabemos que A. D. Ulybyšev habló de España como de un país

> abrumado por las triples cadenas de la dependencia política, del despotismo interior y de la inquisición, en espera de la hora de la libertad... [86].

Al mismo tiempo, añadió:

> que cuando una nación ha probado los primeros frutos de la libertad, suspira siempre por ella con el mayor bien... [87].

B) RIEGO Y QUIROGA. Naturalmente que dentro de esta aureola de heroicidad que los decembristas confirieron al ejército español, no podía faltar una consideración especial a los jefes principales del movimiento insurreccional, y en particular a Riego y Quiroga.

La veneración que Riego llegó a gozar en Rusia, adquirió caracteres verdaderamente extraordinarios. Por supuesto que todo ello se debía al deseo de que venciese en Rusia, tanto como había vencido en España, el movimiento constitucional. Pero aquel entusiasmo se reflejaba a menudo en reacciones pueriles, si bien muy sintomáticas de la existencia de verdaderos apasionados seguidores del soldado español.

Así, por ejemplo, explica el historiador Petrov, todas las noticias que llegaban sobre los pronunciamientos españoles de 1815

---

[85] Vid. *supra*, p. 419, y Turgenev, *Dnevniki i piśma za 1816-1824 gg*, T. III, páginas 225-226.

[86] Citado por Alekseev, *Očerki*, p. 122.

[87] Idem.

a 1820 eran recibidas con avidez y se discutían ardientemente en los círculos en que se gestaba ya el movimiento del 14 de diciembre de 1825 [88]. Y en estas reuniones, el nombre de Riego aparece como algo sagrado, profundamente venerado y reverenciado, que solamente algún desequilibrado era capaz de ofender. Así, M. F. Orlov nos relata en sus «Apuntes» (Zapiski), el estallido de indignación que él mismo provocó, al declarar, sencillamente, en una de las habituales tertulias, que Riego era un imbécil y que no valía la pena sentir tanta lástima por él [89].

Además de este detalle, en sí ya muy significativo, quiero aducir otro que me parece aún más expresivo de lo que los líderes militares españoles representaban para los liberales rusos en el momento de cristalizar la revuelta decembrista: parece ser, según escribió el barón V. I. Stejngel al emperador Nicolás I, que desde el 27 de noviembre hasta el 14 de diciembre de 1825, una tienda de San Petersburgo expuso en su escaparate nada menos que dos cuadros en los que figuraban los retratos de Riego y Quiroga [90].

Los detalles que evidencian la fama que acompañaba a todas partes el nombre de Riego pueden ser acumulados a profusión. Así, en el verano de 1824, dos futuros decembristas, Nikolaj Bestužev y A. P. Beljaev, coincidieron a bordo de la fragata «Provornij» (Veloz), que navegaba rumbo a España. El relato de la estancia de ambos en Gibraltar, que coincidió además con el pronunciamiento liberal de Valdés en Tarifa (agosto de 1824), ha sido descrito por Beljaev en sus *Memorias* y comentado por Petrov en su libro, a menudo citado. Invitados a compartir la cena de unos oficiales ingleses, el ruso escribe:

> ... Debajo de la ventana había una orquesta, y cuando tocaron la marcha de Riego, el entusiasmo se hizo general. Se hizo tocar esta marcha muchas veces. Glorificaron a Riego como auténtico héroe, que había realizado la revolución en España y que luego había muerto en la horca. Los oficiales ingleses lo compadecieron mucho. Hasta Beljaev les apoyó de todo corazón, bebiendo copa tras copa en honor del gran héroe y de la libertad [91].

---

[88] Vid. Petrov, *Rossija*, p. 52.
[89] Vid. Dovnar-Zapolskij, *Memuary dekabristov*, p. 10.
[90] Citado por Petrov, *Rossija*, pp. 52-53, el cual cita a su vez la obra *Obščetvennija Dviženija v Rossii v pervuju polivinu XIX - go stoletija (Los movimientos sociales en Rusia en la primera mitad del siglo XIX)*, p. 488.
[91] Vid. Beljaev, *Vospominanija*, pp. 114-115.

En todo caso, y detrás de estos alardes más infantiles que profundos, queda la realidad indiscutible de un Riego transformado por los decembristas en el símbolo del amor patriótico, precisamente por haber proclamado la Constitución, y, convertido también, tras su fallido intento y precisamente por esto, en mártir nacional. Júzguese, a este respecto, de la carta del decembrista Petr Grigorevič Kachovskij al emperador Nicolás I:

> ... Se sublevó el pueblo y la Santa Alianza olvidó que España fue la primera en luchar contra la violencia de Napoleón; el emperador Alejandro despreció al gobierno aceptado por ellos, y dijo que en 1812, las circunstancias le habían obligado a aceptar la Constitución Española. Y la Santa Alianza contribuyó a que las tropas francesas se deshonraran invadiendo a España. Fernando fue arrestado y condenado a muerte en Cádiz; el llamó a Riego y juró de nuevo ser fiel a la Constitución, desterrar a los ejércitos franceses de la patria y pedir para la salvación de su propia vida. La gente honrada fue crédula. Riego respondió a las Cortes del Rey, lo liberaron. Y cual fue el primer paso de Fernando? Riego, detenido por orden del rey, fue arrestado, envenenado como un santo mártir, él, héroe que había renunciado al trono, que le había sido propuesto... [92-93].

(Claro está que no nos interesa aquí comprobar la exacta veracidad histórica de todos los hechos arriba consignados, sino que bastan para reflejar el entusiasmo que de por sí era capaz de provocar la figura de Riego).

No menor que la de Riego era la fama que acompañaba al general Quiroga. Uno de sus más apasionados admiradores fue sin duda el futuro decembrista V. F. Raevskij. El 6 de febrero de 1822, Raevskij fue arrestado, bajo la acusación de propaganda revolucionaria entre los soldados y cadetes de la 16 división de cacería, y de haber organizado una «escuela Lancaster» en Kišinev. La comisión de instrucción le acusó de utilizar en sus clases la palabra de «Libertad, igualdad y constitución» y de haber hablado en las mismas de Quiroga. Sobre este último, Raevskij había dicho.

> ... Quiroga siendo coronel, hizo la revolución en Madrid y cuando entró en la ciudad, las damas más importantes y el pueblo salieron a su encuentro y le echaron flores a sus pies... [94].

[92-93] Petrov, *Rossija*, p. 58.
[94] Vid. sobre Raevskij, el libro de Sčegolev, *Dekabristy*, pp. 59-60; vid. también la obra de Nečkina, *Dviženie dekabristov (El movimiento decembrista)*, Tomo I, pp. 266 y 458.

Más adelante el poeta Aleksandr Puškin apodó a su amigo Pavel Sergeevič Puščin, masón y miembro de la «Unión de la Prosperidad» «el futuro Quiroga ruso». Al propio tiempo, le dedicó la poesía siguiente:

> Hasta no poder más, en la sangre, en las nubes de
> flechas
> está ahora tu camino;
> pero tú prevee tu suerte,
> nuestro futuro Quiroga.
> Y pronto, muy pronto callará la batalla
> entre el pueblo servil;
> llevarás el martillo en la mano
> y gritarás: libertad! [95].

La noticia de la caída de Riego causó estupor y desaliento entre las filas de los decembristas. Cuéntase que la manera en que Alejandro I informó a sus oficiales de tal acontecimiento provocó la indignación de los mismos. Parece ser que el zar tuvo conocimiento de la suerte que había corrido el general español a través de una misiva de Chateaubriand [96]. «Messieurs, je vous félicite», fue el comentario de Alejandro, «Riego est fait prisonnier» [97].

C) LA CONSTITUCIÓN. Grande fue el impacto causado por la noticia de que Fernando VII había jurado la Constitución de 1812. «Voici une nouvelle», escribía el decembrista K. Ja. Bulgakov a su hermano, «le Roi d'Espagne a accepté la Constitution et d'après l'acte Constitutionnel de 1812 il a convoqué les Cortès» [98].

En este contexto, cabe subrayar que la palabra «Constitución» (en ruso «Konstitucija») era ya de por sí suficiente para provocar un estallido de entusiasmo por parte de los decembristas. Así, por ejemplo, Nikolaj Ivanovič Greč explica en sus apuntes (Zapiski) lo que le sucedía al conocido decembrista Kondratij Fjodorovič Ryleev, cada vez que acudía a visitarle a su despacho. Ryleev se entretenía leyendo las páginas de un diario extranjero, la *Gaceta de Hamburgo*, de las que no entendía nada por estar en alemán. Sin embargo, cuando tropezaba con la palabra «Constitución», pe-

---

[95] Citado por Alekseev, *Očerki*, p. 124. El poema es del año 1821, y estaba dedicado al «Generalu Puščinu» («Al general Puščin»).

[96] Vid. Nečkina, *Dviženie Dekabristov*, T. II, p. 24.

[97] Idem.

[98] Vid. *Russkij Archiv*, 3 (1902), p. 356.

gaba un salto y decía a Greč: «Haga el favor, Nikolaj Ivanovič, tradúzcame todo esto, que debe estar muy bien» [99].

Numerosos oficiales esperaban con gran ansiedad noticias de los países en donde se había proclamado u otorgado la Constitución. A decir de sus compañeros, el decembrista Aleksandr Poggio «se entusiasmaba con la lucha por la libertad política que se llevaba a cabo en España, Nápoles, Piamonte y Grecia... devoraba impetuosamente los periódicos, que no soltaba de las manos y con la mayor atención seguía hasta el más mínimo suceso» [100-101].

Dadas estas circunstancias, no es difícil avanzar cuán grande fue el impacto producido por la noticia de que Fernando VII había jurado la Constitución. Acudiremos, aquí, de nuevo al «Diario» del decembrista Turgenev, quien comentaba a raíz de aquellos sucesos:

> Los insurrectos... por lo que se puede juzgar a través de los periódicos se conducen muy noblemente. Declararon al pueblo que querían la Constitución, sin la cual España no podrá ser próspera; anunciaron que, si su empresa no tenía éxito, morirían todos, víctimas de su amor a la patria; pero que el recuerdo de aquella empresa, el recuer-do de la Constitución y de la libertad vivirá y perdurará en el corazón del pueblo español. El rey, si se juzga por las actuales circunstancias, no pudo hacer nada mejor que reconocer la Constitución... [102].

Seguían algunos pensamientos sobre el carácter de la Constitución española:

> ... Hoy por la mañana he leido la la Constitución Española. Hay elecciones de tres grados. Las Cortes lo son todo: el rey muy poco... el pueblo español se mostró tan respetable como prudente... Algunos piensan que la Constitución no puede mantenerse. ¿Quien sabe? La libertad ilumina a España con su luz saludable... Quizas solo una Constitución así pueda salvar al estado... España marcha, sin tambalearse, decididamente, en un espíritu democrático, es decir en el espíritu de su Constitución... [103].

---

[99] Vid. Greč, *Zapiski o moej žizni*, p. 325. Vid. también Dovnar-Zapolskij, *Memuary Dekabristov*, p. 190.

[100-101] Vid. V. I. Semevskij, *Obščestvennyja dviženia v Rossii*, T. I, Sanktpeterburg 1905, p. 185. Vid. Petrov, *ob. cit.*, p. 50.

[102] Vid. Turgenev, *Dnevniki i pišma*, p. 227.

[103] Idem, *ídem*.

Tampoco faltaron, es verdad, aquellos que no compartían siempre estas opiniones y temían que los sucesos españoles no hicieran perder la cabeza a los oficiales rusos librepensadores [104].

Otros, por el contrario, veían claramente que la revolución española podía servir de ejemplo beneficioso para Rusia y que en general serviría de estimulante para todos los países.

En todo caso, los decembristas estaban convencidos de que únicamente la proclamación de una Constitución podía salvar al pueblo ruso. Muchos de ellos sentían como verdadera humillación el hecho de que Rusia careciese de Constitución. Muy significativa es a este respecto, la actitud del decembrista Dmitrij Irinarchovič Zavališin. Después de haber viajado mucho y conocido diversos países, se había establecido en San Petersburgo, donde tuvo ocasión de entrar en contacto con el secretario de la embajada española, cierto Calderón de la Barca, y con un comerciante —sin duda de origen catalán— llamado Molas. Zavališin ha confirmado en sus «Memorias» o «Apuntes» el sufrimiento que le causaba tener que oír del mencionado funcionario frases como las siguientes:

> A l'Espagne la Constitution est devenue nécessaire pour réunir tous les partis. Quant à votre Russie, mon cher, vous ne devez pas même oser en penser, car avouez franchement que votre peuple est plongé encore dans une entière barbarie —pour vous il faut encore des siècles... [105].

Como es de suponer, ante tales manifestaciones de simpatía en favor de los sublevados españoles, el gobierno ruso se mantuvo sobre aviso; a partir de aquel momento las muestras de lo que se llamó «ispanofilstvo» (o hispanofilia) resultaron muy sospechosas. Cuanto más claro veía el gobierno cuán dominados estaban ciertos círculos sociales por la simpatía hacia los revolucionarios españoles, más aumentaba su recelo y desconfianza. Nikolaj Ivanovič Turgenev refiere, por ejemplo, que el general-mayor Seslavin conversando con el Gran Duque habló con simpatía de la revolución española; el resultado fue que no tardó en ser sospechoso a la policía [106]. En el momento de estallar la rebelión del regimiento Semenov, algunos de los suboficiales declararon que si no eran puestos en libertad los batallones arrestados «entonces ellos demostra-

---

[104] Vid. Alekseev, *Očerki*, pp. 120-121.
[105] Vid. *VD*, T. 3, p. 364.
[106] Vid. Semevskij, *Političeskie i obščestvennye idei dekabristov*, p. 244.

rían que la revolución de España no era nada al lado de lo que ellos harían» [107].

Como fácilmente se podrá suponer, las decisiones del Congreso de Verona hallaron una fuerte oposición entre los liberales rusos y futuros decembristas, oposición que repercutió inmediatamente en la persona del propio Alejandro. Muy curiosos son a este respecto los apuntes del futuro decembrista Zavališin, en los que queda registrado claramente lo que representaba para el núcleo liberal ruso la intención aliada de acabar con el nuevo estado de cosas en España. Zavališin decía así:

> ... La revolución italiana no se consideraba entonces un asunto del pueblo y ni siquiera las gentes francamente liberales sentían piedad... en las revoluciones italianas se vieron entonces muchas intrigas bonapartistas. Sin embargo, apareció un sentimiento diferente cuando cundió el temor de que el congreso de Verona preparaba para España las mismas actuaciones que el congreso de Laibach para Italia. La Constitución de España no fue consecuencia de la caída del gobierno que existía, sino que fue producto del pueblo que defendía su independencia, cuando este gobierno fue destruido por el enemigo exterior. La Constitución de España fue aceptada por Rusia; se concluyó un tratado con las Cortes y la guerra de Napoleón contra España desvió considerables fuerzas que él hubiera podido utilizar contra Rusia. La destrucción de esta Constitución, precisamente por aquel Soberano al que el pueblo conservó y devolvió el trono, se presentaba como un asunto ilegítimo... [108].

En todo caso, y para plantear aquí un problema, que si bien podemos enunciar, difícilmente podemos resolver, queda por ver aún la posible influencia que ejerció la Constitución de Cádiz en los diversos proyectos constitucionales que los decembristas redactaron para su país. Tres son los proyectos más importantes que han llegado hasta nosotros. Primero, la Constitución (Konstitucija) del decembrista Nikita Muravev; segundo, la llamada «Russkaja Pravda» (La verdad o la justicia rusa) del decembrista Pavel Pestel, y el tercero, el proyecto de Constitución diseñado por el príncipe Sergej Petrovič Trubeckoj.

La «Constitución» de Muravev transformaba a Rusia en una Monarquía constitucional y preveía que el poder absoluto residi-

---

[107] Vid. *Russkij Archiv* 1 (1875), p. 57.
[108] Vid. Zavališin, *Vseǐenskij Orden*, pp. 33-39.

ría en un emperador hereditario, el cual recibiría el nombre de «Funcionario Supremo del Gobierno Ruso»; el poder legislativo estaría en manos de una Asamblea Nacional (Narodnyj Veče), compuesta por dos Cámaras.

Tal y como ha observado Mazour, el proyecto de Muravev recordaba la Constitución de cualquier estado democrático europeo, y además, tenía muchos puntos de similitud con la Constitución de los Estados Unidos [108a].

Mucho más radical era, por el contrario, el proyecto constitucional de Pestel denominado «La verdad Rusa». Según los deseos de Pestel, Rusia debía convertirse en una República, en donde los conceptos de autonomía cultural o política debían desaparecer. Para el jacobino Pestel, cualquier idea de posible federalismo en el país era nefasta y un síntoma de debilidad. Rusia debía ser dividida en 50 distritos, llamados Circuitos, los cuales compondrían a su vez 10 provincias. En la cima del gobierno se hallaría una Asamblea Nacional compuesta por representantes de los circuitos [108b].

Tampoco podemos concluir aquí, por lo tanto, que Pestel se dejase impresionar mucho por las ideas españolas de la Constitución de Cádiz.

En el proyecto de Trubeckoj, en cambio, en el primer apartado, el que hace referencia «al pueblo ruso», se lee lo siguiente: «El pueblo ruso es libre e independiente sin ser ni poder ser patrimonio de ninguna familia o persona».

Pero lo curioso del caso es que después de estas frases, se leen las iniciales siguientes: I. K.

El historiador Dovnar-Zaposlkij al hablar del proyecto de Trubezkoj no hace ningún comentario al respecto, pero Petrov asegura que dichas iniciales se referían a Ispanskaja Konstitucija [108c] = Constitución Española [108d].

Y nosotros sabemos, efectivamente, que la Constitución de Cádiz, en su Título I, Capítulo I (De la Nación Española), artículo 2, rezaba así:

[108a] Vid. Mazour, *The First Russian Revolution*, p. 93.

[108b] Idem, *ídem*, p. 109. Vid. también VD, T. IV, pp. 108-109; 204, 222, 275, 349; 90-91. Véase también el excelente estudio de Paradizov, *Očerki po istoriografii*.

[108c] Vid. Dovnar-Zapolskij, *Memuary dekabristov*, p. 97.

[108d] Vid. Petrov, *Rossija*, p. 50.

La Nación española es libre e independiente, y no es ni puede ser patrimonio de ninguna familia ni persona [108e].

La razón asiste, pues, al historiador Petrov, puesto que la similitud entre dicho artículo y el proyectado por Trubeckoj es evidente.

7. La cristalización de la crisis. La revuelta decembrista

El fracaso de la sublevación española de 1820-23 hubo de plantear necesariamente a los futuros decembristas el problema de las motivaciones de tal fracaso. Pero antes de pasar a examinar el pensamiento de los sublevados rusos a este respecto, creo interesante subrayar que numerosos aspectos de la sedición española adquirieron valor verdaderamente simbólico para los decembristas rusos, que vieron en ellos la meta que debían perseguir. Así, por ejemplo, una de las principales finalidades de los revolucionarios rusos fue, a partir de 1820, ir en busca de su «Isla de León», es decir, de un lugar desde donde pudiera partir la sublevación y las operaciones militares correspondientes. Existen a este respecto curiosísimas declaraciones de los decembristas ante el tribunal de acusación. Así, el poeta Ryleev afirmó que existían discrepancias entre él y sus compañeros sobre el lugar que debía servir de «Isla de León». Ryleev era de la opinión —y lo declaró por dos veces— que la isla de Kronštadt —delante de la ciudad de San Petersburgo— tenía que asumir aquel papel («Kronštadt ja točno nazval raza dva ostrovom Leone») [109], mientras que su compañero Batenkov creía por el contrario que la isla de León debía hallarse en alguna isla en el río Ilmen o Volchov [110]. Igualmente en un curioso documento denominado *Suplemento al Informe de la Comisión de Primera Instancia sobre las Sociedades Secretas descubiertas en 1825 (Priloženie k Dokladu sledstvennoj Kommissii o tajnych obščestvach, otkrytych v 1825 godu)* [111], se puede leer cómo el futuro decembrista Nikolaj Bestužev se quejaba de sus compañeros que se hallaban en la isla de Kronštadt, pues según su parecer, Krons-

---

[108e] Vid. Fernández Martín, *Derecho parlamentario español*, T. II, p. 732. Vid. también la obra de Labra, Rafael de, *La Constitución de Cádiz de 1812*, Madrid 1907, p. 65.

[109] Vid. *VD*, T. I. p. 183.

[110] Idem, pp. 183-184.

[111] Vid. *Russkij Archiv* 3 (1875), p. 434 sig.

tadt debía convertirse en la isla de León, mientras que allá los soldados solamente se preocupaban de jugar al billar... (Pri nem Nikolaj Bestužev govoril odnaždy, čto v Kronstadte zanimajutsja tol'ko billijardom, a tam by, po ego mneniju byt' Russkomu Ostrovu Leonu) [112].

Una de las principales razones que, a decir de los decembristas, motivaron el fracaso de la sublevación española residió en la credulidad o buena fe que animaba a sus dirigentes ante las promesas de Fernando VII. La actitud del general Riego fue severamente criticada y condenada por los decembristas, quienes no tardaron en acusarle de haber adoptado una postura demasiado «blanda» ante el tirano español. Naturalmente, y como es fácil suponer, aquella crítica fue acompañada, paralelamente, de la elaboración de un modelo, un paradigma, de lo que convenía hacer en Rusia.

Y aquí es donde vemos claramente que la actitud de los decembristas rusos, tras el fracasado intento español, supuso una radicalización total de postura: ya no se trataba solamente de exigir del zar una Constitución similar a la de 1812, sino pura y sencillamente de instaurar la República. Así Matvej Muravev declaraba, tras conocer el final de Riego: «El propio Riego es culpable, tuvo que establecer la República y en ningún modo creer en el juramento de un tirano» [113]. Otro de los decembristas, Dmitriev-Mamonov, declaró aún más taxativamente: «Las Cortes fueron disueltas, sentencias a muerte, y ¿por quién pues? Por el bruto, a quien salvaron la corona...» [114]. Y Aleksandr Poggio afirmaba en sus declaraciones:

> Viendo en España el derrocamiento de la Constitución y preveyendo insurrecciones en todas partes... dadas las nociones que ya habían llegado sobre la República, yo la acepté tambien como mi finalidad [115].

Resulta sumamente instructivo a este respecto echar una ojeada sobre los comentarios de los decembristas radicales, cuando éstos preparaban la magna sublevación de 1825. La historiadora rusa Nečkina ha registrado en su libro sobre *El movimiento decembrista (Dvižinie dekabristov)*, la importancia que cabe conceder a

---

[112] Citado por Petrov, *Rossija*, pp. 67-68.
[113] Citado por Dovnar-Zapolskij, *Memuary Dekabristov*, p. 202.
[114] Vid. Borozdin, *Iz pisem i pokazanij dekabristov*, p. 153.
[115] Vid. Dovnar-Zapolskij, *Memuary dekabristov*, p. 202.

la conferencia de Kamenka (Ucrania) (24 de noviembre de 1823) en los preparativos que se llevaron a cabo para ultimar los detalles que condujeron a la revuelta del 14 de diciembre de 1825 [116]. Leyendo las memorias de los decembristas que hacen alusión a aquella reunión, no cabe dudar de que sus participantes estaban decididamente resueltos a implantar en Rusia un régimen republicano, ya que las constituciones monárquicas (al ejemplo de España) no representaban el verdadero bien del país. Uno de los más conocidos participantes, Pavel Pestel, escribía:

> Los sucesos de Nápoles, España y Portugal tuvieron entonces una gran influencia en mí. En ellos encontré pruebas indiscutibles de la fragilidad de las constituciones monárquicas y suficientes motivos para desconfiar de la verdadera aprobación de estas Constituciones por los Monarcas. Estos últimos motivos me consolidaron más fuertemente en mis ideas republicanas y revolucionarias... [117].

Sino que la instauración de un régimen republicano implicaba, en la mente de muchos decembristas, el exterminio de la familia imperial rusa. Y lo más grave del caso, es que una y otra vez, para demostrar la verdad de tales afirmaciones, los decembristas acudían al nombre de España. Así el célebre Dmitrij Zavališin decía:

> que la destrucción de la familia imperial era una condición indispensable de la revolución, diciendo que en cualquier caso la revolución se tenía que empezar con la cabeza, y como prueba, adujo el ejemplo de España, en prueba de que las medias medidas no servían... [118].

Y cuando su compañero Beljaev encontró excesivas las intenciones de Zavališin, replicó éste:

> Hé aquí que Vd. dice que quiere a su patria, pero no desea para ella el auténtico bien; a no ser que, luego sea mejor que haya una guerra interna y que todas las buenas organizaciones sean un trabajo inútil, y que además, por ello, algunos auténticos patriotas murieran como Riego... [119].

---

[116] Vid. Nečkina, *Dviženie dekabristov*, T. II, p. 25.
[117] Las obras sobre el decembrista Pavel Pestel son numerosísimas. Los artículos de Adams, *The Character of Pestel's Thought*; de Schwarz-Sochor, Jenny, *P. I. Pestel*; y el artículo sobre *Lettres de la famille Pestel*, en *Le Monde Slave*, 12 (1925), pp. 385-399, son los más interesantes. Cita Nečkina, *Idem*, p. 25.
[118] Ídem, pp. 30-31.
[119] Ídem, p. 31.

Para numerosos decembristas, el principal motivo que justificaba el exterminio de Alejandro I era su traición al tratado de Velikie Luki —por el cual el zar había reconocido la Constitución española de 1812— acompañado de la ayuda prestada al tirano Fernando VII. Júzguese, por ejemplo, de la opinión que merecía el soberano ruso al decembrista Petr Gregorevič Kachovskij, según escribía al general Levašev:

> El Emperador Alejandro nos proporcionó muchos disgustos y él fue el motivo principal de la revolución del 14 de Diciembre. ¿No fue por su culpa que se encendió en nuestros corazones la antorcha de la libertad y no fue por su culpa que ella fue despues apagada tan cruelmente, no tanto en la Patria, sino en toda Europa? El ayudó a Fernando a ahogar los derechos legítimos del pueblo español y no previó el daño que con tal actuación causaba a todos los tronos. Desde entonces, Europa lanzó una exclamación en una sola voz: nada de pactos con los zares, Señor [120].

Uno de los decembristas que se sintieron más atraídos por el ejemplo de Riego fue el joven Sergej Ivanovič Muravev-Apostol, quien estaba emparentado con Ivan Matveevič Muravev-Apostol, embajador ruso en España durante los años 1802-1805 [121]. Según el historiador Ščegolev, Muravev fue el único decembrista que recuerda claramente al héroe español [122]. Únicamente la falta de preparación técnica, y la ausencia de un ambiente verdaderamente revolucionario, o hasta quizá la mala suerte, impidieron que Muravev se convirtiera en el Riego ruso.

En efecto, una vez informado del fracaso de la sublevación en San Petersburgo, Muravev decidió actuar por su cuenta con un grupo reducido de fuerzas y consiguió sublevar el famoso regimiento de Černigov, una pequeña ciudad situada en Ucrania. Al mando del mencionado batallón, Muravev efectuó, durante los últimos días del mes de diciembre de 1825, y los primeros de 1826, un «paseo» por el sur de Rusia, hasta que el 3 de enero de 1826, fueron vencidos en Pologi por las fuerzas gubernamentales al mando del general Geismar. Los vencidos —muchos de ellos gravemente heridos, entre otros el propio Muravev— fueron conducidos a Mogilev y de allá a San Petersburgo [123].

---

[120] Vid. Borozdin, *Iz pisem*, p. 25.
[121] Vid. Schop Soler, *Las relaciones*, p. 189.
[122] Vid. Ščegolev, E., *Istoričeskie Ètjudy*, p. 337.
[123] Sobre la Revolución en Ucrania, vid. Mazour, *The First Revolution*, páginas 181-202. Vid. también Nečkina, *Dviženie Dekabristov*, T. II, pp. 345-391.

No hay duda de que al realizar su hazaña, el joven oficial tenía en la mente las proezas de Riego, y hasta su famosa expedición en Ucrania tiene claros puntos de comparación con el movimiento de la columna del soldado español, después de su sublevación en Cabezas de San Juan (hasta las fechas, el 1 de enero de 1820 y el 1 de enero de 1826, parecen coincidir).

Petrov y Ščegolev insisten en que Muravev era uno de los decembristas que mejor conocía —o creía conocer— la situación española, tal vez por haber escuchado en su juventud muchos relatos sobre la Península. Este último autor publicó un interesante estudio denominado «El catecismo de Muravev-Apostol» («Katechizis Sergeja Murav'eva-Apostola») [124], que hace ampliamente referencia al caso Muravev y en el que trasluce la actividad de agitación política llevada a cabo por el decembrista.

Ahora bien, lo que a mí me interesa destacar es la inmensa parte que en dicho escrito desempeña todo cuanto atañe al caso español.

Según apunta Ščegolev, Muravev sabía perfectamente el valor que tuvo el sentimiento religioso en la lucha española contra Napoleón, y el papel que durante aquellos acontecimientos jugó el clero (bastará recordar aquí a Fray Diego José de Cádiz, autor del folleto titulado «El soldado católico en guerra de religión»).

Pues bien, parece ser que Muravev, para encender el ánimo de los soldados del regimiento de Černigov, les leía fragmentos de la Historia de España, y explicaba, en particular todos aquellos sucesos que habían tenido lugar a partir de 1808. Pero lo curioso del caso es que los «catecismos» o folletos doctrinales redactados por los sacerdotes españoles durante la guerra de la Independencia, llegaron a hacer mella en el ánimo de los decembristas rusos. Ščegolev no duda en afirmar que se trata de uno de los ejemplos más peculiares de influencia directa de una forma de agitación política revolucionaria occidental en Rusia.

En el curso de su interrogatorio, por ejemplo, el decembrista Bestužev-Rjumin dijo que los oficiales del regimiento Černigov habían sido influenciados por los «catecismos» redactados por los curas españoles en 1809 [125]. Y he aquí cómo. Un día, durante el mes de diciembre de 1825, Bestužev se hallaba de guardia en la ciudad

---

[124] Vid. Ščegolev, P. E., *Katechizis Sergeja Murav'eva-Apostola (Iz istorii agitacionnoj literatury dekabristov)*, pp. 318-363.
[125] Idem, ídem, p. 338.

Borbryjsk, cuando alguien le dijo que leyese la obra del francés N. A. Salvandy, *Don Alonso ou l'Espagne Contemporaine*, editada en París en cuatro volúmenes en 1824.

Los sucesos expuestos en dicha obra son bastante fidedignos, pero lo que es importante destacar es que en ella se reproduce una escena de un pueblo castellano o andaluz, durante la cual el cura del lugar hace recitar a unos niños, precisamente uno de los catecismos difundidos por el clero durante la guerra de la Independencia.

No sé si Muravev, que apenas contaba con cien hombres para su empresa, leería ante sus soldados el catecismo mencionado. Lo que sí está fuera de duda es que el ruso intentaba repetir muy exactamente, en Ucrania, lo que Riego, con trescientos hombres, había llevado a cabo en Andalucía.

8. *La repercusión en España. El «Informe» del año 1826.*

No quiero cerrar este capítulo sobre el movimiento decembrista en Rusia sin antes decir unas breves palabras sobre la repercusión que tuvieron los movimientos sediciosos rusos en España.

Desgraciadamente, y tal como ha apuntado Petrov [126], en aquellos momentos reinaba el más puro absolutismo de Fernando VII, y los liberales españoles más significados se hallaban o en la cárcel o en exilio, y la censura de los periódicos tampoco permitía que se publicasen extensas noticias sobre los acontecimientos revolucionarios rusos.

En cambio, sabemos que la opinión del gobierno ruso sobre los acontecimientos de diciembre de 1825 se difundió en España y esto gracias a la publicación del Informe del Tribunal encargado de recoger datos sobre la sublevación. Dicho Informe, que Petrov reconoce ser un «rarísimo ejemplar» se halla, sin embargo, en la Biblioteca Nacional de Madrid. Su título exacto es: «Informe presentado a S. M. el Emperador de Rusia por la Comisión de pesquisas sobre los acontecimientos de 26 de diciembre de 1825, en San Petersburgo» [127].

El documento fue publicado por orden expresa de Fernando VII, en la Imprenta Real en el año 1826. Consta de 144 páginas y de numerosas notas aclaratorias.

---

[126] Vid. Petrov, *Rossija*, p. 84.
[127] Dicho Informe obra en la BN bajo la signatura de 1/31471.

Por otra parte, también es verdad, que a los dirigentes políticos que actuaban en España después de 1823, muy poco les tenía que interesar la suerte o las opiniones de un Pestel, de un Muravev, o de un Ryleev.

Pero no deja de ser curioso que Fernando VII, el cual había recibido numerosos informes del embajador Páez de la Cadena desde San Petersburgo, sobre la revolución decembrista, quisiese publicar el documento citado, sin duda alguna para infundir temor en España sobre las consecuencias a que podían llegar las actividades de las Sociedades secretas.

CAPÍTULO IX

LAS RELACIONES COMERCIALES HISPANO-RUSAS DURANTE LA ÉPOCA DE FERNANDO VII

1. El intercambio comercial durante el siglo XVIII. La actividad del cónsul Antonio Colombí

Paralelamente al desarrollo de las relaciones diplomáticas y políticas entre Rusia y España durante el primer tercio del siglo XIX, resulta interesante estudiar también el desarrollo que tuvo el intercambio comercial entre ambos países durante los años que corren de 1808 a 1833. Pero antes de profundizar en el tema, conviene hacer primero algunas observaciones.

La primera es que el trueque comercial hispano-ruso no tuvo durante el reinado de Fernando VII el «esplendor» de que gozó durante el siglo XVIII, sobre todo durante los últimos veinte años del mencionado siglo. Remito al lector que quiera informarse más detalladamente sobre este interesante tema a dos de mis libros y singularmente a un trabajo que preparé en 1971, bajo el título *Documentos referentes al comercio entre España y Rusia durante el siglo XVIII* [1].

La segunda observación que quiero hacer es que, además de las circunstancias políticas que dificultaron poderosamente el des-

---

[1] Para una visión de conjunto sobre el comercio hispano-ruso en el siglo XVIII, vid. mi obra *Documentos referentes al comercio entre España y Rusia durante el siglo XVIII* (Premio de Investigación «Ciudad de Barcelona», 1971. Obra no publicada, pero que puede consultarse en el Archivo de Historia de la Ciudad de Barcelona).

arrollo del comercio español con Rusia durante los años estudia-
dos —así, por ejemplo, el lamentable estado de la hacienda española— hay que añadir también, como causa del débil alcance que
tuvo aquel tráfico, la falta de personalidades influyentes, que por
sus conocimientos y relaciones, empeño o interés, lograsen estimular aquel comercio de manera que fuese verdaderamente ventajoso para el país.

Durante el siglo XVIII, por el contrario, España contaba con un
cónsul en San Petersburgo, don Antonio Colombí y Payet —del
cual ya hemos hablado en este trabajo— que logró fomentar el
intercambio comercial hispano-ruso de una manera muy considerable. Bastará recordar, para ello, que si en el año 1763 no había
entrado en Rusia ninguna mercadería española[2], en el año 1789,
Antonio de Colombí pudo comunicar que la balanza de comercio
era aquel año favorable a España en 582.119 rublos[3].

El éxito más rotundo conseguido por Colombí durante el siglo XVIII fue la fundación de una Casa de Comercio en la capital
rusa (en el año 1773) que logró mantenerse a lo largo del resto de
la centuria, siendo así que aún en 1796 la Casa Colombí lograba
que treinta buques españoles arribasen a San Petersburgo[4].

Sin embargo, las dificultades por las que atravesaron España y
Europa entera al estallar la revolución francesa, hicieron necesariamente mella en el buen funcionamiento de la Casa Colombí. Además, no hay que olvidar que el comercio hispano-ruso hubo de sufrir, en los últimos años del siglo XVIII, las consecuencias de la
guerra hispano-rusa que estalló en el año 1799, durante el reinado
del zar Pablo I (1799-1801)[5].

De un modo general, podemos decir que durante el siglo XVIII,
las exportaciones de productos de la Península y sus colonias a
Rusia consistían principalmente en aceite, almendras, azafrán, higos, pasas, tabaco, algodón, añil, café, azúcar, palo de Campeche,
cacao, cobre, pimienta de tabasco, zumo de limón, naranjas y li-

---

[2] Carta del embajador español en San Petersburgo Vizconde de la Herrería al Marqués de Grimaldi, año de 1765, sin más datos, en *AGS, Estado*,
leg. 6 627.

[3] Carta de Antonio Colombí al Conde de Floridablanca, Aranjuez, 12 de
marzo de 1780, en *AHN, Estado*, leg. 4 639. Vid. sobre Colombí y su actuación
política en San Petersburgo a principios del siglo XIX, los primeros capítulos
de este trabajo.

[4] Carta de Antonio de Colombí al Príncipe de la Paz, Madrid, 26 de septiembre de 1796, en *AHN, Estado*, leg. 4 644.

[5] Vid. mi obra *Beziehungen*, pp. 191-193.

mones, vino, aguardiente, sal, zarzaparrilla, bálsamos, gomas y resinas, siendo así que de todos estos artículos, el *renglón del vino* ocupaba un lugar primordial; además el vino era uno de los raros productos que los españoles exportaban a Rusia por cuenta propia, es decir, sin tener que pasar por el intermediario de los comerciantes ingleses o holandeses [6].

En cuanto a las importaciones rusas a España, tratábase en su mayoría de cáñamo, lino, estopa, hierro, brea, alquitrán, vaquetas de Moscovia, lonas y tablas, y sobre todo trigo. Como no puede ser cuestión aquí de ofrecer un cuadro extenso del comercio hispano-ruso durante el siglo XVIII, me limito a señalar la existencia de unos «estados» levantados por Colombí en 1789, que especificaban algunos detalles del intercambio comercial entre ambos países durante el mencionado año [7]. En ellos, se aprecia, entre otras cosas, que en aquel año fueron doce los barcos españoles llegados a San Petersburgo (6 de Barcelona, 4 de Málaga, 1 de Cádiz, y uno procedente de Amsterdam), los cuales introdujeron mercancías por un valor de 965.337 rublos y exportaron a España desde el mismo puerto artículos por valor de 229.660 rublos. De modo que la balanza comercial de pagos arrojó aquel año un saldo favorable a España en un total de 552.110 rublos.

Otro dato importante y que cabe anotar aquí es que, durante el siglo XVIII el comercio hispano-ruso se realizó principalmente a través de los puertos rusos del mar Báltico —tales como San Petersburgo, Riga, Narva, Reval, Pernau, Vyborg y Frederickshamn— o del mar Blanco —como Archangelsk—, mientras que, por el contrario, el comercio de España con los puertos rusos de la costa del mar Negro o del mar de Azov revestía menor alcance. Y la prueba más contundente de lo que acabamos de afirmar es precisamente la presencia en San Petersburgo de la importante Casa Comercial de Antonio de Colombí.

Otro de los puntos que caracterizaron las relaciones comerciales hispano-rusas durante el siglo XVIII fue el intento de firmar un tratado comercial entre ambos países. La firma de dicho tratado había sido anhelo de la monarquía española desde principios de siglo; bastará para percatarnos de ello echar un vistazo a una carta del duque de Liria, embajador en Moscú en 1729, del 30 de mayo de aquel año, en la que se lee: «es menester hacer con la

---

[6] Según un informe de Colombí del año 1793, en *AHN, Estado,* leg. 4 644.
[7] Vid. *AHN, Estado,* leg. 4 639; Schop, *Beziehungen.*

Corte de Rusia un tratado de comercio y establecer una tarifa para la venta de géneros y de mercadurías de una y otra parte»[8]. A partir de los años 30, la firma de un tratado comercial hispanoruso se convirtió en el eje alrededor del cual se polarizaron las relaciones entre ambos países. A la sagacidad de Antonio de Colombí quedó encargado el buen éxito de las negociaciones. Sabemos que se redactaron amplios informes al respecto, el uno por el propio Colombí, el otro por Diego de Gardoquí (San Lorenzo, 17 de octubre de 1791)[9]. Desgraciadamente la desfavorable coyuntura política de finales de siglo y la obstinación de Godoy en firmar la paz de Basilea dificultaron sobremanera las conversaciones iniciadas. En julio de 1795, el duque de la Alcudia ordenó no volver a tocar el tema[10].

Por lo demás la difícil situación política de finales de siglo hubo de causar estragos en la buena marcha del comercio hispanoruso. El comerciante Colombí, a quien se había renovado la patente de cónsul general de España en 1802[11], hizo cuanto estuvo en su mano por dominar la situación, entrando en contacto con la Casa Comercial Hervás de París, que tenía una sucursal en Cádiz. Consta que el 31 de julio de 1806, Antonio de Colombí escribió a Pedro Cevallos, rogándole se le permitiese viajar a París y Cádiz; asimismo pidió que se nombrase durante su ausencia, a su hermano Francisco cónsul de España en San Petersburgo[12]. A este ruego

---

[8] Carta del Duque de Liria al Marqués de la Paz, Moscú, 30 de mayo de 1729, en CODOIN, T. 93.

[9] Diego de Gardoqui al Señor Duque de la Alcudia, San Lorenzo, 17 de octubre de 1794, en *AHN, Estado*, leg. 3 392.

[10] En *AHN, Estado*, leg. 3 392, 12 de julio de 1795. El texto de Godoy decía así:

no buelva a ablar del tratado y si le preguntasen las resultas del encargo que le ha hecho Ostermann responda q.ᵉ como una cosa de tanta entidad no podia tratarse sin q.ᵉ precediese alg.ª mayor explicacion p.ʳ escrito no se ha atrevido a ablar palabra p.ʳᵒ q.ᵉ en el momento q.ᵉ se le prevenga algo en esta forma dara parte con el mayor gusto pues sabe q.ᵉ su Corte desea estrecharse mas y mas con un negocio que interesa igual.mte la emperatriz sin cuya alianza seran arriesgadas todas las negociaciones que penden en el dia, cuyo sistema ha sido constante y asi se dio a entender luego q.ᵉ se declaro la Guerra...

[11] Vid. *AHN, Estado*, leg. 4 644. Elche, 19 de diciembre de 1802, sin firma.

[12] Carta de Antonio Colombí a Pedro Cevallos, San Petersburgo, 31 de julio de 1806, en *AHN, Estado*, leg. 4 644.

accedió el gobierno de Carlos IV, según se lee en una Real Orden fechada en San Lorenzo el 9 de octubre de 1808 [13].

De todos modos, el 10 de enero de 1808, es decir, poco antes de estallar la guerra de la Independencia, la Casa Colombí aún no había podido restablecer su situación, porque el nuevo socio de la casa, precisamente José Martínez Hervás, había cometido una estafa, cuyo alcance no conocemos, pero que fue lo bastante importante, para acabar, de momento, con los deseos de recuperación de la Casa Comercial de Antonio de Colombí [14].

Además, el gobierno ruso, siguiendo los imperativos de Napoleón, hubo de proceder al cierre de los puertos del mar Báltico, llevando a efecto así el establecimiento del Bloqueo Continental. Colombí permaneció hasta su muerte en San Petersburgo, en donde, algunos años más tarde, había de desempeñar un importante papel de mediador en el momento de la firma del tratado de paz y alianza hispano-rusa en Velikie Luki (1812).

Me aventuro, pues, a pensar, dadas estas circunstancias, que el trueque comercial hispano-ruso fue mínimo durante la guerra de la Independencia, si bien a finales de 1812/principios de 1813 el gobierno ruso procedió, en razón de la creciente tensión franco-rusa, a la reapertura de sus puertos del mar Báltico [14a].

2. La política comercial rusa en América

Ahora bien, a mediados de 1811, se produjo un acontecimiento importante, que cabe señalar: fue éste la intención rusa de establecer comercio con las colonias españolas —concretamente con Venezuela— motivada por la presencia en San Petersburgo de un enviado especial de la Junta de Caracas, Parker. El hecho es, de por sí, muy notable, no solamente por sus implicaciones mercantiles, sino sobre todo, por las consecuencias políticas que ello suponía [15]. El lector recordará —según hemos visto en los primeros

---

[13] En *AHN, Estado,* leg. 4 644.

[14] Carta de Antonio Colombí a Pedro Cevallos, San Petersburgo, 10 de enero de 1808, en *AHN, Estado,* leg. 3 417-14.

[14 a] Vid. el artículo de Galpin, Freeman, *The American Grain trade to the Spanish Peninsula, 1810-1814* (1922-1923), pp. 24-44, y la obra del mismo autor, *The Grain supply of England during the Napoleonie period.* New York 1925.

[15] Remito al lector a los capítulos 1, 2 y 3 de este trabajo, en donde hemos hablado ampliamente sobre el tema.

capítulos de esta obra— que por aquel entonces existió una grave polémica en el seno del Consejo de Estado ruso (gosudartsvennij Sovet), en la que tomaron parte el entonces ministro de Asuntos Exteriores Nikolaj Petrovič Rumjancev, el secretario del Consejo de Estado Michail Speranskij, el ministro de Finanzas Dmitrij A. Gur'ev, el consejero de Estado Aleksandr Košelev, y varios miembros de la Compañía ruso-americana [16]. Tratábase, en efecto, de decidir si el gobierno ruso podía establecer relaciones comerciales con unos individuos, que eran rebeldes al gobierno del rey Fernando VII. Si bien está fuera de duda que el asunto representaba grandes ventajas para la política comercial rusa, el caso se resolvió, al final, favorablemente para los intereses españoles, gracias a las presiones de Zea Bermúdez y a la ayuda que recibió en aquel momento del consejero ruso Košelev; el gobierno ruso decidió no iniciar negociaciones comerciales con los insurrectos americanos, hasta que la situación se hubiese estabilizado.

Sin embargo, y éste es un punto muy importante en nuestra consideración, el gobierno de San Petersburgo se había dado perfecta cuenta de las inmensas posibilidades, tanto políticas como comerciales, que ofrecía el continente americano y no estaba dispuesto a dejar pasar aquellas ventajas, o a permitir que únicamente ingleses o americanos sacaran partido de ellas [17].

Ahora bien, ante el desasosiego que reinaba en América del Sur, no nos ha de extrañar que la política rusa manifestase particular interés por cuantos acontecimientos sucedían en aquellas latitudes. Por nuestra parte, hemos insistido ya anteriormente en la buena maña que se dieron los rusos, por allá el año 1813, para intentar establecer relaciones comerciales con los países suramericanos, sin tener que pasar necesariamente por el intermediario español [18].

Creo importante, a este respecto, citar un informe del cónsul general ruso en Filadelfia, Nikolaj Jakovlevič Kozlov al

---

[16] Vid. VPR, *I, 6,* pp. 171-172, 16/28 de septiembre de 1811.

[17] Vid. a este respecto la obra ya citada de Völkl; la de Chlebnnikov, *Žisneopisanie Aleksandra Andreeviča Baranova;* Ermann, *Uber das Klima von Ross in Californien;* la de Esakov; Gronsky; de Mahr, *The visit of the Rurik to San Francisco in 1816;* de Okún, *The Russian-American Company;* de Pilder, *Die russisch-amerikanische Handels-Kompagnie,* y el interesante artículo de Potechin, *Selenie Ross,* en *Žurnal Manufaktur i Torgovli* 8 (1859), pp. 1-42.

[18] Vid. capítulo IV de este trabajo.

ministro Rumjancev (del 8/20 de febrero de 1812) [19], en que apuntaba no solamente las ventajas que Rusia podría sacar de un comercio directo con los Estados Unidos —es decir, sin pasar por el intermediario de Inglaterra—, sino también todos los beneficios que resultarían:

> ... de acelerar el establecimiento de relaciones directas con Sudamérica y las colonias españolas...

Convencido de la veracidad de cuanto alegaba, Kozlov se había permitido entrar en contacto con el representante de la Junta Central en Estados Unidos, Onís, a quien había llegado a convencer de los beneficios que el gobierno español recogería del mencionado trueque comercial. Además, gracias a la conversación mantenida con Onís, Kozlov llegó a la conclusión de que «el mejor sitio para nuestro comercio es La Habana en la isla de Cuba; a pesar del comercio que tiene lugar en otros puertos como Matanzas, San Jago de Cuba y Trinidad... en La Habana se encuentra, según dicen, un almacén de todos los productos de los demás dominios españoles, con los que todavía no podemos tener contacto directo, a causa de la agitación que continúa en ellos...». Acto seguido, explicaba Kozlov, que los rusos podían introducir en La Habana hierro, cuerda, cables, cáñamos, manteca, vasijas de cristal, espejos, y percibir a cambio azúcar, café, indigo, cochinilla, madera de tinte, quina y zarzaparrilla; sin más espera, como también he señalado ya, Kozlov optó por nombrar a Antonio Lynch agente comercial de Rusia en la isla de Cuba [20].

No insistiré más aquí sobre la política de expansión comercial que el gobierno ruso persiguió durante aquel año de 1813, sino para recordar que existen dos interesantísimos informes dirigidos al Departamento de Comercio Exterior del Ministerio de Finanzas por el cónsul general ruso en la isla de Madeira, Franz Borel, fechados a 1/13 de abril y 18/30 de junio de 1813. De ellos se desprende con cuánta sagacidad el gobierno ruso sentó una hábil red de observación comercial alrededor de los puntos más candentes

---

[19] Vid. El cónsul general en Filadelfia, Nikolaj Jakovlevič Kozlov al Ministro de Asuntos Exteriores Nikolaj Petrovič Rumjancev, 8/20 de febrero de 1813, en VPR, I, 7, pp. 55-59.

[20] Vid. Instructions pour Antonio Lynch, agent commercial de Russie dans l'île de Cuba, en VPR, I, 7, pp. 59-61. Vid. sobre los viajes rusos a Cuba la obra de Šur, Putešestvenniki na Kube v XVIII-XIX vv, en Kuba. Istoriko-ètnografičeskie očerki, Moskva 1961, pp. 274-301.

de la rebelión americana, aunque fuese, como en el caso de Borel, en territorio portugués[21].

3. Las relaciones comerciales después de la Guerra de la Independencia. El vino y el trigo

Si intentamos ahora echar una mirada sobre los esfuerzos que hizo el gobierno español después de la guerra de la Independencia para fomentar el comercio con Rusia desde la Península, veremos que se consiguió obtener cierta rebaja para los vinos españoles en los derechos arancelarios, según consta en una carta dirigida por Rumjancev a Eusebio de Bardají y Azara, el cual, como hemos apuntado ya, se hallaba en San Petersburgo en el año 1813, en tanto que enviado de la Regencia, si bien camuflando su verdadera personalidad bajo el título de agente comercial (13/25 de septiembre de 1813)[22].

En realidad, los vinos españoles gozaban en Rusia de una situación privilegiada desde que en el año 1786 Catalina II —quien gustaba especialmente del vino de Málaga— concedió una rebaja arancelaria para los vinos de España que fuesen a Rusia a bordo de navíos españoles y por cuenta de negociantes españoles[23].

Parece ser que en 1813, Bardají y Azara trató de conseguir del gobierno ruso que continuase accediendo a aplicar la tarifa de 1766 para los vinos españoles que se exportasen a Rusia, pero la contestación de Rumjancev fue que, tras larga deliberación y en honor a la alianza sellada entre España y Rusia en Velikie Luki (1812), el gobierno ruso había accedido a aplicar la tarifa aduanera de 1797 para los vinos españoles[23a]. Lo cual, si bien no representaba las mismas ventajas que el arancel de 1766, sí podía considerarse en cambio como una deferencia para con la Regencia española. Bien es verdad que los rusos tuvieron cuidado en señalar que se trataba únicamente de una medida momentánea.

---

[21] Vid. VPR, *I*, 7, pp. 154-159 y pp. 272-273.

[22] Vid. VPR, *I*, 7, 13/25 de septiembre de 1813, pp. 379-380.

[23] Vid. Informe presentado por Diego de Gardoqui al Señor Duque de la Alcudia, San Lorenzo, 17 de octubre de 1794, en *AHN, Estado*, leg. 3 392. La tarifa arancelaria del año 1766 fue publicada en la Colección de Leyes Rusas, PSZ, T. XLV, Apartado I, pp. 12-15.

[23a] Respecto de la tarifa arancelaria de 1797, vid. PSZ, T. XLV, Apartado 2, páginas 36-41.

No deja de ser curioso que fuese precisamente el vino el producto que surgiese primero en la discusión entre rusos y españoles, quienes deseaban reanudar el intercambio comercial, interrumpido durante los años de contienda europea. Y no deja de ser curioso también que fuese en 1815, es decir, en el año en que el gobierno absoluto de Fernando VII tropezaba con las primeras dificultades —es el momento en que Napoleón se fuga de la isla de Elba y el estado español se ve impotente ante las necesidades financieras del país— cuando Francisco de Zea Bermúdez escribe a Pedro Cevallos, el 9/21 de abril[24], recordándole precisamente que el renglón del vino puede constituir un excelente producto de exportación a Rusia, siempre y cuando se consiga que los rusos mantengan el arancel de 1797, prorrogado de nuevo por un año en 1814, gracias a las gestiones del propio Zea.

Zea pedía en su misiva apremiantes instrucciones, porque la Dirección General de Aduanas rusas era contraria a los deseos españoles... y el emperador Alejandro I —tan inclinado a favorecer a Fernando VII— se hallaba aún ausente de la capital.

¿Qué ocurrió con la carta de Zea y sus insistentes presiones para que se revitalizara la exportación del vino español a Rusia?

Sencillamente que tropezaron con la oposición de Bardají y Azara, a quien Cevallos había transmitido la carta de Zea del 23 de junio, para que diese su parecer sobre el caso.

Bardají expresó la opinión de que el consumo de los vinos españoles en Rusia era:

> ... de tan poca monta que no merece la pena de considerarse como un objeto importante de comercio[25].

Ahora bien, la opinión de Bardají, que sin duda alguna debió ejercer una influencia en la decisión de Cevallos de no mandar nuevas directrices a Zea al respecto, resultó muy nefasta para la exportación del vino español a Rusia, según se desprende de una representación hecha a Cevallos un año más tarde, en 1816, por la Junta de Gobierno del Comercio de Cataluña. Este documento, fechado en Barcelona a 23 de junio, es muy interesante, porque en él destaca la importancia que para la economía del país repre-

---

[24] Vid. Carta de Francisco de Zea Bermúdez a Pedro Cevallos, San Petersburgo, 9/21 de abril de 1815, en *AHN, Estado*, leg. 3 392.

[25] Vid. Carta de Eusebio de Bardají y Azara a Pedro Cevallos, del 4 de julio de 1815, en *AHN, Estado*, leg. 3 392.

sentaba el fomento de la viña y, sobre todo, la exportación del vino catalán a Rusia.

Rogábase, pues, a Cevallos [26]:

> ... recurrir á S. M. con la reverente representación que acompaña, para que se digne providenciar el cese de la navegación de los pabellones extrangeros con nuestra America, tan destructora de la nuestra como de la industria y comercio nacional, y que se hagan con el gabinete de Rusia las gestiones correspondientes para conseguir el restablecimiento en aquel Imperio de la modificación de derechos en uso en 1814 sobre los vinos de España, no siendo la sola Cataluña sino Valencia y otras provincias productoras y que hacen envio a sus puertos, las que tienen interes en esta concesión importante...

A la vista de estos argumentos, no cabe duda de que la economía española se hubiese beneficiado mucho de haber podido conseguir la deseada rebaja arancelaria para los vinos españoles —sobre todo los catalanes— que se introdujeron en el Imperio ruso. Sin embargo, ignoramos si la urgente demanda de los comerciantes del Principado halló el eco merecido en los círculos del gobierno. Probablemente no fue así, puesto que no tenemos noticias de haberse conseguido la anhelada rebaja.

Por lo demás, la exposición hecha a Cevallos por la Junta representaba en algún aspecto una notable exageración; así, por ejemplo, cuando argumentaba que España debía ser la nación más favorecida por la política arancelaria rusa, o cuando señalaba que la unión entre ambos países era, por decirlo así, «la más natural» de Europa.

Sin embargo, las observaciones de la Junta eran exactas en un punto muy concreto: esto es, en lo que se hacía referencia a la exportación de granos rusos a España.

Decían los vocales:

> ... Si alguna Nacion puede esperar de la Rusia una acquiescencia de esta clase (la rebaja arancelaria) es ciertam.te la España, como la mas consumidora de sus granos, sea de los q.e exporta en el Baltico por Petersburgo, Riga, Rebel y Libau, en el mar Blanco por Arcangel, y en el Negro por Odessa no existiendo quiza en Europa otros dos Pueblos en los q.e las relaciones sean mas naturales, ni de más reciproca conveniencia, de necesidad precisam.te el uno de lo q.e posee

---

[26] Carta de la Junta de Gobierno del Comercio de Cataluña a Pedro Cevallos, Barcelona, 22 de junio de 1816, en *AHN, Estado*, leg. 3 392.

en sobrante el otro, pareciendo con esto à la Junta nada inverosimil q.e condescienda aquel Gobierno à la modificacion de dros sobre nuestros vinos... [27].

Creo que conviene recapitular aquí brevemente lo que la importación de trigo ruso había representado para el comercio hispano-ruso durante el siglo XVIII.

Si bien resulta muy difícil dar cifras exactas al respecto, sí podemos afirmar que ya en 1773 la Casa Francisco de Miláns y Compañía de Barcelona compró partidas de trigo en Rusia (seguramente en algún puerto del Báltico), vendiéndolas con beneficio en Cádiz y Barcelona, según se desprende de un extensísimo informe que el propio Miláns redactó para Floridablanca en enero de 1778 [28]. Sin embargo, en 1776, el comerciante catalán quiso repetir la experiencia. El resultado fue, aquella vez, negativo para la Casa Miláns, que realizó con pérdida la operación de venta en Barcelona.

Poco después, la Casa Miláns no tardó en ir a la deriva, siendo así que por allá el 1780 fueron importantes casas extranjeras las que especularon con el trigo ruso que arribaba a Barcelona, y procedía de las plazas de San Petersburgo, Riga, Archangelsk, Memel, etc. Entre ellas, cabe citar, como más importantes las Casas Adams Levinus et Lacoste, Zimmermann y Zuckerbeker [29]. Ahora bien, coincidiendo con la exportación de trigo ruso a Barcelona, cuyo estudio terminamos por ahora, asistimos en la década de 1770 a 1780 a la proyección de la política rusa hacia el Mar Negro, que conviene examinar detenidamente.

4. *La proyección rusa hacia el Mar Negro*

La proyección rusa hacia el Mar Negro fue la consecuencia de la derrota turca en la guerra iniciada en 1767 entre ambos imperios. El tratado de Kučuk Kainardschi, firmado en 1774, contenía cláusulas muy ventajosas para la expansión rusa. Por ejemplo, los rusos obtuvieron en la desembocadura del río Dnjpr una pequeña franja de acceso al Mar Negro, además del territorio lindante con

---

[27] Idem.
[28] El extenso informe obra en *AGS, Estado,* leg. 6 642.
[29] Los documentos a este respecto se encuentran en el Archivo de Historia de la Ciudad de Barcelona, en Fondo Comercial, B 206, B 218 y A 83.

la ciudad de Kerč. Pero sobre todo, obtuvieron el derecho de navegar libremente por las aguas territoriales turcas, lo que equivalía a la apertura del estrecho de los Dardanelos para los barcos rusos. A partir de aquel momento la política rusa no desaprovechó ninguna ocasión que les permitiese afianzar y hasta aumentar aquellas conquistas.

Así, en 1783, bajo pretexto de mediar en viejos conflictos que oponían el Khan de Crimea a sus vasallos, las tropas rusas invadieron la Península y acabaron anexionándola, pura y sencillamente, al Imperio ruso [30].

Es entonces cuando se inicia la colonización de los territorios recién conquistados, que recibieron el nombre de «Novaja Rossija», Nueva Rusia.

El primer puerto de éstos, fundado en 1779, en la desembocadura del río Dnjpr, fue Cherson (o Kherson); Catalina II esperaba que se convirtiese pronto en el puerto principal de Nueva Rusia, o como solía expresarse, en el «San Petersburgo del Sur» [31].

Las esperanzas de Catalina II de asistir pronto al florecimiento económico de la nueva San Petersburgo no se vieron defraudadas. Tenemos noticias de que dos importantes mercaderes de la época, el alemán Johann Weber y el francés Anthoine de Saint-Joseph, se mostraron muy impresionados por las ventajas comerciales que la ciudad ofrecía [32]. Este último, por ejemplo, estableció allá la sede principal de su compañía e intentó desarrollar el comercio con Francia.

Diez años después de la fundación de Cherson, en 1788, se inició la construcción de un nuevo puerto a orillas del Mar Negro, que recibió el nombre de Nikolaev. Situado en la desembocadura del río Bug, Nikolaev estava enclavada en el emplazamiento de la antigua colonia griega de Olibia.

En 1792, Nikolaev contaba con 1.566 residentes permanentes y 1.734 transeúntes, lo que equivalía a un total de 3.300 habitan-

---

[30] Vid. sobre las guerras ruso-turcas y la anexión de Crimea, las obras de Dutrovin (ed.), *Prisoedinenie Kryma k Rossii (La unión de Crimea a Rusia)*, Tomo 3; Nolde, *La formation de l'Empire russe*, T. 2. Vid. también a este respecto, la obra de la profesora Družinina, *Kjučuk-Kajnardžijskij mir 1774 goda.*

[31] Vid. la obra de Halm, *Österreich und Neurussland*, T. I, y también Družinina, *Južnaja Ukraina*, p. 57.

[32] Vid. Weber, Johannes, *Die Russen oder Versuch*, p. 107, y Halm, *Österreich*, T. I, p. 15 sig.

tes [33]. En 1793, y según Jules de Hagemeister, la ciudad exportó mercancías por valor de 106.000 rublos. Sin embargo, al igual que Cherson, Nikolaev tampoco pudo soportar la rivalidad que pronto representó Odessa.

Como quiera que sea, durante la primera mitad del siglo XIX, la supremacía de Odessa frente a los demás puertos del Mar Negro fue incontestable. Y el éxito conseguido por la urbe fue tanto más espectacular que su fundación no había ido acompañada de grandes esperanzas, como en el caso de Cherson.

En el año 1789, tropas rusas al mando de José de Ribas y Bojous, un militar de origen español, pero residente en Nápoles, capturaron una pequeña fortificación turca, llamada Hagi Beg, situada aproximadamente a veinte millas al Norte de la desembocadura del río Dnestr. En 1794, Catalina II recompensó la acción de Ribas, permitiéndole, juntamente con un ingeniero francés llamado Voland, construir un puerto y una ciudad en aquel lugar [34]. Dos años más tarde, la emperatriz decidió, con un sentido muy clásico de la circunstancia, que la nueva fundación recibiría el nombre de Odissos [35].

Para poblar la nueva ciudad, la emperatriz cursó invitaciones a súbditos griegos, búlgaros, alemanes e italianos, a fin de que se estableciesen en Odessa. Llegó hasta a despachar agentes a la lejana Renania, que prometían grandes ventajas a quienes quisieran instalarse a orillas del Mar Negro [36].

Así se convirtió Odessa, paulatinamente, en uno de los centros más cosmopolitas del Imperio.

Durante el reinado de Pablo I (1796-1801), la ciudad conoció momentos de dificultad, porque el nuevo zar era en un principio adverso a los proyectos de su madre. Pero después del advenimiento de Alejandro I, los comerciantes de Odessa despacharon inmediatamente emisarios al nuevo emperador para que éste con-

---

[33] Citado por Herlihy, *Russian Grain*, p. 77, quien a su vez menciona la tesis no publicada por Harvey, *The Development of Russian Commerce On the Black Sea and Its Significance*, y vid. Halm, *Österreich und Neurussland*, I, p. 15.

[34] Vid. Hagemeister, *Mémoire sur le commerce*, p. 8.

[35] Vid. la obra de Skalkovskij, *Pervoe tridsotiletie istorii (Los primeros treinta años de la historia de Odessa)*. Odessa 1837.

[36] Vid. Crousaz-Crétet, *Le duc de Richelieu*, p. 54 sig. Vid. Venturi, F., *Il moto decabrista e i fratelli Poggio*, pp. 13-16. Uno de los futuros decembristas, por ejemplo, Aleksander Poggio, era hijo de un italiano, que por allá el año 1795, había decidido establecerse en Odessa.

firmase los privilegios que Catalina había concedido a la ciudad. Alejandro se mostró magnánimo: los ucases del 28 de enero y del 18 de marzo de 1802 concedieron grandes ventajas arancelarias.

En 1803 tuvo lugar un acontecimiento importante para la ciudad: Alejandro I nombró al duque de Richelieu, un hábil emigrado francés, gobernador de Odessa [37]. Durante su mandato, Richelieu hizo cuanto pudo para atraer nuevos colonizadores y desarrollar la economía de las provincias de Nueva Rusia.

El 5 de marzo de 1804, Alejandro I concedió a los comerciantes de Odessa un nuevo privilegio, que entrañaba grandes ventajas para el tráfico mercantil de la ciudad: consistía en la posibilidad de almacenar mercancías sin pagar derecho alguno hasta que éstas fuesen vendidas o reexpedidas, durante un tiempo máximo de cinco años. En 1806, se extendió el mencionado privilegio a la ciudad de Taganrog. De esta manera pudo conseguirse el almacenaje de granos durante largo tiempo, sin que por ello debiera pagarse impuesto alguno, lo cual contribuyó a que los puertos del Mar Negro alcanzasen celebridad por sus depósitos de granos.

Muy pronto, en 1805, Richelieu fue nombrado gobernador general de Nueva Rusia, que comprendía entonces las provincias de Cherson, Ekaterinoslav y Taurida, con sede de la administración central emplazada en Odessa. El nuevo gobernador inició entonces un amplio programa de reformas en su ciudad-capital, estableciendo bancos y centros comerciales, fundando una cámara de comercio y una oficina de cambio y tratando de facilitar las operaciones mercantiles.

Dadas estas circunstancias, no parece extraño que pronto se alzasen voces rogando al soberano ruso que declarase francos a los puertos de Odessa, Theodosia o Kaffa.

La esperanza de que Odessa —y con ella la provincia de Nueva Rusia— pudiera convertirse en un puente comercial entre Europa y Asia acabó haciendo mella en el ánimo de Alejandro, quien el 24 de abril de 1817 concedió la deseada franquicia por una duración de treinta años [38]. La noticia pareció ser lo bastante impor-

---

[37] Sobre Richelieu, consúltese la obra de Crousaz-Crétet, *Le Duc de Richelieu.* Las memorias del duque de Richelieu, así como las de un comerciante francés llamado Charles Sicard, establecido en Odessa, fueron impresas en SBORNIK, T. 59. Charles Sicard fue nombrado en 1819 embajador ruso en Livorno.

[38] Vid. Hagemeister, *Mémoire sur le commerce,* p. 65.

tante en España como para que la *Gaceta de Madrid*, el 24 de julio de 1817, diese una traducción sucinta del ucase de Alejandro[39].

Bien es verdad que además de esta protección arancelaria, y de la ayuda del gobierno, Odessa tuvo la suerte de hallarse emplazada en las cercanías de una de las regiones de Europa en donde la producción cerealística alcanzaba niveles más altos. La exportación del grano «polaco» como acostumbraba designarse al cereal que crecía en el sureste de Polonia y en la parte occidental de Ucrania, resultaba más fácil de exportar por el puerto de Odessa que por los puertos del Báltico, por Riga o San Petersburgo. En particular, la ciudad de Odessa se hallaba muy cerca de la provincia de Podolia, una de las regiones más fértiles de Ucrania Occidental.

Así fue como la población de Odessa, que en 1803 se elevaba solamente a 8.000 habitantes, alcanzó 50.000 en 1835[40].

Además de los puertos de Odessa, Nikolaev y Cherson, la región de Nueva Rusia contaba con una serie de puertos más, todos ellos mucho más antiguos que los mencionados y que cabe señalar aquí. Tratábase ante todo de los puertos de la Península de Crimea, como Theodosia (Kaffa), Sebastopol, Evpatoria y Kerč, todos ellos de antigua tradición, puesto que Kaffa había sido ya colonia genovesa desde 1282 hasta 1475.

Más allá del estrecho de Kerč, los puertos del Mar de Azov parecían, en aquel momento, gozar de gran actividad económica. No lejos de la desembocadura del Don, estaban situados Rostov y Taganrog y algo más lejos, en la costa sudoeste, se hallaba Mariopol.

De todos los puertos del Mar de Azov, el más importante era, al mismo tiempo, uno de los más antiguos: Taganrog.

Respecto a su comercio, Taganrog era conocida por ser una de las principales exportadoras de «grano duro», muy apreciado en toda Europa y sobre todo en Italia[41].

---

[39] Vid. *Gaceta de Madrid*, jueves 24 de julio de 1817, núm. 88, p. 774. «Se ha publicado un ukase del Emperador declarando franco el puerto de Odessa...» El artículo de Van Regemorter, *Le mythe génois en Mer Noire*, habla erróneamente, en la p. 493, del año 1818, como del año en que Richelieu «obtenait enfin du tsar un accord de principe». Mientras que nosotros sabemos que Richelieu ya había partido a Francia en 1815, y que la franquicia concedida de Odessa había sido decretada ya en 1817. El artículo de Puryear, *Odessa: Its Rise*, pp. 192-215, apenas si menciona la concesión de dicha franquicia.

[40] Citado por Herlihy, *Russian Grain*, p. 90.

[41] Idem, p. 72.

Finalmente, digamos algunas palabras sobre el otro puerto mencionado, situado también en la desembocadura del Don, Rostov. La ciudad había sido fundada en 1731 y al principio no era sino un pequeño fuerte que protegía la entrada del Don. En 1761, se procedió a trasladar el fuerte, que había sido construido en medio de una isla, hasta el lugar que ocupa actualmente, en la orilla derecha del Don. En 1834 se inauguró el puerto, el cual, al igual que los demás puertos del Mar de Azov, prosperó lentamente [42].

5. *El comercio hispano-ruso del Mar Mediterráneo*

Las ventajas que habían de resultar para el comercio hispano-ruso de un trueque realizado a través del Mediterráneo fueron consideradas ya en España durante el reinado de Carlos III, apenas los rusos hubieron obtenido en el tratado de Kjučuk-Kainardschi (1774) la apertura del estrecho de los Dardanelos para su navegación. Consta que en la Instrucción otorgada en 1781 al marqués de la Torre, embajador en San Petersburgo, se leía el párrafo siguiente [43]:

> Justamente favorece mucho la idea y facilidades para este comercio la circunstancia de que los Rusos tienen formado el proyecto de hacerlo por el Mar Negro como tránsito más corto para el Mediterráneo, y como por cualquiera de los dos mares, esto es el Mediterráneo o el Océano podrán tocar en nuestros Puertos, y hallar en ellos la mejor acogida de frutos de retorno, tiene cuenta a los mismos rusos el que se ponga corriente y establezca con buenas reglas. Quiero pues que tratéis de esto sin perdida de tiempo tomando todos los informes necesarios para formar calculos justos y proporcionados al bien y utilidad de las dos naciones...

No fueron únicamente los españoles quienes se percataron de los buenos resultados que podía tener el tráfico comercial hispano-ruso en aguas de Levante. Pronto empezaron a surgir hábiles comerciantes que especulaban con los productos rusos y las ventajas que cabía esperar de su exportación a España. Uno de los casos más típicos fue el del comerciante Antoine Ignace Anthoine, barón de Saint-Joseph, el cual ha trazado en sus Memorias un cua-

---

[42] Sobre Rostov puede consultarse la obra de Skal'kovskij, A., *Rostov-na-Donu*, Sanktpeterburg 1837.

[43] En *AHN, Estado*, leg. 3 455.

dro de lo que era el tráfico comercial de los puertos del Mar Negro a finales del siglo XVIII y principios del siglo XIX[44]. La propia carrera de Anthoine es una buena muestra del interés que el Sur de Rusia empezaba a despertar en los gobiernos de Europa Occidental. Anthoine se hallaba establecido en Constantinopla (de 1771 hasta 1781), cuando el embajador francés y el embajador ruso le rogaron redactase un informe sobre el comercio franco-ruso. Fue entonces cuando Anthoine, comisionado por el gobierno francés, realizó dilatados viajes por la Península de Crimea; de allí pasó a Cherson y de Cherson a San Petersburgo.

El caso de Anthoine es especialmente interesante para nosotros porque a él se debió uno de los primeros envíos de trigo ruso a Barcelona, que podemos fechar en 1782, según escribe Patricia Herlihy en su interesante obra sobre el trigo ruso en el Mediterráneo.

Sabemos que el envío de cereales rusos a la ciudad de Barcelona, continuó durante la década siguiente, porque precisamente en el año 1792, documentos del Archivo de la Junta de Comercio de dicha ciudad dan fe de la penuria en que se hallaba la urbe por no llegar los granos que se esperaban del Mar Negro y hallarse averiados en distintos puertos los que procedían del Báltico. Una carta fechada a 2 de enero de 1793 rezaba así[45]:

> ... dos cargos que esperaba esta Casa de Juan Bautista Cabanyes y Comp. procedente de Cherson en el Mar Negro, de cuyo parage son los primeros que se huvieron visto venir a esta ciudad, siendo el uno de doce mil fanegas y el otro de quatromil y quinientas fanegas, el primero se ha perdido enteramente en las bocas del Danubio y el segundo habiendo entrado casualmente en Malta, ha sido detenido y comprado por la Religion al precio que se hubiera podido vender en esta a su arribo...

Por lo demás, la exportación de trigo del Mar Negro a Barcelona, prosiguió durante los primeros años del siglo XIX. Según el mismo Anthoine, en el año 1803, 24 barcos cargados con trigo

---

[44] Vid. Saint-Joseph, Barón de, *Essai historique sur le commerce et la navigation de la Mer Noire*, etc.

[45] Vid. Archivo de la Junta de Comercio de Barcelona. Balanza de Comercio 264, p. 12. Adviértase que en dicha carta se habla de los trigos de Cherson como «los primeros en llegar a la ciudad», mientras que nosotros sabemos que ya en 1782 Anthoine había enviado a Barcelona trigo de las regiones del mar Negro.

partieron de los puertos del Mar Negro en dirección a Barcelona [46]. Y el historiador soviético Zolotov ha confirmado que en 1804 la demanda de trigo ruso procedente del Mar Negro y en dirección a España fue considerable [47].

Tal como he indicado anteriormente, carecemos de fuentes precisas que nos ofrezcan un cuadro del alcance que tuvieron las exportaciones rusas del Mar Negro durante los años que corren de 1805 a 1814-1815, es decir, más o menos durante la época de guerra de la Independencia. Pero, de todos modos, podemos avanzar que no serían muy considerables, puesto que en el Imperio ruso ocurrían al propio tiempo acontecimientos importantes que impedían el fácil desarrollo del comercio: así, en 1806, el estallido de la guerra ruso-turca, que paralizó prácticamente la exportación del trigo de Nueva Rusia; después la imposición del bloqueo continental por los franceses y la invasión napoleónica (1812) que acabaron de dificultar las operaciones mercantiles.

Sin embargo, una vez restablecida la paz en Europa, el movimiento mercantil conoció un nuevo auge. Los años que corren entre 1815 y 1818/19 no registran solamente la mayor cantidad de trigo ruso exportado hacia Europa Occidental, sino también hacia España. A este respecto, resultan sumamente interesantes las cartas enviadas a la Secretaría de Estado por el cónsul español en Odessa, Luis del Castillo. En ellas destaca claramente que la cantidad de barcos españoles que se dirigían a Odessa, o a otros puntos importantes del Mar Negro o del Mar de Azov, aumentaba de año en año. Y eso a pesar de un grave inconveniente: en efecto, la Puerta Otomana no había concedido aún a los navíos españoles el paso libre al Mar Negro a través del estrecho de los Dardanelos.

Es verdad que se recurría a una estratagema para vencer esta dificultad: se procedía a cambiar la bandera. Sin embargo, ya el 30 de enero de 1816, Castillo apuntaba las dificultades que acarreaba semejante proceder: se perdía tiempo y dinero [48]. Y el propio Castillo podía escribir, el 6 de septiembre de 1816, que sumaban un total de veinte barcos españoles que habían cargado trigo en Odessa durante aquel año [49].

---

[46] Vid. Saint-Joseph, *Essai*, p. 204.

[47] Vid. Zolotov, *Vnešnjaja torgovlja (El comercio exterior)*, p. 28.

[48] Luis del Castillo a Pedro Cevallos, Odessa, 30 de enero de 1816, en *AHN, Estado*, leg. 6 220.

[49] Luis del Castillo a Pedro Cevallos, Odessa, 6 de septiembre de 1816, en *AHN, Estado*, leg. 6 220.

Durante los años siguientes, el número de buques de todas las naciones —y en particular los españoles— que arribaron a Odessa o a Taganrog a cargar trigo fue en aumento. El 4 de noviembre de 1817, Castillo comentaba:

> Pasan de 400 los Buques de todas las Naciones que en el día se hallan en este Puerto, cosa nunca vista en esta estación.

En cuanto a los buques españoles, el cónsul escribía:

> Buques Españoles no quedan ya mas de cinco, y estos se alistan para partir. Muchas son las expediciones de trigo que se hacen aquí este año para Cataluña, lo que remediará la falta de cosecha allí... [50].

El 31 de enero de 1818, Castillo pudo precisar, a la par que enviaba a Madrid un estado de las mercaderías importadas y exportadas de Odessa en 1817 [51], que durante el mencionado año se elevaban a 22 los buques españoles que habían cargado trigo de Odessa para la Península, mientras que cinco lo habían hecho en Taganrog y tres en Kaffa. Me interesa señalar que, como es lógico, la concesión de la franquicia de derechos para el puerto de Odessa aumentaba el atractivo que para los comerciantes representaba ir a cargar trigo a aquel puerto.

Así, y siguiendo al propio Castillo, en agosto de 1819 eran ya 30 los buques españoles que habían llegado a Odessa a cargar granos, y unos 20 se habían dirigido a Taganrog [52]. Ahora bien, cabe hacerse la pregunta: ¿Qué consecuencias tenía para la economía española la elevada importación de trigo ruso a España?

La primera era la de producir un desequilibrio en la comercialización de cereales del país, puesto que, según se sabe, mientras se introducían por el puerto de Barcelona las grandes cantidades de trigo ruso antes mencionadas, el trigo producido por otras regiones, por ejemplo Castilla, no encontraba salida alguna en los

---

[50] Luis del Castillo a José León y Pizarro, 4 de noviembre de 1817, en *AHN, Estado*, leg. 6 220.

[51] Luis del Castillo a José León y Pizarro, Odessa, 31 de enero de 1818, en *AHN, Estado*, leg. 6 220. El estado adjuntado por Castillo no indica la cantidad exacta de trigo exportada por los españoles. Del estado se desprende solamente la cantidad total de barcos extranjeros llegados a Odessa y la cantidad total de barcos reexpedidos, pero no especifica la cantidad exportada por cada uno.

[52] Luis del Castillo al Excmo. Sr. Ministro de Estado, Odessa, 3 de agosto de 1819, en *AHN, Estado*, leg. 6 220.

mercados nacionales. Sin embargo, no fue hasta septiembre de 1820 cuando se promulgó la ley de prohibición de granos extranjeros, y aún en octubre de 1822 los comerciantes catalanes elevaron una conocida *Representación* a la Diputación Provincial para que se conservase la mencionada ley[53]. Y esta situación no era únicamente privativa de Cataluña, sino que también podía hacerse extensiva a otras regiones: Murcia, por ejemplo, o hasta Andalucía. En el año 1819 asistimos al colapso de la comercialización de los granos en los mercados españoles, siendo así que el precio medio del trigo resultaba a 36 reales por fanega. Hasta en el puerto de Cádiz se recibían remesas de trigo ruso, a pesar de que los graneros de Andalucía se hallaban rebosantes de trigo y aceite[54].

La segunda consecuencia de la excesiva introducción de trigo ruso en los puertos catalanes o del Levante era la de provocar una huida muy considerable de numerario fuera de España. Esta circunstancia había sido señalada ya en 1816 por la Junta de Comercio de Cataluña, que se quejaba de que «la gran importación de trigo y demás granos para la subsistencia de estos naturales...» provocase una gran extracción de numerario fuera de la Península[55]. Por su parte, Luis del Castillo, nuestro cónsul en Odessa, aludió repetidas veces a esta circunstancia en los despachos que enviaba a Madrid[56]. Así, en la citada carta del 4 de noviembre de 1817, el representante español en Odessa no podía menos de señalar:

> Prodigiosa es tambien la cantidad de numerario que aqui llega en pesos fuertes y en onzas de oro, y creo obligación mía llamar la atención de V. E. sobre esta espantosa estracion de dinero, pues aunque sé muy bien que es principio incontestable que toda nación pague con

---

[53] A este respecto, véase la representación hecha a S. E. la Diputación Provincial de Barcelona, para que se observe la Ley de prohibición de granos extranjeros, en la Biblioteca de Cataluña, Folletos Bensoms núm. 6468. En dicha «Representación» se pueden leer las cantidades de trigo introducidas en Barcelona en millares de fanegas. Vid. también el libro de José Fontana Lázaro, *La quiebra*, pp. 213-214.

[54] Vid. Fontana, *ídem*, pp. 246-248.

[55] Citado por Fontana, *ídem*, p. 215, el cual a su vez cita el *Plan de los canales proyectados de riego y navegación de Urgel que de Real Orden levantó el difunto don Juan Soler y Faneca, a solicitud y expensas de la Real Junta de Gobierno del Comercio de Cataluña*. Barcelona 1816.

[56] Luis del Castillo a José León y Pizarro, Odessa, 4 de noviembre de 1817, en *AHN, Estado*, leg. 6 220.

efectivo lo que no alcanza a trocar con sus propios productos, seria bien que los resguardos redoblasen de vigilancia para impedir la demasiado facil y dañosa salida de dinero...

Pero, a pesar de las advertencias de Castillo, la situación no variaba, puesto que el 31 de enero de 1818 volvía a escribir:

... Pasan de quatro millones de duros el metalico que aqui se ha traido el año pasado en pesos fuertes y onzas de oro, que este Gobierno compra para fundirlas en moneda del pays con muy conocidas ventajas... [57].

Pero lo bueno del caso es que un año más tarde, ya no se trataba solamente de una «huida» del numerario, sino hasta de una huida «humana»: en efecto, el cónsul en Odessa señalaba en 1819 que:

este verano han empezado à emigrar de Mahon cantidad de gente de Oficio, como son carpinteros, Cerrajeros, Albañiles, etc., los mas Padres de familia, que en busca de mejor suerte vienen a establecerse aqui, en donde por la concurrencia de otros muchos emigrados de la Alemania y Suiza ven frustradas sus esperanzas, y quedaran reducidos à la mayor miseria este invierno... [58].

Sabemos que, después de los avisos de Castillo, se cursó un despacho al gobernador de Mahón para que intentase remediar aquella deplorable situación, y que, asimismo, se informó a Hacienda de la extracción de numerario provocada por las grandes importaciones de trigo de Odessa [59]. Pero lo que no sabemos es si se dio algún otro paso más en este sentido. Por lo demás, la indiferencia del gobierno, que permitía la salida de numerario de nuestro país, sin intentar poner remedio eficaz a tal circunstancia, es algo que ya han puesto de relieve otros autores [60], y que además había preocupado ya a los coetáneos de Fernando VII, dada la suma escasez de moneda que afligía a los pueblos castellanos [61].

---

[57] Luis del Castillo a José León y Pizarro, Odessa, 31 de enero de 1818, en *AHN, Estado*, leg. 6 220.

[58] Luis del Castillo al Excmo. Señor Ministro de Estado, Odessa, 3 de agosto de 1819, en *AHN, Estado*, leg. 6 220.

[59] *AHN, Estado*, leg. 6 220.

[60] Vid. Juan Sardá, *La política monetaria;* y Fontana, *La quiebra*, p. 250 y siguientes.

[61] Vid. la cita de la obra de Gonzalo de Luna, *Ensayo sobre la investigación de la naturaleza y causas de la riqueza de las naciones relativamente a*

Ahora bien, este desfase en el comercio hispano-ruso de los años 1815-1819, caracterizado por un excesivo envío de trigo de los puertos del Mar Negro con destino a Barcelona o a otros puertos españoles hubiese podido quedar compensado por una exportación considerable de vino español a Rusia. Sin embargo, ya hemos visto que esta circunstancia estaba supeditada a la concesión de una rebaja arancelaria para los vinos españoles por parte del gobierno ruso. Y ya hemos visto también que Zea Bermúdez, siendo embajador en San Petersburgo, había llamado la atención de Cevallos sobre la absoluta necesidad de obtener la mencionada rebaja. Sabemos, asimismo, que en el año 1815 Bardají y Azara informó negativamente sobre el asunto. De nada sirvió tampoco que en 1816 los comerciantes catalanes elevasen una súplica al gobierno para que tratase de conseguir la anhelada rebaja arancelaria. El resultado no se hizo esperar. Cuando a finales de diciembre de 1822 don Jorge Stressow elevó una súplica al gobierno para que se le nombrase vicecónsul en Riga, Evaristo San Miguel pidió a la Junta Nacional de Comercio que informase sobre esta petición [62]. La contestación de dicha Junta no pudo ser más deplorable. Revelaba el colapso total que sufría la exportación de vinos a Rusia —especialmente los catalanes— precisamente por no haber logrado el gobierno español la concesión arancelaria reclamada desde hacía años por los comerciantes del Principado. Concluían los vocales su informe afirmando que, dadas las circunstancias, el establecimiento de un consulado español en Riga no era «nada necesario». He aquí uno de los párrafos más reveladores del escrito de la Junta Nacional de Comercio sobre el asunto:

> ... Habrá como medio siglo que la navegación catalana no solo se extendió o penetró hasta Riga sobre el Dwina y á como dos leguas de su desague en el Baltico, sino aun hasta Arcangel en el mar Blanco del Norte, y á la latitud arriesgada de cerca 65 grados, sin que, a pesar de lo nuevo para ella y de lo proceloso de aquellos dificiles mares, dejase de hacerlo con buen exito; dando en ello un nuevo testimonio de las calidades nauticas q.ᵉ la distinguen y recomiendan. Petersburgo, Riga y Arcangel tomaron afecto al consumo de nuestros vinos, y formaban objeto de entidad las expediciones anuales con especiali-

_____

España, o, sea, la Economía universal teórica aplicada a la nación española, Tomo I, Valladolid 1819; y T. II, Madrid 1820.

[62] Vid. Carta del 22 de diciembre de 1822, en *AHN, Estado,* leg. 6133 [1].

dad para Petersburgo infinitam.te mas rico y mas poblado que las otras dos Plazas. Consistian los retornos en trigo, cañamo, lino, alguna arboladura, hierro y otros productos rurales de aquel Imperio, con el ... (ilegible) a veces de lonas y cables en cantidades pequeñas; pero este comercio, cuya consistencia prometia un aumento sucesivo, empezó a decaer con el mayor recargo en Rusia del derecho de importación sobre los vinos; y está paralizado desde que en el año anterior fue elevado el impuesto à como cuarenta pesos fuertes por pipa que equivale à decir á 25 r. vⁿ en arroba castellana, sea por el sistema ilustradam.te adoptado por aquel Gob.no de minorar el consumo de los productos estrangeros rurales como fabriles, ó para conferir favor à los Vinos de Austria, Ungria, Moldavia, Valaquia y Grecia, q.e solo contribuyen con unos dos quintos del impuesto señalado à los de España y demás del extrangero; y asi es *que no se ha hecho este año en Cataluña ninguna expedición para aquellos puertos, ni se ha recibido de ninguno de ellos cargamento alguno.* Agregase a esto que la introducción en la Península de los granos y demás objetos rurales que formaban la materia de los cargamentos de retorno queda prohivida por las leyes o aranceles vigentes... Partiendo de estos datos, cree la Junta nada necesario un establecimiento consular español en Riga... [63].

Ahora bien, si la prohibición de importar grano extranjero podía favorecer la articulación del mercado nacional, es evidente que para el desarrollo del comercio hispano-ruso tal prohibición resultaba del todo negativa. Esta circunstancia quedó claramente de manifiesto en una carta fechada en San Petersburgo a 3 de febrero de 1823, y redactada por el entonces encargado de negocios español en Rusia, Pedro Alcántara de Argaíz. Tratábase de una misiva en la que Argaíz expresaba su parecer sobre la necesidad —contrariamente a la opinión de la Junta de Comercio— de tener a un vicecónsul en Riga. Pero lo que me interesa subrayar es lo que el representante opinaba sobre la reciente ley de prohibición de granos extranjeros:

... igualm.te hai otra razon q.e debe alejar los buques Esp. de los puertos de las otras naciones, y q.e no concibo como ha escapado á la penetracion de las Cortes al decretar el sistema prohibitivo, que destruye la navegación; esta razon es q.e el cosechero ó comerciante español, q.e cargase sus vinos p.a Rusia, por exemplo, no pudiendo llevar de regreso ning.o de los granos q.e dieran alga.a ganancia, deberá despachar su buque en lastre, ó preferirá hacer su comercio en buques

---

[63] El subrayado es nuestro.

estranjeros, como lo ha hecho cataluña en 1821, q.e ha enviado sus vinos en barcos suecos... [64].

El comercio hispano-ruso en el Mar Negro acusó pronto los efectos de la mencionada ley [65].

En efecto, en un cuadro que especifica el estado general del comercio ruso en el año 1825, publicado en San Petersburgo en 1826, vemos que los barcos procedentes de España que llegaron a orillas del Mar Negro se elevaron a tres: dos a Taganrog y uno sólo a Odessa [66].

Finalmente quisiera aducir aquí una nota publicada en el *Journal d'Odessa* en 1827, sobre el «Commerce d'Exportation du Midi de la Russie en 1826» [67], que evidencia cómo el cese de la exportación de trigo a España afectaba al movimiento mercantil del mencionado puerto:

> La gazette de Commerce de S. Pétersbourg, dans un des derniers No du mois de Décembre, a publié un aperçu général des différents productions exportées... Au printems dernier, l'abondance des grains accumulés sur la place fut si grande que bientôt nos provisions s'élèverent jusqu'à 800 000 tchetwerts de blé, en plus grande partie de qualité moyenne ou inférieures. Cette afluence avait été occasionnée par l'espoir qu'on avait eu l'automne passé de voir les ports de l'Espagne s'ouvrir à l'importation des grains...

Ahora bien, existe un detalle muy curioso que quiero aducir aquí y que hace referencia a la manera en que los rusos intentaron remediar a esta imposibilidad de introducir trigo en España y que resultaba tan desfavorable para el comercio ruso del Mar Negro y para la prosperidad de la ciudad de Odessa. Y es, según explica Vol'skij [68], que en el año 1826, el ministro de Finanzas ruso, viendo que no se podía exportar trigo a España, aconsejó a los comerciantes rusos almacenar este trigo en la isla de Malta e

---

[64] Al Excmo. Sr. Dⁿ Evaristo San Miguel D. Pedro Alcántara de Argaíz, San Petersburgo, 3 de febrero de 1823, núm. 173, en *AHN, Estado*, leg. 6 133 ¹.

[65] Luis del Castillo al Excmo. Sr. Ministro de Estado, Odessa, 17 de agosto de 1824, en *AHN, Estado*, leg. 6 220.

[66] Publicado en *Gosudarstvennij o Vnešnjaja torgovlja 1825 goda*, Sankt Petersburg 1826, pp. 45-46. Debo esta información a la amabilidad de la profesora E. Družinina, quien me envió las fotocopias desde Moscú.

[67] *Journal D'Odessa*, 1827, núm. 6, pp. 21-22.

[68] Vid. Vol'skij, *Očerk istorii chlěbnoj torgovli (Ensayo sobre la historia del comercio del trigo)*, pp. 93-94. Vid. sobre el puerto de Livorno y su función de depósito de trigo en el Mediterráneo la obra de Guarnieri, Giuseppe, *Il porto di Lovorno e la sua funcione*, Pisa 1931.

intentar venderlo poco a poco a los estados de Suramérica. Así, se hubiese transformado Malta, al igual que antiguamente el puerto de Livorno, en un verdadero «granero» del Mediterráneo.

Esta información, que recoge también Zolotov [69], demuestra hasta qué punto era importante para los rusos el poder exportar trigo a España, y demuestra también el interés que tenían en poner en marcha un comercio directo con América del Sur.

A este respecto, hay que recordar aquí la carta del representante ruso en la isla de Madeira, Borel, que hemos comentado ya anteriormente. Por otra parte, y como es lógico, el deseo de establecer un trueque comercial directo con los países suramericanos fue en aumento a medida que la retirada de España de aquellas latitudes aparecía más clara. América ejercía cierta fascinación en el ánimo de los comerciantes rusos. En Odessa, por ejemplo, acostumbrábase a comparar la calidad del cuero ruso con el de Buenos Aires para llegar a la conclusión de que el cuero americano era infinitamente superior. Por lo cual, para poner remedio a las quejas habidas contra los cueros rusos, «on a commencé... à les confectionner à la manière de Buenos-Aires, c. a. d: (c'est-à-dire), en les lavant pour les garantir des vers...» [70]. Por otra parte, y en el caso del trigo, los rusos se daban cuenta de la política seguida por otras naciones, deseosas también de exportar sus cereales: así, escribía Hagemeister, España, en 1832, había cerrado por completo sus puertos a la introducción de granos; pero además, había exportado 300.000 barriles de harina a las Indias... ¿Por qué, concluye el historiador, no podría hacer Rusia lo mismo? [71]. Lo cierto es que, por allá el año 1830, los rusos, siguiendo los consejos del cónsul Borel, empezaban a pensar en exportar telas a Sudamérica, y hasta artículos confeccionados, de los que cabía destacar las camisas para los negros de las Indias Occidentales [72].

La importancia que cabía conceder al comercio entre América y el Imperio ruso —en particular el del Mar Negro— no podía escapar a la percepción de embajadores o cónsules. Así, sabemos que el 18/20 de septiembre de 1829, el nuevo representante español en Odessa, don Francisco Baquer y Ribas, comentaba al embajador Páez de la Cadena —en San Petersburgo— las ventajas

---

[69] Vid. Zolotov, *ob. cit.*, p. 89.
[70] Vid. Hagemeister, *Mémoire sur le commerce*, p. 141.
[71] Idem, *ídem*, pp. 86-87.
[72] Idem, *ídem*, p. 105.

que resultarían del establecimiento de un «comercio directo con La Havana», opinión en la que coincidía con el nuevo gobernador de Nueva Rusia, el famoso Michail Semenovič Voroncov (1781-1856)[73]. Sino que Baquer ignoraba en aquellos momentos que ya desde 1813 el gobierno ruso había entregado patente de cónsul en La Habana a Antonio Lynch[74], y que estaba al acecho de todo cuanto ocurría en América Latina.

Además, en aquellos momentos, las producciones de América que España podía introducir en el Imperio ruso quedaban reducidas a las de la isla de Cuba; y esto es un factor que quedará plasmado en la balanza de pagos entre ambos países. Examinemos, a título de ejemplo, el comercio hispano-ruso en 1826 y 1827.

6. *El comercio con Rusia en el año 1826 y en el año 1827*

Únicamente para el año 1826 podemos dar una visión bastante precisa de lo que representó el comercio español con Rusia, y esto gracias a la *Balanza del comercio de España con las potencias extranjeras en el año 1826,* publicado en 1828. Según las estadísticas publicadas en la mencionada *Balanza,* resulta que en 1826 España exportó a Rusia[75]:

		Valor *(Reales vellón)*
Almendras.	30 arrobas	1.500
Azúcar blanco, mascabado, etc.	8 arrobas	400
Café.	200 libras	600
Cáscara de naranja y limón.	37,5 quintales	131
Chocolate.	90 libras	900
Higos secos.	100 arrobas	500
Limones y naranjas.	4.950 arrobas	99.000
Pasas.	1.855 arrobas	18.550
Uvas.	1.875 arrobas	7.500
Vino.	27.936 arrobas	279.360

[73] Francisco Baquer y Ribas al Excmo. Sr. Don Juan Miguel Páez de la Cadena, San Petersburgo, 18/30 de septiembre de 1829, en *AHN, Estado,* leg. 6 137[2]. Vid. sobre Voroncov y su ilustre familia, el artículo de Marc Bouloiseau, *Les Archives Voroncov.*

[74] Vid. VPR, *I,* 7, pp. 59-61.

[75] Balanza del comercio de España con las potencias extranjeras publicada en el año 1826, Madrid 1828.

Como se verá, el artículo de mayor valor era el vino, seguido los limones y naranjas, las pasas, las uvas, las almendras, el chocolate, el café, los higos secos, el azúcar, las cáscaras de limón y naranja.

De los productos de importación, tratábase de lino, tablas de pino, cáñamo, cueros, jarcias, lonas y lonetas, hierro y el cobre que representaban los renglones de mayor valor. De todos modos, si echamos un vistazo al *Estado o resumen general de valores* para el año 1826, se apreciará claramente que mientras Rusia introducía en España mercancías por valor de 13.579.672 reales vellón, España exportaba a Rusia únicamente por valor de 408.441 reales de vellón, resultando un saldo negativo para España en 13.171.230 reales.

En cuanto al año 1827, nuestra fuente es también la *Balanza del Comercio de España con nuestras Américas y las potencias extranjeras* [76], de la cual se desprende que en el mencionado año, Rusia introdujo en España mercaderías por valor de 10.599.844 reales de vellón, y España exportó a Rusia por valor de 2.018.322 reales. Lo cual arrojaba un saldo negativo para España en 8.581.521 reales. La balanza de pagos aparece, pues, en el año 1827 no tan desfavorable a España, si bien el desfase entre el valor de las exportaciones e importaciones rusas y españolas era aún muy considerable.

Ahora bien, ¿a qué se debía este desfase en el comercio hispano-ruso? Evidentemente, a la ausencia de productos americanos que España ya no podía introducir en Rusia. Baquer, cónsul en Odessa, lo señalaba en 3/15 de enero de 1828:

> Todas las expediciones de frutos Coloniales que vienen a esta plaza son hechas con Buques estrangeros procedentes de los Puertos de Francia, Italia e Inglaterra y ninguno procedente de España directamente... [77].

El remedio, a ojos del cónsul, era fácil de hallar. Consistía en que se estableciese un comercio directo entre las islas de Cuba y Puerto Rico con la plaza de Odessa —es decir, con las únicas posesiones que aún le quedaban a España en América.

---

[76] *Balanza del comercio de España con nuestras Américas y las potencias extranjeras en el año de 1827.*

[77] Francisco Baquer y Ribas al Excmo. Sr Primer Secretario del Despacho de Estado, Odessa, 3/15 de enero de 1828, en *AHN, Estado*, leg. 8 352.

En cuanto a los productos susceptibles de formar parte de este comercio, escribía Baquer:

> ... haciendo los cargamentos de sebos, telas ordinarias, otros varios renglones, y muy particularmente de carne llamada tasajo (artículos que no puede proveerle la Península) cuyo consumo es considerable en la Isla de Cuba, y como en el día no hay medio de proveerse como en otros tiempos de Buenos Ayres, algunos comerciantes de Cataluña conociendo las ventajas que ofrece este ramo de Comercio, hasta en las remotas Islas de Madagascar, formaron un establecimiento que tuvieron que abandonar a causa de las turbulencias que acaecieron en aquella Isla... [78].

7. *El intercambio comercial hispano-ruso al final de la década de los años treinta*

Tres acontecimientos parecieron contribuir, al finalizar los años treinta, a reavivar el comercio hispano-ruso a través del Mediterráneo, después de haber sufrido un claro retroceso desde 1820 hasta 1826. Fueron éstos: primero, la firma de un convenio hispano-turco el 16 de octubre de 1827, por el cual la Puerta Otomana concedía el derecho de libre navegación a través de los Dardanelos a los buques de bandera española [79], la proclamación de la franquicia del puerto de Cádiz (12-2-1829) [80], y el tercero, el final de la guerra ruso-turca sellado en Adrianópolis en el año 1829.

Estas tres circunstancias parecieron al cónsul Baquer propicias para augurar un nuevo florecimiento del comercio hispanoruso. Movido por su afán de informar convenientemente sobre el estado de la cuestión, Baquer redactó un informe que fue enviado a Madrid y que lleva la fecha del 30 de mayo/11 de junio de 1830 [81].

Advertía el cónsul en su informe que el comercio principal de exportación de Odessa consistía en «granos», sebo, pieles al pelo, algún poco de cera, cobre, hierro, y algunos otros artículos». Añadía además que «entre los artículos susodichos hay algunos que merecen una atención particular, pues que con ellos se puede en-

---

[78] Idem.

[79] Vid. Becker, *Historia de las relaciones*, p. 581.

[80] Vid. Madoz, *Diccionario geográfico-estadístico-histórico de España y sus posesiones de Ultramar*, T. V, p. 203, en donde consta que «el 12 de febrero de 1829 hizo Fernando VII a Cádiz puerto franco, a ruegos e instancias del Ayuntamiento, Consulado y Sociedad Económica».

[81] Vid. *AHN, Estado*, leg. 6 220.

tablar un comercio muy importante y ventajoso, sobre todo para los comerciantes de Cádiz, que tienen el abasto de la Real Armada y Arsenales».

Tratábase ante todo de arboladura, tablazón, clavos y planchas de cobre para forro de navíos; así como lonas y lonetas, alquitrán, pez y carnes saladas. En cuanto a los productos que España podría introducir en Rusia, eran éstos los azúcares blancos de la Habana, café verde y ordinario, palo para tinturas, añil, cochinilla, cacao, pimienta, canela, azafrán, uvas, pasas, agrio de limón, tapones, varios tejidos de sedería, etc. Es decir, y en una palabra, cuanto podíamos ofrecer a Rusia en el año 1830, procedía, a juicio del cónsul, ante todo de Cuba o de Puerto Rico. Lo cual significaba que España tenía que hacer un esfuerzo muy considerable si quería sacar algún beneficio del comercio con Rusia. Y esto tanto más cuanto que los artículos coloniales antes citados podían ser importados a Rusia por franceses e ingleses, o por un tercero. Así en 1834, el cónsul americano en Odessa, Ralli, sugirió a los comerciantes de Estados Unidos que introdujeran directamente en los puertos del mar Negro, el azúcar de América del Sur, en lugar de utilizar los intermediarios mediterráneos [82]. Es de presumir que si tal sugerencia hubiese sido aceptada, España hubiera encontrado un grave contrincante en el tráfico comercial directo entre La Habana y Odessa.

Por lo demás, y para finalizar esta breve ojeada, quisiera hacer mención de un intento llevado a cabo por el gobierno de Fernando VII para organizar un intercambio comercial entre las Islas Filipinas y los puertos de la costa del Nordeste del Imperio ruso. Consta en nuestros documentos que Zea Bermúdez cursó un despacho el 2 de septiembre de 1833 al embajador español en San Petersburgo, ordenándole preguntar al gobierno ruso si estaba dispuesto «a concurrir con el Rey N. S. a promover dicho comercio... que fomentaría la extracción del cobre...» [83]. Desgraciadamente, los documentos que hemos podido consultar no han aportado ninguna información más precisa sobre la iniciativa del rey español, seguramente una de las últimas que cabe consignar en su agitado reinado.

---

[82] Citado por Herlihy, *Russian Grain*, p. 213.
[83] En *AHN, Estado*, leg. 6 138 [3]. Véase a este respecto, en el capítulo VII de este trabajo, el apartado *Rusia y las Filipinas*. Por lo demás, el libro de Golder, *Guide to materials*, Vol. 2, p. 107, menciona también dicha iniciativa de Fernando VII.

BIBLIOGRAFÍA

Adams, A. E., *The Character of Pestel's Thought*, en *ASEER* 2 (1953), pp. 153-161.

Adams, John Quincy, *Memoirs of John Quincy Adams, comprising portions of his diary from 1795 to 1848. Ed. by Ch. F. Adams.* T. 2, Philadelphia 1874.

Aegidi, L. K., *Der erste Eindruck der Carlsbader Conferenzen auf das Cabinet von St. Petersburg*, en *HZ* 14 (1865), pp. 139-150.

Alekseev, Michail Pavlovič, *Očerki istorii ispano-russkich literaturnych otnošenij XVI-XIX vv (Ensayos sobre la historia de las relaciones literarias hispano-rusas de los siglos XVI a XIX).* Leningrad 1964.

Almodóvar, Marqués de, *Correspondencia diplomática del Marqués de Almodóvar, Ministro Plenipotenciario cerca de la Corte de Rusia. 1761-1763*, en CODOIN. T. 108. Madrid 1893.

Alperovič, M. S., *Soviet historiography of the Latin American Countries*, en *Latin American Research Review* 5 (1970), pp. 63-70.

Amburger, Eric, *Geschichte der Behördenorganisation Russlands von Peter dem Grossen bis 1917.* Leyden 1966.

Anchieri, Ettore, *Costantinopoli e gli stretti nelle politica russa ed europea. Dal trattato di Kucik Kainardji. alla convenzione di Montreux.* Milano 1948.

Anderson, M. S., *The Eastern Question. 1774-1923. A Study in international relations.* London 1966.

Andlaw, Franz Freiherr von, *Erinnerungsblätter aus den Papieren eines Diplomaten.* Wien, München, París, Frankfurt am Main 1857.

—, *Mein Tagebuch (1811-1862).* Frankfurt 1862.

Angeberg, Comte D' (Leonard J. B. Chodzko), *Le Congrès de Vienne et les traités de 1815 avec une introduction historique par M. Capefique.* T. I: *Négociations de 1813 et de 1814 jusqu'à l'ouverture du Congrès de Vienne.* París 1864.

Antón del Olmet, Fernando de, *El cuerpo diplomático español en la guerra de la Independencia.* T. I-VI. Madrid s.a.

Apponyi, Rodolphe, Comte D', *Journal, edit. par E. Daudet.* París 1914.

Arcas, Matías Jorge de, *Memoria sobre la alianza de España con Rusia y la gratitud que los Españoles deben al Emperador Alexandro dala a luz...* Madrid 1814 (Folletos Bonsoms, n.º 1685).

Archiv Grafov Mordvinovych, Izd. V. A. Bil' basov *(Archivo de los Condes Mordvinov.* Editado por V. A. Bil'basov). T. 6, Sankt Peterburg 1902; T. 9. Sankt Peterburg 1903.

Archiv Gosudarstvennogo Soveta (Archivo del Consejo de Estado). T. 3: *Carstvovanija Aleksandra I (El Reinado de Alejandro I).* (1801-1810). Sankt Peterburg 1878; T. 4: *S 1810 po 19 Nojabrja 1825 g. (Desde 1810 hasta el 19 de noviembre de 1825).* Sankt Peterburg 1881.

Archiv Kn. Voronvoca (Archivo de los Príncipes Voroncov), T. 9, 11, 13, 14, 17. Moskva 1876-1880.

Archiv Raevskij (Archivo de la Familia Raevskij). Izdanie P. M. Raevskago (Edición P. M. Raevskij). Redakzija i primečanija B. L. Modzalevskago (Redacción y notas de B. L. Modzalevskij), T. I, Sankt Peterburg 1908.

Artola Gallego, Miguel, *Los afrancesados. Historia política con un prólogo de Gregorio Marañón.* Madrid 1953.

—, *Edición y Estudio preliminar a las «Memorias del tiempo de Fernando VII»,* en BAE 97, pp. V-XLIV, 98, pp. V-LVI. Madrid 1957.

—, *Los orígenes de la España Contemporánea.* 2 volúmenes. Madrid 1959.

—, *Un epistolario de Fernando VII,* en *Strenae* (Salamanca), 1962, pp. 49-67.

—, *La España de Fernando VII,* en *Historia de España.* Dirigida por Ramón Menéndez Pidal. T. XXVI. Madrid 1968.

Arzadún y Zabala, Juan, *Fernando VII y su tiempo.* Madrid 1942.

Auriol, Ch., *La France, L'Angleterre et Naples de 1803 à 1806.* París 1905.

Azadovskij, M. K., *Vospominanija brat'ev Bestuževych (Memorias de los hermanos Bestužev).* Moskva, Leningrad 1951.

Azcárate, Pablo de, *Memoria sobre los «Vaughan Papers»,* en *BRAH* 141 (1957), pp. 720-744.

—, *Una nota de la «Junta Suprema de Sevilla» al zar Alejandro I de Rusia (27 de julio de 1808),* en *BRAH* 144 (1959), pp. 189-197.

—, *Wellington y España.* Madrid 1960.

Bacallar y Sanna, marqués de San Felipe, *Comentarios de la Guerra de España e Historia de su Rey Felipe V el Animoso,* en BAE 99, Madrid 1957.

Bailleu, Paul, *Die Memoiren Metternich's,* en *HZ* 44 (1880), pp. 227-277.

—, *Preussen und Frankreich von 1795 bis 1807. Diplomatische Correspondenzen,* T. 1 y 2. Leipzig 1880-1887.

—, *Correspondance inédite du roi Frédéric-Guillaume III et de la reine Louise avec l'empereur Alexandre Ier d'après les orignaux des archives de Berlin et de Saint-Pétersbourg.* Leipzig, París 1900.

Balandina, N. N., *Rol' almanache «Poljarnaja zvezda» v idejnoj podgotovke vosstanija dekabristov (El papel del almanaque «Estrella Polar» en la preparación de la sublevación decembrista),* en *Uč. Zap. Vladimirskogo Gos. Ped. in-ta Ist. filol. serija,* Vyp. 2 (1956), pp. 84-85.

Balanza del Comercio de España con las potencias extranjeras en el año 1826. Madrid 1828.

—, *del Comercio de España con nuestras Américas y las potencias extranjeras en el año 1827.* Madrid 1831.

Ballesteros, Pío, *Martín de Garay, Ministro de Hacienda bajo Fernando VII,* en *Anales de la Asociación Española para el Progreso de las Ciencias* VI (1941), pp. 75-119 y 380-409.

Bantyš-Kamenskij, Nikolaj N., *Obzor vněšnich snošenej Rossii (po 1800 god). Izdanie Kommissii pečatanija gosudarstvennych gramot i dogovorov pri M.G.A.M.I.D. Čast Pervaja: Avstrija, Anglija, Vengrija, Gollandija, Danija, Ispanija.* Moskva 1894.

Barraglough, Geoffrey, *Europa, Amerika und Russland in Vorstellung und Denken des 19. Jahrhunderts,* en *HZ* 203 (1966), pp. 280-315.

Barras y de Aragón, Francisco de las, *Los Rusos en el Noroeste de América,* en *Anales de la Asociación Española para el Progreso de las Ciencias* 21 (1956), pp. 111-126.

Bartenev, P. (ed.), *Devjatnadcatyj Vek. Istoričeskij Sbornik (El siglo XIX. Miscelánea histórica).* Kniga Pervaja i vtoraja (Libro primero y segundo). Moskva 1872.

Bartley, Russell H., *A Decade of Soviet Scholarship in Brazilian History: 1958-1968,* en *HAHR* 50 (1970), pp. 445-466.

—, *The inception of Russo-Brazilian relations (1808-1828),* en *HAHR* 56, 2 (1976), pp. 217-240.

—, *Soviet Historians on Latin America. Recent Scholarly contributions.* Wisconsin 1978.

—, *Imperial Russia and the Struggle for Latin American Independence, 1808-1828.* Austin 1978.

Basargin, N. V., *Zapiski* (Apuntes). Petrograd 1917.

Baumgart, Winfried, *Vom Europäischen Konzert zum Völkerbund. Friedensschlüsse und Friedenssicherung von Wien bis Versailles.* Darmstadt 1974.

Baumgarten, Hermann, *Geschichte Spaniens vom Ausbruch der französischen Revolution bis auf unsere Tage.* T. 2, Leipzig 1868.

—, *Zur Geschichte der französischen Intervention in Spanien* (1823), en *HZ* 17 (1867), pp. 41-86.

—, *Der Kampf um die spanische Succession in den letzten Jahren König Ferdinands,* en *HZ* 21 (1869), pp. 352-398.

Bazanov, V. G., *Poety-dekabristy K. F. Ryleev, V. F. Kjuchelbeker, A. I. Odoevskij (Los decembristas poetas...).* Moskva, Leningrad 1950.

Becker, Jerónimo, *Relaciones entre España y Rusia. Un proyecto matrimonial,* en *La Época,* 6, 14, 21 y 26 de marzo, y 2 de abril de 1906.

—, *La acción de la diplomacia española durante la guerra de la Independencia,* en *Publicaciones del Congreso Histórico Internacional de la Guerra de la Independencia y su época, 1807-1815.* I, 5-200. Zaragoza 1909.

—, *Portugal en el primer tercio del siglo XIX,* en *BRAH* LXV (1914), 424-442.

—, *Historia de las relaciones exteriores de España durante el siglo XIX. Apuntes para una historia diplomática.* T. I: 1800-1839. Madrid 1924.

—, *España e Inglaterra. Las relaciones diplomáticas desde las paces de Utrecht.* Madrid 1926.

Beer, Adolf, *Zehn Jahre österreichischer Politik. 1801-1810.* Leipzig 1877.

Belgrano, Mario, *La Francia y la Monarquía en el Plata (1818-1820).* Buenos Aires 1930.

Beljaev, A. P., *Vospominanija dekabristov o perežitom i perečyvštvovannom. 1805-1850 (Recuerdos de los decembristas sobre lo vivido y lo sufrido).* Sankt Peterburg 1882.

Beložerskaja, N., *Zapiski Van-Galena (Apuntes de Van Halen),* I, en *Istoričeskij Vestnik* 5 (1884), pp. 402-419; II, en *Istoričeskij Vestnik* 6 (1884), páginas 651-678.

Bemis, Samuel Flagg, *John Quincy Adams and the Foundation of American Foreign Policy.* New York 1949.

Benningsen, L. L., *Mémoires du Général Benningsen. Avec une introduction, des annexes et des notes du capitaine de génie breveté E. Cazalas de l'Etat Major de l'Armée,* T. I y II. París, Limoges s. a.

Berding, Helmut, *Die Aechtung des Sklavenhandels auf dem Wiener Kongress 1814/15,* en *HZ* 219 (1974), pp. 265-289.

Bergquist, Harold E., Jr., *Russo-American economic relations in the 1820's. Henry Middleton as a protector of American Economic interests in Russia and Turkey,* en *Eastern European Quarterly* II (1977), pp. 27-41.

Bernhardi, Theodor von, *Geschichte Russlands und der europäischen Politik in den Jahren 1814-1813,* T. I-III. Leipzig 1863-1877.

—, *Napoleons Politik in Spanien,* en *HZ* IV (1879), pp. 471-512; V (1879), páginas 38-117.

—, *Unter Nikolaus I. und Friedrich Wilhelm IV.* Leipzig 1893.

Berte Langereau, Jack, *Les mariages de Ferdinand VII,* en *Hispania* 19 (1959), páginas 386-460.

Berti, Giuseppe, *Russia e stati italiani nel Risorgimento.* Torino 1957.

Bertier de Sauvigny, Guillaume de, *France and the European Alliance (1816-1821). The Private Correspondence between Metternich and Richelieu.* Published for the first time and presented by ... Indiana University Notre Dame Press 1958.

—, *Metternich et son temps.* París 1959.

—, *Metternich et la France après le Congrès de Vienne.* T. I: *De Napoléon à Decazes 1815-20.* París 1968; T. 2: *Les Grands Congrès 1820-1824.* París 1970; T. 3: *Au temps de Charles X. 1824-1830.* París 1972.

—, *La Sainte Alliance.* París 1972.

Bestužev, ... *Vospominanija Bestyževych (Recuerdos de los Bestužev).* Moskva, Leningrad 1951.

Bethencourt, Antonio, *Proyecto de un establecimiento ruso en el Brasil,* en *Revista de Indias* 9 (1949), pp. 651-668.

Bianchi, Nicomede, *Storia documentata della Diplomazia Europea in Italia dall'anno 1814 all'anno 1816*. T. I: Anni 1814-1820. Torino 1865.

Bill, Valentine, *The Forgotten Class. The Russian Bourgeoisie from the Earlierst Beginnings to 1860*. New York 1959.

Billington, James H., *The Icon and the Axe. An interpretative History of Russian Culture*. London 1966.

Bittard des Portes, René, *Les préliminaires de l'entrevue d'Erfurt (1808)*, en *RHD* IV (1890), pp. 95-144.

—, *Un conflict entre Louis XVIII et Ferdinand VII d'après des sources inédites*, en *Revue des Questions Historiques* 61 (1897), pp. 107-136.

Bjelokurov, S. A., y Martens, F. F., *Očerk istorii Ministertsva inostrannych děl 1802-1902 (Ensayo sobre la historia del Ministerio de Asuntos Exteriores)*. Sankt Peterburg 1902.

Blum, Jerome, *Lord and Peasant in Russia from the Ninth to the Nineteenth Century*. Princeton, New Jersey 1961.

Boehtlingk, Arthur, *Der Waadtländer Friedrich Caesar Laharpe, der Erzieher und Berater Alexanders I. von Rußland, des Siegers über Napoleon I. und Anbahner der modernen Schweiz*. Bern, Leipzig 1925.

Bogdanovič, Modest I., *Istorija vojny 1814 g. vo Francii i nizlozenija Napoleona I podostovernym istočnikam (Historia de la guerra de 1814 en Francia y de la caída de Napoleón según fuentes históricas conocidas)*. T. I-II, Sanktpeterburg 1865.

—, *Istorija cartsvovanija imperatora Aleksandra I v Rossii v ego vremja (Historia del reinado del emperador Alejandro I de Rusia en su tiempo)*. T. IV y V, Sanktpeterburg 1871.

Boislecomte, Cte de M., *Canning et l'intervention des Bourbons en Espagne*, en *RHD* VII (1893), pp. 414-427.

Bolchovitinov, N. N., *K voprosu ob ugroze intervenzii Svjaščennogo sojuza v Latinskuju Ameriku (Sobre la amenaza de intervención de la Santa Alianza en América Latina)*, en *NNI* 3 (1957), pp. 46-66.

—, *K Istorii ustanovlenija diplomatičeskich otnošenij meždu Rossiej i SŠA (1808-1809 gg.) (Sobre la historia del establecimiento de relaciones diplomáticas entre Rusia y Estados Unidos (1808-1809)*, en *NNI* 2 (1959), pp. 151-162.

—, *Prisoedinenie Floridy Soedinennymi Štatami (La anexión de Florida a los Estados Unidos)*, en *NNI* 5 (1959), pp. 110-119.

—, *Otnošenie Rossii k načalu vojny Latinskoj Ameriki za nezavisimost (as relaciones de Rusia al principio de la Guerra de Independencia de América Latina)*, en *Istoričeskij Archiv* 3 (1962), pp. 120-131.

—, *Stanovlenie russko-amerikanskich otnošenij 1775-1815 (El establecimiento de relaciones ruso-americanas)*. Moskva 1966.

—, *Russko-amerikanskie otnošenija 1815-1832 gg. (Las relaciones ruso-americanas de 1815 a 1832)*. Moskva 1975.

Bollaert, William, *The Wars of Succession of Portugal and Spain from 1826 to 1840 with résumé of the political History of Portugal and Spain to the present time. Maps and Illustrations.* Vol. I: *Portugal;* Vol. II: *Spain.* London 1870.

Bonaparte, Joseph, *Mémoires et correspondance politique du Roi Joseph, publiés, annotés et mis en ordre par A. Du Casse.* T. 4, París 1853.

Borozdin, Aleksandr Kornel'evič, *Iz pisem i pokazanij dekabristov. Kritika sovremennago sostojanija Rossii i plany buduščago ustrojstva (Sobre las cartas y las declaraciones de los decembristas. Crítica del estado de Rusia y de la organización pasada).* Sankt Peterburg 1906.

Botkine, Vassili, *Lettres sur l'Espagne. Texte traduit du russe, préfacé, annoté et illustré par Alexandre Zviguilsky.* París 1969.

Bouloiseau, Marc, *Les Archives Voronzov,* en *RH* 230 (1963), pp. 121-130.

Bourquin, Maurice, *Histoire de la Sainte Alliance. Avec un autographe inédit du Prince de Metternich.* Genève 1954.

Brandt, Otto, *England und die Napoleonische Weltpolitik, 1800-1803.* Heidelberg 1915.

British and Foreign State Papers 1823-1824. Compiled by the Librairian and Keeper of the Papers, Foreign Office. London 1825.

Britto, Lemos, *Dom João VI e a formação do Imperio do Brasil.* Río de Janeiro 1957.

Brooks, Philip Cooligde, *Diplomacy and the borderlands. The Adams-Onís treaty of 1819.* Berkeley 1939.

Bruhn, Peter, *Gesamtverzeichnis der russischen und sowjetischen Periodika und Serienwerke* (hrg. von Werner Philipp). Wiesbaden 1962; T. 4. Wiesbaden 1976.

Brunet, E., *Un projet de colonisation russe dans la Méditerranée au XVIII ème siècle,* en *Revue Générale de Bruxelles* 1898.

Brunov, F. I., *Aperçu des principales transactions du Cabinet de Russie sous les règnes de Catherine II, Paul I et Alexandre I,* en SBORNIK. T. 31, páginas 197-416.

Brückner, Aleksandr, *Materialy dlja žizneopisanie Grafa N. P. Panina (Materiales para una biografía del Conde N.P. Panin).* T. I-VII, Sankt Peterburg 1888-1892.

Buketoff Turkevich, Ludmilla, *Spanish Literature in Russia and in the Soviet Union 1735-1964.* Metuchen, N. J. 1967.

Bulgarin, Faddej, *Vospominanija ob Ispanii (Recuerdos de España).* Sanktpeterburg 1823.

Bumagi, A. I., *Černyščeva za cartsvovanie imperatora Aleksandra I (Papeles de A. I. Černyščev sobre el reinado de Alejandro I. 1809-1825),* en SBORNIK. T. 121.

Burgos, Javier de, *Exposición dirigida á S. M. el Sr. D. Fernando VII, desde Paris el 24 de enero de 1826, por el Excmo. Señor Don ... Caballero Gran Cruz de la Real y Distinguida Orden de Carlos III y de la Americana de Isabel la Católica sobre los Males que aquejaban a España en aquella época, y medidas que debía adoptar el Gobierno para remediarlos.* Cádiz, julio de 1834.

—, *Observaciones sobre el empréstito Guebhard por el excelentísimo Señor...* Madrid 1834.

Busquets Bragulat, Julio, *Los pronunciamientos militares en España*, en *Revista del Instituto de Ciencias Sociales* 11 (1968), pp. 53-72.

Buturlin, Dmitry Petrovich, *Précis des événemens militaires de la dernière guerre des Espagnols contre les Français.* St. Pétersbourg 1818.

Cantillo, Alejandro del, *Tratados, convenios y declaraciones de paz y de comercio que han hecho con las potencias extranjeras los monarcas españoles de la Casa de Borbón desde el año 1700 hasta el día.* Madrid 1843.

Capefigue, Jean Baptiste Honoré Raymond de, *Congrès de Vienne. Recueil de pièces officielles relatives à cette Assemblée.* París 1816, 6 vols.

—, *Les Diplomates Européens.* T. I: *Metternich, Talleyrand, Pozzo di Borgo, le duc Pasquier, Lord Wellington, le duc de Richelieu, le prince de Hardenberg, le Comte de Nesselrode, Lord Castlereagh.* París 1845; T. II: *Sir Robert Peel, le Comte Molé, le Comte Capo d'Istria, le Comte de Rayneval, le Cardinal Consalvi, Mr. Guizot, M. de Gentz et M. Ancillon, le Comte de La Ferronnays, le Prince de Lieven, le Duc de Gallo, le Duc de Broglie, M. Martínez de la Rosa.* París 1845; T. III: *Lord Palmerston, Casimir Périer, les deux Baron Humboldt, le duc Elie Decazes, le Cardinal Pacca, le Comte Joseph de Villèle, les Comtes de Kolowrat, Apponyi, Ficquelmont, et Munch de Bellinghausen, le Baron Brugière de Barante, le Comte de Toreno, les Comtes Czernitscheff, Benckendorff et Orloff, le Prince Jules de Polignac.* París 1847.

—, *Le Congrès de Vienne dans ses rapports avec la circonscription actuelle de l'Europe (Pologne, Cracovie, Allemagne, Saxe, Belgique, Italie, Suisse, 1814-1846).* París 1847.

—, *Le Congrès de Vienne et le Traités de 1815. Précédé et suivi des Actes diplomatiques qui s'y rattachent. Avec une introduction historique.* T. I y II, París 1863.

—, *Récit des opérations de l'armée française en Espagne, sous les ordres de S. A. R. M.ᵍʳ Duc d'Angoulême. Accompagné de notices biographiques et géographiques et suivis de considérations sur les résultats politiques de cette guerre.* París 1823.

Capefigue, M., *Emprunts, bourses, crédit public, grands capitalistes de l'Europe (1814-1852)*, en *Histoire des Grandes Opérations Financières.* T. III, París 1858.

Carpio, María José, *España y los últimos Estuardos.* Madrid 1952.

Carr, Raymond, *España 1808-1939. Edición española corregida y aumentada por el autor. Revisión de J. Romero Maura.* Barcelona 1969.

Castañeda, Vicente, *Bosquejo del estado de España desde fines de 1819 hasta 17 de noviembre de 1823. Memorias de la emigración de don Juan López Pinto.* Madrid 1948.

—, *La rebelión de Riego. Información epistolar de don Juan de Escoiquiz a Fernando VII*, en *BRAH* 112 (1943), pp. 211-250.

Castel, Jorge, *La Junta Central Suprema y Gubernativa de España e Indias (25 de septiembre de 1808-enero de 1810)*. Madrid 1950.

Castillo, Luis del, *Compendio cronológico de la Historia y del Imperio Ruso.* Madrid 1796.

Castlereagh, Lord Robert Stewart, *Correspondence, Despatches and other Papers.* T. 1-12, London 1848-1852.

Castro Brandão, F. de, *A acção em Espanha do embaixador russo Tattistchef, segundo a correspondênça diplomática portuguesa (1816 a 1818)*, en *Hispania* 32 (1972), pp. 149-159.

Caulaincourt, A. A. L., *Mémoires du Général de Caulaincourt, duc de Vicence, Grand écuyer de l'Empereur. Introduction et Notes de J. Hanoteau.* T. I-III, París 1933.

Čencov, N. M., *Vosstanie dekabristov. Bibliografija (La insurrección de los decembristas. Bibliografía)*. Moskva, Leningrad 1929.

Cevallos, Pedro, *Exposición de los Hechos y Maquinaciones que han preparado la usurpación de la corona de España y los medios que el Emperador de los Franceses ha puesto en obra para realizarla*, en BAE 97, pp. 155-185.

—, *Manifeste de la Nation Espagnole à l'Europe, suivi du Mémoire de S. Ex-M. de ... contenant les faits et les Trames qui ont préparé l'usurpation de la Couronne d'Espagne et les moyens dont Buonaparte s'est servi pour la réaliser 2.ᵉ Edition Conforme à celle de 1809, Augmentée de Notes de l'Editeur sur la Reine d'Etrurie, et de la lettre de D. Palafox, au Général français L...*, qui le sommait de se soumettre au roi Joseph. S. d. ni p. d'im.

Cisternes, Raoul de, *Le Duc de Richelieu. Son action aux conférences d'Aix-la-Chapelle, sa retraite du pouvoir.* París 1898.

Comellas, José Luis, *Los primeros pronunciamientos en España, 1814-1820.* Madrid 1958.

—, *El Trienio Constitucional.* Madrid 1963.

Comisión de fábricas de hilados, tejidos y estampados de algodón del Principado de Cataluña: Memoria sobre la necesidad del sistema prohibitivo en España. Barcelona 1834.

Conspiration de Russie. Rapport de la Commission d'Enquête de St. Pétersbourg à S. M. l'Empereur Nicolas 1er, sur les Sociétés Secrètes découvertes en Russie et prévenues de conspiration contre l'Etat, sur leur origine, leur marche, etc. París 1826.

Constitution politique de la Monarchie Espagnole publiée à Cadix le 19 Mars 1812. Saint Pétersbourg 1812.

Coquelle, P., *Napoléon et l'Angleterre. 1803-1813.* París 1904.

Corona Baratech, Carlos E., *José Nicolás de Azara. Un embajador español en Roma.* Zaragoza 1948.

Correa Luna, Carlos, *Alvear y la diplomacia de 1824-1825.* Buenos Aires 1926.

Correspondence of the Russian Ministers in Washington, 1818-1825. Part 1, en *AHR* 18 (1912-1913), pp. 309-345.

Costeloe, Michael P., *Spain and the Latin American War of Independence: the Free Trade Controversy, 1810-1820,* en *HAHR* 61, 2 (1981), pp. 209-234.

Cresson, W. P., *The Holy Alliance. The European Background of the Monroe Doctrine.* New York 1922.

Crousaz-Crétet, L. de, *Le duc de Richelieu en Russie et en France. 1766-1822.* París 1897.

Crouzet, François, *L'économie britannique et le blocus continental (1806-1813).* T. 1 y 2. París 1958.

Crusenstolpe, Magnus von, *Der russische Hof von Peter I bis auf Nikolaus I.* T. 5 y 6, Hamburg 1856-1857.

Cunha Barbosa, Januario da, *O Ilustre Conselheiro Henrique Julio de Wallenstein,* en *Revista Trimensal de Historia e Geografia* 6 (1844), pp. 111-117.

Custine, Astolphe de, *L'Espagne sous Ferdinand VII.* T. I-IV, París, 1838.

Chandler, Charles Lyon, *United States shipping in the La Plata Region, 1809-1810,* en *HAHR* III (1920), pp. 159-176.

Charmatz, R., *Geschichte der auswärtigen Politik Österreichs im 19. Jahrhundert.* T. I. Leipzig, Berlín ²1918.

Chateaubriand, M. de (François René), *Congrès de Vérone. Guerre d'Espagne. Négotiations: Colonies Espagnoles,* en *Oeuvres complètes,* Vol. 12: *Nouvelle édition Revue avec soin sur les éditions originales précédées d'une étude littéraire sur Chateaubriand par Sainte-Beuve.* París (s. f.).

Chichinov, Zakhar, *Aventures in California of Zakahar Tchitchinof 1818-1828.* Introd. by Arthur Woordward. Los Angeles 1956.

Chlěbnikov, Kiril Timofeevič, *Zapiski K. Chlěbnikova o Amerikě (Apuntes de K. Chlebnikov sobre América).* Sankt Peterburg 1861.

—, *Žisneopisanie Aleksandra Andreeviča Baranova, glavnago pravitelja Russkich kolonij v Amerikě (Biografía de Aleksandr Andreevič Baranov, gran gobernador de las colonias rusas en América).* Sanktpeterburg 1835.

Choiseul-Gouffier, Comtesse de, *Mémoires historiques sur l'Empereur Alexandre et la Cour de Russie.* París, Bruselas 1829.

Christiansen, Eric, *The Origins of Military Power in Spain 1800-1954.* Oxford 1967.

Czartoryskij, Alexandre, *Alexandre Ier. et le Prince Czartoryski. Correspondance particulière et conversations (1801-1823).* París 1865.

Daudet, Ernest, *Une vie d'ambassadrice au siècle dernier. La princesse de Lieven.* París 1904.

Daudet, Ernest (ed.), *Vingt cinq anys à Paris (1826-1850). Journal du Comte Rodolphe Apponyi. Attaché de l'Ambassade d'Autriche-Hongrie à Paris.* T. I-IV. París 1913.

Davydov, Denis Vasil'evič, *Opyt teorii partizanskago deistvija (Ensayo sobre la teoría de las guerrillas).* Moskva 1822.

31

—, *Essai sur la guerre des partisans. Trad. par le comte de H. de Polignac.* París 1841.

Debidour, A., *Histoire diplomatique de l'Europe depuis l'ouverture du Congrès de Vienne jusqu'à la clôture du Congrès de Berlin (1814-1878).* T. I: *La Sainte Alliance;* T. II: *La Révolution.* París 1891.

Dekabristy, *i Taynye obščestva v Rossi. Sledstvie Sud. Prigovor. Amnistija. Ofizial- nye Dokumenty (Los decembristas y las Sociedades Secretas en Rusia. Preparación del juicio. Condena. Amnistía. Documentos oficiales).* Moskva 1906.

—, *Soborník otryvkov iz istochnikov (Los Decembristas. Miscelánea de fragmentos de fuentes documentales).* Ed. por *Ju. Oksman, N. F. Lavrov, y V. L. Modzalevskij.* Moskva 1962.

—, *i ich vremja. Materialy i soobščenija. Pod redakciej M. P. Alekseeva i B. S. Mejlacha (Los Decembristas y su tiempo. Materiales y referencias. Según la redacción de M. P. Alekseev y V. S. Mejlach).* Moskva, Leningrad 1951.

Deleito y Piñuela, José, *Fernando VII en Valencia en el año 1814,* en *Anales de la Junta para Ampliación de Estudios e Investigaciones Científicas.* T. 1, Memoria 1.ª Madrid 1911.

—, *La intervención de los españoles expatriados en los sucesos de los «Cien Días»,* en *Asociación Española para el Progreso de las Ciencias. Congreso de Oporto, Sesión de junio de 1921,* p. 53.

Delgado, Jaime, *La «pacificación de América» en 1818,* en *Revista de Indias* 10 (1950), pp. 7-67 y 263-310.

Demelitsch, F., *Metternich und seine auswärtige Politik.* Stuttgart 1898.

—, *Aktenstücke zur Geschichte der Coalition vom Jahre 1814.* Wien 1899.

Derjavine, Constantin, *La primera embajada rusa en España,* en *BRAH* 96 (1930), pp. 877-896.

Dérozier, Albert, *Manuel Josef Quintana et la naissance du libéralisme en Espagne,* en *Annales littéraires de l'Université de Besançon.* T. 95, París 1968; T. 105, París 1970.

Deržavin, G. R., *Zapiski (Apuntes)* (Ed. Bartenev, P. I.). Moskva 1860.

Desdevizes du Dézert, G., *L'intervention française en Espagne,* en *Revue des Cours,* 1904-1905.

Russkie diplomaty o vojne za nezavisimost' v Latinskoj Amerike (Los diplomáticos rusos sobre la guerra de independencia en América Latina), en *NNI* 1 (1966), pp. 112-131; 5 (1966), pp. 109-119.

Dirin, P., *Istorija lejb -gvardii Semenevskogo polka (Historia del regimiento Semenevskij).* T. 2, Sankt Peterburg 1883.

Djuvara, T., *Cent projets de partage de la Turquie. 1281-1913.* París 1914.

Dobell, Pierre, *Sept années en Chine. Nouvelles observations sur cet Empire, l'Archipel Indo-Chinois, les Philippines et les Iles Sandwich. Trad. du Russe par le Prince Emmanuel Galitzin.* París 1838.

—, *Peter Dobell on the massacre of foreigners in Manila 1820*, en *Bulletin of the New York Public Library* 7 (1903), pp. 198-200.

Dodolev, Michail A., *O vlijanii ispanskoj revoljucii 1808-1814 godov na vnešnjuju politiku evropejskich gosudarstv (Sobre la influencia de la revolución española de los años 1808 a 1814 en la política exterior de los estados europeos)*, en *NNI* 2 (1968), pp. 30-40.

—, *Rossija i Ispanskaja Revoljucija 1820-1823*, en *Istorija SSSR* 1 (1969), páginas 113-122.

—, *Rossija i vojna ispanskogo naroda za nezavisimost (1808-1814 gg.)* [*Rusia y la guerra de independencia del pueblo español (1808-1814)*], en *VI* 11 (1972), pp. 33-44.

—, *Memorias de I. H. Bichilly sobre la guerra de 1808 en España*, en *Cuadernos de Historia Económica de Cataluña* 15 (1976), pp. 109-131.

—, *Fond D. P. Tatiščeva v gosudartsvennoj publičnoj Biblioteka imeni M. E. Saltykova-Ščedrina (El Fondo D. P. Tatiščev en la Biblioteca Pública M. E. Saltykov-Ščedrin)*, en *Sovetskie Archivy* 5 (1976), pp. 71-76.

Dolgorukago D. I., *Perepiska. Kn. D. I. Dolgorukij bratu (Correspondencia del Príncipe D. I. Dolgorukij. El Príncipe D. I. Dolgorukij a su hermano)*, en *Russkij Archiv* I (1915), pp. 49-84; 259-274; 386-402; II (1915), páginas 112-128; 194-207.

Dokumenty *dlja istorii diplomatičeskich snośenij Rossii s zapadnymi deržavami evropejskimi ot zaključenija vseobščego mira v 1814 godu do Kongressa v Verone v 1822 godu, izdannye ministertsvom inostrannych del. Čast pervaja: Akty publičnye (Documentos para la historia de las relaciones diplomáticas de Rusia con los países europeos occidentales, desde la paz de 1814 hasta el Congreso de Verona de 1822, editadas por el Ministerio de Asuntos Exteriores. Primera Parte: Actas publicadas. T. II).* Sankt Peterburg 1825.

Donešenija *francuzskich predstavitelej pri russkom dvore i russkich predstavitelej pri francuzckom dvore (1814-1816). Pod. red. A. A. Polovceva*, en SBORNIK, T. 112. Sanktpeterburg 1901 *(Correspondance diplomatique des ambassadeurs et ministres de Russie en France et de France en Russie avec leurs gouvernements de 1814 à 1830. Publi. par A. Polovtsoff. T. 1. 1814-1816, S. Pt. 1902).*

Dostjan, Irina S., *Rossija i balkanskij vopros. Iz istorii russkobalkanskich političeskich svazej v pervoj treti XIX v (Rusia y la cuestión balcánica. Sobre la historia de las relaciones políticas entre Rusia y los países balcánicos durante el primer tercio del siglo XIX).* Moskva 1972.

Dovnar-Zapol'skij, M. V., *Memuary dekabristov (Memorias de los decembristas).* Kiev 1906.

—, *Tajnoe obščestvo dekabristov (La sociedad secreta de los decembristas).* Moskva 1906.

Driault, E., *Napoléon et l'Europe. Tilsitt.* París 1917.

—, *La Question d'Orient depuis ses origines jusqu'à nos jours* (Octava edición: ... *jusqu'à la paix de Sèvres* [1920]). París 1921.

Družinin, N. M., *Dekabrist Nikita Murav'ev (El decembrista Nikita Murav'ev).* Moskva 1933.

Družinina, Elena I., *Kjučuk-Kajnardžijskij mir 1774 goda (ego podgotovka i zaključenie).* Moskva 1955.

—, *Blizajšie ekonomičeskie posledstvija vychoda Rossii na Černom More (1774-1821) (Consecuencias económicas inmediatas a la campaña rusa en el mar Negro (1774-1821),* en *Mélanges Tarlé (Sbornik Statej, Miscelánea de Artículos).* Moskva 1957, pp. 87-105.

—, *Juznaja Ukraina v 1800-1825 (Ucrania Meridional de 1800 a 1825).* Moskva 1970.

Dubrovin, N. F. (ed.), *Pisma glavnejšich dejatelej v carstvovanie imperatora Aleksandra I (s 1807-1829 gg.) (Cartas de los altos dignatarios en el reinado de Alejandro I [de 1807 a 1829]).* Sankt Peterburg 1883.

—, *Prisoedinenie Kryma k Rossii.* T. 3, Sanktpeterburg 1887.

—, *Posle otečestvennoj vojny (Después de la guerra patriótica),* en *Russkaja Starina* 11 (1903), pp. 241-271; 12 (1903), pp. 481-514.

—, *Kistorii russkoj censury 1814-1820 gg. (Sobre la historia de la censura rusa de 1814 a 1820),* en *Russkaja Starina* XII (1900), pp. 643-664.

—, *Russkaja žizn v načala XIX v (La vida rusa a principios del siglo XIX),* en *Russkaja Starina* 96 (1898), y 104 (1900).

Dufraisse, Roger, *Régime douanier, blocus, système continental: essai de mise au point,* en *Revue d'Histoire Economique et Sociale* XLIV, 4 (1966), páginas 518-543.

Dupuis, Charles, *La Sainte Alliance et le Directoire Européen de 1815-1818,* en *RHD* 48 (1934), pp. 265-292 y 436-469.

Duroselle, J. B., *L'Europe de 1815 à nos jours. Vie politique et relations internationales.* París 1967.

Duvergier de Hauranne, Jean, *Histoire du Gouvernement parlementaire en France, 1814-1848.* T. I-VII. París 1857-1864.

Eeckaute, Denise, *Les brigands en Russie du XVIIème au XIX siècle: mythe ou réalité,* en *Revue d'Histoire Moderne et Contemporaine* XII (1965), páginas 161-202.

Efimov, Aleksej Vladimirovič, *Iz istorii russkich ekspedicij na Tichom Okeane (Sobre la historia de las expediciones rusas al Océano Pacífico).* Moskva 1948.

Eggers, R. Eduardo, y Feune de Colombí, Enrique, *Francisco de Zea Bermúdez y su época (1779-1850).* Madrid 1958.

Einiges über die Geschäfte der russisch- amerikanischen Kompagnie, en *Annalen der Erd-, Völker- und Staatenkunde* 5 (Oktober 1837 bis März), páginas 476-480.

Eiras Roel, Antonio, *La fase final del conflicto hispano-portugués del Río de La Plata,* en *Hispania* (109), 1968, pp. 259-336.

Ejmontov, R. G.; Solennikovoj, A .A., y Nečkina, M. V., *Dviženie dekabristov. Ukazatel literatury 1928-1959 (El movimiento decembrista. Guía sobre literatura de 1928 a 1959).* Moskva 1960.

Elagin, S. I. (ed.), *Materialy dlja istorii russkogo flota (Materiales para la historia de la flota rusa).* Sanktpeterburg 1875.

Emerson, Donald E., *Metternich and the political Police. Security and subversion in the Hapsburg Monarchy (1815-1830).* The Hague 1968.

Enciso Recio, Luis Miguel, *La opinión pública española y la independencia de América, 1819-1920.* Valladolid 1967.

Erman, Adolph, *Uber das Klima von Ross in Californien und Herrn Tschernychs meteorologische Beobachtungen an diesem Orte,* en *Archiv für wissenschaftliche Kunde von Russland* 1 (1841), pp. 562-579.

Ermolaev, V. I., *Nekotorye voprosy osvoboditel'noj bor'by Amerikanskich Kolonij Ispanii i Portugalii (Algunos problemas referentes a la guerra de independencia de las colonias americanas de España y Portugal),* en *NNI* 3 (1960), pp. 23-37.

Esakov, V. A.; Plachotnik, A. F., y Alekseev, A. I., *Russkie okeaničeskie i morskie issledovanija v XIX - načale XX v (Investigaciones oceanográficas rusas del siglo XIX y principios del siglo XX).* Moskva 1964.

Escudero, J. Antonio, *Notas sobre el Consejo de Estado entre los siglos XV, XVIII y XIX,* en *Hispania* 128 (1974), pp. 609-625.

Evans, Howard V., *The Nootka Sound Controversy in Anglo-French Diplomacy 1790,* en *The Journal of Modern History* 46 (1974), pp. 609-640.

Fadeev, Anatolij Vsevolodovič, *Otečestvennaja vojna 1812 g. i russkoe obščestvo (La guerra patriótica de 1812 y la sociedad rusa),* en *Istorija SSSR* 6 (1962).

El Fanal, Jueves, 26 de Noviembre de 1812 - Lunes, 30 de Noviembre de 1812.

Fedorov, V. A., *Soldatskoe dviženie v gody dekabristov 1816-1825 gg. (El movimiento militar en los años de los decembristas, 1816-1825).* Moskva 1963.

Fehrenbach, Ch. W., *Moderados and Exaltados: The liberal Opposition to Ferdinand VII 1814-1832,* en *HAHR* 50 (1970), pp. 52-69.

Fernández Almagro, Melchor, *La emancipación de América y su reflejo en la conciencia española.* Madrid 1944.

Fernández Álvarez, Manuel, *Las sociedades secretas y los orígenes de la España Contemporánea.* Madrid 1961.

Fernández Duro, Cesáreo, *Armada Española, desde la unión de los reinos de Castilla y Aragón,* por ... T. 9, Madrid 1903.

Fernández Martín, Manuel, *Derecho Parlamentario Español.* T. 1 y 2, Madrid 1885; T. 3, Madrid 1900.

Fernández de los Ríos, A., *Estudio histórico de las luchas políticas de la España del siglo XIX.* T. 1 y 2, Madrid 1879-880.

Ferrero, Guglielmo, *Reconstruction. Talleyrand à Vienne. 1814-1815.* París, Genève 1940.

Fontana Lázaro, Josep, *Colapso y transformación del comercio exterior español entre 1792 y 1827. Un aspecto de la crisis de la economía del Antiguo Régimen en España*, en *Moneda y Crédito* 115 (1970), pp. 3-23 (separata).

—, *La quiebra de la monarquía absoluta 1814-1820 (La crisis del Antiguo régimen en España)*. Barcelona 1971.

Fonton, F. P., *Vospominanija. Jumorističeskie, političeskie i voenny pisma (Recuerdos. Cartas humorísticas, políticas y militares)*. T. 1, Leipzig 1862.

Fournier, August, *Der Congress von Châtillon. Die Politik im Kriege von 1814. Eine historische Studie*. Wien, Prag 1900.

—, *Die Geheimpolizei auf dem Wienerkongress. Eine Auswahl ihrer Papiere*. Wien, Leipzig 1913.

Freitas, Caio de, *George Canning e o Brasil*. T. 2. São Paulo 1958.

Fugier, André, *Napoléon et l'Espagne (1799-1808)*. T. 1 y 2. París 1930.

Gabriac, Marquis de, *Chateaubriand et la guerre d'Espagne. I. Les Conférences de Vienne et le Congrès de Vérone; II. Chateaubriand, Ministre d'Affaires Etrangères*, en *Revue des Deux Mondes*. T. CXLIII, pp. 535-658, y T. CXLIV, pp. 61-91.

Gaceta de Madrid. Años 1814-1820.

Gagern, H., *Mein Antheil an der Politik. Der Zweite Pariser Frieden*. T. 1 y 2. Stuttgart 1822-1830.

Gallavresti, G., *Carteggio del Conte Federico Confalonieri ed altri documenti spettanti alla sua biografia*. Milano 1911.

Galpin, W. Freeman, *The American grain trade to the Spanish Peninsula 1810-1814*, en *AHR* 28 (1922-1923), pp. 24-44.

—, *The Grain supply of England during the Napoleonic Period*. New York 1925.

Ganelin, R. S., *Iz istorii ekonomičeskich svjazej Rossii s Meksikoj i Braziliej v seredine XIX veka (Sobre la historia de las relaciones económicas de Rusia con Méjico y Brasil a mediados del siglo XIX)*, en *NNI* 6 (1963) páginas 59-64.

Gangeblov, Alensandr Semenovič, *Vospominanija dekabrista Aleksandra Semenoviča Gangeblova (Memorias del decembrista Aleksandr Semenovič Gangeblov)*. Moskva 1888.

García de León y Pizarro, José María, *Memorias. Edición, prólogo, notas y apéndices de Álvaro Alonso Castillo*. T. 1 y 2. Madrid 1953.

Garden, G., *Histoire générale des traités de paix et autres transactions principales entre toutes les puissances de l'Europe depuis la paix de Westphalie. Ouvrage comprenant les travaux de Koch, Schoell, etc., entièrement refondus et continués jusqu'à ce jour par M. le comte de Garden*. T. 10 y 14. París s. a.

Geršenzon, M. O., *Epocha Nikolja I (La época de Nicolás I)*. Moskva 1910.

Gessen, S. Ja., y Kogan, M. S., *Dekabrist Lunin i ego vremja (El decembrista Lunin y su época)*. Leningrad 1926.

—, *Novye materialy i issledovanija o dekabriste Lunine (Nuevos materiales e investigaciones sobre el decembrista Lunin)*, en *Katorga i ssylka* 7 (1928), páginas 181-187.

—, *Soldastskie volnenija v načale XIX v (Insurrecciones militares a principios del siglo XIX)*. Moskva 1929.

—, *Soldaty i matrosy v vosstanii dekabristov (Soldados y marinos en la sublevación decembrista)*. Moskva 1930.

—, *Mjatezniki 1820 goda (Los insurrectos del año 1820)*. Moskva 1935.

Geyl, Peter, *Napoleon for and against*. Yale, Univ. Press 1949.

Gil Novales, Alberto, *La sociedad patriótica del Café Lorencini*, en *BRAH* CLXVIII (1971), pp. 275-304.

Giménez Silva, Floraligia, *La Independencia de Venezuela ante las Cancillerías Europeas*. Caracas 1961 (Biblioteca de la Academia Nacional de la Historia, T. 39).

—, *Documentos de Cancillerías Europeas sobre la Independencia Venezolana*. Caracas 1962 (Biblioteca de la Academia Nacional de la Historia, T. 45 y 46).

—, *Las primeras misiones diplomáticas de Venezuela*. Caracas 1962 (Biblioteca de la Academia Nacional de la Historia, T. 52 y 53).

Glinka, Sergej N., *Istorija žizni Cartsvovanija Aleksandra I (Historia de la vida del reinado de Alejandro I)*. Moskva 1828.

—, *Zapiski Sergeja Nikolaeviča Glinki (Apuntes de Sergej Nikolaevič Glinka)*. Sanktpeterburg 1895.

Gnevusev, A., *Politiko-ekonomičeskie vzgljady gr. No. S. Mordvinova (Opiniones político-económicas del Conde N. S. Mordvinov)*. Kiev 1904.

Goebel, D. B., *British trade in the spanish Colonies 1796-1823*, en *HAHR* XLVIII (1930), pp. 197-250.

Goicoechea y Cosculluela, Antonio, *La política internacional de España en noventa años (1814-1904)*. Madrid 1922.

Golder, Frank Alfred, *Guide to materials for American history in Russian archives*. T. 1, 2, Washington 1917.

—, *The Russian Offer of Mediation in the War of 1812*, en *Political Science Quarterly* 31 (1916), pp. 380-391.

Gómez de Arteche, J., *Fernando VII en Valençay. Tentativas encaminadas a procurar su liberación*, en *Revista Contemporánea* XXV (1880), p. 385.

Gómez Havelo, Pedro (Marqués de Labrador), *Mélanges sur la vie privée et publique du Marquis de Labrador, écrits par lui-meme et renfermant une revue de la politique de l'Europe depuis 1798 jusqu'au mois d'Octobre 1849 et des révélations très importantes sur le Congrès de Vienne*. París 1849.

Gorricho Moreno, Julio, *Los sucesos de La Granja y el cuerpo diplomático*, en *Anthologia Annua* 14 (1966), pp. 247-437.

Gosudartsvennaja vnešnjaja torgovlja 1824-32 v raznych eja vidach (El comercio exterior estatal 1824 [-32]). Sanktpeterburg 1825.

Grandmaison, Geoffroy de, *L'ambassade française en Espagne pendant la Révolution (1789-1804)*. París 1892.

—, *La France et l'Espagne pendant le premier Empire (Archives espagnoles).* Besançon 1899.

—, *L'Espagne et Napoléon.* T. 1-3. París 1908-1931.

—, *Savary en Espagne,* en *Revue des Questions Historiques* LXVIII (1909), páginas 188-213.

—, *L'expédition française en Espagne en 1823.* París 1928.

Greč, Nikolaj K., *Biografija Imperatora Aleksandra I (Biografía del Emperador Alejandro I).* Sanktpeterburg 1835.

—, *Zapiski o moej žizni (Apuntes de mi vida).* Sanktpeterburg 1886.

Green, J. E. S., *Wellington and the Congress of Verona,* en *EHR* XXXV (1920), pp. 200-211.

Greppi, Giuseppe Conte, *Révélations diplomatiques sur les relations de la Sardaigne avec l'Autriche et la Russie pendant la première et la deuxième coalition tirées de la correspondance officielle et inédite des ambassadeurs de Sardaigne à Saint-Pétersbourg.* París 1859.

—, *Un gentiluomo milanese guerriero-diplomatico. 1763-1839 (Appunti biografici sul Balì Conte Giulio Litta-Visconti-Arese).* Milano 1896.

Griewank, Karl, *Der Wiener Kongress und die europäische Restauration 1814/1815.* Leipzig 1942.

—, *Die europäische Neuordnung 1814/1815,* en *HZ* 168 (1943), pp. 82-112.

Griffin, C. G., *The United States and the disruption of the Spanish Empire 1810-1822.* New York, Columbia University Pres 1937.

—, *Economic and social aspects of the era of Spanish American Independence,* en *HAHR* XXIX (1949), pp. 170-187.

Gronsky, P., *L'idée fédérative chez les décabristes,* en *Le Monde Slave* III (1926), pp. 368-382.

—, *L'établissement des Russes en Californie,* en *RHM* 4 (1929), pp. 401-415; 5 (1930), pp. 101-123.

Grunwald, Constantin de, *Metternich et Napoléon,* en *Revue des Deux Mondes* (1937).

—, *Metternich et Alexandre Ier,* en *Le Monde Slave* XV 1 (1938), pp. 29-64.

Guerra, Ramiro, *La expansión territorial de los Estados Unidos a expensas de España y los países hispano-americanos.* La Habana 1964.

Guichen, Eugène, Vicomte de, *La Révolution de juillet de 1830 et l'Europe.* París 1917.

Hagemeister, Jules de, *Mémoire sur le commerce des ports de la Nouvelle Russie, de la Moldavie, et de la Valachie,* etc. Odessa et Simphéropol 1835.

Halm, Hans, *Osterreich und Neurussland.* I. *Donauschiffahrt und-handel nach dem Südosten, 1718-1780.* Breslau 1943. II. *Habsburgischer Osthandel im 18. Jahrhundert.* München 1954.

Hanoteau, Jean, *Lettres de Metternich à la Comtesse de Lieven 1818-1819. Publiées avec une introduction, une conclusion et des notes par... Préface de M. Arthur Chuquet, membre de l'Institut.* París 1909.

—, Vid. Caulaincourt.

Hans, N., *Tsar Alexander and Jefferson*, en *SEER* XXXII 78 (1953), pp. 215-225.

Hansard, T., *Parliamentary Debates*. London 1820-1891.

Hardenberg, *Denkwürdigkeiten des Staatskanzlers Fürsten v. Hardenberg.* Herausgegeben von Leopold v. Ranke.

Harpaz, Ephraim, *L'Ecole libérale sous la Restauration. Le «Mercure» et la «Minerve» 1817-1820.* Genève 1968.

Harvey, Mose Lofley, *The Development of Russian Commerce on the Black Sea and Its Significance.* Unpublished Doctoral Dissertation. California, Berkeley 1938.

Haumant, E., *La culture française en Russie (1700-1900).* París ²1914.

—, *L'Empereur Nicolas Ier et la France*, en *Revue de Paris* (15 avril 1902), páginas 835-857.

Haussherr, Hans, *Russland und Europa in der Epoche des Wiener Kongresses*, en *JBfGOE, N. F.* 8 (1960), pp. 10-31.

Heredia, Marqués de, *Escritos del Conde de Ofalia, publicados por su nieto el...* Bilbao 1894.

Herlihy, Patricia, *Russian Grain and Mediterranean Markets, 1774-1861.* University of Pennsylvania, Ph. D. 1963.

Herr, Richard, *Good evil and Spain's rising against Napoleon*, en *Ideas in History: Essays presented to Louis Gottschalk by his former Students.* Duke University Press, Durham 1965, pp. 157-181.

Hildebrand, Karl Gustav, *Latinamerika, Sverige och skeppshandeln 1825*, en *Historisk Tidskriff* 1 (1949), pp. 392-421.

Hildt, John C., *Early diplomatic negotiations of the United States with Russia.* Baltimore 1906.

Hoetzsch, Otto, *Peter von Meyendorff. Ein russischer Diplomat an den Höfen von Berlin und Wien. Politischer und privater Briefwechsel 1826-1863. Herausgegeben und eingeleitet von...* T. 1. Berlín, Leipzig 1923.

Hollingsworth, Barry, *The Napoleonic Invasion of Russia and Recent Soviet Historical Writing*, en *The Journal of Modern History* 38 (1966), pp. 38-52.

Hölzle, Erwin, *Russland und Amerika. Aufbruch und Begegnung zweier Weltmächte.* München 1953.

Hubbard, Gustave, *Histoire de l'Espagne contemporaine (1814-1868).* T. 1 a 6. París 1869-1883.

Hurwicz, Elias, *Zur Charakteristik von Pawel Iwanowitsch Pestel. Auf Grund neuer Veröffentlichungen*, en *Archiv für die Geschichte des Sozialismus und der Arbeiterbewegung* 13 (1928), pp. 210-217.

Ikonnikov, Vladimir Stepanovič, *Graf. N. S. Mordvinov. Istoričeskaja biografija.* Sant Peterburg 1873.

—, *Opyt russkoj istoriografii (Ensayo de historiografía rusa).* Kiev 1891-1892.

Informe presentado a S. M. el Emperador de Rusia por la comisión de pesquisa sobre los acontecimientos de 26 de diciembre de 1825, en San Petersburgo. De Orden de S. M. en la Imprenta Real. Año de 1826.

Inglis, Henry David, *Spain in 1830*. London 1831.

Istorija Rossii v XIX veke (Historia de Rusia en el siglo XIX). T. I y II, Sanktpeterburg 1907.

Istorija SSSR s drevnejšich vremen do Velikoj Oktjabr'skoj Socialistiĉeskoj Revoljucii (Historia de la URSS desde los tiempos más remotos hasta la Gran Revolución Socialista de Octubre). Serija I. T. III y IV. Moskva 1967.

Ivanovsky, Anton, *Gosudarstvennij Kanzler Graf H. P. Rumjancev; biografičeskij oĉerk (El Canciller Conde N. R. Rumjancev. Ensayo biográfico)*. Sanktpeterburg 1871.

Iz vospominanij Leonida Fedorovica L'vova (De las memorias de Leonid Fedorovič L'vov), en *Russkij Archiv* 3 (1885), pp. 347-365.

Izquierdo Hernández, Manuel, *La cuarta boda de Fernando VII, Rey de España*, en *BRAH* 126 (1950), pp. 163-205.

—, *Informes sobre España (diciembre 1807 a marzo 1808) del Gentilhombre Claudio Felipe, Conde de Tournon-Simiane, al emperador Napoleón I*. Traducción, comentarios y notas, en *BRAH* 137 (1955), pp. 315-357.

—, *Antecedentes del reinado de Fernando VII*. Madrid 1963.

Izvĕkov, Dmitrij G., *Otnošenija russkago pravitel'stva k katoliĉeskoj propagandĕ v pervoj polovine XVIII vĕka (Las relaciones del gobierno ruso con la propaganda católica durante la primera mitad del siglo XVIII)*, en *Žurnal ministerstva narodnogo prosveščenija* 9 (1870), pp. 61-74.

Jägerskiöld, Stig, *Sverige och Europa 1716-1718. Studier i Karl XII's och Görtz'Utrikespolitik*. Ekenäs 1937.

Jakuškin, E. I. (ed.), *Obščestvennyja dviženija v Rossii v pervuju polovinu XIX vĕka (Movimientos sociales en Rusia en la primera mitad del siglo XIX)*. T. 1. Sanktpeterburg 1905.

Jakuškin, I. D., *Zapiski, státi, pišma dekabrista I. D. Jakuškina (Apuntes, artículos y cartas del decembrista I. D. Jakuškin)* Moskva 1951.

Jane, Fred T., *The Imperial Russian Navy. Its Past, Present, and Future*. London 1904.

Jazykov, D. I. (ed.), *Zapiski djuka Lirijskago i Bervinskago vo vremja prebyvanija ego pri rossijskom dvorĕ v zvanii posla Korolja ispanskogo, 1727-1730 godov*. Sanktpeterburg 1845.

Jelavich, Barbara, *A Century of Russian Foreign Policy 1814-1914*. Philadelphia 1964.

Journal, d'Odessa, núm. 6, 1827.

Jouvenel, B. de, *Napoléon et l'économie dirigée. Le Blocus continental*. París 1942.

Jover, José María, *La guerra de la Independencia española en el marco de las guerras europeas de liberación (1808-1814)*, en *La guerra de la Independencia española y los sitios de Zaragoza* (Zaragoza 1958), pp. 41-165.

—, *Caracteres de la política exterior de España en el siglo XIX*, en *Homenaje a Johannes Vincke* 2 (1962-1963), pp. 751-794.

Jullian, Louis, *Précis historique des principaux événemens politiques et militaires qui ont amené la Révolution d'Espagne*. París 1821.

Kafengauz, Berngard B., *Torgovlja (Comercio)*, en *Očerki po istorii SSSR. Period feodalizma. Rossija v pervoj četverti XVIII v. Preobrazovanija Petra I.* Moskva 1954, pp. 127-152.

K. L. v., *Ispanskij Insurgent (Iz děl S. Peterburgskago senatskago archiva) (El insurrecto español. De un acta del Archivo del Senado de San Petersburgo)*, en *Istoričeskij Vestnik*. T. XCVII (1904), pp. 174-193.

Kazman, E., *Russkij dobrovolec v rjadach ispanskich insurgentov v 1830 g. (Un voluntario ruso en las filas de los insurrectos españoles de 1830)*, en *Krasnyj Archiv* 4 (1937), pp. 107-120.

Karamzin, Nikolaj Michajlovič, *Izbrannye sočinenija (Obras completas)*. T. 2. Moskva, Leningrad 1964.

Kennedy Grimsted, Patricia, *Capodistrias and a «New Order» for Restoration in Europe. The «liberal Ideas» of a Russian Foreign Minister, 1814-1822*, en *The Journal of Modern History* XL (1968), pp. 166-192.

—, *The Foreign Ministers of Alexander I. Political Attitudes and the Conduct of Russian Diplomacy 1801-1825*. Berkeley, Los Ángeles 1969.

Kinjapina, Nina Stepanova, *Vnešnjaja politika Rossii pervoj poloviny 19 v. (La política exterior de Rusia en la primera mitad del siglo XIX)*. Moskva 1963.

Kissinger, Henry A., *A World restored: Metternich, Castlereagh and the Problems of Peace, 1812-1822*. Boston 1957.

Kjuchel'beker, Vil'gelm Karlovič, *Dnevnik (Diario)*. Leningrad 1929.

Klaus, A. A., *Naši kolonii. Opyty i materialy po istorii i statistike inostrannoj kolonizacii v Rossii. Vyp. I; Sanktpeterburg 1869 (Nuestras colonias. Ensayos y materiales sobre la historia y estadística de la colonización extranjera de Rusia)*. Parte I. Sanktpeterburg 1869.

Ključevskij, V. O., *Sočinenija (Obras)*. T. 4 y 5. Moskva 1958.

Klüber, J. L., *Akten des Wiener Kongresses in den Jahren 1814 und 1815*. Erlangen 1817.

Komissarov, B. N., *Brazilija pervoj četverti XIX veka v opisanijach russkich moreplavatelej (Brasil en el primer tercio del siglo XIX según las descripciones de los marinos rusos)*, en *Vestnik LGU* 14 (1961), pp. 43-54.

—, *Ob otnošenii Rossii k vojne ispanskoj Ameriki za nezavisimost (po materialam archiva V. M. Miroševskogo) (La postura de Rusia respecto a la guerra por la independencia de la América Española) (según los materiales del Archivo de Miroševskij)*, en *Vestnik LGU* 8 (1964), pp. 60-71.

—, *Iz istorii sovetskoj Latinoamerikanistiki (Archiv V. M. Miroševskago)*, en *NNI* 4 (1966), pp. 132-135.

—, *The formation of Russo-Brazilian relations*, en *NNI* 1 (1982), pp. 39-55.

Konetzke, Richard, *La guerra de la Independencia y el despertar del nacionalismo europeo*. Zaragoza 1959.

Korff, Modest Von, *Die Thronbesteigung des Kaisers Nikolaus I von Russland im Jahre 1825*. Berlín 1858.

—, *Žizn grafa Speranskago (La vida del conde Speranskij)*. T. 1 y 2, Sanktpeterburg 1861.

Korsakov, Dmitrij A., *Vocarenie Imperatricy Anny Ioannovny. Istoričeskij etujd*. T. 1, Kazan 1880.

Kosorez, N. N., *Agrarnyj vopros v ispanskoj revoljucii 1820-1823 (El problema agrario en la revolución española de 1820-1823)*, en *VI* 3 (1955), pp. 115-126.

—, *R. Riego - geroj ispanskogo naroda (R. Riego. Héroe del pueblo español)*, en *NNI* 6 (1958), pp. 49-65.

Kossok, Manfred, *Im Schatten der Heiligen Allianz. Deutschland und Lateinamerika 1815 bis 1830. Zur Politik der deutschen Staaten gegenüber der Unabhängigkeitsbewegung Mittel- und Südamerikas*. Berlín 1964.

Kozlovskij, V., *Car Aleksandr I i Dzefferson (El zar Alejandro y Jefferson)*, en *Russkaja Mysl* 10 (1910), pp. 79-95.

Kraehe, Enno E., *Metternich's German Policy*. Princeton 1963.

Krusenstern, Adam Johann von, *Reise um die Welt in den Jahren 1803, 1804, 1805, und 1806*. T. 1, Sanktpeterburg 1810.

Krylova, T. K., *Otnošenija Rossii i Ispanii v pervoj četverti XVIII veka (Las relaciones entre Rusia y España en el primer tercio del siglo XVIII)*, en *Kultura Ispanii. SBORNIK*. Moskva 1940, pp. 327-352.

Kulišer, N. M., *Istorija russkoj torgovli (Historia del comercio ruso)*. Sanktpeterburg 1923.

Kurakin, A. B., *Piśma knjazja A. B. Kurakina k Kanceleru Grafu Rumjancevu (Las cartas del Príncipe A. B. Kurakin al Canciller Conde Rumjancev)*, en *Russkij Archiv*, septrjabr. (1970), pp. 135-162.

—, *Posol' stvo A. B. Kurakina k Napoleonu I. 1810 g. Dokumenty (La embajada de A. B. Kurakin a Napoleón I en 1810. Documentos)*, en *Russkij Archiv* 3 (1877), pp. 310-356.

Labra, Rafael de, *La Constitución de Cádiz*. Madrid 1907.

Lackland, H. M., *Wellington at Verona*, en *EHR* 35 (1920), pp. 574-580.

Lacombe, Bernard de, *Les papiers de Nesselrode*, en *RHD* 23 (1909), pp. 76-88.

La Ferronnays, *En émigration. Souvenirs tirés des papiers du Cte. A. de La Ferronnays (1777-1814) par le Marquis Costa de Beauregard*. París 1900.

Lafuente, Modesto, *Historia General de España desde los tiempos primitivos hasta la muerte de Fernando VII, continuada desde la dicha época hasta nuestro días por Don Juan Valera*. T. V, Barcelona 1880.

La Forest, *Correspondance du Comte de ... publiée par la Société d'Histoire Contemporaine*. París 1905-1913. T. I a VII.

La Garde-Chambonais, Comte de, *Souvenirs du Congrès de Vienne 1814-1815. Publiées avec une introduction et notes par le Comte Fleury*. París 1901.

Lagüens Marquesans, Gerardo, *La política exterior de la Junta Central con Inglaterra (1809-1810)*, en *Cuadernos de Historia Diplomática*, I. Zaragoza 1954, pp. 43-67.

—, *La política exterior de la Junta Central con Portugal (1808-1810)*, en *Cuadernos de Historia Diplomática*, II. Zaragoza 1955, pp. 63-110.

—, *Relaciones internacionales de España durante la guerra de la Independencia*. Zaragoza 1959. *II Congreso Histórico Internacional de la Guerra de la Independencia y su época*. Ponencia X, pp. 5-34.

Lamanskij, Vladimir I., *O Slvjanach v Maloj Azii, v Afrike i v Ispanii (Sobre los Eslavos en Asia Menor, en África y en España)*. Sanktpeterburg 1859.

Lane-Poole, Stanley, *The Life of the Right Honourable Stratford Canning Viscount Stratford de Redcliffe from his Memoirs and private and official papers. By... With three Portraits. In two Volumes*. London 1888.

Langsdorf, Georg Heinrich von, *Bemerkungen auf einer Reise um die Welt in den Jahren 1803 bis 1807*. T. 1-2. Frankfurt/Main 1812.

Laran, Michel, *La première génération de l'«intelligentsia» roturière en Russie*, en *Revue d'Histoire Moderne et Contemporaine* XLIV (1956), paginas 137-156.

La Torre Villar, Ernesto de la (ed.), *Correspondencia diplomática franco-mexicana (1808-1839)*. Selección, prólogo, textos y notas. T. I. México 1957.

La Tour, J., *Les prémices de l'alliance franco-russe. Deux missions de Barthélémy de Lesseps à Saint-Pétersbourg, 1806-1807, d'après sa correspondance inédite*. París 1914.

Lazarev, M. P., *Dokumenty. Pod red. A. A. Samarova*. T. I. Moskva 1952.

LEBZELTERN, Véase Nicholas Michajlovič.

Lee, Robert, *The last days of Alexander and the first days of Nicholas (Emperors of Russia)*. London 1854.

Lefèvre, Armand, *Histoire des cabinets de l'Europe pendant le Consulat et l'Empire (1800-1815)*. T. 3. Bruxelles 1847.

Legras, Jules, *Autour des Décabristes*, en *Le Monde Slave*, 12 (1925), paginas 350-374.

Lema, Marqués de, *Antecedentes políticos y diplomáticos de los sucesos de 1808*. T. 1 *(1801-1803)*. Madrid 1912, 2.ª ed.

—, *La política exterior española a principios del siglo XIX*. Madrid 1935.

Lemberg, Hans, *Die nationale Gedankenwelt der Dekabristen*. Köln. Graz 1963.

Lemos, Eugenio de, *A vida politica de Espanha vista por um diplomata portugués (1820-1822)*, en *Anales de la Asociación Española para el Progreso de las Ciencias* XVII (1952), pp. 771-829.

Lennhoff, Eugen, *Politische Geheimbünde. Wien, 1931; neue Bearbeitung von Werner Gebuhr*. München, Wien 1968.

Lepre, Aurelio, *La rivoluzione napolitana del 1820-1821*. Roma 1967.

Leslie Blackwell, William, *Alexander I and Poland: The Foundations of His Polish Policy ans Its Repercussions in Russia, 1801-1825* (Unpublished Dissertation, Princeton 1959).

Les Raports de l'Ambassade d'Autriche à Sant-Pétersbourg sur la conjura-
tion des Décabristes, en *Le Monde Slave* 1-2 (1926), pp. 89-124; 293-315 y
448-470.

Lesur, Charles Louis, *Annuaire historique Universel ou histoire politique et*
littéraire. Années 1818-1851. París 1819-1853. 28 vols.

Lettres de l'Empereur Alexandre Ier et de Madame de Staël (1814-1817), en
La Revue de Paris I (1897), pp. 5-22.

Lévis-Mirepoix, Prince de Robech, Emmanuel de, *Un collaborateur de Met-*
ternich. Mémoires et papiers de Lebzeltern, publiés par... París 1949.

Ley, Francis, *Madame de Krüdener et son temps.* París 1961.

Lisjanskij, Jurij Fedorovič, *Putešestvie vokrug světa v 1803, 4. 5. i 1806 go-*
dach ... na korablě Něvě. Čast 1 (Viaje alrededor del mundo durante los
años 1803, 4, 5 y 1806 a bordo del barco Neva. Primera parte). Sankt Peterburg 1812.

Litke, Ferdinand Petrovič, *Putešestvie vokrug sveta na voennom šljupe*
«Senjavin» 1826-1829 (Viaje alrededor del mundo en el barco de guerra
«Senjavin» en los años 1826-1829). Moksva ²1948.

Ljubimov, Lev, *Tajna imperatora Aleksandra I (Los secretos del emperador*
Alejandro I). París 1938.

López de Meneses, Amada, *Las primeras embajadas rusas en España,* en
Cuadernos de Historia de España 5 (1946), pp. 111-128.

López Pinto, Juan, *Bosquejo del estado de España desde fines de 1819 hasta*
el 17 de noviembre de 1823. Madrid 1948.

Loreto, Barón de, *Reconnaissance de l'Empire du Brésil par les puissances*
européennes (1823-1828), en *RHD* III (1889), pp. 502-522.

Lotman Ju. M., *P. A. Vjazemskij i dviženie dekabristov (P. A. Vjazemkij y el*
movimiento decembrista). Tartu, 1960: Trudy po russkoj i slavjanskoj filo-
gii (Trabajos de filología rusa y eslava). T. 3

Lovett, Gabriel H., *Napoleon and the Birth of Modern Spain.* I. *The Challen-*
ge to the old order; II. *The struggle without and within.* New York 1965.

Lozinsky, Grigory Leonidovich, *Le Général Miranda en Russie,* en *Le Monde*
Slave. Nouv. Ser. 10 (1933), pp. 72-90 y 186-218.

Luciani, Georges, *Panslavisme et solidarité slave au XIX ème siècle.* I. *La*
Société des Slaves Unis (1823-1825). París 1949.

Lukin, B. V. *Svjazi Mirandy s rossijskoj diplomatičeskoj missiej v Londone*
(Las relaciones de Miranda con la misión diplomática rusa en Londres),
en *NNI* 4 (1966), pp. 67-73.

Lunin, M. S., *Sočinenija i pisma (Obras y cartas).* Peterburg 1923.

Lynch, John, *British Policy and Spanish America, 1783-1808,* en *The Journal*
of Latin American Studies I (1969), pp. 1-30.

Llorca Vilaplana, Carmen, *Relaciones diplomáticas entre España y Rusia*
desde 1812 hasta 1820, en *Hispania* 10 (1950), pp. 716-744.

—, *Los sucesos de La Granja y el Conde Solaro,* en *Revista de la Universi-*
dad de Madrid 12 (1954), pp. 347-356.

Mackensy, Piers, *The War in the Mediterranean, 1803-1810.* London 1957.

Madariaga, Isabel de, *Britain, Russia and the Armed Neutrality of 1780. Sir James Harris' mission to St. Petersburg during the American Revolution.* New Haven 1962.

—, *Spain and the Decembrists,* en *European Studies Review* 3 (2) (1973), páginas 141-156.

Madelin, Louis, *Histoire du Consulat et de l'Empire.* París 1945.

Madoz, Pascual, *Diccionario geográfico-estadístico-histórico de España.* 1848-1850.

Maggiolo, A., *Corse, France et Russie. Pozzo di Borgo. 1764-1842.* París 1890.

Mahr, August, C., *The visit of the «Rurik» to San Francisco in 1816.* Stanford, London 1932.

Majskij, Ivan Michajlovič, *Napoleon i Ispanija (Napoleón y España),* en *Sbornik Statej v pamjat Akademika Evgenija Viktoroviča Tarlé: Iz istorii obščestvennych dviženij i mezdunarodnych otnošenij (Miscelánea de artículos en honor del académico Evgenij Viktorovic Tarlé: Sobre la historia de los movimientos sociales y de las relaciones internacionales).* Moskva 1957, pp. 292-313.

—, *Iz istorii osvoboditel'noj bor'by ispanskago naroda 1808-1813 gg. (Sobre la historia de la guerra de liberación del pueblo español de 1808 a 1813),* en *NNI* 5 (1958), pp. 23-32.

—, *Neuere Geschichte Spaniens 1808-1917* (Edición alemana de Manfred Kossok). Berlín 1961.

Manchester, Alan K., *The paradoxical Pedro, First Emperor of Brasil,* en *HAHR* 11 (1932), pp. 176-197.

—, *The recognition of Brazilian Independence,* en *HAHR* 31 (1951), pp. 80-96.

Manizer, G. G., *Ekspedicija Akademika G. I. Langsdorfa v Braziliju (1821-1828) (La expedición del académico G. I. Langsdorf al Brasil).* Moskva 1948.

Manning, William Ray, *Diplomatic correspondence of the United States concerning the independence of the Latin American Nations.* T. 1 a 3. New York, Oxford 1925.

Maresca, Benedetto, *I due trattati sti dalla Corte Napoletana nel settembre 1805,* en *Archivio Storico per le Provincie Napoletane* XII (1887), pp. 589-683.

—, *Le memorie del Duca di Gallo,* en *Archivio Storico per le Provincie Napoletane* XIII (1888), pp. 204-441.

Markert, Werner, *Metternich und Alexander I. Die Rivalität der Mächte in der europäischen Allianz,* en *Schicksalswege deutscher Vergangenheit, Festschrift für S. Kahler, pp. 147-176,* Düsseldorf 1950.

Martens, F., *Sobranie traktatov i konvencij zaključennych Rossieju s inostrannymi deržavami (Colección de tratados y convenciones firmados por Rusia con los países extranjeros).* T. 11, Sanktpeterburg 1896.

Martínez de la Rosa, Francisco, *Bosquejo histórico de la política de España,* en BAE 155, pp. 167-417.

Marx, Karl, *Das Revolutionäre Spanien*, en *Karl Marx-Friedrich Engels Werke*. T. 10. Berlín 1962.

Matilla Tascón, Antonio, *La ayuda económica inglesa en la guerra de la Independencia*, en *RABM* LXVIII, 2 (1960), pp. 451-475.

Maturi, Walter, *Il Congresso di Vienna e la restaurazione dei Borboni a Napoli*, en *Rivista Storica Italiana* 16 (1938), pp. 32-72; 17 (1938), pp. 1-61.

Mazour, Anatole G., *Le Comte Aleksej Andreevič Arakčeev (1769-1834)*, en *Le Monde Slave* XIII, 2 (1936), pp. 365-389.

—, *Dimtiry Zavalishin. Dreamer of a Russian-American Empire*, en *The PHR* 5 (1936), pp. 26-37.

—, *The First Russian Revolution 1825. The Decembrist Movement. Its Origins, Development, and Significance*. Stanford, California ²1963.

Memorias de Agricultura y Artes, que se publican de orden de la Real Junta de Gobierno del Comercio de Cataluña. 1815-1821. T. I-XII.

Mendelssohn-Bartholdy, K., *Die orientalische Politik des Fürsten Metternich*, en *HZ* 18 (1867), pp. 41-76.

Mercader Riba, J., *España en el Bloqueo Continental*. Estudios de Historia Moderna. Barcelona 1952, vol. II, pp. 233-278.

Aus Metternich's nachgelassenen Papieren. Herausgegeben von dem Sohne des Staatskanzlers Fursten Richard Metternich-Winneburg. Geordnet und zusammengestellt von Alfons von Klinkowstrom. Autorisierte deutsche Original-Ausgabe. T. I-IV. Wien 1880-1881.

Michajlovskij-Danilevskij, A. I., *Predstaviteli Rossii na Venskom Kongresse v 1815 godu (Los representantes rusos en el Congreso de Viena en el año 1815)*, en *Russkaja Starina* XCVIII (1899), p. 645.

Michel, E., *Di una supposta cessione dell'isola di Pianosa alla Russia (1835)*, en *Bolletino di Storia Livornese* 2 (1938).

Mickun, N. I., *O vosstanijach v Valencii letom 1808 goda (Sobre las sublevaciones en Valencia en el otoño del año 1808)*, en *NNI* 1 (1960), pp. 25-39.

Miñano, Sebastián, *Histoire de la Révolution d'Espagne de 1820 à 1823. Par un espagnol témoin oculaire*. París 1824, 2 vols.

Mirkin-Guetzevitch, Boris, *Les idées politiques des décabristes et l'influence française*, en *Le Monde Slave* XII (1925), pp. 374-384.

Miroševskij, V[ladimir] M[ichajlovič], *Ekaterina II i Francisko Miranda*, en *Istorik-Marksist* 2 (1940), pp. 125-132.

Miroševskij, Vladimir Michajlovič, *Osvoboditel'nye dviženija v Amerikanskich kolonijach Ispanii ot ich zavoevanija do vojny za nezavisimost', 1492-1810 gg. (Los movimientos de liberación en las colonias americanas de España desde su conquista hasta la independencia, 1492-1810)*. Moskva, Leningrad 1946.

Mnenie bezpristrastnago o politike Veronskago Kongressa otnositelno k Ispanskoj Revoljucii (La opinión de un desapasionado sobre la política del Congreso de Verona referente a la Revolución Española), en *Vestnik Evropy* 13-14 (1823), pp. 81-96.

Modzalevskij, V. L.; Lavrov, N. F., y Oksman, Ju. G., *Dekabristy. Sbornik otryvok i istočnikov (Los decembristas. Miscelánea de fragmentos y de fuentes históricas).* Moskva 1926.

Modzalevskij, V. L.; Oksman, Ju. G. (ed.), *Dekabristy. Neizdannye materialy i stat'i (Los decembristas. Material y artículos inéditos).* Moskva 1925.

Molden, Ernst, *Die Orientpolitik des Fürsten Metternich 1829-1833.* Wien, Leipzig 1913.

Monterisi, Mario, *Storia politica e militare del Sovrano Ordine di San Giovanni di Gerusalemme detto di Malta.* Vol. 1, Milano 1940.

Moreno Morrison, Roberto, *Un Ministro fernandino: D. Juan Esteban Lozano de Torres,* en *Revista de Historia y de Genealogía Española,* 2 época I (1927), pp. 72-76.

—, *Don Víctor Damián Sáez y Sánchez-Mayor, ministro universal de España en 1823,* en *Revista de Historia y de Genealogía Española,* 2 época II (1928), páginas 393-394.

Morskoj Sbornik, 1848, núm. 1.

Murav'ev, A. M., *Zapiski dekabrista (Apuntes de un decembrista).* Leningrad 1927.

Murav'ev-Apostol, M. I., *Vospominanija i pisma (Recuerdos y cartas).* Sanktpeterburg 1822.

Näf, Werner, *Versuche gesamteuropäischer Organisation und Politik in den ersten Jahrzehnten des neunzehnten Jahrhunderts,* en *Staat und Staatsgedanke, Vorträge zur neueren Geschichte.* Berna 1935.

Nebol'šin, Grigorij, *Statističeskaja zapiski o vnešnej torgovle Rossii (Priloženija) (Apuntes estadísticos sobre el comercio exterior de Rusia. Apéndices).* Segunda parte. Sanktpeterburg 1835.

Nečkina, M. V., *Revolucija napodobie ispanskoj (La revolución a la española),* en *Katorga i Sylka* 10 (1931), pp. 3-40.

—, *Griboedov i dekabristy (Griboedov y los decembristas).* Moskva 1951.

—, *Dviženie dekabristov (El movimiento de los decembristas).* Moskva 1955.

Nesselrode, Comte de, *Lettres et Papiers du Chancelier Comte de Nesselrode 1760-1856.* Extraits de ses Archives publiés et annotés avec une introduction, trois portraits et un autographe. T. III: 1805-1811, París 1905; T. IV: 1812, París 1906; T. V: 1813-1818, París 1907; T. VI: 1819-1827, París 1908; T. VII: 1828-1839, París 1909.

Des russischen Reichskanzlers Grafen Nesselrode Selbstbiographie. Deutsch von Karl Klevesahl. Berlín 1866.

Neumann, Ludwig (ed.), *Recueil des traités et conventions conclus par l'Autriche avec les Puissances étrangères, depuis 1763 jusqu'à nos jours.* T. 2. Leipzig 1856.

Nichols, Irby C., *The Congress of Verona. A Reappraisal,* en *Southwestern Social Science Quarterly* (March 1966), pp. 385-399.

Nichols, Irby C., *The European Pentarchy and the Congress of Verona 1822.* La Haya 1971.

Nicolas Michajlovič [Romanov], Vel. Knjaz, *Graf Pavel Aleksandrovič Stroganov (1774-1817). Istoričeskoe issledovanie epochi imperatora Aleksandra (El Conde Pavel Ivanovič Stroganov. Una investigación histórica de la época del emperador Alejandro).* T. I-III. Sanktpeterburg 1903.

Nicolas Michajlovič, Grand-Duc, *Les relations diplomatiques entre la France et la Russie avant l'année 1812.* Saint Pétersbourg 1905-1908, 6 vols. (en ruso y en francés).

—, *Correspondance de l'Empereur Alexandre Ier avec sa soeur la Grande Duchesse Catherine, Princesse d'Oldenbourg, puis Reine de Würtemberg 1805-1818.* Saint-Pétersbourg 1910.

—, *L'Empereur Alexandre Ier. Essai d'étude historique.* T. 1-2, Saint-Pétersbourg 1912.

—, *Les rapports diplomatiques de Lebzeltern, Ministre d'Autriche à la Cour de Russie (1816-1826).* Saint-Pétersbourg 1913.

Nicolson, Sir Harold George, *The Congress of Vienna, studies in allied unity 1812 to 1822.* London 1946.

Nieva, José María de (ed.), *Decretos del rey Don Fernando VII.* T. 8. Madrid 1824.

Nolde, Boris, *La formation de l'Empire Russe. Etudes, Notes et Documents.* 2 vols. París 1952-1953.

Núñez de Arenas, M., *Españoles fuera de España. La expedición de Vera en 1830 (Según documentos inéditos de la policía),* en *BRAH* XC (1927), páginas 610-666.

Obščestvennye dviženija v Rossii v prevuju polovinu XIX veka (Los movimientos sociales en Rusia en la primera mitad del siglo XIX). T. I, Sanktpeterburg 1905.

Očerki iz istorii dviženija dekabristov. Sbornik Statej. Pod redakciej N. M. Družinina, i B. E. Syroeckovskij (Ensayos sobre la historia del movimiento decembrista. Miscelánea de artículos. Según la redacción de N. M. Družinina y B. E. Syroeckovskij). Moskva 1954.

Očerki po istorii russkoj žurnalisti i kritiki (Ensayos sobre la historia del periodismo y de la crítica rusas). T. I, Leningrad 1950.

Ochoa Brun, Miguel Angel, *Catálogo de los «Vaugham Papers» de la Biblioteca de «All Souls College», de Oxford, relativos a España,* en *BRAH* CXLIX (1961), pp. 63-122.

Ofalia, véase Heredia.

Ogden, Adele, *The California sea-otter trade 1784-1848.* Los Ángeles 1941.

Oksman, Ju. G., y Cernov, S. N. (ed.), *Vospominanija i rasskazy dejatelej tajnych obščestv 1820 - ch godov (Recuerdos y memorias de los miembros de las sociedades secretas de los años veinte).* Moskva 1931.

Okún, Semen Bencionovič, *The Russian American Company. Translated from the Russian by Carl Ginsburg.* Cambridge, Mass. 1951.

—, *Dekabrist M. S. Lunin (El decembrista M. S. Lunin).* Leningrad 1962.

Oliveira Lima, Manoel, *Dom João VI no Brasil. 1808-1821*. Vol. 2, Río de Janeiro ²1945.

Onís, Luis de, *Memoria sobre las negociaciones entre España y los Estados Unidos de América, que dieron motivo al tratado de 1819. Con una noticia sobre la estadística de aquel país. Acompaña un Apéndice, que contiene documentos importantes para mayor ilustración del asunto. Por D..., Ministro Plenipotenciario que fue cerca de aquella república, y actual embajador de S. M. en la Corte de Nápoles*. Madrid 1820.

Ordini, Pierre, *Pozzo di Borgo. Diplomate de l'Europe Française*. París 1935.

Orloff, G., *Mémoires historiques sur le royaume de Naples*. T. 2. París 1821.

Ortega Costa, A. P., y García Osma, Ana María, *Intento de reforma de la Hacienda en 1817*, en *Boletín del Ilustre Colegio Nacional de Economistas*, 51 y 52 (1966).

Ortiz de la Torre, E., *Papeles de Ugarte. Documentos para la Historia de Fernando VII*, en *Boletín de la Biblioteca Menéndez Pelayo* 1934 Nr. 16, páginas 8-23; 127-143; 217-245.

Otečestvennaja vojna i russkoe Obščestvo (La guerra patriótica y la sociedad rusa). T. I-VII. Moskva 1911-1912.

Oțetea, Andrei, *La Sainte Alliance et l'insurrection hétairiste de 1821*, en *Revue Roumaine d'Etude Internationales ou* (1967), pp. 163-178.

Ovsianko-Kulikovsky, D., *Istorija russkoj inteligencii (Historia de la «intelligencija» rusa)*, en *Sobranie Sočinenija (Obras completas)*. T. 7-9. Santpeterburg 1911.

A. P., *Bibliographie décabriste*, en *Le Monde Slave* XII (1925), pp. 473-480.

Pabón, Jesús, *Las ideas y el sistema napoleónicos*. Madrid 1944.

—, *La subversión contemporánea y otros estudios*. Madrid 1971.

Paczkowski, J., *Zur Geschichte der russischen Handelspolitik nach dem Wiener Kongress*, en *ZfO* I (1911), pp. 163-176.

Paganel, Camille, *De l'Espagne et de la liberté*. París 1820.

Paléologue, Maurice, *Alexandre Ier*. París 1937.

Pallain, M. G., *Correspondance inédite du Prince de Talleyrand et du roi Louis XVIII pendant le Congrés de Vienne publiée sur les manuscrits conservés au dépot des affaires étrangères avec préface, éclaircissements et notes*. París 1881.

Paradizov, P., *Očerki po istoriografia dekabristov (Ensayos sobre la historiografía decembrista)*. Moskva 1928.

Pasquier... *Mémoires du Chancelier..., publiés par M. le Duc d'Audiffret-Pasquier*. T. 4 a 6. París 1894-1895.

Pastor von, Ludwig, *Geschichte der Päpste seit dem Ausgang des Mittelalters*. T. 15 [*1700-1740*]. Freiburg/Breisgau 1930.

Pérez de Gúzman Gallo, Juan, *Una misión diplomática oficiosa (Documentos de 1819)*, en *La Época*, 12 de agosto 1899.

—, *El Embajador de España en Roma Don Antonio de Vargas Laguna, Primer Marqués de La Constancia, 1800-1824*, en *La IEA*, 8 de agosto de 1906.

—, *El Dos de Mayo en Madrid.* Madrid 1908.

—, *La Historia inédita. Estudios de la Vida, Proscripción y Muerte de Carlos IV y de María Luisa de Borbón, Reyes de España.* Madrid ²1909.

—, *Inglaterra y España. Una carta de Lord Wellington,* en *La IEA* LXXXVII (1909), pp. 374-375 y 377-379.

—, *Los Ministerios y los Ministros del Rey Fernando VII,* en *La IEA,* 8 de enero de 1912, pp. 18-19.

Perkins, Dexter, *Russia and the Spanish Colonies, 1817-1818,* en *AHR* 28 (1922-1923), pp. 656-672.

—, *Europe, Spanish America, and the Monroe Doctrine,* en *AHR* 27 (1922), páginas 207-218.

—, *The Monroe Doctrine. 1823-1826.* Cambridge, Mass. 1927.

Pestel, Pavel Ivanovič, *Russkaja Pravda (La verdad rusa).* Sanktpeterburg 1906.

Petrov, D. K., *Očerki po istorii političeskoj poezii XIX veka. Rossija i Nikolaj I v stichotvoreniach Espronsedy i Rossetti (Ensayos sobre la historia de la poesía política en el siglo XIX. Rusia y Nicolás I en los versos de Espronceda y Rossetti).*

Pierling, Paul, *La Russie et le Saint Siège. Études diplomatiques.* T. 4 y 5. París 1912.

Pierredon, Michel de, *Histoire politique de l'Ordre Souverain de Saint - Jean de Jérusalem (Ordre de Malte) de 1789 à 1955.* T. 1-2, París 1956-1963.

Pièce importante sur la Révolution d'Espagne et note diplomatique envoyée à tous les Ministres de la Russie au sujet des affaires de ce Royaume. París 1820.

Pilder, Hans, *Die Russisch-Amerikanische Handels-Kompagnie bis 1825.* Berlín, Leipzig 1914.

Pingaud, Léonce, *Le Congrès de Vienne et la politique de Talleyrand,* en *Revue Historique* LXX (1899), pp. 180-199.

—, *L'Empereur Alexandre Ier et la Grande Duchesse Catherine Pavlovna d'après leur correspondance inédite,* en *RHD* 25 (1911), pp. 379-395.

—, *Alexandre Ier et Metternich d'après les rapports de Lebzeltern (1816-1826),* en *RHD* 28, 2 (1914), pp. 161-177.

—, *L'Empereur Alexandre Ier, Roi de Pologne La Kongressovka (1801-1825),* en *RHD* 32, 4 (1918), pp. 513-540.

Pinkerton, Robert, *Russia: or Miscellaneous Observations on the past and the present state of that country and its Inhabitants.* London 1833.

Pipes, Richard, *The Russian Military Colonies, 1810-1831,* en *The Journal of Modern History* XXII (1950), pp. 205-219.

Pirenne, Jacques-Henri, *La Sainte Alliance. Organisation européenne de la paix mondiale.* T. 1 y 2. Neuchâtel 1946-1949.

Piskorkij, V. K., *Istorija Ispanii i Portugalii (Historia de España y Portugal).* Sanktpeterburg ²1909.

Pizarro, vid. García de León.

Pokrovskij, Michail Nicolaevič, *Izbrannye proizvedenija v četyrech Tomach (Obras completas en cuatro volúmenes)*. T. 2, Moscú 1965; T. 3, Moskva 1967.

Popov, A. N., *Otečestvennaja vojna 1812 goda*. T. I. *Snošenija Rossii s inostrannymi deržavami pered vojnoju 1812 g.* Moskva 1905 *(La guerra patriótica de 1812)*. T. I: *Las relaciones de Rusia con los estados extranjeros en la época de la guerra de 1812*. Moskva 1905.

Potechin, V., *Selenie Ross (La colonia Ross)*, en *Žurnal Manufaktur i Torgovli* 8 (1859), otd. 5, pp. 1-42.

Požarskaja, S. P., *O prizanii Ispaniei nezavisimosti SŠA (Sobre el reconocimiento español de la Independencia de los Estados Unidos)*, en *NNI* I (1975), pp. 83-94.

Pozzo di Borgo, Charles, *Correspondance diplomatique du Comte Pozzo di Borgo, Ambassadeur de Russie en France et du Comte de Nesselrode depuis la Restauration des Bourbons jusqu'au Congrès d'Aix-la-Chapelle 1814-1818*. Publiée avec une introduction et des notes par le Comte... T. 1 y 2. París 1890-1897.

Pradt, Dominique Dufour Abbé de, *Du Congrès de Vienne*. T. I-II. París 1815.

—, *Des colonies et de la Révolution actuelle de l'Amérique*. París 1817.

—, *L'Europe après le Congrès d'Aix-la-Chapelle*. Brusselles 1819.

—, *De la Révolution actuelle de l'Espagne et de ses suites (1820)*. París 1820.

—, *L'Europe et l'Amérique en 1821*. T. II. París 1822.

—, *L'Europe et l'Amérique en 1822 et 1823*. T. I-II. París 1824.

—, *Parallèle de la Puissance Anglaise et Russe, relativement à l'Europe*. París 1823.

Préclin, Edmond, *Les Jansénistes du XVIIIème siècle*. París 1929.

Predtečenskij, A. V., *Očerki občestvenno-političeskoj istorii Rossii v pervoj četverti XIX veka (Ensayos sobre la historia socio-política de Rusia en el primer tercio del siglo XIX)*. Moskva 1957.

Predtečenskij, A. V., *Otečestvennaja vojna 1812 g. (La guerra patriótica de 1812)*, en *Istoričeskij Žurnal* 7-8 (1941), pp. 87-90.

Prešnjakov, A. E., *Aleksandr I (Alejandro I)*. Peterburg 1924.

Príncipe de la Paz (Manuel Godoy), *Memorias críticas y apologéticas para la Historia del Reinado del Señor D. Carlos IV de Borbón*, en BAE 88-89.

Protocols of Conferences of Representatives of the Allied Powers respecting Spanish America, 1824-1825, en *AHR* 22 (1916-1917), pp. 595-616.

Puryear, Vernon, J., *Odessa: Its Rise and International Importance, 1815-1850*, en *PHR* III (1934), pp. 192-215.

Puyol, Julio, *Don Diego Clemencín, Ministro de Fernando VII (Recuerdos del Ministerio del 7 de julio)*, en *BRAH* 93 (1928), pp. 137-305.

—, *La Conspiracción de Espoz y Mina (1824-1830). Con noticias y documentos hasta ahora inéditos*. Madrid 1932.

Pypin, A. N., *Die geistigen Bewegungen in Russland in der ersten Hälfte des XIX. Jahrhunderts*. T. I: *Die russiche Gesellschaft unter Alexander I*. Berlín 1894.

—, *Quellen und Beiträge zur Geschichte der Freimaurerlogen Russlands*. Riga 1896.

Quennell, Peter, *Vertrauliche Briefe der Fürstin Lieven*. Berlín 1939.

Quintana, Manuel José, *Cartas a Lord Holland sobre los sucesos políticos de España en la época constitucional*, en BAE 19, pp. 531-588.

Raeff, Marc, *The Russian Autocracy and its officials*, en *Russian Thought and Politics*, ed. by Hugh Mc Lean and others. Den Haag 1957.

—, *Le Climat politique et les projets de réforme dans les premières années du règne d'Alexandre Ier*, en *Cahiers du Monde Slave et Soviétique* II (1961), pp. 415-433.

—, *Michael Speransky Statesman of Imperial Russia 1772-1839*. The Hague ²1969.

Raevskij, vid. *Archiv Raevskij*.

Rain, Pierre, *Un tsar idéologue, Alexandre Ier (1777-1825)*. París 1913.

Rath, John, *The «Carbonari». Their origins, Initiations, Rites and Aims*, en *AHR* LXIX, 1 (1963), pp. 353-370.

Ravignani, Emilio (ed.), *Comisión de Bernardo Rivadavia ante España y otras potencias de Europa (1814-1820)*. T. I. Buenos Aires 1933.

Real Arancel General de Entrada de Frutos, Géneros, y Efectos del Extranjero. Madrid 1825.

Recueil de documents se rapportant à l'histoire... du commerce extérieur de la Russie. T. 1. Sanktpeterburg 1902.

Reinermann, Alan J., *Metternich, Italy and the Congress of Verona, 1821-1822*, en *The Historical Journal* 14, 2 (1971), pp. 263-287.

—, *Metternich, Alexander I. and the Russian Challenge in Italy, 1815-1820*, en *The Journal of Modern History* 46, 2 (1974), pp. 262-276.

Remizov, Alexis (ed.), *Lettres de la famille Pestel*, en *Le Monde Slave* XII (1925), pp. 385-399.

Representación hecha à S. E. la Diputación Provincial de Barcelona para que se observe la ley sobre prohibición de granos estrangeros, aunque admitiéndolos libremente en los puertos de depósito. Barcelona 1822 (Folletos Bonsoms 6468).

Resende, Marquez de, *Correspondencia do Marquez de Resende*, en *Revista del Instituto Histórico e Geográphico Brasileiro* 80 (1916), pp. 149-505.

Revzin, G. I., *Riego*. Moskva 1939 (Molodaja Gvardija, vyp. 10-11-, 154-155). Edición española por Valentina Lapaco de Puiggros, Montevideo 1946.

Riasanovsky, Nicholas V., *Nicholas I and official Nationality in Russia, 1825-1855*. Berkeley, Los Ángeles 1959.

Ribó, José Joaquín, *La diplomacia española*. T. I: *desde 1801 a 1837*. Madrid 1891.

Rinieri, Hilario, *Il Congresso di Vienna e la Santa Sede (1813-1815)*. Roma 1904.

Rivas Santiago, Natalio, *Luis López Ballesteros, Gran Ministro de Fernando VII (Páginas inéditas de la Historia Contemporánea de España)*. Madrid 1945.

Robertson, William Spencer, *The Recognition of the Hispanic American Nations by the United States*, en *HAHR* I (1918), pp. 239-269.

—, *France and Latin-American Independence*. Baltimore 1939.

—, *Russia and the emancipation of Spanish-America, 1816-1826*, en *HAHR* 21 (1941), pp. 196-221.

—, *Metternich's attitude toward revolutions in Latin America*, en *HAHR* 21 (1941), pp. 538-558.

—, *The United States and Spain in 1822*, en *HAHR* XX (1951), pp. 781-800.

Rodocanachi, E., *Bonaparte et les îles Ioniennes. Un épisode des Conquêtes de la République et du Premier Empire (1797-1816)*. París 1899.

Romani, George T., *The Neapolitan Revolution of 1820-1821*. Evanston, Illinois 1951.

Rose, J. H., *Pitt and Napoleon. Essays and letters*. London 1912.

Rosenkrantz, Niels, *Journal du Congrès de Vienne 1814-1815*. Koevenhaven 1953.

Rosselli, N., *Piemonte e Inghilterra dal 1815 al 1845*. Torino 1954.

Rostoptchine, Lydie, *Oeuvres du Comte Rostoptchine publiées par... Avec une étude sur le Gouverneur de Moscou par Jean de Bonulfon*. París 1894.

Rousseau, François, *L'Ambassade du Marquis de Talaru en Espagne (Juillet 1823-Août 1824)*, en *Revue des Questions Historiques* 90 (1911), pp. 86-116.

—, *Les Sociétés secrètes en Espagne au XVIIIè Siècle et sous Joseph Bonaparte*, en *Revue des Etudes Historiques* 80 (1914), pp. 170-190.

—, *Les sociétés secrètes et la Révolution espagnole en 1820*, en *Revue des Etudes Historiques* 82 (1916), pp. 1-33.

Rubio, Julián María, *La infanta Carlota Joaquina y la Política de España en América (1808-1812)*. Madrid 1920.

—, *La primera negociación diplomática entablada con la Junta Revolucionaria de Buenos Aires*, en *HAHR* IV (1921), pp. 367-443.

Rumeu de Armas, Antonio, *El Testamento político del Conde de Floridablanca*. Madrid 1962.

Russkie diplomaty o vojne za nezavisimost' v Latinskoj Amerike (Los diplomáticos rusos sobre la guerra de independencia en América Latina), en *NNI* I (1966), pp. 112-121; V (1966), pp. 109-119.

Ryleev, Kondratij F., *Stichotvorenija, statí, očerki, dokladnye zapiski, piśma (Poesías, artículos, ensayos, apuntes, cartas)*. Moskva 1956.

Saint-Joseph, Baron de, y Antoine Ignace, Anthoine, *Essai historique sur le commerce et la navigation de la Mer Noire ou voyages et entreprises pour établir des rapports commerciaux et maritimes entre les ports de la Mer-Noire et ceux de la Méditerranée*. París ²1820.

Salvandy, N. A., *Don Alonzo ou l'Espagne, histoire contemporaine*. París 1824.

Samarov, A. A., Véase Lazarev.

Sánchez-Barba, Mario Hernández, *Españoles, rusos e ingleses en el Pacífico Norte durante el siglo XVIII*, en *Revista de información jurídica del Ministerio de Justicia* 121 (1953), pp. 549-566.

—, *La última expansión española en América*. Madrid 1957.

Sánchez-Diana, José María, *Relaciones diplomáticas entre Rusia y España en el siglo XVIII (1780-1783)*, en *Hispania* 12 (1952), pp. 590-605.

—, *España y el Norte de Europa durante la Revolución Francesa*. Valladolid 1963. Estudios y Documentos. Cuadernos de Historia Moderna 21.

San Felipe, Marqués de, Véase Bacallar y Sanna, Marqués de San Felipe.

Saralegui y Medina, Manuel de, *Un negocio escandaloso en tiempos de Fernando VII*. Madrid 1904.

Sardá, Juan, *La política monetaria y las fluctuaciones de la economía española en el siglo XIX*. Madrid 1948.

Sarrailh, Jean, *Un défenseur du trône de Ferdinand VII. Le Général Eguía, premier comte du Real Aprecio*, en *BHi* XXVII (1925), pp. 18-35.

—, *La contre-révolution sous la Régence de Madrid (Mai-Octobre 1823)*. París 1930.

—, *Un homme d'Etat espagnol: Francisco Martínez de la Rosa*. Bordeaux 1930.

—, *Sur une note diplomatique de 1818 relative à la «Pacification des colonies espagnoles insurgées»*, en *BHi*, LXIV bis (1962), pp. 242-252.

Šaškov, S. S., *Rossijsko-Amerikanskaja Kompanija (La Compañía ruso-americana)*, en *Sobr. Sočinenija (Obras completas)*. T. 2. Sanktpeterburg 1898, páginas 632-652.

Saul, Norman E., *Russia and the Mediterranean 1797-1807*. Chicago 1970.

—, *Jonathan Russell, President Adams and Europe in 1810*, en *American Neptune* 30, 4 (1970), pp. 279-293.

SBORNIK, *Imperatorskogo Russkogo Istoričeskogo Obščestva (Miscelánea de la Sociedad Imperial Rusa de Historia)*. Sankpeterburg; T. 54 (1886); T. 78 (1891); T. 83 (1892); T. 88 (1893); T. 89 (1893); T. 98 (1896); T. 112 (1899); T. 119 (1904); T. 121 (1904); T. 122 (1905); T. 127 (1908); T. 131 (1910).

Ščebunin, A. N., *Dviženie dekabristov v osveščenii inostrannoj publicistiki (El movimiento de los decembristas según los informes de la publicística extranjera)*. Leningrad 1926.

Ščegolev, Pavel Eliseevič, *Katechizis Sergeja Murav'eva-Apostola (Iz Istorii agitacionnoj literatury dekabristov)*, en *Minuvšie Gody* XI (1908), páginas 50-80. *El Catecismo de Sergej Muravev-Apostol (Sobre la historia de la literatura de agitación de los decembristas).*

—, *Istoričeskie etjudy (Estudios históricos)*. Sanktpeterburg 1913.

—, *Dekabristy. Sbornik Statej (Los decembristas. Miscelánea de artículos)*. Leningrad 1926.

Schellenberg, T. R., *The Secret Treaty of Verona: a newspaper forgery*, en *The Journal of Modern History* VII (1935), pp. 280-291.

Schiemann, Theodor, *Die Ermordung Pauls und die Thronbesteigung Nikolaus I (alemán y ruso)*. Berlín 1902.

—, *Geschichte Russlands unter Kaiser Nikolaus I*. T. I a IV. Berlín 1904-1919.

Schmitt, Hans A., *1812: Stein, Alexander I and the crusade against Napoleon*, en *The Journal of Modern History* XXXI (1959), pp. 325-328.

Schop Soler, Ana María, *Die bourbonischen Mächte und Russland im 18. Jahrhundert,* en *Saeculum* 18 (1967), pp. 379-402.

—, *Die Beziehungen zwischen Spanien und Russland im 18. Jahrhundert.* Wiesbaden 1970.

—, *Las relaciones entre España y Rusia en la época de Carlos IV.* Barcelona 1971 (Publicaciones de la Cátedra de Historia General de España. Facultad de Filosofía y Letras).

—, *Documentos referentes al comercio entre España y Rusia, durante el siglo XVIII (Premio de Investigación «Ciudad de Barcelona» 1971).* Obra no publicada.

—, *Zur Geschichte der Idee von der «Dritten Kraft». Die Politik des spanischen Ministers Manuel Godoy (1795-1806) zwischen Frankreich, England und Russland,* en *Saeculum* 22 (1972), pp. 186-202.

—, *Spanien und das Osmanische Reich im 18. Jahrhundert,* München 1974.

Schroeder, Paul W., *Metternich Studies since 1925,* en *The Journal of Modern History* XXXIII (1961), pp. 237-261.

—, *Metternich's Diplomacy at its Zenith, 1820-1823.* Austin (Texas) 1962.

—, *The «Balance of Power» System in Europe, 1815-1817,* en *Naval War Collection Review* 27 (5) (1975), pp. 18-31.

Schwarz-Sochor, Jenny, *P. I. Pestel. The Beginnings of Jacobin thought in Russia,* en *International Review of Social History* III (1958), pp. 71-96.

Seco Serrano, Carlos, *Godoy. El hombre y el político. Estudio preliminar a las Memorias del Príncipe de la Paz,* en BAE 88, pp. IV-CXXXVII.

—, *La época de Carlos IV en la «Historia» de Andrés Muriel,* en BAE 114, páginas VII-XXVIII.

Ségur, A. de, *Vie du Comte Rostopchine. Gouverneur de Moscou en 1812.* París 1871.

Seide, Gernot, *Das russische Interregnum des Jahres 1825 im Spiegel der Akten des Wiener HHStA,* en *JBfGO, N. F.* 17, 4 (1969), pp. 581-594.

Selivanov, V., *Dekabristy 1825-1925 (Los decembristas).* Leningrad 1925.

Semenov, Aleksej, *Izučenie istoričeskich svedenij o rossijskoj vnešnej torgovle i promyslennosti s poloviny XVII go stoletija po 1858 god. (Estudio de las fuentes históricas sobre el comercio exterior de Rusia y su industria desde mediados del siglo XVII hasta el año 1858).* Čast 3 (Parte tercera). Sanktpeterburg 1859.

Semevskij, V. I., *Obščestvennyja dviženija v Rossii v pervyju poloviny XIX veka (Los movimientos sociales en Rusia durante la primera mitad del siglo XIX).* Sankt-Peterburg 1905.

—, *Dekabristy-Masony (Los decembristas-Masones),* en *Minuvšie Gody,* febrero de 1908, pp. 33, 36 y 40; marzo de 1908, p. 163; mayo-junio de 1908, página 419.

—, *Političeskija i obščestvennyja idei dekabristov (Las ideas políticas y sociales de los decembristas).* Sanktpeterburg 1909.

Servières, G., *L'Allemagne française sous Napoléon Ier.* París 1904.

Shapiro, D., *A select bibliography of Works in English on Russian History, 1801-1917*. London 1962.

Šilder, N. K. (ed.), *Nakanune Erfurtskago svidanija 1808 goda (En vísperas del encuentro de Erfurt en 1808)*, en *Ruusskaja Starina* XCVIII (1899), páginas 3-24.

—, *Imperator Aleksandr Pervij, ego žizn i cartsvovanie (El Emperador Alejandro I. Su vida y reinado)*. T. 1-4, Sanktpeterburg 1904.

—, *Imperator Nikolaj Pervij, ego žizn i cartsvovanie (El Emperador Nicolás Primero. Su vida y reinado)*. S. Peterburg 1903.

Sirotkin, V. G., *Duel dvuch diplomatij. Rossija i Francija v 1801-1812 gg (El duelo entre dos diplomacias. Rusia y Francia de 1801 a 1812)*. Moskva 1966.

—, *Kontinental'naja blokada i russkaja ekonomija (Obzor franzskoj i sovetskoj literatury) El bloqueo continental y la economía rusa (Ojeada a la literatura francesa y soviética)*, en *Voprosii voennoj istorii Rossii XVIII - i pervaja polovina XIX vv. (Cuestiones de historia militar de Rusia durante el siglo XVIII y la primera mitad del siglo XIX)*. Moskva 1969.

Siutat, F., *Vojna ispanskago naroda za nezavisimost (1808-1814 gg) (La lucha del pueblo español por la independencia. 1808-1814)*, en *Iz istorii osvoditel'noj bor'by ispanskago naroda*. Moskva 1959.

Skal'kovskij, A. A., *Pervoe tridtsatiletie istorii goroda Odessy, 1793-1823 (Los primeros treinta años de historia de la ciudad de Odessa, 1793-1823)*. T. 1 y 2, Odessa 1850-1853.

Slezkin, L. Ju., *Vojna Ispanskoj Ameriki za nezavisimost' v ocenke russkich diplomatov (1810-1816 gg)*, en *Latinskaja Amerika v prošlom i nastojaščem. Sbornik Statej*. Moskva 1960, pp. 370-394 *(La lucha de la América Española por la independencia según el juicio de los diplomáticos rusos) (1810-1816)*, en *América Latina pasado y futuro. Miscelánea de artículos*. Moskva 1960, páginas 370-394.

—, *O solidarnosti peredovoj russkij obščestvennosti s patriotami Latinskoj Ameriki (Sobre la solidaridad de los miembros progresistas de la sociedad rusa con los patriotas de América Latina)*, en *NNI* 4 (1960), pp. 71-80.

—, *Pozicija Rossii v otnošenii Ispanskoj Ameriki na rubĕze XVIII-XIX vekov (La posición de Rusia en sus relaciones con la América Española en los siglos XVIIII-XIX)*, en *VI* 38, 6 (1963), pp. 47-59.

—, *Rossija i vojna za nezavisimost v Ispanskoj Amerike (Rusia y la guerra de Independencia de la América Española)*. Moskva 1964.

Solov'ev, Sergej M., *Imperator Aleksandr Pervij. Politika-Diplomatija (El Emperador Alejandro I. Política-Diplomacia)*. Sanktpeterburg 1877.

—, *Istorija Rossii s drevnejšich vremen. Kniga X (Historia de Rusia desde las épocas más remotas). Libro X (Tomo 18)*. Moskva 1964.

Sorel, Albert, *Talleyrand et ses Mémoires*, en *Lectures Mistoriques* 1894.

—, *Talleyrand au Congrès de Vienne*, en *Etudes d'Histoire et de Critique* 1895.

—, *L'Europe et la Révolution Française*. T. VII: *Le Blocus Continental. Le Grand Empire. 1806-1812*. París 1912; T. VIII: *La Coalition, les traités de 1812-1815*. París 1914.

Sousa, Tarquinio Octavio de, *A Vida de D. Pedro I*. T. I-II, Río de Janeiro 1952.

—, *História dos Fundadores do Império do Brasil. Introduçâo*. T. 1, Río de Janeiro 1957.

Spasskaja, I. V., *K voprosu o kharaktere russko-ispanskoi Konventsii 1817*, en *Vestnik LGU*, F, núm. 2, Vypusk I (1973), pp. 50-58 *(Sobre el carácter de la convención hispano-rusa de 1817)*.

Speranskij, Michail Michaplovič, *Istoričeskija svědenija o dějatelnosti Grafa M. Speranskogo v Sibiri s 1819 po 1822 god*. Sobr. V. Vaginym. T. 2, Sanktpeterburg 1872 *(Noticias históricas sobre la actividad política del Conde M. Speranskij en Siberia desde 1819 hasta 1822) (Recogidas por V. Vagin)*.

Srbik, Heinrich Ritter von, *Metternich. Der Staatsmann und der Mensch*. T. I-II. München ²1957. T. III: *Quellenveröffentlichungen und Literatur. Eeine Auswahlübersicht von 1925-1952*. München 1954.

Stanislavskaja, A. M., *Russko-anglijskie otnošenija i problemy Sredizemnomorja (1798-1807) (Las relaciones anglo-rusas y los problemas del Mediterráneo) (1798-1807)*. Moskva 1962.

Stern, Alfred, *Geschichte Europas seit den Verträgen von 1815 bis zum Frankfurter Frieden von 1871*. T. I-III, Berlín 1897-1901.

Strajch, Solomon Jakovlevič, *Vosstanie Semenovskago Polka v 1820 g (La sublevación del regimiento Semenov en el año 1820)*. Moskva 1920.

—, *Broženie v armii pri Aleksandra I (La fermentación en el ejército en la época de Alejandro I)*. Petrograd 1922.

—, *M. S. Lunin. Sočinenija i pisma (M. S. Lunin. Obras y cartas)*. Petrograd 1923.

—, *La littérature russe sur le Décabrisme*, en *Le Monde Slave* I (1926), páginas 124-134.

—, *Morjaki-dekabristy (Los decembristas marinos)*. Moskva, Leningrad 1946.

Street, J., *Lord Stratford and Rio de la Plata (1808-1815)*, en *HAHR* 33 (1953), páginas 477-510.

Suárez Verdeguer, Federico, *La Pragmática Sanción de 1830*. Valladolid 1950.

—, *Los sucesos de La Granja*. Madrid 1953.

Suchomlinov, B. F., *Ob ustanovlenii russko-brazil'skich otnošenij (Sobre el establecimiento de relaciones ruso-brasileñas)*, en *NNI* 2 (1965), pp. 89-96.

Suchomlinov, M. I., *Issledovanija i stati*. T. I: *Materialy dlja istorii obrazovanija v Rossii v tsartsvovanie Imperatora Aleksandra I*. Sanktpeterburg 1889.

Sumner, B. H., *A Survey of Russian History*. London ²1947.

Šur, Leonid Avelevič, *Ispanskaja i portugals'kaja Amerika v russkoj pečati XVIII - pervoj četverty XIX v. (La América española y portuguesa en la prensa rusa del siglo XVIII y del primer tercio del siglo XIX)*, en *Latins-*

kaja Amerika v prošlom i nastojaščem. Sbornik Statej (América Latina en el pasado y en el futuro. Miscelánea de artículos). Moskva 1960, pp. 340-369.

—, *Russkie putešestvenniki na Kube v XVIII-XIX vv,* en *Kuba. Istoriko-etnografičeskie očerki. Pod. red. Alekseja Vladimiroviča Efimova i I. R. Griguleviča.* Moskva ²1961, pp. 274-301 *(Viajes rusos a Cuba durante los siglos XVIII y XIX),* en *Cuba. Ensayos históricos y etnográficos. Según la redacción de Aleksej Vladimirovič Efimov y I. R. Grigulevič).*

—, *Latinoamerikanskie literatury v Rossii v načale XIX,* en *Meždunarodnye svjazi russkoj literatury. Sbornik Statej.* Moskva, Leningrad 1963, pp. 175-191 *(Literatura latinoamericana en Rusia a principios del siglo XIX),* en *Relaciones internacionales de la literatura rusa. Miscelánea de artículos.*

—, *Rossija i Latinskaja Amerika. Očerki političeskich, ekonomičeskich i kulturnych otnošenij (Rusia y América Latina. Ensayos políticos, económicos y relaciones culturales).* Moskva 1964.

Syroečkovskij, B. E., *Mežducarstvie 1825 goda i vosstanie dekabristov. V perepiska i memuarach členov carskoj semi (El interregno del año 1825 y la sublevación de los decembristas. Según los apuntes y las memorias de los miembros de la familia imperial).* Moskva, Leningrad 1926.

Talleyrand, Charles Maurice, *Mémoires du Prince de... publiées avec une Préface et des Notes par le Duc de Broglie.* 5 vols. París 1891-92.

Tarle, Evgenij Viktorovič, *Našestvie Napoleona na Rossiju 1812 g (La invasión de Napoleón en Rusia en el año 1812).* Moscú 1938.

—, *Severnaja Vojna.* Moscú 1958.

—, *Ekspedizija Admirala Senjavina v Sredizemnoe More (1805-1807) (La expedición del Almirante Senjavin al Mediterráneo, 1805-1807),* en *Sočinenija (Obras).* T. X. Moskva 1959.

Tatiščev, Sergej Spiridonovič, *Vnešnjaja Politika imperatora Nikolaja I. Vvedenie v istoriju vnešnich snosenij Rossii v epochu sebastopolskoj vojny (La política exterior del emperador Nicolás I. Introducción a la historia de las relaciones exteriores de Rusia en la época de la guerra de Sebastopol).* Sanktpeterburg 1887.

—, *Imperator Nikolaj i inostrannye dvory. Istoričeskie očerki (El Emperador Nicolás y las cortes extranjeras. Ensayos históricos).* Sankt Peterburg 1889.

—, *Iz prošlogo russkoj diplomatii (Sobre la antigua diplomacia rusa).* Sanktpeterburg 1890.

—, *Alexandre Iᵉʳ et Napoléon d'après leur correspondance inédite. 1801-1812.* París 1891.

Taylor, George P., *Spanish-Russian Rivalry in the Pacific, 1769-1820,* en *The Americas* 15 (1958), pp. 109-127.

Temperley, Harold, *Canning, Wellington and George the Fourth,* en *EHR* 38 (1923), pp. 206-225.

—, *Princess Lieven and the Protocoll of 4 April 1826*, en *EHR* 39 (1924), páginas 55-78.

—, *French designs on Spanish America in 1820-1825*, en *EHR* 40 (1925), páginas 34-53.

—, *The Foreign Policy of Canning 1822-1827. England, the Neo-Holy Alliance, and the new World*. London 1925.

Thureau-Dangin, Paul, *Histoire de la Monarchie de Juillet*. París 1884.

Tichmenev, P. T., *Istoričeskoe obozrěnie obrazovanija Rossijsko-Amerikanskoj Kompanii i dějstvija eja do nastojaščago vremeni (Panorama histórico de la formación de la Compañía Ruso-Americana y de sus actividades hasta el momento)*. T. I-II. Sanktpeterburg 1861-1863.

Tichvinskij, S. L., *The Establishment of Russian-American Relations: on the publications of a collection of documents on the history of Russian-American relations, 1765-1815*, en *NNI* I (1981), pp. 164-176.

Tompkins, Stuart R., y Morehead, Max L., *Russia's approach to America. Part II. From Spanish Sources, 1761-1775*, en *The British Colombia Historical Quarterly* 13 (1949), pp. 231-257.

Tourgeneff, Nicolas, *La Russie et les Russes*. T. 1. *Mémoires d'un proscrit*. T. 2: *Tableau politique et social de la Russie*. T. 3: *De l'avenir de la Russie*. París 1847.

—, *Dnevniki i piśma*. T. I-IV *(1806-1825 gg) (Diarios y cartas)*. T. I-IV *(1806-1825)*. Sanktpeterburg 1911-1931.

Tračevskij, Aleksandr Semenovic, *Ispanija devjatnadcatago věka*. Izdanie K. T. Soldatenkova. Čast pervaja *(España en el siglo XIX*. Edición de K. T. Soldatenkov. Parte primera). Moskva 1872.

Trubeckoj, Sergej P., *Zapiski (Apuntes)*. Petrograd 1916.

Uljanickij, Vladimir Antonovič, *Russkija konsul'stva za graniceju v XVIII věkě (Los consulados rusos en el extranjero durante el siglo XVIII)*, en *Sbornik Moskovskago glavnoga archiva Ministerstva inostrannych děl*. Vypusk 6 (1899), pp. 51-546, LXXXI-CDLXXIV.

Valk, S. N. (ed.), *M. M. Speranskij: proekty i zapiski (M. M. Speranskij: proyectos y apuntes)*. Moskva 1961.

Vandal, Albert (ed.), *Les instructions données par Napoléon à M. de Caulaincourt après la paix de Tilsitt*, en *RHD* IV (1890), pp. 54-78.

—, *La Cour de Russie en 1807-1808. Notes sur la Cour de Russie et Saint-Pétersbourg, écrites en décembre 1807 par le général Savary*, en *RHD* IV (1890), pp. 399-419.

—, *Documents relatifs au partage de l'Orient négocié entre Napoléon et Alexandre Ier (Janvier-Juin 1808)*, en *RHD* IV (1890), pp. 421-470.

—, *Correspondance inédite de Napoléon avec le général Caulaincourt, 1808-1809*, en *Revue Bleue* III (1895), pp. 386-392; 418-426; 455-459; 487-491.

—, *Napoléon et Alexandre Ier. L'alliance russe sous le Premier Empire*. T. I-III. París 1891-1896.

Vandoncourt, Frederic François Guillaume Baron de, *Letters on the internal Political State of Spain during the years 1821, 22 and 23*. London 1824.

Van Halen, Juan, *Dos años en Rusia, obra redactada á la vista de las memorias y manuscritos del General Don... por D. Agustín Mendía*. Valencia 1849.

Van Regemorter, Jean-Louis, *Le mythe génois en Mer Noire: la France, la Russie et le commerce d'Asie par la route de Géorgie (1821-1831)*, en *Annales* 3 (1964), pp. 492-521.

—, *Deux images idéales de la paysannerie russe à la fin du XVIII siècle*, en *Cahiers du Monde Russe et Soviétique* 9 (1968), pp. 5-19.

Vayo, Estanislao de Kostka, *Historia de la vida y reinado de Fernando VII de España. Con documentos justificativos, órdenes reservadas y numerosas cartas del mismo monarca, Pío VII, Carlos IV, María Luisa, Napoleón, Luis XVIII, el infante Don Carlos y otros personages*. T. I-III. Madrid 1842.

Vavilov, S. I. (ed.), *Putešestvija russkich poslov XVI-XVII vv. Statejnye spiski (Viajes de los embajadores rusos durante los siglos 16 y 17)*. Moskva, Leningrad 1954.

Vaz de Carvalho, Maria Amália, *A Vida do Duque de Palmela, D. Pedro de Souza e Holstein*. Lisboa 1898.

Vázquez Figueroa, José, *Apuntes concernientes al segundo Ministerio del Excelentísimo Sr. D. José Vázquez Figueroa (...), del Consejo de Estado de S. M., secretario de Estado y del Despacho universal de Marina de España e Indias* (Mss. 432 del Museo Naval de Madrid).

Velázquez, María del Carmen, *Documentos para la Historia de México en colecciones austríacas*. México 1963.

Venturi, Franco, *Il moto decabrista e i fratelli Poggio*. Torino 1956.

Vernadsky, George, *Alexandre Ier et le problème slave pendant la première moitié de son règne*, en *Revue des Etudes Slaves* VII (1927), pp. 94-111.

—, *Charte constitutionnelle de l'Empire Russe de 1820*. París 1923.

—, *Pushkin and the Decembrists*, en *Centennial Essays for Pushkin, edited by Samuel H. Cross and Ernest J. Simmons*. Cambridge, Mass. 1937, páginas 45-76.

—, *Reforms under Czar Alexander I: French and American Influences*, en *Review of Politics* IX (1947), pp. 47-64.

Veselago, Feodosij Fedorovič, *Spisok Russkich voennych sudov s 1668 po 1860 god (Registro de los barcos de guerra rusos desde 1668 hasta 1860)*. Sanktpeterburg 1872.

Vianna, Antonio, *Documentos para a historia contemporanea. José da Silva Carvalho e o seu tempo*. T. I-III. Lisboa 1891-1894.

Vicens Vives, Jaime, *Historia social y económica de España y América*. T. IV. Barcelona 1958.

Vidal Saura, Ginés, *La política exterior de España durante la menor edad de Isabel II*. T. I-II. Madrid 1924-1929.

Vigel, Filipp Filippipovič, *Vospominanija (Recuerdos)*. 6 tomos. Moskva 1864-1865.

Villa Urrutia, Marqués de, Wenceslao Ramírez, *España en el Congreso de Viena según la correspondencia oficial de D. Pedro Gómez Labrador, Marqués de Labrador*. Madrid 1907.

—, *La misión del Barón de Agra a Londres en 1808*, en RABM XX (1909), páginas 315-331.

—, *Relaciones entre España e Inglaterra durante la guerra de la Independencia; apuntes para la Historia diplomática de España de 1808-1814.* Tomo III: *1812-1814. La Embajada del Conde de Fernán Núñez. El Congreso de Viena.* Madrid 1914.

—, *Las mujeres de Fernando VII. Con cinco retratos.* Madrid 1916.

—, *Fernando VII, Rey Constitucional. Historia diplomática de España de 1820 a 1823.* Madrid 1922.

—, *La Reina de Etruria. Doña María Luisa de Borbón. Infanta de España.* Madrid 1923.

—, *Fernán Núñez. El Embajador (Con cinco retratos).* Madrid 1931.

Villèle, Joseph, Comte de, *Mémoires et Correspondance...* T. 5. París 1890.

Vnešnjaja Politika Rossii XIX i načala XX veka. Dokumenty rossijskogo Ministerstva inostrannych del (La política exterior de Rusia en el siglo XIX y principios del siglo XX. Documentos del Ministerio ruso de Asuntos Exteriores). Serija I (Serie I). T. I-VII. Moskva 1960-1970. Serija II (Serie II). T. I-V. Moskva 1974-1982.

Völkl, Ekkehard, *Russland und Lateinamerika.* Wiesbaden 1968.

Vol'skij, Michail, *Očerk Istorii chlěbnoj torgovli Novorossijskago kraja s drevnějšich vremen do 1852 goda (Ensayo sobre la historia del comercio del trigo en la región de Nueva Rusia desde los tiempos más remotos hasta el año 1852).* Odessa 1854.

Voltes Bou, Pedro, *Dos cartas de Catalina II de Rusia acerca de la navegación mercantil en relación con España,* en *Cuadernos de Historia Económica de Cataluña* I (1969), pp. 169-182.

—, *Documentos imperiales rusos acerca de la España del primer cuarto del siglo XIX,* en *Cuadernos de Historia Económica de Cataluña* 7 (1972), páginas 271-315; 8 (1972), pp. 177-222.

Vosstanie dekabristov (La sublevación de los decembristas). Materialy (Materiales). Pod. redakciej A. A. Pokrovskogo (Según la redacción de A. A. Pokrovskij). Izd. Centralarchiv (Edición del Archivo Central). T. I-III, Moskva, Leningrad 1925-1927; T. IV-XI, Moskva.

Wakar, Nicolas P., *Les rapports de l'ambassade de France à Saint-Pétersbourg sur la conjuration des Décabristes,* en *Le Monde Slave* 12 (1925), páginas 447-472.

—, *Les rapports de l'Ambassade d'Autriche à Saint-Pétersbourg sur la conjuration des décabristes,* en *Le Monde Slave* 3, 1 (1926), pp. 89-124.

Waliszewski, Kasimierz, *La Russie il y a cent ans. Le Règne d'Alexandre Ier. La Bastille russe et la Révolution en marche (1801-1812).* T. 1-3. París 1923-1925.

Walker, F. A., *K. F. Ryleev: a Self Sacrifice for Revolution*, en *SEER* XLVII, núm. 109 (1969), pp. 436-446.

Wassiltchikov, Alexandre, *Les Razoumovski.* Halle 1894. (Edition française par A. Brückner.)

Weber, Johann P. B., *Die Russen, oder Versuch einer Reisebeschreibung nach Russland und durch das Russische Reich in Europa.* Edición de Hans Halm. Innsbruck 1960.

Webster, Charles Kingsley, *Castlereagh and the spanish colonies.* I. *1815-1818*, en *EHR* XXVII (1912), pp. 78-95; II. *1818-1822*, en XXX (1915), pp. 631-645.

—, *The Congress of Vienna, 1814-1815*, London 1950.

—, *The Foreing Policy of Castlereagh. 1815-1822.* London 1925.

—, *British Diplomacy, 1813-1815. Select Documents dealing with the Reconstruction of Europe.* London 1921.

—, *Britain and the Independence of Latin America, 1812-1830. Selected documents from the Foreign Office Archives.* T. 2. London 1938.

—, *The Foreign Policy of Palmerston, 1830-1841.* London 1951. 2 tomos.

Weil, Commandant M. H., *Les dessous du Congrès de Vienne d'après les documents originaux du ministère impérial et royal de l'intérieur à Vienne.* T. 1 y 2. París 1917.

Weiner, Jack, *Sobre el origen de las palabras «Moscovia» y «Moscovita»*, en *Hispania* XLVII (1964), pp. 135-136.

—, *Machados' Concept of Russia*, en *Hispania* XLIX (1966), pp. 31-35.

—, *El diario español de Alexander Nikolaevich Veselovskij (1859-1860)*, en *Cuadernos Hispanoamericanos*, 250-252 (1970-1971), pp. 1-19.

—, *Mantillas in Muscovy. The Spanish Golden Age Theater in Tsarist Russia 1672-1917.* Lawrence: University of Kansas Publications, 1970, núm. 41.

—, *Galdós, Doña Perfecta and Turgenev's Fathers and Sons: Two Interpretations of the Conflict between Generations*, en *Publications of the Modern Language Association of America* 86, 1 (1971), pp. 19-24.

Wellington, *Supplementary despatches, correspondence and Memoranda of Field Marshall Arthur Duke of Wellington, K. G.*, edited by his Son the Duke of Wellington. T. 12. London 1865.

Whitacker, Arthur P., *The United States and the Independence of Latin America 1800 bis 1830.* New York 1960.

Whiting, Kenneth R., *Aleksei Andreevič Arakcheev.* Harvard University Press 1951.

Wittram, Reinhard, *Peter der Große. Czar und Kaiser. Zur Geschichte Peters des Großen in seiner Zeit.* T. 1 y 2. Göttingen 1964.

Wolkonskij, Michael, *Die Dekabristen. Die ersten russischen Freiheitskämpfer des 19. Jahrhunderts.* Zurich 1946.

Woodward, Margaret L., *The Spanish Army and the Loss of America, 1810-1824*, en *HAHR* XLVIII (1968), pp. 586-607.

Yakschitchas, Grégoire, *La Russie et la Porte Ottomane de 1812 à 1826. Documents de la Chancellerie Russe,* en *RH* XCI (1906), pp. 281-306; XCIII (1907), pp. 74-89; 283-310.

Zajkin, I, *Poslednie dni žizni imperatora Aleksandra I (Los últimos días de la vida del emperador Alejandro I).* Sanktpeterburg 1827.

Zapiska o tajnych obščestvach v Rossii, sostavlennaja v 1821 godu (Apuntes sobre las sociedades secretas en Rusia escrito en 1821), en *Russkij Archiv* 3 (1875), pp. 423-430 y 434-438.

Zapiski Odesskago Obščestva Istorii i Drevnostej (Apuntes de la Sociedad de Historia de Odessa). T. I-XV. Odessa 1844-1910.

Zavala, Iris, *Las sociedades secretas: prehistoria de los partidos políticos españoles,* en *BHi* LXXII (1970), pp. 113-147.

Zavališin, Dmitrij Irinarchovič, *Kalifornija v 1824 godu (California en el año 1824),* en *Russkij Věstnik* 60 (1865), pp. 322-368.

—, *Dělo o Kolonii Ross (El asunto de la colonia Ross),* en *Russkij Vestnik* 61 (1866), pp. 1-33.

—, *Vselenskij Orden. Vozstanovlenija i otnošenija moi k Severnomu Tajnomu Obščtestvu (La Orden Universal. Restauración y relaciones mías con la Sociedad Secreta del Norte),* en *Russkaja Starina* 13 (1882), pp. 11-66.

—, *Zapiski dekabrista (Apuntes de un decembrista).* T. 1 y 2. München 1904.

Žerve, V., *Partizan'-poet D. V. Davydov (El poeta guerrillero D. V. Davydov).* Peterburg 1913.

Zlotnikov, M. F., *Kontinental'naja blokada i Rossija (El bloqueo continental y Rusia).* Moskva, Leningrad 1966.

Zolotov, Vladimir Aleksandrovič, *Vnešnjaja Torgovlja južnoj Rossii v pervoj polovine XIX veka.* Izdatel'stvo Rostovskogo Universiteta. 1963 *(El comercio exterior del sur de Rusia en la primera mitad del siglo XIX)* (Edición de la Universidad de Rostov), 1963.

Žurnali Komiteta Ministrov (Diarios del Comité de Ministros). 1802-1826 gg. (Años 1802-1826). T. II: 1810-1812. Sanktpeterburg 1891.

Zvavič, I., *Ispanija v diplomatičeskich otnošenijach Rossii v 1812 godu (España en las relaciones diplomáticas de Rusia en el año 1812),* en *Istoričeskij Žurnal* 3-4 (1943), pp. 45-49.

Zviguilsky, Alexandre, *Alfonso de Betancourt y Jordán,* en *Anuario de Estudios Atlánticos* 13 (1967), pp. 303-312.

—, *Lettres sur l'Espagne de Vassili Botkine.* Texte traduit, préfacé annoté et illustré par... París 1969.

ÍNDICE GENERAL

Ana María Schop Soler nació en Barcelona en 1940. Después de obtener el título de bachiller en el Liceo Francés de la misma ciudad, cursó estudios de Historia de Europa Oriental y de Europa del Sureste, de Lenguas Eslavas y de Ciencias Políticas en la Universidad de Munich, en donde se doctoró en 1967 con una investigación sobre las relaciones entre España y Rusia durante el siglo XVIII (publicada en 1970 en la colección del Instituto de Historia de Europa Oriental de Munich). Entre 1968 y 1972, fue profesora en la Universidad de Barcelona; en 1971 ganó el Premio de Investigación «Ciudad de Barcelona» con una obra sobre *Documentos referentes al Comercio entre España y Rusia durante el siglo XVIII;* el mismo año publicó una obra sobre *España y Rusia en la época de Carlos IV.* Después de obtener una beca de la Fundación Alexander von Humboldt (Bonn), pasó a formar parte del equipo de investigación del Profesor W. Baumgart (Maguncia), con quien ha publicado una colección de documentos sobre la Guerra de Crimea (en particular las actas austríacas *Österreichische Akten zur Geschichte des Krimkrieges,* Tomo I, München 1980); en la actualidad prepara la continuación de la serie con la edición de las actas prusianas durante la Guerra de Crimea («Preußische Akten zur Geschichte des Krimkrieges»). Sus intereses se centran sobre todo en temas de política exterior española y de política europea en general, especialmente el estudio de las relaciones internacionales.

Ha publicado, además, estudios sobre *España y el Imperio Otomano en el siglo XVIII* (1974), sobre relaciones entre el fascismo español y el nacionalsocialismo alemán *(Spanischer Faschismus und Deutscher Nationalsozialismus, 1933-1934,* 1974) y una investigación sobre la opinión de los partidos políticos españoles ante la entrada de España en el Mercado Común y la Otan *(Die Haltung der spanischen politischen Parteien zum Beitritt Spaniens zur EG und zur Nato,* Ebenhausen 1981).

Actualmente, además de su actividad investigadora en la Universidad de Maguncia, dirige la sección española del Instituto «Vereinigung zur Erforschung der Neueren Geschichte», Bonn, en donde prepara la publicación de la correspondencia del embajador español durante el Congreso de Münster (Paz de Westfalia 1648), el Conde de Peñaranda.